商标法 |第二版|

TRADEMARK LAW

黄 晖 著

法律出版社
LAW PRESS·CHINA
北京

图书在版编目(CIP)数据

商标法/黄晖著. -- 3版. -- 北京:法律出版社,
2023(2024.12重印)
ISBN 978-7-5197-8080-7

Ⅰ. ①商… Ⅱ. ①黄… Ⅲ. ①商标法-中国-高等学校-教材 Ⅳ. ①D923.43

中国国家版本馆CIP数据核字(2023)第125324号

商标法(第三版)
SHANGBIAOFA(DI-SAN BAN)

黄 晖 著

责任编辑 宋丽娜
装帧设计 汪奇峰

出版发行 法律出版社
编辑统筹 法律教育出版分社
责任校对 张翼羽
责任印制 刘晓伟
经 销 新华书店

开本 787毫米×1092毫米 1/16
印张 27.25 字数 628千
版本 2023年8月第3版
印次 2024年12月第2次印刷
印刷 保定市中画美凯印刷有限公司

地址:北京市丰台区莲花池西里7号(100073)
网址:www.lawpress.com.cn
投稿邮箱:info@lawpress.com.cn
举报盗版邮箱:jbwq@lawpress.com.cn
销售电话:010-83938349
客服电话:010-83938350
咨询电话:010-63939796

书号:ISBN 978-7-5197-8080-7
定价:69.00元
凡购买本社图书,如有印装错误,我社负责退换。电话:010-83938349

作 者 简 介

黄　晖　1990年毕业于外交学院，继而在原国家工商行政管理总局工作12年；其间，留学法国斯特拉斯堡第三大学国际工业产权研究中心（CEIPI），获国际工业产权研究文凭；后师从中国社会科学院郑成思教授，从事商标法及知识产权法专业研究，并于2000年取得法学博士学位；又师从何伯乐教授（Yves Reboul），于2018年在法国斯特拉斯堡大学获得法学博士学位。

现任万慧达知识产权合伙人，管理委员会成员；国家知识产权专家咨询委员会委员，中国法学会知识产权法学研究会理事，中华商标协会马德里工作委员会主任，北京君策知识产权发展中心副理事长，暨南大学客座教授；首批全国知识产权领军人才。

主要著述包括：《驰名商标和著名商标的法律保护》、《商标使用对商标保护范围的影响——中欧商标法比较研究》（法文）、《中国商标及不正当竞争案例精要》、《郑成思知识产权文集》（执行编委）、《欧盟知识产权法》（合著）、《法国知识产权法典（法律部分）》（合译）、《中国商标报告》（第1—12卷）及《中国商标四十年1978—2018》（执行主编）、《国际知识产权发展报告》（合编）、《国际知识产权保护典型案例汇编》（合编）等。此外，组织和参与多个学术项目研究，著有多篇中、英、法语专业论文。

多次上榜国际知名媒体的专业榜单：国际知名法律评级机构钱伯斯中国区知识产权业务杰出个人（2011～2013年、2017～2022年）；《世界商标评论》中国区商标业务杰出个人（2011～2022年）；《世界商标评论》中国区WTR全球领袖榜单（2020～2021年）；《知识产权管理》中国区知识产权之星（2015～2022年）；Legal 500亚太地区力荐律师榜推荐律师（2015～2022年）；《亚洲法律评论》中国区知识产权领域杰出人物（2016～2022年）。

第三版序言

在商标年申请量逼近1000万之际,《商标法》于2019年迎来了第四次修改,特别强化了对不以使用为目的的恶意注册商标的打击力度。虽然实施条例还没有随之修订,但2013年以来相关的商标司法解释、规章、政策以及主管部门、审判架构都有较大的调整,各种案例也越来越丰富,这都为本书的修订提供了契机和动力:

首先,商标的主管部门进行了很大的调整,商标局、商标评审委员会和商标审查协助中心合并到新的商标局,商标局从隶属原国家工商行政管理总局转隶国家知识产权局,而国家知识产权局又隶属新组建的国家市场监督管理总局,2023年3月国家知识产权局又重新调整为国务院直属机构。各地的商标行政执法部门也都有不同程度的调整。国家知识产权局也密集出台了《商标侵权判断标准》、《商标一般违法判断标准》以及《商标审查审理指南》等规范性文件。

其次,《民法典》通过,《反不正当竞争法》以及三大诉讼法相继修改,商标案件的司法管辖层级也在发生变化,法院推动的繁简分流、四级法院调整、统一法律适用以及检察院加强知识产权法律监督等,也都对商标司法保护有直接的影响。商标授权确权、行为保全、惩罚性赔偿、制止恶意维权、反不正当竞争、管辖等一系列司法解释的出台,也进一步塑造了商标保护的形态。诸多商标热点案件也引起了社会的广泛关注。

再次,各国及国际商标立法尤其是欧盟商标立法自2015年欧盟商标指令和条例发生重大变化以后,商标注册和保护的方向也在进行重要的调整,国际知识产权立法变动也日趋活跃,一系列重要的知识产权国际公约以及双边、多边协定出台或生效,商标的海外保护环境也在发生深刻的变化。

最后,国家推出《知识产权强国建设纲要(2021—2035年)》,2023年1月国家知识产权局公布了第五次修改草案,包括强化商标使用义务、优化商标注册流程、强化商标保护范围、确定地理标志保护路径等在内的议题也持续引发业界的关注。

本书立足于为学习商标的读者提供一个认识了解商标国内、国际保护的知识框架和基本路径,因此语言力求简明扼要。与前两版相比,第三版的结构基本没有变化,但将转让和许可的内容提到商标注册的终止之前,商标管理则移至商标保护之后并增加合规管理和品牌战略规划的内容,域外商标法调到最后一章。

这样,本书可以大致分为五大部分,以使结构逻辑更加清晰、内容更加平衡:第一大部分,即第一、二、三章,主要介绍商标的基础概念、要素以及保护的实质性条件;第二大部分,即第四、五、六章,重点介绍商标注册的取得、流转和终止的程序性内容;第三大部分,即第七、八、九章,着重介绍商标专用权的效力、限制和主要救济手段;第四大部分,即第

十、十一、十二章，介绍商标管理以及驰名商标、集体和证明商标及地理标志的特别保护；第五大部分，即第十三、十四、十五章，由近及远介绍商标国际注册、商标国际条约及域外商标法。

这次修订，除了更新第二版以来商标体系所经历的诸多变化，还重点加强了第七章商标专用权的效力的撰写，尤其是该章第一节商标专用权的性质及其与在先权利的关系。在某种意义上，这个问题的复杂程度甚至可以和重庆黄桷湾的盘龙立交桥相媲美，因为只有商标专用权及相关的在先权都能高效顺畅地通过这座“立交桥”，才能真正实现商标法的立法宗旨，造福经济和社会的发展。此外，第一章重述了商标立法的十大基本原则、增加了商标法与其他学科的关系；第七章和第十一章特别强调了普通商标混淆可能性以及驰名商标联想可能性的综合判断；第十四章增补了我国缔结或参加的最新商标地区及双边条约；第十五章特别增补了欧盟商标法 2015 年修改的情况并增加了韩国商标法的介绍。同时，第三版也有意保留一些早期的批复和案例，以便了解相关问题的来龙去脉。

本书的撰写体例也略有调整，尤其是使用黑体字以使主题段落更加醒目，同时更新了参考文献，增添了最新的国内外判例，突出典型案例的介绍。另外，相关案例的脚注还尽量标明了《中国商标及不正当竞争案例精要》或《中国商标报告》中的页码，以便配合使用。更多的法规，包括正在修改以及废止的法规，可以通过微信小程序“万慧达文库”查询。为了便于读者查阅，本书还特别制作了案例及关键词索引。

今年适逢商标法实施 40 周年，距清朝颁布我国第一部商标法近 120 年，距我国香港颁布世界第一部基于注册授权的商标法 150 年，距法国颁布世界第一部商标法 220 年。在人们的现实生活乃至虚拟生活中，商标法正发挥着越来越大的作用，大家甚至已经开始讨论元宇宙乃至外太空里的商标保护。宋人徐锴曰：“标之言表也，春秋左传谓路旁树为道表，谓远望其标，以知其道也。”如此看来，“标”虽为木之末梢，但不识“标”，则不知“道”，商标之于知识经济、知识产权，岂可须臾离哉？而且，《吕氏春秋·察今》中楚人渡河为旧标所误的风险，实际也提醒我们对商标法的修改和研究，也要推陈出新、与时俱进。

黄　晖

2023 年 7 月 17 日

第二版序言

2013年《商标法》终于等来了第三次修改,随后一年多又陆续进行了配套的实施条例、规章以及司法解释的制定。2014年5月1日生效的《商标法》对商标注册程序进行了较大的调整,尤其是制定了审查、审理时限,简化了异议程序,将无效程序重新进行了梳理,调整了撤销理由,对商标使用和侵权标准也都有更新,增加了功能性抗辩、在先使用抗辩,重构了赔偿计算方式,救济手段也更加丰富。同时,商标代理、马德里国际注册、驰名商标制度也都有较大的调整。自然,这本商标法教材也到了大修的时候。

另外,这十多年来,行政和司法实践也越来越丰富,很多经典案例、指导案例的发布也从现实的角度诠释了法律的宗旨。北京、上海、广州知识产权法院的设立也对商标授权确权以及侵权案件的审理产生了较大的影响。本书第二版因此也会有相应的调整。

与此同时,外国和地区的商标法的修订也十分频繁,判例发展也很快,国际商标条约也在修订,如《马德里议定书》、《商标法新加坡条约》以及《里斯本协定》,新加入的成员也越来越多,这些也需要在新的一版中有所体现。

商标现在一年的申请量超过200万件,审查压力空前巨大,闲置商标也越积越多,如何加强撤销三年不使用,严格执行不使用不赔偿的原则,加大侵权商标的法律风险,从根本上理顺各方的利益,充分利用和调动商标资源,打造真正能走出国门并占领海外市场的著名品牌,将是我国下一步商标发展的重点。2015年出炉的品牌排名中已经有中国的品牌入选前100名。

借用《孙子兵法》的话,我们也可以说"标者,国之大事,死生之地,存亡之道,不可不察也"。现在越来越多的高校开设商标法的专业课程,不论这些同学以后是从事审判、代理、辩护、法务等法律专业,还是自己创业,了解商标品牌的法律和管理知识,将其作为现代商业社会高效运作的一个要素看待,都会获益良多。

如果认同卡西尔"人是符号的动物"的说法,我们也能更好地理解欧盟雅各布总法务官在HAG Ⅱ一案中的话:"真实情况是,至少从经济学的角度,或者也从'人的角度'来看,商标与其他知识产权的形式相比,既不逊色,应该得到的保护也不能更少。"

"王老吉红罐凉茶"系列案折射了我国知识产权包括商标事业突飞猛进的发展所凸显的问题,只有从商标的本质去理解和把握,才能真正汲取教训,在"大众创业、万众创新"的时代中找准自己的位置,熟练运用商标这一商战的利器攻城略地,最终脱颖而出。

自第一版出版以来，本书收到很多热心读者的批评、指正和反馈，新的一版中也都给予了修订和回应，在此一并致谢。

黄　晖

2015 年 7 月 17 日

第一版序言

尽管加入 WTO 后有许多人为中国将要成为世界最大的制造工厂而欢欣鼓舞，但越来越多的人已经意识到，“定牌加工”毕竟只能是一种权宜之计，最终的出路只能是自创品牌、直接面对消费者。

在消费短缺的时代，只要能把产品生产出来，就不愁没有人要。随着市场竞争的加剧，产品的质量逐渐成为广大企业必须跨越的门槛，在这种情况下，质量管理就是企业制胜的法宝，“酒好就不怕巷子深”。但竞争是没有止境的，尤其当产品的品种和数量呈几何级数增长时，如何能在琳琅满目、鱼龙混杂的货架上脱颖而出就成为企业生死攸关的大事。

制胜的关键是要让消费者知道你的存在，记住你的优点，传播你的好处，而所有这一切离开商标显然都是做不到的。因为没有商标的商品就像哑巴一样不会说话，消费者即使对商品的质量满意，仍然难以树立信心、实现重复购买。消费者不仅需要好的产品，还需要以最少的时间成本获取好的产品。

事实上，只有商标能帮助消费者建立信任、节约时间，因为说到底，商标是对质量的一种承诺，是生产者同消费者签订的一份信誉合同。能获得这份合同的厂商就可以期望得到消费者持久的青睐。至于商标的所有人是否或如何转包、分包这份合同，消费者事实上并没有时间和精力去关心和监督，消费者只关心最终结果。

在这种市场条件下，只重视质量的企业就会陷入默默无闻而无法为消费者所知的危险，当握有消费者订单的商标所有人要求定牌生产时，这些企业虽然不愿为人作嫁衣，但其实也很难有其他选择。

更加值得注意的是，商标的作用还在发生变化：传统的商标，充其量只是产品内在质量的外在体现，现代的商标，通过广告的塑造正在获得独立的灵魂和价值，否则我们就不能解释，为什么同一件产品仅仅因为品牌不同，价格就可以有数倍乃至数十倍的差别。

换句话说，商标的出现使产品开始超越单纯的物质状态，精神和心理因素成为产品的重要组成部分，brand（品牌）与 product（产品）结合而成的 branduct 正在成为现实。产品的生产也因此向垂直分工发展：产品有形部分价值的生产处于整个产品价值链的最底层，有眼光、有实力的企业正把越来越多的财力投入品牌形象的塑造，从而占据价值链的高端，获取最大份额的价值分配。

值得欣慰的是，越来越多的企业已经意识到只做产品的危险，必须自创品牌正在成为大家的共识，而且，新商标法也已将撤换他人商标的“反向假冒”行为规定为商标侵权，从法律上为不愿寄人篱下的企业提供了强有力的保障。

真正有远见的企业都已意识到培养品牌忠诚、打造驰名商标的重要性，善于运用商标这一商战利器的企业就会发现，商标完全可以向澳大利亚土著所使用的“飞去来器”那样，不仅可以飞出去战胜竞争对手，而且还可以飞回来成为企业的财富。

本书就是在这种背景下的产物，主要是希望为了解中国商标法律制度提供一个较为系统和全面的参照系。本书以理解和掌握新修改的商标法为主线，适当介绍各项规定的来龙去脉和其他国家的司法实践，同时也收集了国内外的典型案例。

全书共分十五章：第一章讲商标和商标法的起源和概念；第二、三、四、五章讲商标注册的要素和条件以及得丧变更；第六、七、八章讲商标专用权及其限制和运用；第九章讲商标的管理；第十章讲商标侵权和假冒的救济；第十一、十二、十三章主要介绍三个特殊的问题，即驰名商标、集体证明商标和地理标志、商标国际注册；第十四章介绍一些主要国家和地区的商标法律制度；第十五章介绍与商标有关的国际公约。

郑成思老师审阅了本书的结构并提出了宝贵的意见，法律出版社的王扬女士也为此书的出版付出了辛勤的劳动，万慧达的同事和我的家人给予了我很大的支持，谨在此表示诚挚的谢意。

商标本来是一个小题，但在新的世界格局和市场经济快速发展中如何将小题做大则已成为一个时代的课题。作为一种尝试，本书还存在很多不足，希望能得到广大读者的批评和指正，以便在今后订正和补充。

黄　晖

2004 年 7 月 17 日

缩略语表

法律

《中华人民共和国商标法》	《商标法》
《中华人民共和国商标法实施细则》(已失效)	《商标法实施细则》
《中华人民共和国商标实施条例》	《商标法实施条例》
《中华人民共和国专利法》	《专利法》
《中华人民共和国专利法实施细则》	《专利法实施细则》
《中华人民共和国著作权法》	《著作权法》
《中华人民共和国著作权法实施条例》	《著作权法实施条例》
《中华人民共和国反不正当竞争法》	《反不正当竞争法》
《中华人民共和国反垄断法》	《反垄断法》
《中华人民共和国民法典》	《民法典》
《中华人民共和国刑法》	《刑法》
《中华人民共和国对外贸易法》	《对外贸易法》
《中华人民共和国海关法》	《海关法》

最高人民法院司法解释

《关于审理专利纠纷案件适用法律问题的若干规定》	《专利纠纷若干规定》
《关于审理商标授权确权行政案件若干问题的规定》	《商标授权确权司法解释》
《关于审理商标民事纠纷案件适用法律若干问题的解释》	《商标民事纠纷司法解释》
《关于审理涉及驰名商标保护的民事纠纷案件应用法律若干问题的解释》	《驰名商标司法解释》
《关于审理注册商标、企业名称与在先权利冲突的民事纠纷案件若干问题的规定》	《权利冲突司法解释》
《关于审理不正当竞争民事案件应用法律若干问题的解释》(已失效)	《反不正当竞争法司法解释》
《关于适用〈中华人民共和国反不正当竞争法〉若干问题的解释》	2022年《反不正当竞争法司法解释》
《关于审理涉及计算机网络域名民事纠纷案件适用法律若干问题的解释》	《域名司法解释》
《关于知识产权民事诉讼证据的若干规定》	《知识产权证据规定》
《关于审查知识产权纠纷行为保全案件适用法律若干问题的规定》	《知识产权行为保全规定》

《关于当前经济形势下知识产权审判服务大局若干问题的意见》	《服务大局意见》
《关于适用〈中华人民共和国民事诉讼法〉的解释》	《民事诉讼司法解释》
《关于审理商标授权确权行政案件若干问题的意见》	《商标授权确权意见》

国际条约及协定

《保护工业产权巴黎公约》	《巴黎公约》
《与贸易有关的知识产权协定》	《TRIPS 协定》
《商标国际注册马德里协定》	《马德里协定》
《商标国际注册马德里协定有关议定书》	《马德里议定书》
《商标注册用商品和服务国际分类尼斯协定》	《尼斯协定》
《建立商标图形要素国际分类维也纳协定》	《维也纳协定》
《制止虚假或欺骗性商品产地标记马德里协定》	《马德里协定(产地)》
《原产地名称保护及其国际注册里斯本协定》	《里斯本协定》
《保护奥林匹克徽记内罗毕条约》	《内罗毕条约》
《欧洲联盟商标指令》	《欧盟商标指令》
《欧洲联盟商标条例》	《欧盟商标条例》
《保护工业产权巴黎联盟及世界知识产权组织大会关于驰名商标保护规定的联合建议》	《驰名商标联合建议》
《保护工业产权巴黎联盟及世界知识产权组织大会关于商标许可的联合建议》	《商标许可联合建议》
《保护文学和艺术作品伯尔尼公约》	《伯尔尼公约》
《商标法新加坡条约》	《新加坡条约》

目　录

第一章　商标及商标法

“有别斯有标”，也就是说，商品有差别则需要有商标，商标是商品经济和市场经济发展的产物，而不是一个抽象的符号或先验的存在，商标的识别功能是商标保护的基本出发点和落脚点。当然，发展到一定时期，随着商标功能的演变，商品同质化越来越严重，商标尤其是驰名商标的表彰功能开始凸显。因此，也可以反过来说“有标斯有别”。

只有置身于商标发生发展的历史背景中，才可能充分理解商标的价值和作用。在商标逐渐成为商业社会的常态的背景下，商标法的制定就成为历史的一种必然。一部内容完备、运行良好的商标法已经成为经济取得成功、竞争不致扭曲的标配。当然，“徒法不足以自行”，一个完善的商标制度还必须有健全的商标注册和执法机关的支撑。

第一节　商　　标

一、商标的演变

商标（mark 或 trademark），本身是标识（志）或商业标识（志）的意思。“标”与“表”音义皆通，从外可以知内也。商标，又称品牌（brand），“brand”和“brandy”（白兰地）具有相同的字根，都有用火烧的意思，最早是指牲畜身上表示归属的一种烙印。其实，将“商品标牌”四个字分两行书写，左侧从上到下是“商标”，右侧从上到下是“品牌”，前者是法律概念，后者则是营销概念，二者并无本质不同，只是大家的使用偏好不同而已。

我国战国时期就有商标的使用，但真正较大规模地使用还是在商品经济较为发达的宋朝，图 1.1《清明上河图》中商号云集的场面便是一个直观的写照。

扫描看彩图

图 1.1　张择端　清明上河图(局部)

图 1.2　白兔商标

北宋时期,山东济南有一家专造功夫细针的刘家针铺,门前有一石兔,针铺就是以“白兔”作为商品的商标(如图 1.2 所示)。商标的主体是一个持药杵的“白兔儿”商标图形,寓意“只要功夫深,铁杵磨成针”,图形两侧印有“认门前白兔儿为记”的说明,上面印有“济南刘家功夫针铺”名称,下面还刻有“收买上等钢条,造功夫细针,不误宅院使用,客转与贩,别有加饶,请记白”的广告用语。这是我国一件使用较早、设计完整、图文并茂的商标,标志着我国商标以及广告的进一步发展,其印版现保存在中国国家博物馆。

商标的形态其实一直在不断变化。传统商标的组成一般都比较复杂,大都由人物、动植物或风景组成,现代的商标则越来越简洁;最初的商标一般由文字和图形组合而成,现代的商标则发展为颜色、立体乃至音响、嗅觉等非传统商标。

商标使用的范围也在逐渐扩大,例如,最初只有制造业使用商标,后来商业零售也使用商标;最初只使用在商品上,后来开始使用在服务上;最初只是用在最终产品上,后来开始在一些中间产品上使用;最初主要使用在工业品上,后来农产品也开始使用商标;最初只有个体商标,后来则出现了集体商标、证明商标。现代社会中各个主体共同推出的联名商标(cobranding)也越来越常见。

二、商标的功能

商标的功能也在逐渐演变和完善:最初,商标最基本的功能是识别出处(识别功能);在出处得以指明的基础上,商标权人受到改善质量的压力,商标客观上又具备表示商品内在质量的功能(质量功能);在质量稳定的情况下,商标权人还可以赋予商标其所希望的形象,进行商标的广告宣传(广告功能);最后,商标在区别商品之外,还可以发挥表彰商品使用者的功能(表彰功能)。

过去的生产方式以手工劳动为主,主要是卖方市场,商品相对匮乏,不能形成规模效益,消费者没有选择,消费者首先关心的是买到货真价实的商品,商标只是一个便于识别的手段。商标的作用在于避免出现混淆、误解和欺骗,与商品本身相比,商标的价值只体现在购买商品之前,一旦完成购买,商标的使命也就完成了。

资本主义经济在“二战”以后的持续和平环境中取得了长足发展，生产已实现高度分工，劳动生产率极大提高，物质极大丰富，交通、通信、传媒的迅速推进极大地便利了商品和服务的自由流通，商品的生产模式全面实现了由手工向机械化、自动化、智能化的过渡，有形产品的差异越来越小，厂商的竞争模式也从原料、设备、工艺等硬件的竞争升级到服务、形象、品牌等软件的竞争。

买方市场的逐步形成使消费者的选择增多，随着消费者生活水平的不断改善，生活必需品在消费中所占的比例，即“恩格尔系数”越来越小，消费者需求从满足生理物质需要，发展到满足心理精神需要。消费者的追求和品味也有了很大改变和提高，其不再停留在衣食无忧的阶段，而开始追求身份、档次和地位。如果从一个人的交友能看出他的为人的话，从一个人的购物和消费的品牌同样可以看出这个人的层次、生活方式及社会地位。

在这样的背景下，商标尤其是驰名商标及著名商标的功能也开始发生深刻的变化：从单一地区别商品或服务产源和标指其质量，发展到不依赖产源独立运载企业的信誉。实际上，在区别商品的同时，商标也在区别使用该商品的人：商标不仅是产品质量的象征，而且是个人身份乃至生活方式的象征，离开商标的表彰作用，质量再好的产品也至多是消费者自己满意，他人却无从得知。

现代社会是一个信息爆炸的社会，现代经济是一种互联网经济和注意力经济，它的一个突出特征就是仅仅做得好是不够的，更重要的是必须为人所知，企业面临的问题在于被过多的信息湮没。离开商标和广告要想为人所知几乎是不可能的。即使通过口碑流传，也必须首先有一个响亮的牌子。这时的商标与商品相比绝不仅仅是一个简单的符号，过去的商标充其量只是一个不说话的售货员，现在的商标除此之外则至少还是一个不出声的宣传员和信使。

商品的原料、工艺固然重要，但仅靠原料和工艺显然不能解释，为何同样一个厂，同样的工人，以同样的原料和工艺，生产的同样产品（如衬衫）仅仅因为贴附的商标不同，售价就可能出现几倍乃至十几倍的差别。唯一的解释只能是，商品在物质生产完成以后，通过别的方式出现了增值，而且增值主要体现在品牌上。过去完全可以说，“名者，实之宾也”[1]；现在虽然产品本身没有任何改变，但如果商标被去掉，商品的价值似乎就会大打折扣，最明显的例子莫过于看见一辆摘掉车标的“奔驰”车时的心理感受。

因此，从现代意义上讲，产品已成为一个整体概念，包括核心产品——产品的使用价值，形式产品——满足消费者需要的产品形体和外在表现，如品牌、包装、款式、特色和质量等，以及延伸产品——产品的附加价值和效益，如交货与信用条件，安装、服务和保证。

当今社会，科技的发展已使不同企业的同种产品在使用价值上的差别日益缩小，市场竞争的焦点已转向产品的附加价值上。服务日益成为企业赢得信誉、留住顾客的重要武器。后工业化社会发展的趋势是：过去的单纯的制造企业正在迅速转变为服务企业或制造企业与服务业的结合。

人们最初关心的是商品的物理质量，但现在开始关心商品的情感价值。相应地，商标的属性也从识别商品出处的自然属性，转化为表彰用户偏好的社会属性。商标最初只是一个记号，只与产品的物理属性联系；通过广告、促销，人们赋予了这个记号一种意义，记

---

〔1〕 参见《庄子·逍遥游》。

号发展为符号,对符号的保护发展为对商标社会属性的保护,乃至对人自身价值的保护。

著名商标产生的联想不仅指向产品,更重要的是它使人感受到一种风格、一种个性乃至一种生活方式,这一切都是在商标所有人的筹划、设计、推动下,通过广告创意,大量的投资、促销和公关创造出来的。消费者即使在不同的商品上见到这一符号,也会产生条件反射,联想到独特的商品和形象。这时标记已不仅仅起指示商品出处的作用,还是通往独特形象的“咒语”。

以“麦当劳”为例,它的存在已成为城市的一道风景线,它甚至能消除外来投资者的陌生感,增进信任感。因为麦当劳成功地为自己塑造了亲切、友善、助人的形象,成为前卫、稳定的产品质量和服务模式的代表。又如“万宝路”,消费者可能对标有万宝路的服装的品质并不了解,但他仍有可能因为万宝路代表了美国西部拓荒的男子汉精神而产生购买冲动,这说明消费者除了欣赏商品本身之外,也认同该品牌所代表的精神和形象。

人们甚至完全可以一个“雅皮士”使用的品牌来描述他的生活:他带着 Pepsodent 的微笑,从豪华的 Cardillac 中钻出来,身穿 Pierre Cardin 和 Juvnia,手里拿着一个鼓鼓的 Filofax,里面装着 Paker、American Express、Comix,一些 Alphex,一盒 Marboro 以及男用 Chanel。他的 Cardines 闪亮而干净,他的头发散发着 Brylcreem 的气息。

后来出任世界知识产权组织(WIPO)总干事的博登豪森先生 1956 年在美国商标协会(USTA)的年会上发言说,“今天,商标虽然仍旧是区别商品产源的手段,但同时还意味着更多。因为商标不仅可以用在商品上,同时还可以用在大量的广告上,商标在广告中并通过广告获得了一种功能。通过广告,商标可以长期保留在公众的记忆中,并因此取得一种同商品质量相独立的信誉”。

2009 年的奥斯卡短片奖被一部纯粹以展现各种商标的卡通电影《品牌世界》(*Logorama*)夺得。这部电影中的布景和人物形象全都取材于各个品牌,生动地展示了品牌无所不在的现实世界(图 1.3 为该电影宣传海报)。

扫描看彩图

图 1.3 《品牌世界》(LOGORAMA)

三、商标的价值

商标之所以具有巨大的价值,首先是因为“我们应当把人定义为符号的动物”[2],而

---

〔2〕[德]恩斯特·卡希尔:《人论》,李琛译,光明日报出版社 2009 年版,第 25 页。

商标作为经济生活中最重要的符号之一,对人们的生活显然有着举足轻重的影响。我们从早上一睁开眼,到晚上就寝休息,至少要同上百个商标打交道,我们的生产营销模式、我们的生活方式乃至价值实际已经和商标发生了千丝万缕的关系。如果没有商标,我们识别商品的成本将会骤然上升,同时我们用来表彰自己的手段也会急剧减少。生活不但会变得比现在复杂,也会比现在单调。

按照信息经济学的解释,商标作为商业信息的压缩文件,实际起到简化购物过程的作用,而且,随着消费者越来越熟悉和信任某一商标所传递的信息,就会形成品牌忠诚,用信息经济学的术语来说就是“路径依赖”,形成“锁定”。昂贵的转移成本,会使以前积攒的熟悉和经验化为乌有。正如航空公司的里程券、购物中心的积分卡一样,商标会套牢忠诚的客户。

当然,锁定也是双向的,商标权人既然清楚消费者通过商标可以识别出产源,也就不敢疏忽大意,越大的品牌越不敢拿来之不易的信誉开玩笑,以免“百年成之不足,一旦毁之有余”。这样,商标就会起到促进良性循环的作用。

随着大众传播媒介的迅速普及和跨国贸易的日益频繁,商标作为企业无形资产的价值正与日俱增,企业最有力的竞争手段无疑将是商标。作为一个特殊的区别和表彰的符号,作为一种文化现象,商标已经成为我们生活的一部分。商标,尤其驰名商标已经绝不是一个可有可无的标记,在一个高度竞争的世界里,对它合理的保护关系到一个企业乃至一个行业的生存和发展。

据 Interbrand 2021 年统计,前 100 个品牌的总价值为 26,675.3 亿美元,前 10 名为:Apple(苹果)、Amazon(亚马逊)、Microsoft(微软)、Google(谷歌)、Samsung(三星)、Coca－Cola(可口可乐)、Toyota(丰田)、Mercedes－Benz(梅赛德斯—奔驰)、McDonald's(麦当劳)、Disney(迪士尼)。值得关注的是,华为成为中国首个进入该榜 Top100 的品牌,排第 85 名。苹果的品牌价值以 4082 亿美元高居榜首。尽管这只是一家之言,但时至今日,至少不会有人反对品牌已经成为这些企业最有价值的财产。

在现代社会中,广告不仅仅是商品流通的润滑剂,广告本身也是一种生产力,它实际在赋予有形产品以无形的价值。随着生产自动化流水线的普及,单纯的生产所创造的价值比重正在下降,产品大部分的价值是在出厂以后的广告、营销、推广、服务中创造的,而后者的价值可以沉淀到品牌中去。因此,任何广告都是对品牌资产的一种长期投资,因为商标实际也是一种广告。商标的价值在于浓缩与产品有关的一切信息,它的作用好比一个信使,消费者借助商标买到自己中意的商品同时向他人展示自己的品位、表彰自己的身份。

版权、专利的智力投入是一次性的,因此其虽然和商标同属知识产权,但保护时间相对有限,交换也只具有等价的性质,而商标作为企业信誉的载体,必须持续不断地开发和投入,因此具有任何商品都不具备的一个特征,即只要善加使用和培育,就不仅可以永久独占,而且销售总额越大,商标价值也越大,完全符合老子所言:“既已与人,己愈有,既已为人,己愈多。”〔3〕

---

〔3〕《老子·道德经》第八十一章。

四、商标的地位

尽管《建立世界知识产权组织公约》将商标列为知识产权的重要组成部分,但由于在传统社会中只有发明和著作才被认为是人类创造的结晶,起源最早的商标作为简单的识别标记实际充当的只是一个"小兄弟"的角色。这一点从法国和美国知识产权立法所表现出来的轻重缓急中得到了充分的印证:法国在大革命胜利后紧接着就颁布了保护作者的《表演权法》《复制权法》和保护发明的《专利法》,对商标主要通过刑法保护,而世界上第一部成文商标法,迟至大革命胜利半个多世纪后的1857年才出台。

美国虽然早在1789年的宪法中就规定,"国会有权保障著作家和发明家对其著作和发明物在限定的时间内的专有权,以奖励科学和实用技艺的进步",但对商标却未置一词,其保护一直是依靠普通法中"仿冒之诉"(passing off)来承担的。直到1870年,美国才着手制定了第一部商标法,不幸的是正因为该法直接赋予了商标相当于版权和专利的地位,在9年之后又被最高法院裁定违宪[4],最后不得不从宪法中的"贸易条款",即"国会有权规定合众国与外国、各州之间以及与印第安部落之间的贸易"中寻找立法依据。这也是直到今天,美国仍然恪守商标只有基于使用才可以得到保护的原因。

当然,商标的重要性并未被司法部门低估。早在1942年,美国弗兰克福特法官(Justice Frankfurter)在【Mishawaka案】[5]中对商标吸引力的作用以及保护,就给予过十分经典的评论:"保护商标是基于法律对于标记的心理功能的认可。我们不但依靠标记生活,而且也依靠标记购物。商标是引导消费者选购他需要或他相信他所需要的物品时的一条商业捷径。商标所有人竭力将一个合适标记的吸引力注入市场氛围中,从而强化人类的这一倾向。无论手段如何改变,目的只有一个——通过商标在潜在消费者的头脑中唤起对商品的欲望。一旦成功,商标所有人就拥有了某种价值。假如有人企图偷猎这一标记的商业吸引力,商标所有人自然可以获得法律救济。"

反观欧洲,商标的地位也不是一开始就受到正确的认识,厚此薄彼的看法甚至在20世纪70年代欧盟法院(CJEU)的判决中还大有市场。欧盟法院当时急于建立欧洲统一市场,总法务官在【Sirena案】的意见书中甚至直言不讳地说:"使用在洗面奶上的'Prep Good Morning'(早安)商标的发明人对人类的贡献,显然不及Penicillin(盘尼西林)的发明人对人类的贡献大。"[6]欧盟法院也因此认为,"行使商标权尤其可能助长市场的分割,并因此损害国家之间商品的自由流通,而后者正是共同市场的要义所在。商标权与其他工业商业产权的分别在于,后者的保护对象比前者更重要,更值得保护"[7]。

这种态度在欧盟法院处理"二战"后国家征收遗留下来的【Hag Ⅰ案】中达到了顶峰,梅瑞斯总法务官认为,国内立法产生的领土保护效力和共同体商品自由流通的原则格格不入。[8] 法院也认为,与其他工商业产权不同,商标权由于没有时间限制,尤其可能助长市场分割损害商品自由流通,既然比利时和德国的两个公司历史上有共同的渊源,允许比

---

[4] See Trademark Cases, 100 U.S. 82(1879).

[5] See Mishawaka Rubber & Woollen Mfg Co. v. SS Kresge Co., 316 U.S. 203(1942).

[6] Case 40/70 Sirena 意见书。

[7] Case 40/70 Sirena 判决书第7段。

[8] 参见 Case 192/73 Hag Ⅰ意见书。

利时公司阻止德国公司标有同样商标的产品出口到比利时，就是对罗马条约的违反。[9]

直到80年代，雅各布总法务官才在【Hag Ⅱ案】中引述Cornish教授的话为商标的作用平反，他认为："真实情况是，至少从经济学的角度，或者也从'人的角度'来看，商标与其他知识产权的形式相比，既不逊色，应该得到的保护也不能更少。"[10]欧盟法院在该案的判决中支持了他的看法，法院认为："就商标权而言，必须承认这一权利是罗马条约所要建立和维系的不受扭曲的竞争制度的基本要素。在这个制度中，企业应该能通过自己的产品或服务的质量赢得顾客，而这一点只有依靠能够识别这些商品或服务的显著标记才能做到。要想商标发挥这一作用，就必须确保所有带有该商标的产品均是由同一企业所生产，并由该企业对产品质量负责。"[11]

第二节　商　标　法

商标法是调整商标注册、使用、管理、保护中各种法律关系的法律规范的总和。商标的立法有一个历史演变的过程。商标法属于最早纳入国际协调进程的法律部门之一，随着经济全球化的迅速发展，商标立法的国际协调力度正在加大，任何试图置身事外、独立发展商标法的愿望都变得不再可能。本节我们将依次介绍世界商标立法沿革、中国商标立法沿革、商标法与其他知识产权法、商标法与其他法律门类以及商标法与其他相关学科。

一、世界商标立法沿革

早期的商标立法。商标使用也可以追溯到远古时代，但注册制度则是在近代才建立的。19世纪下半叶是资本主义迅速发展的50年，也是商标立法初步建立和完善的50年。虽然商标法归属民法，但法国最早在1803年是用刑法来规范商标使用，将假冒商标按私自伪造文件论，违者需服苦役。直到1857年，法国才制定世界上第一部单行的成文商标法，但这部商标法并没有确定商标注册的法定地位，使用仍然是授权的基础。

为了便于权利的确立，世界第一个依据注册确定商标归属的制度于是率先在我国香港建立。过去我国香港受英国殖民统治，其许多法律均来源于英国，但商标法却例外，它于1873年直接从欧陆国家引进了注册商标制度，比英国1875年的商标法还要早两年。之所以会出现这种奇特的现象，主要还是因为适用普通法保护商标的英国在我国香港出现商标纠纷后，由于需要提交在以往的商业中使用的证据，在举证方面陷入十分被动的境地。最早注册的"鹰牌"炼乳商标一直注册使用至今。

---

〔9〕参见Case 192/73 Hag Ⅰ判决书第11、15段。

〔10〕参见C－10/89，Hag Ⅱ案意见书第17段。

〔11〕参见C－10/89，Hag Ⅱ案判决书第13段。

英国本土于1875年也建立了同样的注册机制,最早注册直到现在还在使用的注册商标是啤酒上的BASS(红三角图案)商标,法国画家马奈的名画《福利·贝热尔的吧台》左下方和右下方都有BASS啤酒的身影,如图1.4所示。

扫描看彩图

图1.4 《福利·贝热尔的吧台》(马奈1882)

如上所述,1870年美国制定第一部商标法,遗憾的是由于该法错误地将宪法中的"版权和专利条款"作为商标法的立法基础,1879年被最高法院判决违宪。1881年,美国国会基于宪法中的"贸易条款"重新制定了商标法。在此前后,德国于1874年颁布了《注册商标法》,日本于1884年制定了第一部商标法,瑞士则于1890年制定了第一部商标法。

20世纪上半叶的商标立法。这段时期最重要的两部商标法分别是英国和美国的商标法。1938年4月13日,英国制定了一部全新的商标法,该商标法带动并影响了大多数英联邦国家的商标立法。该法对英国的商标保护影响深远,中间历经修改,一直实施到1994年被按照欧共体要求修改的新商标法取代为止。

1946年7月5日,美国通过《兰哈姆法》(*Lanham Act*),该法整合了以往的司法实践,并有诸多突破,包括正式引入服务商标的注册。这在世界商标立法史上还是第一次以注册形式实现对服务商标的保护。该法历经修改并编入美国法典,逐渐完善,目前仍然适用。

20世纪下半叶的商标立法。1964年12月31日,法国废除实施了一百多年的1857年商标法,制定新商标法并正式采用注册原则确定商标权利归属。

美国商标法在这段时间也发生了较大的调整,如1988年11月16日,美国通过《商标法修改法案》(TMRA),该法于1989年11月16日生效,其对《兰哈姆法》进行了多处重要修改,包括允许根据"意图使用"申请商标注册,根据意图使用申请赋予全国范围内推定使用的效力,实际满足了现代企业先确权后使用的需求。1996年,《联邦商标反淡化法》(FTDA)生效,该法确立了在联邦进行淡化诉讼的制度。1999年美国的《商标法修正案》(TMAA)生效,该法允许将淡化作为异议和撤销的诉因。1999年,美国又通过《制止网上占地消费者保护法》(ACPA),该法为制止将他人商标恶意注册为域名的行为提供了有效的救济,包括确立了侵权域名的法定赔偿制度并允许对域名提起对物诉讼。

这段时间,各种地区商标立法也有了长足的进展,如1971年统一的比荷卢商标局的建立。同时,为了加快建立欧洲统一大市场的进程,欧共体于1988年12月21日通过了《协调成员国商标立法1988年12月21日欧洲共同体理事会第一号指令》(以下简称《一号指令》),该指令要求各成员国至迟于1992年年底之前按指令要求完成国内商标立法的修改。1991年,法国按照欧共体《一号指令》的要求全面修改了1964年商标法;次年7月1日,法国制定了世界上第一部《知识产权法典》,商标法位列第七卷。德国于1994年制定了新的商标法。1992年比荷卢按照欧共体《一号指令》修改了《比荷卢统一商标法》,该法明确将"联想的可能"作为侵权认定的标准。

1993年12月20日,欧洲《共同体商标条例》也终于获得通过并于1995年3月15日生效,1996年正式开始施行,根据该条例注册的共同体商标可以同时在各成员国生效。

1993年南美洲通过《卡塔赫那协定》第344号决定,这是世界上首次列举驰名商标认定标准的成文法规定。

美国、加拿大、墨西哥签订的《北美自由贸易协定》(NAFTA)于1994年1月1日正式生效,北美自由贸易区宣布成立。上述协定的宗旨之一便是保护知识产权。

21世纪初的商标立法。进入21世纪之后,商标法修改的步伐并未停止。例如,印度于2003年9月15日开始实施的新商标法。该法主要涉及以下几个方面的内容:引入对服务商标的注册和保护;扩大商标定义,同意保护外形、包装及颜色组合商标;引入集体商标和驰名商标的概念;建立知识产权复审委员会;注册有效期从7年延长到10年;取消A、B簿并允许一标多类申请;加重对假冒行为的刑事处罚;加强边境保护措施;在支付正常标准5倍的费用后可以加快审理。

欧盟2005年和2007年分别修订了商标指令和共同体商标条例,进一步的全面修改于2015年完成。新的欧盟商标指令和欧盟商标条例对欧盟商标制度进行了大范围的调整。

美国2006年又制定了《商标反淡化修正案》,明确了淡化的条件和对抗的范围。2020年,《商标现代化法案》通过并于2021年12月生效,其目的是清除注册簿中未投入商业使用的商标。

商标立法的国际协调。与各国商标法的制定和修改可以说同步进行的,还有一个商标法国际协调的过程。最早的国际协调自然是1883年《巴黎公约》的签订,随后便是1891年签订的《马德里协定》。《巴黎公约》规定的是实质性的保护标准,《马德里协定》则是方便商标国际注册的程序性协定。

时隔半个世纪之后,不仅《尼斯协定》得以通过,而且在《马德里协定》100周年之际又通过有关议定书,参加协定的国家和地区数量大幅度提升。更重要的是,随着1994年世界贸易组织的建立,《TRIPS协定》总结了商标百年发展的重要成果,提出了新的保护标准和执法要求。同年签订的《商标法律条约》虽然没有像它开始制定时那样雄心勃勃,但在简化商标注册程序方面也迈出了极为重要的步伐。世界知识产权组织通过推动驰名商标联合建议、商标许可联合建议乃至互联网联合建议的制定,也使商标法的国际协调进程加快。

至于2015年10月达成的《跨太平洋经济伙伴关系协定》(TPP)也进一步提高了包括

商标在内的知识产权保护水平。[12] 2020年签署的《区域全面经济伙伴关系协定》(RCEP)对商标保护也有专门要求。

二、中国商标立法沿革

中国使用商标的历史虽然可以追溯到先秦,但真正系统的商标立法还是发生在清末民初。1949年中华人民共和国成立后一直有专门的商标立法,改革开放以来,商标立法的进程逐渐加快:1982年的《商标法》是改革开放初期制定的第一部民商事法律,在近40年的时间内已经历了1993年、2001年、2013年、2019年四次修改。

与此同时,中国还先后加入了《世界知识产权组织公约》、《巴黎公约》、《马德里协定》及《马德里议定》、《尼斯协定》、《TRIPS协定》等与商标有关的主要国际公约,基本完成了与国际商标立法接轨的进程。

(一)商标立法的各个时期

1. 清朝末年的商标立法

1902年9月5日英国政府与清政府在上海签订《续议通商行船条约》,其中规定建立牌号注册局,这是我国第一次和外国政府签订的相互保护、防止假冒贸易牌号的条文。1903年清政府与美国和日本也签订了《通商行船续约》,美、日两国提出了与英国类似的要求。

1904年《商标注册试办章程》。1904年清政府在外国列强的压力下,颁布了《商标注册试办章程》,这是我国历史上第一部商标的成文立法,尽管该法最后未见正式施行,但还是为后来的商标立法奠定了基础。

2. 中华民国时期的商标立法

1923年商标法。1913年北洋政府将工商部改为农商部,管理商标法规的制定、修改及企业商标备案工作。1923年5月农商部商标局颁布了《商标法》、《商标法施行细则》,以及各项公文程式。1923年9月15日农商部商标局编辑出版了第一本《商标公告》。1927年农商部分为农工、实业两部。商标局改为隶属实业部管辖。

1930年商标法。1927年12月1日国民政府在南京设立全国注册局,专业办理商标等注册事项。1928年12月21日国民政府把全国注册局中分管商标注册的业务工作划出,成立隶属工商部的商标局。1930年国民党政府公布了《商标法》及《商标法实施细则》,并于1931年1月1日起施行。

3. 中华人民共和国成立初期的商标立法

1950年《商标注册暂行条例》。为保护一般工商业专用商标的专用权,新中国成立以后,废除了民国时期的商标法,并于1950年8月28日通过了第一部商标法规——《商标注册暂行条例》。该条例简明扼要,特别强调了对商标专用权的保护,现行商标法的诸多规定实际都可以说是脱胎于此。

1963年《商标管理条例》。1963年3月30日,我国通过《商标管理条例》,实行商标强制注册。该条例第3条完全将商标作为"代表商品一定质量的标志",其立法宗旨也相

---

〔12〕 后来由于美国退出,2018年经过改造的《全面与进步跨太平洋伙伴关系协定》(CPTPP)冻结了TPP的知识产权条款并生效。

应修改为“加强商标的管理,促使企业保证和提高产品的质量”,并确立了强制注册的原则,具有浓厚的计划经济的色彩。

4. 改革开放初期的商标立法

1979 年,中国《刑法》通过并于 1980 年生效,该法第 127 条首次规定了假冒注册商标罪。1993 年商标刑事条款修订,1997 年刑法修改,并于同年 10 月 1 日生效,修改后的刑法设专章保护知识产权,2020 年相关规定再次修改。1980 年 3 月 3 日,中国递交《建立世界知识产权组织公约》加入书并于同年 6 月 3 日生效成为世界知识产权组织成员国。

1982 年商标法。1982 年 8 月 23 日,中国通过《商标法》并于 1983 年 3 月 1 日生效,该法是我国在知识产权领域的第一部法律。它综合了前两个条例的精神,反映了计划经济和商品经济的双重需要,目的是通过“加强商标管理,保护商标专用权”,从而“促使生产者保证商品质量和维护商标信誉,以保障消费者的利益,促进社会主义商品经济的发展”。〔13〕 该法强调保护商标专用权,同时也要求“商标使用人应当对其使用商标的商品质量负责”,各级工商行政管理部门应“监督商品质量”。〔14〕 此外该法还保留了个别商品强制注册的规定。当时的思路首先是将商标作为公共管理的一种工具,然后才是对商标私权利的保护。1985 年,中国在完成专利立法后,正式加入《巴黎公约》,标志中国在改革开放进程中,工业产权保护已初具规模。1986 年 4 月 12 日,中国《民法通则》通过并于 1987 年 1 月 1 日生效,该通则正式承认包括商标在内的知识产权是一种民事权利。1989 年 10 月 4 日中国加入《马德里协定》,这是中国加入的第一个知识产权领域内的专门进行国际注册的条约,也体现了进一步开放的决心。

5. 市场经济初步建立时期的商标立法

1993 年商标法。在争取恢复关贸总协定缔约国地位和中美知识产权谈判的背景下,中国 1993 年 2 月 22 日通过《关于修改〈中华人民共和国商标法〉的决定》,该决定于同年 7 月 1 日生效。这是对 1982 年《商标法》的第一次修改。这次修改增加了对服务商标的保护,确立了撤销注册不当商标制度。中国于 1994 年 5 月 5 日向世界知识产权组织总干事递交了《尼斯协定》加入书,同年 8 月 9 日,中国正式成为尼斯联盟成员国。1995 年中国作为第四个国家加入《马德里议定书》,从而促使该议定书正式生效。1995 年 7 月 5 日国务院公布《知识产权海关保护条例》,同年 10 月 1 日该条例开始施行。2000 年 7 月 8 日,我国修改《海关法》,正式以法律的形式确立知识产权的海关保护制度。在此期间,为了配合香港、澳门特区回归祖国的需要,我国还分别于 1990 年 4 月 4 日和 1993 年 3 月 31 日通过《香港特别行政区基本法》和《澳门特别行政区基本法》,这两部基本法分别于香港 1997 年 7 月 1 日回归祖国和澳门 1999 年 12 月 20 日回归祖国时生效。这两部法都明确保留了我国香港和澳门特区业已存在的商标注册制度。按照基本法的规定,香港自 2003 年 4 月 4 日开始实施新的商标条例,澳门则在 1999 年 12 月 13 日颁布了包括商标在内的《工业产权法律制度》。

---

〔13〕 参见 1982 年《商标法》第 1 条,现已改为“促使生产、经营者保证商品和服务质量,维护商标信誉,以保障消费者和生产、经营者的利益,促进社会主义市场经济的发展”。

〔14〕 参见 1982 年《商标法》第 6 条,现已删除“监督商品质量”的规定。

6. 全面建立市场经济时期的商标立法

2001 年商标法。中国于 2001 年 10 月 27 日修改了《商标法》,其于同年 12 月 1 日生效,这是对 1982 年《商标法》的第二次修改。同年 12 月 11 日,中国正式加入世界贸易组织,《TRIPS 协定》对中国生效。为了配合 2001 年《商标法》施行,最高人民法院于 2002 年 1 月 9 日和 10 月 12 日也先后发布了《关于审理商标案件有关管辖和法律适用范围问题的解释》(已修改)、《关于诉前停止侵犯注册商标专用权行为和保全证据适用法律问题的解释》(已失效)和《商标民事纠纷司法解释》(已修改),其分别于 2002 年 1 月 21 日、1 月 22 日和 10 月 16 日生效;国务院于 2002 年 8 月 3 日发布了《商标法实施条例》(9 月 15 日生效,已修改);原国家工商行政管理总局于 2002 年 9 月 17 日发布了《商标评审规则》(10 月 17 日生效,已修改)。2003 年 12 月 2 日,国务院对《知识产权海关保护条例》作出修改,2004 年 4 月 6 日《对外贸易法》也进行了修改。后来最高人民法院又出台了 2008 年《权利冲突司法解释》(已修改)、2009 年《驰名商标司法解释》以及 2010 年《商标授权确权意见》。

2013 年商标法。2013 年 8 月 30 日,经过 12 年的酝酿,我国第三次修改商标法。修改后的商标法于 2014 年 5 月 1 日生效。国务院于 2014 年 4 月 29 日颁布新的《商标法实施条例》。最高人民法院和原国家工商行政管理总局分别发布了关于新旧法过渡的规定。同时,《商标评审规则》《驰名商标认定办法》也进行了相应的修改。第三次修改的商标法明确了商标注册和使用需要遵循诚实信用的基本原则,厘清了在先使用与商标注册的关系,规定了商标审查时限,强化了商标保护。为配合 2013 年《商标法》实施,2017 年,最高人民法院出台了《商标授权确权司法解释》(已修改)。2017 年通过的《民法总则》(已失效)将包括商标、地理标志在内的知识产权纳入保护范围。

2019 年商标法。2019 年 4 月 23 日对 1982 年《商标法》进行了第四次修改并于同年 11 月 1 日生效,主要针对不以使用为目的的恶意注册治理机制和措施进行了规定,提高了法定赔偿和惩罚性赔偿的上限。同年,国家市场监督管理总局(以下简称市监总局)出台《规范商标申请注册行为若干规定》。2020 年,中国通过《民法典》,吸纳了《民法总则》中有关商标、地理标志的原则规定,并规定了知识产权的惩罚性赔偿制度。国家知识产权局(以下简称国知局)出台了《商标侵权判断标准》。同年,中国与美国签署《中美经贸协议》(第一阶段),与欧盟签订《地理标志保护与合作协定》,并加入《区域全面经济伙伴关系协定》(RCEP)。2021 年,最高人民法院出台了惩罚性赔偿的司法解释,国知局又出台了《商标一般违法判断标准》《商标审查审理指南》。

2023 年商标法修改草案。2023 年 1 月,国知局公布了第五次商标法修改的征求意见稿,目的是在立足国内实际需要的基础上,借鉴国外立法与实践经验,围绕现实问题,完善商标法律制度,保障商标的依法注册、有序使用、严格保护,助力优化营商环境,促进社会主义市场经济高质量发展。

(二)商标立法的时间效力

按照《立法法》第 104 条的规定,法律、行政法规、地方性法规、自治条例和单行条例、规章不溯及既往,但为了更好地保护公民、法人和其他组织的权利和利益而作的特别规定除外。

1982 年《商标法》。第 43 条第 2 款规定,该法施行以前已经注册的商标继续有效。

1993 年《商标法》。第 8 条第 2 款规定已经注册的使用地名的商标继续有效。

2001 年《商标法》。除了第 16 条第 1 款本身规定已经善意取得注册的继续有效外，为了明确 2001 年第二次修改《商标法》的时间效力，最高人民法院《关于审理商标案件有关管辖和法律适用范围问题的解释》和原国家工商行政管理总局相继对商标法修改后的法律事宜作出了相关规定〔15〕：

1. 商标评审委员会在新《商标法》施行前受理的案件，于该法施行后作出复审决定或裁定，当事人对复审决定或裁定不服向人民法院起诉的，人民法院应当受理。也就是说，对于新法施行时的积案，只要裁决发生在新法施行后，就属于法院的司法审查范围。

2.《商标法》原则上不溯及既往，但对新《商标法》施行前发生，属于新《商标法》第 4 条、第 5 条、第 8 条、第 9 条第 1 款、第 10 条第 1 款第 2～4 项、第 10 条第 2 款、第 11～13 条、第 15～16 条、第 24～25 条、第 31 条所列举的情形，商标评审委员会在新《商标法》施行后进行评审的，应当依据新《商标法》的相应规定进行评审，当事人不服向人民法院起诉的行政案件，法院适用新《商标法》的相应规定进行审查；属于其他情形的，商标评审委员会适用原《商标法》的相应规定进行评审，法院也适用原《商标法》的相应规定进行审查。

3. 在争议期的计算上，当事人就新《商标法》修改决定施行时注册已满 1 年的商标产生争议，向商标评审委员会申请评审的，或不服商标评审委员会作出的裁定向人民法院起诉的，适用原商标法规定的 1 年期限处理；当事人就新《商标法》修改决定施行时注册不满 1 年的商标产生争议，向商标评审委员会申请评审的，或不服商标评审委员会作出的裁定向人民法院起诉的，适用新《商标法》规定的 5 年期限。

4. 对于有关单位或者个人在新《商标法》施行前依照原《商标法》有关撤销注册不当的规定提出评审申请，如果属于新《商标法》中有关保护驰名商标、制止代理人抢注、保护地理标志、在先权利及已经使用并有一定影响的商标的情形，则不适用新《商标法》提出评审申请的 5 年期限的规定。

5. 对于新《商标法》施行前已经受理，但不属于《商标法实施条例》规定的商标评审委员会评审范围的案件，尚未审结的，商标评审委员会予以退回，书面通知申请人，并说明理由。

6. 对于新《商标法》施行前已经依据原商标评审规则受理的重新评审案件，如果属于商标法实施条例规定的商标评审委员会评审范围的，商标评审委员会应当依据新《商标法》及其实施条例重新进行评审，并作出决定或者裁定。

7. 对于新《商标法》施行前发生的侵犯商标专用权行为，商标注册人或者利害关系人于该法施行后在起诉前向人民法院提出申请采取责令停止侵权行为或者保全证据措施的，适用新《商标法》第 57～58 条的规定。

8. 对于新《商标法》施行前发生的侵犯商标专用权行为起诉的案件，人民法院于该法施行时尚未作出生效判决的，参照新《商标法》第 56 条有关赔偿的规定处理。

9. 对于新《商标法》施行后人民法院受理的商标民事纠纷案件，涉及该法施行前发生

---

〔15〕 为了实施《民法典》，该司法解释 2020 年有适应性修改，但内容基本无变化，其中的商标法仍指 2001 年《商标法》；原国家工商行政管理总局的发文则已于 2016 年被废止。

的民事行为的,适用原《商标法》的规定;涉及该法施行后发生的民事行为的,适用新《商标法》的规定;涉及该法施行前发生,持续到该法施行后的民事行为的,分别适用修改前、修改后《商标法》的规定。

2013 年《商标法》。第三次修改以后,原国家工商行政管理总局在 2014 年颁布了新旧法适用的规定:

1. 对于 2014 年 5 月 1 日以前向商标局提出的商标注册、异议、变更、转让、续展、撤销、注销、许可备案等申请,商标局于 2014 年 5 月 1 日以后作出的行政决定适用修改后的商标法。但是,对异议申请中异议人主体资格和异议理由的审查适用修改前的商标法。对于当事人不服商标局作出的驳回商标注册申请决定在 2014 年 5 月 1 日以前向商标评审委员会提出复审申请,商标评审委员会于 2014 年 5 月 1 日以后审理的案件,适用修改后的商标法。

2. 对于当事人不服商标局作出的异议裁定在 2014 年 5 月 1 日以前向商标评审委员会提出复审申请,商标评审委员会于 2014 年 5 月 1 日以后审理的案件,当事人提出异议和复审的主体资格适用修改前的商标法,其他程序问题和实体问题适用修改后的商标法。

3. 对于已经注册的商标,当事人在 2014 年 5 月 1 日以前向商标评审委员会提出争议和撤销复审申请,商标评审委员会于 2014 年 5 月 1 日以后审理的案件,相关程序问题适用修改后的商标法,实体问题适用修改前的商标法。

4. 商标违法行为发生在 2014 年 5 月 1 日以前的,适用修改前的商标法处理;商标违法行为发生在 2014 年 5 月 1 日以前且持续到 2014 年 5 月 1 日以后的,适用修改后的商标法处理。

最高人民法院 2014 年也在《关于商标法修改决定施行后商标案件管辖和法律适用问题的解释》〔16〕中明确了新旧法适用的问题:

1. 对于在商标法修改决定施行前提出的商标注册及续展申请,商标局于决定施行后作出对该商标申请不予受理或者不予续展的决定,当事人提起行政诉讼的,人民法院审查时适用修改后的商标法。对于在商标法修改决定施行前提出的商标异议申请,商标局于决定施行后作出对该异议不予受理的决定,当事人提起行政诉讼的,人民法院审查时适用修改前的商标法。

2. 对于在商标法修改决定施行前当事人就尚未核准注册的商标申请复审,商标评审委员会于决定施行后作出复审决定或者裁定,当事人提起行政诉讼的,人民法院审查时适用修改后的商标法。对于在商标法修改决定施行前受理的商标复审申请,商标评审委员会于决定施行后作出核准注册决定,当事人提起行政诉讼的,人民法院不予受理;商标评审委员会于决定施行后作出不予核准注册决定,当事人提起行政诉讼的,人民法院审查相关诉权和主体资格问题时,适用修改前的商标法。

3. 对于在商标法修改决定施行前已经核准注册的商标,商标评审委员会于决定施行前受理、在决定施行后作出复审决定或者裁定,当事人提起行政诉讼的,人民法院审查相关程序问题适用修改后的商标法,审查实体问题适用修改前的商标法。

4. 商标法修改决定施行后人民法院受理的商标民事案件,涉及该决定施行前发生的

---

〔16〕 为了实施《民法典》,该司法解释 2020 年有适应性修改,内容基本无变化。

行为的，适用修改前商标法的规定；涉及该决定施行前发生，持续到该决定施行后的行为的，适用修改后商标法的规定。

2019 年《商标法》。第四次修改以后，国知局和最高人民法院没有出台专门的过渡规定，但在相关裁决中一般适用“法不溯及既往”的原则。

（三）商标立法的基本原则

现行商标法的立法宗旨是加强商标管理，保护商标专用权，促使生产者、经营者保证商品和服务质量，维护商标信誉，以保障消费者和生产者、经营者的利益，促进社会主义市场经济的发展。在此宗旨下，中国商标法包含了以下基本原则：

诚实信用原则。2013 年修改的《商标法》第 7 条第 1 款特别规定，申请注册和使用商标，应当遵循诚实信用原则。这一原则不仅规范注册，同时也规范使用，实际贯穿商标法各个条款。这一原则在 2019 年《商标法》第 4 条关于“不以使用为目的的恶意注册”不得保护的规定中也得以体现。

商标专用权依注册产生原则。经商标局核准注册的商标为注册商标，包括商品商标、服务商标和集体商标、证明商标；商标注册人享有商标专用权，在全国都受法律保护。因此，单纯的使用只能根据《反不正当竞争法》在已经使用并产生影响的局部地域受到一定的保护，但不能在全国即时产生权利保护效力。

注册必须使用原则。我国虽然不要求先使用才能申请商标注册，没有使用同样可以获得商标专用权，但一则不以使用为目的的恶意注册不能保护；二则一旦获得注册就有了使用的义务，3 年不使用商标注册即可能被撤销；三则在侵权诉讼中，诉前 3 年没有使用的商标不能获得赔偿；四则只有使用才能增强显著性和知名度从而获得更大范围和强度的保护。这些规定都是为了督促商标注册人积极使用商标，也说明我国并不承认联合商标、防御商标制度。

2023 年公布的商标法修改征求意见稿拟进一步强化商标使用义务，引导商标注册回归制度本源。例如，在申请阶段增加商标使用或者使用承诺的要求；建立商标注册后每 5 年主动说明商标使用情况制度，对未说明使用情况或正当理由的，视为放弃其注册商标专用权，对经抽查发现说明不真实的，可以撤销其注册商标。

申请在先原则。原则上对所有商标注册申请，包括要求了优先权的商标申请，按照申请在先的原则来处理权利冲突问题，但对于同一天申请的商标，则按照使用在先的原则处理。对于驰名商标和已经使用并有一定影响的商标，则要从使用和知名度产生的先后来确定权利的归属。

全面主动审查原则。申请注册的商标，凡不符合商标法有关规定或者同他人在同一种商品或者类似商品上已经注册的或者初步审定的商标相同或者近似的，均由商标局驳回申请，不予公告。也就是说，商标局会主动审查不符合《商标法》第 4 条、第 10 ~ 12 条、第 30 ~ 31 条规定的商标注册申请。因此，除了其他在先权利需要通过异议和无效宣告程序解决冲突外，不符合商标法规定的商标注册申请都可能遭到商标局的主动驳回。

司法复审原则。2001 年修改《商标法》之前，商标评审委员会的裁决均为终局裁决。按照《TRIPS 协定》的要求，2001 年《商标法》改为不服主管机关的裁决一律允许向法院提起行政诉讼，给当事人更多主张权利的机会。对于商标局的程序性裁决也可以提起行政诉讼。2013 年商标法修改后，异议人异议不利时不再能提起行政诉讼，只能等商标注册后提起无效宣告程序,然后才能有机会提起行政诉讼。

自愿注册原则。对于国家规定必须使用注册商标的商品,必须申请商标注册,未经核准注册的,不得在市场销售。目前只有烟草制品属于国家规定必须注册的商品,除此之外的其他商品,则既可以使用注册商标,也可以使用未注册商标。[17]

意思自治原则。商标权是一种私权,商标权人可以自由处分自己的商标专用权,包括转让、许可使用和质押商标。出现商标侵权纠纷,当事人可以协商解决。当然,为了保护消费者的利益,商标法也允许商标局主动驳回与在先注册或申请商标冲突的申请以及容易导致混淆或者有其他不良影响的转让申请,商标共存协议也不总是能得到支持。

集中注册分级管理原则。国知局、商标局负责商标的注册及评审工作。商标局及地方各级市场监管部门和海关负责商标的行政管理工作。具体的介绍见本章第三节。

司法行政双轨保护原则。尽管《TRIPS 协定》并未要求各成员提供商标的行政保护救济,但按照中国商标法的规定,商标注册人或者利害关系人在不愿协商商标侵权纠纷或者协商不成的情况下,除了可以向人民法院起诉外,也可以请求工商行政管理部门处理。同时,对侵犯注册商标专用权的行为,工商行政管理部门也可以依职权查处。海关也提供进出口环节的商标行政保护。公安和检察院也可以对商标假冒案件进行侦查、提起公诉。具体介绍见第九章。

三、商标法与其他知识产权法

商标法、专利法及反不正当竞争法同属工业产权法,工业产权法与著作权法又同属知识产权法。此外,商标法与反垄断法也有千丝万缕的联系。

商标法与专利法。我国《专利法》制定于 1984 年,后来经过 1992 年、2000 年、2008 年、2020 年四次修改。专利法主要保护发明创造,我国的专利包括发明专利、实用新型专利和外观设计专利。

从保护条件上讲,专利要求新颖性、创造性、实用性或美观性。商标没有这方面的要求,但要求显著性、在先性及非功能性。在先性是指不得与正在受保护的在先权利发生冲突,但并不要求选择的标记从来没有人存在过。非功能性的判断与曾经受过专利法的保护有关。

从保护期限上讲,我国三种专利的保护期限分别为 20 年、10 年和 15 年,保护期一到,相关的发明、实用新型和外观设计就会进入公有领域,保护期内还要交年费,未交费的自动失效。商标的保护期是 10 年,但到期可以续展,每次续展有效期为 10 年,续展次数没有限制,因而从理论上讲,只要愿意且一直在使用,商标的保护期可以是无限的,当然,商标如果不使用或者使用不当退化为通用名称,则也可能被撤销。

从保护范围上讲,专利保护的是技术方案或设计,即使是独立开发的也不行;商标保护的则是与商品出处有关的标志,离开商品就无所谓商标的保护。擅自将他人享有专利权的发明创造,尤其是外观设计作为商标使用或注册,会导致专利侵权并使商标不能注册或无效。反过来,侵犯商标专用权的外观设计也会被宣告无效。具体请见第三章第三、四节和第七章第一节。

商标法与反不正当竞争法。假冒或仿冒商标一般被定义为一种不正当竞争行为,但

---

〔17〕《药品说明书和标签管理规定》第 27 条第 1 款禁止使用未注册商标,但与商标法本身的要求无关。

反不正当竞争的范围要大得多。《巴黎公约》第10条之二将工商业事务中任何违反诚实信用的商业惯例的竞争行为都定义为不正当竞争行为,并特别列举了三类不正当竞争行为:(1)使用任何手段具有对竞争者的营业所、商品或工商业活动造成混淆性质的一切行为;(2)在经营商业中,对竞争者的营业所、商品或工商业活动具有损害商誉性质的虚伪说词;(3)在经营商业中,对商品的性质、制造方法、特点、用途或数量使用易使公众产生误解的标记或说词。这三类里面,第一类中对于商品造成混淆的行为与商标保护最为有关,商业诋毁与言论自由、滑稽模仿、比较广告的关系密切,虚假宣传则与商标中某些成分在注册或转让时可能产生的欺骗效果有关,甚至会导致商标被宣告无效、拒绝转让或撤销。

我国《反不正当竞争法》于1993年9月制定并经2017年、2019年两次修改。该法将经营者违反该法规定,扰乱市场竞争秩序,损害其他经营者或者消费者合法权益的行为都定义为不正当竞争行为。

对有一定影响的商品名称、包装和装潢的保护接近于对具有一定知名度的未注册商标的保护,如果保护范围逐渐扩大则有可能作为驰名商标得到保护,因而作为在先权利与商标法也有一定的交叉,可以在一定范围内对抗商标注册和使用。反不正当竞争法和商标法对标志的保护在合法性、显著性和非功能性上的要求基本相同,但在显著性的地域要求上,前者低于后者;前者只需在局部低于显著,而后者需要在全国的相关公众中显著。具体请见第三章和第七章第一节。

商标法与著作权法。我国《著作权法》制定于1990年,2001年和《商标法》一起修改,2010年、2020年又进行了第二、三次修改。著作权法保护的智力作品,是对表现形式的保护,但不延及思想本身,只要是独立创造,而不是抄袭或剽窃,即使不同智力作品表现同一对象,均可以拥有各自的著作权。

著作权包括人身权和财产权;商标则不存在人身权,而只有财产权。与专利一样,著作权的保护具有期限,即作者生前加去世后50年,而商标保护可以无限续展。当然,著作权没有使用义务,商标在一定时间(如3年)不使用,就可能被撤销。另外,著作权保护到期与商标的非功能性判断也有关。

著作权的保护与商品或使用形式无关,只要构成对作品的使用就是侵权,因此侵犯他人著作权的商标不仅不能申请注册,也不能在商业活动中使用;商标法是对商品上的标志进行的保护,一般来说,一旦某一标志被注册为商标,除非其显著性仅仅限于某一特殊的表现形式、形状、颜色或声音,则对该标志或近似标志混淆性的使用都会构成商标侵权。同时,由于存在注册商标5年则不可因在先权利提出无效宣告,如何平衡二者的利益也会引发诸多问题。具体请见第三章第三、四节和第七章第一节。

商标法与反垄断法。反垄断法严格来说不是知识产权法但又与知识产权法具有十分密切的关系。商标权本质上是一种垄断专用的权利,其正当存在与行使并不会触犯反垄断法,但构成滥用的,产生排除、限制竞争的行为则依照反垄断法会被禁止。我国2007年制定《反垄断法》并于2022年修改,相关介绍请见第八章第六节。

四、商标法与其他法律门类

陆游诗曰,"法不孤生自古同",商标法除了与同为知识产权法的其他学科关系密切,要真正掌握商标法,还需要熟悉刑法、民法、行政法几大法律门类。

商标法与刑法。我国的商标法和1979年《刑法》结缘甚至早于1982年的《商标法》颁布,当时虽然有1963年《商标管理条例》(已失效),但该条例并未规定对商标侵权假冒的制裁和处罚,刑法首先规定假冒商标罪无疑给全社会传递了商标之于市场管理秩序的重要意义。当然,围绕商标的三大罪状更是体现了刑法从源到流全面保护商标专用权的独特作用。后来,关于相同商标、同一种商品的讨论对商标法本身有直接的影响,刑法中主犯、从犯的概念对商标的直接侵权、间接侵权的理论显然具有借鉴意义,商标的私权属性也推动了刑事自诉以及刑事附带民事诉讼在打击商标侵权假冒中的运用。

商标法与民法。《TRIPS协定》称知识产权是私权,商标法也不例外,也就是说商标法更多地体现平等的市场竞争主体之间的民事法律关系,民法的诚实信用原则更是不可须臾离之。商标一旦投入使用即会与既有权利产生各种交集乃至冲突,尤其是自然人或法人的人身权以及他人的知识产权,商标专用权一旦获得注册,围绕商标的运用、流转,商标的共有、许可、转让、移转、继承、质押等,同样离不开民法的合同法、继承法、婚姻法等;主张他人侵权要求停止侵犯、赔偿损失,又与民法的侵权法息息相关。商标法与民法既有个性也有共性,如惩罚性赔偿最终写入为民法典,商标法也起到了先导的作用。

商标法与行政法。商标的首要属性是私权,但商标由于对消费者有直接的影响,因此也具有很强的公共属性,除了上面提到的直接以刑事手段打击商标假冒行为,我国一开始就强调商标专用权的双轨制保护,而且,也由于我国采取商标专用权依注册产生的制度,商标行政主管机关的授权确权行为也带有明显的行政属性。加入世界贸易组织以后,行政终局改为司法复审,行政诉讼法框架下的商标授权确权体系与商标侵权的民事救济并驾齐驱。商标保护作为一个重要的管理手段,在消费者权益保护法、广告法、产品质量法、药品管理法、食品安全法、烟草专卖法乃至对外贸易法等法律中都有体现。商标专用权的行政保护除了与行政诉讼法相关,还与行政强制法、行政处罚法、行政复议法等程序法都有密切联系。

商标法与国际法。商标法作为最早与国际保护、国际公约结合的知识产权之一,不论是在《巴黎公约》《马德里协定》《TRIPS协定》等多边条约中,还是在欧盟商标法、《区域全面经济伙伴关系协定》等地区协定中,或者在中美、中欧等双边协定中,都十分活跃,具体如何与国内法衔接更是会衍生诸多特殊的法律适用问题。随着平行进口、跨境电商的普及,商标的跨国纠纷日益增加,甚至随着民用太空开发的兴起,外太空的商标国际保护也开始提上议事日程。

五、商标法与其他相关学科

"工夫在诗外",商标法虽然是知识产权法学的分支,但又带有极强的应用性和实践性,与诸多学科有千丝万缕的联系,熟悉和了解这些学科,方能使我们在商标的理解和运用上进退自如。

商标法与市场营销学。商标被称为不说话的销售员,也是企业广告的最佳载体,是企业与消费者沟通最方便的抓手。通过品牌形象的打造,商标为企业积攒口碑,沉淀资产,如同"飞去来器"一样,将花费出去的资金转换为无形资产,形成"微笑曲线"的一端,提高市场竞争的门槛。商标从商品的附庸正在成为商品的核心价值,在同质化的背景下,商标的差异成为消费的主要诉求。

商标法与商品学。商标适用于商品以传递信息,商品及服务的种类成千上万,各有特色,有的是日常生活用品,有的则是生产的原材料,有的是大众消费品,有的则是用途十分狭窄的特殊产品,其生产工艺、销售渠道、流通环节也都千差万别。商品学的专门知识在确定商品或服务的类似关系中有重要的作用。随着虚拟经济的发展,游戏中的虚拟装备乃至元宇宙体验经济的出现,也都将扩大传统经济中产品、商品及服务的概念。

商标法与语言学及符号学。商标是否表示特定的含义,外语是否为相关公众所知晓,商标是否代表一定的地位和身份,他人的使用是否会弱化、丑化乃至退化商标,也都可以从符号学的角度找到答案,甚至帮助我们理解商标的本质乃至人的符号本质。同时,在国际贸易中入境问禁、入乡随俗,开发目的地国家消费者喜闻乐见的品牌,可以避免因为想当然而可能闹出的笑话。

商标法与设计学。商标标志的风格设计对于一个企业的形象塑造越来越重要,企业在品牌设计上的持续投入可以反映和印证企业对自身形象、品味以及格调的重视程度,任何的疏忽大意或漫不经心最终都会被消费者捕捉和感知,最终影响企业获得长期利益。

商标法与认知科学或认知心理学。商标是消费者和生产经营者之间的桥梁和纽带,消费者通过识别、辨认商标进而识别商品或服务的来源。认知心理学在判断商标是否经过使用获得"第二含义"或后天显著性;商标在消费者中是否具有知名度,是否具有误导性,是否已经退化为通用名称,是否会产生混淆或联想,是否属于在原始的"第一含义"下正当使用一个叙述性词汇等方面,都很有助益。

商标法与信息经济学。商标在信息经济学中与博弈论有密切的关联,尤其对减少或消除信息不对称有直接的作用。同时,品牌忠诚度也是路径依赖的一种表现形式,既有正面意义,也可能会有负面的影响。研究互联网的平台经济,可能有助于打破传统经济只有简单的供需双方的刻板印象。另外,商标的损害并不容易度量,有时需要借助构建经济模型,采用经济分析的方法才能剥离出特定品牌对销量的贡献度,从而较为精确地确定损害赔偿额。

第三节　商标主管机关

商标作为一种无形财产,不能仅仅通过占有来实现控制,英美法系中因此将商标视为"诉讼中的物"(chose in action)。为了加强对商标注册和使用的管理,各国都设立了专门的注册机关乃至专门的法院。

一、外国商标注册及执法机关

注册机关。自从建立商标注册制度,注册机关就成为维系商标公信力的核心部门。由于历史原因,各国主管商标注册机关的名称各不相同,单纯叫商标局(TMO)的不多,如比荷卢商标局;比较普遍的情况是由专利局兼顾商标注册,如德国专利局(PATENTAM)、日本特许厅,美国最初也属于这种模式,后来改称美国专利商标局(USPTO);也有统属工业产权局或知识产权局的,如法国、葡萄牙、西班牙国家工业产权局(INPI),瑞士联邦知识产权局(IPO),英国知识产权局(UKIPO),新加坡知识产权局(SIPO)。欧洲联盟为建设统一大市场的需要,设立了欧盟知识产权局(EUIPO),负责欧盟商标的注册。

各个局的职能也不尽相同,有些局负责从形式审查到绝对理由和相对理由实质审查及异议的全程监管,如美国专利商标局、日本特许厅;有些局则只审查绝对理由,基本上来者不拒,有问题则在无效程序中解决,如比荷卢商标局;有些局则居中,只负责绝对理由的审查,给在先权利人或者在先商标所有人提供异议的机会,如欧盟知识产权局、法国国家工业产权局以及英国知识产权局。最后一种情况相对比较普遍。此外,欧盟商标指令还要求各国商标注册部门对于已注册的商标提供无效宣告的行政程序。

执法机关。行政执法方面,主要有海关的边境执法,各国海关至少提供进口环节的商标保护。司法保护方面,建立专门的知识产权法院目前是世界知识产权审判的一个大趋势。德国设有联邦专利法院,美国设联邦巡回上诉法院(CAFC)专司专利案件上诉。欧盟普通法院和欧盟法院负责审理对欧盟知识产权局的上诉,欧盟法院还负责欧盟商标指令有关的初裁请求,各成员国设置欧盟商标法院审理欧盟商标的侵权及反诉案件。法国巴黎上诉法院、英国高等法院都设有专门的法庭受理对商标局裁决的上诉。日本、新加坡都有专门的知识产权法院。

二、中国商标注册及执法机关

新中国成立后,我国的商标注册工作先后由中央私营企业局和中央工商行政管理局主管。1978 年原工商行政管理总局成立,内设商标局。

根据 1982 年颁布的《商标法》,商标局主管全国的商标注册和管理工作,各级工商行政管理部门对商标使用行为进行监督管理,依职权或应权利人请求查处侵犯注册商标专用权行为,保护商标权人和消费者的合法权益。1988 年《商标法实施细则》(已失效)和 1993 年《商标法》规定原国家工商行政管理局设立商标评审委员会,负责处理商标争议事宜。此外,各级海关、公安部门以及法院、检察院也依据各自的法定职责行使商标执法权。

(一)国知局、商标局及地方商标执法部门

国知局。2018 年,根据第十三届全国人民代表大会第一次会议《关于国务院机构改革方案的决定》(以下简称《国务院机构改革方案》),将原国家工商行政管理总局的职责与其他相关机构的职责整合,组建市监总局。同时,将国知局的职责、原国家工商行政管理总局的商标管理职责、原国家质量监督检验检疫总局的原产地地理标志管理职责整合,重新组建国知局,由市监总局管理。

同时,根据全国人民代表大会常务委员会《关于国务院机构改革涉及法律规定的行政机关职责调整问题的决定》,现行法律规定的行政机关职责和工作,《国务院机构改革方案》确定由组建后的行政机关或者划入职责的行政机关承担的,在有关法律规定尚未修改之前,调整适用有关法律规定,由组建后的行政机关或者划入职责的行政机关承担;相关职责尚未调整到位之前,由原承担该职责和工作的行政机关继续承担。地方各级行政机关承担法律规定的职责和工作需要进行调整的,按照上述原则执行。

根据 2018 年《国家知识产权局职能配置、内设机构和人员编制规定》,国知局是市监

总局管理的副部级国家局,负责保护知识产权。商标方面,拟订严格保护商标、原产地地理标志等知识产权制度并组织实施;组织起草相关法律法规草案,拟订部门规章,并监督实施。研究提出知识产权保护体系建设方案并组织实施,推动建设知识产权保护体系;负责指导商标执法工作,指导地方知识产权争议处理、维权援助和纠纷调处;负责知识产权的审查注册登记和行政裁决。实施商标注册;负责商标复审和无效等行政裁决;拟订原产地地理标志统一认定制度并组织实施;负责建立知识产权公共服务体系;推动商标信息的传播利用;同时加强对商标抢注、非正常专利申请等行为的信用监管,规范商标注册和专利申请行为,维护权利人合法权益。

国知局负责对商标执法工作的业务指导,制定并指导实施商标权确权和侵权判断标准,制定商标执法的检验、鉴定和其他相关标准;市监总局负责组织指导商标执法工作。国知局设下列内设机构,具体而言,条法司承担行政复议、行政应诉等工作,拟订商标、原产地地理标志审查政策和授权确权判断标准,组织实施申请、受理、授权等工作。战略规划司拟订全国知识产权工作发展规划和商标、原产地地理标志等审查、注册、登记计划。知识产权保护司组织拟订商标侵权判断标准及保护执法的检验、鉴定和其他相关标准;承担商标评审行政裁决工作;承担原产地地理标志、特殊标志和奥林匹克标志、世界博览会标志等官方标志相关保护工作;承担指导地方知识产权争议处理、维权援助和纠纷调处工作。知识产权运用促进司承担指导和规范知识产权无形资产评估工作;承担商标专利质押登记和转让许可备案管理等有关工作。公共服务司承担商标信息的传播利用相关工作。

根据2023年发布的党和国家机构改革方案,国知局由市监总局管理的国家局调整为国务院直属机构。商标、专利等领域执法职责继续由市场监管综合执法队伍承担,相关执法工作接受国知局专业指导。

商标局。2018年11月15日中央编办《关于国家知识产权局所属事业单位机构编制的批复》规定,将原国家工商行政管理总局商标局、商标评审委、商标审查协作中心整合为国知局商标局,是国知局所属事业单位。

2019年3月26日国知局《关于印发〈商标局职能配置、内设机构和人员编制规定〉的通知》规定,商标局主要职责为:承担商标审查注册、行政裁决等具体工作;参与商标法及其实施条例、规章、规范性文件的研究制定;参与规范商标注册行为;参与商标领域政策研究;参与商标信息化建设、商标信息研究分析和传播利用工作;承担对商标审查协作单位的业务指导工作;组织商标审查队伍的教育和培训;完成国知局交办的其他事项。商标局下设52个职能处。

地方商标执法部门。主要指市场监督管理部门以及具有商标行政执法权的相关部门,还包括上海市浦东新区知识产权局、长沙市知识产权局等具有商标执法权的知识产权管理部门。

(二)海关

海关总署是国家的进出境监督管理机关和查禁走私的主管部门。海关总署成立于1949年,隶属关系历经变更。1980年,国务院将当时由地方管理的海关建制收归中央,设立海关总署,直属国务院。海关机构的设置为海关总署、直属海关和隶属海关三级。直属海关由海关总署领导,向海关总署负责。隶属海关由直属海关领导,向直属海关负责。

1995年7月5日,国务院发布《知识产权海关保护条例》,目的是实施知识产权海关保护,促进对外经济贸易和科技文化交往,维护公共利益。该条例在 2003 年、2010 年、2018 年又进行了三次修改。

知识产权海关保护,是指海关对与进出口货物有关并受我国法律、行政法规保护的商标专用权、著作权和与著作权有关的权利、专利权实施的保护。海关具体保护程序参见第九章。

当然,海关工作人员在实施知识产权保护时,如果玩忽职守、滥用职权、徇私舞弊从而构成犯罪,则将依法追究刑事责任;尚不构成犯罪的,依法给予行政处分。

(三)人民法院

中国的法院的组织体系分为四级,即基层、中级、高级和最高人民法院,并设军事、海事、铁路、水运等专门人民法院。我国的基层人民法院包括县、市、自治县和市辖区的人民法院;中级人民法院包括省、自治区内按地区设立的中级人民法院,直辖市内设立的中级人民法院,省、自治区辖市的中级人民法院和自治州人民法院;高级人民法院包括省、自治区和直辖市高级人民法院。同时,我国设立了北京、上海、广州以及海南自贸区知识产权法院。

人民法院受理以下商标案件:(1)不服国家知识产权局作出的复审决定或者裁定的行政案件;(2)不服国家知识产权局作出的有关商标的其他行政行为的案件;(3)商标权权属纠纷案件;(4)侵害商标权纠纷案件;(5)确认不侵害商标权纠纷案件;(6)商标权转让合同纠纷案件;(7)商标使用许可合同纠纷案件;(8)商标代理合同纠纷案件;(9)申请诉前停止侵害注册商标专用权案件;(10)申请停止侵害注册商标专用权损害责任案件;(11)申请诉前财产保全案件;(12)申请诉前证据保全案件;(13)其他商标案件。

(四)人民检察院、公安部门

商标刑事案件,由公安部门侦查,并由人民检察院审查起诉。工商及海关部门查处商标侵权假冒案件中发现构成犯罪的,应该移送公安部门办理。

人民检察院还负责商标民事和行政案件的法律监督工作,根据需要,进行抗诉或提出检察建议。

(五)港澳特区商标注册机关

香港知识产权署协助制订香港特区的知识产权法例和政策,提供商标、专利及外观设计的注册服务及负责与知识产权有关的教育及宣传工作。

澳门特别行政区经济财政司经济局负责协助制订经济活动范畴、知识产权范畴以及其他法律规定属其范畴的经济政策;具体包括协助制订管理知识产权的政策,并执行有关工作,商标的注册事务由经济局知识产权厅负责。

思考题

1. 商标的功能有何变迁?
2. 商标的价值增长有何特点?
3. 中国商标司法复审的特点是什么?
4. 中国商标法的立法原则是什么?
5. 中国商标法的时间效力如何计算?

第二章　商标注册的要素

虽然世界知识产权组织1966年在制定《发展中国家商标、商号和不正当竞争行为示范法》时曾经尝试将商标定义为“用以区别一个企业与其他企业商品的可视标志”，但在1994年签订《TRIPS协定》之前，还没有任何一个正式的国际公约对商标进行过明确定义。《TRIPS协定》是第一个给出商标定义的国际公约，该协定第15条规定：“能够将一个企业的商品或服务同另一个企业的商品或服务区别开来的任何标志或者标志的任何组合，都可以组成商标。”该定义具有开放性，只要具有区别商品来源功能的标志都可以是商标。当然，作为注册的条件，该协定允许成员仅仅注册“视觉可见”的标志。

根据这一定义，中国2001年修改《商标法》时也以类似的语言规定了商标的组成，即“任何能够将自然人、法人或者其他组织的商品或服务与他人的商品或服务区别开的可视性标志，包括文字、图形、字母、数字、三维标志和颜色组合，以及上述要素的组合，均可以作为商标申请注册”。2013年进一步修改为“任何能够将自然人、法人或者其他组织的商品与他人的商品区别开的标志，包括文字、图形、字母、数字、三维标志、颜色组合和声音等，以及上述要素的组合，均可以作为商标申请注册”。

2013年《商标法》不仅去除了“可视性”的要求，明确开放了声音商标，而且增加了“等”字，理论上已经向《TRIPS协定》的要求完全看齐了。2023年商标法修改征求意见稿拟进一步开放可注册范围。从以上商标的定义来看，与企业名称不同，商标并不仅仅是一个单纯的标记，借用魏国刘劭《人物志》的书名，它实际是由人——使用商标的主体（第一节）、物——商标使用的对象（第二节）以及志——组成商标的标志（第三节）三位一体的统一物（如图2.1所示）。这三个要素缺一不可，相互关联共同组成一个完整的商标。商标注册的要素，实际也就是商标注册的形式要件。

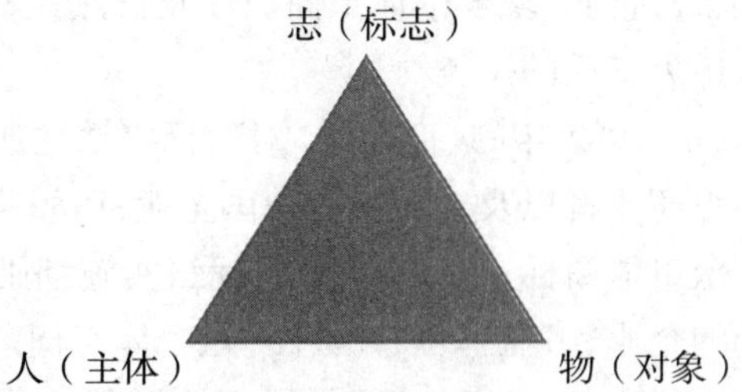

图2.1　商标三要素

第一节　人——使用商标的主体

正如第一章所述,在商品交易的初期,交易双方能直接见面且彼此熟悉因而不需要商标。只是随着商品流通的环节逐渐增多、交易双方的距离逐渐加大、商品的种类逐渐繁复,生产者的实际身份变得难以分辨,简便易记的商标才得以大行其道。商标的出现使消费者并不总是需要清楚地知道具体是谁在制造产品或提供服务,但使用商标的主体作为商标的所有人,仍旧是商标构成的第一环,因为他们才是实际为产品和服务负责的人,他们在实际控制商标的使用。在实行注册制度的国家,商标的主体就是商标注册人。

使用的主体改变了,商标即使不变,其内涵也会相应地发生变化。所以《商标法》第41条特别强调,如果注册商标需要变更注册人的名义、地址或者其他注册事项,则应当提出变更申请。

根据中国商标法的规定,自然人、法人或者其他组织或两个以上的自然人、法人或者其他组织以及团体、协会或者其他组织,对某种商品或者服务具有监督能力的组织均可以申请商标注册。按照商标所有人数量的多寡,商标的主体可以进一步分为单一主体、共有主体和集体主体。

一、单一主体

所谓单一主体,是指商标权人为单独的自然人、法人或其他组织,如全民所有制工业企业、公司、乡镇企业、外资企业、中外合作企业、中外合资企业、合伙企业、个人独资企业、私营企业、城乡个体工商户以及自然人、个人合伙、事业单位等。这类主体是商标主体中最为广泛的一类。

1982年的《商标法》对商标申请注册的主体资格的要求仅限于企业、事业单位和个体工商业者以及外国人和外国企业;1986年的《民法通则》允许法人、个体工商户及个人合伙申请商标;1993年的《商标法实施细则》进一步将可以申请商标的主体细化为依法成立的企业、事业单位、社会团体、个体工商户、个人合伙以及外国人和外国企业。这种"通则大于法,法小于细则"的局面被形象地称为"两头大,中间小"。2001年修改《商标法》后才彻底理顺了这一关系。

自然人。就自然人而言,2001年修改前的中国商标法律只允许领有营业执照的个体工商户、个人合伙或者普通的外国人申请商标注册,单纯的中国自然人一直被排除在权利主体的范围之外。这种排除带来一系列的问题:例如,造成"内外有别""外高内低"的不平等待遇,农村经营承包户无法申请商标注册,自然人一旦不再是个体工商户或脱离个人合伙就会立即丧失商标权的合法主体资格,普通的自然人也无法继承商标所有权。基于以上种种弊端,2001年《商标法》修改时取消了这一限制,从而使任何自然人均可以申请商标注册。

这一限制的取消在网络经济时代具有特别重要的意义，它使一些预先储备商标再开办实业的做法成为可能，也使一些拥有个人主页但还没有开始商业运作的个人具有了先创立商标再作价投资的可能。允许自然人申请商标注册还有一个附带的效果，因为自然人无所谓经营范围，所以商标法实施条例索性对其他申请主体也不再要求提供营业执照，不再要求申报的商品范围不得超过核准或登记的经营范围。而仅规定申请商标注册时，申请人应当提交能够证明其身份的有效证件的复印件，商标注册申请人的名义应当与所提交的证件相一致。而这是符合《商标法新加坡条约》的总体要求的。

但2007年，原国家工商行政管理总局商标局发布《自然人办理商标注册申请注意事项》，仅允许个体工商户以其个体工商户营业执照登记的字号作为申请人名义提出商标注册申请，或以执照上登记的负责人名义提出商标注册申请；允许农村承包经营户以其承包合同签约人的名义提出商标注册申请；允许其他依法获准从事经营活动的自然人，以其在有关行政主管机关颁发的登记文件中登载的经营者名义提出商标注册申请；上述主体申请时均需提交相关证明文件。而且自然人提出商标注册申请的商品和服务范围，以其在营业执照或有关登记文件核准的经营范围为限，或者以其自营的农副产品为限。

法人。按照《民法典》，法人是指具有民事权利能力和民事行为能力，依法独立享有民事权利和承担民事义务的组织。法人应当依法成立，有自己的名称、组织机构、住所、财产或者经费。法人具体分为营利法人（含有限责任公司、股份有限公司和其他企业法人等）、非营利法人（含事业单位、社会团体、基金会、社会服务机构等）、特别法人（含机关法人、农村集体经济组织法人、城镇农村的合作经济组织法人、基层群众性自治组织法人）。法人尤其是营利法人是商标主体中最普通、最集中的一类，商业化的运作毕竟需要一定的规模和资金，没有持续不断的投入，商标的生命也不可能长久。

其他组织。其他组织与非法人组织相当，按照《民法典》，非法人组织是不具有法人资格，但是能够依法以自己的名义从事民事活动的组织。非法人组织包括个人独资企业、合伙企业、不具有法人资格的专业服务机构等。

二、共有主体

所谓共有，是指某项财产由两个或两个以上的权利主体共同享有所有权，共有又可以分为按份共有和共同共有。按份共有，又称分别共有，是指两个或者两个以上的共有人按照各自的份额分别对共有财产享有权利和承担义务的一种共有关系。共同共有，是指两个或者两个以上的共有人，根据某种共有关系而对某项财产不分份额地共同享有权利并承担义务的一种共有关系。共同共有主要有两种基本形式，即夫妻共同财产和家庭共同财产。

有形财产的共有作为民法中所有权制度的一个基本组成部分，已有数千年的历史。事实上，共有在家庭财产、夫妻财产或继承制度中往往是一个经常甚至唯一的选择。

就商标而言，由于它首先是要向消费者传达商品或服务具有唯一和确定的出处或来源，单一主体必然会成为它的主要形态，但在企业发生分离或自然人婚丧嫁娶时，共有就会成为一个不可回避的问题。

在商标法没有明确就共有作出规定之前，《民法典》和《巴黎公约》中有关共有的规定是解决商标共有的唯一依据。中国1989年加入《马德里协定》以及1995年加入《马德里议定书》之后,事实上已依据国际公约保护以共有形式指定中国的商标领土延伸申请。为了厘定各个共有人的权利义务,2001 年的《商标法》正式建立了商标共有制度,明文规定“两个以上的自然人、法人或者其他组织可以共同向商标局申请注册同一商标,共同享有和行使该商标专用权”。

从商标专用的本质属性来看,商标共有往往是一种不得已的方案,而不是一个理想的选择。商标共有通常是在各方相持不下时最终妥协的结果,一般不会一开始就选择商标共有。至于股东、共同投资人、合伙人、共同继承人通过公司章程、投资协议、合伙协议、遗嘱继承或法定继承间接共同拥有一个商标,并不需要联合具名申请共有商标。

商标共有与商标共存不同,商标共存的状况既可能在在先商标人对在后的相同或近似的商标没有提出异议或争议的情况下自然产生,也可能在协商或法院判决的基础下通过协议产生,但两个商标彼此之间仍然相互独立,不存在共同拥有、共同行使的问题。

商标共有也不同于在先商标相对于在后注册商标的继续使用,中国 1993 年开始保护服务商标时,曾允许已经使用的服务商标继续使用,客观上就会与注册成功的同一商标一同存在,但可以继续使用的商标本身并不能注册,也不能扩大使用的范围。《商标法》第 59 条第 3 款的继续使用制度与此类似。

根据《民法典》第 1062 条的规定,在没有约定的情况下,夫妻在婚姻关系存续期间所得的知识产权的收益,归夫妻共同所有,属于夫妻双方共同财产,这主要是指转让或许可使用商标所产生的收益,但这还不能直接等同于商标的共有,因为商标事实上仍归夫妻中的一方所有,另一方无权自由处分。

个人合伙企业的商标是一种事实上的共有商标,原国家工商行政管理总局 1995 年曾就此问题作出过批复,根据《民法通则》第 32 条第 2 款关于“合伙经营积累的财产,归合伙人共有”的规定,明确个人合伙企业在合作期间注册的商标,应为合伙人所共有,以商标注册人的名义使用,不得由其中某一个合伙人单独使用,更不得以其个人名义与他人或其他企业共同使用,否则即构成商标侵权行为。但从整体对外来看,个人合伙仍然属于单一主体的商标。

商标的共有要遵守财产共有的一般规定,同时也有一些特殊的事项需要注意。所谓一般规定,主要是指不能证明财产是按份共有的则应认定为共同共有,部分共有人擅自处分共有财产的一般认定无效,分割共有财产有协议的按协议处理,不能分割或者分割有损其价值的特定共有物可以折价处理,出卖自己分得的共同共有财产在有整体或者配套使用的问题时其他原共有人有优先购买权等。

所谓特殊事项,主要是指共有商标在行使权利例如许可使用、转让、质押时,应当征得各个共有人的意见,共同行使权利,任何擅自处分共有商标的行为都是无效的法律行为。在行使权利时,《民事诉讼法司法解释》第 72 条规定,共有财产权受到他人侵害,部分共有权人起诉的,其他共有权人为共同诉讼人。

在【“田霸”案】[1]中,最高人民法院指出,在商标权共有的情况下,商标权的行使应遵循当事人意思自治原则,由共有人协商一致行使;不能协商一致,又无正当理由的,任何

---

〔1〕 参见最高人民法院民事裁定书,(2015)民申字第 3640 号,载黄晖编著:《中国商标及不正当竞争案例精要》,知识产权出版社 2021 年版,第 10 页。

一方共有人不得阻止其他共有人以普通许可的方式许可他人使用该商标。

共有可以由两种渠道产生：一是原始共有；二是继受共有。

原始共有。所谓原始共有，是指商标注册之始，即由两个以上的主体共同申请、共同注册、共同所有，但基于上面提到过的原因，原始共有的情况在现实中较为少见。

改革开放前，曾经出现过一种俗称“两本账”的特殊形式的商标原始共有，具体的原因是，在1982年《商标法》实施以前，我国曾经根据工业企业和外贸经营单位在国内外市场的需要，采取变通办法，核准工贸双方分别在内销和出口的相同商品或类似商品上注册同一商标，由此出现了同一注册商标有两个或两个以上所有权人的情况。

1990年6月13日，原国家工商行政管理总局专门下发了《关于解决工贸双方注册同一商标问题的意见》，从双方的注册、使用的实际出发，兼顾工贸双方的利益，维护国家整体利益，对工贸双方注册同一商标问题提出了具体的处理意见：1966年11月以前注册的商标归在先注册人；在1966年11月至1979年10月注册的商标归在先使用人；单方转让商标的无效，商标仍归原注册人所有；基本不使用或经营管理不善、经济效益差的一方的商标应归属于多年来一直使用的或经营管理能力强、经济效益好的另一方。1990年12月29日，原国家工商行政管理总局又下发了《关于重申工贸双方注册同一商标使用原则的通知》，进一步明确处理的原则是内外分开，出口商品要转内销或者内销商品要转外销的工贸双方都必须签订商标使用许可合同，否则按侵权处理。

应该说，大部分的问题经过协调基本都得到了解决，但也有一些工方或贸方不尽满意，最后诉至法院的情形，例如，在一个现在已经十分罕见甚至颠覆常识涉及“两本账”历史纠纷的【“鹦鹉”案】[2]中，最高人民法院分析了在后注册商标主张在先注册商标侵权的可受理性和共存的解决思路，并指出，在后注册商标的权利人起诉在先注册商标的权利人侵害其商标权的，不属于《权利冲突司法解释》第1条第2款规定的应当由原告向有关行政主管机关申请解决的情形，人民法院应当依法受理并作出裁判。商标法施行前限定使用在出口商品上的外文商标，由于商标法实施后取消了使用范围限制，从而形成与近似中文注册商标共存的事实。两商标的权利人应当以其核定使用的商品和商标标志为限，享有各自独立的专用权。

继受共有。所谓继受共有，是指两个以上的主体因为离婚、继承、分家析产、企业分立等受让取得商标权的情况，这种情况在2001年《商标法》允许自然人拥有商标的情况下尤其容易出现，甚至不可避免。事实上，在2001年《商标法》生效之前，这种情况已经是一种现实存在。

在【“傻子瓜子”案】[3]中，改革开放初期，安徽芜湖的年广九创办了著名的“傻子”瓜子，后来其家庭内部调整产权，在2000年由年广九、傻子公司和傻子总厂共同签订注册商标转让协议书，约定“傻子”商标由傻子公司和傻子总厂共同所有，后来由于使用商标过程中不合，傻子总厂状告傻子公司，要求确认商标共有关系。二审法院安徽省高级人民法院2002年在查明事实的基础上认为，“中国原《商标法》及其实施细则并没有禁止商标

---

〔2〕　参见最高人民法院民事判决书，(2020)最高法民再25号。

〔3〕　参见安徽省高级人民法院民事判决书，(2002)皖民二终字第12号，载黄晖编著：《中国商标及不正当竞争案例精要》，知识产权出版社2021年版，第12页。

专用权共有。原《商标法》未明文规定注册商标专用权共有,仅针对原始取得的注册商标,而不包括继受取得的注册商标。本案争议商标的专用权共有行为发生在注册商标的转让过程中,并不是在申请注册过程中,'法无禁止不违法'……商标权是一种民事权利。从民法原理看,应当允许两个以上主体共同享有同一商标权;该约定既是私法行为,也是当事人意思自治原则下的适法行为。因此,该约定并不违法,应为有效"。

三、集体主体

商标的主体也可以是一个集体,集体的成员均可以使用这一商标。有关保护集体商标的规定最早见于 1911 年《巴黎公约》的华盛顿文本,即现行文本的第 7 条之二。证明商标在有些国家如法国又被称为保证商标,共同体商标条例中则只列集体商标,间接包括证明商标。2015 年修订后的《欧盟商标条例》已经同时开放集体和证明商标的注册。

中国从 1993 年的《商标法实施细则》开始保护集体商标和证明商标,2001 年修改《商标法》时将相关规定提升为法律。按照 2001 年《商标法》,集体商标是指以团体、协会或者其他组织名义注册,供该组织成员在商事活动中使用,以表明使用者在该组织中的成员资格的标志。证明商标,则是指由对某种商品或者服务具有监督能力的组织所控制,而由该组织以外的单位或者个人使用于其商品或者服务,用以证明该商品或者服务的原产地、原料、制造方法、质量或者其他特定品质的标志。有关集体商标、证明商标注册和管理的具体事项,将在本书第十二章专门加以介绍。

第二节 物——商标使用的对象

消费者首先是购买具体的商品或服务,这些商品和服务一开始并不都有商标,只是为了保证购物的安全和效率才使用商标。因此,商标并不是一个脱离商品存在的抽象标志,它必须同具体的商品或服务结合,才能起到区别出处的作用。这也正是商标相对于其他区别性标记如企业名称的特征所在。

使用在此商品的商标和使用在彼商品的商标从法律上讲就是两个不同的商标。因此《商标法》第 23 条才规定,注册商标需要在核定使用范围之外的商品上取得商标专用权的,应当另行提出注册申请。

一、商品

最初的商标都是用在商品上的,trade mark 也专指商品商标,如图 2.2 所示。由于商品的种类繁多,为了便于商标注册,各国都对商品进行了详细的分类,类别的标准和种类相差很大。

扫描看彩图

图 2.2　商品商标举例

为了改变这种“各自为战”的状况，1957 年国际上签订了《尼斯协定》(具体介绍请见第十四章)，专门规范商标注册使用的商品或服务的范围并有详细的国际分类表(又称尼斯分类)。尼斯分类一般每 5 年修订一次，一是增加新的商品，二是将已列入分类表的商品按照新的观点进行调整，以求商品更具有内在的统一性。

中国商标管理制度从 1904 年开始，先后公布了 6 个商品分类表。我国现行的商品分类表，是新中国成立以来商标管理部门根据我国经济的发展情况，经过几次修订而逐渐形成的。时至 1988 年使用的是 1963 年制定、1981 年正式公布的《商品分类(组别)表》，共分为 78 个类，若干个组。随着我国商品经济的发展，国际经济贸易往来的扩大，该商品分类表已不能适应形势的需要。

为了加强商标工作的科学管理，更好地适应我国商品经济发展的需要，方便商标国际注册和交流，根据 1988 年《商标法实施细则》(已失效)第 47 条第 3 款的规定，原国家工商行政管理局决定于 1988 年 11 月 1 日起，实行商标注册用商品国际分类，原《商品分类(组别)表》(78 类表)同时废止。当时中国只注册保护商品商标，故 1988 年分类转换时中国首先采用了该分类的商品部分。

从我国采用国际分类至今来看，采用国际分类是成功的，既方便了商标申请人，也规范了商标主管机关的管理，密切了国际商标事务的联系。尤其是 1994 年我国加入《尼斯协定》以来，我们积极参与了对尼斯分类的修改与完善，已将多项有中国特色的商品加入尼斯分类中。

《尼斯协定》将商品分为 34 个类别，大体说来，第 1 到 5 类为化学、医药等制品，第 6 到 15 类为机械、电子、仪器、车辆、乐器、军火等，第 16 到 28 类为纸类、日常用品、皮革、服装、玩具等，第 29 到 34 类为食品、饮料、酒水、烟草等。从以上的分类来看，可以使用商标的商品几乎涉及所有能够想象的领域：不仅是工业产品可以注册，农产品也可以；不仅制成品可以，未加工的矿产品也可以；不仅非生物可以，活的动物和植物也可以，如螃蟹的背上可以用激光雕刻商标，树上的苹果可以用遮光的办法直接将商标“印”在表面；不仅是与消费者直接见面的终端产品才会使用商标，一些中间产品也完全可以使用商标，甚至越来越流行。

例如，英特尔的芯片本来并不在消费者考虑之列，因为消费者主要是购买完整的电脑，但英特尔公司坚持了对自己商标的宣传和推广，最终使“内置英特尔”(Intel inside)家喻户晓；杜邦公司在宣传“特富龙”(Teflon)、“莱卡”(Lycra)等原材料产品上也十分成功，以至于购买炊具和服装的消费者会进一步关心产品使用的原料是否含有“特富龙”(Teflon)和“莱卡”(Lycra)。有人形象地将这种情况称为“内衣外穿”。

在商品商标的使用上也容易存在一些误区，例如，本来是要保护“内容”，却去注册包装盒或包装袋,而事实上,真正像“利乐”这样的包装生产商实际是不会去生产饮料的。又如,我国台港澳的用语有时与大陆使用的不太一样,如大陆的“芯片”相当于台湾地区的“晶片”,而大陆的“晶片”则相当于台湾地区的“晶原”,因此就有台商到大陆来注册商标时按台湾地区的通称指定了“晶片”,却漏掉了大陆真正与之对应的“芯片”。

有一些商品或服务的分类也不容易确定,以“商品房”为例,商标局就认为,按照世界知识产权组织提供的《尼斯协定》的分类原则,第19类的“非金属建筑物”是指简易的或是可移动的建筑物,不包括“商品房”。在“商品房”建筑、销售等环节中,建造永久性建筑的服务属于第37类,以“商品房建造”申报;出售“商品房”的服务属于第36类,以“商品房销售服务”申报。

二、服务

正如商品贸易一开始并没有商标一样,服务贸易一开始也无所谓服务商标。而且由于服务要求提供者同消费者见面,在服务范围仅仅限于某一地区时,消费者可以直接通过对服务提供者本人的了解保障自己的消费,因此在商品商标出现很久以后,服务贸易仍然无须商标介入。但随着服务范围逐渐扩大,服务之间的竞争程度日益激烈,在提供服务时使用特定的标志变得越来越时髦,甚至越来越必需。服务商标也有用^{SM}(service mark 的缩写)来标注的。

正是在这样的背景下,美国1946年在制定新商标法(《兰哈姆法》)时,即规定服务商标也可以在主簿注册并取得商标权,从而使美国成为世界上第一个承认服务商标的国家。1947年菲律宾首先效仿了美国的做法,1953年加拿大商标法也开始保护服务商标,1964年法国修改商标法时也增加了服务商标法的注册内容。后来不少国家都对服务商标进行注册和保护。

1958年里斯本外交会议修改《巴黎公约》时也增加了对服务商标的保护,该公约第6条之六明确规定“本联盟各国承诺保护服务商标,但不要求对服务商标的注册作出规定”。这是国际公约从实体上首次明确保护服务商标的义务,尽管并未要求通过注册这种形式或程序。

随着服务贸易的地位越来越重要,《巴黎公约》的很多成员逐渐在立法上接受了服务商标的注册,但也遗留了一些问题,如服务商标是否可以享受优先权待遇,是否可以作为驰名商标受到特殊保护,因为至少从字面上,看不出《巴黎公约》有关优先权和驰名商标的规定必须适用于服务商标。

服务商标的不平等待遇问题,直到1994年签订了《TRIPS 协定》和《商标法律条约》,才从法律上真正得到解决,例如,《TRIPS 协定》第62条3)和第16条2)分别要求各成员至少在优先权和驰名商标问题上,平等对待商品商标和服务商标;比较而言,《商标法律条约》第16条的规定更加彻底,它要求“各缔约方应对服务商标进行注册,并适用巴黎公约中有关商品商标的条款”。

中国于1985年正式加入《巴黎公约》,自然也要承担保护服务标志的义务,而且第三产业在中国的发展势头也日益明显,于是在1993年2月对《商标法》进行第一次修改时,中国正式引入了服务商标保护制度,并在2001年《商标法》第4条第2款中正式规定“自然人、法人或者其他组织对其提供的服务项目,需要取得商标专用权的,应当向商标局申请服务商标注册”,并且一步到位,将服务商标与商品商标一视同仁地规定,也就是说商标法有关商品商标的规定,适用于服务商标。反不正当竞争法中也有类似规定。我国服务商标示例如图 2.3 所示。

图 2.3　服务商标举例

扫描看彩图

由于受理服务商标注册申请在中国尚属首次,为了顾及服务商标使用的现状,并给商标注册申请人以必要的准备时间,以使确权工作尽量做到公正、合理、合法,原国家工商行政管理局对服务商标的申请特意设定了过渡期,具体的做法是:自 1993 年 7 月 1 日至 9 月 30 日提出的服务商标注册申请,均视为同一天的申请;在此期间内提出注册的申请,凡属已经使用的服务商标,在提交申请的同时,应提交在中国有效的使用证明。

1993 年《商标法实施细则》(已失效)规定了服务商标的继续使用权,即对于连续使用至 1993 年 7 月 1 日的服务商标,即使与他人在相同或者类似的服务上已注册的服务商标相同或者近似,也可以依照原国家工商行政管理局有关规定继续使用,但公众熟知的服务商标除外。2002 年的《商标法实施条例》对此进行了一些调整:一是删除了“公众熟知的服务商标除外”的规定,二是规定 1993 年 7 月 1 日后中断使用 3 年以上的服务商标,不得继续使用。

服务商标继续使用时,使用人须遵守下列规定:不得扩大该服务商标的使用地域;不得增加该服务商标使用的服务项目;不得改变该服务商标的图形、文字、色彩、结构、书写方式等内容,但以同他人注册的服务商标相区别为目的而进行的改变除外;不得将该服务商标转让或者许可他人使用。2012 年,原国家工商行政管理总局商标局在关于自然人黄某芳是否享有“眼镜 88”服务商标专用权的批复中重申了这一立场。

2002 年 1 月 1 日生效的《商标注册用商品和服务国际分类》(第 8 版)将服务由原来的 8 个类别调整为 11 个类别,涉及商业代理、广告、金融、房地产、材料处理、交通、通讯、教育、娱乐、餐饮、住宿、研究开发、个人服务等项目。

服务在国外已经成为生产的主要形式,随着中国加入世界贸易组织,服务在中国的重要性也会逐步增加,加强对服务商标的保护也将是大势所趋。

零售服务。目前有一个争议较大的灰色地带,即零售商场是否也需要注册商标?如果需要,是应该注册商品商标还是服务商标?或者进一步说零售本身是否算是一种服务?一开始,人们并不认为零售是一种独立的服务,商场需要使用商标的,可以针对具体销售的商品申请注册,如法国 1964 年制定的商标法就叫《制造、销售及服务商标法》,即在商品商标中进一步区分制造商标和销售商标。中国目前的商标法也持类似的观点,即商品的拣选、经销者可以申请相应的商品商标注册。

商业商标这种模式具体的做法又分两种:一种是在他人制造的商品上另行贴附商场的商标,以表示这些商品已经过商场的挑选和检验;另一种是商场直接以自己的名义和商标直接订货下单,商品上只标注商场的商标,玛莎(Marks & Spencer)组织生产的 Michel

服装就属于这类情况,家乐福(Carrefour)、宜家(IKEA)也组织生产使用商场品牌的产品。这种品牌也被称为私人品牌(private label)。我国有过的“祥云国货　国货精品”的商业模式应该也属于这种商业商标。

但上面所说的思路并没有彻底解决商场所面临的问题,因为商场尤其是百货商场、大型超市经营的商品种类成千上万,要逐一去注册每一个商品显然过于昂贵。

关于这一点,在2002年审理的【Praktiker案】[4]中,欧盟法院认为零售可以是一种服务,但要跟具体的商品相联系,比如体育用品的零售、药品的零售等。事实上,像迪卡侬这样的体育用品专业商店经营各种运动有关的服装、用品、用具,非常方便,应该也是今后的一种发展方向。

在我国,鉴于2012年1月1日起实施的《尼斯分类》(第10版)2013年修改文本在第35类中增加了“药用、兽医用、卫生用制剂和医疗用品的零售或批发服务”项目,商标局同时放开了药店的零售批发服务。为更好地保护已使用商标权利人的利益,维护稳定的市场秩序,商标局研究设立了受理新增服务项目过渡期,即2013年1月1日至31日的申请均被视为同一天的申请,但这一规定的合法性及合理性在华源案中受到了挑战。

在【“华源”案】[5]中,北京市高级人民法院指出,2013年《商标法》第31条规定,两个或者两个以上的商标注册申请人,在同一种商品或者类似商品上,以相同或者近似的商标申请注册的,初步审定并公告申请在先的商标;同一天申请的,初步审定并公告使用在先的商标,驳回其他人的申请,不予公告。这里的“同一天”指同一个自然日,但原国家工商行政管理总局商标局《关于申请注册新增零售或批发服务商标有关事项的通知》(以下简称《新增服务商标的通知》)第四项将“2013年1月1日至1月31日”视为“同一天”,显然与商标法的前述规定不符,并且在事实上对有关新增服务商标申请作出了新的制度安排。商标局主张《新增服务商标的通知》第四项有关过渡期的规定合法,依据不足,法院不予支持。商标局作出《新增服务商标的通知》第四项有关过渡期的规定违反了商标法的相关规定,同时商标局作出《同日申请协商通知书》亦缺乏法律依据,属于违法行政行为,但由于《新增服务商标的通知》发布于2012年12月,商标行政主管机关根据该文件受理了7000余件商标的注册申请,其中1000余件商标的注册申请已经处理完毕。如果该案《同日申请协商通知书》被撤销,势必形成连锁反应,破坏基于《新增服务商标的通知》所形成的社会秩序,为数众多的商标申请人的信赖利益亦将受到严重损害,进而影响社会秩序的稳定。鉴此,虽然商标局作出的《同日申请协商通知书》属于违法行政行为,本应予以撤销,但考虑到撤销后将会给社会公共利益造成重大损害,因此不宜予以撤销。

此外,和1993年第一次开发服务商标注册一样,放开新的服务项目也会带来已经实际使用的商标继续使用的问题。2014年《商标法实施条例》第92条第2款对于这种新放开的商品或服务还作了特别规定:已连续使用至商标局首次受理新放开商品或者服务项目之日的商标,与他人在新放开商品或者服务项目相同或者类似的商品或者服务上已注册的商标相同或者近似的,可以继续使用;但是,首次受理之日后中断使用3年以上的,不

---

[4] 参见C-418/02,Praktiker案。

[5] 参见北京市高级人民法院行政判决书,(2016)京行终2345号,载黄晖编著:《中国商标及不正当竞争案例精要》,知识产权出版社2021年版,第143页。

得继续使用。

推销(替他人)。个别企业于是试图通过注册第35类服务中的“推销(替他人)”[promotion(for others)]来达到保护“零售”的目的,因为他们认为零售也是一种推销行为。但这是对该项服务的一种误解或误译,因为“推销(替他人)”是现代商品生产过剩的副产品,提供这一服务的企业确切地说是在运用专门的手段为其他企业的新产品上市造势促销,如在销售现场派发礼品、折扣券、举办演唱会等,以吸引消费者对新产品的注意力。“推销(替他人)”是一种和“广告”一样专业的服务,只不过它比广告更直接更具体,但实际并不出售商品。

事实上,原国家工商行政管理总局商标局于2004年8月13日给四川省工商局的《关于国际分类第35类是否包括商场、超市服务问题的批复》(商标申字〔2004〕第171号)已明确规定:“商场、超市属于销售商品的企业,其主要活动是批发、零售。《商标注册用商品和服务国际分类》第35类的注释明确说明,该类别服务的主要目的在于‘对商业企业的经营或管理进行帮助’,或者‘对工商企业的业务活动或者商业职能的管理进行帮助’,且‘尤其不包括:其主要职能是销售商品的企业,即商业企业的活动’。因此,《商标注册用商品和服务国际分类》第35类的服务项目不包括‘商品的批发、零售’,商场、超市的服务不属于该类的内容。该类‘推销(替他人)’服务的内容是:为他人销售商品(服务)提供建议、策划、宣传、咨询等服务。”

但司法实践中对于推销(替他人)这一服务项目的确切含义一直存在争议,出现过意见相互矛盾的判决。近年来,大家的认识又有所发展,例如,在撤销3年不使用的语境下,北京市高级人民法院在其授权确权指南中认为,诉争商标注册人为商场、超市等,其能够证明通过提供场地等形式与销售商等进行商业合作,足以认定其为推销商品提供建议、策划、宣传、咨询等服务,可以认定诉争商标在“替他人推销”服务上进行了商标使用。

最高人民法院在【“华润”案】〔6〕中的意见则是关于推销(替他人)与零售服务类似关系的最新表述,最高人民法院指出,三被申请人经销各种品牌的灯具、灯饰商品,其经营范围为灯具批发、零售,该服务与华润知识产权公司第776090号“华润”、第3843561号“华润万家”注册商标核定使用的第35类“推销(替他人)”服务在服务目的、内容、方式及服务对象等方面存在较大关联,二者构成类似服务。虽然《类似商品和服务区分表》中第35类“推销(替他人)”服务中并未明确包含“批发、零售”服务,但是认定服务是否构成类似,应当以相关公众的一般注意力为标准,结合经营主体的经营范围、经营模式、服务对象等因素综合考虑。从该案来看,三被申请人将自己所代理或购进的各类品牌灯饰进行归类并统一销售,以方便消费者选购,其所销售的灯饰产品显示的标识及相关信息仍来源于其代理或购进的灯饰品牌,而“华润灯饰”系为销售上述灯饰产品所提供的服务标识。上述销售模式与涉案商标核定使用的服务存在交叉和重合,二者构成类似服务。

---

〔6〕　参见最高人民法院民事判决书,(2021)最高法民再338号。

第三节　志——组成商标的标志

标志是商标的灵魂,标志不同,商标自然不同,《商标法》第 24 条特意规定,注册商标需要改变其标志的,应当重新提出注册申请。因此,商标的第三个也是最重要的要素是,什么样的标志可以组成商标。从历史的角度来看,传统的商标往往表现为文字、图形或者二者的组合,亦即视觉可以感知的平面商标,典型的例子就是第一章里面提到的中国现存最早最完整的"白兔"商标。

但是,从商标可能起到的作用来看,可以构成商标的要素实际上是无限的,正如《TRIPS 协定》第 15 条开宗明义所规定的那样:"能够将一个企业的商品或服务同另一个企业的商品或服务区别开来的任何标志或者标志的任何组合,都可以组成商标。"这个定义非常开放,可以说它对组成商标的范围实际没有进行任何限定。

商标的概念并不是静止和封闭的,从最初的平面商标到立体商标,从视觉商标到听觉商标,再到嗅觉商标,乃至以后可能出现的味觉商标、触觉商标,只要能够起到区别作用的标记,都没有理由被禁止用作商标。

当然,从注册的实际技术出发,《TRIPS 协定》允许成员对视觉不能感知的标志不予注册。不过,随着电脑和网络的日益普及,商标电子申请在一些国家已成为现实,而在物理空间一直没有用武之地的听觉商标和嗅觉商标,也将有可能在网络空间的身份识别中扮演十分重要的角色。我国 2013 年《商标法》已经允许注册声音商标。2023 年公布的商标法修改征求意见稿拟将现行法第 8 条中三维标志、颜色组合和声音后面的"等"字改为"或者其他要素",明确开放其他诸如单色、气味等要素的注册。文字、图形商标一般被称为传统商标,而以外的商标则被称为非传统商标。

一、视觉商标

视觉商标顾名思义即视觉可以感知的商标,《TRIPS 协定》第 15 条一方面规定任何有识别力的标记都可以作为商标,另一方面也允许成员对上述标记的范围予以限制,即只有视觉可以感知的标记才可以作为商标注册。换言之,保护视觉可感知的商标是《TRIPS 协定》的最低要求,或者说,凡是视觉可以感知的标记都不能被拒绝注册。

为了进一步明确可以作为商标注册的标志范围,《TRIPS 协定》特别列举了一些经过各国的注册实践所普遍认可的标志类型,如"文字,包括姓氏、字母、数字,图形要素,颜色组合以及这些标志的各种组合"。这些标志实际都属于视觉标志。

按照《TRIPS 协定》的要求,中国在 2001 年修改《商标法》时也规定,"可视性标志,包括文字、图形、字母、数字、三维标志和颜色组合,以及上述要素的组合,均可以作为商标申请注册"。根据这一定义,当时在中国只有视觉标志可以得到商标法的保护,非视觉标志如听觉或嗅觉标志尚不能作为商标注册。不过,2013 年《商标法》去除了"可视性"要求。

《一号指令》和《共同体商标条例》没有将“视觉可以感知”作为注册条件，但提出了“书面可以表达”的要求，2015 年则连“书面可以表达”的要求也去掉了。

具体来说，视觉商标可以进一步分为文字商标、图形商标、立体商标、颜色商标以及各种要素的组合商标。通常，立体商标和颜色组合商标被归入非传统商标。

（一）文字商标

视觉标志中以文字商标最为常见，因为商标必须首先表现为文字才可以呼叫，纯粹的图形或颜色构成的商标，如果没有对应的文字，由于无法呼叫，一般很难让人记住。为了进入世界各地的市场，往往还需要翻译成当地的语言，如图 2.4 所示，可口可乐即为了进入各地市场，将其商标翻译为各地区语言。

图 2.4　可口可乐各种语言的版本

除了一般性地提到文字商标以外，《TRIPS 协定》特意列举了姓氏、字母和数字三种形式，之所以这样做，主要是因为某些国家过去对注册这三种形式的标志有所保留，特别是一些常见的姓氏、单个的字母或数字，通常都被认为不能起到区别商品或服务出处的作用，但《TRIPS 协定》认为，即使这些标志的显著性不强，也不能仅仅因为申请的标志属于姓氏、字母或数字就直接予以驳回。也就是说，驳回只能基于标志缺乏显著性，而不是简单将一种类型的标志排除在外。

对于一些全称太长的企业而言，使用字母尤其是缩写字母作商标无疑是一种合适的选择，如国际商用机器公司（International Business Machine）就不如 IBM 来得简洁和显著，同样 VW（大众汽车）、BMW（宝马）、CD（迪奥）都比全称醒目易记。至于单个的字母，如果像麦当劳的“M”或摩托罗拉的“M”那样表现为特殊的字体或颜色，通常不会遇到什么问题。

数字作商标最著名的例子莫过于德国 4711 香水，据说德国邮局曾一度将所有带 4711 的信件全部送到该公司在科隆的总部。另外，法国的 Chanel N° 5（香奈儿 5 号）香水也是一个著名的数字商标的范例。中国目前网络商标中出现的 8841 和 3721 也可以说是具有代表性的数字商标。

中国 2001 年修改后的《商标法》也明确规定字母、数字、文字均可以作为商标注册(如图 2.5 所示)。理论上讲,文字既包括中文(包括少数民族文字)和外文,也包括简体字或繁体字,甚至异体字或变体字。对于商标使用的文字是否仅限于某一种文字的问题,商标法本身未作规定。

扫描看彩图

图 2.5　字母、数字、少数民族语言商标举例

商标用字规范。但为了规范商标用字,国家语言文字工作委员会和原国家工商行政管理总局 1987 年曾在《关于商标用字规范化若干问题的通知》(已失效)作出专门的规定:(1)商标用字应当规范化。简化字应以 1986 年 10 月 10 日重新发表的《简化字总表》为准。不得使用已被简化了的繁体字和不符合《简化字总表》规定的各种简体字,不得使用已被淘汰的异体字。(2)商标中使用的各种艺术字,包括篆书、隶书、草书等,要求书写正确、美观、易于辨认。隶书、草书,一般用简化字书写。(3)商标书写行款,一般应左起横行;竖行的,应该由右向左。(4)商标加注汉语拼音的,必须以普通话为标准,分词连写,拼写应当准确,字母书写应当正确。(5)出口商品的商标,原则上按该通知第 1 条办理。使用繁体字已久并进入了国际市场的商标,可以继续使用。(6)港澳同胞、台湾同胞、海外侨胞及外国人向我国大陆(内地)申请注册商标的,用简化字,但也可以用繁体字。(7)用老字号作商标,其中有繁体字的,可以继续使用。(8)该通知下达前已经核准注册的商标,与该通知第 1 条有抵触并不在第 5、6、7 条之列的,在有效期限内有效。

2001 年 1 月 1 日开始实施的《国家通用语言文字法》进一步规定,国家通用文字是规范汉字,该法列举了六种可以保留或使用繁体字、异体字的情形,具体包括:(1)文物古迹;(2)姓氏中的异体字;(3)书法、篆刻等艺术作品;(4)题词和招牌的手书字;(5)出版、教学、研究中需要使用的;(6)经国务院有关部门批准的特殊情况。

上述规定没有明确商标是否必须使用规范汉字,但从实际情况来看,大量外文及少数民族文字商标的存在,使商标都使用汉字的要求在客观上变得不可能,因而也谈不上使用规范汉字。而且商标本身也可能是一种书法作品,或取自姓氏、古迹、题词或招牌,使用繁体字和异体字的情况并不罕见。事实上,商标局 1989 年认为,少数民族文字可以作为商标申请注册,为了便于审查,应当附送商标设计说明。1990 年商标局甚至又认为,商标文字可以使用繁体字,无论是简化字还是繁体字,都必须书写正确、规范,不得使用错字、停止使用的异体字和不规范的简化字。2003 年原国家广播电影电视总局发布的《广播电视广告播放管理暂行办法》(已失效)也规定,广播电视广告应当使用规范的语言文字,不得故意使用错别字或用谐音乱改成语。除注册商标及企业名称外,不得使用繁体字。以上这些意见似乎也可以视为国务院有关部门汉字使用的特殊规定。

2021 年《商标审查审理指南》下编第三章 3.8.3.3 指出，将含有书写不规范的汉字或使用不规范的成语的标志作为商标使用，易对我国文化等社会公共利益和公共秩序产生消极、负面的影响，应该予以驳回。商标中使用的汉字，原则上要求是规范汉字，但考虑到商标工作的特殊性和我国香港特别行政区、澳门特别行政区和台湾地区的现实情况和历史传统，也可以使用繁体字，以及行书、草书、隶书、篆书等书法形式的汉字（图 2.6 即为繁体字商标示例）。判断商标中的汉字是否规范时，对印刷体或普通手写体形式的汉字应从严。自造字、缺笔画、多笔画或笔画错误的汉字，易使公众特别是未成年人对其书写产生错误认知的，一般应视为不规范汉字。但商标中的汉字系书法体或其笔画经图形化、艺术化设计，不易使公众特别是未成年人对其书写产生错误认知的，可不视为不规范汉字。

扫描看彩图

图 2.6　繁体字商标举例

（二）图形商标

图形商标比起文字商标显然更加丰富多彩，视觉冲击力也要大得多，而且不受语言的限制，在国际贸易中具有文字商标无可比拟的优越性，因此也深得企业的喜爱。因此各个企业一般都会有一个图形商标用以识别（如图 2.7 所示）。

扫描看彩图

图 2.7　图形商标举例

以可口可乐为例，它在全球有数 10 种文字版本，但红色的飘带底纹无一例外地出现在世界各地（如图 2.8 所示），通过这种方式，即使不懂当地的语言，红色飘带也会成为识别可口可乐的可靠保证。

扫描看彩图

图 2.8 可口可乐不同语言的商标举例

和路雪的心形图案也能起到类似的作用，事实上，为了保持连续性，和路雪在很多国家都继续使用联合利华公司在当地收购的文字商标，这样它的心形图形就可以起到统一识别的作用(如图 2.9 所示)。

扫描看彩图

图 2.9 和路雪世界各地组合商标使用举例

平面图形。最初的图形商标常常是一幅完整写实的绘画，有人物，有背景，花鸟鱼虫都可以入画，中国的企业尤其喜欢使用动植物作为商标，以至于有“动物园”“植物园”之称。但随着市场竞争日趋激烈以及企业形象设计(CIS)的兴起，为了使消费者能够一目了然，许多老公司也纷纷重新设计自己的徽记，过于复杂具象的图画商标，逐渐让位于简洁抽象的几何图案。壳牌(Shell)的贝壳图案、奔驰的星形图案，都经历了一个由繁到简的过程(图 2.10 所示即为壳牌商标变迁过程)。

扫描看彩图

图 2.10 壳牌商标变迁

图形商标特别是以卡通形象注册的时候往往会遇到一个问题，因为卡通形象往往会有不同的姿势，将各个姿势都一一注册显然是不现实的，但选取一些典型的姿势或前后衔接的连续图案申请注册也不失为一种替换方案。欧盟知识产权局已经开始接受分成若干个申请的连续图案，如图 2.11 所示，米其林轮胎的商标即为几个连续图案。

图 2.11　米其林轮胎人(Bibendum)

过去受技术手段的局限，注册和公告的商标只能是静态的商标，企业实际使用的也基本上是静态商标。但技术的发展最后必然会使静止的商标活动起来。因此，静止商标虽然还会是商标主要的形态，但相信这种商标不应是，而且在不远的将来，也不会是商标唯一的形态。

事实上，全息图案已经可以算是一种动态的商标，尽管从严格意义上讲，全息图案只是需要变换观察角度才能看见的静态商标，但我们已经可以从同一个全息图案中，通过不同的折射看到不止一个的图形或文字。在网络环境下，像 Flash 这样的新技术可以很容易地使商标活动起来，从而对传统的静态商标概念提出巨大的挑战：一个小鸡破壳诞生的过程无疑比单一的文字和图案更加生动活泼，而仅仅注册这一过程的某一时刻所呈现的画面显然不能达到保护的目的。

图形要素分类。到目前为止，借助电脑来审查图形是否近似的尝试一直都没有成功。为了便于图形商标的查询和审查，巴西、奥地利、比利时、丹麦、法国和南斯拉夫等国 1973 年发起签订了《维也纳协定》(具体介绍请参见第十四章)。由该协定建立的图形要素分类体系包括一个表，其中商标图形要素分为 29 个大类、114 个小类、1569 个组别，有时附有注释。根据这些分类号，商标使用人和注册主管机关可以对已经编号的图形商标进行检索和查询。我国没有正式加入《维也纳协定》，但在商标局内部检索中则已开始使用该分类。

(三)立体商标

《TRIPS 协定》只提到图形要素，而没有专门提及立体图形或三维标志，立体图形是否可以归入“图形要素”或者说立体商标是否是《TRIPS 协定》必须给予注册保护的标志呢？从维也纳协定来看，答案应该是肯定的，因为立体图形要素或至少是“容器和包装，各种混杂产品的图形”在图形要素分类中享有专门的编码。

事实上，确实有不少国家和地区在商标立法中明确规定了立体商标的法律地位，例如，可口可乐玻璃瓶早在 1960 年就在美国获得了注册，一些独特的建筑物的外观也在美国作为立体商标获得了保护。1964 年的法国商标法也允许立体商标注册，大量的香水瓶和饮料瓶因此得到了法律的保护。欧共体 1988 年制定的《一号指令》第 2 条在列举可以构成商标的标记时，也特别包括了商品及其包装的外形。应该说《TRIPS 协定》在要求各成员至少应注册“视觉可见”的商标时，实际已将立体商标包括在内。

因此,中国2001年修改《商标法》时没有在此问题上过多讨论,而是将三维标志或立体商标正式写入可注册的标记范围,明确解决了这个问题。纯粹的三维标志通常可以分为以下四种:(1)与商品无关的普通外形;(2)商品包装的外形;(3)商品本身的外形;(4)商品一部分的外形。其与其他种类的标志组合情况将在下面的组合商标中介绍。

与商品无关的普通外形。这是最常见的一种立体商标,它们往往是在平面图形商标的基础上立体化以后形成的,如海尔兄弟、米其林的轮胎人、肯德基的桑得斯上校、劳斯莱斯的小飞人、美洲豹等(图2.12所示即为美洲豹的平面及立体商标)。这类立体商标由于与商品没有直接的关系,与平面图形商标一样,它的申请和注册不存在任何困难。

扫描看彩图

图2.12　美洲豹平面及立体商标

商品包装的外形。在商业竞争如此激烈的现代社会,仅仅在商品的质量上领先已经不足以确保绝对的竞争优势,要想商品在琳琅满目的货架上脱颖而出,使用设计精良的包装已成为企业的一种撒手锏。通过立体商标来保护这些包装,尤其是设计独特的包装外形已经成为一个十分自然的选择。2001年《商标法》允许立体商标注册以后,商标局已经注册了不少立体商标,如费列罗巧克力的包装(如图2.13所示)。

扫描看彩图

图2.13　费列罗巧克力

对于某些行业,包装瓶的外形有十分重要的意义,这些行业包括香水、洗涤剂、各种酒精或非酒精饮料。最典型的例子莫过于可口可乐、轩尼诗XO干邑、Perrier矿泉水、酒鬼酒的瓶子(如图2.14所示)。这些瓶子如此特别,以至于去掉上面的文字标贴,消费者无须任何提示仍然会立即认出它们。因此,众多的国家已允许将商品的包装尤其是瓶形注册为商标。

图 2.14　可口可乐(左)、轩尼诗(中)、Perrier(右)瓶形商标

商品本身的外形。在传统观念里,商标必须是商品以外的标志,任何商品本身的特征,包括商品本身的外形,不可能起到商标区别出处的作用。这种观念随着时代的发展正在发生改变,绝对禁止商品本身的外形注册为商标已不再适应市场竞争的需要。事实上,像瑞士的 Toblerone(三角)或美国的 Hershey's(好时)巧克力的外形已经可以说是家喻户晓,Zippo(之宝)方边圆角的打火机也已在众多国家获得注册(图 2.15 所示即为好时、之宝立体商标)。

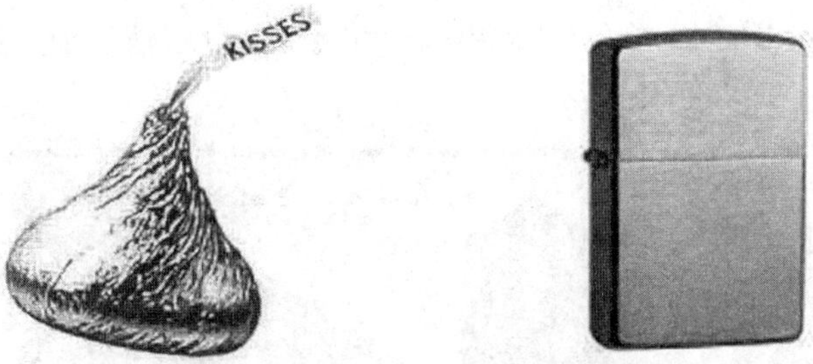

图 2.15　好时、之宝立体商标

商品一部分的外形。有时候,并不是商品的每个部分都能起到区别作用,但并不排除该商品的某个部分具有特殊的形状,从而能够单独引起消费者的注意和喜爱。这种情况可以出现在汽车行业,如 Jeep(吉普)和 Benz(奔驰)汽车的前脸格栅(图 2.16 即为吉普的前脸格栅),也可以表现为 BIC 圆珠笔的笔帽、LV 箱包的把手或 Adidas 运动鞋的三条纹鞋帮等。

图 2.16　吉普前脸格栅

(四)颜色商标

颜色组合。同单色商标相比,颜色组合商标由于在《TRIPS 协定》中被特意提到,注册中遇到的问题要少得多。所谓颜色组合商标,是指两种或两种以上的颜色以一定的比例结合在一起,起到区别的作用。这种组合可以同具体的形状结合,也可以使用在任何形状上而不需要限定。

最常见的颜色组合莫过于一些国家的国旗,如法国的红白蓝三色旗,三色旗除了有标准的大小宽窄要求,现实生活中也往往不限长短地连续使用在飘带、绶带上。金霸王金色和黑色组合的电池是颜色组合商标的经典案例,已经在包括我国在内的很多国家获得注册(如图 2.17 所示)。图 2.18 所示则为迪尔(John Deere)颜色组合商标的实际使用效果。

扫描看彩图

图 2.17 金霸王(Duracell)颜色组合商标

扫描看彩图

图 2.18 迪尔(John Deere)颜色组合商标的实际使用效果

单色或色差。注册单色商标遇到的困难显然比颜色组合商标大,但没有理由绝对排斥单色商标的注册。事实上,单色商标在美国和欧盟可以申请注册。图 2.19 为 Qualitex 的单色商标示例。

扫描看彩图

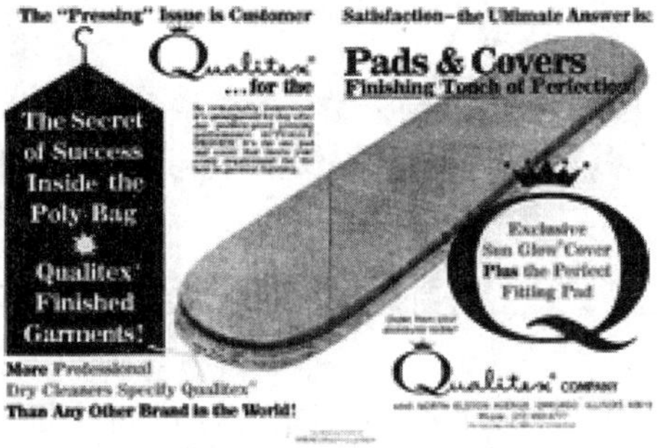

图 2.19 Qualitex 单色商标

美国最高法院在 1995 年审理【Qualitex 案】[7]时认为,1946 年修改的《兰哈姆法》对可以用作商标的要素并未加以任何限制,该法允许任何"词汇、名称、符号及标记"作为商标,而符号和标记完全可以包罗万象,事实上,在商标司法实践中,形状、音响乃至气味都已作为商标受到了法律的保护。因此,唯独禁止保护颜色显然不合商标法的立法宗旨。简单将颜色排除在外并不能使人信服。

美国最高法院并不否认颜色,虽然原色和单色的数量是有限的,就某些商品可能出现颜色用尽这一情况,但不能用特殊来否定一般,因为事实上还存在颜色没有空尽的情况,例如在绝缘材料上使用粉色就并不排斥其他企业使用别的颜色。当然,如果真的出现颜色稀缺的情况,就说明该颜色的确有可能是一个人人都想用的颜色,这样的颜色就会转而因为具有功能性而被拒绝注册。

---

〔7〕 See Qualitex. Co. v. Jacobson Products Co. ,514 U. S 159.

欧盟法院在【Libertel 案】[8]中，就单色商标的可注册性作出初步裁决。法院认为，即使从空间上没有特别限定，就某些商品或服务而言，单纯的颜色可以被认为具有显著性，条件是其书面表达能做到“明白、准确、完整独立、便于接触、易于理解、持久和客观”。简单在纸上复制该颜色还不足以满足上述要求，但可以通过国际上普遍承认的颜色识别码即 Pantone（潘同）来指定。

据说德国幼儿园曾经做过一个调查，小朋友在听到奶牛是什么颜色的问题时居然回答是紫色，原因就在于有一种巧克力长期使用紫色作为包装颜色，久而久之，没见过真正奶牛的小朋友就留下了紫牛的印象（如图 2.20 所示）。

扫描看彩图

图 2.20 Milka 单色商标

我国 2013 年修改的《商标法修正案（草案）》中曾经提到单色商标，但在最后通过的文本中被删除了。当然，由于使用了“等标记”的字样，也可以说单色商标并未被绝对排除。

在【“红鞋底”案】[9]中，最高人民法院就时尚品牌克里斯提·鲁布托（Christian Louboutin）与国知局“红鞋底”商标行政纠纷再审案作出裁定，驳回了国知局的再审申请，维持了北京市高级人民法院的二审判决，认定“虽然本案诉争商标的标志构成要素不属于《商标法》第 8 条中明确列举的内容，但其并未被商标法明确排除在可以作为商标注册的标志之外”。

2021 年《商标审查审理指南》指出，由于自然界中单一颜色种类极其有限，接受单一颜色作为商标申请可能会对某一颜色的使用造成垄断，妨碍其他生产经营主体的正常使用。因此，我国目前只接受颜色组合作为商标申请注册，而不接受单一颜色作为商标申请注册。

（五）位置商标

我国商标法虽然没有明确提到位置商标，但在不少国家乃至国际公约中已经开始有明确规定，例如新加坡条约实施细则就提到，申请书中声明商标为位置商标的，商标的表现物中应当包括能体现该商标在产品上位置的一个视图。商标主管机关可以要求，未申

---

〔8〕 参见 C－104/01，Libertel 橙色商标案。

〔9〕 参见最高人民法院行政裁定书，（2019）最高法行申 5416 号，载黄晖编著：《中国商标及不正当竞争案例精要》，知识产权出版社 2021 年版，第 27 页。

请保护的事项应予标明。商标主管机关还可以要求提供一份文字说明,对商标相对于产品的位置加以解释。上述的【“红鞋底”案】某种意义上也是特定位置的单一颜色商标。

(六)组合商标

最常见的组合商标是文字和图形叠加而成的组合商标,但组合的范围和形式其实并不限于此:首先,文字可以经过图形化处理变成艺术字,如“Mother and Child”(母与子,见图 2.21 第 4 个示例)商标的特殊字体本身就可以产生独特的效果;其次,字母同颜色组合可以变成彩色字母,如麦当劳的金色拱门 M;最后,立体外形可以刻上文字或绘上图案,而颜色也可以同特定的形状结合成不同的色块。不过,组合商标的显著性判断一般是整体进行,整体可以注册的商标并不意味着单独的元素,如形状也可以注册。

扫描看彩图

图 2.21　组合商标举例

总之,从理论上讲,企业可以组合若干个要素,但从注册和审查的角度看,显然又不能将一大批互不相干的元素简单堆放在一起,以至于无法分清到底是在申请一个还是多个商标注册。

随着商品经济的不断发展,一种更加复合的商业识别手段——商业外观(trade dress)已经受到越来越多的重视。作为在美国商标法律实践中产生的一个重要概念,商业外观是指一个整体的全息的符号组合,它是产品的整体印象,它可以包括诸如大小、形状、颜色、纹理、图案乃至销售技法。

正如我们同一个人的交往不能永远停留在只知其名的状态,我们还需要知道此人的音容笑貌和言谈举止,我们今后在购买商品或接受服务的时候,商业外观不但会继续发挥它传统的识别作用,更重要的是,商业外观将在很大程度上与商品的出售或服务的提供融合在一起。

二、非视觉商标

2001 年《商标法》尚不允许注册和保护非视觉标志,但只要某一标记能够起到区别出处的作用,《TRIPS 协定》显然并未禁止扩大注册的范围。而且随着促销手段以及注册技术的不断进步,视觉以外的标志作为商标使用和注册也正在成为可能,甚至成为一种必要。具体来说,这些非视觉标记组成的商标可以进一步划分为听觉商标、嗅觉商标、味觉商标和触觉商标。事实上,2013 年《商标法》已经取消了“可视性”的条件,理论上为各种非视觉商标打开了大门。而且,组合商标也可以是传统商标和非传统商标的组合。

欧盟的商标法没有直接从“视觉可以感知”这个条件入手,也就是说,没有简单地排除注册非视觉商标的可能，但要求申请注册的商标必须“可以书面表达”，以方便注册和查询。2015 年的欧盟商标法正将这个要求去掉。

由于视觉商标可以很容易地达到这个要求，目前的问题主要集中在非视觉商标上。从目前欧盟法院的司法实践来看，仅仅通过拟声的方法来表示音响商标或通过化学方程式以及描述性的语言来表示气味商标，还不能被认为达到了“可以书面表达”的要求。但是，2015 年《欧盟商标法》修改以后，已不再要求“书面表达”。

（一）听觉商标

听觉商标也叫音响商标或声音商标，即直接诉诸听觉的各种声音、乐音，在能区别商品或服务的情况下，也可以构成商标。我国《晋书 · 荀勖传》中有这么一句话，“初，勖于路逢赵贾人牛铎，识其声”，几乎也可以算那时的声音商标了。瑞士的牛铃，据说也是一牛一铃，主人都能闻声辨识。实际上，识别的繁体字“識”的音符“戠”，指的应该也是战场上（“戈”）听从鼓铎之声（“音”）：或者一鼓作气，或者鸣锣收兵，识音都是第一要务。近代战争中，也是冲锋号一响，自然就要奋不顾身地出击。

听觉商标虽然仅在少数国家和地区，如美国、法国、英国等受到商标法的明确承认，而且也不是《TRIPS 协定》强制保护的标的，但听觉商标的重要性正与日俱增。我国 2013 年《商标法》开始允许注册声音商标。对于盲人来讲，音响商标尤其具有巨大的现实意义。一个非常独特的声音或乐句，当它与某一特定的产品密切联系在一起时，甚至可以起到比视觉商标更强烈的识别作用。严格来说，听觉商标可以细分为声音商标、乐音商标。

声音商标，即不能用乐谱加以记录的声响，它可以是自然界中真实存在的声音，也可以是人工制造的声音所构成的商标。看过米高梅制片厂拍摄的电影的人，对片头的狮子发出的吼叫肯定会有深刻的印象，而这在美国已经被注册为商标（如图 2.22 所示）。

图 2.22　米高梅声音商标

一些歌星也试图寻求用商标法保护他（她）们特殊的嗓音。当时在中国风靡一时的小霸王游戏机开机的第一句话“哈哈，小霸王其乐无穷！”，也一下就能让人听出是为唐老鸭配音的李扬的声音。至于注册的“咯咯哒”商标还只能是一种拟音，而不是真正意义上的声音商标。

乐音商标。乐音商标与普通的声音商标不同的是，乐音商标一般可以通过乐谱的形式加以记录。例如，法国国营铁路公司 SNCF 的报站乐音就很有特色。又如，英特尔公司为了不着痕迹地促销其芯片，除了在直接宣传芯片的广告中，还在所有装有其芯片的其他

图 2.23 英特尔声音商标模拟文字

品牌电脑的广告宣传中播发一段特别的乐句，甚至被人诙谐地用汉语“灯！等灯！等灯！”表示(如图 2.23 所示)。

再如，《新闻联播》《焦点访谈》的片头曲实际也很有特色。事实上，手机、汽车喇叭或者门铃的声音在长期使用的情况下都有作为乐音商标的可能。

更重要的是，在互联网时代，网站的标志绝不会停留在域名和网站名称上，相信以后越来越多的网站会借鉴美国的全国广播公司(NBC)的开播音，给每一位来访的客人播发一段特有的迎宾曲，如果这一乐句足够独特，完全可以把它作为商标来保护。事实上，2013 年《商标法》生效后，中国国际广播电台的开播曲已经作为我国第一例声音商标获得注册。

图 2.24 致爱丽丝声音商标乐谱

欧盟法院在【Shield Mark 案】[10]中就音响商标是否可以注册的问题作出初步裁定。原告谢尔德·马克将贝多芬著名钢琴曲《致爱丽斯》的头九个音符注册(如图 2.24 所示)，并附加“商标由《致爱丽斯》的头九个音符组成”的说明，另外注册了 Kukelekuuuuu，并附加“由模仿公鸡打鸣的象声词组成”的说明。

该法院经过审理后认为，声音原则上可以注册为商标，乐谱可以满足“书面表达”必须“明白、准确、完整独立、便于接触、易于理解、持久和客观”的要求，但用拟声法表示的商标还不能被认为已经符合这一要求。

(二)嗅觉商标

看过《闻香识女人》的观众想必都会同意，嗅觉不仅仅是香水师的专利。一种特殊的气息在大脑中留下的印象往往会不可思议的长久，正像普鲁斯特在《追忆似水年华》中所描写的那样，早年甚至儿时的记忆会因为特殊的气息被悄然唤起。

事实上，澳大利亚在 1995 年的商标法中已明确将气味商标作为保护对象。美国的商标评审与上诉委员会(TTAB)于 1990 年也曾同意对指定在缝纫线上一种鸡蛋花的气味予以注册。欧共体内部市场协调局第二上诉庭也核准了一种以“新剪的草香”作为嗅觉商标注册。同样，诸如浴液、洗衣粉的特殊气息完全可能起到商标的区别作用。

欧盟法院在【Sieckmann 案】[11]中就嗅觉商标的可注册性发表明确意见。该院认为，一个本身不能为视觉可知的标记，如果其书面表达能做到“明白、准确、完整独立、便于接触、易于理解、持久、客观”，则可以作为商标注册。但就嗅觉商标而言，仅仅提供一个化学方程式(如图 2.25 所示)、词汇描述或气味样品或者这几者的组合，尚不能满足上述书面表达的要求。这一判决使嗅觉的注册实际变得几乎不可能。

---

〔10〕 参见 C-283/01，Shield Mark 案。

〔11〕 参见 C-273/00，Sieckmann 案。

$$C_6H_5 - CH = CHCOOCH_3.'$$

图 2.25　气味化学方程式

目前除了已经个别存在的“气味图书馆”之外，嗅觉商标几乎没有太多的机会来展示自己的才能，但在互联网时代，尤其是随着气味发生器的发明，气味商标可能大展宏图。以后进到某一网站时，我们不仅会看到画面、听到音乐，还会闻到气息，从而建立对网站完整的识别。到那时，视觉商标、听觉商标及嗅觉商标都将以数字形式储存，需要比较时可以通过电脑进行模拟，现有审查及公告上的困难都将迎刃而解。

（三）味觉商标

尽管我们很少有机会通过味觉去直接挑选商品，但我们仍然可以设想，当某一食品或饮料的确具有特别的味道时，我们可以推荐我们的朋友也来品尝，同他们分享这一味道，从而对该食品或饮料留下更深刻的印象，这样的味道完全有理由作为商标来保护。当然，味道通常是商品的一部分，而不是商品之外可以用来表示出处的要素，因此保护的门槛必须足够高才可能避免个别企业通过垄断味道达到垄断产品本身的目的。另外，味道的保存和便于检索从技术上讲也有一定的困难。

（四）触觉商标

当我们抚摸真正的雕塑作品时，它不仅仅是粗糙的石头或者冰凉的青铜，我们甚至可以感觉到它跃动的生命力。公司员工的服装的面料、宣传册及名片的质地甚至地板的软硬度都有可能起到区别的作用。随着体验时代的到来，当我们进到环球影城，我们不仅仅是在看和听，我们还在全身心地投入和感受。对于这样一条认识外界的重要渠道，同样可以用商标的形式将其保护起来。

思考题

1. 试论商标构成的三大要素。
2. 是否应当允许零售服务注册商标?
3. 在中国是否可以注册单色商标?
4. 位置商标是否可以注册?
5. 零售是否是一种服务?

第三章　商标注册的条件

《巴黎公约》虽然没有从正面对商标的注册条件加以规定,但其在第 6 条之五就在原属国已经注册的商标在其他成员国给予"原样保护"时,从反面列举了四种可以驳回及无效的情况。

这四种情况分别是:(1)在要求保护的国家,商标具有侵犯第三人的既得权利的性质;(2)商标缺乏任何显著特征,或者完全是由商业中用以表示商品的种类、质量、数量、用途、价值、原产地或生产时间的符号或标记所组成,或者在要求给予保护的国家的现代语言中或在善意和公认的商务实践中已经成为惯用;(3)商标违反道德或公共秩序,尤其是具有欺骗公众的性质;(4)违反第 10 条之二禁止不正当竞争的规定。

《TRIPS 协定》不仅重申了巴黎公约的原则必须得到全面遵守,同时也强调商标必须具有显著性,而且不能损害他人的在先权利。

我国的《商标法》因此规定,申请注册的商标除了必须有合格的主体、适当的商品或服务及恰当的标志即具备商标注册的形式要件之外,还必须符合商标注册的实质要件,即具备合法性、非功能性、显著性及在先性的要求,违反前三项要求将构成不能注册的绝对理由,违反第四项要求将构成不能注册的相对理由。

当然,需要注意的是,第二个条件目前在我国只适用于立体商标,其他商标只需要符合剩下的三个条件。一旦这些理由成立,商标就会因驳回、异议而不能注册,或者即使注册也可能被确认无效。而且,从审查的效率上看,审查也应该遵循这四个法定条件的顺序:前一个通不过的,就不必审查后面的理由。

第一节　合　法　性

这里的合法性不是指笼统地合乎法律规定,而是指商标不得违反商标法中一般禁止性规定,我国《商标法》第 10 条就是这样的规范。在中国,不具有合法性的商标不仅不能注册,而且也禁止作为未注册商标使用。事实上,商标不具有合法性是无法弥补的严重缺陷,即使在先公告后审查的国家,违反合法性的商标申请也是不能公告的,而且无须再就其他理由作进一步的审查。当然,《巴黎公约》特别强调,不得仅仅因为商标不符合商标立法的规定，就认为该商标违反公共秩序，除非该规定本身同公共秩序有关。

一、绝对禁用标志

根据2013年《商标法》第10条第1款的规定，下列标志不得作为商标使用：(1)同中华人民共和国的国家名称、国旗、国徽、国歌、军旗、军徽、军歌、勋章等相同或者近似的，以及同中央国家机关的名称、标志、所在地特定地点的名称或者标志性建筑物的名称、图形相同的；(2)同外国的国家名称、国旗、国徽、军旗等相同或者近似的，但经该国政府同意的除外；(3)同政府间国际组织的名称、旗帜、徽记等相同或者近似的，但经该组织同意或者不易误导公众的除外；(4)与表明实施控制、予以保证的官方标志、检验印记相同或者近似的，但经授权的除外；(5)同"红十字""红新月"的名称、标志相同或者近似的；(6)带有民族歧视性的；(7)带有欺骗性，容易使公众对商品的质量等特点或者产地产生误认的；(8)有害于社会主义道德风尚或者有其他不良影响的。

(一)国家及国际组织标志

2013年《商标法》第10条第1款前5项涉及国家或国际组织的标志。具体来说，第1项涉及我国的国家标志以及标志性地名或建筑。为了维护国家和军队的尊严，中华人民共和国的国家名称、国旗、国徽、国歌、军旗、军徽、勋章、军歌显然不能作为商标来使用和注册。其中国歌和军歌是开放声音商标之后增加的禁止性规定。"中央国家机关所在地特定地点的名称或者标志性建筑物的名称、图形"是2001年修改时增加的规定，目的是防止产生不良影响。目前虽然还没有正式划定这些地点和建筑物的范围，但中南海、人民大会堂、天安门或人民英雄纪念碑至少应该包括在内。需要注意的是，针对特定地点或者标志性建筑物的这项规定原则上对已经注册生效的商标不具有追溯力。另外，法院在【"红木大会堂"案】[1]中对于这类名称和图形的保护使用了严格解释的思路，即只适用于相同而不是近似的标记。

第2、3、4项涉及外国的国家标志、国际组织的标志以及官方标志。商标不得与表明实施控制、予以保证的官方标志、检验印记相同或者近似的规定也是2001年新增加的，但与前两项有关外国的国家名称、国旗、国徽、军旗或政府间国际组织的名称、旗帜、徽记的规定一样，都是为了落实《巴黎公约》第6条之三的要求。对于什么是官方标志、检验印记，法律乃至实施条例均没有加以解释，不过《巴黎公约》第6条之三中使用的是一个统一的概念，即"官方用来表示检验和保证的标记和印章"(official signs and hallmarks indicating control and warranty)，如纯金制品上的特有标记，而没有分成两个标的。再如，GMP也被认为是符合一定药品生产标准的标志。需要注意的是，第2、3、4项均规定了但书，经过授权或同意的可以不受限制。

第5项有关"红十字""红新月"的名称、标志与第三项关系密切。例如，国际红十字会已经正式增加了"大卫星"的标志，目前虽然不在第5项的禁止之列，但仍然可以归入第3项予以规范。根据这一规定，以前医院大都使用"红十字"作为自己的标记，现在均已不再使用。

---

[1] 参见北京市高级人民法院行政判决书，(2014)高行终字第2072号。

(二)欺骗性

2001 年《商标法》第 10 条第 1 款第 7 项明显夸大宣传并带有欺骗性的标志并不难判断,如在打火机上注册"纯白金"就属于这种情况。容易出现分歧的是那些暗示性的或故意夸张的说法,例如用在空调上的"创造第五季",用在化妆品上的"今年二十,明年十八",就一般不属于欺骗消费者。关于不正当竞争的司法解释也认为,以明显的夸张方式宣传商品,不足以造成相关公众误解的,不属于引人误解的虚假宣传行为。2013 年《商标法》年修改以后,该项重点不再是是否夸大宣传,而是是否"带有欺骗性,容易使公众对商品的质量等特点或者产地产生误认"。

需要注意的是,即使将"低糖"这样的词汇作为商标申请,也不宜简单地将叙述性与欺骗性进行非此即彼的适用,因为叙述性可以通过使用取得显著性来克服,而欺骗性的认定则将导致完全不能使用该词汇。

(三)不良影响

至于 2013 年《商标法》第 10 条第 1 款第 6 项带有民族歧视性的标志,实际也可以归入第 8 项有害于社会主义道德风尚或者有其他不良影响的标志,单独加以规定是为了显示对这一问题的重视。不良影响方面的问题相对比较突出,案例也比较集中。2013 年《商标法》修改之前的下列案例与 2013 年《商标法》第 10 条第 1 款第 8 项对应。

原国家工商行政管理局、商业部 1992 年曾专门发文禁止销售带有"DARKIE""DARLIE"文字和丑化了黑人头像图形的黑人牙膏,因为"DARKIE"英文意思对黑人是一种蔑称,在这里"DARLIE"是从"DARKIE"一词派生出来,也是蔑称。这些文字、图形商标明显地带有对黑人的种族歧视,严重违反了我国《商标法》的有关规定。

商标局 1995 年根据 1993 年《商标法》第 8 条第 1 款第 9 项的规定及中央关于"不得以'香港回归'名义举办商业性的营销活动"的精神,撤销了徐州汉都实业发展有限公司注册的第 787190 号"1997"注册商标。

商标局 1997 年以"财神爷"商标具有浓厚的封建迷信色彩,作为商标有悖于社会主义精神文明,有害于社会主义道德风尚,其注册违反了 1993 年《商标法》第 8 条第 1 款第 9 项的规定为由,撤销时代成才发财综合部注册的第 806355 号等 27 件"财神爷"商标。

商标局 1997 年在撤销"福尔摩莎"商标的决定中认为,"Formosa"中文音译为"福尔摩萨",是 16 世纪葡萄牙侵占我国台湾地区时对台湾的蔑称,至今有时仍被沿用,带有浓厚的殖民色彩。万仕得实业开发有限公司在男女衣服等商品上注册的第 793539 号"福尔摩莎"商标与"福尔摩萨"一词近似,作为商标易造成不良影响,其注册违反了 1993 年《商标法》第 8 条第 1 款第 9 项的规定,决定予以撤销。

青岛市工商行政管理局 1996 年向商标局反映,他们在监督检查中发现山东泊源玉德酿酒饮料有限公司生产的"二房佳酿"白酒所使用的商标标识的图形为一个旧社会装束打扮的妇女坐在磨盘上。其广告词为"健康、质朴、倔强、回味无穷"。尽管该公司声称其产品是由两间房子起家,故称"二房",但是该产品商标标识与广告整体效果在市场上已经造成不良影响。该局认为该公司商标设计和广告创意是不健康的,已造成较大的负面影响,以此进行合法的广告宣传,势必会给商标广告管理工作带来较大的影响。对于其不良文化倾向等有关问题,请求上级领导的协助与支持。原国家工商行政管理局收到青岛市工商行政管理局的请示后,认定在白酒商品上使用的"二房佳酿"商标,违反了 1993 年

《商标法》第8条第1款第9项的规定。

但这项规定的适用也不宜扩大化，如商标局1996年针对鞍山市贵夫人美容美发中心注册在美容院服务项目上的“贵夫人”商标认为，“贵夫人”一词是对妇女的尊称，属中性词汇，不宜视为不良文化现象予以清理整顿。

北京市高级人民法院在【“红木大会堂”案】[2]中认为，争议商标由文字“红木大会堂”构成。其中，“红木”对“大会堂”起修饰作用，其显著识别部分为“大会堂”。该部分与“人民大会堂”构成近似，容易使相关公众联想到“人民大会堂”。因此，争议商标的注册和使用易对我国的政治、文化等社会公共利益和公共秩序产生消极、负面的影响，构成2013年《商标法》第10条第1款第8项所规定的“有其他不良影响的标志”，依法应予撤销。

对于这一条款的适用，最大的分歧目前在于是仅仅考虑标志本身的问题，还是需要结合具体商品判断，甚至将申请人的行为乃至将可能造成的后果都考虑进来。【“微信”案】凸显了这一分歧。商标评审委员会和一审法院均认为在腾讯公司的“微信”服务已有超过8亿用户的情况下，允许在先申请的微信商标获得注册将会给社会造成不良影响，因而判定支持异议，驳回申请人的申请。但二审和再审都认为该案的核心问题是谁先具有显著性，而与不良影响无关。[3]

从立法本意来看，该项规定主要还是要解决某些标志本身具有反动、色情等不良影响的情况，至于个别本身并无不良影响，但容易造成不良联系的，如【“红木大会堂”案】或【“海关关徽”案】[4]中将近似的标记用作商标的情况（如图3.1所示）。

图3.1　被撤销商标（左）和海关关徽（右）

至于纯粹因为会发生混淆误认，尤其是与在后申请或使用的商标发生反向混淆，并不是该项规定所要解决的问题。否则，驰名商标一旦被人抢注似乎同样也会产生“不良影响”，显然不能因此启动不受时间限制的“不良影响”的绝对条款来解决所有问题。

二、地名商标注册

严格来说，《商标法》第10条第2款对地名的规制也是一种绝对禁用的范畴，但地名

---

〔2〕参见北京市高级人民法院行政判决书，(2014)高行终字第2072号。

〔3〕参见最高人民法院行政裁定书，(2016)最高法行申3313号，载黄晖编著：《中国商标及不正当竞争案例精要》，知识产权出版社2021年版，第59页。

〔4〕参见北京市第一中级人民法院(2003)行政判决书，一中行初字第167号，载曹中强主编：《中国商标报告》(第2卷)，中信出版社2003年版，第194页。

问题仍有一定的特殊性和复杂性,值得单独加以讨论。

地名用作商标的历史与姓名同样久远,但地名尤其是行政区域的名称要想作为商标注册所受到的限制则较姓氏为多。这主要是因为坐落在同一地方的厂商,都有使用该地地名标识自己产品的需要,只允许一家独占使用于竞争显然不利。而且使用不是产地的地名作为商标还会带来新的问题,即消费者可能会因此受到欺骗。因此,比较安全的做法是注册显然不可能是产地的地名,尤其是江河湖海、山谷陵原的名称,如“Montblanc”(勃朗峰)钢笔、“黄河”啤酒、“长城”葡萄酒。

中国以前甚至允许天津的企业注册“北京”牌电视,但自 1983 年 6 月起,商标局就不再核准注册用行政区划名称构成的商标,除非附有图形明确表示其他事物而与行政区划名称偶合的。已经商标局注册的商标仅限在核定使用的范围之内继续有效。商标局在 1986 年进一步意识到不能使用县级以上行政区划名称作为商标:行政区划名称不能作商标,是国际上的通常做法;行政区名称不该由某一企业或个人作为商标注册而排除该地区其他企业或个人在同一种商品和类似商品上使用;与保护原产地名称产生矛盾;县级以上行政划名称只能表示商品的产地,用作商标缺乏所应具有的显著性。

1988 年修改的《商标法实施细则》开始正式禁止县级以上行政区域的名称及公众知晓的外国地名注册商标,但具有其他含义的地名不在禁止之列。1993 年这一要求上升为商标法的规定。2001 年《商标法》继承了县级以上行政区划的地名或者公众知晓的外国地名,不得作为商标的规定。这是一条绝对禁令,理论上不适用《商标法》第 11 条第 2 款经过使用可以取得显著性的规定。但是,地名具有其他含义或者作为集体商标、证明商标组成部分的除外;已经注册的使用地名的商标继续有效。不过,《商标法》在这里没有明确已经注册的使用地名的商标是否可以设计成新的字体申请注册。

2021 年《商标审查审理指南》将地名具有“其他含义”解释为地名具有除行政区划外的其他含义,且其他含义更易于被一般公众所接受和熟知,如“凤凰”除了具有行政区划地名的含义外,还有“传说中的百鸟之王”的含义,且公众更熟知第二层含义,另外还举了黄山、平安、西湖、鼓楼的例子,但强调不能和市县区一起使用;此外,该指南还列举了商标由地名和其他文字构成而在整体上具有强于地名含义的其他含义,如宁远堂,以及其他整体有别于地名的可以不被驳回。

域外实践。美国原则上禁止纯粹的地名注册,但经使用取得第二含义的则不在限制之列。美国在 1993 年前甚至不禁止误导性的地名注册商标,条件是该错误对消费者的购买决定没有影响力,否则即属于欺骗性商标,以“瑞典”(Sweden)透析设备为例,顾客虽然可能认为该设备来自瑞典,但对于消费者没有特别的意义,所以如果经过使用仍可以在取得“第二含义”的基础上注册。这一规定在美国加入世界贸易组织后已经删除。

欧盟法院在【Chiemsee 案】[5]中,主要是从地名是否可以起到区别作用的角度,来判断地名是否可以注册商标。在该案中,原告在将德国巴伐利亚最大的湖泊及旅游胜地 Chiemsee 以特殊字体在服装上注册后,指控了两家同样使用该词作为商标的服装经销商,认为他们对该词的使用造成了消费者的混淆。被告则认为根据一号指令及德国商标法中的相应条款,只要可能被用来作为产源的标记就不能注册为商标。原告则认为除非

---

〔5〕 参见 C－108/97 及 C－109/97,Chiemsee 案。

事实上一个地名确实与某一产品存在密切的关联，例如某地的确盛产某产品，否则没有理由不让注册，尤其是它的 Chiemsee 自 1990 年开始使用以来已为公众熟知。

欧盟法院认为，《一号指令》的目的正如被告所言，就是要将有可能被用作产源的地名留给相关公众使用，而不一定等到该地名实际成为产地时才加以禁止。不过，如果经过原告的长期使用，该词已取得新的含义，即不再是纯粹叙述性的词汇，就应该予以注册，甚至不论该词是否需要留作公用。当然，其他人仍可以将该词作为普通的地址使用。

中国实践。我国对地名商标的限制具有一定的弹性。最高人民法院 2010 年直接规定〔6〕，在商标由地名和其他要素组成的情形下，如果商标因有其他要素的加入，在整体上具有显著特征，而不再具有地名含义或者不以地名为主要含义的，就不宜因其含有县级以上行政区划的地名或者公众知晓的外国地名，而认定其属于不得注册的商标。最高人民法院 2017 年的《商标授权确权司法解释》也规定，商标标志由县级以上行政区划的地名或者公众知晓的外国地名和其他要素组成，如果整体上具有区别于地名的含义，人民法院应当认定其不属于《商标法》第 10 条第 2 款所指情形。

最高人民法院在【"哈尔滨小麦王"案】〔7〕中认为，"哈尔滨"系列啤酒产品经过哈尔滨啤酒公司长期、大量的使用和持续、广泛的宣传，已经具有了较高的市场知名度。相关公众在看到"哈尔滨"商标时，可以将其与啤酒等商品的提供者哈尔滨啤酒公司建立起较为稳定的产源联系。基于"哈尔滨"商标在啤酒商品上已经积累的商业信誉，争议商标"哈尔滨小麦王"与哈尔滨啤酒公司"哈尔滨"系列品牌所具有的产源指向关系一致，故争议商标的使用也不会使相关公众因产源上的错误认识，而产生误认误购的后果，故争议商标未违反《商标法》第 10 条第 2 款的规定。

在【"米兰"案】〔8〕中，北京市高级人民法院也指出，应当从整体上对诉争商标是否构成地名的含义加以判断，不宜仅因含有"地名"的构成要素即直接援引《商标法》第 10 条第 2 款规定予以驳回或宣告无效。同时，《商标法》第 10 条第 2 款中关于"地名具有其他含义"既包括标志本身固有含义之外具有其他含义，亦包括标志经过使用已经被公众认知获得"第二含义"的情形。这实际也是对地名显著性的一种认可。

从另一个角度看，2013 年《商标法》将产地误认作为单独的一个禁用理由，即禁止使用带有欺骗性，容易使公众对商品的质量等特点或者产地产生误认的标志，因此，即使不是县级以上行政区划或公众知晓的外国地名，如果有可能误导产地也会遭到驳回或被宣告无效。

三、恶意商标注册

（一）诚信原则

诚实信用原则要求人们诚实不欺，其行为不得以恶意损害他人利益为目的，实际是古罗马法谚"欺诈毁灭一切"（*fraus omnia corrumpit*）的正面表述。对于明知是他人的商标，抢先予以注册的行为是否适用"欺诈毁灭一切"的原则，存在两种不同的意见：一种意见

---

〔6〕 参见最高人民法院 2010 年《商标授权确权司法解释》第 4 条。

〔7〕 参见最高人民法院行政判决书，(2020) 最高法行再 370 号。

〔8〕 参见北京市高级人民法院行政判决书，(2021) 京行终 6471 号。

认为规定注册在先原则的商标法属特别法,规定诚信原则的民法通则属一般法,在发生冲突时应优先适用特别法,除非注册的商标属于公众熟知的商标;另一种意见则认为,欺诈注册完全可以与驰名商标或公众熟知商标无关,因为只要有证据表明注册人的确知道他人正在使用某一商标,则无论该商标是否驰名,均应构成欺诈注册,而诚信原则属"帝王条款",欺诈行为永远不能成为取得权利的基础,换句话说,任何时候都不应该赦免违反诚信原则的行为。

一切民事活动均应遵循诚实信用的原则,实际是各国民事立法的基本出发点。法国《民法典》第1134条即要求"契约应以善意履行之"。德国《民法典》第242条亦规定"债务人须依诚实与信用,并照顾交易惯例,履行其给付"。瑞士《民法典》第2条规定"无论何人行使权利履行义务,均应依诚实信用为之",进一步将诚实信用原则的适用范围,扩大到一切权利的行使和一切义务的履行。我国《民法典》第7条也将诚实信用列为民事活动的基本原则。因此,可以说诚实信用原则是君临全法域的"帝王条款"。商标法自然也不能例外。

商标法之所以会产生诚实信用的问题,主要是因为在注册制度下,使用商标不再受到保护,法律只保护在先注册的商标,而这就为一些投机取巧之人将他人已经使用的商标通过注册据为己有提供了可乘之机。但正如法律不能因为来路不正的钱存进银行就不加区别地予以保护,为避免注册制度造成这种明显不公平的后果,少数国家如美国、德国在采用注册制度的同时还保留了使用制度,但保留"使用在先"原则,就会始终使在后商标难以获得法律上的稳定性。因此,绝大多数国家主要是通过诚实信用这个一般原则来制约注册制度,如代理人未经商标所有人同意而以自己的名义注册商标就是一种典型的违反诚实信用的恶意注册行为,并被《巴黎公约》第6条之七所明文禁止。

(二)域外实践

当然,各国商标法并没有将制止恶意注册局限在履行《巴黎公约》第6条之七的义务上,大多数国家都在商标法中普遍地禁止恶意注册,例如,美国《商标法》第14条(3)和第33条(a)(1)即分别规定欺诈取得的注册可以作为撤销和抗辩的事由,《欧盟商标指令》第4条将恶意作为驳回及无效的绝对理由,第5条也规定,一商标可能与申请时已经且继续在外国使用的商标相混淆的,如果申请人是依恶意进行申请的即可驳回或宣布无效。《欧盟商标条例》第59条也将恶意作为商标无效的绝对理由之一。另外,像《英国商标法》第3(6)条、德国《商标法》第50条(1)也明文规定恶意注册的商标无效。

法国实践。事实上,注册只是商标权产生的必要条件,而不是充分条件。例如,按照法国一贯的司法实践,一切注册必须依善意进行,凡以欺诈为目的,尤其以损人利己为目的的注册不得产生任何权利。立法者在1991年修改商标法时正式采纳了这一精神,具体体现在法国《知识产权法典》第L.712-6条的规定中,即"如果注册申请对第三人的权利构成欺骗,或者违反了法定或约定的义务,认为对该商标享有权利者,可依合法程序追还所有权"。2019年,法国也单独将恶意作为商标不得注册的一个理由(第L.711-2条)。

商标权依注册产生,并不意味着凡是注册就能产生商标权,因为民事行为的基本原则就是"欺诈毁灭一切",恶意任何时候都不能产生权利,商标只能用来区别自己同竞争对手的商品或服务,而不能用来损害竞争对手的利益。法国商标法在制止恶意注册方面尤其值得注意的是,它不是简单宣布注册无效,而是借鉴其专利法的类似规定,直接将恶意注册的商标返还原主，省去了原主先撤销后注册的麻烦。

因此，依照法国商标法，不但商标权的原始取得需要基于善意，商标权的继受取得、商标的使用以及商标权取得不可争议的地位，也都需要基于善意。以转让为例，正常的转让是法律允许的，但转让如果仅仅是为了妨碍竞争对手，如转让并续展一个没有使用过的注册商标，以对抗他人注册在后的商标，就是一种非法无效的转让。商标注册后没有或中断使用的，可以开始或恢复使用，但这一使用如果是在已经知道他人即将对他提起失效诉讼的情况下进行的，则仍不能逃脱因不使用而被撤销的命运；至于被告在诉讼期间为规避法律而另行申请的同一商标的注册，同样不能产生任何权利。此外，善意取得注册的商标所有人对该商标的使用，如果被在先权利所有人容忍 5 年以上，则可取得无可争议的地位，而恶意的则永远都有被宣布无效的可能。

欧盟实践。欧盟法院在回答英国脱欧之前提出的问题时，总结了之前关于恶意认定的一系列重要结论。在英国的【Sky 案】[9]中，有一家主要做云储存的 Sky 公司，当然该公司还有一些媒体、传播上的业务，该公司在软件商品上也进行了注册。后来 Sky 起诉 SkyKick 公司，SkyKick 也想做云储存，于是 SkyKick 就指 Sky 公司的商标注册得过于宽泛，例如在软件上的商标，而软件本身有游戏软件、订餐软件、防盗软件等，单纯申请软件已经会被认为注册范围过宽，更别说在软件之外的其他硬件上进行申请。

该案来到欧盟法院，法院基于该案做了一个总的答复：对欧盟商标或国内商标，不能仅因说明商品或服务的词语不明确就被全部或部分宣布无效；商标申请人申请注册商标但无意将商标使用在指定的商品和服务上，如果申请人怀有违反诚信惯例损害他人利益的意图，或是虽然不针对特定的第三人，但是其获得商标专用权不是为了实现商标的基本功能，就构成恶意；如果没有按照商标基本功能使用商标仅涉及某些商品或服务，那恶意仅在这一部分商品或服务上成立；《欧盟商标指令》并不排斥国内立法关于商标申请人必须说明其商标正使用在所注册的商品或服务上，或是其将会善意地进行前述使用，违反这个义务本身并不构成该商标无效的理由的规定。

该批复到了英国法院以后，Arnold LJ 法官根据该批复进行了判决，认为“Sky 公司在申请商标的时候不仅不打算在所指定的某些商品和服务上使用商标，而且也没有在可预见的将来打算这样做。而且，Sky 公司完全是按照尽力寻求广泛保护的策略行事，而不是基于商业上的合理考虑。Sky 公司是基于获得商标功能范围以外的其他目的申请商标，以获得商标专有权，并纯粹以之作为针对第三方的法律武器”，所以最后认为 Sky 公司不能在没有使用的商品上获得保护。但后来上诉法院又改判了此案，认为并不能认定注册范围宽于使用范围就一定是恶意，现在此案已经继续上诉至英国最高法院。

美国实践。美国在商标法中也同样规定以欺诈手段取得的注册可以被撤销[美国《商标法》第 14 条(3)、第 33 条 b(1)]，但美国法院并不认为被告仅仅知晓原告的商标即是恶意，尽管联邦巡回上诉法院在【Person's 案】[10]中明确声明，它并没有排除虽然在美国没有使用但已驰名的商标胜诉的可能性，但它没有认定明知他人商标而进行注册是一种违法行为。在该案中，被告在日本旅行期间听说了原告的 Person's 商标，回到美国后稍

---

〔9〕 参见 C-371/18，Sky 案。

〔10〕 See Person's Co.，Ltd. v. Christman，900 F. 2d 1565，14(CAFC 1990).

加改变就申请了商标注册,原告的这一商标在美国既未使用也不知名,法院以该商标在美国不知名,因此不存在盗用原告声誉的问题为由,认为被告的行为不足以构成恶意,从而拒绝了原告的请求。但此案判决遭到大量批评,批评者主要认为单纯的知情故犯应该构成恶意注册。从衡平法的意义上看,给予商标抢注者保护没有任何依据,因为通过抢注实际会利用别人已经营造的声誉,阻碍真正的所有人进入市场,而这是不符合公众的利益,不利于培养公开、公正和有效的竞争。而且事实上,1929 年美国与南美国家签署的《泛美公约》第 7 条,就是将恶意或者明知作为注册无效的充分理由。

此外,在世界知识产权组织保护驰名商标联合建议中,恶意是指某人在注册时已经知道或理应知道驰名商标的存在,"恶意"会被作为确定诉讼时限的一个因素,但不能作为确定商标驰名与否的条件。阿根廷法院对此有很精彩的阐述:"不能说阿根廷法律只保护在该国注册的商标,有意抄袭国外的注册商标也是不能允许的,否则就是为其提供一种窃取该商标指定商品所创造信誉的可能。因此,必须考虑正当的商业惯例以及消费者的权益,因为它们也受商标法的保护。无论地域性、特殊情况以及商标法的范围都不是得出上述结论的障碍。"这一判决体现的原则后来被正式写入了阿根廷《商标法》第 24 条(b),即"任何人申请商标注册时,如果明知或应知该商标属于第三人,则注册无效"。新加坡高等法院也强调,当今世界旅行交通都极为便利,媒介的国际流通范围也越来越广,对诚实的商业标准应当有更严格的要求。

(三)中国实践

1993 年《商标法》。商标保护从使用制度演变为注册制度是历史发展的需要,它克服了使用制度中在先权利尤其是在先商标难以查考的弊端,有利于保护在后商标的合法权益,同时也可促使在先权利人尽早注册,尽早提出争议。但不能将注册原则绝对化,尤其不能因为注册而使恶意合法化。以特别法优先于一般法适用为由排斥诚实信用原则的主张,在我国 1993 年修改《商标法》时实际已被彻底否定。

我国 1993 年修改《商标法》时,为了解决"某些人弄虚作假骗取商标注册,还有的人以不正当手段将他人长期使用并具有一定信誉的商标抢先注册,谋取非法利益"的问题,[11]在第 27 条增列商标注册不当的规定,正是要在商标法中体现民法的这一基本原则。根据 1993 年修改后的《商标法》规定,已经注册的商标如果是以欺骗手段或其他不正当手段取得的,商标局可以主动撤销,商标评审委员会也可以依当事人的请求撤销。所谓恶意,主要是指被告明知原告的商标进行注册和使用,并企图从可能发生的混淆中获益的情况。

这实际是民法上诚实信用的一般原则在商标法中的具体体现,是对 1983 年《商标法》第 3 条所确立注册原则的补充和限制,同时也是对仅仅强调商标法是特别法,认为注册原则是商标确权的唯一原则的一种否定。但 1993 年制定的《商标法实施细则》第 25 条当时在进一步解释这一原本很明确的规定时,由于没有作必要的限制,反而造成了一些问题,主要表现在:

《商标法实施细则》第 25 条第 1 款第 2 项保护公众熟知商标的规定,通常被解释为是

〔11〕 参见刘敏学:《关于〈中华人民共和国商标法修正案(草案)〉的说明》,载原国家工商行政管理局商标局编:《中华人民共和国商标法律法规汇编》,中国法制出版社 1995 年版,第 10 页。

在履行《巴黎公约》保护驰名商标的义务，但这种解释在实际中可能造成以下困难：《巴黎公约》意义上的驰名商标保护并不以恶意为条件，即使是善意的注册或使用，如构成对驰名商标的侵犯，同样应予禁止。恶意与善意的区别只体现在追究的时限上，因为根据《巴黎公约》第6条之二第3款，对以恶意取得注册或使用的商标提出撤销注册或禁止使用的要求的，不应规定时间限制，这实际上已经暗含了存在善意注册或使用的可能，而且事实上《非洲知识产权协定》第8条附件三即明确规定"撤销善意注册的诉讼时效为五年"。

因此，该细则仅仅在1993年《商标法》第27条的范围内谈驰名商标的保护，就会漏掉善意侵犯驰名商标权利的行为。[12] 而且既然该细则是在解释1993年《商标法》第27条，其法定要件就应该仅仅是主观上的恶意，即对诚实信用原则的违反，而与公众是否熟知无关，在争议的商标并无特别的知名度的时候，问题不在于公众是否知晓这一商标，而在于对方当事人明明知道他人正在使用却恶意注册。1929年美国与南美国家签署的《泛美公约》第7条，就只是将恶意或者明知作为注册无效的理由，完全没有对商标知名度方面的要求。

事实上，保护驰名商标的基本原理虽然与制止恶意注册有相通之处，但侧重点不尽相同：前者着眼于推定被告知晓，但即使被告确实不知或纯属巧合，仍然不影响驰名商标的认定和保护；而后者只关心被告主观恶意状态，只要确属违反诚实信用的注册，即使商标并不出名也可予以撤销。因此，完全没有必要将恶意注册与公众熟知商标捆在一起。

因为抢注驰名商标通常与被告的恶意有关，但严格来说，恶意本身就是应该受到制止的行为，无须同商标是否驰名挂钩。商标即使不出名，但由于"欺诈毁灭一切"，只要有足够证据表明被告恶意注册了商标，则根本不用追究商标是否驰名。

商标局1999年在处理中国（深圳）对外贸易中心的67件注册不当的商标（其中涉及上市公司简称并意图转让的48件，涉及列入《委托转让商标一览表》的19件）时，由于一些商标的知名度并不突出，不足以构成《商标法实施细则》第25条第1款第2项所指的"公众熟知商标"，最后只能依据该细则第25条第1款第5项这一"兜底"条款撤销。

2013年《商标法》。我国2013年修改《商标法》时更是自觉地将诚实信用作为一项总的原则引入商标法，在第7条第1款规定"申请注册和使用商标，应当遵循诚实信用原则"，也就是说将诚实信用原则纳入商标注册与保护的全过程，并具体体现在下列条文中：

2019年《商标法》第15条第2款规定，"就同一种商品或者类似商品申请注册的商标与他人在先使用的未注册商标相同或者近似，申请人与该他人具有前款规定以外的合同、业务往来关系或者其他关系而明知该他人商标存在，该他人提出异议的，不予注册"；就时限而言，第45条重申，对恶意注册的，驰名商标所有人不受5年的时间限制；第36条和第47条都规定恶意使用人及注册人需要承担赔偿责任；第60条规定重复侵权的，工商局可以加重处罚；第63条规定对于恶意侵权行为，给予通常数额1～3倍的赔偿；此外，2019《商标法》第19条和第68条要求代理机构遵循诚实信用原则，并规定了违法后果。

---

〔12〕 2001年修改的《商标法》实际已经将他人注册驰名商标的行为单独规制，因而已经不存在将恶意作为驰名商标保护条件的问题，但超过5年申请无效宣告的仍需证明恶意。

从无效理由来看,主要是2019年《商标法》第15条第2款和第44条第1款的规定,第7条不能作为直接的无效理由。

司法实践中,【"诚联"案】[13]对2001年《商标法》第41条第1款(2019年修正后为第44条第1款)的适用采取了较为严格的限制,后来又具体体现在商标授权确权意见中,即"人民法院在审理涉及撤销注册商标的行政案件时,审查判断诉争商标是否属于以其他不正当手段取得注册,要考虑其是否属于欺骗手段以外的扰乱商标注册秩序、损害公共利益、不正当占用公共资源或者以其他方式谋取不正当利益的手段。对于只是损害特定民事权益的情形,则要适用《商标法》第41条第2款、第3款及商标法的其他相应规定进行审查判断"。

需要注意的是,对于大规模批量抢注他人知名商标的行为,由于已不仅仅涉及个别商标权人的利益,且已给公共利益造成损害,法院还是会援引上述规定驳回相关商标注册或宣布无效。

在【"蜡笔小新"案】[14]中,诚益公司在第9类、第18类、第25类、第44类多个类别上申请注册了"SNOOPY""史诺比""梦迪娇""浪琴""CHANEL""VOLVO""高露洁"等多件商标,该公司具有大批量、规模性抢注他人商标并转卖牟利的行为。2007年3月8日,双叶社针对三件争议商标提出撤销注册申请。2011年1月4日,商标评审委员会裁定认为:原注册人诚益公司申请注册争议商标的行为违反了诚实信用原则,扰乱了商标注册管理秩序及公共秩序,损害了公共利益,已构成2001年《商标法》第41条第1款所指"以其他不正当手段取得注册"的情形。争议商标予以撤销。争议人不服,向北京市第一中级人民法院提起诉讼。北京市第一中级人民法院审理后,对商标评审委员会裁定予以维持。争议人继续上诉到北京市高级人民法院,北京市高级人民法院经审理,认为一审判决无误,北京市高级人民法院最终维持了一审判决。

此外,不正当占用公共资源是另一种常见的行为方式,如对公共资源,如地名、自然景观、文化遗产等资源的占用。例如【"海棠湾"案】[15]中,最高人民法院认定"李某丰利用政府部门宣传推广海棠湾休闲度假区及其开发项目所产生的巨大影响力,抢先申请注册多个'海棠湾'商标的行为,以及没有合理理由大量注册囤积其他商标的行为,并无真实使用意图,不具备注册商标应有的正当性,属于不正当占用公共资源、扰乱商标注册秩序的情形"。

2016年《商标授权确权司法解释》实际肯定了上述判决理由,即以欺骗手段以外的其他方式扰乱商标注册秩序、损害公共利益、不正当占用公共资源或者谋取不正当利益的,人民法院可以认定其属于2013年《商标法》第44条第1款规定的"其他不正当手段"。

2019年《商标法》。《商标法》于2019年4月23日进行了第四次修改,其中一个重要的修改就是在第4条增加了一句话,即不以使用为目的的恶意注册申请,应当予以驳回,

---

〔13〕 参见最高人民法院驳回再审申请通知书,(2006)行监字第118-1号,载黄晖编著:《中国商标及不正当竞争案例精要》,知识产权出版社2021年版,第204页。

〔14〕 参见北京市高级人民法院行政判决书,(2011)高行终字第1428号,载黄晖编著:《中国商标及不正当竞争案例精要》,知识产权出版社2021年版,第203页。

〔15〕 参见最高人民法院行政裁定书,(2013)知行字第41、42号,载黄晖编著:《中国商标及不正当竞争案例精要》,知识产权出版社2021年版,第4页。

这也构成商标异议、无效宣告的理由。另外，不仅申请人不能申请，代理人也不能代理。而且，对恶意申请商标注册的，根据情节给予警告、罚款等行政处罚。对恶意提起商标诉讼的，由人民法院依法给予处罚。

而就在这次商标法修订的第二天，北京市高级人民法院《商标授权确权指南》发布，其中实际已经着手规制不以使用为目的的恶意注册。当然，这个指南应该还是针对2013年《商标法》第4条解读的，该指南指出，商标申请人明显缺乏真实使用意图，且具有下列情形之一的，可以认定违反《商标法》第4条的规定：(1)申请注册与不同主体具有一定知名度或者较强显著特征的商标相同或者近似的商标，且情节严重的；(2)申请注册与同一主体具有一定知名度或者较强显著特征的商标相同或者近似的商标，且情节严重的；(3)申请注册与他人除商标外的其他商业标识相同或者近似的商标，且情节严重的；(4)申请注册与具有一定知名度的地名、景点名称、建筑物名称等相同或者近似的商标，且情节严重的；(5)大量申请注册商标，且缺乏正当理由的。

新商标法实施之前，为了落实新法的要求，国知局发布了《规范商标申请注册行为若干规定》。该规定要求，申请商标注册应当遵循诚实信用原则，不得有下列行为：(1)属于《商标法》第4条规定的不以使用为目的恶意申请商标注册的。(2)属于《商标法》第13条规定，复制、摹仿或者翻译他人驰名商标的。(3)属于《商标法》第15条规定，代理人、代表人未经授权申请注册被代理人或者被代表人商标的；基于合同、业务往来关系或者其他关系明知他人在先使用的商标存在而申请注册该商标的。(4)属于《商标法》第32条规定，损害他人现有的在先权利或者以不正当手段抢先注册他人已经使用并有一定影响的商标的。(5)以欺骗或者其他不正当手段申请商标注册的。(6)其他违反诚实信用原则，违背公序良俗，或者有其他不良影响的。

该规定还特别列举了商标注册部门在判断商标注册申请是否属于违反《商标法》第4条规定时可以综合考虑的若干因素：(1)申请人或者与其存在关联关系的自然人、法人、其他组织申请注册商标数量、指定使用的类别、商标交易情况等；(2)申请人所在行业、经营状况等；(3)申请人被已生效的行政决定或者裁定、司法判决认定曾从事商标恶意注册行为、侵犯他人注册商标专用权行为的情况；(4)申请注册的商标与他人有一定知名度的商标相同或者近似的情况；(5)申请注册的商标与知名人物姓名、企业字号、企业名称简称或者其他商业标识等相同或者近似的情况；(6)商标注册部门认为应当考虑的其他因素。

2021年《商标审查审理指南》在下编第二章也专门用了一章的篇幅规制这种注册行为，其中列举了违反《商标法》第4条的十种具体情形。此外，为了避免误伤，该指南也特别指出，以下情形不适用《商标法》第4条：(1)申请人基于防御目的的申请与其注册商标标识相同或者近似的商标；(2)申请人为具有现实预期的未来业务，预先适量申请商标。

国知局2022年在给人大代表的回复〔16〕中也提出，在新一轮商标法修改中，将进一步规制商标恶意注册，研究通过提高罚款数额、明确恶意抢注给他人造成损失的民事赔偿责任、建立恶意抢注商标移转制度、完善含地名商标禁用禁注规则等多种方式有效规制商标恶意注册行为。

2023年公布的商标法修改征求意见稿提出了一系列治理恶意注册的措施：(1)进一

---

〔16〕 参见《国家知识产权局对十三届全国人大五次会议第2505号建议答复的函》(国知建提法函〔2022〕72号)。

步规制商标恶意注册,强调申请注册的商标不得违背公序良俗;明确恶意申请商标注册的具体情形;建立恶意抢注商标强制移转制度;明确恶意注册的商标被宣告无效后应当对注册后、宣告无效前的侵权行为承担法律责任;提高对商标恶意注册的罚款数额;规定恶意申请商标注册给他人造成损失应当给予民事赔偿,对恶意申请商标注册损害国家利益、社会公共利益或者造成重大不良影响的,由检察机关提起诉讼。(2)加强商标领域诚信建设,明确以欺骗或者其他不正当手段申请商标注册属于商标恶意注册申请,并作为驳回和异议的理由;对虚构、隐瞒重要事实或者故意提供虚假材料等不诚信行为给予处罚;强化信用监管和信用惩戒。(3)规范权利行使,防止权利滥用,增加不得滥用商标权损害国家利益、社会公共利益或者他人合法权益的原则性规定;对于不正当行使商标专用权严重损害公共利益,造成重大不良影响的,可以撤销其注册商标。

四、代理机构注册

为了防止商标代理机构通过自己注册商标牟利,2013 年《商标法》规定商标代理机构除对其代理服务申请商标注册外,不得申请注册其他商标,并规定了处罚措施。2019 年又明确将此作为商标无效的理由。

五、重复注册

2023 年公布的商标法修改征求意见稿拟参考物权法的"一物一权"原则,借鉴《专利法》重复授权的规定,强调注册商标"一标一权"的价值导向,明确禁止重复申请原则,对在原商品服务上恶意重复申请注册原商标以及在商标失效后立即重新申请注册等不正当行为予以规制,但需要明确的是企业商标品牌升级优化以及出于其他正当目的商标注册申请,不纳入规制范围,同时加强对相关审查标准和操作规则的研究论证。

重复申请构成恶意。在【Hasbro 案】[17]中,欧盟普通法院认为规避使用义务的重复申请会成为认定恶意的考虑因素,"孩之宝"的申请有滥用法律之虞。而且在判断恶意时,并不要求申请人实际获利或给他人造成实际损害。即使这种重复申请的所谓策略很多企业都在使用,或是根据专业人员的建议重复申请,如果重复申请本身是为规避使用,也不能成为有效的抗辩。"孩之宝"继续上诉。欧盟法院判决认为其上诉没有涉及需要欧盟法院审理并明确的欧盟法的适用问题,遂予驳回。

第二节　非 功 能 性

所谓非功能性,是指某一商标对商品的用途或目的既非至关重要,同时也不会影响商品的成本或质量。换句话说,具有功能性的商标,如果换成别的商标,要么商品的用途或

---

〔17〕 参见 C-373/21 P,Hasbro 案。

目的就会发生改变,商品不再具有同样的功能,要么商品的成本或质量就会受到影响,变得质次价高。功能性的问题主要可能出现在立体商标和颜色商标等非传统商标上。

严格来说,这是一个只适用于特定客体的驳回理由,不具有普遍性,但商标一旦被认定具有功能性,则不能获得注册,也不能通过使用加以克服。因此需要提前审查。当然,需要适当区分整体具有功能性,还是局部具有功能性,对于局部具有功能性的形状或颜色,通常可以通过允许他人的自由使用来克服,而不必完全禁止注册。否则《商标法》第59条第2款就没有太大的存在必要了。

一、立体商标的功能性

一方面,在立体商标与商品无法分离的情况下,就会使有限的权利演变为无限的权利,导致对标记本身的垄断:对香水瓶或酒瓶等包装进行商标保护,从理论上讲似乎并不排斥其他人用它装别的液体如饮料乃至消毒剂,独占三角形的巧克力也并不会妨碍其他人制造该外形的其他产品,但实际上由于特定的外形同包装以及商品本身通常难以分离,一旦允许某人独占商品或者其包装的外形,其他人将不能在该商品上使用该外形,从而造成对该外形事实上的垄断。

如果某一外形为完成某种功能所必需,对该外形的保护就意味着该功能将被长期垄断,商标保护也会成为一种比专利和版权还强的保护,从而背离专利和版权保护的宗旨,因为设立专利和版权保护的目的在于通过赋予作者和发明人一定期限的独占权换取实用技艺的公开和应用,保护期一过,全社会就可以自由复制使用,如果通过商标对该外形实现无限期的保护,就会损害该外形造福消费者的功能性,造成过度垄断,导致不利于竞争的结果。

另一方面,商标保护的重要性也不容忽视,商标保护通过赋予商标所有人长期的专用权,可以使消费者凭借该商标建立同厂商的稳定关系,减少搜索的成本,与发明创作一次性的投入相比,商业外观需要持续不断的使用和经营,如果允许他人自由模仿,就会损害显著性,对于苦心经营不断创新的企业必然是一种打击,也会使依赖此外形进行购物的消费者造成混淆。

在判断是否应当保护某一外形时,必须兼顾消费者对功能性和显著性的双重需要,在两者出现冲突时,只能是两害相权取其轻:鉴于外形的功能性是无可取代的,而外形的显著性总是可以通过其他识别手段来补救,因而对"功能性"的考虑应当胜过对"显著性"的考虑,也就是说,必须在不妨碍竞争,不造成垄断,实用功能和美学功能能够造福广大消费者的前提下,该外形才可以用来识别、用来表彰、用来传达信息、用来积淀信誉。

早在1961年美国联邦巡回上诉法院的前身海关和专利上诉法院在审理【Deister案】[18]时就意识到这一问题的严重性,它认为,"对于某些外形,法院不应该以事实上具有'第二含义'为由制造垄断。这样做的真正原因不是这些外形不能区别出处,而是因为防止垄断、保护公众复制权这一压倒性公共政策的需要。一定程度的混淆甚至有助于公众享受自由竞争的好处"。因此,美国不仅在长期司法实践中拒绝保护具有功能性的"商业外观",而且在1998年修改《兰哈姆法》时,明确要求申请商业外观保护者必须证明该

---

〔18〕 See In re Deister Concentrator Co. ,48 C. C. P. A. 952,129 U. S. P. Q. 314,289 F. 2d 496(1961).

外观具有非功能性。

欧洲的立法者也正是意识到过分强调对显著性的保护可能造成永久性独占的问题，才决定在显著性与功能性发生冲突时优先考虑功能性。欧共体 1988 年制定的《一号指令》在承认立体商标的同时，已通过该指令的第 3 条第 1 款第(e)项明确排除纯粹由以下外形构成的标记：商品本身的性质决定的；取得某种技术效果所必需的；赋予商品实质价值的。2015 年这一要求已扩展到所有不限于立体商标的其他非传统商标了。

正是基于以上的经验和教训，中国 2001 年修改《商标法》时，也在第 12 条专门规定：以三维标志申请注册商标的，仅由商品自身的性质产生的形状、为获得技术效果而需有的商品形状或者使商品具有实质性价值的形状，不得注册。因此，立体商标可能因为具有性质、实用及美学功能性而不能注册。

反不正当竞争法司法解释是通过将非功能性的要求内化到有一定影响的显著特征里面来实现的：该解释规定，《反不正当竞争法》第 6 条规定的标识有下列情形之一的，人民法院应当认定其不具有区别商品来源的显著特征：……(三)仅由商品自身的性质产生的形状，为获得技术效果而需有的商品形状以及使商品具有实质性价值的形状。同时，该条第 2 款则没有提到这一项可以通过使用取得的显著性加以克服。当然，理想状态应该还是在反不正当竞争法中明确加以规定。

图 3.2 涉案肥皂外形

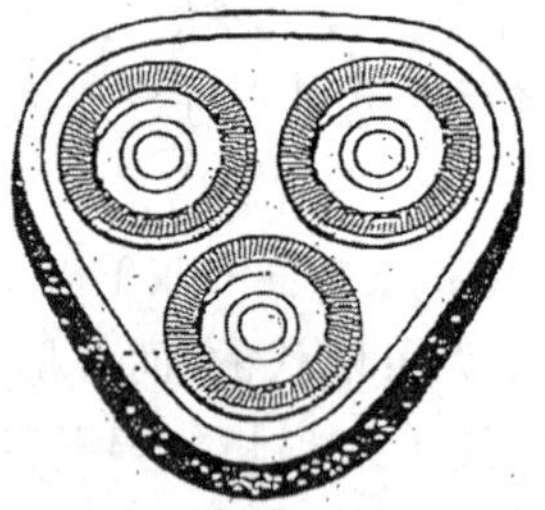

图 3.3 飞利浦三头剃须刀

(一)性质功能性

什么是商品本身的性质决定的外形，欧盟普通法院在审理一个双面内凹并有凹槽的肥皂外观是否可以获得保护的案件【P&G 案】[19]时认为，由于市场上存在许多不是由该外观构成的肥皂，该商品外观并非该商品的性质所决定(图 3.2 为涉案肥皂外形)。

(二)实用功能性

【Philip 案】[20]的基本案情是，菲利浦公司早在 1966 年就发明并生产三头剃须刀(如图 3.3 所示)，并为此申请了专利，1985 年又申请注册了描绘三头剃须刀的二维图形商标。

该注册根据英国 1994 年《商标法》具有立体商标的效力。1995 年雷明顿公司也开设生产型号为 DT55 的类似的三头剃须刀，因此被菲利浦公司以商标侵权起诉。

欧盟法院认为，《一号指令》第 3 条中所谓"为实现某一技术效果所必需的外形"，是指一个外形的基本功能仅在于实现该技术效果，该外形依法不能注册为商标。即使存在其他可以实现同样技术效果的外形，该外形仍旧不可以注册。具有该功能的商标不能产生显著性，不能按照使用产生显著性获得注册。

在【Lego 案】[21]中，欧盟普通法院再次明确了这一点。在该案中，Lego 公司于 1999

---

〔19〕 参见 T-63/01，P&G 案。

〔20〕 参见 C-299/99，Philips 案。

〔21〕 参见 T-270/06，Lego 案判决书第 39 段。

年获得了砖体为红色的"玩具砖"(如图3.4所示)共同体立体商标的注册,使用在第9类和第28类的商品上。2004年,欧共体内部市场协调局宣告该商标在第28类玩具等商品的注册无效,因为该商标是该类别上的商品为获技术效果所必需的形状。Lego公司上诉至协调局上诉委员会,指出自己的"玩具砖"通过使用获得了显著性,并且该"砖"的红色并不是"为获得某种技术效果所必需的"。2006年,上诉委员会驳回上诉,认为Lego公司的上述两项抗辩都不能排除《共同体商标条例》第7条(1)(e)(ii)的适用。Lego公司不服,继续上诉到欧盟普通法院,认为上诉委员会曲解了这一条款,该条款并不排除有功能性的形状本身注册为商标,而是排除那些为获某种技术效果所"必需"和"专有"的形状注册为商标,因此,对虽体现商品的某些功能,但是在外观上并不独特,而是可以发生变化的形状,仍可以注册为商标。

图3.4 乐高积木

欧共体普通法院经审理指出,根据欧盟法院的判例法,如果商品形状的主要部分体现了商品的功能,即使还存在不体现技术功能的非主要部分,也不能注册为商标。所谓"为获得某种技术效果所必需的"形状,是指该形状与商品的某种功能具有因果关系,为了使商品具有某种功能而设计出的形状,而不应理解为是与该商品的某种功能相对应的唯一的形状。凡是"为获得某种技术效果所必需的"形状,都不可以注册为商标。该判决后来被欧盟法院维持。

美国最高法院2001年审结的营销展示公司诉特来菲克斯产品公司【Traffix案】[22]终于对这一问题做出了相对明确的回答。该案的案情是,营销展示公司(MDI)于1972年发明了一种装有弹簧的可防风的交通标志座并取得了专利,该专利的关键部分由两根弹簧组成,防风的原理是借助于弹簧的弹性,在风力较强时,交通标志可以顺风弯曲,在风力减弱时则可以自动恢复正常。在专利到期以后,特来菲克斯产品公司(Traffix)也开始生产同样形状的交通标志座,于是与营销展示公司产生纠纷(图3.5所示分别为原、被告交通标志设施)。

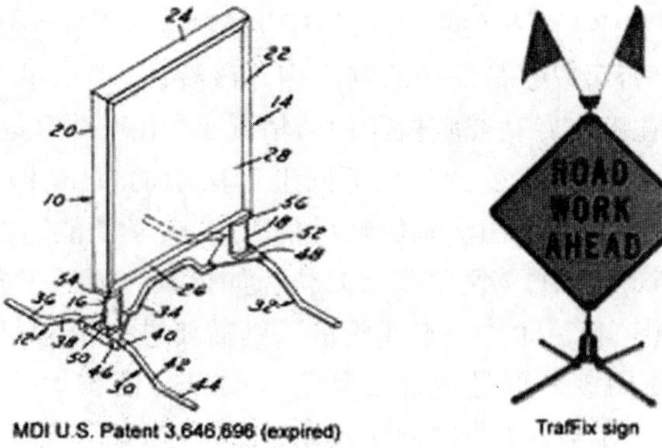

图3.5 原告设施(左)和被告设施(右)

〔22〕 See Traffix Devices, Inc. v. Marketingdisplays, Inc., 532 U.S. 23(2001).

该案实际涉及两个彼此相关的问题,一是是否只有他人也需要使用的外观才能认为具有功能性?二是专利已经到期这一事实本身是否已经足以允许他人自由仿制?在该案的裁定中,美国最高法院回避了对包含在专利产品中的外观特征是否当然不能通过商标法给予保护的问题,但它认为,一个外观如果出现在专利文件中,除非属于附带性、随意性或装饰性的成分,否则应被认为是具有功能性的强力证据,原告只有推翻这一证据才能获得保护。最高法院同时认为,单从竞争对手是否同样有使用该外形的必要上来认定该外形是否具有功能性的方法失之偏颇,正确的标准是考察该外形对于产品的"用途或目的"是否至关重要,或者考察该外形是否会影响产品的"成本或质量"。符合这一标准的外观,无论是否申请专利,无论专利是否到期,都不能通过商标法获得保护。

美国1999年修改的《商标法》第43条a(3)明确要求申请商业外观保护人对该外观的非功能性进行举证。尽管还没有看到根据该条要求实际执行的判例,但第九巡回上诉法院在1998年审理一商业外观的案件,即【Disc Golf案】〔23〕中提出了四条认定是否具有功能性的标准,颇有参考价值,这四条标准是:(1)外观是否具有实用价值;(2)是否存在替代外观;(3)广告是否利用外观的实用利益招徕消费者;(4)外观是否是用相对简单或便宜的方法制造的。最后,在综合平衡的基础上加以认定。

在我国,发明,是指对产品、方法或者其改进所提出的新的技术方案。实用新型,是指对产品的形状、构造或者其结合所提出的适于实用的新的技术方案。在已经提交发明、实用新型专利申请或已经获得授权的情况下,如果就同一技术特征要求立体商标的保护,显然会有实用功能性的嫌疑,可以说存在专利本身就具有功能性的重要提示。

(三)美学功能性

什么是由"赋予商品实质价值"的外形构成的标记,由于还未出现实际案例,目前还不能进行详细考察,但英国法院在审理"菲利浦"三头剃须刀一案时,附带认为该剃须刀的外形不属于具有"实质价值",并指出"实质价值"主要应该是指美学方面的价值。换句话说,消费者购买该商品的主要目的必须达到艺术欣赏或收藏的高度,简单具有吸引力似乎还不能称为具有"实质价值"。

目前有一种普遍的看法,即如果某外形曾经是外观设计的主体部分,则可以作为该外形不具有功能性的初步证据。因为,外观设计主要是装饰性的,如果具有功能性,当初就应该纳入实用专利的保护。但上述看法还需接受"美学功能说"的检验。所谓"美学功能说",是与"实用功能说"并列的一个概念,最早于1952年出现在美国第九巡回上诉法院在审理一个瓷器花纹是否可以获得保护的判决中。该院认为"如果有关图案是商品取得商业成功的重要原因,在没有专利或版权保护的情况下,出于自由竞争的需要,应当允许模仿"。这一观点过于笼统,后来受到其他巡回上诉法院的攻击,因为这实际意味着"设计越吸引人,就越不能保护"。美国法院后来尽量回避"美学功能"这一概念。

但在前面的【Traffix案】中,美国最高法院认为如果某外形对于产品的"用途或目的"并不重要,而且也不会影响产品的"成本或质量",则需要进一步考察该外形是否具有"美学功能",即禁止他人使用该外形是否会使其陷入明显与信誉无关的不利的竞争地位。遗憾的是,最高法院没有对美学功能进行深入详尽的探讨。

---

〔23〕 See Disc Golf Association, Inc. v. Champion Discs, Inc., 158 F. 3d 1002 (9th Cir., 1998).

在【B &O 案】[24] 中，欧盟普通法院指出，本案中的申请人申请注册的形状（如图3.6所示），是B &O公司特有的设计。该设计是B &O公司品牌的必要组成部分，它提升了这款扬声器产品的价值。该形状是赋予商品实质价值的形状，不应予以注册。而且，从产品经销商的网站，二手货网站以及网上拍卖的截图证据中，可以很清楚地看到，该三维形状首先强调的是它的美学性质，消费者会把它看作一种单纯的、修长的、永恒的音乐制品，这恰恰是它的卖点。

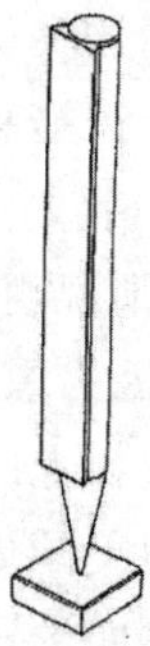

图3.6　B&O音箱

【"晨光"笔案】[25]（图3.7所示为晨光笔），也部分涉及不再受专利保护的设计的法律后果。最高人民法院指出：多数情况下，如果一种外观设计专利保护期届满或者其他原因导致专利权终止，该外观设计就进入了公有领域，任何人都可以自由利用。但是，在知识产权领域内，一种客体可能同时属于多种知识产权的保护对象，其中一种权利的终止并不当然导致其他权利同时也失去效力。同时，《反不正当竞争法》也可以在知识产权法之外，在特定条件下对于某些民事权益提供有限的、附加的补充性保护。就获得外观设计专利权的商品外观而言，外观设计专利权终止后，该设计并不当然进入公有领域，在符合《反不正当竞争法》的保护条件时，它还可以受到该法的保护。

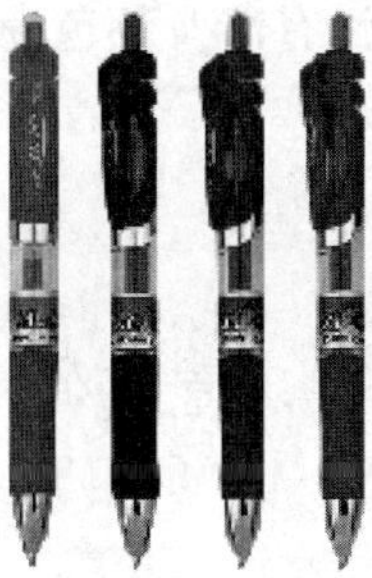

图3.7　晨光笔

扫描看彩图

当然，最高人民法院也特别指出，"不过，外观设计专利权的终止，至少使社会公众收到了该设计可能已经进入公有领域的信号，因而主张该设计受到知名商品特有包装、装潢保护的权利人应提供更加充分的证据来证明有关设计仍应受法律保护"。

二、颜色或其他特征商标的功能性

颜色尤其是单色或色差具有特殊的功用已不是奇谈，例如蓝色使人安静、红色使人兴奋等已经作为一种基于颜色的治疗方法；又如绿色表示环保，允许某一个人注册垄断绿色显然不妥，只有注册证明商标才能保证公正。尽管中国商标法中并没有对颜色组合可能具有的功能性问题作任何规定，但颜色的垄断在某些情况下同样会妨碍正当竞争，国外已

---

〔24〕 参见T-508/08，B& O案。

〔25〕 参见最高人民法院民事裁定书，(2010)民提字第16号，载黄晖编著：《中国商标及不正当竞争案例精要》，知识产权出版社2021年版，第668页。

有实际的案例出现。

美国最高法院在【Qualitex 案】[26]中对颜色可能具有的功能性给予了详细的评述,并进行了定义,即一项特征如果被专用后,会使其竞争对手处于一种与信誉无关的明显不利境地,则说明该项特征具有功能性。例如,使用在摩托艇的马达上的黑色即被认为具有功能性,因为黑色不仅可以使马达显得比实际尺寸小,而且适合于各种颜色的游艇;又如使用在肥料上的蓝色也被认为具有功能性,因为蓝色标指了氮的存在。

但美国最高法院同时也指出,使用一种颜色有时固然可能会使产品更吸引人,但也不能一概而论。例如,当使用某一颜色对某一产品的用途或目的并无必要,同时也不会影响其成本或质量时,就没有理由以功能性为由拒绝对颜色加以保护,如就绝缘材料而言,粉色就并无商标以外的其他功能。因此,"颜色功能说"并不能阻止所有的颜色取得商标保护。

同单色商标相比,颜色组合具有功能性的可能显然要小一些,但也不能绝对排除。欧盟普通法院曾经拒绝一个使用在园艺工具上的灰绿色组合商标的注册,它的主要理由是,园艺工具主要在园林使用,灰绿两种颜色是园林中最主要的颜色,不应该允许任何一个企业垄断这种常见的颜色或组合。

欧盟 2015 年修改了商标法,将功能性的适用扩展到其他非传统的元素或特征上,有效地填补了立法漏洞。我国目前明文允许注册的只有颜色组合商标,相对于单色商标,颜色组合商标的功能性问题还不算太突出,因此我国《商标法》只在第 12 条和第 59 条第 2 款对三维标志的功能性问题进行了限定,而没有涉及颜色商标的功能性问题。

第三节　显　著　性

商标的显著性(distinctive character or distinctiveness)也称显著特征、识别性或区别性,用来表示某一标志能够指向特定的商品生产者,亦即能够识别商品来源的特性。有一种意见认为,"识别性"是用来描述商标相对于商品的识别特性,而"区别性"则是商标之间可以相互区别的特性,但这种说法在《巴黎公约》及《TRIPS 协定》中均找不到支持其存在的理由,英语中也无法进行这样的区分。因为在相同类似商品上使用相同近似商标导致不能区分的,可以直接使用"混淆可能性"的概念,而不必借助"区别性"这一概念,尽管这的确也是商标显著性受到损害的一个场景。这种区分因此并没有实际的意义。

一、认定商标显著性的标准

《巴黎公约》第 6 条之五规定,商标缺乏显著特征的,或者完全是由商业中用以表示商品的种类、质量、数量、用途、价值、原产地或生产时间的符号或标记所组成的,或者在要求给予保护的国家的现代语言中或在善意和公认的商务实践中已经成为惯用的,可以被

---

[26] See Qualitex. Co. v. Jacobson Products Co. ,514 U. S 159.

拒绝注册或无效。

我国《商标法》在商标的定义的第 8 条中要求"区别"功能,在第 9 条第 1 款中要求"申请注册的商标,应当有显著特征,便于识别",同时又在第 11 条中规定,下列标志不得作为商标注册:仅有本商品的通用名称、图形、型号的;仅直接表示商品的质量、主要原料、功能、用途、重量、数量及其他特点的;其他缺乏显著特征的。但这些标志经过使用取得显著特征,并便于识别的,可以作为商标注册。易言之,商标法除了列举两种最突出的缺乏显著特征的情形,又以其他缺乏显著特征的规定兜底,组成了防守严密的注册门槛。

通用名称。《商标授权确权司法解释》指出,诉争商标属于法定的商品名称或者约定俗成的商品名称的,人民法院应当认定其属于《商标法》第 11 条第 1 款第 1 项所指的通用名称。依据法律规定或者国家标准、行业标准属于商品通用名称的,应当认定为通用名称。相关公众普遍认为某一名称能够指代一类商品的,应当认定为约定俗成的通用名称。被专业工具书、辞典等列为商品名称的,可以作为认定约定俗成的通用名称的参考。约定俗成的通用名称一般以全国范围内相关公众的通常认识为判断标准。对于历史传统、风土人情、地理环境等原因形成的相关市场固定的商品,在该相关市场内通用的称谓,人民法院可以认定为通用名称。诉争商标申请人明知或者应知其申请注册的商标为部分区域内约定俗成的商品名称的,人民法院可以视其申请注册的商标为通用名称。人民法院审查判断诉争商标是否属于通用名称,一般以商标申请日时的事实状态为准。核准注册时事实状态发生变化的,以核准注册时的事实状态判断其是否属于通用名称。

有些通用名称是法定的,如《植物新品种保护条例》第 18 条第 1 款规定,授予品种权的植物新品种应当具备适当的名称,并与相同或者相近的植物属或者种中已知品种的名称相区别,该名称经注册登记后即为该植物新品种的通用名称。又如《药品管理法》第 29 条规定,列入国家药品标准的药品名称为药品通用名称,已经作为药品通用名称的,该名称不得作为药品商标使用。

除了法定的通用名称外,大部分商品的通用名称的确定,主要源于社会的约定俗成,既要得到社会或某一行业的广泛承认,又要规范化。这是商品通用名称概念本质的特征,也是判定商品通用名称的主要依据。以酒类商品为例,商标局 1989 年发文指出,商品通用名称的构成是多层次的和多元的,既有商品总类别的通用名称,又有具体商品品种的通用名称,如酒类商品总的通用名称是"酒",按品种又可以分为白酒、黄酒、啤酒、露酒等,又有曲酒、窖酒、山楂酒、苹果酒等。总之,对是否是商品通用名称必须具体问题具体分析,一个个地去认定,很难笼而统之地框定。

商标局认为,除商标注册商品分类表中明确的之外,各地来文提到的下列名称属于酒类商品的通用名称:曲酒、特酒、大曲、二曲、三曲、窖酒、烧酒、二锅头、酿、米酒、高粱酒、山楂酒、苹果酒、梨酒、黑加仑酒、猕猴桃酒、人参酒、威士忌、白兰地等。相反,"全粮液"与"五粮液"近似,不能视为商品通用名称。"香槟"是法国原产地名称,不能作为商品通用名称使用。

以烟花鞭炮为例,由于一些企业向商标局提出的商标注册申请中,大量地使用了烟花鞭炮的品种名称和直接叙述商品质量、功能、用途特点的文字、图形,商标局 1992 年特意召开烟花鞭炮商标注册与管理调研会议,并形成以下纪要:在烟花鞭炮上独创的名称,可以作为商标注册。企业在开发出新产品时,往往为其赋一与众不同的名称,这种独创的名称,如果不违犯《商标法》的禁用条款,可以作为商标申请注册。但对于过去本可以作为商标注册,因没有及时申请商标注册,现已成为行业约定俗成的品种通用名称的,则不能再作为商标注册。

叙述词汇。《商标授权确权司法解释》指出,商标标志只是或者主要是描述、说明所使用商品的质量、主要原料、功能、用途、重量、数量、产地等的,人民法院应当认定其属于《商标法》第11条第1款第2项规定的情形。商标标志或者其构成要素暗示商品的特点,但不影响其识别商品来源功能的,不属于该项所规定的情形。

仍以烟花鞭炮为例,上述纪要指出,直接表示本商品特点的文字及图形不能作为商标注册。所谓直接表示本商品特点的文字、图形,即直接叙述烟花鞭炮商品的颜色、花型、功能、原料、用途、重量及燃放效果等特点的文字、图形,如"安全喷火""无烟烟花""金光闪闪""五彩缤纷"等。这些文字只是对商品某种品质的直接叙述,作为商标注册不具有显著性。

其他缺乏显著性情形。为了使逻辑上更周延,2013年《商标法》修改时特意将通用性和叙述性作为两种不具有显著性的特例,而在第11条第1款第3项中增加"其他"两个字,从而对于不具有通用性和叙述性的标志,还需要继续判断是否属于"其他不具有显著性"的情况,如过于简单或复杂。因此需要逐一对三种情况进行审查,排除一个理由并不等于其他理由自然不成立。北京市高级人民法院《关于商标授权确权行政案件的审理指南》(以下简称《商标授权确权指南》)指出,诉争商标仅由广告宣传用语等构成的,一般属于《商标法》第11条第1款第3项规定的情形。颜色组合标志、声音标志,或者以商品自身形状、包装、装饰等形式体现的三维标志等,是否系当事人所独创或者最早使用,与认定该标志是否具有显著特征无关。

再以烟花鞭炮为例,上述纪要指出,生活中常用的吉祥用语不能作为商标注册。烟花鞭炮是人们为增添节假日喜庆气氛的消费商品。生产经营者习惯将一些吉祥词语用于烟花鞭炮商品的包装装潢上,吸引消费者,促进商品销售,如"恭贺新禧""吉祥如意""恭喜发财""大吉大利"等。如果将这些在包装装潢上常用的吉祥用语作为商标注册、阻止他人使用是不公平的,也难以依法保护。

笔者将在本章第四小节中结合具体的标志论述其显著性。接下来,我们先讨论认定商标显著性的四项主要原则。

二、认定商标显著性的原则

商标显著性的认定需要遵循四项基本的原则:一是结合相关公众认定原则;二是结合相关商品认定原则;三是整体认定原则;四是考虑公共利益原则。

(一)结合相关公众认定原则

显著性不能抽象地认定,而必须结合具体的消费对象和群体即相关公众来判断。按照最高人民法院的司法解释,《商标法》所称相关公众,是指与商标所标识的某类商品或者服务有关的消费者和与前述商品或者服务的营销有密切关系的其他经营者。商品和服务是销售给特定消费人群的,一个词汇是否被认为是商标同样不能抽象地判断。当目标人群使用不同的语言时,这个问题就会凸显出来。

外语商标问题。就中国消费者而言,年轻的大都知晓一些英语,如果相关产品是面向年轻人,英语词汇的含义通常应该纳入显著性的考查范围。但法语、德语、西班牙语、俄语或阿拉伯语，知道的人就会少很多。例如，德国大型超市“METRO”在法语中是地铁的意思，法国人看见它也许会以为是个地铁站，但一般的中国消费者并不认识法语，更多会记住中文商标“麦德龙”。类似的还有矿泉水“C'estbon”的例子，法语中表示“这是好的”，应该说具有叙述性，但一般消费者不知道这个含义，更多的是记住中文商标“怡宝”〔27〕。

语言问题在欧洲更突出一些，因为欧洲联盟扩盟前有15国，原有德语、英语、丹麦语、西班牙语、芬兰语、法语、希腊语、意大利语、荷兰语、葡萄牙语、瑞典语11种官方语言，现在扩大成28国，又新增了爱沙尼亚语、匈牙利语、拉脱维亚语、立陶宛语、马耳他语、波兰语、斯洛伐克语等9种官方语言。目前，欧盟法院在商标的显著性问题上的做法是，在20种官方语言中有一种通不过，就不能给予保护。

少数民族的语言也有类似的问题，在蒙文、藏文等语言中不具有显著性的词汇通常就不为一般公众知晓。方言中也会出现类似问题，例如，“荷里活”按普通话发音来认读并没有特别的含义，但对于讲广东话的人来说，“荷里活”对应的就是“Hollywood”，尽管普通话里“Hollywood”的标准翻译是“好莱坞”。

最高人民法院在《商标授权确权司法解释》中指出，诉争商标为外文标志时，人民法院应当根据中国境内相关公众的通常认识，对该外文商标是否具有显著特征进行审查判断。标志中外文的固有含义可能影响其在指定使用商品上的显著特征，但相关公众对该固有含义的认知程度较低，能够以该标志识别商品来源的，可以认定其具有显著特征。

地域性问题。在【“水鸟”案】〔28〕中，对一个商品的常用称谓包括俗称也有可能具有地域性，例如，香港冬冬宝床上用品厂有限公司诉深圳市富安娜家饰保健用品有限公司一案，就凸显了通用名称应依据什么范围来认定的问题。原告拥有注册在被套、床罩等商品上的“水鸟”商标，在发现被告在生产、销售相同商品时将“水鸟”作为商品的名称使用后，原告在深圳市中级人民法院提起诉讼。深圳市中级人民法院支持了原告的主张，根据1993年《商标法》第38条第1款第4项及其实施细则第41条第2项的规定，认定被告的行为构成对原告商标权利的侵犯。被告不服，向广东省高级人民法院提起上诉，诉称其之所以使用“水鸟被”的名称，是因为该被使用了一种美国生产的新型原料——水鸟纤维棉，这种纤维轻柔得像水鸟的羽毛一样，其制成的被子也因此被通称为“水鸟被”，而使用商品的通用名称应当不构成侵权。

但广东省高级人民法院认为，虽然在广东地区使用轻柔纤维棉生产被子的企业较多，的确有一些厂家将此类被子称为“水鸟被”，但尚无证据表明消费者已普遍认为“水鸟被”是一类被子的名称。“水鸟被”究竟是何种被子，对一般消费者而言也并不明确。况且，“水鸟被”是否属于产品的通用名称，不能仅以广东省的情况为准，因为注册商标是在全国有效，如果不从全国的情况出发，就会出现同样一个商标在一地受保护，在另一地不受保护的情况，这必然有损法律的统一性。而目前还无证据表明其他省市的消费者也将某类被子称为“水鸟被”。与此同时，一审被告在商标评审委员会提起的注册不当案也于1999年4月15日有了终局裁定，结论是水鸟是对在水面或水边栖息以及从水中捕取食物的鸟类的统称，以此作商标用在“被子”等商品上，没有直接表示该商品的主要原料等

---

〔27〕　围绕“怡宝”商标的保护，我们将在第十一章“驰名商标”中讨论。

〔28〕　参见广东省高级人民法院民事判决书，(1999)粤法知终字第30号。

特点。目前,尚无证据证明"水鸟"一词已成为"被子"等商品的通用名称,故"水鸟"商标注册应予维持。1999年5月15日,广东省高级人民法院维持了深圳市中级人民法院的一审侵权认定。

与此相反的是,山东省高级人民法院在【"鲁锦"案】〔29〕中认为,20世纪80年代中期后,传统鲁西南民间织锦开始走入现代生活,以在北京民族文化宫举办的"鲁锦与现代生活方式展"为始点,经过媒体的大量宣传,"鲁锦"一词进入公众视野,已成为以棉花为主要原料,手工织线、手工染色、手工织造的山东地区独有的民间手工纺织品的通称,且已被山东地区纺织行业领域内通用并成为相关社会公众约定成俗的名称。综上,可以认定"鲁锦"是山东传统民间手工纺织品的通用名称。

在【"羊栖菜"案】〔30〕中,北京市高级人民法院认为,"消费者"并不是认定通用名称唯一的"相关公众",中国境内特定地域、特定行业的生产者、经营者也可以成为通用名称判定的主体。就该案而言,佳海公司提交的证据可以证明:浙江省温州市洞头县(现洞头区)系中国唯一的羊栖菜养殖、加工和出口基地,享有"羊栖菜之乡"美誉,当地自1982年开始加工羊栖菜,其产品90%出口日本。羊栖菜作为中国特定地区主要供出口日本的产品,其养殖、加工、销售出口涉及中国境内的市场区域系以浙江省温州市洞头县为主的特定地域范围,相关市场较为固定,故上述区域内的羊栖菜加工出口企业应系"相关公众"。因此,判定争议商标是否是通用名称应以当地羊栖菜相关行业的认识为标准。在争议商标申请注册之前的长期对日贸易中,洞头县羊栖菜加工出口企业均在其产品包装上标注羊栖菜的日文名称"ひじき",将其作为羊栖菜的商品名称使用,并且类似包装至今仍为相关企业所普遍采用,同时,争议商标已被多部辞典列为通用名称。故"ひじき"在争议商标申请注册之前已成为浙江省温州市洞头县相关行业对羊栖菜的俗称,争议商标构成了通用名称。

(二)结合相关商品认定原则

所谓结合商品进行认定,是指商标的显著性是一个相对的概念,不能抽象地进行,只要某一标志能够区别某一特定的商品或服务,就可以说该标志具有显著性。换句话说,判断商标的显著性有一个总的原则,即商标同商品和服务本身的联系越密切,显著性越弱,而反过来,显著性就越强。

以文字标志为例,按照该标志同商品或服务的关系,我们通常可以具体分为臆造词、任意词、暗示词、叙述词、通用词。上述五种词汇中,前三种在同商品或服务结合使用时,由于它们与所指定的商品或服务没有直接的联系,消费者一般容易认为它们是在标指这一商品或服务的出处,这些标志因而具有固有显著性,也称内在显著性或先天显著性,可以直接作为商标受到保护。第四种标志,是指直接表示商品或服务的特性或品质的词汇。例如,使用在洁具上的"American Standard"(美国标准),即属于叙述词,其字面含义或者说"第一含义"主要是指该洁具是按美国的标准设计制造的,消费者一般不会同特定的出

〔29〕 参见山东省高级人民法院民事判决书,(2009)鲁民三终字第34号,载黄晖编著:《中国商标及不正当竞争案例精要》,知识产权出版社2021年版,第459页,后该案例被认定为指导案例。

〔30〕 参见北京市高级人民法院行政判决书,(2012)高行终字第668号,载黄晖编著:《中国商标及不正当竞争案例精要》,知识产权出版社2021年版,第56页。

处联系在一起,也就是说起不到区别出处的作用,因而不具有内在显著性。

我国现行《商标法》第 11 条禁止注册“直接表示商品的质量、主要原料、功能、用途、重量、数量及其他特点的标记”,正是因为这些标记同商品本身的特点太过紧密。

第五种,由于是指定商品或服务的通用名称,不可能起到商标的区别作用,因此几乎永远都不能作为商标受到保护。我国《商标法》第 11 条第 1 款第 1 项即禁止仅有本商品的通用名称、图形、型号的标志作为商标注册。所谓通用名称,是指与特有名称相对,为国家或某一行业中所共用的,反映一类商品与另一类商品之间根本区别的规范化称谓。

我们还可以将文字标志粗略地分为两大类:一类具有先天显著性,包括臆造词、任意词、暗示词,它们只要同具体的商品或服务结合就可以起到区别作用;另一类不具有先天显著性,包括叙述词和通用词,它们同具体的商品或服务结合时无法起到区别作用。前一类词的注册没有任何法律障碍,后一类词除非后天取得显著性,否则无法予以注册。

上述分类同样可以适用于图形标志,它们虽然不像文字标志那样具有直接的含义,但它也可以通过其画面或形态,直接或间接与所指定的商品或服务发生联系。如果消费者可以毫无困难地认为某一图形与特定的出处有关,或者甚至能在没有或不可能看清文字的基础上,通过图形直接实现识别,则说明该图形具有内在显著性,可以起到一个商标的作用。但如果这种联系是直接紧密的,消费者就会将它视为一种装饰或描述,而不太可能把它看作区别商品或服务的出处,也就是说,该图形就不具备商标注册所要求的显著性。

(三)整体认定原则

判断商标的显著性是就整个商标而言的,这一原则具体体现在《巴黎公约》第 6 条之五 B(2)中,根据该条的规定,巴黎联盟成员国对于在原属国注册的商标应给予原样保护,除非该“商标缺乏任何显著性,或者纯由在商业中用于表示种类、质量、数量、用途、价值、产品出产地或生产年代的符号或标记组成,或者纯由在请求保护国的现代语言或诚实一贯的商业惯例中成为常用的符号或标记组成”。这一原则在各国的商标立法中都得到了贯彻和遵守,只是在具体表述上存在一定的差别。

因此,认定商标的显著性时应采用整体否定法,即除非商标不含任何显著性,均应认为商标整体上具有显著性。有的商标可能只有某一部分具有显著性[如 NESCAFE 雀巢咖啡(如图 3.8 所示)、VOLKSWAGEN 大众汽车],有的商标可能各个部分均不具有显著性(如 International Business Machines,国际商用机器),但组合起来只要具有显著性,就不能仅仅因为商标中包含了不具有显著性的部分,就简单地加以驳回,亦即不能根据个别不显著否定组合可能产生的显著性。

扫描看彩图

图 3.8 雀巢咖啡

在【Booking. com 案】[31]中,美国最高法院并没有因为某个词语是通用词语,就认为其后增加“. com”必然没有显著性,而是将其作为一个新的整体,基于消费者的认知,判断是否具有显著性,因此美国最高法院没有当然否定这种词语的显著性,而是更侧重消费者具体的认知。当然,法院也认为涉案商标即使可以注册,也是个弱商标,保护时要受到限制。

之所以强调这一点,是因为 2001 年修改前的中国《商标法》在显著性问题上十分严厉,它将含有非显著部分的商标同不具有合法性的商标不加区别、一视同仁,而没有从整体上探求是否存在显著性。修改前的《商标法》第 8 条规定“商标不得使用下列文字、图形……”,也就是说,只要含有非显著成分,商标即不得注册,而这样无形中提高了门槛,使一些原本通过放弃对非显著部分专用权即可整体注册的商标被拒之门外,如“Pepsi Light”在中国即因含有“Light”一词而被驳回注册。[32]

2001 年修改后的《商标法》在显著性的问题上采用了整体认定法,也就是说,只能拒绝注册“仅有本商品或服务的通用名称、图形、型号的标记”或“仅仅直接表示商品的质量、主要原料、功能、用途、重量、数量及其他特点的标记”,只要含有显著部分的商标都不得驳回。例如,韩泰轮胎的图形商标就将轮胎图形结合到文字商标内,其整体上就不仅仅是由无显著性的轮胎组成的。

图 3.9　含有通用图形的商标示例之一

有时候,字体、颜色以及位置的组合也能产生显著性。例如,吉百利巧克力的图形商标(如图 3.9 所示),虽然由两个倾斜的牛奶杯组成,单独看显著性的确不够强,但整体上仍然具有显著性。

再如,木工的主要工具推板和角尺虽然缺乏显著性,但组成“木”字以后的“谭木匠”(如图 3.10 所示)整体却具有显著性。

扫描看彩图

图 3.10　含有通用图形的商标示例之二

组合商标的特点是,本来在分别观察时十分普通平常的要素,组合之后却可以产生意想不到的显著性,因此实行的是整体注册整体保护的原则。“分无,合未必无;合有,分未必有”,也就是说,既不能仅仅因为组合商标中含有非显著部分就拒绝保护,也不能仅仅因为组合商标中包含了某个词汇或图形或形状,就断言该词汇或图形或形状单独也可以受到保护,单独也可以对抗他人的使用。欧共体商标局曾专门发文指出,标有文字或图形的立体商标获得注册,并不一定表示该外形本身具有独立的显著性。

---

[31] See Supreme Court of the United States, No. 19 – 46, USPTO, et al. , Petitioners v. Booking. com. B. V. .

[32] 参见原国家工商行政管理局商标评审委员会编写:《商标评审案例选编》,工商出版社 1994 年版,第 54 页。

以颜色商标为例，新加坡商标审查指南规定，如果商标由颜色与诸如字母、文字、姓名、签名、数字、图形、标牌、标题、标签、票据、形状及包装的外观组合而成，则商标会作为一个整体来审查。如果商标作为整体能将申请人的产品或服务与他人提供的相区别，则申请商标将会按其申请时指定的颜色注册。在这类案件中，注册官不要求对颜色进行限制。鉴于商标作为一个整体被审查，并作为一个整体被核准注册，注册官也不会说明作为申请商标组成部分的颜色是否构成商标的一个显著特征。

针对2001年《商标法》修改前的严格规定，我国商标局在审查实践中发展了一种“放弃专用权”的变通做法，也就是说，商标图样的部分属1993年《商标法》第7条和第8条第1款第5项、第6项禁用之列但在实际中又需要整体使用的，如果申请人声明放弃该部分的专用权，可以将其商标整体审定公告，审查时必须在初步审定稿、检索卡片、公告、注册证、注册底簿等所有商标档案上注明“某某部分不在专用范围之内”。以企业名称作商标的，非显著部分可以不标注放弃。但在商标法修改后，商标局由于不再驳回包含非显著部分的商标申请，因而也不再要求申请人主动声明放弃专用权。

2021年《商标审查审理指南》下编第四章“商标显著特征的审查审理”中，重新写入了放弃商标专用权的相关规定，即“如果其他要素具有较强显著特征，商标注册部门认为依据该要素有区分商品或者服务来源可能的，可以发出审查意见书，要求申请人对缺乏显著特征文字部分放弃专用权。申请人未放弃的或者在规定期限内未答复审查意见书的，对其该商标注册申请予以驳回”。

最高人民法院在《商标授权确权司法解释》中指出，人民法院审查诉争商标是否具有显著特征，应当根据商标所指定使用商品的相关公众的通常认识，判断该商标整体上是否具有显著特征。商标标志中含有描述性要素，但不影响其整体具有显著特征的；或者描述性标志以独特方式加以表现，相关公众能够以其识别商品来源的，应当认定其具有显著特征。

北京市高级人民法院《商标授权确权指南》也认为，诉争商标含有三维标志的，应当从整体上判断其是否具有显著特征，一般情况下不能仅因该商标含有文字或者图形等其他因素，即认定其具有显著特征。

（四）考虑公共利益原则

欧洲共同体法院在认定商标显著性时，还特别提到要从公共利益的角度来考虑商标的显著性。它认为，之所以要禁止叙述词和通用词注册，是因为其他竞争对手在商业活动中也要使用这些词汇，以至于允许任何一个人通过商标注册垄断这些词汇都是不妥当的。

商标可能具有不止一个含义，其中部分或全部的含义具有叙述性，这样的商标是否可以注册呢？欧盟法院在【Doublemint案】[33]中就多重含义商标是否具有叙述性的问题作出终审裁定。Wrigley公司于1996年向欧洲内部市场协调局就口香糖申请注册“Doublemint”商标。该局以该标记描述了指定商品的特点为由驳回注册。申请人于是向欧盟普通法院上诉。欧盟普通法院认为，由于“double”和“mint”组合在一起可以表达两种意思：“两倍数量的薄荷”或“两种口味的薄荷”，“Doublemint”并非“纯粹描述”，因而推翻了协调局的裁定。协调局于是向欧盟法院上诉。欧盟法院认为，之所以不能将那些可能用来

---

〔33〕 参见C－191/01 P，Doublemint案。

表示商品特征的标记注册为商标,是因为法律基于公共利益必须确保叙述性标记或指示可以由任何人随便使用。欧盟普通法院将问题集中在申请注册的标记具有两种含义上,并由此认为该标记并非“纯粹描述”,而没有探讨“Doublemint”是否可能被其他经营者使用,是对法律的错误理解和适用。

欧盟法院在【Libertel 案】〔34〕中指出,判断某一颜色是否具有显著性时,应当考虑不得不恰当地限制生产或提供同类商品或服务的企业使用这一颜色的需要。单纯的颜色只要能被公众认为可以表示特定的出处,就可以被认为具有显著性。申请注册的商品或服务范围的大小与显著性的强弱以及是否会违反公共利益有关。主管机关在审查显著性时应考虑各种因素,尤其是已经使用时间的长短。

美国最高法院在审理【Qualitex 案】〔35〕时,实际也涉及决定颜色商标是否可以注册时需要考虑的公共利益,因为颜色的数量是有限的,允许某家或某几家企业专用,最终会使“颜色空尽”,即所谓的“颜色空尽说”(depletion of colour)。虽然美国最高法院认为不能因特殊而否定一般,最后没有采信这一说法,但也可以看出其他竞争者使用颜色的利益也是决定是否保护的一个重要的因素。

当然,如果消费者已经事实上将一个普通的标记同特定的生产厂家联系到一起,这时就面临同时权衡保证消费者不被欺骗和保证竞争两种公共利益的问题。事实上,当一个标记在其叙述或通用含义之外产生了区别产源“第二含义”时,垄断这一含义不会产生于公共利益的冲突,他人仍然可以使用“第一含义”。

三、使用产生显著性

当然,商标的显著性既有一个有无的问题,也有一个程度强弱的问题,既可能作为驳回注册的绝对理由提出,也会在确定商标的保护范围时遇到。商标的显著性同时还是一个不断发展变化的因素,既可能会从无到有、由弱变强,也可能反过来从有到无、由强变弱,一方面可能因为退化而被撤销,另一方面发生侵权的可能性也会相应地不断变化,显著性减弱或消失都有可能影响判断结果。更重要的是,注册商标所要求的显著性只是商标所要到达的一个最低标准,而事实上商标显著的程度可以远远超过这一标准,商标保护的范围正是围绕商标的显著性这一核心问题展开的。

现在的问题是,不具备内在显著性的文字或图形,在特定的情况下是否也应给予注册?因为经过长时间、大范围的使用,消费者可能会逐渐意识到这些标志,例如“美国标准”并不是一个普通的说明,其可以像一个商标一样指明特定出处,而且在日常生活中可以依赖这些标志进行重复采购,这时的“美国标准”则可以说已经具有了一种商标含义或者说“第二含义”。

如果我们继续以这些标志缺乏内在显著性,拒绝给予注册和保护,那么其他人就可以自由地使用这些标志。对相关消费者而言,这实际上是一种不负责任的做法。而消费者的看法,应该是最终起决定作用的看法。正因为这一原因,各国逐渐从法律上接受了商标显著性可以后天取得的观念,《巴黎公约》第 6 条之五 C 特别强调,“在决定一个商标是否

---

〔34〕 参见 C-104/01 Libertel 案判决书第 66 段。

〔35〕 See Qualitex. Co. v. Jacobson Products Co. ,514 U. S 159.

符合保护条件时必须考虑所有实际情况，特别是商标已使用时间的长短”。正是基于同样的考虑，《TRIPS 协定》第 15 条进一步规定，“即使有的标记本来不能区分有关商品或服务，成员亦可依据其经过使用而获得的显著性确认其可否注册”，应该是对各国司法实践的一种确认。

在【Chiemsee 案】中，欧盟法院认为，如果经过原告的长期使用，该词已取得新的含义，即不再是纯粹叙述性的词汇，就应该予以注册，甚至不论该词是否需要留作公用。同时列举了认定商标是否获得显著性的相关要素：(1)商标的内在特征，包括商标是否包含指定商品或服务的叙述成分；(2)商标的市场份额；(3)商标使用的强度、广度及长短；(4)厂商宣传促销该商标的投入；(5)公众通过该商标认知商品或服务产自特定厂商的比例；(6)工商会及其他行业组织的声明。[36]

中国的实践。中国 2001 年修改的《商标法》顺应了这一历史潮流，该法第 11 条第 2 款对此明确进行了规定，即“经过使用取得显著特征，并便于识别的，可以作为商标注册”。这对 2001 年修改前的《商标法》是一个重大的突破：过去，缺乏显著性被作为绝对禁止使用的理由，该标志不仅不能注册，而且即使作为未注册商标使用也不可以。而根据 2001 年《商标法》，缺乏显著性的标志只是不能注册，使用并不存在问题，一旦实际获得了显著性，则可以得到相应的注册和保护。

例如，在【“费列罗”案】[37]中，我国最高人民法院指出，反不正当竞争法所指的知名商品，是在中国境内具有一定的市场知名度，为相关公众所知悉的商品。在国际已知名的商品，我国法律对其特有名称、包装、装潢的保护，仍应以在中国境内为相关公众所知悉为必要。所主张的商品或者服务具有的知名度，通常系由在中国境内生产、销售或者从事其他经营活动而产生。认定知名商品，应当考虑该商品的销售时间、销售区域、销售额和销售对象，进行任何宣传的持续时间、程度和地域范围，作为知名商品受保护的情况等因素，并进行综合判断；也不排除适当考虑国外已知名的因素。该案二审判决中关于“对商品知名状况的评价应根据其在国内外特定市场的知名度综合判定，不能理解为仅指在中国境内知名的商品”的表述欠当，但根据 FERRERO ROCHER 巧克力进入中国市场的时间、销售情况以及费列罗公司进行的多种宣传活动，二审法院认定该巧克力属于在中国境内的相关市场中具有较高知名度的知名商品的判断正确。后来，该商标（见图 2.13）获得了商标注册。

又如，在【BEST BUY 案】[38]中，最高人民法院认为，申请商标由英文单词“BEST”、“BUY”以及黄色的标签方框构成（如图 3.11 所示），虽然其中的“BEST”和“BUY”对于指定使用的服务具有一定描述性，但是加上标签图形和鲜艳的颜色，整体上具有显著特征，便于识别。同时，根据新查明的事实，申请商标在国际上有较高知名度，且申请商标在我国已经实际使用，经过使用也具有了一定的知名度。综合上述因素，申请商标能够起到识别服务来源的功能，相关公众能够以其识别服务来源。

---

〔36〕 参见 C－108－109/97 Chiemsee 案判决书第 46、47、49、51 段。

〔37〕 参见最高人民法院民事判决书，(2006)民三提字第 3 号，载黄晖编著：《中国商标及不正当竞争案例精要》，知识产权出版社 2021 年版，第 674 页。

〔38〕 参见最高人民法院行政判决书，(2011)行提字第 9 号，载黄晖编著：《中国商标及不正当竞争案例精要》，知识产权出版社 2021 年版，第 61 页。

扫描看彩图

图 3.11 Best Buy 商标

获得显著性的认定。当然,在判断是否具有“第二含义”时,有以下一些具体的问题需要注意:

第一,消费者在看到某一词汇时能够将标有该词汇的产品同某个唯一的确定的出处相联系,但说不出确切的出处。从商标法所要求的区别作用而言,这种匿名的显著性已经足够,没有必要要求具名的显著性。

第二,组合商标经过长期使用获得显著性的同时,是否能让从未单独使用的非显著部分也取得“第二含义”?举例来说,在【Have a break 案】[39]中,“奇巧”(Kit Kat)有一句消费者耳熟能详的广告词“Have a break,Have a Kit Kat!”,整体注册这句广告词显然没有任何困难,问题是雀巢公司试图仅仅注册前半段文字“Have a break”。对于组合商标经过长期使用获得显著性的同时,是否能让从未单独使用的非显著部分也取得“第二含义”的问题,欧盟法院认为,整体使用“Have a break,Have a Kit Kat!”,并不妨碍单独申请其中的“Have a break”注册为商标。既可以通过与一个注册商标并列使用一个不同的商标获得后者的显著性,也可以通过作为一个注册商标的一部分使用获得该部分的显著性。

第三,应当针对申请日还是审查日乃至复审日来认定“第二含义”?因为有时一个商标从申请到复审可能持续几年的时间,在这几年中,该商标的显著性也可能由弱变强,如果只能以申请日为基准,事后获得的显著性就可能不被承认。从尊重事实的角度看,拒绝承认已经取得显著性的商标并不是对消费者负责的态度,一定要申请人重新申请一遍只会延缓商标权的获得,从而使市场产生更多的混淆和误认。

对于通过使用获得显著性是否应以申请日为准的问题,欧盟法院在【Pure Digital 案】[40]中进行了阐述。在该案中,Imagination 公司 2001 年 10 月 1 日申请注册共同体商标“Pure Digital”,使用在第 9 类和第 38 类的商品和服务上。审查员以缺乏显著性为由驳回了该项申请。Imagination 公司提起上诉,被驳回。Imagination 公司继续上诉到欧盟普通法院,提出几条抗辩,其中之一就是其商标在申请后,注册程序中获得了显著性。欧盟普通法院驳回了 Imagination 公司的所有抗辩,并特别指出,判断商标通过使用获得显著性应以申请日为准,申请日后的状态变化不纳入考虑之列。Imagination 公司进而上诉到欧盟法院。欧盟法院经审理判决,就在什么时间范围内承认商标通过使用获得显著性的问题,认可了普通法院的观点。

欧盟法院指出,根据《共同体商标条例》有关条文中的描述及其含义,第 7 条(3)中提到的通过使用获得显著性的商标,应当是指在申请注册前就已经通过使用获得显著性的

〔39〕 参见 C-353/03 Have a break 案判决书第 30 段。
〔40〕 参见 C-542/07 P,Pure Digital 案判决书第 48~49 段。

商标。这是商标条例的立法本意。做这种理解,不仅是为了与其他相关条文保持一致,还可以避免一些不利状况的发生:如果考虑注册程序中获得显著性的情形,势必会导致一些申请人不当利用申请后审查阶段的时间,来"获得显著性",从而使商标审查工作变得更加复杂而难以操作。因此,欧盟法院最终驳回了 Imagination 公司的上诉。

事实上,欧盟法院在之后一个申请后丧失显著性的【Flugborse 案】[41]中,以同样的逻辑认定应当以申请日状况为准,允许其注册。当然,正如我们将在第七章看到的那样,在设立"介入权"制度后问题应该容易解决一些。

根据现行的评审规则,似乎应该以评审日作为基准日,因为商标评审委员会审理不服商标局驳回商标注册申请决定的复审案件,应当针对商标局的驳回决定和申请人申请复审的事实、理由、请求以及评审时的事实状态进行评审。

《授权确权意见》第 8 条指出,人民法院审查判断诉争商标是否属于通用名称,一般以提出商标注册申请时的事实状态为准。如果申请时不属于通用名称,但在核准注册时诉争商标已经成为通用名称的,仍应认定其属于本商品的通用名称;虽在申请时属于本商品的通用名称,但在核准注册时已经不是通用名称的,则不妨碍其取得注册。

我国目前实际的做法还不是很统一,"莫代尔"案中采取的是注册日标准,"金骏眉"案中采取的则是审查日标准。在【"金骏眉"案】[42]中,北京市高级人民法院二审认为,第 53057 号裁定作出时,"金骏眉"已作为一种红茶的商品名称为相关公众所识别和对待,成为特定种类的红茶商品约定俗成的通用名称。从公平的角度讲,将获得显著性的基准日设定在注册申请日还是更为妥当。

四、特殊种类商标的显著性

在上述原则的指导下,一般可以对某一标志的显著性作出初步的判断。不过,也存在一些特殊种类的商标,它们的显著性问题值得单独加以介绍。

地名商标。地名如果确实是产品的出产地,则一般不会被视为商标,而如果并非产地,则会误导公众,因此一般人通常认为应尽量避免将地名作为商标注册;但也有人认为,有些地名并不会被消费者视为产地,如一般不会有人真的认为勃朗峰(Mont Blanc)会出产钢笔,因此注册这类地名不会有任何妨碍。

即使在地名含义很突出的情况下,该地名也可能经过长期使用最终起到区别出处的作用,注册机关或法院因此则不应拒绝注册。欧盟法院在【Chimesee 案】中即持这一观点,美国商标法虽然也以缺乏内在显著性为由拒绝保护纯地理叙述商标,但不排除该地名取得了超过其地名本义的"第二含义"。

中国目前的问题在于仅仅以县级以上行政区域的名称及公众知晓的外国地名来划线。只要属于这类地名,即使实际获得显著性也不得注册,而只要不是这类地名就可以任意注册,哪怕该地实际正是以盛产该种产品出名,如注册"阳澄湖"大闸蟹即不在禁止之列。

---

〔41〕 参见 C－332/09,Flugborse 案。

〔42〕 参见北京市高级人民法院行政判决书,(2013)高行终字第 1767 号,载黄晖编著:《中国商标及不正当竞争案例精要》,知识产权出版社 2021 年版,第 55 页。

姓氏商标。姓氏无疑是最早被用来作为商标使用的词汇之一,以制造商或销售商的姓氏作商标完全符合指示出处的要求,著名的 Ford(福特)汽车、Michelin(米其林)轮胎都是以发起人的姓氏命名的。中国对纯粹的姓氏注册没有明文规定,但允许以姓名注册商标。

当然,常用姓氏不应被个别人专用。美国商标法认为纯粹的姓氏如没有"第二含义"则不能予以注册保护。所谓纯粹的姓氏,是指该姓氏完全不具备姓氏以外的其他含义,但像 bird、king 这样的词汇,虽然它们可以作为姓氏使用,但它们同时具有鸟、国王的含义,因此不在限制之列。

将姓氏用作商标也是一个古老的传统,涉及这类商标的显著性判断也存在诸多的争议。在【Nichols 案】[43]中,欧盟法院认为,判断姓氏显著性的标准与其他种类商标的标准并无不同。因此也没有理由制定更加严格的判断标准,例如预先确定一定的人数,超过这一人数就认定缺乏显著性,考察申请注册商品所在行业的企业数量,或者看相关领域姓氏使用是否普遍。即使在实际判断某些商标的显著性时可能遇到更大的困难,也不能就此认为这些商标先天缺乏显著性,只能通过使用才能取得。

单个字母或数字商标。虽然《TRIPS 协定》特别提到了字母和数字都可以作为商标注册,但简单的尤其是单个的字母或数字的显然很难起到区别出处的作用。因为字母通常被认为是代号,数字则一般与型号、数量、尺寸等特点联系在一起。单个的字母和数字尤其如此。再加上数字一共只有 10 个,拉丁字母一共也只有 26 个,允许垄断单个字母和数字必然会妨碍其他竞争对手的经营活动。

因此,商标局一般会拒绝注册标准字体的单个字母和数字,除非这些单个字母和数字使用了特殊的字体或颜色,如摩托罗拉的 M 以及麦当劳的 M(如图 3.12 所示)、本田汽车的 H 和现代汽车的 H(如图 3.13 所示)。在这种情况下,实际受保护的已经不再是字母和数字本身,而是这些字母和数字的特殊表现形式。

图 3.12 摩托罗拉商标(左)和麦当劳商标(右)

图 3.13 本田 Honda 商标(左)和现代 Hyundai 商标(右)

[43] 参见 C-404/02 Nichols 案判决书第 25~29 段。

在【I 商标案】[44]中，IVG 公司申请注册共同体商标，即外形是品蓝色的大写字母“I”，用于第 35、36、37、39、42 和 43 类的服务。该申请被协调局商标审查员以缺乏显著性驳回。IVG 公司诉至上诉委员会，未获支持，继而上诉到普通法院时指出，这不是一般的大写字母“I”，通过添加色彩，调整中间竖划的粗细和两头横划的长短，它完全可以具备作为商标的显著性。普通法院指出，后者判断申请商标缺乏显著性的事实基础是：申请商标与普通的罗马字母“I”没有显著区别。这一判断中隐含的意思就是单纯的字母没有显著性，不能作为商标注册。而这显然有悖于《共同体商标条例》第 4 条，因为只要能够区分商品和服务的来源，第 4 条并不排斥字母本身注册为商标。而且判断商标的显著性，还要考虑其相关公众的注意程度。本案中，IVG 公司所提供的服务由于特定的性质和较高的收费价位，使得其相关公众的范围很窄，且注意程度较高。因此，该商标更容易被认知，从而可以具有显著性。

数字及年份商标。字母或数字商标问题，主要指仅有一个字母或数字的商标可注册性问题。普通的数字，当它们与商品毫无关系时，一般可以起到商标的区别作用，如 555 电池或香烟、三九胃泰等。不过，一些太过简单或者与时间、地址有关的数字则需要经过实际使用，才能为消费者所认可，如香奈儿 5 号香水（CHANEL N° 5）、4711 香水、7－11 便利店（如图 3.14 所示）。

图 3.14　数字商标举例

对于一些历史久远的企业而言，年份通常有特殊的意义，酿酒行业对于年份更是特别在意，泸州老窖推出的“国窖 1573”、法国的斯特拉斯堡出品的 1664 啤酒（如图 3.15 所示）便是常见的例证。年份如果直接表示产品生产的日期，像各种葡萄酒标注的各个年份，是不具有区别作用的。尤其不能允许的是，某个酒厂将某一葡萄酒生产的年份注册为商标，然后禁止其他酒厂标注这一年份。

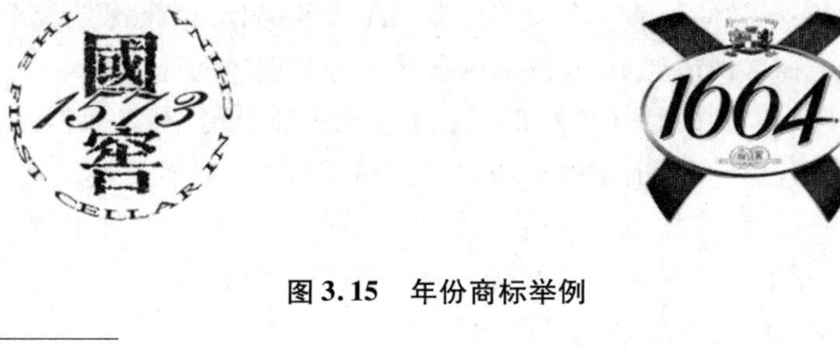

图 3.15　年份商标举例

---

〔44〕 参见 T－441/05 I 商标案判决书第 53、62 段。

口号商标。口号由于一般表达一种态度、主张,具有独创性的口号更应该由版权来保护。但当一句口号长期同特定的产品或服务结合在一起使用,尤其是经过大量的广告宣传,也并不能排除口号可能起到的区别作用,如海尔的“真诚到永远”、飞利浦的“让我们做得更好”、美国运通的“出门别忘带上它”就实际起到了商标的作用。

口号可以直接表达企业的主张或追求,因此深受企业的喜爱,但口号的最大缺点在于容易流于平常,缺乏独创性,为以后的保护带来麻烦。尤其是使用现成短语的口号更难保护,如“真金不怕火炼”“大树底下好乘凉”等。普通的口号往往不具有商标的显著性,因而必须提供使用的证据,证明实际已经起到商标的作用才能注册,如美国一个著名的餐馆WENDY'S 有一句人人能知道的话——“我的牛肉在哪里?”,该口号就能紧密地和这家餐馆联系到一起。

背景、底纹或连续商标。商标的种类并不限于单一的文字或图案,一些商标其实只是一些特殊的背景,例如可口可乐的飘带,这种飘带几乎从不单独使用,但可以和“可口可乐”的若干种文字版本结合使用,对于不懂当地语言的人而言,飘带就是一个重要的识别标记。

这种背景商标往往同时还是连续图案,注册时只能申报一部分,使用时则是连续使用,如 Burberry 面料(图 3.16 所示即为巴宝莉方格图案)、Louis Vuitton 面料、阿迪达斯的三条杠。这些商标由于使用的方式较为特别,一般不太容易被认为是商标,取得显著性就相对要难一些。

扫描看彩图

图 3.16 巴宝莉方格图案

商品包装外形商标。商品包装正在成为商品销售过程中越来越重要的因素,企业自然会利用一切可以利用的机会来保护包装的造型。只要造型独特新颖,著作权和外观专利显然是保护包装造型的首选,唯一的缺点是这两者的保护最终都是有期限的。保护期满后,如果包装确实成为商品的一个重要标志乃至组成部分,企业就会继续寻求其他的法律手段加以保护。在这种情况下,立体商标显然是一个理想的选择。

但允许将那些难以同商品分离的商品及其包装的外形用作商标,似乎会造成一定的困难,因为商标作为识别商品出处的标记,在我们的印象中,显然只能是商品的身外之物,而不能同商品本身混为一谈。商品包装的外形尤其是商品本身的外形,由于与商品的关系如此密切,从一开始就被认为难以起到商标的作用。例如,1986 年可口可乐公司的弧形玻璃瓶在英国申请注册时就遭到了驳回。

但上述理由也经不起严格的推敲,因为试图突破这一观念的人们不禁要问,既然人的相貌穿着同人的姓名一样可以起到识别人的作用,为什么商品及其包装的外形就不可以同商品的其他标志一样起到识别商品的作用呢?做成三角形的 Tobleone 瑞士巧克力的外观和特殊形状的商品包装难道不比文字商标更加醒目吗?

美国最高法院于 1992 年决定审理一家墨西哥风味快餐店的外观是否可以保护,即【Two Pesos 案】[45]。在该案中,原告塔科·卡巴纳在得克萨斯州开了一个墨西哥风味的快餐店,店面设计比较特别,具体被描述为:“室内就餐区和庭院都装饰有艺术品,色彩鲜艳,并且配有各种绘画和壁饰,总体构成一种节日氛围。庭院包括内外两个部分,之间由齐头高的车库门分隔开。外庭院建筑呈阶梯状,上面的木招牌上了油漆,挂有霓虹彩带,构成生气勃勃的欢庆色彩的布局。鲜艳的遮篷和阳伞又加强了这一主题。”面对这样一种非传统的商业外观,或者更确切地说,一种服务场所的外部特征应该给予什么样的保护,各级法院的看法并不一致。该案的原告输掉了一审诉讼,但赢得了二审,被告因此将官司打到了最高法院(图 3.17 为原、被告餐馆店面设计)。

扫描看彩图

图 3.17　原告餐馆(左)和被告餐馆(右)

美国最高法院基本的考虑是,如果对已经具有内在显著性的商业外观要求“第二含义”,将会妨碍竞争,因为小企业在成立之初显然无力建立“第二含义”,一定要求“第二含义”,就会给他的竞争对手以可乘之机,从而在该企业未及扩张之前,抢先使用该外观并阻止其进入新兴市场。因此,美国最高法院最后决定,对商品包装是否具有内在显著性的问题明确作答:快餐店外观不仅可以保护,而且可以具有内在显著性,只要陪审团已认定该外观具有内在显著性,原告无须证明“第二含义”,即可得到《兰哈姆法》第 43 条(a)的保护。当然,美国最高法院只是认为商品包装、装潢一类的商业外观可能具有内在显著性,而并不是说这些外形当然都具有内在显著性。

商品本身外形商标。本书第二章已经提到商品本身外形注册商标的可能性,但可能性还不等于现实性。围绕商品本身外形的审查,一直存在很大的争议:一种观点认为,对商品外形的审查应当比其他种类的商标更严格;另一种观点认为,商品外形如果不经过实际使用是不可能取得显著性的;也有观点认为,在这种外形足够同步的情况下,不排除该外形从一开始就能起到区别作用。

对此,美国各级法院出现了仁者见仁、智者见智的局面,其中以第三巡回上诉法院在

---

〔45〕 See Two Pesos, Inc. v. Taco Cabana, Inc. 505 U. S. 763(1992).

【Duraco 案】[46]中提出的标准和专利与海关上诉法院(CCPA)在【Seabrook 案】[47]中提出的标准最为有名。

Duraco 标准有三条:(1)商品外形是否不同寻常和便于记忆;(2)是否可以从观念上同商品分开;(3)是否主要起到产品来源标志的作用。Seabrook 标准有四条:(1)商品外形是否是一个"基本"的外形或设计;(2)在特定领域是否独特或不同寻常;(3)是否是特定类别的商品通常采用并广为人知的装饰的简单改良,从而被公众认为是该商品的装饰或装潢;(4)是否足以产生与陪衬文字有所区别的商业印象。

为了廓清各上诉法院在此问题上的模糊认识,美国最高法院决定审理萨马拉公司(Samara)诉沃尔玛公司的【Wal – Mart 案】[48],以便对一个不同于【Two Pesos 案】的新问题,即商品本身的外形是否可以具有内在显著性做出正面回答。该案涉及的萨马拉公司开发了一批儿童连衣裙,但遭到包括沃尔玛公司在内的复制,协商不成,诉至法院,并且赢得了一审和二审,但沃尔玛公司不服,坚持向最高法院上诉并幸运地获得批准。(涉案连衣裙见图 3.18,其中上半部分为原告连衣裙,下半部分为被告连衣裙)

扫描看彩图

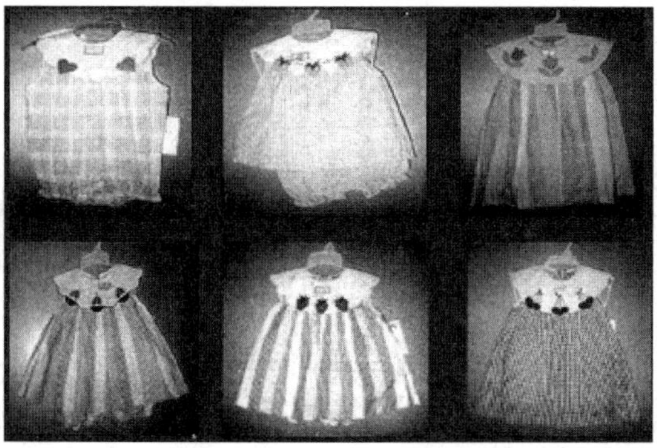

图3.18　涉案原告连衣裙(上)和被告连衣裙(下)

2000 年 3 月 22 日,在充分权衡利弊之后,美国最高法院既没有采纳 Duraco 标准,也没有采纳 Seabrook 标准,因为它认为,商品自身的外形虽然总的来说也可以被归入商业外观(trade dress)之中,但不像它在【Two Pesos 案】中所说的商品包装外形。

因为商品包装的外形,完全可能被消费者直接与一定的产源联系在一起,而商品自身的外形,更像它在【Qualitex 案】[49]中讨论的商品颜色,一般不会被认为可以自动起到区别作用。与其花费大量精力去衡量商品外形是否具有内在显著性,还不如一律判定商品外形均无内在显著性,从而将获得显著性的举证责任和败诉的风险留给商标保护的申请人。

当然,美国最高法院在【Wal – Mart 案】中也承认,有时候区分商品和商品包装的任务并不容易完成,以可口可乐的玻璃瓶为例,美国最高法院分析了区别商品包装和商品本身

[46] See Duraco Products v. Joy Plastic Enterprises, 40 F. 3d 1431(3d Cir. 1994).

[47] See Seabrook Foods v. Bar – Well Foods Ltd., 568 F. 2d 1342(C. C. P. A. 1977).

[48] See Wal – Mart Stores v. Samara Brothers 529 U. S. 205(2000).

[49] See Qualitex. Co. v. Jacobson Products Co., 514 U. S 159.

的困难所在：对于某些人来说，瓶子与易拉罐并无不同，都只是可口可乐的包装；但对于只愿喝瓶装可乐而不愿喝罐装可乐的人来说，瓶子已经成为产品的一个部分；而对于收集可乐瓶的人来说，瓶子已不再是一个包装物，而是产品本身。也就是说，在把可乐瓶看作包装时，最高法院认为它可以具有内在显著性，而一旦将其作为产品本身来看待，则不可能具有内在显著性，真可谓仁者见仁、智者见智。但最高法院认为，同直接认定商品外形是否具有内在显著性相比，区分商品和商品包装毕竟要容易一些。

欧盟法院在审理【Linde，Winward & Rado 案】[50]的时候也表示，虽然不应该对立体商标适用更严格的标准，但消费者确实不太习惯将商品本身的形状当作商标看待（图3.19所示为案涉商品外形的立体商标）。

扫描看彩图

图 3.19　案涉商品外形的立体商标

我国最高人民法院《商标授权确权司法解释》第 9 条规定，仅以商品自身形状或者自身形状的一部分作为三维标志申请注册商标，相关公众一般情况下不易将其识别为指示商品来源标志的，该三维标志不具有作为商标的显著特征。该形状系申请人所独创或者最早使用并不能当然导致其具有作为商标的显著特征。上述所称标志经过长期或者广泛使用，相关公众能够通过该标志识别商品来源的，可以认定该标志具有显著特征。

在前面提到的【"晨光"笔案】[51]中，我国最高人民法院也有类似的认识："形状构造本身与商品本体不可分割，相关公众往往更容易将其视作商品本体的组成部分，而一般不会直接将其与商品的特定生产者、提供者联系起来。即使使用该形状构造的商品已经成为知名商品，在缺乏充分证据的情况下，不能直接得出相关公众已经将该种形状构造与特定的生产者、提供者联系起来的结论。"

因此，对于形状构造类装潢而言，不能基于使用该种形状构造的商品已经成为知名商品就当然认为该种形状构造已经起到了区别商品来源的作用，更不能仅凭使用该种形状构造的商品已经成为知名商品就推定该种形状构造属于知名商品的特有装潢。

商品部分外形商标。商品可能有若干个组成部分，与同类商品雷同或近似，但存在个别特别显著的组成部分，由于这一部分使得该商品的外形能够一眼跳出，单独注册和主张这一部分就是一个适当的选择。欧盟知识产权局就曾接受过这样的注册申请，商标是由汽车的散热栅栏即俗称的前脸组成（见图 2.16），经过申请人举证，上诉庭最后接受了该商标的注册。我国也发生过类似的申请，奔驰公司同样也试图注册汽车前脸，但由于未及时提供显著性的证据，最后没有成功。

颜色组合商标。颜色的组合无疑能产生显著性，比如不少国家的国旗就是由三色

---

〔50〕 See C－53/01、C－54/01 及 C－55/01，Linde、Winward 及 Rado 案。

〔51〕 参见最高人民法院民事裁定书，(2010)民提字第 16 号，载黄晖编著：《中国商标及不正当竞争案例精要》，知识产权出版社 2021 年版，第 668 页。

(法国、俄罗斯、荷兰、卢森堡及南斯拉夫的国旗都是由红、白、蓝三种颜色构成;意大利、匈牙利的国旗则是由红、白、绿三色构成)甚至两色排列而成(波兰、印度尼西亚、摩纳哥的国旗是由红、白两色构成),因此,从理论上讲,颜色的组合完全可以具有内在显著性。

颜色组合商标在加油站得到广泛的应用,因为对于夜间试图加油的司机而言,颜色显然比具体的文字更醒目,提前识别自己熟悉放心的加油站对于驾车高速行驶的司机而言至关重要。壳牌的红黄组合、英国石油 BP 的黄绿色就是明显的例子(如图 3.20 所示)。

扫描看彩图

图 3.20 英国石油公司 BP 加油站

颜色组合商标一般指使用两种或以上颜色按照一定的比例或顺序排列但没有具体的图形和边界的商标(如图 3.21 所示)。在【Heidelberger Bauchemie 案】[52]中,欧盟法院认为,除非在极个别的情况下,颜色组合商标一开始是不具有显著性的。

扫描看彩图

图 3.21 颜色组合商标

单色及色差商标(图 3.22 所示即为单色商标)。虽然单纯的颜色或色差是否可以作为商标的问题相对说来要难以回答一些,但由于《TRIPS 协定》使用了"任何标记"的措辞,因此颜色显然不能被排除在外,尤其是在某一颜色经过长期使用已经被消费者同特定的产源联系在一起时,如果该颜色不存在功能性问题,拒绝保护单色商标,无疑会放任其他使用同一颜色的竞争对手在消费者中制造混淆。

扫描看彩图

图 3.22 单色商标

---

〔52〕 参见 C-49/02 Heidelberger Bauchemie 第 39 段。

在1995年【Qualitex案】〔53〕(见图2.19)中,美国最高法院详细分析了对颜色商标或者准确地说是对单色商标和色差商标给予商标保护的利弊得失,从而一举解决了下级法院在颜色保护的问题上长期存在的一系列分歧和混淆。

在该案中,原告自20世纪50年代起就使用一种特殊的金绿色作为干洗衬垫的颜色,被告于1989年开始销售带有近似金绿色的衬垫,因此成诉。美国最高法院的最终结论是,单纯颜色有时可以满足商标保护的通常要求,如果该颜色事实上满足这一要求,没有什么特别的法律规定禁止单纯颜色作为商标。最高法院在判决中分析并批驳了禁止注册单色商标的传统观念。

有人认为颜色不可能直接给人以商标的印象,即所谓的"不能识别说"。对"不能识别说",美国最高法院承认,颜色的确不像臆造词、任意词或暗示词那样可以直接标指商品或服务的出处,换句话说,颜色的确不能起到直接识别出处的作用,但既然法律允许纯粹叙述性的词汇如"TRIM"(整洁)指甲刀及"Car - Freshner"(清新汽车)除味剂经过使用取得显著性,那就没有理由不允许颜色,例如原告的金绿色衬垫同样经过使用取得显著性。事实上,初审法院的确已经认定金绿色衬垫能够起到商标的区别作用。"不能识别说"由于不加区别地否定了颜色后天可能取得的显著性,显然是不能成立的。

经过【Qualitex案】,颜色尤其是单色作为商标注册的绝对障碍在美国已被彻底清除,但要想取得最后的保护并不是一件容易的事,因为颜色商标使用人必须首先证明该颜色已经取得显著性。财力不够雄厚的企业一般还不会贸然把赌注放在尚不可靠的颜色商标上。

上面提到的欧盟法院审理的【Libertel案】〔54〕,也与单色商标显著性的认定有关。该法院认为,在判断某一颜色是否具有显著性时,应当考虑不得不恰当地限制生产或提供同类商品或服务的企业使用这一颜色的需要。

颜色商标一般是指仅仅指定颜色但没有明确形状和边界的商标,在【Libertel案】中,欧盟法院认为,单纯的颜色,即使从空间上没有特别限定,就某些商品或服务而言,只要能被公众认为可以表示特定的出处,就可以被认为具有显著性。但没有经过使用就具有显著性的可能性非常小,尤其是当指定的商品极少且相关市场极为特殊时。在【KWS案】〔55〕中,欧盟法院指出,鉴于申请中并没有一个大家都不用该颜色的商品,相反,倒是使用该颜色的机器不在少数,故不具备显著性要求。

单纯的颜色只要能被公众认为可以表示特定的出处,就可以被认为具有显著性。申请注册的商品或服务范围的大小同显著性的强弱以及是否会违反公共利益有关。主管机关在审查显著性时应考虑各种因素,尤其是已经使用时间的长短。

类似的案例也发生在布鲁塞尔上诉法院,在比利时电信公司(Belgacom)申请注册青绿色作为电信服务的商标被比荷卢商标局驳回一案中,上诉法院认为单纯的颜色可以作为商标,尽管颜色可能起装饰作用,但并不影响它同时起区别作用,而且一定同其他成分结合才可以起区别作用的说法并不成立,颜色至少从理论上讲是无限的,就电信而言,青

---

〔53〕 See Qualitex. Co. v. Jacobson Products Co. ,514 U. S 159.

〔54〕 参见C-104/01 Libertel判决书第66段。

〔55〕 参见C-447/02 P,KWS判决书第79~81段。

绿色并不常见,因此比荷卢商标局的驳回决定不能成立。[56]

对仅由颜色构成的商标,新加坡制定了专门的审查指导意见,也就是说,如果商标仅由颜色构成,则需使注册官相信该颜色本身能够将申请人的商品或服务与他人提供的商品或服务相区别。鉴于有必要明确要求保护的准确范围,申请人需在申请书上提供要求保护范围的说明。举例来说,如果拟注册的商标是"氖粉红色",且此颜色用于产品的包装,则适当的说明应当是"商标为用于产品包装的氖粉红色,正如商标申请书上的图样所示"。这样的说明将使注册官能够对申请商标进行审查。

声音商标。声音商标一般不容易具有先天的显著性。在【"嘀嘀"案】[57]中,北京市高级人民法院认为,申请人提供的证据能够证明申请商标"嘀嘀嘀嘀嘀嘀"声音通过在QQ即时通讯软件上的长期持续使用,具备了识别服务来源的作用。原审判决认定申请商标在QQ即时通讯软件相关的"信息传送、提供在线论坛、计算机辅助信息和图像传送、提供互联网聊天室、数字文件传送、在线贺卡传送、电子邮件"服务上具备了商标注册所需的显著特征并无不当,申请商标可以在上述服务项目上予以初步审定。

有一定影响的商品名称、包装和装潢。2019年《反不正当竞争法》将"知名商品特有名称、包装和装潢"替换为"有一定影响的商品名称、包装、装潢",实质条件并无变化。2022年《反不正当竞争法司法解释》第4~5条实际也是把商标法关于显著性的规定植入"一定影响"的要求中。

最高人民法院2003年在【"'84'消毒液"案】[58]中就知名商品的特有名称的认定标准指出,知名商品的特有名称,是指不为相关商品所通用,具有显著区别性特征,并通过在商品上的使用,使消费者能够将该商品与其他经营者的同类商品相区别的商品名称,但已经注册为商标就不再具有知名商品特有名称的属性,而具有了注册商标权的专有性。

特有名称又相对于商品的通用名称,商品的通用名称不能获得知名商品特有名称的独占使用权。判断通用名称时,不仅国家或者行业标准以及专业工具书、辞典中已经列入的商品名称,应当认定为通用名称,而且对于已为同行业经营者约定俗成、普遍使用的表示某类商品的名词,也应认定为该商品的通用名称。

目前尚未有明确的法律法规在特有名称、包装和装潢与商标注册之间建立起联系,但在实际操作中,尤其是知名商品的特有名称在认定的同时或之后,又去申请商标注册的并不少见,如"老干妈"调味品和"小肥羊"涮羊肉。当然,反不正当竞争法所要求的显著性并不要求及于全国,而只需及于所要求保护的地域,只有当反不正当竞争法中的显著性地域与商标注册要求的全国地域基本重合之后,才可以说两者的显著性具有基本相同的内涵。

最高人民法院在【"费列罗"案】[59]中认为,FERRERO ROCHER 巧克力(见图2.13)所使用的包装、装潢因其构成要素在文字、图形、色彩、形状、大小等方面的排列组合具有

---

[56] See C. Gielen, *Protection of Single Colour as Trademark Allowed*, 2000 EIPR No. 3, p. N-27/N-28.

[57] 参见北京市高级人民法院行政判决书,(2018)京行终3673号,载黄晖编著:《中国商标及不正当竞争案例精要》,知识产权出版社2021年版,第65页。

[58] 参见最高人民法院民事判决书,(2002)民三终字第1号,载黄晖编著:《中国商标及不正当竞争案例精要》,知识产权出版社2021年版,第679页。

[59] 参见最高人民法院民事判决书,(2006)民三提字第3号,载黄晖编著:《中国商标及不正当竞争案例精要》,知识产权出版社2021年版,第674页。后该案例被认定为最高人民法院指导性案例。

独特性，形成了显著的整体形象，且与商品的功能性无关，经过长时间使用和大量宣传，已足以使相关公众将上述包装、装潢的整体形象与费列罗公司的 FERRERO ROCHER 巧克力商品联系起来，具有识别其商品来源的作用，应当属于《反不正当竞争法》第 6 条第 2 项所保护的特有的包装、装潢。

第四节　在　先　性

《巴黎公约》第 6 条之五在规定"原样保护"的例外时，首先提到的就是不得损害他人的既得权利。因此，《TRIPS 协定》第 16 条在规定了注册赋予商标的权利之后，立即补充，上述权利不得损害任何已有的在先权，也不得影响成员依使用而确认权利效力的可能。

我国 2001 年修改前的《商标法》，只规定了申请注册的商标在相同类似的商品上不得与在先注册、初步审定或申请的商标相同和近似；1993 年的《商标法实施细则》，在制止欺骗或不正当注册的框架下，引入了在先权利的概念。2001 年修改《商标法》时，明确规定了申请注册的商标不得与他人在先取得的合法权利相冲突，从而将在先性作为商标注册有效的一个必要条件。同时还规定，申请商标注册不得损害他人现有的在先权利，也不得以不正当手段抢先注册他人已经使用并有一定影响的商标。仅从字面意思理解，似乎两个在先权利的范围前大后小，但从周延的角度严格来说，"在先权利"既包括在先商标，也包括其他在先权利。

一、在先商标

在先商标是最容易与在后商标注册直接发生冲突的一种在先权利，具体又可以分为在先注册的商标、在先初步审定的商标、在先申请的商标、同日申请在先使用的商标、被代理人或被代表人的商标、他人在先使用的未注册商标、在先使用并有一定影响的商标以及驰名商标。

（一）在先申请及注册商标

按照我国《商标法》第 30 ~ 31 条的规定，在先注册、在先初步审定、在先申请或同日申请在先使用的商标都具有优先性。需要说明的是，由于我国是《巴黎公约》、《TRIPS 协定》和《马德里协定》及《马德里议定书》的成员国，在先商标还需要考虑国际优先权以及指定中国的国际注册商标。另外，对于同日申请且同日使用或者同日申请且均无使用证据的，按照实施条例，可以先协商，协商不成则通过抽签解决。

要想成为合法的在先权利，在先商标本身必须合法有效，如果引证的注册商标最后被宣布无效或因其他原因被撤销，或者初步审定的商标因为异议成立不能注册，或者在先申请、同日申请在先使用的商标因为其他原因不能最终注册，在后的商标注册申请最终就不应该被这些不成为其在先权利的商标驳回。

因此,在【"白象"案】[60]中,最高人民法院就对在先商标注册申请的法律属性进行了评价,即只要商标申请日在外观设计专利申请日之前,且提起无效宣告请求时商标已被核准注册并仍然有效,该注册商标专用权就能够用于评述在后外观设计专利权是否与之构成权利冲突。这也说明,在先商标申请一旦获得注册,该申请日就会产生对他人的对抗效力。

2013年《商标法》为了从程序上解决可能出现的问题,特意在第35条、第45条设立了中止程序,具体做法是,商标评审委员会在进行驳回复审、异议复审以及无效程序的过程中,所涉及的在先权利的确定必须以人民法院正在审理或者行政机关正在处理的另一案件的结果为依据的,可以中止审查。中止原因消除后,应当恢复审查程序。

至于在先商标的认定所涉及的商品或服务是否类似以及商标是否近似的问题,将在第七章讲述商标注册所赋予的权利时详细加以展开。

(二)被代理人或被代表人的商标

制止代理人抢注最初出现在1993年《商标法实施细则》中,2001年上升到《商标法》第15条,2013年改为第15条第1款。对被代理人或被代表人的商标的保护不是自动进行的,首先它只能对抗由代理人或代表人在未经授权的情况下以自己名义进行注册的商标,其次被代理人或被代表人必须提出异议或无效请求。

这种情况在我国的商标注册不当的评审程序中并不少见,例如,美商波特国际有限公司早在1986年就在美国使用并注册了"Propet"商标,指定商品为运动鞋,该公司后与厦门波特有限公司签署了分销协议并许可该公司无偿使用该商标。不料厦门波特有限公司竟擅自将"Propet"商标注册为己有,该注册事先没有得到美商波特国际有限公司的许可,事后也没有得到追认,属于典型的恶意注册。因此评审委员会直接适用《商标法实施细则》第25条第1款第3项,撤销了这个代理人未经授权以自己名义注册的被代理人的商标,其在审理过程中并未考虑该商标是否知名。

在【"头孢西林"案】[61]中,最高人民法院认为,对于2001年《商标法》第15条规定的代理人应当作广义的理解,其不只限于接受商标注册申请人或者商标注册人委托、在委托权限范围内代理商标注册等事宜的商标代理人、代表人,还包括总经销(独家经销)、总代理(独家代理)等特殊销售代理关系意义上的代理人、代表人。例如,正通公司与华蜀公司之间形成的是一种相当于独家销售性质的专销关系,华蜀公司据此获得了独家销售资格,可以认定其属于2001年《商标法》第15条规定意义上的销售代理人。

最高人民法院后来在《商标授权确权司法解释》第15条中进一步指出:商标代理人、代表人或者经销、代理等销售代理关系意义上的代理人、代表人未经授权,以自己的名义将与被代理人或者被代表人的商标相同或者近似的商标在相同或者类似商品上申请注册的,人民法院适用《商标法》第15条第1款的规定进行审理。在为建立代理或者代表关系的磋商阶段,前款规定的代理人或者代表人将被代理人或者被代表人的商标申请注册的,人民法院适用《商标法》第15条第1款的规定进行审理。商标申请人与代理人或者代表

---

[60] 参见最高人民法院行政裁定书,(2014)知行字第4号,载黄晖编著:《中国商标及不正当竞争案例精要》,知识产权出版社2021年版,第144页。

[61] 参见最高人民法院行政判决书,(2007)行提字第2号,载黄晖编著:《中国商标及不正当竞争案例精要》,知识产权出版社2021年版,第103页。

人之间存在亲属关系等特定身份关系的，可以推定其商标注册行为系与该代理人或者代表人恶意串通，人民法院适用《商标法》第 15 条第 1 款的规定进行审理。

（三）特殊关系使用在先商标

2013 年《商标法》第 15 条第 2 款引入了对他人使用在先的未注册商标的特别救济，也就是说，就同一种商品或者类似商品申请注册的商标与他人在先使用的未注册商标相同或者近似，申请人与该他人具有前款规定以外的合同、业务往来关系或者其他关系而明知该他人商标存在，该他人提出异议的，不予注册。

这一规定并不是简单保护在先使用商标，因为同时还必须具备明知等恶意情节，但对使用的要求除了发生在我国境内以外，应该没有程度上的要求。

我国台湾地区"商标法"规定得更加明确，即不得注册"相同或近似于他人先使用于同一商品或类似商品之商标，而申请人因与该他人间具有契约、地缘、业务往来或其他关系，知悉他人商标存在者"。因此，也是只需考察注册人恶意与否，无须过问该他人的商标是否知名。

最高人民法院在《商标授权确权司法解释》第 16 条中规定，以下情形可以认定为《商标法》第 15 条第 2 款中规定的"其他关系"：（1）商标申请人与在先使用人之间具有亲属关系；（2）商标申请人与在先使用人之间具有劳动关系；（3）商标申请人与在先使用人营业地址邻近；（4）商标申请人与在先使用人曾就达成代理、代表关系进行过磋商，但未形成代理、代表关系；（5）商标申请人与在先使用人曾就达成合同、业务往来关系进行过磋商，但未达成合同、业务往来关系。

（四）已经使用并有一定影响的商标

《商标法》第 32 条规定不得以不正当手段抢先注册他人已经使用并有一定影响的商标。实际操作中需要掌握好三个条件：一是已经使用；二是有一定影响；三是必须证明他人在抢先注册的过程中使用了不正当手段。这一规定实际同《商标法》第 44 条第 1 款撤销以欺骗手段或其他不正当手段取得注册的规定有一定的牵连，或者说，在恶意程度方面降低了要求，但在使用范围和程度上则提高了保护门槛。

因为正如本章第一节中对恶意注册的讨论所言，恶意应该是一个绝对理由，如能证明恶意，也就是说能证明欺骗手段或其他不正当手段，使用与否、产生一定影响与否都不是主要的问题。

从使用的角度看，虽然使用的时间、地理范围、投放的广告费多少都是考察的因素，但主要应当重效果，不能简单将广告开支等同于广告效果，因为"一定影响"的门槛不能太低。

最高人民法院在《商标授权确权司法解释》第 23 条中，对相关的法律适用给予了进一步的明确：在先使用人主张商标申请人以不正当手段抢先注册其在先使用并有一定影响的商标的，如果在先使用商标已经有一定影响，而商标申请人明知或者应知该商标，即可推定其构成"以不正当手段抢先注册"。在先使用人举证证明其在先商标有一定的持续使用时间、区域、销售量或者广告宣传的，人民法院可以认定为有一定影响。在先使用人主张商标申请人在与其不相类似的商品上申请注册其在先使用并有一定影响的商标，违反《商标法》第 32 条规定的，人民法院不予支持。

"已经使用并有一定影响的商标"这一概念还出现在《商标法》第 59 条的在先使用抗辩以及《反不正当竞争法》第 6 条中，原则上应该做一致解释，但此处因为涉及可以异议或确认无效在后商标的程度，理论上应该要求更高一些或者说需要结合抢注人的主观恶意才能保护。我们将在第七章第一节继续讨论这个问题。

(五)驰名商标

至于驰名商标，要想对抗他人的注册，首先要证明具备在先驰名度，然后按照注册与否，必须分别证明"容易导致混淆"或"误导公众，致使其利益可能受到损害"等情节。关于驰名商标的特别保护问题，将在第十一章专门论述。

综上所述，关于商标法中知名度和恶意的要求，有点类似"跷跷板"，一边条件好，另一边要求就可以低一点，我们可以通过表 3.1 加以说明：

表 3.1 知名与恶意的匹配关系

《商标法》法条	知名度	恶意
第 30、31 条	无使用要求，也无知名度要求，但有知名度有利于认定混淆	无要求，但有恶意有利于认定混淆
第 15 条第 1 款	无使用要求，也无一定影响的要求	代理人或代表人身份
第 15 条第 2 款	已经使用，但无一定影响的要求	明知
第 32 条	已经使用并有一定影响	不正当手段抢先注册
第 59 条第 3 款	已经使用并有一定影响	无要求
第 13 条第 2、3 款	全国知名，且知名度通常来源于使用，但无使用要求	无要求，但恶意不受 5 年时间限制

二、其他在先权利和权益

广义上讲，在先商标也是在先权利，但狭义的在先权利目前主要指商标以外的其他权利或权益。对其他在先权利的保护，中国是在制定 1993 年的《商标法实施细则》时才正式引入，该实施细则第 25 条规定，侵犯他人合法的在先权利进行商标注册的，属于以欺骗手段或者其他不正当手段获得商标注册的行为，亦即将侵犯他人合法的在先权利进行注册的行为解释为一种不正当注册的行为。

2001 年修改《商标法》时不再在禁止欺诈的框架内解决注册商标与在先权利的冲突问题，而是直接规定申请商标注册不得损害他人现有的在先权利，如有违反，在先权利的利害关系人可以申请撤销侵犯其权利的注册商标。2013 年进一步将其修改为提出异议及无效的理由。

商标在先权利的范围在中国尚无明确的界定，但在专利法司法解释中提到的外观专利的在先权利可以作为参考。[62] 一般来说，不得侵犯他人合法取得的在先权利，主要包括人身权中的姓名权和肖像权、企业名称权、著作权、外观设计专利权、一定影响的商品名称、包装或装潢权、地理标志权、特殊标志权、奥林匹克标志权、世界博览会标志以及包括

〔62〕 2015 年《专利纠纷若干规定》中提到的外观设计的在先权利包括：商标权、著作权、企业名称权、肖像权、知名商品特有包装或者装潢使用权等。最高人民法院的《权利冲突司法解释》第 1 条也规定：原告以他人注册商标使用的文字、图形等侵犯其著作权、外观设计专利权、企业名称权等在先权利为由提起诉讼，符合 2017 年《民事诉讼法》第 119 条(现《民事诉讼法》第 122 条)规定的，人民法院应当受理。

商品化权益在内的其他在先权益等，以下将逐一介绍。

（一）姓名权及肖像权

《民法通则》第99条第1款规定公民享有姓名权，有权决定、使用和依照规定改变自己的姓名，禁止他人干涉、盗用、假冒。《民法通则》第100条规定公民享有肖像权，未经本人同意，不得以营利为目的使用公民的肖像。因此本人注册自己的姓名和肖像没有任何法律障碍，如李宁、杨利伟。《民法典》第110条则规定，自然人享有姓名权、肖像权等。第1012条规定自然人享有姓名权，有权依法决定、使用、变更或者许可他人使用自己的姓名，但是不得违背公序良俗。同时第1014条还规定，任何组织或者个人不得以干涉、盗用、假冒等方式侵害他人的姓名权。第1019条则规定了对肖像权的保护。

使用他人的姓名和肖像注册商标，如果当事人还健在，显然应该取得该人的许可，已经去世的尤其是还有直系后人的，则存在一定的争议，如"鲁艺"。至于年代久远的历史名人，如华佗、李时珍则早已被作为商标注册。

肖像，尤其是经营者的肖像，被用作商标的情况十分常见。狭义的肖像只包括公民的面部形象，如陶华碧老干妈、王守义十三香；广义的肖像还应该包括人物的整体形象，如王致和腐乳。肖像既可能是照片，也可能是绘画。

美国的做法是，注册商标中不得包含与个别世人相同的姓名、肖像或签字，除非经其本人书面同意者，或者在已故美国总统的遗孀尚健在时，包含已故美国总统的姓名、签字或肖像，除非经其遗孀书面同意者。

以上对姓名或肖像的保护主要依据的是民法的基本规则，但如果涉案当事人具有较高知名度，尤其是已经将自己的姓名或肖像用于商品的情况下，我国《反不正当竞争法》也将擅自使用他人的姓名，引人误认为是他人的商品的行为作为不正当竞争行为的一种加以规范，根据司法解释，在商品经营中使用的自然人的姓名，应当认定为《反不正当竞争法》第6条第3项规定的"姓名"。具有一定的市场知名度、为相关公众所知悉的自然人的笔名、艺名等，可以认定为《反不正当竞争法》第6条第3项规定的"姓名"。

这种保护着眼在与商品有关的姓名权益，尤其是该他人是一个体育或演艺界明星时更是如此。当然，实际中还可能遇到同名同姓的问题，原则上，如果是善意地使用自己的姓名注册商标应该是可以的，但设想另外一个也叫姚明的人去注册"姚明牌"篮球，可能就会有争执。

在【"乔丹"Ⅰ案】[63]中，最高人民法院指出，姓名权是自然人对其姓名享有的重要人身权，姓名权可以构成商标法规定的"在先权利"。"使用"是姓名权人享有的权利内容之一，并非其承担的义务，更不是姓名权人主张保护其姓名权的法定前提条件。在符合有关姓名权保护条件的情况下，自然人有权根据2001年《商标法》的规定，就其并未主动使用的特定名称获得姓名权的保护。自然人就特定名称主张姓名权保护的，该特定名称应当符合三项条件：其一，该特定名称在我国具有一定的知名度、为相关公众所知悉；其二，相关公众使用该特定名称指代该自然人；其三，该特定名称已经与该自然人之间建立了稳定的对应关系。外国人外文姓名的中文译名如符合前述三项条件，可以依法主张姓名权的保护。

---

〔63〕 参见最高人民法院行政判决书，(2016)最高法行再27号。

在【Manolo 案】[64]中,最高人民法院指出,《商标授权确权司法解释》第 20 条第 1 款规定,当事人主张诉争商标损害其姓名权,如果相关公众认为该商标标志指代了该自然人,容易认为标有该商标的商品系经过该自然人许可或者与该自然人存在特定联系,人民法院应当认定该商标损害了该自然人的姓名权。马诺娄·布拉尼克(Manolo Blahnik)为世界知名的鞋履设计师,其姓名为西班牙语非固定搭配词汇。诉争商标"马诺罗·贝丽嘉/MANOLO & BLAHNIK"外文部分与之完全相同。作为从业近 20 年的同业经营者,方某舟将诉争商标注册在第 25 类"鞋、靴"等商品上,难谓巧合。该商标注册损害了马诺娄·布拉尼克的姓名权,应予无效。衡量域外自然人的知名度,首先需要考虑在中国大陆相关公众尤其是时尚人士中的影响,包括在国外知名度以及中国香港地区的知名度在一定程度上会辐射至内地的情况。

关于肖像权的保护,在【"乔丹"Ⅱ案】[65]中,最高人民法院指出,肖像权所保护的"肖像"应当具有可识别性,其中应当包含足以使社会公众识别其所对应的权利主体即特定自然人的个人特征,从而能够明确指代该特定的权利主体。

此外,以上的姓名和肖像都是指真实人物,虚构人物的名称或造型不在本项的保护范围内,而更多地属于著作权和商品化权,后者的立法在我国尚不成熟。

(二)企业名称及字号

目前我国的现有法律中,明确提出名称权的首先当属《民法通则》。《民法通则》第 99 条第 2 款规定,法人、个体工商户、个人合伙享有名称权。企业法人、个体工商户、个人合伙有权使用、依法转让自己的名称。其次是《企业法人登记管理条例》。该条例第 10 条第 1 款规定,企业法人只准使用一个名称。企业法人申请登记注册的名称由登记机关核定,经核准登记注册后在规定的范围内享有专用权。

国务院批准的《企业名称登记管理规定》和原国家工商行政管理总局制定的《企业名称登记管理实施办法》对企业名称登记作了进一步规范。《企业名称登记管理实施办法》第 9 条规定,企业名称应当由行政区划、字号、行业、组织形式依次组成。其中字号是区别不同企业的主要标志。

《民法通则》第 26 条规定公民在法律允许的范围内,依法经核准登记,从事工商业经营的,为个体工商户。个体工商户可以起字号。第 33 条规定,个人合伙可以起字号,依法经核准登记,在核准登记的经营范围内从事经营。这里的字号,不像企业名称中的字号,是一个独立于经营者之外的名称,实际更接近巴黎公约中的厂商字号(trade name)。

尽管《民法通则》、《企业法人登记管理条例》和《企业名称登记管理规定》中都没有明确处理商标与字号或企业名称冲突的条款,但为了有效执行《商标法》和企业名称登记管理的有关规定,切实保护商标专用权和企业名称权,维护公平竞争秩序和社会公共利益,原国家工商行政管理总局 1999 年发布了《关于解决商标与企业名称中若干问题的意见》(已失效)。该意见认为,商标专用权和企业名称权均是经法定程序确认的权利,分别受商标法律、法规和企业名称登记管理法律、法规保护。商标专用权和企业名称权的取得,应当遵循《民法通则》和《反不正当竞争法》中的诚实信用原则,不得利用他人商标或

[64]　参见最高人民法院行政判决书,(2021)最高法行再 75 号。

[65]　参见最高人民法院行政裁定书,(2015)知行字第 332 号。

者企业名称的信誉进行不正当竞争。商标中的文字和企业名称中的字号相同或者近似，使他人对市场主体及其商品或者服务的来源产生混淆（包括混淆的可能性），从而构成不正当竞争的，应当依法予以制止。所谓“混淆”，包括将与他人企业名称中的字号相同或者近似的文字注册为商标，引起相关公众对企业名称所有人与商标注册人的误认或者误解，以及将与他人注册商标相同或者近似的文字登记为企业名称中的字号，引起相关公众对商标注册人与企业名称所有人的误认或者误解。处理商标与企业名称的混淆，应当适用维护公平竞争和保护在先合法权利人利益的原则。

虽然这个意见现在已经不再有效，但其中确立的原则应该还是成立的。最高人民法院在权利冲突司法解释中实际已经重申了保护在先权利的基本原则。

《民法典》规定，法人、非法人组织享有名称权，有权依法决定、使用、变更、转让或者许可他人使用自己的名称。任何组织或者个人不得以干涉、盗用、假冒等方式侵害他人的名称权。

另外，商务部等八部门也专门发文促进老字号的创新发展，其认为，老字号是指历史悠久，传承独特产品、技艺或服务、理念，取得社会广泛认同的品牌，具有鲜明的中华优秀传统文化特色和深厚的历史底蕴，具有广泛的群众基础和丰富的经济文化价值。强调建立健全老字号名录部门共享机制，依法加强对老字号企业名称和老字号注册商标的保护，严厉打击侵犯老字号商标权、名称权等侵权违法行为。

（三）著作权

未经权利人许可，将尚在保护期的著作权作品作为商标申请注册，就会发生冲突，商标或者因为著作权人的异议不能注册，或者因为著作权人申请撤销导致注册无效。

由于著作权保护的是作品本身，因此不论商标申请人在任何商品上提出注册申请，都有可能侵犯他人在先著作权。

当然，著作权的保护期届满后，作品即进入公有领域，他人使用该作品，属于使用公有作品，不构成对原权利人著作权的侵犯。

在【“福马”案】[66]中，在先著作权虽然在他人商标申请之后保护到期，最高人民法院仍然指出，申请商标不得损害他人在先权利，考虑到申请商标尚未实际取得商标权，故判断在先权利是否存在的时间节点，至迟为核准注册日。也就是说，如果到核准注册日还有在先权利的存在，则仍然不能予以核准，因为权利冲突依然存在。

（四）外观设计专利

外观设计，是指对产品的形状、图案或者其结合以及色彩与形状、图案的结合所作出的富有美感并适于工业应用的新设计。

为解决商标和外观专利可能发生的冲突，原国家工商行政管理局1995年曾发文指出，商标专用权与外观设计专利权是重要的知识产权，分别受《商标法》和《专利法》的保护，应当遵守《民法通则》中的诚实信用原则，不得侵害他人的在先权利。

按照《专利审查指南》（已修改），在判断是否与在先的外观专利发生冲突的问题上，应当将外观设计相同理解为被比外观设计与在先设计是同一种类的产品的外观设计，并且被比外观设计的全部外观设计要素与在先设计的相应要素相同，其中外观设计要素是

---

〔66〕 参见最高人民法院行政裁定书，(2020)最高法行申3522号。

指形状、图案以及色彩。

同一种类的产品是指具有相同用途的产品。例如,机械表和电子表尽管内部结构不同,但是它们的用途是相同的,所以属于同一种类的产品。应当注意的是,只要产品具有相同的用途,而不管它们是否还各自具有其他的用途,都属于同一种类的产品。在确定产品的种类时,可以参考产品的名称、洛迦诺分类以及产品货架分类,但是应当以产品的用途是否相同为准。如果产品种类不同,即使其外观设计的三要素相同,也不应认为是外观设计相同。

因此,虽然外观设计专利权和上面提到的著作权有很多相通之处,但由于外观专利总会和具体的商品结合,著作权则不存在与商品的必然联系,比较起来,著作权对抗的范围要比外观专利广。

2001 年《商标法》引入立体商标注册以后,与外观专利发生冲突的可能性还将加大。在判断商标是否与外观专利冲突时,不应抽象地进行,而应当结合具体的商品来比较。

在【"东洋克斯"案】[67]中,引证的在先外观设计专利在他人商标申请后虽然因为未交年费失效,但最高人民法院指出,权利自然失效不产生自始无效的法律后果,如诉争商标核准注册时在先权利仍合法存在,不能直接援引《商标授权确权司法解释》第 28 条的规定,认定影响商标获准注册、维持有效的事实基础发生变化,而仍需对是否存在权利冲突作出判断。

(五)有一定影响的商品名称、包装及装潢

商品皆有名称,除初级产品外,通常也都有包装、装潢。商品名称是用来称谓呼叫商品的文字。商品包装是指为识别商品以及方便携带、储运而使用在商品上的辅助物和容器。商品装潢是指为识别与美化商品而在商品或者其包装上附加的文字、图案、色彩及其排列组合。

商品的通用名称、包装及装潢人人都可以使用,不能被一人独占专用。但特有的名称、包装、装潢(在 2019 年《反不正当竞争法》修改后,改称为有一定影响的商品名称、包装、装潢),在其知名的地域内则可以受到反不正当竞争法的保护。2022 年《反不正当竞争法司法解释》对"有一定影响"的标识进行界定。

知名商品特有的名称、包装及装潢权是在 1993 年《反不正当竞争法》第 5 条规定的,主要的内容为经营者不得采用、擅自使用知名商品特有的名称、包装、装潢,或者使用与知名商品近似的名称、包装、装潢,造成和他人的知名商品相混淆,使购买者误认为是该知名商品的不正当手段从事市场交易,损害竞争对手。

为了便于操作,原国家工商行政管理总局 1995 年制定了《关于禁止仿冒知名商品特有的名称、包装、装潢的不正当竞争行为的若干规定》。根据该规定,所谓"知名商品",是指在市场上具有一定知名度,为相关公众所知悉的商品。所谓"特有",是指商品名称、包装、装潢非为相关商品所通用,并具有显著的区别性特征。所谓"知名商品特有的名称",是指知名商品独有的与通用名称有显著区别的商品名称。但该名称已经作为商标注册的除外。

对于如何认定知名商品的问题,该规定确立了一条著名的反推法则,即商品的名称、

---

〔67〕 参见最高人民法院行政判决书,(2019)最高法行再 51 号。

包装、装潢被他人擅自作相同或者近似使用，足以造成购买者误认的，该商品即可认定为知名商品。特有的商品名称、包装、装潢应当依照使用在先的原则予以认定。

一方面，最高人民法院在2015年《专利纠纷若干规定》中将知名商品的包装、装潢列入了外观设计可能的在先权利之一，理论上《商标法》中也应该将其划入第32条前半段的在先权利；另一方面，《商标法》第32条后半段里的已经使用并有一定影响的商标其实与有一定影响的商品名称包装装潢并无实质性区别，二者的保护条件和范围不应有所不同。

因此，和在先的企业名称一样，有一定影响的商品名称、包装和装潢的保护具有较大的地域性，并不是所有的有一定影响的商品名称、包装、装潢都能当然对抗在后商标注册申请。在司法实践中，它的保护与已经使用并有一定影响的商标具有较大的重合性，也需要考虑申请人的主观状态才能判断。

如前所述，在【"费列罗"案】[68]中，最高人民法院就充分考虑了巧克力包装的国内外的知名度以及整体的显著性，最后给予了保护。

（六）地理标志

2001年修改的《商标法》按照《TRIPS协定》的要求，正式引入了"地理标志"的概念，即标示某商品来源于某地区，该商品的特定质量、信誉或者其他特征，主要由该地区的自然因素或者人文因素所决定的标志。

如果商标中含有商品的地理标志，而该商品并非来源于该标志所标示的地区并误导公众，则不予注册并禁止使用；但是，已经善意取得注册的继续有效。

应该说，根据这一规定，地理标志即使尚未注册为集体、证明商标，仍然应该作为一种在先权利获得保护，事实上，在【"湘莲"案】中，商标评审委员会即对未注册的地理标志进行了保护。北京市第一中级人民法院在【"香槟"Ⅰ案】[69]中，也是通过司法认定直接给予了地理标志的保护。有关地理标志的保护将在本书第十二章中专门介绍。

（七）特殊标志

为了加强对特殊标志的管理，推动文化、体育、科学研究及其他社会公益活动的发展，保护特殊标志所有人、使用人和消费者的合法权益，国务院1996年制定了《特殊标志管理条例》。所谓"特殊标志"，是指经国务院批准举办的全国性和国际性的文化、体育、科学研究及其他社会公益活动所使用的，由文字、图形组成的名称及缩写、会徽、吉祥物等标志。

一方面，特殊标志不得含有下列内容的文字、图形组成的特殊标志：有损于国家或者国际组织的尊严或者形象的；有害于社会善良习俗和公共秩序的；带有民族歧视性，不利于民族团结的；缺乏显著性，不便于识别的；法律、行政法规禁止的其他内容。另一方面，特殊标志不得同已在先申请的特殊标志相同或者近似；不得同已在先申请注册的商标或者已获得注册的商标相同或者近似；不得同已在先申请外观设计专利或者已依法取得专

---

〔68〕 参见意大利费列罗公司与蒙特莎（张家港）食品有限公司、天津经济技术开发区正元行销有限公司不正当竞争纠纷案，载《最高人民法院公报》2008年第6期，并被认定为指导性案例。

〔69〕 参见北京市第一中级人民法院民事判决书，（2012）一中民初字第1855号，载黄晖编著：《中国商标及不正当竞争案例精要》，知识产权出版社2021年版，第109页。

利权的外观设计专利相同或者近似;不得侵犯他人著作权。

经国务院工商行政管理部门核准登记的特殊标志(如图 3.23 所示),受该条例保护。擅自使用与所有人的特殊标志相同或者近似的文字、图形或者其组合的,未经特殊标志所有人许可,擅自制造、销售其特殊标志或者将其特殊标志用于商业活动的,以及给特殊标志所有人造成经济损失的其他行为,都将构成对特殊标志的侵犯。

扫描看彩图

图 3.23　1990 年亚运会吉祥物盼盼

(八)奥林匹克标志

我国虽然还没有参加《保护奥林匹克会徽内罗毕条约》,但我们分别举办了 2008 年夏季奥运委会和 2022 年冬季奥运会,为了加强对奥林匹克标志的保护,保障奥林匹克标志权利人的合法权益,维护奥林匹克运动的尊严,国务院 2002 年制定了《奥林匹克标志保护条例》,2018 年进行了修订。

该条例所称奥林匹克标志,是指:(1)国际奥林匹克委员会的奥林匹克五环图案标志(如图 3.24 所示)、奥林匹克旗、奥林匹克格言、奥林匹克徽记、奥林匹克会歌;(2)奥林匹克、奥林匹亚、奥林匹克运动会及其简称等专有名称;(3)中国奥林匹克委员会的名称、徽记、标志;(4)中国境内申请承办奥林匹克运动会的机构的名称、徽记、标志;(5)在中国境内举办的奥林匹克运动会的名称及其简称、吉祥物、会歌、火炬造型、口号、“主办城市名称 + 举办年份”等标志,以及其组织机构的名称、徽记;(6)《奥林匹克宪章》和相关奥林匹克运动会主办城市合同中规定的其他与在中国境内举办的奥林匹克运动会有关的标志。同时,对残奥会有关标志的保护,参照该条例执行。

扫描看彩图

图 3.24　奥林匹克标志

该条例所称奥林匹克标志权利人,是指国际奥林匹克委员会、中国奥林匹克委员会和中国境内申请承办奥林匹克运动会的机构、在中国境内举办的奥林匹克运动会的组织机构。国际奥林匹克委员会、中国奥林匹克委员会和中国境内申请承办奥林匹克运动会的机构、在中国境内举办的奥林匹克运动会的组织机构之间的权利划分，依照《奥林匹克宪章》和相关奥林匹克运动会主办城市合同确定。

奥林匹克标志权利人依照该条例对奥林匹克标志享有专有权。未经奥林匹克标志权利人许可，任何人不得为商业目的使用奥林匹克标志。所谓商业目的使用，是指以营利为目的，以下列方式利用奥林匹克标志：(1)将奥林匹克标志用于商品、商品包装或者容器以及商品交易文书上；(2)将奥林匹克标志用于服务项目中；(3)将奥林匹克标志用于广告宣传、商业展览、营业性演出以及其他商业活动中；(4)销售、进口、出口含有奥林匹克标志的商品；(5)制造或者销售奥林匹克标志；(6)其他以营利为目的利用奥林匹克标志的行为。此外，利用与奥林匹克运动有关的元素开展活动，足以引人误认为与奥林匹克标志权利人之间有赞助或者其他支持关系，构成不正当竞争行为的，依照《反不正当竞争法》处理。

国务院市场监督管理部门、知识产权主管部门依据该条例的规定，负责全国的奥林匹克标志保护工作。县级以上地方市场监督管理部门依据该条例的规定，负责本行政区域内的奥林匹克标志保护工作。该条例还规定了奥林匹克标志的公告程序、保护期限、续展程序、许可使用、查处程序、赔偿计算方法等事项。

现实生活中，已有不少保护的实际案例，例如，在【Olympic 案】中，针对他人在广告中使用了“OLYMPIC”图标，使用了分开排列的五环图案，从左到右的颜色依次为绿、蓝、红、黄、黑，且大小不一，广告中还出现了“2021.07.23”图标、“TOKYO 1746KM”图标和“实力玩家竞技无界”广告语，国知局在《关于商业广告中使用分开排列的五环是否侵犯奥林匹克标志专有权问题的批复》[70]中指出：

关于“OLYMPIC”图标。涉案广告中直接使用了“OLYMPIC”图标，与“Olympic”(第A000043 号)奥林匹克标志相同，构成《奥林匹克标志保护条例》第 5 条所规定的为商业目的使用。由于广告主未获得国际奥林匹克委员会许可，此种行为属于《奥林匹克标志保护条例》第 12 条规定的“未经奥林匹克标志权利人许可，为商业目的擅自使用奥林匹克标志”，属于侵犯奥林匹克标志专有权的行为。

关于分开排列的五环图案和其他图标。第 32 届夏季奥林匹克运动会于 2021 年 7 月 23 日在日本东京开幕。涉案广告中除出现“OLYMPIC”外，还出现分开排列的五环图案、与第 32 届夏季奥林匹克运动会开幕时间相同的“2021.07.23”图标、具有体育赛事属性的“竞技”字样、与第 32 届夏季奥林匹克运动会举办地东京相同的英文“TOKYO”。分开排列的五环图案与其他图标文字，共同紧密关联了第 32 届夏季奥林匹克运动会和奥林匹克五环图案标志。综合考虑上述全部要素，应当属于与奥林匹克运动有关的元素。由于涉案广告主未取得国际奥林匹克委员会许可，此种行为已构成《奥林匹克标志保护条例》第 6 条规定的“利用与奥林匹克运动有关的元素开展活动，足以引人误认为与奥林匹克标志权利人之间有赞助或者其他支持关系”，构成不正当竞争行为。

另外，国知局高度重视冬奥会和冬残奥会知识产权保护工作，并持续深入开展打击恶意商标注册专项行动，例如，已先后对“北京 2022”、北京 2022 年冬奥会会徽和北京 2022

---

〔70〕 参见国知发保函字〔2021〕201 号。

年冬残奥会会徽等予以特殊标志保护,对北京冬奥组委申请的"冰墩墩""雪容融"等予以商标注册保护,对其他适格主体申请的"谷爱凌"等冬奥健儿姓名商标予以注册保护。

(九)世界博览会标志

为了加强对世界博览会标志的保护,维护世界博览会标志权利人的合法权益,2004年国务院颁布了《世界博览会标志保护条例》。

世界博览会标志,是指:(1)中国2010年上海世界博览会申办机构的名称(包括全称、简称、译名和缩写)、徽记或者其他标志;(2)中国2010年上海世界博览会组织机构的名称、徽记或者其他标志;(3)中国2010年上海世界博览会的名称、会徽、会旗、吉祥物、会歌、主题词、口号;(4)国际展览局的局旗。

世界博览会标志权利人,是指中国2010年上海世界博览会组织机构和国际展览局。世界博览会标志权利人依照该条例享有世界博览会标志专有权。也就是说,未经世界博览会标志权利人许可,任何人不得为商业目的(含潜在商业目的)使用世界博览会标志。

所谓为商业目的使用,是指以营利为目的,以下列方式使用世界博览会标志:(1)将世界博览会标志用于商品、商品包装或者容器以及商品交易文书上;(2)将世界博览会标志用于服务业中;(3)将世界博览会标志用于广告宣传、商业展览、营业性演出以及其他商业活动中;(4)销售、进口、出口含有世界博览会标志的商品;(5)制造或者销售世界博览会标志;(6)将世界博览会标志作为字号申请企业名称登记,可能造成市场误认、混淆的;(7)可能使他人认为行为人与世界博览会标志权利人之间存在许可使用关系而使用世界博览会标志的其他行为。

(十)在先权益

最高人民法院在《商标授权确权意见》中没有将在先权利封顶,即人民法院审查判断诉争商标是否损害他人现有的在先权利时,对于商标法已有特别规定的在先权利,按照商标法的特别规定予以保护;商标法虽无特别规定,但根据民法通则和其他法律的规定属于应予保护的合法权益的,应当根据该概括性规定给予保护。

在【"葵花宝典"案】[71]中,最高人民法院认为,"商品化权益"虽然并非法律规定的概念,但是不能囿于其名称而径行得出"商品化权益"不受我国法律保护的结论。某项特定的权益是否受法律保护、如何保护,要与具体的法律规范相结合。

根据《商标授权确权司法解释》第18条规定,从范围上看,"在先权利"包括"民事权利"和"其他应予保护的合法权益"。《民法典》第126条规定:"民事主体享有法律规定的其他民事权利和利益。"2001年《商标法》第31条规定的"在先权利",即属于受到法律保护的民事权益范畴。《著作权法》第10条第1款第17项规定的"应当由著作权人享有的其他权利",表明在该条第1款明确列举的16项权利之外,著作权人还享有其他法律赋予的权利,未列举的不等于著作权人没有这些权利。《商标授权确权司法解释》第22条第2款将符合特定条件的"作品名称、作品中的角色名称等"纳入"在先权利"给予保护,并非在著作权法等法律之外创设了新的权益。

---

〔71〕 参见最高人民法院行政判决书,(2021)最高法行再254号。

思考题

1. 地名作为商标注册有何限制?
2. 如何认定组合商标的显著性?
3. 认定显著性是否需要考虑公共利益?
4. 试述一定影响的商品名称、包装和装潢与商标注册的关系。

第四章　商标注册的取得

与版权不同的是，商标权并不是自动产生的一种权利。尽管有些国家同意保护未注册商标，但绝大多数国家都规定商标权必须依注册产生。而且，各国的注册通常是相互独立的，除非像欧盟、非洲知识产权组织或比荷卢那样建立了统一的注册机构。至于注册程序的繁简程度，各国存在较大的差异：有的国家几乎是来者不拒，一律不经审查即予注册；有的国家则层层设防，既有依职权审查程序，又有异议程序，如我国、美国和日本；比较折中的做法是，注册机关只主动审查驳回的绝对理由，相对理由则通过异议程序来解决，如欧盟及其大部分成员国。

本章将依次介绍商标申请、商标形式审查、商标实质审查、商标异议、商标注册、商标续展以及商标变更。商标续展和商标变更是取得商标注册的延续和变化，可以算广义的取得。当然，商标的权利还可以通过受让或移转甚至许可等方式继受取得，但本章主要介绍原始取得。有关转让或移转的介绍请见第五章。通过马德里协定及议定书进行国际注册的程序比较特殊，我们将在第十三章介绍。

第一节　商 标 申 请

商标申请是启动取得商标权利程序的第一步。商标申请行为是一个典型的民事法律行为，其直接目的是设立商标专用权。由于商标权是一种私权，国家不会主动保护一个商标。自然人、法人或者其他组织在生产经营活动中，对其商品或者服务需要取得商标专用权的，应当向商标局申请商标注册。提交商标申请并缴纳相应的费用是当事人明确希望在指定的商品或服务中就申请的商标取得专用权的意思表示。商标局正是基于商标申请的时间和范围进行商标审查。经商标局核准注册的商标为注册商标，包括商品商标、服务商标和集体商标、证明商标；商标注册人享有商标专用权，受法律保护。

一、前期准备

为了避免无谓的驳回，商标在申请之前，一般都需要进行在先商标的检索查询。目前的做法一般是先通过根据《商标公告》编辑的查询系统查询，如通不过则放弃，如果没问题再到商标局进行正式查询,因为正在审查过程中的商标目前还未对外公开,只有商标局才有完备的数据库。商标局开通了中国商标网,可以在网上查询,但一则该网只起参考作用,二则由于该网不能做到及时更新,实际会有一个或几个月不等的盲期存在,因此还需要与其他信息印证后使用。

在中国,根据现行的商标法,商标注册基本实行自愿原则。只有国家规定必须使用注册商标的极个别商品才实行强制注册,也就是说,未经核准注册的,不得在市场上销售。所谓"国家规定"必须使用注册商标的商品,是指法律、行政法规规定的必须使用注册商标的商品。目前只有《烟草专卖法》才有强制注册烟草商标的要求。不过,药品商标实际使用中按药品监管部门的要求仍需注册。

二、主体要求(人)

如前所述,确定主体是商标申请的第一要务。2002 年修改前的《商标法实施细则》曾有"申报的商品不得超出核准或者登记的经营范围"的规定。但一则由于《商标法律条约》已经规定主管机关不得要求申请人提供商业注册证明,尽管中国目前还不是该条约的成员国;二则由于 2001 年《商标法》已经将商标申请的主体放宽到普通的自然人,而且外国企业和外国人在申请时并无类似的要求,2002 年修改后的《商标法实施条例》最终取消了这一规定。

但是,放开自然人申请商标也带来了一些副作用,包括出现诸多的"商标掮客",2007 年商标局因此下发通知要求,自然人提出商标注册申请的商品和服务范围,应以其在营业执照或有关登记文件核准的经营范围为限,或者以其自营的农副产品为限。对于不符合《商标法》第 4 条规定的商标注册申请,商标局不予受理并书面通知申请人。

2013 年之前,中国的自然人、法人或者其他组织取得商标权利可以选择两条基本途径:一是直接到原国家工商行政管理总局商标局或各地的受理中心,当面申请商品商标、服务商标、集体商标和证明商标的注册;二是通过商标代理组织申请。通过商标代理组织提交的申请,可以邮寄送达。2013 年《商标法》放宽了要求,即商标注册申请等有关文件,可以以书面方式或者数据电文方式提出。

申请商标注册的,申请人应当提交能够证明其身份的有效证件的复印件。商标注册申请人的名义应当与所提交的证件相一致。共同申请注册同一商标的,应当在申请书中指定一个代表人;没有指定代表人的,以申请书中顺序排列的第一人为代表人。

三、商品要求(物)

在申请商标注册时,应尽量按照《类似商品和服务区分表》中规范的商品名称或服务项目填写。使用商品分类表中规范的商品名称及服务项目,有助于加快商标的注册进程,确保申请人及时获得商标专用权。

商品名称或服务项目是整个商标注册工作的中心环节之一,它决定了注册商标保护的范围。在申请商标注册时,必须指明具体的商品名称和服务项目。2014 年 5 月 1 日《商标法》生效之前,一份申请书上填报的商品或服务只能限定在一个类别之内,新法生效后则可以一个申请表同时填报多个类别的商品或服务,不过由于只是允许在遇到驳回时可以分割,部分商品的转让尚未开放,目前还是不建议轻易申请一表多类的商标注册。

商品名称或服务项目力求具体、准确、规范,以便明确指定该商标的保护范围。

一般来说,一个商品在商品分类表中有正规名称时,应使用分类表中的规范名称。某些人们日常生活中约定俗成的商品称谓,在申请商标注册时是不允许使用的。例如"家用电器",因为它包括的范围过大,涉及商品分类表中至少五个类别的商品,如第七类的洗衣机、家用电动碾磨机,第八类的电动刮胡刀,第九类的电熨斗、电热卷发器,第十类的电动按摩器,第十一类的冰箱、热水器等。诸如此类的情况还有"塑料制品""皮制品"等。

当然,如果出现商品或者服务项目名称未列入商品和服务分类表的情况,原则上也可以申报,但需附送对该商品或者服务的说明。

有些国家允许申报类名,这从指定我国的国际注册中也能看到。对于这种指定的商品范围,欧盟法院进行了严格要求,也就是说并不当然包括该类的所有商品,而是要根据该词汇的确切程度具体确定。这一做法值得我们借鉴。我国在国内申请的审查中一直禁止使用类名,但曾经允许使用类似群名。后来,商标局在1996年发布了《关于申请商标注册不再允许填报商品和服务类似群名称的决定》,该决定指出商标局编印的类似商品区分表和类似服务区分表中的类似群名称,主要是为在商标审查和商标管理工作中划分类似商品时使用的一个导向性名称,并且不少类似群名称也不十分准确规范。因此,从1996年7月1日起,申请商标注册不再允许填报商品和服务类似群名称,一律填报具体商品和服务项目名称。在申请注册商标时,应按具体商品(服务)名称和编号填报所需注册的商品项目名称。具体的格式为,名称在前,编号在后,并由六位数所组成;前端有"C"字标注的编号,表示该商品和服务项目名称及编号未在《商标注册用商品和服务国际分类》中列入,但属我国常用的商品。

商标申请需要按类缴纳费用,最初实行过申请费与注册费分阶段缴纳的办法,后来改为两费合一,即注册后不再收费,但在驳回时也不再返还注册费。

四、标志要求(志)

具体来说,每一件商标注册申请应当向商标局提交《商标注册申请书》1份、商标图样1份;以颜色组合或者着色图样申请商标注册的,应当提交着色图样,并提交黑白稿1份;不指定颜色的,应当提交黑白图样;商标图样应当清晰,便于粘贴,用光洁耐用的纸张印制或者用照片代替,长和宽应当不大于10厘米,不小于5厘米。

按照商标法实施条例的要求,以三维标志申请商标注册的,应当在申请书中予以声明,说明商标的使用方式,并提交能够确定三维形状的图样,提交的商标图样应当至少包含三面视图。以颜色组合申请商标注册的,应当在申请书中予以声明,说明商标的使用方式。以声音标志申请商标注册的,应当在申请书中予以声明,提交符合要求的声音样本,对申请注册的声音商标进行描述,说明商标的使用方式。对声音商标进行描述,应当以五线谱或者简谱对申请用作商标的声音加以描述并附加文字说明;无法以五线谱或者简谱描述的,应当以文字加以描述;商标描述与声音样本应当一致。

商标局1986年曾指出,1982年《商标法》实施前尚无保护颜色的规定,当时注册的商标,无论其注册证上粘贴的商标图样是什么颜色,均按黑白对待并予以保护。1982年《商标法》实施后申请商标指定颜色的,应由申请人在申请书中明文提出。"我局意见,今后指定颜色的,必须在《商标注册申请书》写明'指定颜色'四字。对在申请注册时未明确提出指定颜色的商标,我局只按黑白颜色注册,也按黑白颜色保护。”

需要注意的是,申请商标指定颜色和申请颜色组合商标是不同的两个概念。指定颜色实际是把颜色作为商标的一个显著因素来增强商标的显著性,换言之,如果不指定这一颜色,商标的显著性就会有所欠缺,因此,指定颜色实际是对商标的一种限定。申请颜色组合商标,则是对颜色不同组合的保护,纯粹的颜色组合甚至与实际使用的位置、面积没有关系,只要申请中表明了颜色的比例关系即可。

五、涉外特别要求

外国人或者外国企业在中国申请商标注册的,应当按其所属国和中国签订的协议或者共同参加的国际条约办理,或者按对等原则办理。外国人和外国企业在中国办理商标事宜,可以按照双边协定或共同参加的国际条约,如《巴黎公约》或《TRIPS 协定》享受国民待遇和最惠国待遇,但必须委托中国认可的具有商标代理资格的组织代理,除非在中国拥有经常居所或营业所;当然,也可以通过马德里国际注册指定中国办理。有关代理委托书的公证、认证的手续,依照对等原则办理。

就外国企业名称的翻译问题,商标局 1990 年在回复贸促会时曾作出如下解答,即今后商标局对外国商标注册申请人名称的审查以外文企业名称为准,中文译名只作参考;外国人或外国企业在中国多次注册商标的,其申请人译名如不一致,应由申请人确认一种译法。如原已注册的商标其所有人名称与确认的译名不一致的,应向该局申请办理更名手续。

1994 年商标局进一步明确,母语是英语的外国申请人名称除填写英文外,同时应当翻译成中文填写。该局在审查确认时以英文名称为主。母语是非英语的外国申请人,申请人名称应当翻译成中文,同时可以翻译成英文。翻译成英文的,该局审查确认时以英文为主,未翻译成英文,以中文确认其申请人名称。

另外,为了便于向域外当事人送达文件,2014 年《商标法实施条例》规定,申请商标注册或者转让商标,商标注册申请人或者商标转让受让人为外国人或者外国企业的,应当在申请书中指定中国境内接收人负责接收商标局、商标评审委员会后继商标业务的法律文件。商标局、商标评审委员会后继商标业务的法律文件向中国境内接收人送达。

六、优先权

2001 年修改之后的《商标法》对于涉外商标申请规定了两种优先权制度:一种是申请优先权;另一种是展览优先权。优先权的法律效力在于,解决商标申请与在先权利冲突的基准日将是依法确立的优先权日而不是实际的申请日。这一规定最早来源于《巴黎公约》,主要是为到国外注册商标的申请人提供一个合理的安全期。《TRIPS 协定》也重申了《巴黎公约》建立的优先权制度。

申请优先权。所谓申请优先权,是指商标注册申请人自其商标在外国第一次提出商标注册申请之日起 6 个月内,又在中国就相同商品以同一商标提出商标注册申请的,依照该外国同中国签订的协议或者共同参加的国际条约,或者按照相互承认优先权的原则,可以享有的优先权。要求申请优先权的,应当在提出商标注册申请的时候提出书面声明,并且在 3 个月内提交第一次提出的商标注册申请文件的副本;未提出书面声明或者逾期未提交商标注册申请文件副本的,视为未要求优先权。

展览优先权。所谓展览优先权,是指商标在中国政府主办的或者承认的国际展览会展出的商品上首次使用的,自该商品展出之日起6个月内,该商标的注册申请人可以享有的优先权。2014年《商标法实施条例》取消了提交相关证明的要求。

七、申请效力

关于商标申请的效力,最高人民法院在【"白象"案】[1]中指出,商标申请最终的目标即商标申请权的实现是商标获得注册,从这个角度来看,商标申请权是一种期待权,是对未来取得注册商标专用权的一种期待,自商标申请之日起存在,至商标被核准注册之日最终实现。综上,商标申请权本身是现实存在的合法权益,其在性质上是对注册商标专用权的一种期待权,应当受到法律的保护。

另外,国知局在《商标侵权判断标准》第32条中也指出,以外观设计专利权、作品著作权抗辩他人注册商标专用权的,若注册商标的申请日先于外观设计专利申请日或者有证据证明的该著作权作品创作完成日,商标执法相关部门可以对商标侵权案件进行查处。该条规定了商标权与外观设计专利权、作品著作权冲突时的处理原则以及保护日期的比较基准。并且国知局在对该标准的解读[2]中继续指出,该条第2款明确了以商标申请日为比较基准。商标申请作为一种期待权,申请人最终期待的完整权利是注册商标专用权。只有商标获得注册,商标注册人的最终权益才能得以实现。

因此,商标申请日具有重要的法律意义。基于商标申请本身的性质、作用和保护在先权利原则:一方面,商标申请日在专利申请日之前,客观上存在外观设计专利申请人模仿、复制在先申请商标的可能,继而可能导致外观设计的新颖性丧失;另一方面,在查处商标侵权行为时该商标已核准注册并有效的,商标执法部门可以依据商标法径行处理相关案件。

第二节　商标审查

一、商标形式审查

商标申请后,由商标局进行形式审查,形式审查的主要内容为:(1)申请人资格是否符合商标法律规定;(2)申请人地址是否正确;(3)申请人名义、章戳是否与营业执照一致;(4)申请人要求核定的商品或者服务是否填写得具体、规范,分类是否准确,是否符合其经营范围;(5)通过代理的代理人委托书是否合乎要求;(6)商标及商标图样的质量、规格、数量是否符合要求;(7)应附的证件、说明是否完备;(8)商标注册申请规费是否缴纳;(9)书写要求是否合格。

---

〔1〕 参见最高人民法院行政裁定书,(2014)知行字第4号,载黄晖编著:《中国商标及不正当竞争案例精要》,知识产权出版社2021年版,第144页。

〔2〕 参见《〈商标侵权判断标准〉理解与适用》。

形式审查的主要目的在于确定商标注册的申请日期，该日期以商标局收到申请文件的日期为准。商标注册申请手续齐备、按照规定填写申请文件并缴纳费用的，商标局予以受理并书面通知申请人；申请手续不齐备、未按照规定填写申请文件或者未缴纳费用的，商标局不予受理，书面通知申请人并说明理由。

申请手续基本齐备或者申请文件基本符合规定，但是需要补正的，商标局通知申请人予以补正，限其自收到通知之日起 30 日内，按照指定内容补正并交回商标局。2014 年《商标法实施条例》严格了补正程序，具体体现为，在规定期限内补正并交回商标局的，保留申请日期；期满未补正的或者不按照要求进行补正的，商标局不予受理并书面通知申请人。

两个或者两个以上的申请人，在同一种商品或者类似商品上，分别以相同或者近似的商标在同一天申请注册的，各申请人应当自收到商标局通知之日起 30 日内提交其申请注册前在先使用该商标的证据。同日使用或者均未使用的，各申请人可以自收到商标局通知之日起 30 日内自行协商，并将书面协议报送商标局；不愿协商或者协商不成的，商标局通知各申请人以抽签的方式确定一个申请人，驳回其他人的注册申请。商标局已经通知但申请人未参加抽签的，视为放弃申请，商标局应当书面通知未参加抽签的申请人。

对于形式审查不予受理或处理结果不服的，可以通过行政复议乃至行政诉讼程序来解决。

二、商标实质审查

(一)商标审查与驳回

形式审查之后，商标局将进行全面的实质审查，包括对不能注册的绝对理由和相对理由及与在先商标冲突的主动审查。具体来说，申请注册的商标，凡不符合商标法有关规定或者同他人在同一种商品或者类似商品上已经注册的或者初步审定的商标相同或者近似的，由商标局驳回申请，不予公告。两个或者两个以上的商标注册申请人，在同一种商品或者类似商品上，以相同或者近似的商标申请注册的，初步审定并公告申请在先的商标；同一天申请的，初步审定并公告使用在先的商标，驳回其他人的申请，不予公告。

上述审查范围实际包括第三章中的合法性、非功能性、显著性以及在先性中的在先申请、同日申请在先使用、初步审定和注册商标、已经认定的驰名商标、注册为证明商标的地理标志以及特殊标志、奥林匹克标志和世界博览会标志。具体的审查标准可参见第三章和第七章。

2002 年《商标法实施条例》出台前，商标局曾经实行过审查意见书制度。2002 年《商标法实施条例》取消了这一制度，引入了不再征求意见的直接部分驳回制度。2013 年《商标法》在一定程度上又恢复了这一制度，具体做法是，在审查过程中，商标局认为商标注册申请内容需要说明或者修正的，可以要求申请人作出说明或者修正。商标局认为对商标注册申请内容需要说明或者修正的，申请人应当自收到商标局通知之日起 15 日内作出说明或者修正。申请人未作出说明或者修正的，不影响商标局作出审查决定。

2021 年《商标审查审理指南》规定，审查意见书是商标注册部门依据《商标法》及其实施条例的有关规定，认为商标注册申请涉及不符合规定，但经说明或修正后有可能克服前述障碍等情形的，视审查实际情况需要，依职权要求商标注册申请人或其代理人在法定期限内对其商标注册申请作出说明或者修正，并提供相应补充证据或补正文件的法定程序。审查意见书不是商标注册审查的必经程序,仅在案情复杂、确有必要时启动。

如果驳回理由涉及全部商品的,则全部驳回;如果部分不符合的,驳回不符合部分,同时初步审定符合部分;全部符合的,全部予以初步审定。

商标局对一件商标注册申请在部分指定商品上予以驳回的,申请人可以将该申请中初步审定的部分申请分割成另一件申请,分割后的申请保留原申请的申请日期。需要分割的,申请人应当自收到商标局《商标注册申请部分驳回通知书》之日起15日内,向商标局提出分割申请。商标局收到分割申请后,应当将原申请分割为两件,对分割出来的初步审定申请生成新的申请号,并予以公告。

(二)商标驳回复审

对驳回申请、不予公告的商标,商标局应当书面通知商标注册申请人。商标注册申请人不服的,可以自收到通知之日起15日内向商标评审委员会申请复审,由商标评审委员会做出决定,并书面通知申请人。当事人对商标评审委员会的决定不服的,可以自收到通知之日起30日内向人民法院起诉。需要注意的是,由于前面提到的机构改革的原因,商标评审委员会的职能已经并入商标局的评审部门,以下皆同。

同时,如果商标申请人就部分驳回的申请提起复审,商标局实际操作中也将撤回原初步审定,等待复审的生效决定。

情势变更。驳回程序可能发生的一个特殊问题是,最初作为在先商标乃至在先权利,在复审时因为受让或撤销或无效等不复存在,或者本不具有显著性的商标申请在复审程序的几年中经使用取得了显著性,是否需要坚持当初的驳回。

《商标法实施条例》第52条的回答是,商标评审委员会审理不服商标局驳回商标注册申请决定的复审案件,应当针对商标局的驳回决定和申请人申请复审的事实、理由、请求以及评审时的事实状态进行评审。

但如果出现"情势变更",在先权利不复存在的,也就无所谓与在先权利冲突的问题了。例如,在【"Advent"案】[3]中,最高人民法院认为,在商标驳回复审行政纠纷案件中,如果引证商标在诉讼程序中因连续3年停止使用而被撤销,鉴于申请商标尚未完成注册,人民法院应根据情势变更原则,依据变化了的事实依法作出裁决。2016年《商标授权确权司法解释》也作出了相应规定,人民法院审理商标授权确权行政案件的过程中,国知局对诉争商标予以驳回、不予核准注册或者予以无效宣告的事由不复存在的,人民法院可以依据新的事实撤销国知局相关裁决,并判令其根据变更后的事实重新作出裁决。但2023年商标法修改征求意见稿拟取消"情势变更"的做法。

(三)商标初步审定公告

初步审定的商标将在《商标公告》发布。《商标公告》是商标法实施条例规定由商标局发布的官方出版物,刊登商标注册及其他有关事项,具体包括商标审定号、申请日期、商标、使用商品或服务项目、申请人、地址及代理人。《商标公告》采用纸质或者电子形式发布。除送达公告外,公告内容自发布之日起视为社会公众已经知道或者应当知道。公告的目的也包括引起在先权利人的注意,通过异议程序主张和保护自己的权利。

---

[3] 参见最高人民法院行政判决书,(2011)行提字第14号,载黄晖编著:《中国商标及不正当竞争案例精要》,知识产权出版社2021年版,第137页。

第三节　商 标 异 议

一、异议的提出

对初步审定公告的商标，自公告之日起3个月内，在先权利人、利害关系人认为违反《商标法》第13条第2款和第3款、第15条、第16条第1款、第30～32条规定的，或者任何人认为违反《商标法》第4条、第10～12条、第19条第4款规定的，可以向商标局提出异议。公告期届满无异议的，予以核准注册，发给商标注册证，并予公告。

提出异议时，异议人应当向商标局提交商标异议书一式两份。商标异议书应当写明被异议商标刊登《商标公告》的期号及初步审定号。商标异议书应当有明确的请求和事实依据，并附送有关证据材料。

根据《商标法实施条例》第6条的规定，申请商标注册或者办理其他商标事宜，应当使用中文。依照商标法及其实施条例规定提交的各种证件、证明文件和证据材料是外文的，应当附送中文译文；未附送的，视为未提交该证件、证明文件或者证据材料。

商标局应当将商标异议材料副本及时送交被异议人，限其自收到商标异议材料副本之日起30日内答辩。被异议人不答辩的，不影响商标局的异议裁定。当事人需要在提出异议申请或者答辩后补充有关证据材料的，应当在商标异议申请书或者答辩书中声明，并自提交申请书或者答辩书之日起3个月内提交；期满未提交的，视为当事人放弃补充有关证据材料。但是，在期满后生成或者当事人有其他正当理由未能在期满前提交的证据，在期满后提交的，商标局将证据交对方当事人并质证后可以采信。

一事不再理。关于商标驳回复审程序和商标异议复审程序之间一事不再理原则的适用问题，在【"六味地"案】[4]中，最高人民法院认为，商标驳回复审程序和商标异议复审程序在启动主体和救济目的方面均不相同，不能在两个程序之间机械适用一事不再理原则，剥夺引证商标权利人在异议阶段提出异议的权利。

二、异议的审理

2013年《商标法》对异议程序进行了简化，只允许异议成功时被异议人提出复审和行政诉讼，并规定了审查时限，具体做法是：对初步审定公告的商标提出异议的，商标局应当听取异议人和被异议人陈述事实和理由，经调查核实后，自公告期满之日起12个月内做出是否准予注册的决定，并书面通知异议人和被异议人。有特殊情况需要延长的，经国务院工商行政管理部门批准，可以延长6个月。

2013年《商标法》对异议程序还进行了重大调整，即商标局做出准予注册决定的，发

---

〔4〕 参见最高人民法院行政裁定书，(2011)知行字第53号，载黄晖编著：《中国商标及不正当竞争案例精要》，知识产权出版社2021年版，第175页。

给商标注册证,并予公告。异议人不服的,不再能申请复审,只可以依照该法第 44 ~45 条的规定向商标评审委员会请求宣告该注册商标无效。关于这一修改的其他影响,我们将在第七章第一节中继续讨论。

商标局做出不予注册决定,被异议人不服的,可以自收到通知之日起 15 日内向商标评审委员会申请复审。商标评审委员会应当自收到申请之日起 12 个月内做出复审决定,并书面通知异议人和被异议人。有特殊情况需要延长的,经国务院工商行政管理部门批准,可以延长 6 个月。被异议人对商标评审委员会的决定不服的,可以自收到通知之日起 30 日内向人民法院起诉。人民法院应当通知异议人作为第三人参加诉讼。

《商标法》第 35 条第 3 款和第 36 条第 1 款所称不予注册决定,包括在部分指定商品上的不予注册决定。被异议商标在商标局作出准予注册决定或者不予注册决定前已经刊发注册公告的,撤销该注册公告。经审查异议不成立而准予注册的,在准予注册决定生效后重新公告。

2023 年公布的商标法修改征求意见稿拟取消商标异议后的不予注册复审程序;同时,着力优化异议审查模式,将从增加简易审查程序,实现异议案件繁简分流,论证对复杂案件引入质证环节和口头审理方式等方面进行探索,全面提升商标异议审查质量和效率,让各方争议在行政程序中得到有效化解,更好发挥异议程序的价值和作用。

第四节　商 标 注 册

一、商标注册、公告及生效

根据《商标法》,商标专用权依注册产生。专用权产生的时间,不仅直接与有效期与续展期挂钩,而且与撤销 3 年不使用、无效 5 年时限的计算,以及对他人侵权行为可以主张权利的时点都有直接的关系。

根据《商标法》,商标初步审定公告后 3 个月没有异议或有异议但不成立者,商标核准注册、发给商标注册证并在《商标公告》上发布注册公告。根据《商标法实施条例》,商标局发布的《商标公告》,刊发商标注册及其他有关事项。《商标公告》采用纸质或者电子形式发布。除送达公告外,公告内容自发布之日起视为社会公众已经知道或者应当知道。

由于商标异议往往是在异议期的最后几天才提交,而注册公告是按时间预先编印,因此就会出现已经被异议的商标仍然刊登注册公告的现象。为了避免由此带来的混乱,《商标法实施条例》第 28 条第 2 款特别规定,被异议商标在商标局作出准予注册决定或者不予注册决定前已经刊发注册公告的,撤销该注册公告。经审查异议不成立而准予注册的,在准予注册决定生效后重新公告。

同时,商标局设置商标注册簿,记载注册商标及有关注册事项。商标注册证及相关证明是权利人享有注册商标专用权的凭证。商标注册证记载的注册事项,应当与商标注册簿一致;记载不一致的,除有证据证明商标注册簿确有错误外,以商标注册簿为准。

商标是历史发展的产物，商标的演变也记载着历史的痕迹。因历史遗留等原因，有些商标注册证还要考虑历史的延续。比如商标注册证中商标图样与商标名称的分离问题，表现为贴附的商标图样中无文字，而在商标注册证中商标栏目注有文字的情形。

针对这种情况，商标局在 1988 年 9 月实行商标注册用商品国内分类向国际分类转换，以及 1993 年 2 月对大批注册商标 10 年有效期到期进行续展时，曾建议此类商标的注册人，将该商标的文字加附在商标图样内续展，或者将商标图样续展，图样外的文字商标另进行文字商标注册，但有的注册人没有得到提示或者忽视了提示，使有些商标注册证保留了原有状态。因此，在实践中，执法部门在看到这样的商标注册证时，只要该证还在专用权有效期内，证中的文字与商标图样都应受法律保护。

临时保护。注册商标的有效期为 10 年，自核准注册之日起计算。需要注意的是，尽管商标法规定，经审查异议不成立而准予注册的商标，商标注册申请人取得商标专用权的时间自初步审定公告 3 个月期满之日起计算，但这一权利或保护是不完全的，实际相当于一种临时保护。也就是说，自该商标公告期满之日起至准予注册决定做出前，对他人在同一种或者类似商品上使用与该商标相同或者近似的标志的行为不具有追溯力；但是，对因该使用人的恶意给商标注册人造成的损失，应当给予赔偿。

在【“大悦城”案】[5]中，最高人民法院指出，在商标申请日至核准注册日之间，商标权人无权禁止他人使用相同或近似的商标。商标一经核准注册，商标权人就取得了完整的商标权，他人应当停止使用，否则将构成商标侵权行为。换句话说，商标注册人不是从异议期满这个名义核准日，而是从实际核准日取得完整的商标专用权，之前的保护只具有临时性，必须证明侵权人存在恶意才可以获得赔偿。

期限起算。为了便于理解和对比，我们可以将针对国内注册和国际注册的无效和撤销申请的起算点列表 4.1 如下：

表 4.1 申请注册程序中无效和撤销起算点

序号	商标类型	提起无效或撤销的起算日	法律依据	说明
1	未经异议程序获得注册的国内商标	无效自商标注册之日	《商标法》第 44、45 条	实际也是《商标法》第 39 条中的核准注册之日
2		撤销自商标注册公告之日	《商标法》第 49 条第 2 款 《商标法实施条例》第 66 条第 2 款	
3	经过异议程序获得注册的国内商标	无效自商标注册之日	《商标法》第 44、45 条	目前立法有空白，应参照撤销的计算方式 （参见以下“康宁”案）
4		撤销自商标注册公告之日	《商标法》第 49 条第 2 款 《商标法实施条例》第 66 条第 2 款、第 28 条第 2 款	不是《商标法》第 39 条中的核准注册之日，而是商标实际注册公告之日

[5] 参见最高人民法院民事判决书，(2020)最高法民再 344 号。

续表

序号	商标类型	提起无效或撤销的起算日	法律依据	说明
5	驳回期限届满时无驳回复审或异议程序获得注册的国际注册商标	提出无效或撤销自驳回期限届满之日	《商标法》第44、45、49条 《商标法实施条例》第49条第1、2、3款	不是《商标法实施条例》第46条中的国际注册日或后期指定日,而是视情况而定的实际核准注册之日
6	驳回期限届满时有驳回复审或异议程序并最终获得注册的国际注册商标	提出无效或撤销自准予注册决定生效之日		

在【"康宁"案】[6]中,最高人民法院指出,确定商标无效宣告请求5年期限的起算日时,应当区分不同的商标注册程序来确定。若商标申请注册过程中未经过商标异议程序,商标初审公告3个月期满之日可以作为商标无效宣告请求5年期限的起算日。但商标申请注册过程中经过异议或异议复审程序,该商标最终是否能获得授权处于不确定状态,不宜一概将商标初审公告3个月期满之日视为"商标注册之日",对于异议经审查不成立的,可以将商标准许注册日作为商标无效宣告5年期限的起算日。

对于国际注册商标,不以国际注册日,而是以实际核准注册时间计算撤销或无效的期限。

电子注册证。国知局发文明确,自2022年1月1日起,公告注册及其他商标申请产生的商标注册证,以纸件形式提交商标申请的寄发《领取商标注册证通知书》,注册人按通知书指定网址和提取码,登录中国商标网获取电子商标注册证;以电子方式提交商标申请的登录商标网上服务系统获取电子商标注册证,电子商标注册证可自行查看和下载打印,国知局不再发放纸质商标注册证。

二、商标注册的更正及证明

为了消除商标申请文件或者注册文件可能存在的明显错误,2001年《商标法》允许商标注册申请人或者注册人在发现后申请更正。商标局将依法在其职权范围内作出更正,并通知当事人。当然,更正错误不得涉及商标申请文件或者注册文件的实质性内容。2014年《商标法实施条例》规定,商标注册申请人或者商标注册人依照2013年《商标法》第38条规定提出更正申请的,应当向商标局提交更正申请书。符合更正条件的,商标局核准后更正相关内容;不符合更正条件的,商标局不予核准,书面通知申请人并说明理由。已经刊发初步审定公告或者注册公告的商标经更正的,刊发更正公告。

商标注册证如果遗失或者破损的,应当向商标局申请补发。商标注册证遗失的,应当在《商标公告》上刊登遗失声明。破损的商标注册证,应当在提交补发申请时交回商标局。伪造或者变造商标注册证的,依照刑法关于伪造、变造国家机关证件罪或者其他罪的规定,依法追究刑事责任。

---

〔6〕 参见最高人民法院行政裁定书,(2021)最高法行申966号。

应该说，商标注册证是商标权人享有权利的唯一法定证明，但商标局在实际操作中还可以出具商标注册证明，这一证明最初是为了确认指定中国的马德里商标国际注册证在中国未被驳回或无效因而实际受到保护的效力。由于跨国公司的商标注册证一般由其在国外的总部保存和管理，在中国的维权过程中不便调用，因此商标主管部门也为商标权利人出具这种具有法律效力的商标注册证明。

三、商标注册的标注

2001 年《商标法》第 9 条明确了一个关键性的问题，即标明商标的注册状态不再是一种义务，而是一种权利。换句话说，商标注册人有权标明，而不是应当标明“注册商标”或者注册标记㊟或®。即使不标明这一状态，一则不会受到处罚，二则不会导致使用不被承认，三则不会影响商标专用权的保护，即制止他人未经许可的使用及获取赔偿。

应该说，即使在 2001 年修改《商标法》前，商标局也并未将标明注册标记作为保护的条件。例如，1989 年在查处侵犯“KAO 花王”商标专用权案件中，商标局便认为，日本花王株式会社使用在香皂、肥皂商品上的“KAO 花王”商标已在我国注册，受法律保护。汕头谷饶新美化工厂未经商标注册人许可，在类似商品洗发水、护发素上使用“KAO 花王”商标，已构成商标侵权行为。至于日本花王株式会社未能正确使用“KAO 花王”注册商标和未标明注册标记的问题不应影响对其注册商标专用权的保护以及汕头谷饶新美化工厂商标侵权行为的认定。

当然，如果使用注册标记，就必须规范地标注在商标的右上角或者右下角。对于两个以上注册商标的使用和标注问题，1989 年商标局曾指出，企业可以根据实际需要在一个商品上同时使用两个或两个以上注册商标。企业可以将一个商标注册并使用在自己生产的全部或部分商品上，以区别其他企业生产的商品，同时可以在每种产品上注册并使用一个专用于该产品上的商标，用来区别自己生产的不同商品。该局只是认为应该整顿那些不突出注册商标，突出特定名称，而特定名称又不是注册商标的情况；而不是一个商品上规定只能使用一个注册商标。

因此，企业可以根据生产经营的需要，自主决定是否标明注册状态，决定标明的则需要规范标注，不得将分别注册的商标或部分注册的商标标注为一个组合的注册商标，否则不仅容易侵犯他人的商标专用权，也容易构成冒充注册商标的情形。

第五节　商 标 续 展

一、续展程序

商标一旦取得注册并能被持续不断地使用，根据《TRIPS 协定》就当然具有一项重要的权利，即续展权或者说永续注册的权利。商标同版权、专利权等其他知识产权不同，其他知识产权的创造性投入都是一次性的，因此其保护期不论是申请之日起 20 年还是作者生后 50 年,都是有限的。商标的区别作用则以商标的实际使用为依据,商标一天在使用,消费者一天就会依靠它选购自己称心如意的商品或服务。

不能设想,通过注册和使用建立起来的联系生产者和消费者的纽带,居然会有一天因为不能续展,突然人人都可以使用的情景。因此,《TRIPS 协定》第 18 条明文规定:"商标注册可以无限次续展",《新加坡条约》第 13 条第 4 款也明确禁止对续展申请进行实质审查。也就是说,商标注册人只要愿意并且履行了使用的义务,就可以永远通过续展维持其注册,永远保持对该商标的独占使用权。

在中国,商标注册后,其有效期为 10 年,期满前一年可以续展,续展有效期为 10 年,续展没有次数限制;没有按期续展的,可以在期满后半年的宽展期内申请续展,但需缴纳宽展费。续展注册经核准后,予以公告。

虽然 2001 年《商标法》和 2002 年《商标法实施条例》在规定续展程序时都还保留了相当于实质审查的"核准"字样,但 2002 年《商标法实施条例》实际已经将商标局可以驳回续展的相关规定和驳回续展的复审程序全部删除,可以说在实际操作中已不再存在续展被驳回的可能。

1999 年修改《商标法实施细则》前,续展时要交回商标注册证,加注后发还。1999 年修改该细则时取消了交回原证的要求。2014 年《商标法实施条例》第 33 条规定,注册商标需要续展注册的,应当向商标局提交商标续展注册申请书。商标局核准商标注册续展申请的,发给相应证明并予以公告。

二、宽展期限

为了明确宽展期间注册商标的法律效力,最高人民法院在 2002 年 10 月的商标民事纠纷司法解释中规定,商标注册人或者利害关系人在注册商标续展宽展期内提出续展申请,未获核准前,以他人侵犯其注册商标专用权提起诉讼的,人民法院应当受理。

之所以如此规定,主要是因为,按照 2002 年《商标法》的规定,续展基本不需进行实质审查,已经提出续展申请的商标注册理论上都会被核准,不会出现权利真空的局面。

原国家工商行政管理总局 1999 年也作出过类似的规定:在注册商标的宽展期内,商标注册人提出续展申请且被核准的,商标专用权连续存在,他人在此期间内使用与该商标相同或者近似商标的,属于商标侵权行为;商标注册人未提出续展申请,或者提出续展申请但未被核准的,该商标专用权自有效期满后不受法律保护,故他人在此期间内使用与该商标相同或者近似商标的,不属于商标侵权行为;请求保护处于宽展期的商标的,投诉人应当提供续展申请证明,否则,工商行政管理机关不予立案;已经立案的,应当中止,待续展核准情况确定后再行处理。

为了避免续展时间过长,到期不能获得续展证明的情况出现,2013 年《商标法》特意规定,注册商标有效期满,需要继续使用的,商标注册人应当在期满前 12 个月内按照规定办理续展手续,亦即将之前的期满前 6 个月提早到 12 个月。鉴于续展并不涉及实质审查和权利纠纷,12 个月时间应该绰绰有余。

第六节 商 标 变 更

商标注册以后注册人的名义、地址或者其他注册事项完全有可能发生变化,如不进行相应的变更,就会出现张冠李戴、名不副实的情况。办理变更手续其实是为了取得对抗第三人的法律效力,不然商标权人在行使权利时就会出现主体不合的问题,及时办理变更手续可以免除擅自变更的嫌疑,更重要的是便于自己主张权利。

因此《商标法》第41条特别规定:注册商标需要变更注册人的名义、地址或者其他注册事项的,应当提出变更申请。由于当事人的情况也有可能在注册之前的申请阶段就发生变化,一定要等到获得注册后才能变更,会给当事人带来很大的不便。因此2014年《商标法实施条例》第17条第1款则进一步规定:申请人变更其名义、地址、代理人、文件接收人或者删减指定的商品的,应当向商标局办理变更手续。

需要注意的是,变更只能涉及商标注册申请人和注册人的名称、地址等事项。注册商标需要在核定使用范围之外的商品上取得商标专用权或注册商标需要改变其标志的,根据《商标法》第23~24条的规定,应当另行或重新提出注册申请。

1995年修改《商标法实施细则》前,申请变更商标注册人名义、地址或者其他注册事项的,必须提交商标注册证的原件,办理完变更手续后再加注发还。由于变更程序需要占用一定的时间,为了不影响变更期间商标权利的行使,1995年对这方面的程序进行了修改,即申请变更商标注册人名义、地址或者其他注册事项的,每一个申请应当向商标局交送《变更商标注册人名义申请书》、《变更商标注册人地址申请书》或者《变更商标其他注册事项申请书》以及有关变更证明各一份,但无须同时递交商标注册证原件。经商标局核准后,发给注册人相应证明,并予以公告。2002年《商标法实施条例》继续采用了这一做法,同时允许申请变更时未提交变更证明文件的,可以自提出申请之日起30日内补交;期满不提交的,视为放弃变更申请,由商标局书面通知申请人。

变更时需要提交登记机关出具的变更证明:注册人是企业的,应当出具工商行政管理机关登记部门的变更证明;注册人是事业单位的,应当出具事业单位主管机关的变更证明;注册人是自然人的,应当出具户口所在地派出所出具的变更证明。证明上的变更前名义和变更后名义应当与申请书上的变更前名义和申请人名称相符。外国企业或外国人仅需变更其中文译名的,应提供该外国企业或外国人申请变更中文译名的声明。

使用注册商标的企业原址未迁移,而所在地的路名已变更,应按规定办理商标注册人地址变更注册手续,缴纳变更费。

为了避免同一个商标所有人只变更其部分商标,《商标法实施条例》特别规定变更商标注册人名义或者地址时,商标注册人应当将其全部注册商标一并变更;未一并变更的,由商标局通知其限期改正;期满未改正的,视为放弃变更申请,商标局应当书面通知申请人。

由于目前允许变更商标申请,因此无论是出于管理的需要,还是商标所有人自身的利益,一并变更的要求都适用于正在申请过程中的商标。

变更申请提交后,对符合受理条件的变更申请,商标局予以受理;不符合受理条件的,不予受理。如果变更申请需要补正/改正的,商标局将发出补正/改正通知书,通知申请人限期补正/改正。申请人未在规定期限内按要求补正的,商标局有权对变更申请视为放弃或不予核准。变更申请核准后,商标局将发给申请人变更证明。

2021年《商标审查审理指南》明确,申请人名义发生多次变更的,无须逐次变更,可以通过一份申请变更到现名义;申请时应该提交证明其名义多次变更的全部变更证明文件。在涉及和转让衔接时,该指南指出,注册人在登记机关变更名称后,需要将其名下全部注册商标一并办理变更名义申请,商标注册部门在其变更申请获准后,再对其转让申请进行审查。

思考题

1. 优先权日和申请日有什么关系?
2. 审理驳回复审案件以什么时候的案情为准?
3. 经过异议程序注册的商标何时生效?何时对抗他人?
4. 仅靠商标注册证是否可以判断商标注册的完整情况?
5. 宽展期内的商标是否受保护?
6. 没有提出一并变更的申请应作何处理?
7. 如何看待商标申请的法律地位?

第五章 商标注册的流转

商标专用权主要体现为阻止任何第三人未经许可的使用,但从本质上讲商标专用权仍然是一种财产权。在取得商标注册之后,注册商标专用权仍可能会发生进一步的“流转”,即商标权人一方面可以在得到他人未经其许可则不能使用其商标的法律保障后,放心地构筑他的商业信誉;另一方面他也可以通过各种方式出租、套现以及质押他所拥有的这种专用权。这实际上是对他的财产权的自由处分。运用得当的企业,不仅可以实现商标的保值套现,还可以实现商标增值。

商标注册的流转具体包括商标的转让和移转、商标的许可使用、商标权利质押以及商标强制措施。

第一节 商标转让和移转

商标专用权既可以原始取得,也可以继受取得。原始取得我们已在第四章作过详细介绍。所谓继受取得,是指商标的所有权发生变动。根据商标注册人是否直接参与变动的过程,变动又分为两种情况:一种是注册商标专用权的主动转让;另一种是注册商标专用权因转让以外的其他事由发生的移转。

一、商标转让

商标功能的演变还突出表现在商标是否可以自由转让上。商标的功能如果仅仅限制在区别出处的话,显然是不能独立于商誉转让的,《巴黎公约》虽然在商标的自由转让上做过一些让步,但仍然要求商标至少应连同所在国的商誉一起转让。真正明确突破了这一限制的是《TRIPS 协定》第 21 条,这说明商标的功能已被允许同出处相脱离,成为完全独立的资产。

转让或者说受让商标是通过继受取得商标专用权的主要途径,各国一般都允许商标转让。但商标是否可以独立转让,一直是一个争论不休的问题。《巴黎公约》也未能在此问题上取得突破,因为人们觉得离开原来的企业单独转让商标,总有些让人对商标的正式出处感觉不放心。直到 1994 年签署《TRIPS 协定》,商标的独立转让问题才走出了决定性的一步,即无论是否连同所属的企业,商标均可以单独转让。《TRIPS 协定》的逻辑是,对消费者来说,最重要的是有企业对商品的质量负责,而转让包括不带原有企业的转让,并不必然导致质量的下降。

中国 2001 年《商标法》第 39 条第 1 款规定,转让注册商标的,转让人和受让人应当签订转让协议,并共同向商标局提出申请。但受让人应当保证使用该注册商标的商品质量。

1995 年修改《商标法实施细则》前,转让商标必须将商标注册证交回,核准转让后再加注发还。鉴于这样容易造成转让期间商标权人在维权时不便举证,1995 年修改该实施细则时取消了这一要求,从而使转让人和受让人在申请转让注册商标时,只需向商标局交送《转让注册商标申请书》一份。转让注册商标申请手续由受让人办理。经商标局核准后,发给受让人相应证明,并予以公告。这一规定在 2002 年制定的《商标法实施条例》中得到了保留。2013 年修改的《商标法》则要求转让注册商标申请手续应当由转让人和受让人共同办理。

虽然商标法中所要求的转让协议只需要双方签订,而不需要在办理转让申请时提交,但由于转让时无须提交商标注册证原件,规定转让协议这一形式要件在解决因为擅自转让乃至伪造转让的争议中就具有至关重要的价值。尽管"订立"合同既可以采取书面形式,也可以采取口头形式,"签订"一般还是应理解为书面协议。遗憾的是,商标法并未规定没有签订转让协议的法律后果。在一些国家如法国,转让商标必须签订书面协议,否则无效。

需要注意的是,我国商标转让因为必须履行商标主管机关的核准程序,因此除了签订转让协议,如前所述,还需要填报转让申请书,由转让人和受让人共同向商标局提出申请。"iPad"商标后来之所以费尽周折最终以 6000 万美元达成调解,转让方最初未在转让申请书上签字是一个主要的原因。

一并转让。由于商标权人可能注册有若干个彼此近似的商标,为了避免转让造成近似商标分属不同主体的混乱局面,《巴黎公约》中有关于转让不得误导公众的规定。我国商标法也强调,对容易导致混淆或者其他不良影响的转让注册商标申请,商标局不予核准,书面通知申请人并说明理由。

具体操作时,转让注册商标的,商标注册人对其在同一种商品上注册的近似的商标,或者在类似商品上注册的相同或者近似的商标,应当一并转让。未一并转让的,由商标局通知其限期改正;期满未改正的,视为放弃转让该注册商标的申请,商标局应当书面通知申请人。

这一规定实际带有一些联合商标的痕迹,也就是说,它们虽然是分别独立获得注册,但在后的近似商标如果不是基于归属同一商标权人则不可能取得注册,因此它们之间存在内部的连带关系,分割转让将会破坏这种内在逻辑。当然,这又不是真正意义上的联合商标,因为这一系列近似商标中并不存在一个主商标,更不存在使用该主商标即可豁免其他与之联合的商标的使用义务。

国外视商标转让为私权的体现,只需要当事人同意即可转让。当然,要想对抗第三人,还必须在主管机关的商标注册簿上备案。中国则强调,转让注册商标经核准后,予以公告。受让人自公告之日起享有商标专用权。

转让效力。公告才能生效给商标的连续转让带来问题。本来当事人之间经合同约定即可转让商标，按照现行商标法，必须等第一轮转让生效后，才能由新的所有人继续转让。商标局在商标转让注册申请的审查中发现，有的商标代理组织在提交转让注册商标申请书时所填写的转让人名义和注册人名义不符。其中一些名义不符是由连续转让造成的，即第一次转让申请还未被核准，受让人就以转让人的名义申请第二次转让。

商标局对此作出了要求，即根据《商标法》有关规定，转让注册商标，转让人必须是商标注册人，否则，无权将商标转让他人。转让注册商标的申请被受理，并不说明受让人即为商标注册人，只有当转让申请被商标局核准后，受让人才享有该商标权。凡连续转让注册商标的，应在第一次转让申请被核准后，再提交第二次转让申请，否则，商标局将不予受理。

企业的性质如果发生变化，例如，由集体转为私营，即使企业名称、地址均未变化，但实质上已转变为一个新的企业法人，因此，商标应办理转让注册手续。在办理转让时，对转让申请书上填写的转让人名义与受让人名义相同的事宜，可附情况说明。

还需要注意的问题是，受让商标时一定要查证转让商标注册有没有满3年，之前有没有使用过，有没有正在进行的撤销程序，如果有，还能不能提交使用证据和答辩，否则有可能会“竹篮打水一场空”。

二、商标移转

转让必须建立在转让和受让双方当事人的主观一致的意思表示上，但现实生活中，注册商标专用权可能因转让以外的继受等其他事由发生移转。所谓其他事由，是指包括诸如企业合并、兼并或改制等发生商标专用权移转的情形。这样，接受该注册商标专用权移转的当事人就应当凭有关证明文件或者法律文书到商标局办理注册商标专用权移转手续。

商标局1993年强调，企业因分离、合并或兼并提出注册商标转让申请时，因转让人章戳作废或切角废止，无法在申请书上盖章的，应向商标局提供转让人和受让人之间产权关系的文件。若为复印件，需经当地县以上工商局签署意见，并加盖公章予以确认。同时由县以上工商局出具章戳作废的证明文件（原件），否则商标局不予受理。

正如上面所言，2002年《商标法实施条例》曾规定商标注册人死亡或者终止，自死亡或者终止之日起1年期满，该注册商标没有办理移转手续的，任何人可以向商标局申请注销该注册商标。但2014年该条例已经取消了这一程序，从而使移转不再有时间上的限制。

注册商标专用权移转的，注册商标专用权人在同一种或者类似商品上注册的相同或者近似的商标，应当一并移转；未一并移转的，由商标局通知其限期改正；期满未改正的，视为放弃该移转注册商标的申请，商标局应当书面通知申请人。

商标移转申请经核准的，予以公告。接受该注册商标专用权移转的当事人自公告之日起享有商标专用权。

第二节 商标使用许可

一、商标使用许可概论

商标的许可使用现在虽然变得很普遍,但最初的法律是不同意这样做的,因为商标与专利不同,专利的发明人往往无力自行实施其发明创造,故最常见的解决办法,就是许可他人使用,而商标是用来区别出处的,如果允许商标所有人以外的其他人使用,总的来说是对商标基本功能的背离。但随着时代的进步、社会的发展,人们慢慢接受了许可他人使用商标这一现象,只要许可人同意加强质量监管、承担许可的后果并且向公众明示许可关系,法律也最终承认了商标注册人的许可使用权。

商标功能的这一转变已经在法律上得到认可,商标的许可使用和自由转让已被写进各国商标法。许可使用在专利开发中是最普通的应用方式,商标与专利不同的是,在传统意义上商标是和特定的厂商联系在一起的,许可使用意味着使用同一商标的企业可以有许多个,这显然是传统的商标理论所无法解释的。但事实上,消费者已并不关心同一品牌的商品是否来自同一厂商,但认为它们至少具有相同或相近的质量。商标的功能已开始有了变化,即从纯粹的区别出处向保障质量转换。而且,商标所有人也正是通过商标使用许可合同,在牢牢控制被许可人的情况下扩展了自己的活动空间。法院在相关产品上对商标的保护,使潜在侵权人更愿通过谈判许可费用来避免承担损害赔偿。

许可的法律责任及管理。《TRIPS 协定》对商标许可使用原则上表示支持,并特别规定,他人在所有人控制之下对商标的使用,可以认为是在履行商标的使用义务,甚至为了加强对许可的管理,《TRIPS 协定》也同意各成员规定商标许可使用的条件,例如,确保许可商品的质量。而我国 1982 年《商标法》即允许商标注册人通过签订商标使用许可合同,许可他人使用其注册商标。同时要求许可人监督被许可人使用其注册商标的商品质量。被许可人应当保证使用该注册商标的商品质量。

许可关系形成后,商标注册人就要对许可使用人的行为承担最后责任,因为按照最高人民法院 2002 年制定、2020 年修改的《商标民事纠纷司法解释》,任何将自己的姓名、名称、商标或者可资识别的其他标识体现在产品上,表示其为产品制造者的企业或个人,均属于《民法典》和《产品质量法》规定的"生产者"。类似地,在 2022 年的【Philips 案】[1]中,欧盟法院通过分析《欧盟产品责任指令》(85/374/EEC)也指出,一个人只要在产品上贴上他的名字、商标或其他独特的标志,或授权贴上这种标志,就足以被认为是该产品对消费者的生产者,而不需要以任何其他方式显示自己是该产品的"生产者"。两者在这个问题上的看法高度吻合。

总公司下设的分公司若单独登记注册取得营业执照,则属于相对独立的经营实体。

---

〔1〕 参见 C-264/21,Philips 案判决第 38 段。

因此,分公司与总公司之间或分公司与其他分公司之间相互需要使用对方注册商标的,应当签订商标使用许可合同,并报商标局备案。

许可关系标注义务。经许可使用他人注册商标的,必须在使用该注册商标的商品上标明被许可人的名称和商品产地。违反这一规定的,由工商行政管理部门责令限期改正;逾期不改正的,收缴其商标标识;商标标识与商品难以分离的,一并收缴、销毁。对被许可人未在商品上标明自己的名称及产地的行政处罚案件,销售地工商行政管理机关不享有管辖权,而应由被许可人所在地工商行政管理机关管辖。

就商品而言,要符合上述规定,通常是在商品或商品的包装上直接标注,但服务是看不见摸不着的,商标只能出现在伴随服务的票据或用具上。就餐饮酒店等依赖一定场所的服务而言,要求逐一在各个相关用具上标明许可关系往往是不现实的,因此对服务商标的许可使用,必须适用特殊规定,例如,通过在大堂统一悬挂表明许可关系的牌匾,即可履行标注的义务。

商标局 2002 年认为,依照 2001 年《商标法》第 4 条第 3 款的规定,2001 年《商标法》第 40 条第 2 款有关标注许可关系的规定,原则上应适用于服务商标。尽管服务所具有的无形特性,使得服务商标被许可使用人无法直接在其提供的服务上标明其名称及地址,但服务商标被许可使用人应当以其他适当方式让消费者了解其名称及地址,如在其服务提供场所的显著位置标明,在其提供服务的工具上标明,在交付消费者的商业文书上标明等,以履行此项义务。

许可种类。商标可以许可他人使用,许可使用的形式可以是独占、排他或普通许可,许可可以设置时间、地域或种类等方面的限制,商标权利人可以选择以违约或侵权为由,追究违反此类限制的行为。法国 2003 年修改了《商标法》,澄清了商标权人的权利范围。

我国 2013 年《商标法》第 43 条规定的商标使用许可包括以下三类:(1)独占使用许可,是指商标注册人在约定的期间、地域和以约定的方式,将该注册商标仅许可一个被许可人使用,商标注册人依约定不得使用该注册商标;(2)排他使用许可,是指商标注册人在约定的期间、地域,以约定的方式将该注册商标仅许可一个被许可人使用,商标注册人依约定可以使用该注册商标但不得另行许可他人使用该注册商标;(3)普通使用许可,是指商标注册人在约定的期间、地域,以约定的方式许可他人使用其注册商标,并可自行使用该注册商标和许可他人使用其注册商标。

商标许可违约与侵权责任。商标被许可人违反许可合同约定,超出被许可使用的商品或者服务的范围、使用期限或者商品数量的行为且构成商标侵权的,一般情况下,工商行政管理机关可以应许可人的请求依法查处;许可人和被许可人对商标使用许可合同内容有争议且可能影响案件处理的,工商行政管理机关可以中止案件处理,待合同争议解决后再行处理。

例如,在【Dior 案】中〔2〕,欧盟法院指出,商标被许可方有损商标声誉的行为可以认定为商标侵权。该案中,SIL 公司被 Dior 公司授权经销其豪华紧身衣。双方在许可合同中约定,SIL 公司不能用几种特定的方式进行销售,其中包括批发、团购、在折扣店销售或上门推销等。但是,SIL 公司不顾 Dior 公司的反对,将一些产品投放到折扣店中销售。

---

〔2〕 参见 C－59/08,Dior 案判决书第 37 段。

Dior公司以商标侵权为由将其诉上法庭。SIL公司抗辩称,对于这些产品,Dior公司的商标权已经用尽,不能再以商标侵权为由追究其责任。

欧盟法院没有支持SIL公司的抗辩。根据《一号指令》第8条,被许可人只能因特定的事由,援引该商标赋予的权利对抗被许可人,这几种情况包括"就许可合同的期限,商标按注册可以被使用的形式,许可涉及的商品或服务的性质,可以贴附商标的区域,以及被许可人生产的商品或提供的服务的质量违反许可合同的条款"。法院认为,SIL公司将紧身衣发往折扣店销售的行为,有损Dior公司奢侈品牌的声誉,影响了消费者对Dior公司产品质量的判断,属于上述可以"援引该商标赋予的权利对抗被许可人"的最后一种情形,因此,可以认定为商标侵权。

在我国,如果公民去法院起诉,按照《民法典》第186条的规定,因当事人一方的违约行为,损害对方人身、财产权益的,受损害方有权选择依照该法要求其承担违约责任或者依照其他法律要求其承担侵权责任。也就是说,在违约责任和侵权责任竞合时,权利人可以自由选择救济形式。

对于商标使用许可合同终止之后,被许可人继续销售合同终止前生产的带有许可人注册商标的商品是否构成侵权的问题,北京市高级人民法院认为,商标使用许可合同有约定或者当事人就此问题达成协议的,按照当事人的约定处理。没有约定或者当事人不能达成协议的情况下,可以根据具体情况确定合理销售期限。在该期限内被许可人销售使用许可合同期限内制造的商品的,不认定为侵权;被许可人逾期销售的,构成侵权。

在一个比较特殊的涉及许可使用的【"雪舫蒋"案】[3]中,浙江省高级人民法院二审认为,雪舫工贸在火腿产品上同时使用"吴宁府"与"雪舫蒋"商标,极易导致相关消费者认为两个商标所指向的商业来源具有同一性,从而影响"雪舫蒋"商标识别功能的正常发挥;并且,由于在先混用行为的存在,当许可使用关系终止以后,两个分属于不同所有人的商标独立使用于同类商品时,消费者仍然会认为该两种商品系出于同一商业来源,进而产生市场混淆,故该行为构成商标侵权,并撤销一审金华市中级人民法院的判决。后最高人民法院驳回了雪舫工贸的再审申请,支持了二审判决。

许可限制。商标权被许可使用后,通常会受到一些限制:(1)商标权人不能妨碍被许可使用人合法地使用商标,并应为之提供便利;(2)按照买卖不破租赁的原则,受让人应该继续承认已经存续的许可关系;(3)商标权人不得放弃续展注册;(4)商标权人不得随意申请注销注册商标等;(5)如果是独占使用许可,甚至连商标权人自己在许可的范围(包括地域、时间、使用商品种类等)内部也不能再使用自己的注册商标,并且还要让渡出其在该范围内的法律诉讼权。

例如,在【GNC案】[4]中,英国上诉法院判决就认为,涉案的许可合同中,保证被许可人的独占权利以及许可人的终止权利之间,需要做一个利益的平衡。虽然许可人在终止部分的许可后,可以自行使用这些标记,但是这里有一个前提,就是不能侵犯被许可人的独占权利的行使。法院认为,在该案中,关于主商标的许可仍然有效,如果允许许可人

---

〔3〕 参见浙江省金华市中级人民法院民事判决书,(2012)浙金知民初字第61号;浙江省高级人民法院民事判决书,(2013)民三终字第301号;最高人民法院民事裁定书,(2014)民申字第1233号。

〔4〕 参见[2018]EWCA Civ 1586,GNC案。

同样在英国使用附属标记，就会对被许可人的独占权利造成损害。

《TRIPS 协定》不允许实行商标强制许可。这一点与专利保护有很大的不同，尽管原则上《TRIPS 协定》对专利的强制许可设定了诸多条件，但仍有可能实行强制许可。鉴于商标的特殊功能，强迫其所有人允许其他人使用显然是没有理由的。不能想象，使用了上百年的可口可乐商标，突然有一天会被要求许可一个可口可乐公司本不同意的人使用其商标。

商标许可使用中的利益划分。通常情况下，商标许可使用的双方对于许可使用的机理都是了解的，对于商标在许可期间的商誉可能出现的累计或减损的归属也都不存异议，但在约定不明的情况下，尤其是商标所包含的商誉出现较大幅度的增长的情况下，也不排除出现争议。例如，在王老吉和加多宝关于"王老吉"商标许可使用期间的包装罐装潢的归属上二者就发生了较大的争议，在【"王老吉"案】〔5〕中，最高人民法院指出，1993 年《反不正当竞争法》第 5 条第 2 项规定的"知名商品"和"特有包装装潢"之间具有互为表里、不可割裂的关系，只有使用了特有包装装潢的商品，才能够成为反不正当竞争法调整的对象。抽象的商品名称或无确定内涵的商品概念，脱离于包装装潢所依附的具体商品，缺乏可供评价的实际使用行为，不具有依据 1993 年《反不正当竞争法》第 5 条第 2 项规定进行评价的意义。在前述"红罐"特有包装装潢纠纷案中，最高人民法院指出，在确定特有包装装潢的权益归属时，既要在遵循诚实信用原则的前提下鼓励诚实劳动，也应当尊重消费者基于包装装潢本身具有的显著特征而客观形成的对商品来源指向关系的认知。

在【"红牛"案】〔6〕中，最高人民法院指出，除非存在特别的约定，设计商标、为商标注册提供帮助，均非商标法上取得商标权的法定要件。在许可使用关系中，使用并宣传商标、维护被许可使用商标的声誉，不能成为享有商标权的理由。

在【"加多宝"案】中〔7〕，涉案广告语虽然没有完整反映商标许可使用期间以及商标许可合同终止后，加多宝中国公司为何使用、终止使用并变更商标的相关事实，确有不妥，但是加多宝中国公司在商标许可合同终止后，为保有在商标许可期间其对"王老吉"红罐凉茶商誉提升所做出的贡献而享有的权益，将"王老吉"红罐凉茶改名为"加多宝"的基本事实向消费者告知，其主观上并无明显不当；在客观上，基于广告语的简短扼要特点，以及"王老吉"商标许可使用情况、加多宝中国公司及其关联公司对提升"王老吉"商标商誉所做出的巨大贡献，消费者对"王老吉"红罐凉茶实际经营主体的认知，结合消费者的一般注意力、发生误解的事实和被宣传对象的实际情况，加多宝中国公司使用涉案广告语并未产生引人误解的效果，并未损坏公平竞争的市场秩序和消费者的合法权益，不构成虚假宣传行为。即便部分消费者在看到涉案广告语后有可能会产生"王老吉"商标改为"加多宝"商标，原来的"王老吉"商标已经停止使用或不再使用的认知，也属于商标许可使用关系中商标控制人与实际使用人相分离后，尤其是商标许可关系终止后，相关市场可能产生混淆的后果，但该混淆的后果并不必然产生反不正当竞争法上的"引人误解"的效果。

---

〔5〕　参见最高人民法院民事判决书，(2015)民三终字第 2 号、第 3 号，载黄晖编著：《中国商标及不正当竞争案例精要》，知识产权出版社 2021 年版，第 187、652～653 页。

〔6〕　参见最高人民法院民事判决书，(2020)最高法民终 394 号。

〔7〕　参见最高人民法院民事判决书，(2017)最高法民再 151 号，载黄晖编著：《中国商标及不正当竞争案例精要》，知识产权出版社 2021 年版，第 757 页。

不过,商标许可与转让毕竟不同,欧盟法院在【Martin 案】[8]中指出,如果商标所有人原来同意他人在相同的商品上使用与其注册商标相同的商标,现在改变主意不予同意,所有人可以收回专用权,将商标自行使用。

二、商标使用许可备案

许可备案效力。为了加强对商标使用许可合同的管理,规范商标使用许可行为,根据商标法及其实施细则的有关规定,商标局 1997 年制定了《商标使用许可合同备案办法》。

按照该办法,商标注册人许可他人使用其注册商标,必须签订商标使用许可合同,许可人应当自商标使用许可合同签订之日起 3 个月内将合同副本报送商标局备案。

根据 2002 年的《商标民事纠纷司法解释》,商标使用许可合同未经备案的,除当事人另有约定外,不影响该许可合同的效力,但不得对抗善意第三人。而且,除当事人另有约定外,注册商标的转让不影响转让前已经生效的商标使用许可合同的效力。2013 年的《商标法》正式确认了这一做法,许可他人使用其注册商标的,许可人应当将其商标使用许可报商标局备案,由商标局公告。商标使用许可未经备案不得对抗善意第三人。需要注意的是,《商标法》不再要求将商标使用许可合同本身备案,而是将许可这一事实备案,大大地减轻了商标注册人的负担。

北京市高级人民法院 2006 年在《关于审理商标民事纠纷案件若干问题的解答》中指出,除当事人另有约定的以外,商标使用许可合同未备案的,不影响该合同的效力;注册商标的转让也不影响转让前已经生效的商标使用许可合同的效力。因此,在许可合同约定期间,转让注册商标的,被许可人可以继续使用该商标。

许可备案手续。2014 年,商标法实施条例进一步细化了许可备案的要求,即许可他人使用其注册商标的,许可人应当在许可合同有效期内向商标局备案并报送备案材料。备案材料应当说明注册商标使用许可人、被许可人、许可期限、许可使用的商品或者服务范围等事项。也就是说,取消了以前 3 个月内必须备案的要求。稍微有些遗憾的是,许可性质这一最关键的事实没有出现在备案事项中,实际上会使相关公众难以知悉许可的法律状况。

注册商标使用再许可备案、许可人/被许可人变更其名称、提前终止许可他人使用其注册商标、撤回商标使用许可备案的,可以向商标局办理相应手续。所谓再许可,是指商标注册人通过被许可人许可第三方使用其注册商标。

具体申报有以下两种途径:(1)委托在商标局备案的商标代理机构办理。(2)申请人直接到商标局注册大厅办理。

报送商标使用许可备案或者再许可备案的,需要提交以下书件:(1)商标使用许可备案表;(2)许可人/被许可人的身份证明文件复印件;(3)再许可的,还需报送注册人同意注册商标使用再许可授权书;(4)申请人直接在商标注册大厅办理的提交经办人的身份证复印件;(5)委托商标代理机构办理的提交代理委托书。

报送变更许可人/被许可人名称备案的,需要提交以下书件:(1)变更许可人/被许可人名称备案表;(2)变更后的身份证明文件复印件;(3)有关登记机关出具的变更证明文

---

[8] 参见 C-661/11,Martin 案。

件原件;(4)申请人直接在商标注册大厅办理的提交经办人的身份证复印件;(5)委托商标代理机构办理的提交代理委托书。

报送商标使用许可提前终止备案的,需要提交以下书件:(1)商标使用许可提前终止备案表;(2)许可人/被许可人的身份证明文件复印件;(3)申请人直接在商标注册大厅办理的提交经办人的身份证复印件;(4)委托商标代理机构办理的提交代理委托书。

报送撤回商标使用许可备案的,需要提交以下书件:(1)撤回商标使用许可备案表;(2)许可人/被许可人的身份证明文件复印件;(3)申请人直接在商标注册大厅办理的提交经办人的身份证复印件;(4)委托商标代理机构办理的提交代理委托书。

报送商标使用许可备案后,对符合受理条件的,商标局予以受理并书面通知许可人;不符合受理条件的,商标局不予受理,书面通知许可人并说明理由;需要补正的,商标局通知许可人予以补正,许可人自收到通知之日起 30 日内,按照指定内容补正并交回商标局。期满未补正的或者不按照要求进行补正的,商标局不予受理并书面通知许可人。

符合《商标法》《商标法实施条例》规定的,商标局予以备案并书面通知许可人。不符合《商标法》《商标法实施条例》规定的,商标局不予备案,书面通知许可人并说明理由。需要补正的,商标局通知许可人予以补正,许可人自收到通知之日起 30 日内,按照指定内容补正并交回商标局。期满未补正的或者不按照要求进行补正的,商标局不予备案并书面通知许可人。

三、商标许可的国际视野

商标许可看似简单,实际备案操作中却会面临五花八门的强制要求,因此管理机关和相关企业一直都在寻求合理的路径,以便更好地平衡各方的利益。

《商标许可联合建议》。《商标许可联合建议》由保护工业产权巴黎联盟大会和世界知识产权组织大会在 2000 年 9 月至 10 月召开的世界知识产权组织成员国大会第三十五届系列会议上通过。

该建议规定,如果成员国的法律规定,使用许可须向其主管局登记,该成员国可要求登记请求书中包括下列的部分或全部说明或组成部分:(1)注册持有人的名称和地址。(2)注册持有人有代理人的,该代理人的名称和地址。(3)注册持有人有送达地址的,该地址。(4)被许可人的名称和地址。(5)被许可人有代理人的,该代理人的名称和地址。(6)被许可人有送达地址的,该送达地址。(7)如被许可人为任何国家的国民,该国国名;被许可人如在一国有住所,该国国名;被许可人如在一国有真实有效的工商营业所,该国国名。(8)注册持有人或被许可人为法人的,该法人的法律性质,以及该法人系依哪一国以及在可适用的情况下该国之内的哪一领土区域的法律所组成的。(9)被许可使用的商标的注册号。(10)使用许可所适用的商品和/或服务的名称,须按尼斯分类中的类别分组,每组之前标明该组商品或服务所属的尼斯分类类别的编号,并按该分类的类别顺序排列。(11)在可适用的情况下,使用许可是独占使用许可、非独占使用许可还是唯一使用许可的说明。(12)在可适用的情况下,使用许可仅涉及注册所适用的一部分领土的说明,以及对该部分领土的具体说明。(13)使用许可的期限。(14)相应的签字。

上述规定实际列举了成员国最多可以要求一份登记使用许可的请求书中有哪些说明和组成部分。也就是说,主管局可自由要求申请人提供其中的若干组成部分,但不得提出其他的或额外的要求。任何成员国不得要求申请人在向其主管局登记使用许可方面遵守上述规定第1~6款所述以外的要求。尤其不得向申请人提出以下要求:提供被许可使用的商标的注册证;提供使用许可合同或使用许可合同的译文;说明使用许可合同的财务条款。

如果成员国可适用的法律规定,与申请有关的使用许可须登记,上述规定第1~7款应比照适用于要求进行此种登记的请求。修正或撤销登记的请求如果涉及修正或撤销使用许可登记,应比照适用上述规定所在条款。

不向主管局或成员国的任何其他机关登记使用许可,不得影响被许可使用的商标的注册有效性或对该商标的保护。成员国不得要求,被许可人依该成员国的法律享有参加由注册持有人提起的侵权诉讼,或通过此种诉讼获得被许可使用的商标被侵权所致的损害赔偿的任何权利,须以登记使用许可为条件,除非这不符合成员国的国内法。商标注册持有人以外的自然人或法人使用商标的,如得到注册持有人的同意,即应认为构成注册持有人本人的使用。

如果成员国的法律要求对商标被许可使用这一情况予以说明,全部或部分地不遵守该要求,不得影响被许可使用的商标的注册有效性或对该商标的保护,亦不得影响他人代为使用规则的适用。

《新加坡条约》。2006年的《新加坡条约》基本采纳了上述联合建议。这主要表现在:除了条约明确允许的要求外,任何缔约方不得就向商标主管机关申请使用许可备案另行规定其他要求,尤其不得要求提供:(1)被许可商标的注册证;(2)使用许可合同或其译本;(3)关于使用许可合同中财务条款的说明。

关于未就使用许可备案的影响:(1)未就使用许可向缔约方的商标主管机关或任何其他机构备案的,不得影响被许可商标注册的有效性或该商标应受的保护;(2)凡缔约方法律规定被许可人享有参与注册持有人提起的商标侵权诉讼,或通过此种诉讼从对被许可商标的侵权中获得损害赔偿的权利的,不得再将使用许可备案作为被许可人享有该权利的条件;(3)凡缔约方法律规定在涉及商标确权、维持或执法的诉讼程序中,被许可人对商标的使用可以视同为注册持有人对该商标的使用的,不得再将使用许可备案作为视同使用的条件。

关于对使用许可的说明。缔约方法律要求对商标被许可使用这一情况予以说明的,如果全部或者部分不符合该要求,不得影响被许可商标注册的有效性或该商标应受的保护,也不得影响上述第3点的适用。

第三节 商标权利质押

一、质押概论

原《担保法》第75条第3项规定,依法可以转让的商标专用权可以设定质押。第79

条规定以依法可以转让的商标专用权出质的,出质人与质权人应当订立书面合同,并向其管理部门办理出质登记。质押合同自登记之日起生效。第 80 条规定,该法第 79 条规定的权利出质后,出质人不得转让或者许可他人使用,但经出质人与质权人协商同意的可以转让或者许可他人使用。出质人所得的转让费、许可费应当向质权人提前清偿所担保的债权或者向与质权人约定的第三人提存。

原《物权法》第 227 条也规定,以注册商标专用权、专利权、著作权等知识产权中的财产权出质的,当事人应当订立书面合同。质权自有关主管部门办理出质登记时设立。知识产权中的财产权出质后,出质人不得转让或者许可他人使用,但经出质人与质权人协商同意的除外。出质人转让或者许可他人使用出质的知识产权中的财产权所得的价款,应当向质权人提前清偿债务或者提存。《民法典》全面吸收了这些规定。

2014 年《商标法实施条例》也补充了出质的程序规定,即以注册商标专用权出质的,出质人与质权人应当签订书面质权合同,并共同向商标局提出质权登记申请,由商标局公告。

设立质权会对商标的使用乃至重新申请产生影响,例如,在【Salatina 案】[9]中,商标所有人的股东转让股份后因为债务纠纷获得对该商标的质权,后来商标所有人的关联公司申请了近似商标,欧盟普通法院从分析恶意入手,认为上诉委员会没有对前述案涉公司的关系,比如股东、关联关系做具体考量,导致了它排除了该案恶意的存在,如果各公司之间的关系被充分考虑进来,结果则可能不同。法院还指出,虽然无效申请人没有提供证据直接证明申请人在申请时的意图,但是他已经提交了足够的证据证明争议商标对使用在先的质押商标产生了负面影响,尤其是争议商标的存在,会影响潜在商标购买人的选择,并对相关商标的价格产生不利影响。最后该案被发回重审。

二、质押程序

为了实施原国家工商行政管理局 1995 年公布的《企业动产抵押物登记管理办法》(已失效)中关于商标专用权质押登记的规定,根据商标专用权质押的特殊要求,该局于 1997 年专门制定了《商标专用权质押登记程序》。按照该登记程序,商标专用权质押登记机关是原国家工商行政管理局,由该局具体办理商标专用权质押登记。2020 年,国知局发布新的《注册商标专用权质押登记程序规定》。根据该规定:

国知局负责办理注册商标专用权质权登记。自然人、法人或者其他组织以其注册商标专用权出质的,出质人与质权人应当订立书面合同,并向国知局办理质权登记。质权登记申请应由质权人和出质人共同提出。国知局对注册商标质权登记的相关信息进行公告。反担保及最高额质权适用该规定。

办理注册商标专用权质权登记,出质人应当将在相同或者类似商品/服务上注册的相同或者近似商标一并办理质权登记。质权合同和质权登记申请书中应当载明出质的商标注册号。共有商标办理质权登记的,除全体共有人另有约定的以外,应当取得其他共有人的同意。

注册商标专用权质权合同一般包括以下内容:(1)出质人、质权人的姓名(名称)及住

---

〔9〕 参见 T－287/21,Salatina 案。

址;(2)被担保的债权种类、数额;(3)债务人履行债务的期限;(4)出质注册商标的清单(列明注册商标的注册号、类别及专用期);(5)担保的范围;(6)当事人约定的其他事项。

申请登记书件齐备、符合规定的,国知局予以受理并登记。质权自登记之日起设立。国知局自登记之日起2个工作日内向双方当事人发放《商标专用权质权登记证》。《商标专用权质权登记证》应当载明下列内容:出质人和质权人的名称(姓名)、出质商标注册号、被担保的债权数额、质权登记期限、质权登记日期。

质权登记后,有下列情形之一的,国知局应当撤销登记:(1)发现有属于该规定第8条所列情形之一的;(2)质权合同无效或者被撤销;(3)出质的注册商标因法定程序丧失专用权的;(4)提交虚假证明文件或者以其他欺骗手段取得注册商标专用权质权登记的。

第四节　商标强制措施

商标作为一种特殊的无形财产,在保全和强制执行方面具有一定的特殊性。在相关法律规定较为缺乏的情况下,目前只能结合一般规定,根据有限的司法解释进行操作。

一、商标财产保全

人民法院根据民事诉讼法有关规定采取财产保全措施时,如果需要对注册商标权进行保全,根据最高人民法院2001年制定的《关于人民法院对注册商标权进行财产保全的解释》(已修改),人民法院应当向商标局发出协助执行通知书,载明要求商标局协助保全的注册商标的名称、注册人、注册证号码、保全期限以及协助执行保全的内容,包括禁止转让、注销注册商标、变更注册事项和办理商标权质押登记等事项。对注册商标权保全的期限一次不得超过6个月,自商标局收到协助执行通知书之日起计算。如果仍然需要对该注册商标权继续采取保全措施,人民法院应当在保全期限届满前向商标局重新发出协助执行通知书,要求继续保全。否则,视为自动解除对该注册商标权的财产保全。人民法院对已经进行保全的注册商标权,不得重复进行保全。

由于上述司法解释在执行中仍然存在一些不够明确的地方,商标局2001年特意对注册商标权进行财产保全有关问题致函最高人民法院民事审判第三庭,最高人民法院民事审判第三庭在复函中提出以下解决办法:

第一,商标局如果在同一天内接到两份以上对同一注册商标进行保全的协助执行通知书,则应当按照收到文书的先后顺序,协助执行在先收到的协助执行通知书;同时收到文书无法确认先后顺序时,可以告知有关法院进行协商以及报请协调处理。在有关法院协商以及报请协调处理期间,商标局可以暂不办理协助执行事宜。

第二,如果某一法院依据已经发生法律效力的裁判文书,已要求商标局协助办理注册商标专用权权利人变更等手续,而另一法院对同一注册商标以保全原商标专用权人财产的名义再行保全,又无权利质押情形,商标局应协助执行在先采取执行措施法院的裁判文书,并将协助执行的情况告知在后采取保全措施的法院。

第三,如果法院在保全注册商标后,另一法院宣告其注册人进入破产程序并要求商标局再行协助保全该注册商标,商标局可以告知审理破产案件的法院有关注册商标已被保全的情况,由该法院通知在先采取保全措施的法院自行解除保全措施。商标局收到有关解除财产保全措施的通知后,应立即协助执行审理破产案件法院的裁定。商标局也可以告知在先采取保全措施的法院有关商标注册人进入破产程序的情况,由其自行决定解除保全措施。

第四,法院在执行注册商标专用权的过程中,应当对注册商标及相同或者类似商品上相同和近似的商标一并进行评估、拍卖、变卖等,并在采取执行措施时,裁定将相同或近似注册商标一并予以执行。商标局在接到法院有关部门转让注册商标的裁定时,如发现无上述内容,可以告知执行法院,由执行法院补充裁定后再协助执行。

2020 年,最高人民法院修订了《关于人民法院对注册商标权进行财产保全的解释》,将保全期限放宽到 1 年。

二、商标强制执行

查封保全商标往往只是第一步,其本身只起防止判决不能执行或难以执行的作用,真正的目的还是最后确保债权的实现。在现实生活中,甚至会出现债务人人去楼空,有形财产几乎为零的情况,债权人唯一能够指望的就是债务人包括商标在内的无形资产。

由于商标中一般来说沉淀了债务人以往的各种投入,即使企业本身面临破产、倒闭,商标在市场上仍会有一定的号召力,经过转卖过户,仍有可能起死回生、脱胎换骨,故将其拍卖,不失为一种物尽其用的办法。

根据《民事诉讼法》第 258 条及其相关司法解释,在执行中,需要办理有关财产权证照转移手续的,人民法院可以向有关单位发出协助执行通知书,有关单位必须办理。民事诉讼法司法解释补充规定,人民法院在执行中需要办理房产证、土地证、林权证、专利证书、商标证书、车船执照等有关财产权证照转移手续的,可以依照《民事诉讼法》第 258 条的规定办理。

事实上,多起见诸报端的商标拍卖案,虽然最后并不一定真正物易其主,但大多引起了债务人的注意和关切,并促使了债权的实现。

当然,由于缺乏相关的法律规定,目前有些债权人在催债未果的情况下,动辄查封扣押他人的商标,并以拍卖相威胁的做法也会构成权利的滥用。

思考题

1. 转让与移转的区别何在?
2. 不同类型的商标许可分别对权利人有何限制?
3. 不同类型的被许可人的诉权有何差别?
4. 商标质押或保全期间是否可以许可他人使用?

第六章　商标注册的终止

如前所述，商标注册是拥有商标专用权的初步证据，商标注册的有效期在中国为10年。10年到期时可以续展，续展没有次数限制。理论上，只要权利人愿意，商标注册可以永远存在下去。但在某些特殊情况下，商标注册也可能终止或灭失，包括被注销、撤销或宣布无效。

如果权利人有意放弃某一注册，既可以随时通过明示方式即提出注销申请，也可以通过默示方式即到期不再续展商标注册；如果主体不存在但又未办理继承、过户，按照2002年《商标法实施条例》可能被别人申请注销，不过，2014年的新条例删除了这一规定，现在有意见主张恢复这一规定。

如果商标长期不使用或使用不当，即后天出现问题，例如出现退化或随意变形，则该商标也会被他人依申请或者被商标局依职权撤销。因不使用或使用不当而被撤销的商标，其商标专用权自商标局的撤销公告之日起终止，也就是说商标注册从此失效。

如果商标注册本身存在绝对的先天缺陷，即绝对注册不当，则随时都有可能被他人依申请或者被商标局依职权宣告无效；如果商标注册本身存在相对的先天缺陷，即相对注册不当，则在5年内有可能被他人依申请无效。因注册不当被宣告无效的商标，视其商标专用权为自始即不存在，也就是说商标注册自始无效。

第一节　注　　销

商标作为一种私权，法律允许商标注册人自由处分自己的权利。商标注册人可能出于各种原因，不再希望维持某一商标的注册从而申请注销或不再续展，并且商标申请人也可以按照《商标法实施条例》撤回正在申请阶段的商标。如果出现商标主体消亡且没有人继承的情况，任何人均可以要求注销该商标。

一、注销种类

自愿注销。在没有许可使用人的时候，自愿注销一个商标完全取决于自己的意愿。在有许可的时候，则相对要复杂一些，也就是说应当征得被许可人的同意。按照《商标法实施条例》第 73 条第 1 款的要求，商标注册人申请注销其注册商标或者注销其商标在部分指定商品上的注册的，应当向商标局提交商标注销申请书，并交回原商标注册证。

不续展注销。尽管个别情况下不排除商标权人的疏忽，但一般来说不续展可以理解为以默示形式表现出来的自愿注销。由于没有在有效期届满前一年正常续展的商标，可以在届满后半年内的宽展期续展，因此必须在宽展期结束以后没有办理续展手续的情况下，才能因为商标权人未续展而予以注销。根据《巴黎公约》第 6 条规定的独立性原则，商标在一个国家（包括原属国）没有续展，并不会对在其他成员国的注册产生任何影响。

主体消亡注销。主体消亡并不当然导致商标权利的消失，相关的自然人或法人在履行相应的法律手续后完全可以继受该商标。但如果继受行为没有及时办理，则商标注册就有被注销的可能。为了避免无主商标长期占用商标注册簿，2002 年《商标法实施条例》第 47 条第 1 款规定，商标注册人死亡或者终止，自死亡或者终止之日起 1 年期满，该注册商标没有办理移转手续的，任何人可以向商标局申请注销该注册商标。提出注销申请的，应当提交有关该商标注册人死亡或者终止的证据。但考虑到商标注册人死亡或者终止的，未必一定没有继受人，此外，其商标还有可能进行过许可备案或质押登记，再加上外国企业的终止也不容易查明，故 2014 年《商标法实施条例》删除了这一注销理由。

二、注销效力

商标注册人申请注销其注册商标或者注销其商标在部分指定商品上的注册，一般不会出现不服或反悔的情况，但 2014 年《商标法实施条例》增加了商标局核准注销的程序，目的是避免出现已经设质或备案许可的商标被轻易注销，核准注销后，该注册商标专用权或者该注册商标专用权在该部分指定商品上的效力自商标局收到其注销申请之日起终止。因不续展被注销的商标，自上一个保护期届满自动失效，商标重新回到公有领域，其他人可以自由使用该商标而不再构成商标侵权。

但针对其他人对注销商标的重新注册，《商标法》第 50 条有一个特殊的规定，即注册商标期满不再续展的，自注销之日起 1 年内，商标局对与该商标相同或者近似的商标注册申请，不予核准。需要注意的是，不续展注销的决定虽然是事后作出，“注销之日”还是应该以上一个有效期届满之日为准。之所以作出这样的规定，主要是因为商标即使不再续展，但市场上可能会有一些尚未售出的标有注销商标的商品，立即注册与他人相同的商标，容易误导消费者，增加管理的难度。从立法本意上看，这一规定只限制 1 年内核准注册，而并没有禁止他人在此期间排队申请。唯一不够周全的是，自愿注销的商标实际也会出现存货一时难以销售完毕的情况，但该条似乎并未涵盖此种情况。

注册商标被注销的，原商标注册证作废，并予以公告；商标注册人申请注销其商标在部分指定商品上的注册的，一律重新核发商标注册证，并予以公告。

第二节 撤 销

我国之前规定过粗制滥造的商品的商标可以撤销注册,该项使用不当涉及注册指定的商品本身的质量。2001 年修改的《商标法》已通过删除总则中“监督质量管理”,尽量淡化了工商行政管理机关在质量管理方面的作用,但在第 45 条中仍然保留了一些规定,即使用注册商标的商品不得粗制滥造,以次充好,欺骗消费者,否则商标局可以撤销该商标的注册。

商标局曾处理过的一个典型的【“日芝”案】。自 1987 年 3 月起,广东省南海县(现南海区)平洲电冰箱厂使用注册商标“RIZHI”和未注册商标“日芝”生产组装 27,044 台电冰箱,其中有 23,939 台未经法定质量检验部门检验就出厂销售(占 88.5%),质量得不到保证,收到消费者反映质量问题的投诉信件 655 封。并且,该厂于 1987 年 11 月至 1988 年 8 月,先后与 15 家企业签订了组装 18.9 万台“RIZHI”冰箱的商标使用许可合同,实际组装 11.45 万台,收取商标使用许可费 355.7 万元。被许可人经该厂同意委托 18 家企业组装电冰箱,其中 17 家属于非国家定点冰箱组装厂。平洲电冰箱厂滥施许可,不履行监督商品质量的责任,致使大量的劣质“RIZHI”“日芝”电冰箱进入市场。兰州市一家商业单位在 1988 年 8 月购进杭州通用电器厂生产的“RIZHI”“日芝”电冰箱 600 台,抽检了 158 台,不合格的 113 台,占抽检数的 71.5%。商标局认为,平洲电冰箱厂的行为违反了 1982 年《商标法》第 26 条的规定,严重地损害了消费者的利益,扰乱了社会经济秩序,在全国造成恶劣影响。根据 1982 年《商标法》第 31 条、第 34 条及 1988 年《商标法实施细则》第 31 条的规定,商标局作出以下决定:撤销该厂第 298164 号“RIZHI”注册商标,由广东省南海县工商局收回其商标注册证;撤销该厂初步审定的第 343399 号“日芝”商标;由广东省工商局对该厂的上述违法行为进行进一步严肃处理。不过,2013 年《商标法》删除了上述规定,主要是考虑到质量问题应该由后来已经制定的《产品质量法》《消费者权益保护法》去规范,不再需要在商标法中特别规定。

此外,商标法中还有一个常见的撤销理由,就是商标注册后由于其使用方式不当出现误导公众的后果,尤其是在商标转让过程中也容易出现这方面的问题,我国尚未作出有关这方面的规定,但我们在前面的第五章第一节“商标转让和移转”中也讨论过这个问题,基本的思路是防患于未然。

欧盟法院在【Elizabeth Emanuel 案】[1]中也对这一问题做过澄清,与设计师的名字或使用该商标的商品的最初制造商的名称相对应的商标,根据《一号指令》,不会仅仅因为这个特定的性质,而被认定为欺骗公众进而被拒绝注册,尤其是与该商标原来以不同的图形方式注册,且与商标相联系的商誉已经随与该商标有关的业务一并转让。同样,这样

---

〔1〕 参见 C-259/04,Elizabeth Emanuel 案。

的商标也不会仅因为这个特定的性质而被认定为欺骗公众进而被撤销。

本节我们将集中介绍注册商标的三个法定撤销理由，即已经注册的商标负有连续使用和规范使用的义务，如果长期闲置不用，或经使用退化为通用名称，就会面临撤销的命运。

2023年公布的商标法修改征求意见稿修改说明指出，为了完善撤销制度，在保留原有商标连续3年不使用撤销制度的基础上，基于更好维护公共利益的考虑，拟增加“注册商标的使用导致相关公众对商品或者服务的质量、产地或者其他特点产生误认”、“注册商标的使用或者行使注册商标专用权严重损害公共利益，造成重大不良影响”以及“集体商标、证明商标管理或者使用不当，造成消费者损害或社会不良影响”三种撤销情形，对于后两种损害公共利益的情形可以依职权撤销注册商标。

一、因自行改变撤销

根据中国的商标法，商标注册以后负有规范使用的义务。擅自改变注册商标的图样、擅自变更注册人的名址都属于使用不规范的情况，由地方工商局责令限期改正，期满不改正的由商标局撤销其注册商标。

（一）自行改变注册商标

该项使用不当涉及商标本身。从商标所有人的角度看，商标不可能一成不变，必须根据消费者的喜好和时代的风尚及时调整，绝对禁止商标通过微调来适应市场的要求显然是不现实的。

如上所述，轻微变化并不影响商标的保护，但我国1982年《商标法》仍然规定，自行改变注册商标的，地方工商局可以责令其限期改正，期满不改正的由商标局撤销其注册商标。这一条规定随着2001年《商标法》允许商标权人自由标注注册标记，变得难以判断和执行。

1986年商标局的态度非常严厉，它认为文字作为商标注册后，若注册的是简化字，而实施使用繁体字，或注册的是繁体字，而实际使用简化字的，都应视为自行改变注册商标的文字、图形或者其组合，可依照1982年《商标法》第30条的规定处理。

1989年商标局再次发文指出，指定颜色的注册商标，在使用中应与该商标注册证所贴商标的颜色相同，若改变了颜色，则属于1982年《商标法》第30条第2项所述的行为，应依照《商标法实施细则》第28条规定处理。

商标局1994年在《关于印刷体注册商标使用事宜的批复》中对印刷体注册商标的使用略微放宽了要求：(1)印刷体注册商标使用非印刷体，可不作为1993年《商标法》第30条第1项所述的行为，法律不予禁止。(2)由于汉字的真草隶篆字体很多，特别是有人利用不规范的字体，故意模仿他人注册商标字体与字形，应予禁止。如果在同一种或类似商品上与他人注册商标产生相同近似的，应按照商标侵权严肃查处。(3)在商标管理环节中，判定他人商标与其注册商标的相同或近似，仍以其核准注册的印刷体商标为准。(4)为了加强商标管理，应告诫企业使用中最好不要改变其注册商标的原样。如确需使用其他字体与字形的，最好申请注册，以免发生不必要的纠纷。

2000年陕西省工商局在商标管理中发现，个别企业注册商标中的文字字体是手写体，而在实际使用时为印刷体；注册是楷体，在实际使用中为黑体；注册文字排列为横排，在实际使用中为竖排;或注册是竖排,使用时为横排。于是请示商标局这样使用是否属于1993年《商标法》第30条第1项所述的行为。商标局回复称,根据“维思通”“吗丁啉”“妥泰”“采乐”商标的注册情况及来函所附标识(如图6.1所示),商标局在批复时认为,对“维思通”“吗丁啉”“妥泰”字样的使用,不属于1993年《商标法》第30条第1项所述的行为,但对“采乐”字样的使用,应属自行改变商标图样的行为。[2]

图6.1 注册图样(左)和使用图样(右)

《商标一般违法判断标准》指出,《商标法》第49条第1款所称自行改变注册商标,是指商标注册人擅自对注册商标的文字、图形、字母、数字、三维标志、颜色组合、声音等构成要素作局部改动或者变换相对位置,影响对该注册商标的认知或者识别,仍标明“注册商标”或者注册标记的。

事实上,注册商标图样改变以后可能带来一系列的问题:首先,继续标注“注册商标”可能带来冒充注册商标的问题,因为这样标注容易使公众和竞争对手对商标权利的真正范围产生疑惑。其次,在提供使用证据时,图样已经改变的商标是否还能算使用也会成为一个问题。当然,判断的标准还应该是《巴黎公约》中所提到的商标的显著性是否发生了改变。最后,改变图样还可能出现侵犯他人商标专用权的问题。如果发生侵权行为,就不能允许商标使用人再以擅自改变商标图样来为自己开脱。我国最高人民法院的《权利冲突司法解释》特别规定,虽然原样使用自己的注册商标不会有侵犯在先商标的风险,但原告以他人超出核定商品的范围或者以改变显著特征、拆分、组合等方式使用的注册商标,与其注册商标相同或者近似为由提起诉讼的,人民法院应当受理。也就是说,变形使用商标是可能带来侵权责任的。具体可以参照第七章中的【“联邦蜥鳄”案】和【“金鳄”案】。

(二)自行改变名义地址

2001年《商标法》第44条规定,商标注册人自行改变注册商标的注册人名义、地址或者其他注册事项或自行转让注册商标,商标局可以责令限期改正乃至撤销其注册商标。

应该说,商标权作为一种私权,商标注册人按照意思自治的原则,完全可以而且应该自由处分自己的权利,并不存在自行改变注册商标的注册人名义、地址或者其他注册事项或自行转让注册商标的问题。

而且在实际操作中,必然是先自行变更或转让,才会去商标局办理相应的变更和转让手续,否则商标法就是在暗示变更转让需要前置审批。但商标法并没有干预当事人私权的意思,也并未规定办理这些手续的时限,因此很难解释何为“自行”。

[2] 参见原国家工商行政管理总局《关于注册商标中文字使用问题的批复》。

事实上,2013 年修改《商标法》时,立法者已经部分注意到这个问题,尤其是由于转让不经商标局核准不影响社会公益,无须进行行政处罚,因而删除了自行转让可以撤销其商标注册的规定。

至于在商标注册人的名义、地址或者其他注册事项已经改变的情况下,没有及时去办理相关手续的,首先受影响的不是别人,正是自己。因为商标名实不符,商标注册人的诉讼资格都会出现问题。提供使用证据时,也会因为商标的使用主体不合,给当事人造成极大的不便。

当然,与以上提到的自行改变注册商标的情况较为类似的是,问题最终可能不出在自行改变,而可能会表现为冒充注册商标。

《商标一般违法判断标准》指出,有下列情形之一的,均属《商标法》第 49 条第 1 款规定的自行改变商标注册事项:(1)商标注册人名义(姓名或者名称)发生变化后,未依法向国知局提出变更申请的;(2)商标注册人地址发生变化后,未依法向国知局提出变更申请,或者商标注册人实际地址与商标注册簿上记载的地址不一致的;(3)除商标注册人名义、地址之外的其他注册事项发生变化后,商标注册人未依法向国知局提出变更申请的。

二、因不使用撤销

尽管目前世界上除美国之外的绝大多数国家都根据注册来确定商标的归属,但商标的实际使用在商标权利的维持方面,仍然扮演至关重要的角色,我们甚至可以仿照美国大法官霍尔姆斯“法律的生命在于经验而不在于逻辑”的名言说:“商标的生命在于使用而不在于注册。”

虽然有些国家历史上曾经建立过防御商标和联合商标制度,并且也有一些国家至今还保留这两种制度,但这种预先给予不使用也可维持权利的特殊礼遇,正在受到越来越多的质疑。

事实上,通过使用来确定商标的归属最为公平。一般来说,消费者只有在市场上实际接触过带有商标的产品,才可能建立商品与商标之间的感性和直观的联系,在今后的继续消费中才可能依靠该商标进行选购。仅仅就一定的商品在注册簿上注册一个商标,只能说从理论上为想知道商标归属的人提供了一种快捷方便的查询手段。因此,对于从来不去查询商标注册簿或商标公告的消费者来说,只有实际使用才有现实意义,离开使用的注册最后只能成为无源之水或无本之木。

商标使用现在在除了美国的绝大多数国家已经不再是注册或提出注册申请的前提,但商标的功能在于区别商品的出处,没有实际的使用,这一功能只能停留在理论状态,而且继续留在注册簿中只能妨碍其他真正打算使用该商标的人,从而带来注册资源的浪费。

因此,《TRIPS 协定》第 20 条一方面禁止成员对商标的使用附加不合理的要求,例如与其他商标共同使用、以特殊方式使用或者以不利于商标将一个企业的商品或服务同其他企业的商品或服务区别开来的方式使用;另一方面该协定的第 19 条也要求商标必须履行使用的义务。《TRIPS 协定》不仅允许成员将使用作为取得注册的条件,而且允许成员将使用作为维持注册的条件。换句话说,按照《TRIPS 协定》的要求,一个商标如果没有正当理由,连续 3 年不使用,则可以被宣布撤销。这一规定,在《巴黎公约》第 5 条 C 中实际已有所涉及,但该公约只是笼统要求不使用应当延续“合理”的时间,而没有像《TRIPS

协定》那样指明3年的时间。中国《商标法》中一直有商标连续3年停止使用,包括从来没有使用,可以给予撤销的规定。

2023年公布的商标法修改征求意见稿修改说明指出,为引导商标注册回归"注册为了使用"的制度本源,及时清理"僵尸"商标,释放闲置商标资源,让真正需要建立自有品牌取得商标注册的市场主体能够得到商标保护,拟新设商标申请时的使用承诺配合商标存续期间主动提交使用情况说明的制度,并配套增加对使用情况说明的抽查制度以及经抽查不实后撤销注册商标的规定。通过从申请注册之初到商标注册后,持续关注商标是否真正在经营活动中实际使用,营造按需申请、适量持有、注重使用、清除闲置的商标注册和使用秩序。在执行中也会特别注意不增加商标注册人过多负担,拟采取使用承诺书、使用情况说明表等简便且易于操作的方式,更好发挥制度效用。

围绕商标的使用存在四个重要的问题:商标使用的定义,象征性的使用是否足够,不使用的正当理由以及使用的举证责任。

(一)使用的定义

中国《商标法》规定,商标的使用包括将商标用于商品、商品包装或者容器以及商品交易文书上,或者将商标用于广告宣传、展览以及其他商业活动中,用于识别商品来源的行为。

实际使用的主体。使用的证据材料,既包括商标注册人使用注册商标的证据材料,也包括商标注册人许可他人使用注册商标的证据材料,符合《TRIPS协定》中关于他人在所有人控制之下对商标的使用,可以认为是在履行商标的使用义务的规定。就集体商标而言,集体各成员的使用即是对集体商标的使用,就证明商标而言,证明商标的所有人自己恰恰不使用,但符合条件的许可使用即可作为证明商标的使用。

我国最高人民法院要求人民法院审理涉及撤销连续3年停止使用的注册商标的行政案件时,应当根据商标法有关规定的立法精神,正确判断所涉行为是否构成实际使用。商标权人自行使用、许可他人使用以及其他不违背商标权人意志的使用,均可认定属于实际使用的行为。没有实际使用注册商标,仅有转让或许可行为,或者仅有商标注册信息的公布或者对其注册商标享有专有权的声明等的,不宜认定为商标使用。

实际使用的商标。事实上,《巴黎公约》第5条C(2)已特别强调,商标所有人使用的商标,在形式上与其在该联盟国家之一所注册的商标的形态只有构成部分上的不同,而并未改变其显著性的,不应导致注册无效,也不应减少对该商标所给予的保护。

《欧盟指令》规定,下列行为也视为使用,在不改变商标显著性的部分上,以一种与其注册的形式不同的形式进行的使用;在有关成员国纯用于出口的商品或其包装上贴附商标。围绕这一问题,欧盟法院审理了一系列案件,例如,在【Proti案】[3]中,欧盟法院认为,即使"与其注册形式不同的形式"本身也是注册商标,仍可以认定为真实使用;在【Levi's案】[4]中,欧盟法院认为,如果某注册商标是另一组合商标的组成部分,且仅通过组合商标进行使用,该组合商标的使用使某商标获得了显著性,那么该商标如果仅通过组合商标进行使用,或是只和其他商标共同使用,即使这两个商标的组合本身也是注册商

---

〔3〕 参见C-553/11,Proti案。

〔4〕 参见C-12/12,Levi's案。

标,这种使用都符合真实使用的要求;在【Specsaver 案】[5]中,欧盟法院认为:一个图形商标只和一个叠加在它之上的文字商标结合使用,且它们的结合也是一个注册商标,若这个图形商标在这种结合使用的方式下并没有改变其显著特征,这种使用可以被认为是该图形商标的真实使用。

我国最高人民法院的司法解释也规定,实际使用的商标与核准注册的商标虽有细微差别,但未改变其显著特征的,可以视为注册商标的使用。但北京市高级人民法院在《商标授权确权指南》中则指出,诉争商标注册人拥有多个已注册商标,虽然其实际使用商标与诉争商标仅存在细微差异,但若能够确定该使用系针对其已注册的其他商标的,对其维持诉争商标注册的主张,可以不予支持。

实际使用的商品。北京市高级人民法院在《商标授权确权审理指南》中认为,实际使用的商品或者核定的商品不属于《类似商品和服务区分表》中的规范商品名称,在认定具体商品所属类别时,应当结合该商品功能、用途、生产部门、消费渠道、消费群体进行判断,并考虑消费习惯、生产模式、行业经营需求等市场因素对商品本质属性或名称的影响,作出综合认定。

实际使用的商品不属于《类似商品和服务区分表》中的规范商品名称,但其与诉争商标核定使用的商品仅名称不同,本质上属于同一商品的,或是实际使用的商品属于核定商品下位概念的,可以认定构成对核定商品的使用。认定是否属于同一商品,可以综合考虑物理属性、商业特点以及《类似商品和服务区分表》关于商品分类的原则和标准等因素。

诉争商标在核定商品上构成使用的,可以维持与该商品类似的其他核定商品上的注册。认定类似商品,应当严格按照商品的功能、用途、生产部门、消费渠道和消费群体进行判断,一般依据《类似商品和服务区分表》进行认定。

诉争商标核准注册时,核定的未实际使用商品与已实际使用商品在《类似商品和服务区分表》中不属于类似商品,但因《类似商品和服务区分表》的变化,在案件审理时属于类似商品的,以案件审理时的事实状态为准,可以维持未实际使用商品的注册。

诉争商标核准注册时,核定的未实际使用商品与已实际使用商品在《类似商品和服务区分表》中属于类似商品,但因《类似商品和服务区分表》的变化,在案件审理时不属于类似商品的,以核准注册时的事实状态为准,可以维持未实际使用商品的注册。

此外,商标局也曾发文明确,在下列情形中使用服务商标,均视为服务商标的使用:服务场所;服务招牌;服务工具;带有服务商标的名片、明信片、赠品等服务用品;带有服务商标的账册,发票、合同等商业交易文书;广告及其他宣传用品;为提供服务所使用的其他物品。

北京市高级人民法院在《商标授权确权指南》中指出,诉争商标注册人为商场、超市等,其能够证明通过提供场地等形式与销售商等进行商业合作,足以认定其为推销商品提供建议、策划、宣传、咨询等服务,可以认定诉争商标在"替他人推销"服务上进行了商标使用。

实际使用的地域。北京市高级人民法院《商标授权确权指南》规定,使用诉争商标的商品未在中国境内流通且直接出口的,诉争商标注册人主张维持注册的,可以予以支持。

---

[5] 参见 C-252/12,Specsaver 案。

实际使用的时间。北京市高级人民法院《商标授权确权指南》规定,指定期间之后开始大量使用注册商标的,一般不构成在指定期间内的商标使用,但当事人在指定期间内使用商标的证据较少,在指定期间之后持续、大量使用诉争商标的,在判断是否构成商标使用时可以综合考虑。

(二)象征性使用

在人(主体)物(商品)志(标志)都吻合的情况下,接下来就需要考察第二个问题,即什么样的使用才是真正的使用或严肃认真的使用?总的原则是,不能包含仅仅是为应付使用义务而进行的象征性使用,例如,偶尔发一小批货,在报纸上声明一下商标的归属,都不属于正常的商业性使用。

在【"湾仔码头"案】[6]中,北京市高级人民法院逐一评析了商标注册人的商标使用行为的真实有效性:(1)商标注册人成某与中山市南区百鸟归巢火锅美食店签订商标转让合同后,与苏州吴越春秋文化传媒有限公司签订的广告代理合同、广告协议及其用于佐证履行情况的发票、《姑苏晚报》有关湾仔码头小吃部的招商广告,只能证明其制作了一个门头并在《姑苏晚报》刊登了一次湾仔码头小吃部的招商广告,并不能证明门头的使用情况,而相关合同及招商广告不能证明复审商标在指定期间、在核定使用服务上进行了真实的商业性使用。(2)成某与苏州凌琳日化有限公司食堂签订的湾仔码头商标合作合同及其用于佐证履行情况的送货单、相关照片,并无相关发票佐证合同已经履行,送货单仅为内部开具,其真实性不能确定,相关照片并未显示时间,该组证据不能证明复审商标在指定期间、在核定使用服务上进行了真实的商业性使用。(3)公证书公证的商标许可使用合同,仅可证明相关合同的真实性,但数码喷绘制作合同单仅为内部开具,其真实性不能确定,仅有条幅广告照片,并不足以证明被许可人在指定期间、在复审商标核定使用的服务项目上进行了实际的商业使用。(4)关于成某与宁波海曙天一湾仔码头茶餐厅签订的商标合作协议,因双方对宁波海曙天一湾仔码头茶餐厅的主体情况提交的证据存在明显矛盾之处,且并无相关票据证明宁波海曙天一湾仔码头茶餐厅进行了真实的使用。

综观成某、通用磨坊公司在行政诉讼阶段提交的证据,可以证明在阜宁县公兴镇工业街49号经营的是"无极小吃部",并无合法注册成立的"湾仔码头"个体工商户,故相关行政处罚决定中载明的"湾仔码头小吃部"的内容属行政机关的不规范标注,不能成为复审商标合法使用的证明。此外,根据通用磨坊公司提交的证据,成某申请注册了50余件与他人知名商标相同或近似的商标,难谓出于真实使用之意图,其提交的对复审商标的使用证据亦多为意在维持复审商标注册的单次、象征性使用,因此,商标评审委员会认定复审商标在指定期间未进行真实的商业使用正确,该院予以支持。原审法院相关认定有误,该院予以纠正。

(三)不使用的正当理由

关于第三个问题所说的不使用的正当理由,《巴黎公约》、《TRIPS 协定》和中国《商标法》都有提到。《TRIPS 协定》第 19 条特别强调,如果因不依赖商标所有人意愿的情况而构成使用商标的障碍,诸如进口限制或政府对该商标表示的商品或服务的其他要求,应承

---

[6] 参见最高人民法院行政裁定书,(2015)知行字第 181 号,载黄晖编著:《中国商标及不正当竞争案例精要》,知识产权出版社 2021 年版,第 260 页。

认其为不使用的有效理由。

我国最高人民法院也认为，如果商标权人因不可抗力、政策性限制、破产清算等客观事由，未能实际使用注册商标或者停止使用，或者商标权人有真实使用商标的意图，并且有实际使用的必要准备，但因其他客观事由尚未实际使用注册商标的，均可认定有正当理由。2014 年《商标法实施条例》第 67 条则明确列举了下列情形属于正当理由：（1）不可抗力；（2）政府政策性限制；（3）破产清算；（4）其他不可归责于商标注册人的正当事由。

（四）使用的举证责任

在【Maxus 案】[7]中，欧盟法院指出，商标不使用撤销案件对商标真实使用负有举证责任的是商标所有人。在涉案的程序中，虽然撤销申请人不负举证责任，但是确实也要陈明事实，不过也仅限于陈明"商标没有真实使用"而已。德国国内法要求撤销申请人对拟撤销商标的使用情况进行市场调研并提交有关材料，超出了申请人的应有义务，有违相关欧盟法律。

我国《商标法实施条例》规定，任何单位或者个人可以向商标局申请撤销该注册商标，提交申请时应当说明有关情况。商标局受理后应当通知商标注册人，限其自收到通知之日起 2 个月内提交该商标在撤销申请提出前使用的证据材料或者说明不使用的正当理由；期满未提供使用的证据材料或者证据材料无效并没有正当理由的，由商标局撤销其注册商标。

三、因退化撤销

为了促进商标注册人规范使用自己的商标并及时维权制止他人对其商标的不当使用，2013 年《商标法》引入了一个新的规定，即注册商标成为其核定使用的商品的通用名称的，任何单位或者个人可以向商标局申请撤销该注册商标。

商标退化问题，即商标使用不当或对他人的不当使用怠于采取行动，致使商标丧失原本具有的识别商品出处的功能的情况，各国一般的处理方式是，撤销发生退化的商标注册，但该撤销只影响商标注册将来的效力，而不影响曾经有过的识别能力和注册效力。

这种例子比较容易发生在市场上十分成功的商标上，最典型的就是 Aspirin（阿司匹林），现在大家已不承认它是一种商标，YOYO（溜溜球）最初也是商标但现在也已退化。比较类似的案例则是索尼公司出品的随身听"Walkman"商标案，该商标在奥地利销售时，由于被《杜登字典》收为产品的通用名称而没有遭到索尼公司的抗议，以至于奥地利的消费者只能使用该词汇来描述这种产品，法院于是只好撤销了该商标的注册。

中国商标法过去没有专门对商标退化作出规定，但由于《商标法》对撤销违反《商标法》第 11 条的商标没有时间限制，实际包括一开始就是通用名称和后来蜕变为通用名称，两种情况都不能注册，注册了也应该撤销，操作时会以撤销时或评审时的情况为准来处理，并且是按自始无效来对待。

以注册在掌上电脑上的 PDA 商标为例，一旦大家把掌上电脑都叫 PDA 的时候，这个商标即失去显著性。商标局在决定撤销该商标时主要考虑的是，该商标至少在准备撤销时已不具备商标的识别作用，因而应当撤销，而且自始无效。当然，现在已经规定了退化

---

〔7〕 参见 C－183/21，Maxus 案。

商标无效的条件和程序,就不会再以无效程序来处理商标退化问题了。

就退化而言,目前可能遇到的最大问题在于是否必须区分退化的原因,美国法院主要以商标的实际指向为准来定案,而在欧盟商标法中,只有注册人自己的积极的作为或消极的不作为导致的退化才需要承担撤销的法律后果。在我国,法院更倾向于美国的做法,即主要以商标是否还能起到识别作用作为判断的依据,具体如下。

在【“摩卡咖啡”案】[8]中,北京市知识产权法院认为,从诉争商标标志本身、消费者的认知情况、同业经营者的使用情况、第三方的介绍和报道、词典的收录情况来看,现有证据能够证明,至迟在该案行政阶段和一审诉讼阶段中,包括消费者和同业经营者在内的相关公众已普遍认为“摩卡”指代的是一类咖啡商品,且上述认知并不限于特定地域,而是在全国范围内,“摩卡”已成为咖啡类商品上约定俗成的通用名称。诉争商标作为一个整体使用在“咖啡”等咖啡类商品上,已无法发挥商标应有的识别商品来源的作用,应当予以撤销。现有证据无法反映诉争商标在中国境内使用的持续时间、市场占有率情况、广告宣传情况等,更无法证明诉争商标已与第三人建立唯一对应关系。对于注册商标因通用化而失权这一制度设计来说,不以商标权人在通用化的过程中存在主观过错为前提。因通用化而应撤销注册的商品仅限于通用名称所指向的商品。一审判决撤销被诉决定,并判令国知局重新作出决定。国知局和瑞昶公司均不服提起上诉。二审判决驳回上诉,维持原判。

在【“千页豆腐”案】[9]中,北京市高级人民法院认为,诉争商标申请日前,“千页”“千页豆腐”与豆腐、豆腐制品已存在特定关联。诉争商标撤销申请时,至迟在国知局审查和原审法院审理该案之时,包括消费者和同业经营者在内的相关公众已普遍认为“千页豆腐”指代的是一类豆腐商品或豆腐制品,且这是全国范围内的普遍现象。此外,北京市高级人民法院还指出,典发公司维权行为的范围、力度、跨度与其他经营者使用行为的范围和规模难以匹配,其自身对于诉争商标的使用并不足以保持诉争商标的显著特征,进而使得相关公众至今仍将其普遍认知为注册商标而非商品名称。基于此,北京市高级人民法院认定“千页”“千页豆腐”已成为“豆腐;豆腐制品”商品上约定俗成的通用名称。诉争商标已无法发挥商标应有的识别商品来源的作用,应当予以撤销。

四、撤销的程序

除3年不使用商标及商标退化为通用名称的情况是依申请外,撤销商标一般是商标主管机关依职权采取的行为。

对于连续3年停止使用的注册商标,2002年《商标法实施条例》规定,任何人可以自注册商标注册公告之日起满3年后向商标局申请撤销该注册商标,提交申请时应当说明有关情况。商标局应当通知商标注册人,限其自收到通知之日起2个月内提交该商标在撤销申请提出前使用的证据材料或者说明不使用的正当理由;期满不提供使用的证据材料或者证据材料无效并且没有正当理由的,由商标局撤销其注册商标。

---

〔8〕 参见北京市高级人民法院行政判决书,(2020)京行终2540号。

〔9〕 参见北京市高级人民法院行政判决书,(2022)京行终2号。

2014年《商标法实施条例》第65条具体规定了注册商标成为其核定使用的商品通用名称情形的撤销程序,即任何单位或者个人可以向商标局申请撤销该注册商标,提交申请时应当附送证据材料。商标局受理后应当通知商标注册人,限其自收到通知之日起2个月内答辩;期满未答辩的,不影响商标局作出决定。

商标注册撤销申请提出后,商标局应当在收到申请之日起9个月内作出决定。有特殊情况需要延长的,经国务院工商行政管理部门批准,可以延长3个月。对商标局撤销或者不予撤销注册商标的决定,当事人不服的,可以自收到通知之日起15日内向商标评审委员会申请复审。商标评审委员会应当自收到申请之日起9个月内作出决定,并书面通知当事人。有特殊情况需要延长的,经国务院工商行政管理部门批准,可以延长3个月。当事人对商标评审委员会的决定不服的,可以自收到通知之日起30日内向人民法院起诉。

五、撤销的效力

由于商标被撤销后存在复审和行政诉讼等救济手段,这样就会出现两个问题:一个是撤销决定何时生效;另一个是撤销决定生效后商标专用权何时终止。

撤销决定的生效。根据行政法的一般规定,行政机关的决定在复议、行政诉讼期间不停止执行,具体请见《行政复议法》第21条、《行政处罚法》第73条、《行政诉讼法》第56条。但《商标法》第55条第1款规定:"法定期限届满,当事人对商标局做出的撤销注册商标的决定不申请复审或者对商标评审委员会做出的复审决定不向人民法院起诉的,撤销注册商标的决定、复审决定生效。"从反面理解这些规定,可以一般性地认为,如果当事人在法定期限内向商标评审委员会申请复审或向人民法院起诉,则商标局的决定或裁定以及商标评审委员会的决定、裁定应当不立即发生法律效力。换句话说,复审或上诉应当对撤销决定具有中止效力,商标在此期间应被认为继续有效,自然也应受到法律保护。

撤销决定的效力。根据2001年《商标法》及其实施条例,由于3年不使用或使用不规范,依照商标法的规定被撤销的注册商标,一旦撤销决定生效,则由商标局予以公告;该注册商标专用权自商标局的撤销决定做出之日起终止。2013年《商标法》及其实施条例调整了撤销决定的生效时间,即被撤销的注册商标,由商标局予以公告,该注册商标专用权自公告之日起终止。

鉴于撤销生效时间由之前的商标局撤销决定做出之日改为撤销公告之日,这一改变客观上会大大延长被撤销商标的存续时限。而且,从效力的方向而言,这是一个针对将来的决定,被撤销的商标不再有效,但并不影响撤销前的法律效力。但鉴于撤销毕竟会消除商标的保护效力,尤其是通用化及没有使用的撤销从法理上讲其效力应该自撤销事由成就之日起就不应该存在,法院在审理以正在被申请撤销或已被撤销但正在复审或进行行政诉讼的商标为基础所涉及的行政及民事诉讼中,尤其可能发生"情势变更"的情况下,最好中止侵权案件的审理,等待商标评审或法院的最终裁决,以避免不必要的冲突。当然,从《商标法》第59条第1款的正当使用抗辩以及第64条第1款的不使用抗辩看,民事法院仍然可以直接审理,并不以提起撤销程序为条件,在有相关行政程序的情况下也无须等待行政程序。

与注销的情况一样,注册商标被撤销后,原商标注册证作废;撤销该商标在部分指定商品上的注册的,一律由商标局重新核发商标注册证,并予公告。同样,《商标法》第50条同时规定,注册商标被撤销、被宣告无效或者期满不再续展的,自撤销、宣告无效或者注销之日起1年内,商标局对与该商标相同或者近似的商标注册申请,不予核准。2002年修改前的《商标法实施细则》曾有一条对不使用商标的例外规定,在制定新的实施条例时不知为何被删除了,这条例外规定的目的是方便3年不使用的商标被撤销后能不受1年期的限制,使真正有意使用的人尽快成为商标注册人。虽然《商标审查审理指南》(下编)第十八章对此排除了1年的限制,但因为没有上位法的支撑,仍有必要在下次修订时填补这个漏洞。

第三节　无　　效

商标注册将产生一种对权利归属的法律推定,除非被商标主管机关依照法定的程序撤销或宣布无效,否则其权利就将受到法律的保护。所谓无效,是指商标在注册之初便不符合法律的要求,因而所有权利应当恢复到未产生的状态。

中国《商标法》2013年修改之前没有直接使用"无效"这一术语,而是使用的"撤销"和"争议",但由于按照这一程序撤销的商标其实一开始就不应该注册,故专用权被视为自始即不存在,其具有溯及既往的法律效力,2013年《商标法》已将这种实际程序称作无效宣告。因此和本章第一节的注销和第二节的只针对将来失效的因使用不当或退化以及不当使用的撤销区别开来。

我们依次介绍无效的理由、无效的程序及无效的效力。

一、无效理由

和异议理由类似,商标无效实际可以分为两大类理由:一是不符合合法性、非功能性和显著性的绝对理由;二是不符合在先性的相对理由。

(一)无效的绝对理由

已经注册的商标如果存在不能注册的绝对理由,即不具备合法性、显著性和非功能性的,具体表现为违反《商标法》第4条、第10~12条、第19条第4款规定,或者是以欺骗手段或者其他不正当手段取得注册的商标都可能被宣告无效。

尽管无效的商标从来不发生法律效力,但无效必须经过法定程序的宣告才能被认定。因此,违反上述理由注册的商标,既可以由商标局宣告该注册商标无效,其他单位或者个人也可以请求商标评审委员会宣告该注册商标无效。

(二)无效的相对理由

《商标法》第45条第1款规定,已经注册的商标,违反该法第13条第2款和第3款、第15条、第16条第1款、第30~32条规定的,自商标注册之日起5年内,在先权利人或者利害关系人可以请求商标评审委员会宣告该注册商标无效。2001年《商标法》第41条第3款所指的争议,即在先申请注册的商标注册人认为他人在后申请注册的商标与其在同一种或者类似商品上的注册商标相同或者近似的情况也不再单独规定,统一列入相对理由无效的程序中。

恶意的认定。2001年《商标法》规定,自商标经核准注册之日起5年内,对已经注册的商标需要宣告无效的,可以向商标评审委员会申请。需要指出的是,对恶意注册的,驰名商标所有人不受5年的时间限制。经过2013年的修改,这一条款的适用范围比之前更加广泛,也就是说,即使不是《商标法》第13条第2、3款的情形,如只涉及第30条规定的相同类似商品冲突的情况,如果在先注册商标系驰名商标,也有机会突破5年时限。因此,关键在于证明驰名和恶意两个条件,具体的法条倒并没有适用限制。

《商标授权确权司法解释》特别指出,人民法院判断诉争商标申请人是否"恶意注册"他人驰名商标,应综合考虑引证商标的知名度、诉争商标申请人申请诉争商标的理由以及使用诉争商标的具体情形来判断其主观意图。引证商标知名度高、诉争商标申请人没有正当理由的,人民法院可以推定其注册构成《商标法》第45条第1款所指的"恶意注册"。

二、无效程序

一个注册商标如果符合商标注册无效的绝对理由,即缺乏商标法所规定的必备的合法性、显著性或非功能性条件,商标局可以"主动"亦即"依职权"撤销,也可以由其他单位或者个人请求商标评审委员会裁定撤销该注册商标。依据绝对理由进行的撤销没有时间上的限制。不过,在显著性问题上,有些国家或地区(欧盟)表现了一定的灵活性,它允许保留申请时虽然缺乏显著性,但注册后取得了显著性的商标,而不会仅仅因为申请时存在缺陷就绝对拒绝事后补救,尽管这种情况通常只有在审查员出现疏忽,而没有将本应驳回的商标驳回时才可能发生。

计算时限的两种模式。在以在先权利或注册商标为由宣告在后注册商标无效是否有时间要求的问题上,存在两种不同的模式。中国目前基本采用的是以美国为代表的除斥期间模式,即宣告恶意以外的商标注册申请无效必须自商标注册之日起5年内提出,5年之后则成为不可争议商标。这一模式与在先商标或权利所有人的主观状态无关,时间一到,在后商标就不能被撤销了。

另一种则以《欧盟商标指令》为代表,它规定只有默许才可以导致权利的丧失:在先商标或权利所有人在其知晓的情况下,连续5年容忍在该成员国注册的在后商标使用的,该所有人不得以在先商标或权利为由,就在后商标已使用的商品或服务,申请在后商标无效,除非在后商标是依恶意申请的。但即使在先商标或权利已不得被援引来对抗在后商标,在后注册商标所有人不得对抗在先权利的使用。目前所有的欧盟成员国均已按照这一要求修改了各自的商标立法。这一模式的核心在于,在先商标或权利所有人原则上可以随时申请在后商标无效,除非他连续5年默许在后商标的使用并怠于行使这一权利。在这种制度下,在后注册商标实际存在较大的不确定性。当然,也是在后商标应当预见的风险。

无效程序的中止与衔接。在处理与在先权利冲突的问题上,2010年《专利法实施细则》第66条第3款有一个特别的程序要求,以不符合《专利法》第23条第3款的规定为理由请求宣告外观设计专利权无效,但是未提交证明权利冲突的证据的,专利复审委员会不予受理。也就是说,其改变了之前2002年的做法,当时要求以授予专利权的外观设计与他人在先取得的合法权利相冲突为理由请求宣告外观设计专利权无效,必须提交生效的能够证明权利冲突的处理决定或者判决,否则专利复审委员会不予受理。商标局和商标评审委员会在异议和撤销程序里,都被赋予了裁判与在先权利冲突的职权。

不过,商标评审委员会在对无效宣告请求进行审查的过程中,所涉及的在先权利的确定必须以人民法院正在审理或者行政机关正在处理的另一案件的结果为依据的,可以中止审查。中止原因消除后,应当恢复审查程序。

经过异议程序商标无效期限的计算。由于2013年《商标法》取消了异议不成立时提起复审或行政诉讼的权利,从而只能提起无效宣告程序,因此也删除了以往"对核准注册前已经提出异议并经裁定的商标,不得再以相同的事实和理由申请裁定"的规定。

由于经异议裁定核准注册的商标实际获得的商标注册证,是商标局在异议期本来已经制作好的商标注册证,如果仍然按照注册证上标注的注册日来计算商标评审的5年期限,实际等于缩短乃至剥夺了其他人提出评审的期限。因此,2002年《商标法实施条例》对此特别规定,对这类商标提出评审申请的期限应该自该商标异议裁定公告之日起计算。令人不解的是,2014年《商标法实施条例》删掉了这一规定,给这类经过异议从未进行注册公告的商标的无效起算点的实际计算带来困惑。

根据无效涉及绝对或者理由的不同,商标评审委员会应当自收到申请之日起9个月或者12个月内做出相关的决定或裁定,并书面通知当事人。有特殊情况需要延长的,经国务院工商行政管理部门批准,可以延长3个月或6个月。

当事人对商标评审委员会的裁决不服的,可以自收到通知之日起30日内向人民法院起诉。人民法院应当通知商标裁定程序的对方当事人作为第三人参加诉讼。

一事不再理。2013年修改商标异议程序之前,对核准注册前已经提出异议并经裁定的商标,不得再以相同的事实和理由申请裁定。2014年《商标法实施条例》将该规定调整为,申请人撤回商标评审申请的,不得以相同的事实和理由再次提出评审申请。商标评审委员会对商标评审申请已经作出裁定或者决定的,任何人不得以相同的事实和理由再次提出评审申请。但是,经不予注册复审程序予以核准注册后向商标评审委员会提起宣告注册商标无效的除外。

需要注意的是,在特殊的情况下,即异议人先是赢得商标局的异议和异议复审程序,但在行政诉讼的一审或二审输掉异议,由此获得注册实际已经过司法复审程序,是否适用"一事不再理"、是否还能提出无效程序,法律并未作出细化规定。

情势变更及其限制。商标授权确权司法解释规定,人民法院审理商标授权确权行政案件的过程中,国知局对诉争商标予以驳回、不予核准注册或者予以无效宣告的事由不复存在的,人民法院可以依据新的事实撤销国知局相关裁决,并判令其根据变更后的事实重新作出裁决。

但需要注意的是,在【"东洋克斯"案】〔10〕中,最高人民法院指出,权利自然失效不产生自始无效的法律后果,如诉争商标核准注册时在先权利仍合法存在,不能直接援引《商标授权确权司法解释》第28条的规定,认定影响商标获准注册、维持有效的事实基础发生

---

〔10〕 参见最高人民法院行政判决书,(2019)最高法行再51号。

变化，而仍需对是否存在权利冲突作出判断。另外，在【“福马”案】〔11〕中，最高人民法院指出，申请商标不得损害他人在先权利，考虑到申请商标尚未实际取得商标权，故判断在先权利是否存在的时间节点，至迟为核准注册日。

三、无效效力

与因3年不使用或使用不当而被撤销的商标一样，无效的决定在复审或行政诉讼期间，暂不发生效力。也就是说，法定期限届满，当事人对商标局宣告注册商标无效的决定不申请复审或者对商标评审委员会的复审决定、维持注册商标或者宣告注册商标无效的裁定不向人民法院起诉的，商标局的决定或者商标评审委员会的复审决定、裁定生效。

申请人撤回商标评审申请的，不得以相同的事实和理由再次提出评审申请；商标评审委员会对商标评审申请已经做出裁定或者决定的，任何人不得以相同的事实和理由再次提出评审申请。但是，经不予注册复审程序予以核准注册后向商标评审委员会提起宣告注册商标无效的除外。

《商标法实施条例》第68条规定，商标局、商标评审委员会撤销注册商标或者宣告注册商标无效，撤销或者宣告无效的理由仅及于部分指定商品的，对在该部分指定商品上使用的商标注册予以撤销或者宣告无效。此外，商标被撤销后，该无效决定不仅对有关当事人生效，而且对所有人都发生法律效力。也就是说，任何依据该商标产生的法律纠纷，如果尚未结案，都将受到无效决定的制约。

商标效力视为自始即不存在的后果。依照《商标法》第47条第1款，宣告无效的注册商标，由商标局予以公告，该注册商标专用权视为自始即不存在。不过，该条第2款也规定，宣告注册商标无效的决定或者裁定，对宣告无效前人民法院做出并已执行的商标侵权案件的判决、裁定、调解书和工商行政管理部门做出并已执行的商标侵权案件的处理决定以及已经履行的商标转让或者使用许可合同不具有追溯力。但是，因商标注册人的恶意给他人造成的损失，应当给予赔偿。

《商标法》第47条的“恶意”如何理解呢？早期的“杞酒”案判决应该对理解这个问题有帮助。在【“杞酒”案】〔12〕中，最高人民法院指出，虽然宜宾杞酒厂在注册时，有意隐瞒了该厂将“杞”字商标主要使用在滋补酒上，“枸杞”是该滋补酒的主要原料的事实，但这一行为不是恶意针对特定的其他经营者采取的损失其利益的措施，不宜适用《商标法实施细则》的有关规定认定其有“恶意”……由于宜宾杞酒厂申请注册商标时市场上尚无他人生产销售或者宣传“杞”牌酒，也就不可能造成他人的损失。其后，虽然沱牌酒厂等被上诉人有一定的损失，但是，这种损失的发生，与宜宾杞酒厂的申请注册行为没有直接的因果关系，而是由于在“杞”字商标核准注册后，没有人及时提出请求撤销该商标，各被上诉人在此期间盲目生产杞酒产品而造成的。

当然，根据《商标法》第47条第3款，如果不返还商标侵权赔偿金、商标转让费、商标使用费，明显违反公平原则的，应当全部或者部分返还。这里的侵权赔偿金显然只能是被

---

〔11〕 参见最高人民法院行政裁定书，(2020)最高法行申3522号。

〔12〕 参见最高人民法院民事判决书，(1997)知终字第2号，载黄晖编著：《中国商标及不正当竞争案例精要》，知识产权出版社2021年版，第220页。

宣告无效的商标所有人之前作为原告可能获得的赔偿金,例如“杞酒”的注册人所获的赔偿金。

从目前法律的规定来看,更多的是从商标被宣告无效后,之前基于这个商标专用权已经获得的赔偿、罚款乃至罚金都不进行执行回转。但当前法律没有正面回答该商标注册的所有人对无效宣告前存在的侵权行为是否应承担赔偿乃至罚款、罚金的法律责任。

国知局2021年在《关于商标注册后被宣告无效前侵犯他人商标权是否予以行政处罚的批复》[13]中将《商标法》第47条第2款的精神推广适用到被宣告无效的商标注册人作为侵权人的场景,该批复指出,宣告注册商标无效的决定或者裁定生效后,该注册商标专用权视为自始即不存在,该商标核准注册后被宣告无效前,该商标的注册人或者被许可使用人存在《商标法》第57条规定的行为之一的,均属侵犯注册商标专用权。该商标的注册人或者被许可使用人没有主观过错的,不予行政处罚;存在恶意等主观过错的,依照《商标法》第60条第2款规定予以处理。是否存在主观过错,应综合考虑原商标注册人在申请注册时的主观状态、核准注册后的实际使用情况、宣告无效所依据的事实和理由等进行判断。

另外,也有一些案例,如在【“苏美达”案】[14]、【“泰鸿”案】[15]中,法院也认为《商标法》第47条第2款中但书的“恶意”要件可以适用于追究被宣告无效的商标注册人侵权责任的案件。但也有其他一些案件,如在【“上海钟厂”案】[16]、【“新平衡”案】[17]中,法院则认为不应该适用该条要求证明恶意才予以赔偿,尽管案件中被告实际也被证明具有恶意。

从文义上看,《商标法》第47条第2款所指的不具有追溯力的情形都是指向商标被宣告无效之前商标注册人作为原告起诉他人,作为商标转让人和许可人转让、许可他人,该条不应该涵盖商标注册人自己侵犯他人权利的情况。国知局的上述批复则扩大了该条的适用范围。

当然,这个问题需要结合商标专用权的法律属性来探讨:或者承认商标专用权只有对抗他人的效力,则无效与否都不改变之前已经存在的在先权利对商标专用权所有人可能的追诉,例如在先著作权、商号权乃至驰名商标权对其的追诉;或者认为商标专用权有对抗在先权利人的豁免权或所谓的使用权,但鉴于无效之后,这一权利也会被“视为自始即不存在”,因此也不能用来作为无效之后的免责理由适用。相关问题深入一些的讨论,我们将在第七章第一节“商标专用权与在先权利”以及第九章第二节“民事救济”中展开。

思考题

1. 申请撤销3年不使用商标不成功有何救济?

---

〔13〕 参见国知发保函字〔2021〕155号。

〔14〕 参见福建省高级人民法院民事判决书,(2016)闽民终809号。

〔15〕 参见新疆维吾尔自治区高级人民法院民事判决书,(2019)新民终23号。

〔16〕 参见江苏省常州市中级人民法院民事判决书,(2016)苏04民终2352号。

〔17〕 参见上海知识产权法院民事裁定书,(2021)沪73民终301号。

2. 商标退化的原因是否重要?
3. 商标因使用不当撤销与无效在理由和程序上有何差别?
4. 商标撤销决定何时生效?
5. 商标无效与异议有何关系?
6. 商标无效对正在进行的商标侵权程序有何影响?

第七章 商标专用权的效力

本章将要介绍商标专用权及商标侵权的有关问题，主要包括商标专用权与在先权利（第一节）、商标侵权及混淆可能性（第二节）、未经商标注册人许可（第三节）、在商业中使用（第四节）、相同或近似的商标（第五节）、相同或类似的商品或服务（第六节）、在先商标的显著性和知名度（第七节）、产生混淆的主体（第八节）、混淆可能性的综合判断（第九节）、特殊形式的商标侵权（第十节）。对于驰名商标和集体、证明商标以及地理标志的特别保护，则将在第十一、十二章介绍。

第一节 商标专用权与在先权利

在我国，商标专用权经注册获得。我们在第三、四、六章中已经从商标注册条件及注册审查、异议及无效的角度，讨论了商标注册不得与在先权利冲突的问题。简而言之，通过商标局的主动审查以及在先权利人提起的异议或无效宣告，我们一般可以阻止问题商标获得注册，或至少可以宣告其注册无效。

之所以说一般，主要是假定商标局及在先权利人都会充分而及时地行使各自的权利或职责，而现实世界中则存在疏漏、错过异议或无效时限以及证据不充分的问题。不仅如此，这些问题都还仅仅是在单纯的商标注册是否应当维持的语境下进行的讨论，尚不涉及这个商标投入实际使用中可能引发的对在先权利侵犯的问题。

因此，在本节中，我们将更多地讨论商标一旦注册且开始使用，法律赋予注册商标的专用权会不会构成在先权利的维权障碍。如我们在序言中所说，这一问题是商标注册制度中一个十分复杂的“立交桥”，我们会首先讨论商标专用权的定义和权利范围，其次讨论保护在先权利原则对在后商标专用权的否定，最后讨论在先权利自身问题造成对在后商标专用权的肯定。

为了便于学习，本节内容仍然可以先简单归纳如下：(1)商标注册所获得的专用权主要是一种阻止他人不经许可进行非法使用的权利，即“禁用权”。(2)在面对在先权利时，没有经过司法程序检验的在后注册，最多只是与在先权利没有冲突的初步证据（*prima facie*）。因此，一方面，在后商标永远不能禁止在先权利人的使用；另一方面，在先权利人仍可以主张在后商标的使用行为侵权，除非相关的行政程序生效判决已经认定其可以注册，或在先权利人因为自身存在懈怠或条件不适格的问题而无法宣告在后商标注册无效。(3)在不能无效的情况下，商标注册人自然可以在其注册范围内自由地使用其商标，或者也可以说拥有了某种"使用权"。

一、商标专用权的定义方式和权利范围

根据《TRIPS 协定》第 16 条，商标注册人拥有商标专用权。商标权的核心在于避免消费者对商品或服务的出处产生混淆，具体来说："注册商标所有人应享有专有权，防止任何第三方未经许可而在商业中使用与注册商标相同或近似的标志，去标示相同或类似的商品或服务，以造成混淆的可能。如果已将相同的标志用于相同的商品或服务，则应推定已有混淆之虞。"

我国《商标法》第 1 条开宗明义明确要保护商标专用权，第 3 条则规定商标注册人享有商标专用权。《商标法》接着是在第 56 条规定注册商标的专用权，以核准注册的商标和核定使用的商品为限；在第 23 条规定注册商标需要在核定使用范围之外的商品上取得商标专用权的，应当另行提出注册申请；又在第 57 条第 1 ~ 2 项规定侵犯商标专用权的两类构成要件、第 3 ~ 6 项规定了其他四种特殊的侵权行为、第 7 项规定了兜底的其他侵权行为。《商标法实施条例》、《商标民事纠纷司法解释》以及《商标侵权判断标准》则列举了若干属于第 7 项的其他侵权行为。

关于商标专用权，大家一定注意到《TRIPS 协定》基本是以否定的方式定义商标专用权，而我国则分别从肯定和否定的双重方式来定义商标专用权，而且看上去《商标法》第 56 条与第 57 条的规定还不太一致：前者规定注册商标的专用权，以核准注册的商标和核定使用的商品为限；后者则规定除了在相同商品上使用相同商标，他人在类似商品上使用近似商标也是对商标专用权的侵犯，这是什么原因呢？

我们先来看看这种情况的历史沿革：我国 1904 年颁布的第一个商标法《商标注册试办章程》第 19 条只提到"有侵害商标之专用权者，准商标主控告、查明责令赔偿"[1]，未见有对应现行《商标法》第 56 条的规定；1923 年北洋政府颁布的商标法开始有了《商标法》第 56 条的一半的规定："商标自注册之日起，由注册人取得商标专用权。商标专用权，以呈请注册所指定之商品为限"。1930 年国民政府颁布的商标法对此沿袭未作改动。

1950 年《商标注册暂行条例》第 19 条已有类似《商标法》第 56 条的规定，即"商标的专用权，以核准注册的图样、名称以及所指定的商品为限"，基本与《商标法》第 56 条内容吻合。同时，根据《商标注册暂行条例》第 29 条、第 31 条规定，商标专用权所有人，认为专用权被侵害时，得向当地人民法院起诉，惩处伪造、仿造已注册的商标，此处的"仿造"应该指的是近似商标。1963 年《商标管理条例》没有保护商标专用权的内容；1982 年以来的商标法关于商标专用权以核准注册的商标和核定使用的商品为限的规定一直未变，但侵犯商标专用权的范围在不断调整和扩大，核心仍然是可以超越相同商品相同商标，对抗他人在类似商品上使用近似商标。

换句话说，国外立法一般采取《TRIPS 协定》、《欧盟商标指令》或《欧盟商标条例》的

---

〔1〕 参见董葆霖主编：《中国百年商标法律集成》，中国工商出版社 2014 年版，第 8 ~ 10 页。

做法,即主要从禁止他人使用的角度入手规范商标权利的范围。而我国对商标专用权则采取了从正反两方面进行定义的方式:即先确定保护的客体,再基于该客体和商标的显著性和知名度以及使用的情况确定保护的范围。这一方式与法国《知识产权法典》的做法较为接近,即第L.713-1条规定商标注册就指定的商品或服务上的商标赋予其注册人以所有权;然后在第L.713-2条、第L.713-3条规定,在成就混淆、联想等条件下禁止在相同、类似乃至不类似的商品上使用相同、近似商标,后者的范围也比前者宽。

而从商标之外的知识产权保护,也可看到类似的立法例。比如,《专利法》第64条第1款规定发明或者实用新型专利权的保护范围以其权利要求的内容为准,第2款规定外观设计专利权的保护范围以表示在图片或者照片中的该产品的外观设计为准,但司法保护对发明或者实用新型所采的等同原则以及对外观设计所采的近似认定,实际也并未固守权利要求书以及图片或照片中的外观设计。

这与《欧洲专利公约》第69条第1款的议定书的思路比较接近,实际也是中心限定原则和周边限定原则的一种折中:第69条不应当被理解为一份欧洲专利所提供的保护仅由权利要求的严格字面含义所限定,而说明书及附图仅用于解释权利要求中的含混不清之处;也不能解释为权利要求只是确定了一个总的发明核心,仅具有指导作用,保护范围可以从所属领域的技术人员对说明书及附图的理解出发,扩展到专利权人所期望达到的保护范围。而应当从上述两种极端解释的中间立场出发,使对权利要求的解释既能够为专利权人提供公平的保护,又能确保给予公众以合理的法律稳定性。

因此,《商标法》第56条中"以某某为限",与《专利法》中"以某某为准"一样,目的不过是先固定人(注册人)—物(商品或服务)—志(商标)的关系以及需要保护的权利客体,以便于侵权比对认定相同、近似、类似乃至等同。不然,如果失去这个先决条件,商标的保护范围就容易成为"无锚之船"而任意漂流。不仅如此,确定商标是否投入使用、变形使用或超范围使用,乃至是否需要重新注册、是否构成冒充注册商标或假冒注册商标罪,同样有利于商标价值的锚定。

但是,正如我们在下面两小节中将要看到的那样,虽然《商标法》第56条所确定的范围带有允许商标注册人使用的意味,但并不能具有对抗在先权利的当然效力。只有在面对在先权利怠于作为或存有缺陷时,《商标法》第56条所确定的权利范围,对于判定在后权利的抗辩是否成立,才会显现至关重要的意义,或者才会显露商标使用权的存在。否则,在后商标的"使用权"就容易成为困扰乃至否定在先商标的"禁用权"的借口。

二、保护在先权利原则导致对在后注册商标使用权的否定

《TRIPS协定》在规定商标权利的第16条中有一个重要的"在先权利保留"的限制,即注册赋予的商标专用权"不应妨碍任何现行的在先权利",《巴黎公约》第6条之五也要求商标注册不得损害他人的既有权利,欧盟商标法也规定商标专用权不得损害在先权利。因此,保护在先权利这一原则实际也是整个知识产权法所要求的一个基本原则。

实际上,我国《商标法》分别在第9条和第32条两个地方都对这一原则予以了确认。我们在第三章论述商标注册条件中的在先性时,已经讨论过商标的注册申请不得与在先权利冲突的问题。这里我们重点要讨论的是,已经注册的商标行使商标专用权时会不会损害在先权利。

根据《权利冲突司法解释》第 1 条，原告以他人注册商标使用的文字、图形等侵犯其著作权、外观设计专利权、企业名称权等在先权利为由提起诉讼，符合《民事诉讼法》第 119 条规定的，人民法院应当受理。这里提到的可以直接对抗在后商标专用权的在先权利明确包括在先著作权、外观设计专利权、企业名称权等。此外，《商标授权确权司法解释》第 18 条则规定，《商标法》第 32 条规定的在先权利，包括当事人在诉争商标申请日之前享有的民事权利或者其他应予保护的合法权益。

类似地，《专利纠纷若干规定》第 11 条首先确立了"人民法院受理的侵犯专利权纠纷案件，涉及权利冲突的，应当保护在先依法享有权利的当事人的合法权益"的原则，接着在第 12 条就外观设计规定了"《专利法》第 23 条第 3 款所称的合法权利，包括就作品、商标、地理标志、姓名、企业名称、肖像，以及有一定影响的商品名称、包装、装潢等享有的合法权利或者权益"。因此，在先权利应该和《TRIPS 协定》第 16 条里面的"在先权利"及《巴黎公约》第 6 条之五里面的"既得权利"一样，作尽可能宽泛的解释。接下来我们就商标注册最容易发生冲突的在先权利逐一探讨商标专用权行使时可能存在的问题。

在先著作权与在后商标的关系。根据《权利冲突司法解释》，著作权可以禁止在后注册商标的使用而不必先无效再起诉。这一精神实际是对早期司法实践尤其是【"武松打虎"案】[2]以及【"三毛"案】[3]的确认。

"武松打虎"是早期比较经典的商标未经许可使用他人享有著作权的作品遭到禁止的案例（见图 7.1）。

扫描看彩图

图 7.1　武松打虎

在该案中，北京市第一中级人民法院认为，景阳岗酒厂未经刘某卣的许可，将其作品作为瓶贴和装潢使用于景阳岗陈酿酒瓶上，侵犯了著作权人的署名权、修改权、保护作品完整权和获得报酬权等合法权益，应承担相应的法律责任。一审法院认定事实清楚，根据景阳岗酒厂在《著作权法》生效后仍实施侵权行为而适用《著作权法》确定景阳岗酒厂的法律责任，适用法律正确，一审判决结果应予维持。虽然一审判决景阳岗酒厂停止使用刘某卣的作品《武松打虎》组画对其经营确有影响，但景阳岗酒厂仍然可以与著作权人协商

〔2〕 参见北京市第一中级人民法院民事判决书，(1997)一中知终字第 14 号，载黄晖编著：《中国商标及不正当竞争案例精要》，知识产权出版社 2021 年版，第 40 页。

〔3〕 参见上海市高级人民法院民事判决书，(1997)沪高民终(知)字第 48 号，载黄晖编著：《中国商标及不正当竞争案例精要》，知识产权出版社 2021 年版，第 39 页。

取得该作品的使用权。

从处理与在先著作权的关系来看,在后注册商标的专用权既不是可以用来禁止在先著作权使用的一种禁用权,也不是可以对抗在先著作权行使禁用权的一种使用权。在该案的审理过程中,曾有意见认为,即使商标的注册和使用并没有得到在先著作权人的许可,但鉴于该商标注册和使用时间较长,不应该禁止。关于这个问题,我们将在本小节中最后一部分集中讨论时间因素对于在后权利的效力。

但从一开始商标注册侵犯了在先著作权的角度看,由于注册时并未涉及对在先著作权的主动审查和保护,以及虽然存在异议程序,但该程序由于不允许在先著作权人在失利的情况下复审或提起行政诉讼因而并不完备,所以商标注册的推定效力相对较弱,一旦遇到在先著作权人的民事程序追究,在后商标注册人并没有豁免的权利。

需要注意的是,根据是否投入实际使用,最高人民法院在【"鳄鱼"案】[4]和【"蜡笔小新"案】[5]中,对具体的诉讼前置条件先后作出了两个较为重要的批复:一是在商标授权程序中,当事人仅因他人申请注册商标时使用其作品而主张保护著作权的,应通过《商标法》规定的异议等救济程序解决。在已提出异议的情况下,当事人又以他人使用其作品申请注册商标并获初审公告的行为构成侵权为由,提起民事诉讼的,人民法院不予受理。二是双叶社的起诉请求不仅主张诚益公司、世福公司在注册或者持有的商标中非法使用了其享有著作权的"蜡笔小新"美术作品,还主张恩嘉公司未经许可在产品销售、宣传时非法使用其美术作品。双叶社对上述产品销售、宣传等实际使用行为提起诉讼,属于民事权益争议,在符合《民事诉讼法》(2007 年修正)第 108 条规定的情况下,人民法院应当予以受理。

在先使用并有一定影响商标与在后注册商标的关系。《TRIPS 协定》在规定商标权利的第 16 条中,除了前面一开始提到的在先权利,还有一个重要的限制,即商标专用权"不应影响各成员方以使用为条件获得注册权的可能性",这一条规定充分体现了美国基于使用保护商标的需要。为了落实这一条的规定,我国《商标法》2001 年修改时增加了现在成为第 32 条的后半段的内容,即不得以不正当手段抢先注册他人已经使用并有一定影响的商标。之后,2013 年修改《商标法》第 59 条第 3 款增加了有一定影响的使用在先商标可以在原有范围内继续使用的规定,2017 年《反不正当竞争法》修订时,也将之前的知名商品特有名称、包装和装潢的措辞,调整为有一定影响的商品名称、包装和装潢,与前两条的规定已经非常接近。

就《商标法》第 32 条而言,前面已经在授权确权的语境下进行过讨论,核心在于除了证明已经使用并有一定影响,还要证明抢注人的不正当手段,尽管该恶意通常可以基于在先使用商标已经有一定影响,而商标申请人明知或者应知该商标推定得出。

就《商标法》第 59 条第 3 款而言,2013 年《商标法》修改时增加了一个极为重要的厘清注册与使用关系的规定,即商标注册人申请商标注册前,他人已经在同一种商品或者类似商品上先于商标注册人使用与注册商标相同或者近似并有一定影响的商标的,注册商

---

〔4〕 参见最高人民法院(2005)民三监字第 2 号函,载黄晖编著:《中国商标及不正当竞争案例精要》,知识产权出版社 2021 年版,第 38 页。

〔5〕 参见最高人民法院民事裁定书,(2007)民三监字第 14 - 1 号,载黄晖编著:《中国商标及不正当竞争案例精要》,知识产权出版社 2021 年版,第 36 页。

标专用权人无权禁止该使用人在原使用范围内继续使用该商标,但可以要求其附加适当区别标识。核心意思就是,已经使用并有一定影响的商标可以继续使用。通俗说来,就像饭店包场预定不能禁止已经在里面就餐的人继续就餐一样,在后的注册也应该对在先使用礼让三分。

所以应该说新的规定回应了学界长期的呼吁,在《商标法》第 32 条的基础上往前走了半步,即不能禁止善意的在先使用人在原有范围内继续使用其商标了。不过,2013 年的这个步子走得其实还不够彻底,即在先使用依据《反不正当竞争法》第 6 条,本来所拥有的禁止他人使用的权利,一种意见认为至少对于在后商标注册人不能再行使,因为后商标注册人甚至可以自由地进入在先使用的地域,并要求在先使用人附加识别标志。

这一点相对 2007 年《反不正当竞争法司法解释》第 1 条第 2 款的规定是个大反转,该款的核心意思是保护在先使用人的利益,即"在不同地域范围内使用相同或者近似的知名商品特有的名称、包装、装潢,在后使用者能够证明其善意使用的,不构成反不正当竞争法第五条第(二)项规定的不正当竞争行为。因后来的经营活动进入相同地域范围而使其商品来源足以产生混淆,在先使用者请求责令在后使用者附加足以区别商品来源的其他标识的,人民法院应当予以支持"。但不知为何,该款规定在 2022 年《反不正当竞争法司法解释》中被删除了。

从域外的立法来看,美国作为基于使用在先建构商标法保护框架的国家,在先使用自然是可以对抗在后商标注册的,《TRIPS 协定》第 16 条第 1 款最后那句注册所赋予的商标专用权"不应影响各成员方以使用为条件获得注册权的可能性"的规定,很大程度上就是美国商标法的体现。就主要属于大陆法系的《欧盟商标条例》来说,该条例第 138 条明确规定仅在一地有效的权利可以禁止在后欧盟商标的使用,实际也是体现对在先使用的尊重。

当然,我国毕竟是实行商标注册制的国家,《商标法》第 59 条第 3 款只是在禁用权上明确体现了对在先使用的谦抑,至于在先使用商标是否可以在原有范围内阻止在后注册商标的使用权,可以从两个方面来分析:一方面,就商标注册人有权进一步要求在先使用人附加识别标志而言,商标法似乎隐含了允许在后注册商标进入在先使用区域同时使用的可能性,尽管在后注册商标不进入在先使用地域却仍要求其附加识别标识的可能性也不能排除;另一方面,从与指导案例有关的另一个【"歌力思"案】[6]来看,最高人民法院肯定在先的知名商品特有名称权益起诉在后注册商标依法有据,在先注册人似乎又不能进入在先使用范围。因此,这一问题似乎还没落下帷幕,应该还有继续讨论的空间。

在对在先使用的形式上,最高人民法院在【"双飞人"案】[7]中又有进一步的发展。虽然都昌县医药公司销售双飞人药水的行为,因未履行相关审批手续而被都昌县行政部门查处,上述商品销售行为不应当被认定为在先使用,但最高人民法院认为,赖特斯公司提交的证据可以证明,法国利佳制药厂自 20 世纪 90 年代起在中国部分地区的报纸上刊登"双飞人药水"广告,持续时间较长、发行地域和发行量较大,可证明法国利佳制药厂在

---

〔6〕 参见最高人民法院民事裁定书,(2016)最高法民申 1617 号,载黄晖编著:《中国商标及不正当竞争案例精要》,知识产权出版社 2021 年版,第 267 页。

〔7〕 参见最高人民法院民事判决书,(2020)最高法民再 23 号。

先使用的“双飞人药水”所采用的“蓝、白、红”包装有一定影响力。双飞人公司明知“双飞人药水”存在于市场,却恶意申请注册与“双飞人药水”包装近似的立体商标并行使权利,其行为难言正当,赖特斯公司的在先使用抗辩成立。

在先使用商标的限制。我们接下来在现行法的框架下,从平衡在先使用与在后注册商标各自利益的角度,来看看在先使用并有一定影响的商标,在他人取得商标专用权之后可能面临的限制。

北京市高级人民法院2018年在《关于当前知识产权审判中需要注意的若干法律问题》中认为,合理界定“原使用范围”,应结合该条款设立的立法目的,以在先使用人后续使用仍为善意且合理为判断标准,综合考虑商标所使用的具体商品或服务、所使用的标志、使用方式以及使用主体等因素。通常而言,在先使用人使用的标志应以在先使用的标志为限;在先使用人使用的商品或者服务类别应以原使用商品或者服务为限。

国知局在《关于〈商标法〉第五十九条第三款法律适用问题的批复》〔8〕中认为,该款规定的目的在于平衡商标注册人和商标在先使用人之间的利益,在不损害商标权注册取得制度的基础上,维护在市场上已经具有一定影响但未注册商标的在先使用人的权益。因此,适用该款规定,在先使用人须同时满足以下五个要件:一是在商标注册人申请商标注册前已经使用;二是先于商标注册人使用;三是在商标注册人申请商标注册前的使用达到“有一定影响”的程度;四是不得超出原经营商品或服务、原经营区域等原使用范围;五是商标注册人要求其附加适当区别标识的,在先使用人应当附加区别标识。

最高人民法院2013年在处理【“鸭王”案】〔9〕中已经表示,北京鸭王在先使用所形成的在先权益应该得到保护,其有权在北京地域范围内继续使用其在先使用的鸭王标识。在后来的司法实践中,最高人民法院进一步明确了在先使用商标的抗辩范围尤其是地域范围。

又如,在【“理想空间”案】〔10〕中,原告林某恺享有涉案“理想空间”注册商标的专用权,使用在《类似商品和服务区分表》第20类的家具等商品。原告起诉被告富运家具经营部在名片、店招等多处使用涉案标志,侵犯其商标权利。被告则辩称其使用被诉侵权商标系经过案外人富运公司授权,“理想空间”商标是富运公司在先使用并具有一定影响力的商标,自己只是在原有范围内继续使用。对此,最高人民法院进一步明确了在先使用抗辩的适用条件,即(1)在先使用人对相关标志的使用,应当早于该商标注册人申请商标注册的时间,同时亦必须早于该商标注册人使用该商标标志的时间。(2)在相同或者类似商品上在先使用。(3)在先使用相同或者近似的标志。(4)在先使用人对该未注册商标的使用,必须在商标注册人申请商标注册日和使用日之前,就已经具有一定影响。(5)原有范围内使用。在确定原有范围时,应当主要考量商标使用的地域范围和使用方式。

其实,就在先使用商标而言,一旦有人善意地在后注册相同近似的商标,该在先商标超出原有范围,较之注册商标即会成为一种在后使用。也就是说,在先使用并不永远在

〔8〕(2021)国知发保函字〔2021〕77号。

〔9〕参见最高人民法院行政裁定书,(2012)知行字第9号,载黄晖编著:《中国商标及不正当竞争案例精要》,知识产权出版社2021年版,第166页。

〔10〕参见最高人民法院民事判决书,(2018)最高法民再43号,载黄晖编著:《中国商标及不正当竞争案例精要》,知识产权出版社2021年版,第475页。

先,结合地域因素并从“井水不犯河水”的角度讲,在后注册不能进入在先使用地域,在先使用不能逸出已有的使用地域范围,都才是对各自在先权利的尊重。

在先驰名商标与在后注册商标的关系。《巴黎公约》第6条之二除了规定在后商标不得注册或已经注册应予无效以外,还规定可以禁止其使用。《TRIPS 协定》不仅涵盖了《巴黎公约》对未注册驰名商标的保护,还增加了对已注册驰名商标的扩大保护。

因此,在我国,根据《驰名商标司法解释》第11条,“被告使用的注册商标违反商标法第十三条的规定,复制、摹仿或者翻译原告驰名商标,构成侵犯商标权的,人民法院应当根据原告的请求,依法判决禁止被告使用该商标,但被告的注册商标有下列情形之一的,人民法院对原告的请求不予支持:(一)已经超过商标法第四十五条第一款规定的请求宣告无效期限的;(二)被告提出注册申请时,原告的商标并不驰名的”。简而言之,驰名商标如果在后一个商标申请注册时已经驰名,可以直接起诉注册商标侵权,除非因为5年的无效时限已过且无恶意证据。

规定这一点,主要的考虑可以说有以下方面:一是我国的商标主动审查中没有驰名商标的主动保护;二是即使理论上讲驰名商标可以作为提起异议的理由,但由于和前面提到的异议程序中在先权利人,在异议不成功的情况下,没有司法复审的机会,故后一商标获得注册并不一定意味着已经消除了与在先驰名商标的冲突。

因此,就与驰名商标的冲突而言,商标注册的有效性及稳定性都不够充分,故在后的注册商标面对在先的驰名商标既不能行使禁用权,也无所谓使用权。

在先注册商标与在后注册商标的关系。2008年发布、2020年修改的《权利冲突司法解释》中规定,原告以他人使用在核定商品上的注册商标与其在先的注册商标相同或者近似为由提起诉讼的,人民法院应当根据《民事诉讼法》第124条第3项的规定,告知原告向有关行政主管机关申请解决。

这一规定的基本出发点,也许是对于商标注册主管机关实行主动的在先注册商标审查制度效力的一种考虑或谦抑。因为正常情况下,商标在经由商标局的主动审查及在先注册人的异议程序之后,一般会被认为不存在混淆的可能性,而如果民事法院直接受理在先注册商标对在后注册商标的起诉并判定存在混淆的可能性,则容易与已有的注册决定发生矛盾。

这种注册商标不可诉注册商标的规定,往往被解读为对在后商标一旦注册即拥有“使用权”,即可以对抗在先“禁用权”的一种支持。但且不论前面已经论述过的在先权利、在先使用、在先驰名的情况下并不存在所谓的“使用权”,至少不存在当然可以对抗这三种在先情形的“使用权”,也谈不上在后注册商标对在先权利、在先使用和在先驰名商标行使“禁用权”。

商标获得注册只是对在后商标暂未发现与在先商标存在确定性冲突的初始证据,换句话说,如果行政程序最终认定在后商标可以注册,在后商标自然可以使用,这和其他没有注册但不存在冲突的标志一样,其实也无所谓有“使用权”;反之,在后商标如果侵权程序先行且成立,在后商标自然不能注册,也不存在可以对抗在先商标禁用权的在后“使用权”。如果有冲突,只能通过下文将要提到的懈怠失权或介入权制度来调停处理,方才谈得上承认在后商标的“使用权”问题。

事实上,2013年《商标法》修改以后,在先商标注册人通过异议程序阻止在后商标注册的能力遭到了削弱,因为一旦异议不被商标局支持,则只有接受在后商标先获得注册的事实,然后只能提出无效宣告请求;对于拥有6个月优先权的外国申请而言,这一情况由于审查加速到4个月甚至会更加突出,因为等这些商标6个月内来到中国时,在后有冲突的商标很可能已经获得注册,唯一的救济仍然只有无效宣告请求。

2009年《服务大局意见》第10条对《权利冲突司法解释》似乎有一种隐含的突破,该条规定,凡被诉侵权商标在人民法院受理案件时尚未获得注册的,均不妨碍人民法院依法受理和审理。也就是说,只要民事法院受理时被诉商标还处于申请乃至异议程序中,尚未有定论的,即使后来该商标因异议不成立获得注册的,民事法院仍可继续审理并作出判决。

但在商标已经注册的情况下,最高人民法院在【"三角洲军马"案】〔11〕中认为,由于商标权是通过授权程序产生的法定权利,基于授权程序的特性,可能存在保护范围相互重叠的商标权,即存在商标权权利冲突的可能。《权利冲突司法解释》旨在对存在权利冲突的商标权侵权纠纷给出指引。根据《商标法》第36条第2款的规定,经审查异议不成立而准予注册的商标,商标注册申请人取得商标专用权的时间自初步审定公告3个月期满之日起计算。自该商标公告期满之日起至准予注册决定作出前,对他人在同一种或者类似商品上使用与该商标相同或者近似的标志的行为不具有追溯力;但是,因该使用人的恶意给商标注册人造成的损失,应当给予赔偿。因此,商标公告期满之日起至准予注册决定作出前,商标申请人已经获得了商标权。

最高人民法院指出,该案中,被诉侵权期间延续至商标公告期满之日至准予注册决定作出日的期间范围。在此期间,虽然涉案商标一的权利人不具有禁止他人使用的禁用权,但其仍具有使用权,因此,涉案商标一与军马公司的"军马"商标仍然存在使用权上的权利冲突,由此产生的纠纷宜由《权利冲突司法解释》调整。而且被诉侵权行为是持续的行为,涉案商标一获准注册后则必然涉及两枚有效商标的权利冲突问题,根据《权利冲突司法解释》规定,亦由原告向行政主管机关申请解决。为避免重复占用公共资源,不宜人为将连续的法律行为划分由不同的争议解决机关分别处理。

从"三角洲军马"案看,最高人民法院严格以受理案件的时间点为准,受理时已经注册的,不管之前未实际注册时的情况如何,民事法院都将不予受理,留待授权确权程序处理结果之后再处理。反之,《服务大局意见》中指向的则是受理时没注册的情况,因此不管受理以后注册的情况,仍可以继续审理。因此,不存在"三角洲军马"案改变《服务大局意见》的问题。

当然,从保持审理标准一致的角度讲,审理过程中如果被诉商标发生了异议程序,也要留意是否有机会被后面的行政诉讼生效判决认定商标可以注册,如果异议人是在终审之前输掉异议的情况下,民事法院并不一定受其羁束,因为被诉商标的注册仍有可能遭遇新的无效程序,而民事程序的侵权成立的结论实际也可用来支持无效成立。两者的关系我们将在第二节第三小节第五小点论述。

在后注册商标的变形使用问题。当然,我国《权利冲突司法解释》也指出,原告以他人超出核定商品的范围或者以改变显著特征、拆分、组合等方式使用的注册商标,与其注

---

〔11〕 参见最高人民法院民事判决书,(2020)最高法民申4348号。

册商标相同或者近似为由提起诉讼的，人民法院应当受理。这是上述逻辑的延续，既然在核定商品和核准商标不可诉，一旦超出这个范围则允许起诉。这实际也是对之前司法实践的一种确认。

在【“金鳄”案】[12]中，法院就认为，泰鳄公司在其生产的被控侵权产品上虽然使用了第173394号“金鳄及图”注册商标，但在使用过程中或突出使用鳄鱼图形，刻意淡化该注册商标的其他文字及图形，或干脆单独使用该注册商标中的鳄鱼图形。上述鳄鱼图形与拉科斯特公司在先的第141103、1318589号注册商标整体视觉效果相近似（见图7.2），泰鳄公司在相同商品上使用了与他人注册商标相近似的标识，违反了《商标法》的规定，足以造成消费者对商品来源的混淆误认。泰鳄公司的行为侵犯了拉科斯特公司的注册商标专用权，故应当承担相应的民事责任。

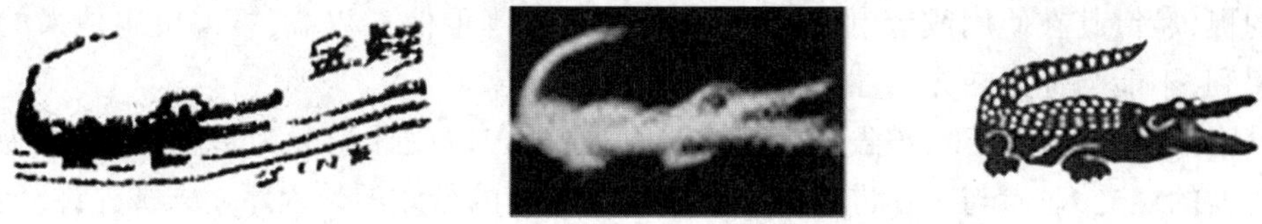

图7.2　被告注册商标（左）、被告实际使用商标（中）和原告商标（右）

超出注册范围的使用形式不一，国知局2020年发布的《商标侵权判断标准》即有所补充。例如，(1)自行改变注册商标或者将多件注册商标组合使用，与他人在同一种商品或者服务上的注册商标相同的，属于《商标法》第57条第1项规定的商标侵权行为。(2)自行改变注册商标或者将多件注册商标组合使用，与他人在同一种或者类似商品或者服务上的注册商标近似、容易导致混淆的，属于《商标法》第57条第2项规定的商标侵权行为。又如，不指定颜色的注册商标，可以自由附着颜色，但以攀附为目的附着颜色，与他人在同一种或者类似商品或者服务上的注册商标近似、容易导致混淆的，属于《商标法》第57条第2项规定的商标侵权行为。注册商标知名度较高，涉嫌侵权人与注册商标权利人处于同一行业或者具有较大关联性的行业，且无正当理由使用与注册商标相同或者近似标志的，应当认定涉嫌侵权人具有攀附意图。

允许在先商标直接起诉的尝试。欧盟商标法2015年修改时确认了欧盟法院在【FCI案】[13]中的结论，即《欧盟商标条例》第9条(1)中的“第三人”应当包括任何使用与商标权利人的商标相混淆的标志的第三人。即使拥有在后的共同体注册商标，也在“第三人”的范围之内，不能仅以在后的欧盟商标作为侵权的抗辩理由。对于注册商标之间侵权纠纷，不需要撤销在后商标亦可判定其构成对他人在先商标的侵犯。

欧盟之所以允许在先商标直接起诉在后商标，主要是因为商标专用权的取得不得以损害在先权利为代价，与在先商标禁用权相比，没有经过司法程序的在后商标注册，其实只是取得商标专用权的一种初始证据，并不具有对抗在先权利及注册的当然效力。实际

[12]　参见北京市高级人民法院民事判决书，(2007)高民终字第1243号，载黄晖编著：《中国商标及不正当竞争案例精要》，知识产权出版社2021年版，第348页。

[13]　See C－561/11，FCI案。

操作中,由于受理法院同时也有无效宣告权,法院既可以在原告请求之下先宣布在后商标无效,再对侵权进行审理,也可以直接判决在后注册商标侵权,除非在先商标已经懈怠容忍在后商标使用5年从而丧失无效的权利,在后商标有效与否并不是一个法定障碍。

我国早期曾有过同样允许在先注册商标直接起诉在后注册商标的【“恒升”案】〔14〕,此案二审虽经调解结案,但一审法院对此问题的论述仍有现实意义,法院认为,商标是用于区别不同的商品生产者或者服务提供者的标识,商标的重要性就体现在其识别性上,在同一核定使用范围内,一个商标只能存在一项专用权,与其相同或相近似的商标不符合法定的注册条件。同时,从公平及诚实信用原则出发,任何权利的行使,均不能对他人的合法权益造成损害。与他人在先权利相冲突的商标,不具备合法性,无论其是否注册,行为人均无使用该商标的合法依据,否则,会给消费者判断商品来源造成困难,亦会给在先商标注册人的合法权益造成损害,与商标法的立法目的相违背。故作为商品的生产者或者服务的提供者,其在使用或者申请注册商标时,必须尊重他人权益,不得侵犯他人的合法在先权利,不能与他人在先的注册商标相同或相近似。

该案的特殊之处在于,被告的商标注册时,原告曾以受让商标为基础,申请作为原商标注册人的继受人,参与正在进行的异议复审及后续的行政诉讼程序而未被允许,而在先商标的原注册人也未参与后续的复审及诉讼程序,也就是说,在后商标的最终注册没有经过实质性的对抗过程。否则,既然司法机关在行政程序里已经允许在后商标注册,则已说明在后商标与在先商标不存在混淆可能性或权利冲突,其使用自然也不应该受到禁止,至于这样一种状态是不是可以称为“使用权”,实际应该也并不重要。

回到《权利冲突司法解释》,我国目前不允许直接起诉在后注册商标的直接后果就是,在先注册商标的禁用权将被暂时冻结,而且这种冻结甚至不是中止审理,而是不予受理。如果《权利冲突司法解释》2008年制定时似乎还具有一定的合理性,因为在先商标注册人至少可以提起异议且当时异议程序可以有司法复审的保障,这样在后商标一旦经过异议程序及其后续行政诉讼的情况下获得注册,至少理论上说明不存在与在先注册商标的明显冲突。

但随着要求优先权的商标申请有可能晚于在后申请商标注册以及商标审查中不考虑在先商标的显著性和知名度,再加上2013年《商标法》修改时废除了在先商标异议人的复审权利及诉讼救济,也就是说,有点类似前面的【“恒升”案】,在先商标注册人在没有机会走到司法复审阻止在后注册的情况下,就必须承受无效程序期间无法主张其商标专用权的后果,即这一期间内,无法禁止在后商标使用,甚至在已经成功将在后商标注册无效的情况下,由于有的法院将《商标法》第47条第2款适用于被无效的侵权人商标注册上并要求赔偿以存在恶意为条件,或者像2023年商标法修改征求意见稿第48条第三款也要求将恶意作为侵权认定乃至索赔的条件,在先商标注册人也难以获得事后的赔偿。

相比之下,已经失效的北京市高级人民法院2004年提出的解决思路,只需要将其中的“撤销”替换为“请求无效宣告”,似乎仍然有其合理之处。北京市高级人民法院在解答中认为:不宜直接认定侵权成立,但可以裁定中止诉讼,并要求当事人在一定期限内向商标行政主管部门提起撤销对方注册商标的申请。被告的商标最终被维持有效的,应当认

---

〔14〕 参见北京市第一中级人民法院民事判决书,(2001)一中知初字第343号。

定被告使用自己注册商标的行为不构成侵权。被告的商标被撤销，其注册商标专用权视为自始不存在的，应当认定被告行为构成侵权。原告的商标被撤销，其注册商标专用权视为自始不存在的，应当驳回起诉。如果原告申请制止被告的行为或者采取防止损失扩大的措施，并提供了担保，经法院审查认为其申请符合有关规定，可以在裁定中止诉讼的同时一并作出有关裁定。[15] 这样，北京市高级人民法院的思路可以更好地平衡先后注册商标的利益，进退都有余地。当然，这也要求其不再将此类中止案件记入未结案的考评中。

三、在先权利的自身问题导致对在后注册商标使用权的肯定

在前面，我们集中论述了商标专用权的产生和行使不能损害包括商标在内的所有在先权利。但一方面，如果在先权利并没有积极主张权利甚至放任容忍在后商标的注册和使用，则可能会产生懈怠失权的问题；另一方面，由于商标专用权的保护范围取决于注册，但是它的对抗范围实际又和商标使用密不可分，也可能会发生在先商标专用权因为自身使用的原因而不能对抗他人的使用的情形，如商标注册以后一直没有使用或停止使用达3年之久，以及商标的使用尚未产生足够的显著性或知名度。

（一）在先权利懈怠失权

前面第三章在介绍商标注册条件以及第六章介绍无效程序时，我们已经讲到《商标法》第45条5年的无效期限问题，即自商标注册之日起5年内，在先权利人或者利害关系人可以请求商标评审委员会宣告该注册商标无效。对恶意注册的，驰名商标所有人不受5年的时间限制。根据《驰名商标司法解释》，超过这个期限的，驰名商标则不仅不能宣告在后注册无效，也不能禁止在后注册商标的使用。这实际也是督促在先权利人尽早或及时行使权利，我们由此甚至可以推论，比驰名商标还弱的其他权利或商标，自然不能超越5年，禁止在后注册商标的使用。

《服务大局意见》第9条进而规定，与他人著作权、企业名称权等在先财产权利相冲突的注册商标，因超过《商标法》规定的争议期限而不可撤销的，在先权利人仍可在诉讼时效期间内对其提起侵权的民事诉讼，但人民法院不再判决承担停止使用该注册商标的民事责任。

但2020年最高人民法院《关于全面加强知识产权司法保护意见》第3条也要求充分运用法律规则，在法律赋予的裁量空间内作出有效规制恶意申请注册商标行为的解释，促进商标申请注册秩序正常化和规范化。

从实际操作来看，目前已经有不少案例突破5年的时间限制，判决停止使用在后商标及赔偿损失。例如，在涉及陈某美术作品【“女人”案】[16]中，厦门市中级人民法院及福建省高级人民法院均认为，商标虽然获准注册，但如果存在侵犯著作权等在先权利的情况，仍应承担侵权的相关法律责任。即使被诉侵权的注册商标因为已经超过《商标法》所规定的5年无效期而无法被裁定无效，但考虑到被诉商标并未实际使用，尚未建立起稳定的市场秩序和发挥区别商品来源的作用，人民法院在侵权诉讼中仍可判令商标权人停止对

---

〔15〕 北京市高级人民法院《关于审理商标民事纠纷案件若干问题的解答》（京高法发〔2004〕48号）。

〔16〕 参见福建省高级人民法院民事判决书，（2018）闽民终1033号。

被诉商标的使用。又如,在【“非诚勿扰”案】[17]中,北京知识产权法院也认为,尽管5年无效期限已过使商标无法被宣布无效,但华谊兄弟公司仍然有权对其提起民事诉讼,被告申请注册并在网站的使用并非合法的商标性使用行为,构成著作权侵权,应该承担赔偿责任。二审维持了一审判决。再如,在【“一品石”案】[18]中,最高人民法院指出,虽然被控侵权人使用的标志已作为商标注册且已经超过了法律规定的提出无效宣告请求的时限,但只要其构成对他人在先著作权的侵害,就应依法承担侵害著作权的民事责任。著作权人是否已将其作品作为商标使用,并不影响对其著作权的保护。因此,判决商标注册人停止使用且赔偿损失。

因此,注册商标,甚至注册已满5年的商标,如果侵犯在先著作权,依然会被判决停止使用和赔偿损失,并不存在所谓的“使用权”。这似乎又回到了“武松打虎”案里面提出的问题。允许超过5年还可以追究著作权侵权固然有一定的合理之处,因为不应该要求在先权利人时刻关注商标公告并在5年内提出无效请求。但在后商标如果已经公开使用也为在先权利人所知悉且容忍,权利的天平似乎也应该适当向在后商标倾斜和移动。

懈怠失权制度的启发。这方面也许可以借鉴欧盟商标立法的懈怠失权制度,以此来达到在先权人与在后商标注册人的利益平衡。欧盟的做法是,如果在后商标注册以后开始使用,在先权利人明知其使用却放任不管超过5年,则不能再主张在先权利对抗在后注册商标无效且不能禁止其使用。因为,法律不保护“躺在权利上睡觉”的人。

相比之下,这种基于懈怠失权的做法更有合理性,我国简单以注册满5年即不可再提无效确实对在先权利人,尤其是商业标识以外的著作权、人身权等其他权利人不够友好,因为他们可能根本没有意识到有人抢注了他们的作品、姓名、肖像,要求他们实时监控商标公告也不现实,唯有他们明知他人使用却不采取行动才足以产生失权的后果。

5年失权制度或更合理的懈怠失权制度,恰恰是对注册商标专用权的“使用权”面向的一种承认:使用权并不是一种一注册就可以对抗在先权利的特权,但也不能说从来都没有什么“使用权”,因为在一定条件下尤其是在先权利“睡觉”的情况下,在后商标的“使用权”就可以产生对抗性。当然,从绝对意义上,在先权利优先仍然是不可动摇的原则,因为即使在先权利失权,商标专用权的禁用权对于在先权利仍然不发生对抗性。

我们也许可以借用前面提到的涉及“两本账”的【“鹦鹉”案】,来类比懈怠失权的法律效果。如前所述,“鹦鹉”案是在十分特殊的历史背景下发生的罕见的个案,在先的英文“鹦鹉”商标本来只能出口,不能内销,在后的中文“鹦鹉”只能内销不能外销,1982年《商标法》之前可以说是“井水不犯河水”的共存局面。法院最后允许两个“鹦鹉”均可内销和外销,虽然只是法律变迁而不是懈怠失权的结果,但两者的效果却也很接近,前后两个商标注册人所享有的商标专用权,即使对第三人仍然可以行使禁用权,但在彼此之间的效力,已经转化为一种单纯的使用权。表面上看是在先商标内销妨碍了在后商标,但在后商标实际也因此可以外销,应该说新的共存局面也是互有得失。

(二)在先商标缺乏使用

在先商标没有使用带来的问题。我国虽然有3年不使用撤销及不赔偿制度,但已经

---

〔17〕 参见北京知识产权法院民事判决书,(2019)京73民终2701号。

〔18〕 参见最高人民法院民事判决书,(2021)最高法民再121号。

3 年不使用的商标仍然可以继续受到保护。例如,北京市高级人民法院 2018 年在《关于当前知识产权审判中需要注意的若干法律问题》中指出,商标自核准注册后,其专用权即告成立,我国采取的是商标注册制,而非商标使用制,注册商标是否实际使用并不影响其专用权的行使,也不影响禁用权的救济。《商标法》第 64 条系对起诉前 3 年不使用注册商标赔偿数额界定的规定,而非对是否侵害商标权定性的规定。因此,在商标民事案件中,权利人的注册商标未实际使用,仅是判定赔偿数额的考虑因素,不影响侵权的认定。

这就造成连续 3 年没有使用的商标,一旦开始使用,就仍然可以借助其最早的申请日对抗他人的申请及使用,而他人申请时这个所谓的在先商标实际已经处于可撤销的状态。不仅如此,即使在先商标仍然可以撤销,由于在后商标的驳回复审程序与引证商标的撤销程序之间存在时间差,且按现在的规定,商标注册撤销后的效力,不是在不使用满 3 年的时候或者 2014 年《商标法实施条例》规定的商标局撤销决定作出之日,而是在撤销公告之后才消失,故之前仍有可能妨碍他人。这种只具注册形式而不具使用实质的在先注册商标,已丧失作为在先权利的正当性,仍然允许其阻碍在后商标注册并禁止在后商标使用,则可能加剧商标资源越来越稀缺的态势。

在先商标使用不足带来的问题。商标经使用取得显著性通常情况下应该是在申请前具备,但实践中仍然有可能出现缺乏显著性的商标被错误注册的情况,显著性因此可能在注册后才取得;至于直接影响保护范围的较高显著性、知名度乃至驰名度更是可能产生在注册之后。同时,由于使用不当或停止使用,还会发生丧失显著性或知名度降低或消失,进而导致可以撤销该商标注册或允许更多正当使用抗辩的情况,这些商标对抗在后注册商标的强度和范围自然就做不到整齐划一,而应该是一个动态的过程。

欧盟介入权制度的启发。欧盟 2015 年对《欧盟商标指令》和《欧盟商标条例》进行了大幅度的修改,在《欧盟商标指令》和《欧盟商标条例》中分别引入了第 8 条、第 18 条和第 16 条,即建立了明确的“介入权”(intervening right)制度。该制度的第一层意思是,要想阻止他人注册或使其注册无效,就必须证明自己在该日以及提起无效之日前 5 年,对商标进行了真实的使用或有不使用的正当理由。否则就无法阻止或无效在后商标的注册,自然也不能禁止其使用。第二层意思则是,在先商标必须证明该商标于在后商标申请日或优先权日已经足够显著,或取得较高显著性和知名度,或成为声誉商标。否则,就不能阻止他人的注册或使其无效,而不能无效的话,就不能禁止在后注册商标的使用。

《欧盟商标指令》第 30 ~ 32 条立法理由详细阐述了“介入权”制度的目的和意义,总体就是为了维护法律的确定性和在后合法获得的商标权利,减少商标注册以及冲突的数量,没有使用的商标没有保护的正当性。这一制度的核心就在于给商标注册涂上使用的色彩,没有一个一成不变的僵化的注册,而必须时刻结合使用的情况来决定保护的范围。

这也就意味着,当在先商标自身条件不够好的时候,如已经 3 年或 5 年不使用了,或者知名度还不够高,其他人的申请就不能拒绝注册或无效,即只能共存。看上去,这会带来更多的冲突,但允许一个自身条件不够的商标霸占过宽的保护范围也不具有正当性,尤其是注而不用的冗余商标日渐增多,问题和矛盾越来越突出,欧盟商标法中的“介入权”制度不失为一种行之有效的办法。

从这个意义上讲,这一制度实际也是对在后注册商标使用权的一种肯定,在后商标经由注册这一法定公开的形式所赋予的使用权,不至于受到在先没有使用或使用不足的形式注册的阻碍,真正实现注册与使用的完美结合。

我国的相关实践。一方面,我国虽然意识到商标注册但长期不使用的危害,建立了不使用可撤销以及不赔偿制度,但这个问题并未得到彻底解决。另一方面,对于在先商标因使用不足带来的显著性和知名度不足的问题,我国商标法、司法解释以及司法实践中已经出现类似“介入权”的解决思路。例如,根据《商标审查审理指南》(2021 年)下编第十章 4.1(1)、4.2(1)以及《驰名商标司法解释》第 11 条第 2 项,驰名商标在对抗他人的注册申请或已经注册的商标时,必须证明商标已在他人申请商标注册前已经驰名。又如,根据《商标审查审理指南》(2021 年)下编第五章 3.2.1、3.2.2、5.1.16,以及《商标授权确权司法解释》第 12~13 条,在先商标尚不具备较高显著性或知名度的,也会影响它的对抗范围和强度。

司法实践中也已经有了类似的判例。例如,在【“小肥羊”案】[19]中,北京市高级人民法院认为,本案中,西安小肥羊烤肉馆主张内蒙古小肥羊公司抢先注册了其在先使用并且已经具有一定影响的“小肥羊”文字商标。“小肥羊”文字在一定程度上确实表示了“涮羊肉”这一餐饮服务行业的内容和特点,故包头市小肥羊酒店于 1999 年在第 42 类上申请“小肥羊及图”商标、西安小肥羊烤肉馆于 2000 年在第 42 类上申请“小肥羊及图”商标,商标局对于“小肥羊”文字均不予批准。这就是说,“小肥羊”文字作为商标注册缺乏固有显著性,因此,西安小肥羊烤肉馆关于内蒙古小肥羊公司违反 2001 年《商标法》第 31 条(现第 32 条),抢先注册其在先使用并具有一定影响的未注册商标的主张不能成立,但这并不排除“小肥羊”文字可以通过使用和宣传获得“第二含义”和显著性。

又如,在【“散列通”案】[20]中,最高人民法院认为,人民法院依据 2001 年《商标法》第 31 条(现第 32 条)审查判断诉争商标是否侵害他人在先权利,一般应当以诉争商标申请日前是否存在在先权利为时间界限。当时,形式上在先的散利痛商标实际是药名即通用名称,因而并不具有在先商标的实际效力,故不能阻止在后的散列通商标注册。

再如,在【“微信”案】[21]中,最高人民法院也认为,“微”具有“小”“少”等含义,与“信”字组合使用在上述服务项目上,易使相关公众将其理解为是比电子邮件、手机短信等常见通信方式更为短小、便捷的信息沟通方式,是对上述服务功能、用途或其他特点的直接描述,而不易被相关公众作为区分服务来源的商标加以识别和对待,因此,被异议商标在上述服务项目上缺乏显著特征,因此不能注册。换句话说,创博亚太公司虽然申请在先,但由于不具有显著性,实际并不能在另案中成为腾讯公司申请“微信”商标的在先权利。

另外,在【“蒙娜丽莎Ⅰ”案】[22]中,最高人民法院认为,蒙娜丽莎集团公司涉案第 1476867 号商标最早被认定驰名的时间为 2006 年,迟于第 1558842 号商标申请注册的

---

〔19〕 参见北京市高级人民法院民事判决书,(2006)高行终字第 94 号,载黄晖编著:《中国商标及不正当竞争案例精要》,知识产权出版社 2021 年版,第 172 页。

〔20〕 参见最高人民法院行政判决书,(2009)行提字第 1 号,载黄晖编著:《中国商标及不正当竞争案例精要》,知识产权出版社 2021 年版,第 170 页。

〔21〕 参见最高人民法院民事裁定书,(2016)最高法行申 3313 号,载黄晖编著:《中国商标及不正当竞争案例精要》,知识产权出版社 2021 年版,第 59 页。

〔22〕 参见最高人民法院民事判决书,(2017)最高法民再 80 号,载黄晖编著:《中国商标及不正当竞争案例精要》,知识产权出版社 2021 年版,第 395 页。

1999年及核准注册的2001年。故蒙娜丽莎集团在后驰名的商标应扩张保护以对抗在先核准注册的第1558842号注册商标的主张,该院不予支持。而且,不能对抗的结果就是,蒙娜丽莎集团公司自己也不能在这个在后商标所在的商品领域发展了。因为接下来,在另外一个经历了一审、二审、抗诉和再审的【"蒙娜丽莎Ⅱ"案】[23]中,蒙娜丽莎集团公司在瓷砖上的第1476867号驰名商标试图延伸到11类的产品上所注册的第4356344号商标时,遇到了基于第1558842号商标提出的无效宣告申请,并在经历一系列反转后,在北京市高级人民法院的再审判决中被最后认定,第1476867号商标注册在第19类商品上,蒙娜丽莎公司主张该商标具有较高知名度的商品为第19类的"瓷砖"商品,即使第1476867号商标已经具有较高知名度,但其与争议商标(第4356344号商标)和引证商标(第1558842商标)核定使用的第11类商品分属于不同的商品类别,不同商品上的商誉不能当然地延续到其他类别的商品上。

我国正值第五次《商标法》修改的进程中,"介入权"的问题有望得到立法者充分的重视和讨论,真正排除未使用商标或使用不足商标的禁用权,认可在后商标申请时所具有的合法状态赋予的使用权,以解决我国日益增加的商标注册总量以及由此产生的大量冲突。

第二节　商标侵权及混淆可能性

接下来,我们开始讨论普通商标侵权的定义及其核心要件——混淆可能性。我国《商标法》对商标侵权的规定主要集中在第57条,前两项是侵权的实质性规定,后面五项属于侵权的具体或特殊形式,我们将在本章第九节中讨论。对于目前已注册驰名商标不以混淆可能性为条件的更加特殊商标侵权形式,我们将在第十一章介绍。

一、商标侵权的定义

商标注册赋予注册人禁止他人未经许可的使用独占使用权的基本目的,是通过注册建立特定商标与特定商品的固定联系,从而保证消费者能够避免混淆并能接受到准确无误的商品来源信息。商标注册所产生的直接效果,就是商标注册人从此可以取得专有权,禁止他人在未经其许可,在可能造成混淆的情况下,对其商标进行商业性使用。

因此,我国《商标法》第57条第1、2项明确规定,未经商标注册人的许可,在同一种商品上使用与其注册商标相同的商标的行为,以及在同一种商品上使用与其注册商标近似的商标,或者在类似商品上使用与其注册商标相同或者近似的商标,容易导致混淆的行为,均属于侵权行为。

---

〔23〕　参见北京市高级人民法院行政判决书,(2022)京行再1号。

二、混淆可能性的定义

我国2013年《商标法》之前的侵权条件中没有关于混淆的规定,但2001年《商标法》对驰名商标保护中出现了"容易导致混淆"的措辞,2013年之后,商标侵权的定义中也终于规定了"容易导致混淆"的要件。

"混淆的可能"是商标保护的核心问题,是划定合理的商标权利范围的基础。商标的实际保护范围必然会涉及近似商标及类似商品,而不仅限于相同商标相同商品,必须基于市场的真实情况,结合商标的显著性进行认定。否则,认定混淆的门槛太高,无疑会削弱商标权利的范围,但如果混淆的门槛太低,又可能妨碍他人的正常使用。因此,必须综合考虑,全面平衡。

对"混淆的可能"的认定归根结底是一个事实问题,每次认定都必须在个案的基础上进行,不存在所谓一试就灵的石蕊试纸,各国因此也只能在认定"混淆的可能"的过程中逐渐总结一些必须遵循的原则。但由于分歧太大,《TRIPS协定》除了简单地规定"在相同商品或服务上使用相同商标则推定存在混淆的可能"外,也未能明确何时会有可能混淆,尤其对何为商标近似、何为商品或服务类似及其与"混淆的可能"的关系均未置一词,而且对"推定"是否可以推翻也没有任何说明。

欧盟的混淆判断标准。相对而言,欧共体《一号指令》第10条立法理由(也即《欧盟商标指令》第16条立法理由)规定的保护商标的基本条件更为具体:在商标与标记相同及商品或服务间相同时,该保护是绝对的;在商标与标记相似及商品或服务间相似时,该保护也应确保;必须结合混淆的可能来解释相似的概念;混淆的可能构成保护的特殊条件,而其认定取决于多种因素,尤其取决于商标在市场上的认知程度,商标同使用或注册的标记可能产生的联想,商标与标记及商品或服务间相似的程度。

在【Canon案】[24]中,欧盟法院对"混淆的可能"进行了明确的定义,即公众可能就有关商品或服务的来源发生错误,也就是说,当公众认为商品或服务是来自同一个或者至少经济上有关联的企业时,就存在混淆的可能,否则即不存在。消费者的这一主观印象具有决定意义,因为"哪怕消费者明知商品的生产地不同,但只要他们仍然可能认为二者之间有关联,就始终存在混淆的可能"。

发生在欧盟的【Sabel案】[25]特别具有典型性。该案先在德国法院审理,后依照罗马条约提交欧盟法院进行初裁。主要案情是,荷兰的萨贝尔(Sabel)公司在德国申请注册了一个Sabel及图的组合商标,图形是一只向右奔跑的带斑点的美洲豹,指定的商品包括皮革制品及服装,德国的彪马(Puma)公司以在同样商品上注册的同样向右奔跑的剪影式的美洲豹图形商标对其提出异议,德国专利局驳回了异议(见图7.3)。彪马公司上诉到德国专利法院,该法院推翻了专利局的裁定。萨贝尔公司不服,继续上诉至德国最高法院。最高法院虽然认为依据德国一贯的司法实践,两个商标从整体上并不存在混淆的可能,但由于两个都描述了美洲豹近似的奔跑姿势的商标可能造成的联想,又由于《一号指令》使用了相对含混的语言(包括联想的可能在内混淆的可能),德国最高法院于是请求欧盟法院对如下问题作出初裁,即根据两个商标立意上的一致可能形成的联想是否可以认定存

〔24〕 See C-39/97,Canon案。

〔25〕 See C-251/95,Sabel案。

在混淆的可能。

图 7.3　被告商标（左）和原告商标（右）

这样，欧盟法院终于有机会对《一号指令》"包括联想的可能在内的混淆的可能"进行解释。它认为，从字面上看，只能将"联想"解释成达到"混淆"的一种途径，即用以确定混淆的可能的范围，但不能解释成可以用"联想的可能"来替代"混淆的可能"。换言之，欧盟法院的结论是，根据《一号指令》的措辞本身，在没有"混淆的可能"的情况下，不能单独以存在"联想的可能"认定侵权。欧盟法院最后指出"必须考虑现实案件中所有有关因素，对混淆的可能进行整体评价"。

事实上，即使是相同商标、相同商品也要考虑市场实际，并不能当然得出容易导致混淆的结论。例如，在【Opel 案】[26]中，汽车生产商欧宝公司 1990 年即在德国获准注册 Opel 商标，使用在汽车和玩具等商品上。2004 年年初，欧宝公司发现，Autec 公司在未经其许可的条件下，在德国生产并销售有以 Opel Astra V8 型小跑车为原型制作的遥控等比例仿真模型汽车，并且还在与原型汽车相同的位置上标注了 Opel 标识。因为 Opel 商标也有在玩具类商品上进行注册，所以欧宝公司认为 Autec 公司的上述行为在玩具类商品上构成对其商标专用权的侵害，因此向纽伦堡—菲尔特地方法起诉，要求 Autec 公司立即停止有关的侵权行为。纽伦堡—菲尔特地方法院为此请示欧盟法院。

欧盟法院最终裁决认为，根据《一号指令》第 5 条第 1 款第 a 项的规定，商标专用权人有权禁止任何第三方未经许可即在相同商品上使用与其商标相同的商标。但是，这条规定的本意是在保护商标最本质的标明商品或服务出处的作用。某些特殊的情况下，在相同商品上使用与他人相同的商标并不会误导相关公众对商品出处的判断，因此也不构成侵权。在本案中，Autec 公司在模型车上使用 Opel 标志，只是为了诚实地复制原品，而不是为了表示该模型出处，不能仅仅因为其使用了 Opel 标志就认定其侵权。只有 Autec 公司使用 Opel 标志的行为影响或可能影响消费者对其商品出处的判断，或者对该商标的显著性或声誉造成了损害，其行为才构成侵权。

美国的混淆判断标准。在多年的商标审判实践中，美国各巡回法院都归纳了各自认定混淆的可能的要素。例如，在【Polaroid 案】[27]中，美国第二巡回上诉法院比较有代表性地列举了 8 点认定混淆的可能的要素：商标的强度、双方商标相似程度、商品接近程度、在先所有人扩充生产的可能、实际混淆、被告在商标命名时是否有恶意、被告产品的质量、消费者的专业水平。

后来，其他上诉法院也都列举了自己的权衡因素，美国第九巡回上诉法院在【Sleek-

---

〔26〕 See C－48/05，Opel 案判决书第 24、37 段。

〔27〕 See Polaroid Corp. v. Polarad Elects. 287 F. 2d 492（2nd Cir. 1961）.

craft 案】[28]中,也以未穷尽的方式列举了认定"混淆的可能"时需要考虑的八个因素:(1)商标的强度;(2)商品的类似性;(3)商标的近似性;(4)实际混淆的证据;(5)销售渠道;(6)商品种类及消费者购买时的注意程度;(7)被告选择商标的意图;(8)产品扩展的可能性。我们将在第九节中全面介绍此案。

我国的混淆判断标准。2004 年,北京市高级人民法院在《关于审理商标民事纠纷案件若干问题的解答》(已修改)中认为,造成相关公众的混淆、误认是指已经或可能对商品来源产生误认,已经或可能对商品的生产者、销售者或服务的提供者与商标注册人之间存在某种联系产生错误认识。判断造成相关公众的混淆、误认,应以相关公众的一般注意能力为标准,并参考商品或服务的具体特点、差异大小、价格高低、知名度等因素综合判断。

北京市高级人民法院 2006 年又修改了上述解答,关于混淆的表述为:足以造成相关公众的混淆、误认是指相关公众误认为被控侵权商标与注册商标所标示的商品来自同一市场主体,或者虽然认为两者所标示的商品来自不同的市场主体,但是误认为使用两者的市场主体之间存在经营上、组织上或法律上的关联。

2009 年,《驰名商标司法解释》(已修改)第 9 条对"混淆可能性"作了一个概括的定义,即"足以使相关公众对使用驰名商标和被诉商标的商品来源产生误认,或者足以使相关公众认为使用驰名商标和被诉商标的经营者之间具有许可使用、关联企业关系等特定联系的,属于商标法第十三条第一款规定的'容易导致混淆'"。

2017 年,《商标授权确权司法解释》(已修改)第 12 条,同样借助解释驰名商标的混淆,第一次明确规定了商标混淆可能性的判断标准:人民法院应当综合考量如下因素以及因素之间的相互影响,认定是否容易导致混淆:(1)商标标志的近似程度;(2)商品的类似程度;(3)请求保护商标的显著性和知名程度;(4)相关公众的注意程度;(5)其他相关因素。商标申请人的主观意图以及实际混淆的证据可以作为判断混淆可能性的参考因素。该标准在 2020 年的《商标授权确权司法解释》中保留。

需要指出的是,最高人民法院在上述两个司法解释里之所以都是针对未注册驰名商标作出的相关混淆可能性的定义和判断标准,主要是因为:一来《驰名商标司法解释》出台时,商标法中侵权标准中还没有混淆可能性的要件,当时还是通过将混淆可能性内化到商标近似及商品类似的相关定义中;二来《商标授权确权司法解释》不直接涉及商标民事侵权,未注册驰名商标是唯一可以作为解释依据的条款。

正如最高人民法院知识产权有关负责人撰文指出,《商标法》在 2013 年修正之前,虽然没有明确将混淆可能性规定在具体的法律条文中,但这是商标法保护商标区别性基本功能的应有含义。[29] 人民法院在司法实践中是通过对商标近似和商品类似这两个概念进行商标法意义上的解释,从而包含了对混淆可能性的判断。2013 年修正的《商标法》在关于侵害商标权的第 57 条第 2 项中,在商标近似、商品类似之外明确规定了容易导致混淆的要件,故有必要对之前将混淆可能性纳入商标近似概念的做法进行调整。

文章进一步解释说,《商标授权确权司法解释》第 12 条将商标标志的近似程度、商品

---

〔28〕 See AMF Inc. v. Sleekcraft Boats, 599 F. 2d 341 (9th Cir. 1979).

〔29〕 参见宋晓明等:《〈关于审理商标授权确权行政案件若干问题的规定〉的理解与适用》,载《人民司法》2017 年第 10 期。

的类似程度、请求保护商标的显著性和知名程度、相关公众的注意程度等均作为判断混淆可能性的考虑因素,并且强调这些因素之间可以互相影响。虽然《商标授权确权司法解释》第 12 条针对的是《商标法》第 13 条第 2 款未注册驰名商标的保护,但事实上,《商标法》第 30 条关于在先注册商标的保护也涉及混淆可能性的判断,第 32 条在先权利中如字号的保护也会涉及这个问题,同样可以参照《商标授权确权司法解释》第 12 条的规定来进行判断。

而且,对于完全相同或者高度近似的商标,在商品类别范围上可能放宽〔30〕;而如果是在同一类商品上,对近似程度的要求可能降低;在先商标具有较高的知名度和显著性,即使商标本身近似程度弱一些,也可能造成混淆〔31〕;相关公众注意程度低的商品,更容易造成混淆等。《商标授权确权司法解释》第 12 条第 1 款前四项因素是市场环境下消费者是否容易混淆的基本考虑因素;第 2 款申请人的主观意图和实际混淆的证据只是参考因素,如果存在该两项因素可以佐证混淆可能性的存在,但缺乏该两项因素不妨碍对混淆可能性的认定。

国知局 2020 年发布的《商标侵权判断标准》也终于直接就《商标法》第 57 条中的混淆可能性的定义和判断标准进行了规定:一是混淆的定义,即"商标法规定的容易导致混淆包括以下情形:(一)足以使相关公众认为涉案商品或者服务是由注册商标权利人生产或者提供;(二)足以使相关公众认为涉案商品或者服务的提供者与注册商标权利人存在投资、许可、加盟或者合作等关系"。二是判断标准,即"商标执法相关部门判断是否容易导致混淆,应当综合考量以下因素以及各因素之间的相互影响:(一)商标的近似情况;(二)商品或者服务的类似情况;(三)注册商标的显著性和知名度;(四)商品或者服务的特点及商标使用的方式;(五)相关公众的注意和认知程度;(六)其他相关因素"。

在下文中,我们还将结合上述案例详细探讨认定混淆的过程。当然,需要指出的是,这些因素都不具有决定性的意义,正如美国第九巡回上诉法院所指出的那样,不是每一个因素都必须加以考虑。

三、混淆可能性的种类

依据不同的划分标准,我们可以从不同的维度来讨论混淆可能性问题,如是直接混淆还是间接混淆,是可能混淆还是实际混淆,是售中、售前还是售后混淆,是正向还是反向混淆,是注册中的混淆还是侵权中的混淆。

(一)直接混淆和间接混淆

正如我们在前面的混淆定义中已经提到的那样,按混淆发生的直接程度,混淆首先可以分为直接混淆和间接混淆:直接混淆,又称狭义的混淆,即消费者无从分辨或混同两个事实上产自不同企业的商品;间接混淆,又称广义的混淆,即消费者很清楚某一商品不可能由某一企业直接生产,但却可能认为该企业与实际生产者之间有某种许可、赞助、参股或商品化等关系,总之由该企业对商品的生产实施最终控制,但实际上并不存在这种

---

〔30〕 参见最高人民法院行政判决书,(2012)行提字第 10 号,GAP 案。

〔31〕 参见最高人民法院民事判决书,(2005)民三终字第 5 号,嘉裕长城案,载黄晖编著:《中国商标及不正当竞争案例精要》,知识产权出版社 2021 年版,第 350 页。

关系。

需要指出的是,传统的商标立法在规定混淆问题时一般只涉及直接混淆,如美国《商标法》第 32 条在 1962 年修改前就包含"就产品的出处在消费者中可能造成混淆、错误及欺骗"的字样。经过修改,删去了斜体部分,即不再要求"在消费者中",也不再要求"就产品的出处"产生混淆,实际上将关于产源的直接混淆和关于许可、赞助关系的间接混淆都囊括其中,修改的结果扩大了"混淆的可能"的范围。

之所以扩大混淆的范围,是因为随着企业经营多样化的趋势日益明显,一些知名企业可能会突然出现在人们完全意想不到的领域,或者以赞助的形式扩大自己的影响。美国 1962 年修改美国《商标法》时其实已经将赞助混淆纳入侵权的范畴。

在【Chanel 案】中,日本最高法院第一小法庭 1998 年 9 月 10 日裁定,设在东京近郊的香奈儿(Chanel)小酒吧侵犯了香奈儿集团的利益。原告在千叶地方法院一审胜诉、在东京高等法院二审败诉,最后诉至最高法院。最高法院认为,尽管被告的经营内容、种类、规模与香奈儿集团不同,但鉴于香奈儿集团的知名度极高,香奈儿集团所属的服装企业也有将其经营多元化的趋势,被告使用香奈儿的标志,可能会给一般消费者造成被告和香奈儿集团之间有紧密的经营上的关系或同属一个集团的误解。因此,根据日本《反不正当竞争法》第 2 条第 1 款的规定,最高法院判定被告使用香奈儿的行为应视为侵害了原告的正当利益。本案是日本最高法院在原、被告营业性质不同的情况下认定混淆的可能的第一个判例。

当然,严格来说,香奈儿集团对于自己的专业方向和档次都应该有一个十分清晰的定位。一个稍具常识的消费者应该不会真的认为香奈儿集团会在东京郊区不起眼的地方开一个或授权开一个小酒吧。因此,到底是赞助混淆还是联想,应该是可以商榷的,我们在第十一章中还会进一步探讨这一问题。

如前所述,在我国关于混淆的定义中两种混淆都包括:一是《驰名商标司法解释》对"混淆可能性"的定义中,就既包括足以使相关公众对使用驰名商标和被诉商标的商品来源产生误认的情况,也包括足以使相关公众认为使用驰名商标和被诉商标的经营者之间具有许可使用、关联企业关系等特定联系的情况。二是 2020 年颁布的《商标侵权判断标准》中也规定,商标法规定的容易导致混淆既包括足以使相关公众认为涉案商品或者服务是由注册商标权利人生产或者提供,也包括足以使相关公众认为涉案商品或者服务的提供者与注册商标权利人存在投资、许可、加盟或者合作等关系。

(二)可能混淆和实际混淆

按混淆发生的现实性,混淆也可以分为可能混淆和实际混淆。实际混淆显然是最危险的混淆形式,具体表现为消费者在毫无察觉的情况下将假冒商品当作真品购买,乃至消费。事后可能因为质量问题去投诉才暴露出假冒的问题,也有可能只是觉得带有该商标的商品质量下降,导致今后不再购买;更有甚者,消费者可能一开始就是购买到假冒的产品,以至于后来见到正品也敬而远之不敢再次上当,其实也是实际混淆的真实体现。

国际知识产权保护协会(AIPPI)认为,实际混淆在任何时候都是混淆可能发生的重要证据,但不应作为认定侵权发生的一个必要条件。事实上,仅仅存在混淆的可能就已经损害了商标表示产源的可信度,增加了消费者的搜寻成本,足以成就禁止其使用的条件。《商标授权确权司法解释》第 12 条中只是将实际混淆作为衡量混淆可能性的一个参考因素，而非必要条件。

（三）售中、售前和售后混淆

按照混淆发生的时间先后，混淆还可以分为售前、售中和售后混淆。目前的混淆概念主要集中在商品或服务出售的过程中，即消费者决定购买的一刹那，因此也叫“售中混淆”。但混淆不仅可以发生在售中，也可以发生在售前乃至售后。

所谓“售前混淆”，也叫“初期混淆”，即一开始混淆，但当看到实物后并没有混淆。售前混淆理论在“注意力经济”的时代具有特别重要的意义，社会发展到今天，再也不是“酒好不怕巷子深”的时代了，因为进入市场的门槛越来越高，完全靠自身的努力即使可能，速度也太慢。

于是就有一些走捷径的人，利用他人的商标引起人们的注意，消费者等进到店内发现走错门时，往往不愿拔腿就走，而通常会停下来顺便逛逛。这种混淆就是售前混淆。其危害比自始至终的直接混淆自然要小一些，但除非消费者的品牌忠诚度相当高，能够达到非此不买的地步，否则这一伎俩就能奏效。

这一理论对制止网络上的侵权尤其有意义，因为只要能通过与知名商标近似的域名引来访问人群，即使他们进入网站后并不会产生混淆，但售前混淆带来的人流就已经非常可观了。如果局限在售中混淆，显然不足以制止网上的这种“搭车”行为。

在最高人民法院发布的第29号指导案例【“天津青旅”案】〔32〕中，天津市高级人民法院认为，未经天津中国青年旅行社的许可，涉诉网站及其推广链接与赞助商链接中擅自使用“天津中国青年旅行社”“天津青旅”，足以使相关公众在网络搜索、查询中产生混淆误认，损害了天津中国青年旅行社的合法权益，该擅自使用行为依照《反不正当竞争法》第5条第3项（现为第6条第2项）的规定构成不正当竞争行为，应予制止，并承担相应的民事责任。实际已经承认了制止售前混淆或初始混淆的必要性。

所谓“售后混淆”，一般可以分为两种情况：一种是消费者售前并不知道正宗品牌的存在，因此也谈不上什么混淆，但在试一试的心态下很可能尝试购买，如果质量平平，甚至粗制滥造，下一次当他见到真正的品牌时，就可能“一朝被蛇咬，十年怕井绳”，将二者混为一谈，从而使正宗商品蒙受不白之冤。

另一种是消费者通过售货环境、商品价格等因素明知商品是赝品，如一两百元的“Rolex”手表或“Chanel”手袋，但还是依然购买，显然，对于该消费者自己而言不存在任何混淆。但别人却可能混淆，因为普通人很可能无法分辨别人穿戴的真伪，真正花高价买真品的人会发现没有人对他的付出喝彩，甚至会被认为不过也是在买假货赶时髦而已，最终的结果是无人再去买正品。

这是因为现代的消费观念发生了变化，货真价实不再是消费者唯一的追求。消费者不仅仅是消费商品，同时他也在消费品牌，他除了为商品本身付钱而外，还在为商品的品牌付钱。商品虽然不会搞错，但如果品牌开始贬值，消费者对该商品的忠诚度肯定会急剧下降。品牌和商品一样，也是物以稀为贵，低价赝品的流行无疑会迅速摧毁品牌的稀缺程度，最后必然会降低商标的价值。

---

〔32〕 参见天津市高级人民法院民事判决书，(2012)津高民三终字第3号，载黄晖编著：《中国商标及不正当竞争案例精要》，知识产权出版社2021年版，第710页。

在【"非五常大米"案】[33]中,福建省高级人民法院认为,谷堆坡公司在商品标题中使用"五常"二字,虽载明"非五常大米"且系与其他 20 多字共同组合使用,但客观上以"五常"作为关键词搜索时可搜到涉案商品,从而实现"关键词引流",不合理地获取涉案店铺中商品点击、浏览及交易的机会,实质上是一种"搭便车"的攀附行为,可以认定谷堆坡公司为竞争目的,造成市场信息的混乱,违反了诚实信用原则和公认的商业道德。谷堆坡公司的上述使用行为虽然并非识别商品来源的商标性使用,未侵害五常市大米协会的涉案注册商标专用权,但应认定构成不正当竞争。该案实际也是对售前混淆的禁止性规范。

(四)正向混淆和反向混淆

按照混淆发生的方向,混淆可以分为正向混淆和反向混淆。传统的混淆通常是指正向混淆,即分析在后商标与在先商标是否会混淆,而不会反过来问在先商标是否会与在后商标发生混淆。

如果一些大公司故意使用一些小公司的商标,通过广告营销对市场进行狂轰滥炸,消费者受此影响通常不会将大公司的商标同小公司的商标混为一谈,但却可能认为小公司是大公司的子公司,小公司因此不可能再自主地使用其商标,从而陷入反向混淆的陷阱。这一理论的价值在于打破混淆只能是正向混淆的窠臼。

美国司法实践。美国第九巡回上诉法院在【Dream Works 案】[34]中特别论述了这种特殊形式的混淆。与传统的正向混淆不同的是,反向混淆不关心在后商标是否窃取了在先商标的声誉,它所关心的是与在先商标打交道的顾客会不会误认为他们是在和在后商标打交道。

在该案中,原告从 1982 年开始使用"Dream Werks"并进行 Star Trek Convention,后于 1992 年在美国联邦专利商标局注册了 Dream Werks 商标,事隔两年,以斯皮尔伯格为首的几个大牌导演组建了一个名叫"Dream Works"(梦工场)的娱乐制片厂,并很快闻名于世。原告因此起诉制片厂,理由是它辛辛苦苦积累起来的声誉一下子被在后商标的广告浪潮席卷而去,使其声誉不再掌握在自己手中,而且也失去了扩展涉足由被告占据的营业领域。联邦区法院以两者的营业领域不同为由驳回了原告的起诉。

但美国第九巡回上诉法院认为原告的理由有一定的可取之处,它引用它在 AMF 诉【Sleekcraft 案】[35]中认定"混淆的可能"时需要考虑的 8 个因素。它指出,虽然在正向混淆的案件中,法院一般会一上来就关心第一个因素即在先商标的强度,但在反向混淆案件中,法院关心的则是在后商标的强度,以及在后商标是否会吞噬不够有名的在先商标的声誉。由于区法院没有考虑这一因素,最后,上诉法院裁定将此案发回重审。

中国司法实践。我国也发生过类似的案例,在蓝野酒业公司与百事可乐公司【"蓝色风暴"案】[36]中,法院同样以侵权人的宣传支出作为确定赔偿额的参考依据。法院认为,百事可乐公司投入大量资金,通过多种方式,长时间地在中国宣传"蓝色风暴"产品的促销活动,使相关公众对"蓝色风暴"产品的来源产生误认。该案中,百事可乐公司侵权行

---

〔33〕 参见福建省高级人民法院民事判决书,(2021)闽民终 900 号。

〔34〕 See Dreamwerks Production Group Inc. v. Skg Studio Skg, 142 F. 3d 1127 (9th Cir. 1998).

〔35〕 See AMF, Inc. v. Sleekcraft Boats, 599 F. 2d 341 (9th Cir. 1979).

〔36〕 参见浙江省高级人民法院民事判决书,(2007)浙民三终字第 74 号,载黄晖编著:《中国商标及不正当竞争案例精要》,知识产权出版社 2021 年版,第 349 页。

为的获利数额难以确定,因此法院以百事可乐公司提供的“蓝色风暴”宣传计划、实施方案、促销宣传投入的资金、有关促销活动取得的成功报道等证据为衡量标准,认定百事可乐公司获得巨大利润,结合其他因素,最终判决百事可乐公司赔偿蓝野酒业公司经济损失人民币300万元。

(五)注册中的混淆和侵权中的混淆

前面在注册程序的讨论中,我们实际已经涉及混淆可能性的判断问题,为了叙述方便,我们集中到本章来讨论,且主要关注商标授权确权与商标民事纠纷的标准关系和程序衔接。关于更加普遍的商标行政与民事、刑事诉讼裁决间的关系我们将在第九章第一节中加以讨论。

欧盟法院在涉及比较广告的【O2案】[37]中认为,侵权程序里面的混淆标准和确权程序里面对“混淆”的判断标准并不矛盾。使用与在先商标相同或近似的标志是否会导致侵权,要看其具体使用的状况,不能作绝对的判断。但在注册申请阶段,为了保护在先商标,只要有可能会对在先商标造成危害的商标就要予以驳回。《一号指令》的规定比较严格,是因为《一号指令》涵盖了申请阶段。而《比较广告指令》中提到的,主要是“实际使用的标志”是否侵犯在先商标的问题,要判断这一点,只需考虑实际使用的方式、时间、地域、商业领域等具体因素。本案属于后一种情形,在没有造成混淆的情况下,原告不能根据《一号指令》追究被告的侵权责任。也就是说,授权确权程序中用一种更抽象的方式考虑是否会造成混淆,而侵权程序里面的混淆是很具体的考虑,因为使用时会加很多别的元素。

《商标法》虽然没有对商标授权确权程序的驳回或无效标准作相应的调整,继续规定,“申请注册的商标,凡不符合本法有关规定或者同他人在同一种商品或者类似商品上已经注册的或者初步审定的商标相同或者近似的,由商标局驳回申请,不予公告”,但2001年以来的商标授权确权行政审查的司法实践中,最高人民法院已经明确,人民法院审理涉及驰名商标保护的商标授权确权行政案件,可以参照《驰名商标司法解释》第5条、第9条、第10条等相关规定。也就是说,可以将混淆的因素考虑到商标近似和商品类似的判断中,最终的结果应该不会有太大的不同。尤其是《商标授权确权司法解释》出台以后,尽管2019年《商标法》第57条与第30条措辞不同,但统一适用同样的混淆标准的可能性大大增强了。

在我国,侵权中的混淆会结合实际使用的方式或场景加以考虑,而注册中的混淆则会结合更加抽象普遍的场景考量,以尽可能消除混淆为出发点,如【“卡帝乐鳄鱼”案】中的单条鳄鱼商标(见图7.4左图)在民事侵权诉讼案[38]中,虽然基于当时的使用场景和历史因素被认为不构成对拉科斯特鳄鱼商标(见图7.4右图)的侵权,但在后来的针对其突出使用鳄鱼图形商标并有其他攀附行为再次提起的民事诉讼[39]中,北京知识产权法院认为,本案中有新的事实表明对被诉标识的使用行为正在侵蚀原告市场,打破原有市场格

〔37〕 See C－533/06,O2案判决书第66、67段。

〔38〕 参见最高人民法院民事判决书,(2009)民三终字第3号,载黄晖编著:《中国商标及不正当竞争案例精要》,知识产权出版社2021年版,第331页。

〔39〕 参见北京知识产权法院民事判决书,(2018)京73民初1127号。

局,前诉判定的基础条件已经有所变化,被诉标识的使用容易导致相关消费者误认为被诉标识与拉科斯特公司及其所享有的第141103号驰名商标(见图7.4右图)之间存在某种关联,故本案中在服装、背包等商品本身、包装、交易文书、广告宣传及其他商业活动中使用被诉标识的行为构成对原告驰名商标的复制、摹仿,易造成相关公众混淆,属于侵犯商标专用权的行为。

同时,在新加坡公司方面试图注册单条鳄鱼的商标(见图7.4左图)授权确权案[40]中,北京市高级人民法院也认为该商标诉争商标与引证商标均为单条鳄鱼图形,在构成要素、设计风格、整体视觉等方面均较为相近,一般消费者对鳄鱼头部左右朝向并不易区分,构成近似标志并不能注册。虽然可以考虑卡帝乐公司和拉科斯特公司双方各自历史发展和各自商标使用情况,但应尽量划清商业标志之间的界限,以确保不致使相关公众对商品来源产生误认。综合上述因素,诉争商标与各引证商标若共同使用在同一种或类似商品上,容易导致相关公众对商品来源产生混淆、误认。

图7.4　单条鳄鱼商标(左)和拉科斯特鳄鱼商标(右)

这些都说明,商标侵权认定更加注重具体使用环境下的相关公众是否会误认误购,而商标授权确权的认定通常都是在相对抽象的前提下,对各种可能的使用状况进行预设或构拟,两者存在非常密切的“不即不离”的互动关系:所谓“不离”,是指两者的结论不能互相矛盾,如果不能使用,则自然应该不能注册,而可以注册,自然也表明可以使用;所谓“不即”,则是说不能绝对画等号,因为侵权中不成立,有可能是基于正当使用或在先使用乃至权利用尽等其他因素得出的结论,并不适用于授权确权程序,同样的道理,不能注册也不等于绝对不能使用。因此,为了叙述方便,本书将两者共同涉及商标近似、商品类似及混淆可能性等问题集中在本章一并讨论。

第三节　未经商标注册人许可

是否经过商标注册人许可是判断商标侵权的基本立足点,与专利法中特点条件下允许强制许可不同,《TRIPS协定》明确禁止商标的强制许可。实践中容易出现问题的地方

---

〔40〕　参见北京市高级人民法院民事判决书,(2021)京行终字519号。

一般不会是完全没有得到许可的地方,而是商标注册人发放了使用许可,但被许可人超越许可范围使用。为此,北京市高级人民法院2006在《关于审理商标民事纠纷案件若干问题的解答》中指出,商标使用许可合同有约定或者当事人就此问题达成协议的,按照当事人的约定处理。没有约定或者当事人不能达成协议的,可以根据具体情况确定合理销售期限。在该期限内被许可人销售使用许可合同期限内制造的商品的,不认定为侵权;被许可人逾期销售的,构成侵权。

2020年《商标侵权判断标准》第8条也特别明确:未经商标注册人许可的情形包括未获得许可或者超出许可的商品或者服务的类别、期限、数量等。国知局在《〈商标侵权判断标准〉理解与适用》中指出,本条规定了未经商标注册人许可的两种情形,即未获得许可或者超出许可范围。超出许可范围包括超出许可的商品或者服务的种类、超出许可的期限、超出许可的商品数量、超出特许经营店铺数量等。如在委托生产加工业务中,被委托人生产加工的产品数量超出合同约定数量,并在未经委托人许可的情况下将超出合同约定数量的部分擅自销售,属于超出许可范围的情形。

《〈商标侵权判断标准〉理解与适用》进一步指出,许可他人使用注册商标是商标专用权的一项重要内容,被许可人获得的仅是在许可范围内使用注册商标的权利。根据《商标法》规定,注册商标许可人应当监督被许可人使用其注册商标的商品质量,被许可人应当保证使用该注册商标的商品质量。对于超出许可数量、类别、期限等许可范围的商品,许可人无法监督其质量,被许可人可能降低商品品质,进而损害商标注册人的商誉。

这方面,可以参照《奥林匹克标志保护条例》的规定,即被许可人应当在使用许可合同约定的奥林匹克标志种类、许可使用的商品或者服务项目、时限、地域范围内使用奥林匹克标志。

需要注意的是,《民法典》第186条规定,因当事人一方的违约行为,损害对方人身权益、财产权益的,受损害方有权选择请求其承担违约责任或者侵权责任。因此,许可人对于违约行为构成侵权的具有选择权,前述【Dior案】就明确了哪些关键的违约行为可以起诉。

第四节　在商业中使用

一、商标使用的形式

如前所述,《TRIPS协定》第16条将"在商业中使用"作为商标侵权的构成要件。在我国,商标法没有使用同样的措辞,且商标侵权中的"商标使用"最初定义是围绕撤销3年不使用的场景展开的。例如,1983年、1988年《商标法实施细则》都是在定义撤销商标语境下的商标使用,特意指明包括用于广告宣传或者展览;1993年《商标法实施细则》又丰富了使用的形式,即包括将商标用于商品、商品包装或者容器以及商品交易文书上,或者将商标用于广告宣传、展览以及其他业务活动。2002年《商标法实施条例》除了将"业务活动"改为"商业活动",主要是把之前仅限于注册商标自己使用的场景扩展到整个商标法的各个场景。

在这之前,原国家工商行政管理局 1995 年在解释《商标法》第 38 条第 1 项所述"使用"时就认为,商标的使用包括将商标用于商品、商品包装或者容器以及商品交易文书上,或者将商标用于广告宣传、展览以及其他业务活动。销售发票、合同等商业性文件,是商品交易活动的重要组成部分。在这些商业性文件中使用商标,应当视为商标的"使用"。在业务活动中的口头使用,是否被视为"使用",应当结合其他使用情况,进行综合判定。

2013 年,上述意见又被写入《商标法》第 48 条并作了重要补充,即《商标法》所称商标的使用,是指将商标用于商品、商品包装或者容器以及商品交易文书上,或者将商标用于广告宣传、展览以及其他商业活动中,用于识别商品来源的行为。

2020 年《商标侵权判定标准》充分考虑了新的传播媒介如互联网的出现所带来的挑战,特意细化了商品商标、服务商标以及广告宣传上的使用场景。例如,商标用于商品、商品包装、容器以及商品交易文书上的具体表现形式包括但不限于:(1)采取直接贴附、刻印、烙印或者编织等方式将商标附着在商品、商品包装、容器、标签等上,或者使用在商品附加标牌、产品说明书、介绍手册、价目表等上;(2)商标使用在与商品销售有联系的交易文书上,包括商品销售合同、发票、票据、收据、商品进出口检验检疫证明、报关单据等。

又如,商标用于服务场所以及服务交易文书上的具体表现形式包括但不限于:(1)商标直接使用于服务场所,包括介绍手册、工作人员服饰、招贴、菜单、价目表、名片、奖券、办公文具、信笺以及其他提供服务所使用的相关物品上;(2)商标使用于和服务有联系的文件资料上,如发票、票据、收据、汇款单据、服务协议、维修维护证明等。

再如,商标用于广告宣传、展览以及其他商业活动中的具体表现形式包括但不限于:(1)商标使用在广播、电视、电影、互联网等媒体中,或者使用在公开发行的出版物上,或者使用在广告牌、邮寄广告或者其他广告载体上;(2)商标在展览会、博览会上使用,包括在展览会、博览会上提供的使用商标的印刷品、展台照片、参展证明及其他资料;(3)商标使用在网站、即时通讯工具、社交网络平台、应用程序等载体上;(4)商标使用在二维码等信息载体上;(5)商标使用在店铺招牌、店堂装饰装潢上。

二、单纯申请行为

至于单纯的申请行为是否构成侵权的问题,在【Litecoin 案】[41]中,英国知识产权企业法院维持了一审法院的判决,即被告和原告的名称没有任何关系,却公开申请涉案商标,公众看到申请就会认为其与原告有关,再考虑到被告曾从事过商标销售,这些都表明被告有意从原告处攫取利益,其申请就是从事欺诈的工具。法院特别强调,商标申请人要确认自己正在使用或有善意的意图使用,本案被告很显然在利用原告的声誉,因此单纯的申请也可以仿冒的理由起诉。

但法国 2019 年修改《商标法》时,根据《欧盟商标指令》规定,明确将在商业中使用作

---

〔41〕 See Litecoin Foundation Ltd. v. Inshallah Ltd. & Ots{John Kimbell QC;[2021] EWHC 1998(Ch); 16 July 2021}.

为侵权的构成要件，而纯粹的商标申请行为不属于在商业中使用，因而不能再追究商标侵权责任，2021 年法国最高法院在【XPOD 案】〔42〕的判决中也确认了这一理解。当然，在授权确权程序中并不排除败诉方被判承担对方律师费，相当于我国的行政附带民事责任。在我国，前面提到的法院对【"鳄鱼"案】〔43〕的批复，实际也持纯粹商标申请应该通过行政程序解决，而不宜通过民事渠道处理的观点。2023 年商标法修改征求意见稿单独规定了恶意申请商标注册的赔偿责任，也请参阅第八章第六节关于权利滥用的论述。

三、商业目的的使用

其实，"在商业中使用"的要求可以参照《奥林匹克标志保护条例》，突出对"商业目的使用"的规范："奥林匹克标志权利人依照本条例对奥林匹克标志享有专有权。未经奥林匹克标志权利人许可，任何人不得为商业目的使用奥林匹克标志。"

所谓商业目的的使用，是指以营利为目的，以下列方式利用奥林匹克标志：(1)将奥林匹克标志用于商品、商品包装或者容器以及商品交易文书上；(2)将奥林匹克标志用于服务项目中；(3)将奥林匹克标志用于广告宣传、商业展览、营业性演出以及其他商业活动中；(4)销售、进口、出口含有奥林匹克标志的商品；(5)制造或者销售奥林匹克标志；(6)其他以营利为目的利用奥林匹克标志的行为。此外，利用与奥林匹克运动有关的元素开展活动，足以引人误认为与奥林匹克标志权利人之间有赞助或者其他支持关系，构成不正当竞争行为的，依照《反不正当竞争法》处理。

同样地，《世界博览会标志保护条例》也对"为商业目的使用"进行了定义，即以营利为目的，以下列方式使用世界博览会标志：(1)将世界博览会标志用于商品、商品包装或者容器以及商品交易文书上；(2)将世界博览会标志用于服务业中；(3)将世界博览会标志用于广告宣传、商业展览、营业性演出以及其他商业活动中；(4)销售、进口、出口含有世界博览会标志的商品；(5)制造或者销售世界博览会标志；(6)将世界博览会标志作为字号申请企业名称登记，可能造成市场误认、混淆的；(7)可能使他人认为行为人与世界博览会标志权利人之间存在许可使用关系而使用世界博览会标志的其他行为。

这两个条例的规定不仅重点突出，也涵盖了从生产、制造、销售、展览、进出口的全链条，范围更加周延。

四、个人使用

通常情况下，虽然商标法中没有著作权法或专利法中关于个人学习、研究或者欣赏或专为科学研究和实验而使用的免责规定，个人的私下使用一般不会构成商标侵权；但即使是个人的行为，当它超过必要的限度也会构成商业性使用，如欧盟法院在涉及一个芬兰自然人提供收货地址并负责转寄 710 公斤的轴承的【INA 案】〔44〕中就认为，如果交易从数量、频率以及性质上超出了私人活动的范围，那么这种行为就是商业活动，该案中虽然当

〔42〕 参见法国最高法院 Z 19 - 20.959。

〔43〕 参见最高人民法院(2005)民三监字第 2 号函，载黄晖编著：《中国商标及不正当竞争案例精要》，知识产权出版社 2021 年版，第 38 页。

〔44〕 See C - 772/18，INA 案。

事人的行为只换取了一瓶白兰地和一条香烟,但并不影响认定他在商业性地使用商标。

五、作为企业名称或域名使用

企业名称和域名的作用与商标有所区别,不过一旦与商品结合并突出使用则将构成商标性使用。《商标侵权判断标准》规定:在同一种商品或者服务上,将企业名称中的字号突出使用,与他人注册商标相同的,属于《商标法》第 57 条第 1 项规定的商标侵权行为。在同一种或者类似商品或者服务上,将企业名称中的字号突出使用,与他人注册商标近似、容易导致混淆的,属于《商标法》第 57 条第 2 项规定的商标侵权行为。将与他人注册商标相同或者相近似的文字注册为域名,并且通过该域名进行相关商品或者服务交易的电子商务,容易使相关公众产生误认的,属于《商标法》第 57 条第 7 项规定的商标侵权行为。

六、作为商品名称装潢使用

在同一种或者类似商品上,将与他人注册商标相同或者近似的标志作为商品名称或者商品装潢使用,误导公众的行为也是一种侵权行为。

就将他人注册商标作为商品名称使用的问题,商标局 1985 年曾在给四川省工商局的复函中指出,应当分清商标和商标名称的概念。"小角楼"是他人的注册商标,不是商品名称。将他人的注册商标作为自己、同类产品上的商标名称,给他人的注册商标造成损害,这种行为应当按当时《商标法》第 38 条第 3 款给予处理。又如,原国家工商行政管理局 1990 年在保护"三九胃泰""前列康""青春宝"注册商标专用权的一个通知中指出,将"三九胃泰""前列康""青春宝"作为商品名称(药名)或装潢使用,构成当时《商标法实施细则》第 41 条第 2 项所述的商标侵权行为,应当依法制止。再如,以烟具与烟及烟草制品为例,两者虽然在《商品分类表》中不是同类商品,但被商标局视为类似商品,由于各种卷烟、雪茄烟的商标是全包装注册,若用其商标作为烟具装潢,则可视为侵犯他人商标专用权行为。

2014 年《商标法实施条例》将这种行为直接在商标法中进行了规定,在同一种商品或者类似商品上将与他人注册商标相同或者近似的标志作为商品名称或者商品装潢使用,误导公众的,属于《商标法》第 57 条第 2 项规定的侵犯注册商标专用权的行为。不过,这一规定在实际中带来不少困扰,因为作为商品名称或者装潢的标准不易把握,遇到相同的标志,本来可以适用《商标法》第 57 条第 1 项的规定,仅仅因为被告辩解不是作为商标使用而是作为商品名称、装潢使用就只好转至《商标法》第 57 条第 2 项处理,似乎不是很好理解和操作。

2021 年,国知局在《关于商品形状与他人同类商品注册商标图形一致的行为是否构成侵犯注册商标专用权的批复》[45]中指出,香奈儿、梵克雅宝的两商标具有较高知名度和显著性,与权利人已形成唯一对应关系,相关消费者也已将商标与权利人紧密联系在一起。将该商标图样作为商品形状,实际上已经具备了识别商品来源作用,易使相关公众对商品来源产生误认。因此,该批复认定了此种行为属于《商标法实施条例》第 76 条所指

〔45〕 国知发保函字〔2021〕137 号。

向的《商标法》第 57 条第 2 项规定的商标侵权行为。

七、回收包装上的使用

国知局 2019 年在《关于利用回收的旧啤酒瓶灌装销售啤酒是否构成商标侵权的批复》[46]中指出，在啤酒瓶上突出使用浮雕文字的行为，系将文字使用在商品容器上，属于《商标法》第 48 条所称的"商标的使用"，应纳入《商标法》的规制范围。虽然《再生资源回收管理办法》等规章提倡鼓励从社会上回收玻璃瓶等再生资源，但这并不意味着允许生产企业在利用回收再生资源过程中可以侵害他人依法享有的注册商标专用权，再生资源的回收使用应当是在不侵害他人商标权的前提下的合理利用。即使以浮雕形式显示在玻璃瓶上的商标标识无法轻易去除，但是权利人以外的使用人仍然可以通过粘贴标贴遮盖标识等适当措施来避免造成相关公众的混淆。

八、计算机软件及数字环境中的使用

对于计算机软件商品商标的使用，北京市高级人民法院 2006 年在《关于审理商标民事纠纷案件若干问题的解答》中认为，使用商标的目的是使相关公众通过该商标使商标与商品的生产者、销售者或者服务的提供者联系起来。计算机软件必须安装在计算机系统上才能使用，因此在安装、运行计算机软件时，显示器所显示的对话框、标题栏、图标及版权页等界面上出现注册商标以表明该商品的生产者、销售者的，应当认定为商标的使用。2020 年《商标侵权判断标准》中也包含了在网站、即时通讯工具、社交网络平台、应用程序等载体上的商标使用行为。

九、定牌加工及出口中的使用

对于受境外商标权人委托定牌加工的商品仅用于出口，其商标与权利人的注册商标相同或者近似的，其行为是否构成侵权的问题，一直存在较大争议，如北京市高级人民法院 2004 年认为，造成相关公众的混淆、误认是构成侵犯注册商标专用权的前提。定牌加工是基于有权使用商标的人的明确委托，并且受委托定牌加工的商品不在中国境内销售，不可能造成相关公众的混淆、误认，不应当认定构成侵权。但这一解答与《知识产权海关保护条例》对进出口环节都实行保护的原则显有冲突，实际操作中也容易出现流弊：一是查证外国商标权利人的权属和状态非我国法院的职责，且可能出现难以查清的情况；二是从生产到出口可能经过若干环节，很难监控这些产品是否最终出口到境外。《奥林匹克标志保护条例》也特别规定了出口构成侵权。

2006 年北京市高级人民法院调整了看法，重新规定，承揽加工带有他人注册商标的商品的，承揽人应当对定作人是否享有注册商标专用权进行审查。未尽到注意义务加工侵犯注册商标专用权的商品的，承揽人与定作人构成共同侵权，应当与定作人共同承担损害赔偿等责任。承揽人不知道是侵犯注册商标专用权的商品，并能够提供定作人及其商标权利证明的，不承担损害赔偿责任。

最高人民法院 2009 年在《服务大局意见》中第 18 条也指出，认真研究加工贸易中的

---

〔46〕 国知发保函字〔2019〕231 号。

知识产权保护问题,抓紧总结涉及加工贸易的知识产权案件的审判经验,解决其中存在的突出问题,完善司法保护政策,促进加工贸易的转型升级。妥善处理当前外贸“贴牌加工”中多发的商标侵权纠纷,对于构成商标侵权的情形,应当结合加工方是否尽到必要的审查注意义务,合理确定侵权责任的承担。

后来的司法实践在此问题上有一些发展变化。例如,在【“亚环”案】〔47〕中,最高人民法院指出,商标法保护商标的基本功能,是保护其识别性。判断在相同或类似商品上使用相同或近似商标的行为是否容易导致混淆,要以商标发挥或者可能发挥识别功能为前提。在全部用于出口的委托加工产品上贴附的标志,既不具有区分所加工商品来源的意义,也不能实现识别该商品来源,该标志不具有商标的属性,该贴附行为不构成商标意义上的使用行为。又如,在【“本田”案】〔48〕中,最高人民法院也指出,人民法院审理涉及涉外定牌加工的商标侵权纠纷案件,要遵循商标法上商标侵权判断的基本规则,不能把涉外定牌加工方式简单地固化为不侵害商标权的除外情形。

相比之下,《欧盟商标指令》及《欧盟商标条例》中将“使用”定义得非常宽,所有在商品或其包装上贴附该标记;在该标记下提供商品,投放市场或为此类目的而持有商品,或在该标记下供应或提供服务;在该标记下进口或出口商品;在商业文函及广告中使用该标记的行为均属于对商标的使用。而且,在商标使用的问题上也需要与《商标法》第 49 条中的 3 年不使用所掌握的标准相协调,完全将出口排除在使用定义之外不仅不利于打击侵权假冒,同时也不利于我国企业的“走出去”战略的实施。

十、非商标性使用的抗辩

在展开这个问题之前,我们需要看到,《TRIPS 协定》第 16 条中只是将被告使用“标志”而非“商标”作为侵权认定的先决条件,这一用语的差别可以避免我们在判断被告是否在商业中使用的阶段就陷入被告是否在使用商标的问题,也为后面第 17 条被告主张使用的是叙述性词汇的抗辩留下空间。

但我国《商标法》第 57 条的措辞没有作这样的区分,实际操作中就容易将《商标法》第 59 条第 1 款的正当使用问题通过《商标法》第 48 条提前到第 57 条的判断之中来讨论,尤其是第 48 条中增加了“用于识别商品来源的行为”的目的性限缩,会使我们一旦认定构成商标使用,就会使第 59 条提前失去适用的可能,而这也许是低估了标志可以同时具备多种含义的可能性造成的。

例如,在【“伟哥”案】〔49〕中,最高人民法院认为,联环公司生产的“甲磺酸酚妥拉明分散片”药片的包装有与药片形状相应的菱形突起、包装盒上“伟哥”两字有土黄色的菱形图案作为衬底,但消费者在购买该药品时并不能据此识别该药片的外部形态。由于该药片包装于不透明材料内,其颜色及形状并不能起到标识其来源和生产者的作用,不能认

---

〔47〕 参见最高人民法院民事判决书,(2014)民提字第 38 号,载黄晖编著:《中国商标及不正当竞争案例精要》,知识产权出版社 2021 年版,第 234 页。

〔48〕 参见最高人民法院民事判决书,(2019)最高法民再 138 号,载黄晖编著:《中国商标及不正当竞争案例精要》,知识产权出版社 2021 年版,第 223 页。

〔49〕 参见最高人民法院民事裁定书,(2009)民申字第 268 号,载黄晖编著:《中国商标及不正当竞争案例精要》,知识产权出版社 2021 年版,第 250 页。

定为商标意义上的使用,因此,不属于使用相同或者近似商标的行为。

又如,在【“黄金比例”案】[50]中,一审法院认为商标的本质功能在于区别商品或服务的来源,本案“黄金比例”一词并未发挥区别商品或服务来源的功能。本案“黄金比例”一词是对丰美公司食用植物调和油商品特征的一种描述,即表明丰美公司生产的食用植物调和油所用各种原料配比合理恰当,为最佳配比,其并未将“黄金比例”一词作为商标来使用。一审法院依据《商标法》第48条驳回原告诉讼请求。二审法院则紧扣《商标法》第59条第1款展开该使用是否正当的讨论。二审认为,丰美公司对“黄金比例”的使用行为不属于正当性使用,其未经权利人益海嘉里公司的许可,在相同商品上使用与涉案注册商标相同的商标,侵害了益海嘉里公司涉案注册商标专用权。

由此看来,像《TRIPS协定》第16条那样,先把对抗范围放得宽一点,然后再依据第17条的限制,将叙述词汇的正当使用排除出去,二审法院这样的做法操作起来会更加合乎常理。

第五节　相同或近似的商标

现在,我们将按照《商标授权确权司法解释》第12条的顺序,逐一介绍关于商标混淆可能性的判断标准的诸多因素:(1)商标标志的近似程度;(2)商品的类似程度;(3)请求保护商标的显著性和知名程度;(4)相关公众的注意程度;(5)其他相关因素的综合判断,商标申请人的主观意图以及实际混淆的证据,可以作为判断混淆可能性的参考因素。本节我们先讲商标相同及近似程度的判断。

一、认定标准

相同商标。根据2020年的《商标民事纠纷司法解释》,《商标法》第57条第1项规定的商标相同,是指被控侵权的商标与原告的注册商标相比较,二者在视觉上基本无差别。

所谓“视觉上基本无差别”,一般理解为设备只要文字、字母一样,字体、颜色并不重要。但对于像MOTOROLA和MacDonald的“M”那样的商标不能适用这一原则,因为这种单字母的弱商标唯一能区别的正是字体,字体不同就不能认为是相同商标。此外,民事侵权中的相同较刑事犯罪中的相同的定义范围要略宽一些,刑事要求完全相同。

对于在后商标中包含在先商标的情况,各国的处理不尽一致。有的特别强调商标中某一部分的显著性。如英国似乎就更强调商标与商标的比较,而不太理会商标以外的附加成分,以Levi’s案为例,被告虽然在原告的商标后面加上一个“KING”字,法官仍然认为两个商标相同,在这种情况下,甚至都无须讨论是否有混淆。奥地利也认为,如果某一商标全部出现在后一商标中且位置较显著,则通常构成近似。同样地,瑞典认为“Minne-

---

〔50〕 参见天津高级人民法院民事判决书,(2020)津民终1331号。

sota Timberwolves”“Panda Brand”“Max”分别与“Timber”“panda”“maxwell”近似。

关于相同商标的定义,在【Arthur 案】[51]中,欧盟法院认为,只有当商标既不改动也不增加地复制另一个商标或差别如此之小以至于消费者难以察觉才可以认定相同商标。而这两者显然不能认为是相同商标(见图 7.5)。

图 7.5 原告商标(左)和被告商标(右)

2004 年最高人民法院、最高人民检察院《关于办理侵犯知识产权刑事具体应用法律若干问题的解释》,《刑法》第 213 条规定的“相同的商标”,是指与被假冒的注册商标完全相同,或者与被假冒的注册商标在视觉上基本无差别、足以对公众产生误导的商标。2011 年最高人民法院、最高人民检察院和公安部联合印发的《关于办理侵犯知识产权刑事案件适用法律若干问题的意见》中规定,具有下列情形之一,可以认定为“与其注册商标相同的商标”:(1)改变注册商标的字体、字母大小写或者文字横竖排列,与注册商标之间仅有细微差别的;(2)改变注册商标的文字、字母、数字等之间的间距,不影响体现注册商标显著特征的;(3)改变注册商标颜色的;(4)其他与注册商标在视觉上基本无差别、足以对公众产生误导的商标。

2020 年的《商标民事纠纷司法解释》则规定,《商标法》第 57 条第 1 ~ 2 项规定的商标相同,是指被控侵权的商标与原告的注册商标相比较,二者在视觉上基本无差别。

2020 年的《商标侵权判断标准》列举了相同商标的认定标准,即“涉嫌侵权的商标与他人注册商标相比较,可以认定与注册商标相同的情形包括:(一)文字商标有下列情形之一的:1. 文字构成、排列顺序均相同的;2. 改变注册商标的字体、字母大小写、文字横竖排列,与注册商标之间基本无差别的;3. 改变注册商标的文字、字母、数字等之间的间距,与注册商标之间基本无差别的;4. 改变注册商标颜色,不影响体现注册商标显著特征的;5. 在注册商标上仅增加商品通用名称、图形、型号等缺乏显著特征内容,不影响体现注册商标显著特征的。(二)图形商标在构图要素、表现形式等视觉上基本无差别的。(三)文字图形组合商标的文字构成、图形外观及其排列组合方式相同,商标在整体视觉上基本无差别的。(四)立体商标中的显著三维标志和显著平面要素相同,或者基本无差别的。(五)颜色组合商标中组合的颜色和排列的方式相同,或者基本无差别的。(六)声音商标的听觉感知和整体音乐形象相同,或者基本无差别的。(七)其他与注册商标在视觉效果或者听觉感知上基本无差别的”。

近似商标。《商标民事纠纷司法解释》中规定,《商标法》第 57 条第 2 项规定的商标近似,是指被控侵权的商标与原告的注册商标相比较,其文字的字形、读音、含义或者图形

[51] See C - 291/00, Arthur 案判决书第 54 段。

的构图及颜色，或者其各要素组合后的整体结构相似，或者其立体形状、颜色组合近似，易使相关公众对商品的来源产生误认或者认为其来源与原告注册商标的商品有特定的联系。

关于近似商标的认定，《商标侵权判断标准》规定，与注册商标近似的商标是指涉嫌侵权的商标与他人注册商标相比较，文字商标的字形、读音、含义近似，或者图形商标的构图、着色、外形近似，或者文字图形组合商标的整体排列组合方式和外形近似，或者立体商标的三维标志的形状和外形近似，或者颜色组合商标的颜色或者组合近似，或者声音商标的听觉感知或者整体音乐形象近似等。

相比之下，司法解释仍然将混淆因素内化到商标的近似定义之中，标准则是从商标标志之间的客观近似进行的比对，给后面的混淆认定留下了更多的空间。

二、认定原则

2020 年的《商标侵权判断标准》强调，判断与注册商标相同或者近似的商标时，应当以相关公众的一般注意力和认知力为标准，采用隔离观察、整体比对和主要部分比对的方法进行认定。

《商标民事纠纷司法解释》也要求人民法院依据《商标法》第 57 条第 1 项的规定，认定商标相同或者近似按照以下原则进行。

（一）隔离观察

比对应当在比对对象隔离的状态下分别进行。消费者在购物时一般并不会带着样品去，而大多凭上次购物的经验或广告留下印象作出选择。由于记忆并不一定很可靠，这种经验不可能十分完整，如果以对比观察的方式来判断混淆的可能，显然与实际情况会有一定的出入，因为对比往往会有助于发现两个商标之间哪怕是很细微的区别，从而降低混淆的可能。

AIPPI 认为，应该结合相关公众实际感受商标的方式，以及商标使用的具体情况对相关公众的效应，进行商标比较。比较不是直接进行的，而是一远一近的比较。

在【Lloyd 案】[52]中，欧盟法院特别强调，消费者很少有机会直接对比两个商标，而只能借助记忆中不完整的形象进行。由于消费者对于不同种类的商品的注意力也是不同的，在比对时需要根据商品不同的种类以及销售时不同的条件，赋予音、形、义不同的权重。

比同不比异。应该说，隔离观察的一个后果就是比同不比异，也就是说需要对近似方面更加重视。AIPPI 认为，除非两个商标的非显著部分左右了商标的总体印象，否则在两个商标包含近似的显著部分，一般会认为有混淆的可能。也就是说，比较时应以近似部分为主。

经验告诉我们，即使一般人难以分辨的双胞胎，在他们的父母看来，也总是可以识认区分的，毕竟再相像的双胞胎也会有细微的差别，正如天下没有同样的树叶一样。但商标法的重点不是比对商标之间所存在的差别，而是比对它们的相同和近似之处，从而判断他们是否容易产生混淆。

---

〔52〕 See C－342/97，Lloyd 案判决书第 26、27 段。

事实上,从进化论的角度看,任何生物,无论是寻找食物或躲避天敌,都倾向于“宁可信其有,不可信其无”,即必须首先确认自己需要或躲避的目标是不是出现了,而为了赢得时间,肯定结论的意义显然大于否定结论,如果不能在差不多的情况下就开始行动,而是非要仔细辨别才行动,最后不是放跑猎物导致饿肚子,就是丧生虎口,而这些动物的基因可能就遗传不下来了。

即使直接比对,在正品或正店旁边放置仿品或开设仿店,虽然可能有助于比较出二者的差别,但正如多有几只时钟通常不仅不会使时间更正确,反而只会使人对正确时间更加迷惑,最终增加混淆可能和识别成本。

下面的文字粗一看差别较大,但一旦认出是“WEST”的不同写法之后,大脑就会定格在这个单词上,忽略它们之间的差别,见图 7.6。

图 7.6　WEST 的不同写法

(二)整体比对

由于商标产生的总体印象一般具有决定意义,商标不应该被分割成各个部分进行单独比较,因为相关公众实际上不可能分割识别和记忆,而会整体观察比较,形成一个大感觉和粗线条的印象,因此,即使商标可能包含一些比较细微的设计区别,但如果相对于主体部分不够显著,在比较时就可以基本不予考虑,因此,局部有区别的商标如果整体较为接近,仍然可以认定商标近似,如图 7.7 所示。

图 7.7　被告商标(左)和原告商标(右)

反过来,两个以上字词构成的复合商标如果已结合为一个紧密的不可分割的整体(tout indivisible)并具有了新的含义,观察时则应以整体或主要部分为准,不能随意分离比较,尤其不能单以在后商标中有一部分与在先商标近似就认为整体近似。最典型的例子就是“T”“AT”“EAT”“HEAT”“WHEAT”五个单词,每一个都完整地包含前一个单词,但其含义都截然不同,从商标的角度来讲,共存就不会产生什么问题。

同样地,尽管组成要素一样,如下面以同样的四巧板组成的图案(见图 7.8),由于每个图案已经融为一个新的整体,也不应简单地定义为彼此近似。

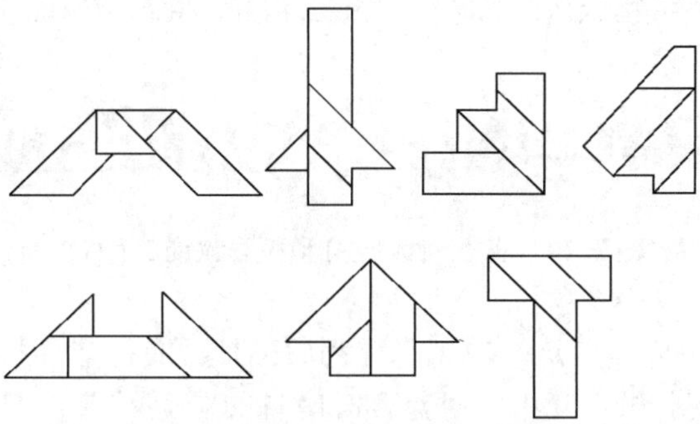

图 7.8　四巧板拼出的不同图案

欧盟的实践。德国一般更愿从整体上看待商标的构成，德国在比较"Juwel"和"Juwel Klingel 及图"时，德国法院就认为两者商标并不近似，就像在"PUMA 图形"诉"Sabel 及图"一样，除非商标中某个个别部分特别突出。希腊和德国较一致，即更注重整体比较的原则，其行政法院在上诉审中认为"SP""Toucan Sam""Fina"均不构成对 Coryl SP、Toucan、Finaclear 的侵权。

欧盟法院在【Carbonell 案】[53]中，就商标近似的认定给出了进一步的指示。在该案中，西班牙植物油生产商 Aceites del Sur 公司申请注册共同体商标，异议人 Koipe 公司以在先注册的商标，提起异议。异议处和上诉委员会均认为异议商标和引证商标并不近似。Koipe 公司不服，诉至欧盟普通法院，获得胜诉。而 Aceites del Sur 公司上诉到欧盟法院。欧盟法院经审理裁决维持了普通法院的判决。它认为图文组合商标中没有显著性的部分可以忽略不计，通过对有显著性的部分进行整体比对，两商标构成近似（见图 7.9）。

图 7.9　引证商标（左）和被异议商标（右）

中国的实践。在【"森林狼"案】[54]中，北京市高级人民法院认为，被异议商标由中文"森林狼"及英文"SLINLANG"构成，基于英文"SLINLANG"的比例、大小等因素，其属于被异议商标的显著识别部分之一。引证商标由纯英文"SPALDING"构成，将其与被异议商标相比，二者的首尾字母均相同，且字母排列的弧度、字体设计、整体视觉效果均相近似（见图 7.10）。在此基础上，相关公众施以一般注意力，很难将二者相区分，若将前述商标使用在相同或相类

---

〔53〕 See C－498/07，Carbonell 案判决书第 70、82～84 段。

〔54〕 参见北京市高级人民法院行政判决书，(2014)高行终字第 1340 号。

似商品上,极易使消费者混淆误认商品来源。因此,被异议商标与引证商标一构成近似商标。

图 7.10　引证商标(左)和被异议商标(右)

中文商标实际也可以借鉴这一原则来评判商标是否能在结合其他成分后成为一个新商标。以“三明治”为例,虽然其中同时包含海南省的“三明”市和日本的“明治”天皇,但三者显然已自成一体,互相之间全无瓜葛。

整体比对在有人恶意使用注册商标时尤其具有现实意义。举例说,如图 7.11 所示的竖写的六酱、必菜、居园三个商标虽然分别看没有什么明显的问题,但三个商标并列在一起则容易与六必居商标近似。

六　必　居
酱　菜　园

图 7.11　六必居商标

同样地,看似与其他商标不同的“王宫”和“朝臣”两个商标,合并起来使用也会有特别的效果。天津市第二中级人民法院审理的【“王宫”“朝臣”案】[55]也很典型,北京圣朝臣葡萄酒有限公司将竖排的“王宫”“朝臣”两个文字商标分别注册后,同时在瓶贴上并列使用,竖排是“王宫”“朝臣”,横排则读成“王朝”“宫臣”。天津中法合营王朝葡萄酿酒有限公司认为,按当代中国人对汉字的阅读习惯,被告的产品将使消费者误认为是“王朝”酒,对其构成商标侵权,一纸诉状告上法庭,索赔 30 余万元。天津市第二中级人民法院经审理后认为,原告王朝公司系全国著名葡萄酒制造企业,其生产的“王朝”系列葡萄酒在消费者中享有较高声誉,原告注册并使用在葡萄酒上的“王朝”商标已被商标局认定为驰名商标,其商标专用权依法受到保护。被告同样是葡萄酒制造企业,其依据与商标权人签订的商标使用许可合同在葡萄酒上单独或同时使用“王宫”“朝臣”两个注册商标并无不可,但不能侵犯他人在先的合法权益。被告将二商标并列使用,按当代中国人对汉字的书写、阅读习惯,从左至右阅读就成了“王朝”牌,此种排列方式足以使消费者对产品提供者产生误认,被告侵权故意明显。因此法院认定被告合并使用的商标与原告注册商标构成近似。被告在相同商品上使用与原告注册商标相近似商标的行为,已经侵犯了原告的商标专用权,并给原告造成一定的经济损失和不良影响,被告应依法承担相应的民事责任。法院依法判决,被告北京圣朝臣葡萄酒有限公司立即停止生产、销售侵权产品,并登报致歉;赔偿原告经济损失人民币 20 万元(见图 7.12)。

---

〔55〕 参见天津市第二中级人民法院民事判决书,(2003)二中民三初字第 8 号,载曹中强主编:《中国商标报告》第 4 卷,中信出版社 2005 年版,第 239 页。

王　朝
宫　臣

图 7.12　被告注册商标“王宫”(左)和“朝臣”(右)

(三)要部比对

在进行完整体观察后,商标主要部分的比对也很必要。由于消费者的记忆不够完全,他可能只记住商标中最显著的部分,因此,如果这部分出现在其他商标中,混淆的可能显然会加大。从某种意义上讲,要部由于对整体的观感有较大的影响,关注和比较要部实际也是整体比对方法的一种补充和完善。

对于结合程度不够紧密的复合商标,则应结合消费者的注意习惯,对其排列结构进行分离判断,如含有说明性文字的,其被说明的关键部分或显著部分,仍可能单独与其他商标发生混淆;如字词分离排列,则各分离部分均有发生混淆的可能;同理,如各字词的字体或颜色不同,各部分有分别发生混淆的可能;如商标整体中含有特别显著突出的字词或字段,则可认为与含有相同显著部分的其他商标近似。

以北京市第一中级人民法院审理的【Babbloon 案】[56]为例,商标局虽然认定“Babbloon”与“Bubbaloo”均由八个字母组成整体近似、发音区别不大且均无含义,消费者难以辨认,故裁定异议成立不予注册。但在认定“Babbloon Explosion”与“Bubbaloo”是否近似时,却认为两者在构成单词上有多寡之分、发音呼叫亦不近似、含义也有区别,认为两者不近似。商标评审委员会维持了商标局的异议裁定。北京市第一中级人民法院认为词汇单一与否以及词汇的长短不能完全决定商标的显著性,同时自创词加普通词组成的商标中自创词是商标的主要部分,由于两个词汇中均含有“B BB 和 LOO”且顺序相同——读音不易分辨,易使公众混淆,而“EXPLOSION”所具有的含义易被认为是在描述口香糖等商品的特点,不能被视为是主要部分,故整体上不具显著性。最终认为构成近似。

对于图形商标,也会有要部比对的情况,如图 7.13 两组图案,左边的图案都会被看作右边图案的要部,从而构成近似。

图 7.13　花花公子及尊尼获加图形商标(上左及下右为原告注册商标)

---

〔56〕　参见北京市第一中级人民法院行政判决书,(2002)一中行初字第 470 号,载曹中强主编:《中国商标报告》第 3 卷,中信出版社 2004 年版,第 252 页。

(四)特征比对

通常情况下,进行要部比对即可到达整体比对的效果,但要部比对也不能过于机械,也就是不能强调只有要部才受保护,尤其是当某一元素 B 虽然不如另一个元素或要部 A 显著突出但仍然清晰可辨时,就不能以元素 B 不是要部就停止比对,而应该继续进行该元素 B 的特征比对,直到忽略那些真正无关紧要的元素 C。

特征比对不在司法解释明文规定的比对之列,但如果像有的意见认为的那样,凡是不可忽略的部分都可以算作要部,即要部可以不止一个,那元素 B 自然也是一个要部 A,那这个层面的特征比对,实际也可以和要部比对合为一体。以 2021 年《商标审查审理指南》的一个例子来说,“凯悦长城”葡萄酒固然和“长城”葡萄酒近似,但与“凯悦”葡萄酒应该同样近似。

下面,让我们先从欧盟法院遇到的一个逻辑难题说起。在【Thomson Life 案】[57]中,欧盟法院对有关商标近似及混淆的问题发表了意见。在本案中,原告商标“LIFE”的所有人 Medion 将其商标用在娱乐性电子设备上,而被告 Thomson 却在相同的商品上使用了“Thomson Life”的商标(见图 7.14)。对此,欧盟法院认为:如果一个复合商标从构成上包括一个在先存在的商标,那么,两商标是否近似,并不取决于这个在先商标是否构成复合商标的主要部分。事实上,即使在先商标不是复合商标的主要部分,但是在复合商标中却有“独立显著地位”(independent distinctive role),也会使公众对商品或服务的来源产生混淆,从而损害在先权利人的利益。因此,欧盟法院认为,《欧盟商标指令》第 5 条第 1 款 b 项应当解释为,如果把自己的商号与他人的在先注册商标结合起来,使用在与他人相同的商品或服务上,虽然他人的在先商标不构成此复合商标的主要部分,但是却有着“独立显著地位”,也可能构成商标近似。

图 7.14　原告商标(左)和被告商标(右)

而且,判断两个商标是否近似时,由于比对的对象不同,比对的重点或角度还会有所不同:如图 7.15 中,对于上面一组图,我们更多会整体将左图认读为猫而且认定和右图的猫近似;对于下面一组图,我们则会集中在老鼠的图形上,认为与右图的老鼠构成近似,并会忘记猫的存在。因此,整体比对和要部或特征比对应该各有其存在的意义,而不是一种非此即彼、互相排斥的关系。

---

〔57〕　See C－120/04,Thomson Life 案判决书第 36 段。

图7.15　猫还是鼠

三、具体判断

(一)文字商标

相同商标的判定比较容易,相同商标是指两商标相比较,文字、图形或者文字与图形的组合相同或者在视觉上无差别。相同并不要求一模一样,就文字而言,只要文字相同,字体不同并不改变商标实质相同的事实。我国商标审查准则中将字体不同的商标视为近似商标似乎有些过于拘泥。

近似商标,是指两商标相比较,文字的字形、读音、含义,或者图形的构图及颜色,或者文字与图形的整体结构相似,易使消费者对商品或者服务的来源产生混淆。

AIPPI 认为,商标的音、形、义只要有一个方面近似,即可认定有混淆的可能。如果一个因素还不足以说明问题,则可以考虑其他因素及其综合效应。商标的使用方式如果可能使其中的某一因素的作用特别突出,如电话购物使发音成为主要的因素,则比较时应该适当给予该因素更多的考虑。

我国台湾地区"商标法施行细则"第 15 条明确规定,商标图样之近似,以具有普通知识经验之一般商品购买人,于购买时施以普通所用之注意,有无混同误认之虞判断之。我国台湾地区审查标准进一步明确说,所谓商标图样近似,是指两个商标给予具有普通知识经验之商品相关购买人的印象相近,虽施以普通所用之注意,仍误认商品有同一来源之虞,或虽知商品来源不同,但有联想其来源间有所关系之虞者而言。

就文字商标而言,一般需要结合音、形、义三个方面来考察。图形商标则主要以外观为准。一般来说,商标的音、形、义有一项近似即可判定两商标近似,但还需结合使用,以市场实际赋予三者的权重具体分析,商品或服务的种类不同,商品或服务投放市场的实际情况不同,音、形、义在混淆认定中所起的作用也会有相应的不同。

北京市高级人民法院认为,判断文字商标是否近似应以是否造成相关公众的混淆、误认为标准,考虑所用文字在读音、字体、含义、排列顺序等方面是否容易引起误认,并应当将文字商标作为一个整体来看待。一般情况下,属于下列情形之一的,可以判为近似商标:(1)字形不同但读音、含义相同的;(2)文字不同但读音相同、字形近似且文字无含义,会给消费者造成误认的;(3)由三个以上的字组成、无确定含义但排列顺序相同的,或者虽然排列顺序不同但发音近似、字形近似的;(4)由外文字母组成的无含义商标,部分字母相同且排列顺序相同,或者虽然排列顺序不同但发音、字形近似,容易造成误认的;(5)可以判定为近似商标的其他情形。

如前所述,近似判断虽然要以最终是否可能造成产源误认为旨归,但商标之间近似与否仍然应该是一个客观比对的过程,比对的结果或近似的程度,需要结合商品的类似程度以及在先商标的显著程度综合考虑。

外形近似。一般情况下,视觉即字形起主要作用,汉语中即使是多音字,如"明乐",一个注音为"欢乐"的"乐",一个注音为"音乐"的"乐",因为文字相同,仍应判为近似商标。又如发音、含义都有区别的文字,由于字形接近,仍判近似,如"重庆"与"重厌"、"乐百氏 ROBUST"与"禾石氏 HOSIST"。较为极端的还有"蛇岛"与"鸵鸟"墨水的实例,这两个商标虽然含义上差别较大,但字形仍比较接近,尤其是"蛇岛"使用的图形也是鸵鸟,明显属于故意制造混淆。"仝聚德"、"全聚億"和"全聚德"也算得上外形近似的典型例证。另外,有人使用"恬赛""恰寛""怡賽",想方设法从外形上贴近"怡寶"。

也有实际使用中上下颠倒后字形近似的情况,如在【M& M's 案】中,美国玛斯公司于1983 年在中国注册了 M& M's 商标,注册号为 181324 号,核定使用于面包、饼干、糖果、糖、蜂蜜、糖浆商品上。浙江某食品公司的 W& W's 商标于 1989 年向我国商标局申请注册,1989 年 9 月 20 日经商标局初步审定,发表审定公告,使用商品为巧克力、糖果。美国玛斯公司向商标局提出了异议,请求撤销对 W& W's 商标的审定。同时,美国玛斯公司通过代理向上海市工商行政管理局提出保护其 M& M's 商标专用权的请求,指控上海若干食品销售企业经销由浙江某食品公司使用 W& W's 商标生产的巧克力。上海市工商行政管理局经查明情况,认定 W& W's 商标与 M& M's 商标属于近似商标,上海若干食品经销企业销售了带有 W& W's 商标的商品,侵犯了美国玛斯公司持有的 181324 号商标专用权。

不过,即使商标之间形式上有些接近,如果含义和听觉上足以区别,则不应判为近似,如"Detente"(放松)与"Descente"(下降)、"Boom"(暴涨)与"Zoom"(变焦)、SONY(索尼)和 SONG(歌)。

发音近似。相对于超市购买,在电话订购或电视直销等购物方式中,听觉则可能具有决定性的作用,如"黄冠"与"皇冠"。但读音也不是绝对的,如果字形、字义截然不同,如"月月"与"悦悦",则可以不判为近似商标。

根据商标局 2001 年 12 月专门制定的《拼音商标与汉字商标近似判定的标准》:(1)汉字商标与对应的拼音商标一般互不判为近似商标,但在先权利商标有特定含义或者是驰名商标的除外,如"LONGHAN"不排斥"龙瀚"、"龙汉"不排斥"LONGHAN",但"ZHONFSHANJIAN"排斥"中山舰"、"耐克"排斥"NAIKE";(2)拼音商标与该拼音加汉字(无论是否对应)的组合商标一般判为近似,如"美丽花 MEILIHUA"与"MEILIHUA"近似、"JIAREN"与"JIAREN 宣言";(3)在先商标为拼音与其在后的同其近似的拼音商标,一般判为近似商标,如"TONGMEI"与"TONGMEN"近似;(4)拼音加汉字的组合商标与汉字不同、拼音相同的商标一般不判为近似商标,如"美丽 MEILI"与"美黎 MEILI"不近似。综上所述,可以将拼音商标和汉字商标近似判定的一般原则归纳为:汉字和汉字互不排斥拼音,加注相同拼音的不同汉字互不排斥,但加注拼音的汉字与单独的拼音互相排斥。2021 年的《商标审查审理指南》也认为,"雅叶 YAYE"与"YAYE"近似,"MIYU"与"蜜语 MIYU"近似。

2004年宣判的【“东北虎”案】有一定的典型性：深圳市小银实业发展有限公司（以下简称小银公司）于1995年向商标局申请注册吉祥虎系列商标，其中包括“东北虎及图”商标（见图7.16），并获得商标局初步审定通过。1997年3月，辽宁省体育产业开发总公司（以下简称辽宁体育公司）对小银公司的“东北虎及图”商标提出异议，认为其已经在先注册了“DONGBEIHU”汉语拼音商标，小银公司的“东北虎及图”商标与“DONGBEIHU”汉语拼音商标构成近似，不应予以注册。商标局于1999年3月裁定驳回了辽宁体育公司的申请。1999年4月，辽宁体育公司向商标评审委员会提出复议申请，商标评审委员会于2001年12月作出裁定，认为辽宁体育公司对“东北虎及图”商标所持异议理由成立，该商标不予注册。原告小银公司不服，遂将商评委告上法庭，请求法院撤销商评委的商标异议复审裁定书，准许小银公司注册“东北虎及图”商标。

图7.16　东北虎商标

法院经审查认为，按照相同与近似的通常判断标准，应从读音、含义及整体外观等方面进行比较。辽宁体育公司的“DONGBEIHU”商标仅为汉语拼音，其所对应的汉字不只是“东北虎”。同时，小银公司的“东北虎及图”商标与辽宁体育公司的“DONGBEIHU”商标的整体外观区别显著，二者不构成近似；小银公司的商标以卡通虎与足球为主要区别标志，与辽宁体育公司的拼音商标具有不同的特征，在相关消费群体中不导致混淆和误认。法院认为商标评审委员会的裁定主要证据不足，因此一审判决撤销商标评审委员会的裁定书。

在发音近似的问题上，欧盟法院在【Lloyd案】[58]中认为，该案的基本经过是，原告自1927年起就开始生产Lloyd的鞋，被告自1970年起在荷兰、1991年起在德国销售Loint's鞋，其中90%以上都是女式休闲鞋。原告认为Lloyd商标完全是一个臆造商标，在市场上有着极高的声誉，使用面广、使用时间长，被告的Loint's商标与其商标在发音上十分接近，因此很可能会发生混淆。被告不同意原告的所谓Lloyd商标的市场知名度极高的说法，而且，它所销售的主要是做休闲鞋，原告在这一领域并未有太多的涉足，此外，在鞋这种商品上，视觉上的作用应该比听觉大，商标是否近似不应作抽象的认定。

两个商标只有发音上的近似，也不排除存在混淆的可能。当然，应当考虑商品种类，以及实际使用时赋予各个因素的不同权重。欧盟法院在【Zirh案】[59]中认为，相似性必须基于对标志的全面审查，根据三个层面的认知（视觉、听觉和概念）。仅仅是听觉相似，而是视觉和/或概念不同的话，商标仍不近似。

这是因为对视觉、听觉或概念认知的相对重要性取决于商品或服务被购买的方式。对通过口头方式下单购买的商品（如饮料）或经常通过收音机进行广告的商品（清洁剂）或有时是因朋友推荐而购买的商品，听觉的认知会占主导。同理，对在商店货架上被选购或从目录中被选中的商品或者通过其他任何消费者可以进行视觉观察的方式挑选的商

---

〔58〕 See C－342/97，Lloyd案判决书第23、28段。
〔59〕 See C－206/04，P Zirh案判决书第22、35～36段。

品,视觉的认知会占主导。服装类产品就是如此。

含义近似。含义在近似比对中也有很重要的作用,如"千里马"与"千里眼",音、形均较接近,但由于含义截然不同,仍可判为不近似。又如,"PANDA"与"PANTO",字形虽然接近,但含义有明显区别,原则上不容易混淆。有些词加上其他词汇后如果有了新的含义,也就可能不再近似,如"飞云"与"飞云寺"。反过来,虽然含义相同或接近,但字形、发音明显不同的,如"莲花"与"荷花",或者"HAWK"和"EAGLE"也不应认为近似。

我国《商标法实施条例》规定,商标为外文或者包含外文的,应当说明含义。这一规定的初衷是方便审查,但实际操作中常常会出现两难的局面。因为商标所有人在商标注册前后的心里并不一致,在注册前,因担心与在先商标发生冲突,显然希望商标的含义是越少越好,可一旦注册成功,为了对抗在后商标,又希望商标的含义越多越好。审查员如果完全依赖商标申请人在上述心理作用下作出的含义说明,难免不会被误导,最终很可能只是作为参考。

对于外文商标的保护,总的原则应该具体结合该商标在保护国的认知程度来确定,外文商标有含义的,一般保护其意译,但以该含义为一般公众或相关公众所知晓为限。AIPPI 的决议也认为,如果在后商标是在先商标的翻译,并且相关公众知悉这一含义,则可认为两个商标之间可能混淆。因此,如果审查员必须借助字典才能发现的含义,则不宜作为驳回理由。

在如何认定外文词汇的含义上,2003 年 12 月 18 日审结的日本资生堂诉国家商标评审委员会一案比较有代表意义。

在【"盼丽风姿"案】[60]中,资生堂株式会社 2000 年向中国市场推出了"盼丽风姿"(法文"BÉNÉFIQUE"音译)高档系列化妆品。2000 年 9 月,其向中国商标局申请注册商标"BÉNÉFIQUE"。但商标局认为其申请注册商标的中文主要含义为"吉祥的",与新疆吉瑞祥集团有限公司在同类商品上注册的"吉祥 J. SUN 及图"商标构成近似,因此驳回其申请。2000 年 12 月 7 日,资生堂对此提请商标评审委员会进行复审。商标评审委员会对资生堂复审申请予以驳回。资生堂株式会社不服,2003 年 7 月 31 日起诉至北京市第一中级人民法院。法院查明,申请商标"BÉNÉFIQUE"为法文词汇,申请注册于国际分类第三类,指定使用商品为"香皂、肥皂、香水、化妆品、护肤剂、护发剂、体用护肤剂、上妆用化妆品"。在《法汉词典》及《新法汉词典》中,"BÉNÉFIQUE"的中文含义为"吉祥的"和"有益的",其中"吉祥的"为占星术用语。引证商标"吉祥 J. SUN 及图"由中文"吉祥"、英文"J. SUN"及云朵图形构成,注册于国际分类第 3 类,指定使用商品为"化妆笔"等。北京市第一中级人民法院认为,判断两商标是否构成近似,应当从一般消费者的角度进行,并应考虑地域因素。涉案商标"BÉNÉFIQUE"为单纯的法文词汇,引证商标"吉祥 J. SUN 及图"为中文、英文和图形的组合商标,两者在外观上有明显区别。申请商标"BÉNÉFIQUE"虽有中文含义"吉祥的(占星术用语)",但该含义并不为中国的一般消费者所知晓,亦非常用词汇。因此中国的一般消费者不会将"BÉNÉFIQUE"认读为"吉祥的",并与引证商标产生混淆。因此,法院认为申请商标和引证商标不构成近似商标。

---

〔60〕 参见北京市第一中级人民法院行政判决书,(2003)一中行初字第 664 号,载曹中强主编:《中国商标报告》(第 3 卷),中信出版社 2004 年版,第 216 页。

商标无含义的一般只能音译,音译可分两种情况:有固定的汉字音译和无固定汉字音译。有固定汉字音译的,保护该音译,如"SONY"对应"索尼"、"KODAK"对应"柯达"等。当然,这类商标一般都同时注册外文和对应的中文商标。

如果没有及时注册对应中文就容易出现问题。1999 年 9 月商标评审委员会根据日立万胜株式会社(以下简称日立万胜)的请求,撤销了深圳华源实业(集团)股份有限公司在软磁盘和电池上注册的"万胜",就属于这类情况。

在【"万胜"案】〔61〕中,据原告称,日立万胜于 1980 年在中国注册了"Maxell"商标,并于 1981 年确立了"万胜"汉字商标同"Maxell"商标一同宣传使用,而且于 1982 年、1983 年和 1986 年分别在我国香港和台湾地区注册了"万胜"商标。"万胜"在中国内地(大陆)的广告最早见于 1984 年,从 1984 年到 1990 年,日立万胜在多种刊物上刊登广告,并通过展览会、电视台等进行多种形式的广告宣传,因此,中国的经销商和消费者通常将"Maxell"称为"万胜"。而深圳万利源电子实业公司在被许可使用在中国注册的"万胜"商标后,又不断抄袭日立万胜的包装装潢,已构成不正当竞争行为。因此,"万胜"商标最终被判归日立万胜所有。该案中,最关键的因素在于原告是否将"万胜"确立为"Maxell"的对应中文并已广为人知。如果回答是否定的,就不能予以保护。

无固定汉字音译的,则只能保护其外文拼写,而不能仅以读音相同就径直驳回。以"MATSUSHITA"为例,该公司在中国从来只使用其固定的汉字姓氏"松下",而没有使用过"MATSUSHITA"的任何音译。再以 KAO 为例,该商标在中国使用的对应汉字为"花王",该商标显然不能排斥与其发音相同的"考、靠、犒"等 11 个汉字的注册。

音译应以标准的普通话发音为准,不能随意扩大到各种方言发音。以前述"Hollywood"为例,其固定音译为"好莱坞",尽管在广东话中也可以翻译为"荷里活",但对于大部分中国人而言,"荷里活"显然不会同"Hollywood"发生混淆或误认,因此通常不能认为"荷里活"与"Hollywood"近似。

(二)图形商标

纯粹图形商标,可以进一步区分为具象的图形商标和抽象的图形商标。

具象的图形商标。所谓具象的图形商标,一般指该图形可以识别为具体的事物,如亭台楼阁、花鸟鱼虫、江河湖海,总之,按照维也纳图形要素分类,绝大部分都可以归入此类。这类商标比较时既要考虑具体表现形式存在的差别,也要考虑两者同属一类事物的事实。

以【"苹果商标"案】〔62〕为例,美国苹果公司试图在中国进军服装、鞋帽行业并申请注册右边宛如让人咬掉一口及单片叶子朝右上角翘起的一个苹果图形但遭到商标局的驳回,原因是广东增城苹果皮具公司早已注册了一个没有缺口的苹果图形商标,两商标主要区别就是美国苹果公司"苹果"的右边有一个缺口,与已注册苹果图形商标构成近似商标(见图 7.17)。苹果公司不服,又向商标评审委员会提出复审申请。2003 年 6 月,商标评审委员会又作出驳回复审决定书。苹果公司仍不服,向北京市第一中级人民法院提起行政诉讼,还请求法院认定苹果图形商标为驰名商标,并撤销被告商评委作出的驳回复审决

〔61〕 参见北京市高级人民法院民事判决书,(1999)高知终字第 8 号。

〔62〕 参见北京市高级人民法院行政判决书,(2004)高行终字第 370 号,载曹中强主编:《中国商标报告》(第 5 卷),中信出版社 2006 年版,第 166 页。

定书,核准苹果公司申请商标的注册。

图 7.17　引证商标(左)和申请商标(右)

法庭上,苹果公司认为,正是其右面的显著缺口,使苹果标识具有了显著性和驰名度,因此它应当在所有与计算机有关的商品和服务上,以及在与现代计算机使用者生活方式紧密联系的产品和服务上获准注册,这些时尚产品也包括服装、帽子和鞋。被告商标评审委员会则认为,由于计算机与服装两大类商品在功能用途、消费对象、销售途径等方面都不同,不属于近似商品,也还没有证据能证明原告在计算机等商品上的知名度能延伸到服装等商品。若将该商标使用在服装的领、袖、口袋等位置的标牌上时,消费者将难以明确区分。

北京市第一中级人民法院认为,苹果公司申请的商标与广东增城苹果皮具公司的商标均由苹果图形构成,虽然二者在构图上存在差别,但二者在呼叫和含义上均为苹果,当二者使用在属于相同或类似商品的服装等商品上时,易使消费者对商品的来源产生混淆。故商标评审委员会的驳回复审决定、认定两商标已构成相同或类似商品上的近似商标正确。后来北京市高级人民法院维持了一审判决。

在将注册商标进行变形使用时,尤其是置身于具体的使用环境往往会允许乃至改变相关公众的认知。例如,在【"联邦蜥鳄"案】[63]中,苏州市中级人民法院认为,蜥鳄公司虽然辩称其所生产销售的涉案 T 恤、夹克衫、羽绒服里领口和吊牌上印制的图案系压缩后的第 3027448 号花瓣及花叶组合图形,但是由于该注册商标中间部分被紧缩并拉长,变形后的图案整体构造为左边两片上下分离的叶子,类似于鳄鱼张开的双嘴,右边一片向上翘起的叶子,类似于鳄鱼上翘的尾巴,整体标识更趋近于一条大嘴张开、尾巴上翘的象形鳄鱼形象。并且蜥鳄公司在部分吊牌、产品包装袋及公司网站等处所标识的图形颜色亦为绿色,结合其图案形态,易使消费者将其误认为是拉科斯特公司拥有的第 1318589 号指定颜色为绿色的鳄鱼图形。故蜥鳄公司所使用的图案客观上与拉科斯特公司的第 141103 号及第 1318589 号"鳄鱼"图案已构成近似。

加之蜥鳄公司实际在图形下方还醒目标注了"联邦蜥鳄"文字及拼音字母,更易引导消费者将上述图形与鳄鱼类动物产生联想,而偏离其花瓣图形本身的寓意(见图 7.18)。结合蜥鳄公司将其有权使用的第 3027448 号和第 3331430 号注册商标均进行变异处理,并将注册商标标识仅标注于图形右上方等情节,其误导消费者的主观故意较为明显,且组合标识客观上也并未能将其与"鳄鱼"注册商标显著区分,相反还会引起消费者产生其与"鳄鱼"商标持有人之间的联想和误认。

---

〔63〕　参见苏州市中级人民法院民事判决书,(2008)苏中知民初字第 180 号,载黄晖编著:《中国商标及不正当竞争案例精要》,知识产权出版社 2021 年版,第 339 页。

图 7.18　被告注册商标(左)、被告实际使用商标(中)和原告注册商标(右)

抽象的图形商标。所谓抽象的图形商标,一般是指难以识别的抽象图形。维也纳图形分类中第 26 类的几何图形即属于抽象的图形,比较这类商标,要特别注意图形中的显著部分,如其中的圆形、三角特别突出,又同时出现在两个商标之中,判为近似的可能就较大。

(三)立体商标

立体商标之间的比较主要应该看整体视觉效果,这与比较立体外观设计有相似之处,比较不应该着眼于细节,而应该以立体的突出显著部分为主,因为立体的显著特征有时只能从特定的角度才能看到,因此只要总体上容易混淆即可判为近似。

(四)颜色组合商标

颜色的数量有限,颜色尤其是色差可能出现非常近似的情况,在不同的光线照射下更有可能难以分辨。但美国最高法院在审理【Qualitex 案】[64]中反驳了“色差难辨说”,它认为,各级法院在认定文字商标上遇到的困难并不比区别色差商标少,既然法院能够成功区分用在抗抑郁药上的“BONAMINE”和“DRAMAMINE”、用在尿布上的“HUGGIES”和“DOUGIES”、用在咳嗽药上的“CHERACOL”和“SYROCOL”以及用在篱笆上的“CYCLONE”和“TORNADO”,就没有理由担心他们区别不了颜色之间的差异。

发生在北京市第二中级人民法院和北京市高级人民法院的【“迪尔”案】[65]是我国首个实际保护颜色的案例。在该案中,法院认为,迪尔公司取得第 4496717 号商标专用权的基础在于该颜色组合商标的特殊使用方式以及经过这种使用所取得的显著特征,九方泰禾青岛公司在被控侵权商品上同样使用“绿色车身、黄色车轮”也就会被相关公众误认为同样是商标的使用,甚至是对第 4496717 号商标的使用。虽然被控侵权商品单价价值较大,相关公众对其选择会比较慎重,但是由于九方泰禾青岛公司在被控侵权商品上使用了与第 4496717 号商标几乎完全一致的“绿色车身、黄色车轮”标志,即使其上还有九方泰禾公司的名称、地址和“迪马”商标等标志,仍会导致相关公众误认为被控侵权商品的提供者与迪尔公司有经营上、组织上或者法律上的特定联系,从而导致混淆误认。九方泰禾青岛公司关于其行为不构成侵权、原审判决适用法律错误等上诉理由缺乏依据,法院不予支持。

(五)声音商标

声音商标的听觉感知和整体音乐形象相同,或者基本无差别的,可以认定为近似商标。

(六)组合商标

前面在讨论要部比对、特征比对时实际已经涉及组合商标的比对问题,事实上,组合

---

〔64〕 See Qualitex. Co. v. Jacobson Products Co. ,514 U. S 159.

〔65〕 参见北京市高级人民法院民事判决书,(2014)高民终字第 382 号,载黄晖编著:《中国商标及不正当竞争案例精要》,知识产权出版社 2021 年版,第 270 页。

商标的形式非常丰富,可以是图文组合,也可以是颜色或形状与图文的组合,甚至是声音与平面视觉的组合,因此,必须具体问题具体分析,既要进行整体比对,又要辅之以要部或特征比对。

组合商标与单一元素商标的比较。一般来说,单一元素被复制到组合商标中,如果仍然清晰可辨,也就是说没有与其他元素组成一个新的整体,就仍判为近似。尤其不能因为在一个文字商标外简单增加了一个图形,或者在一个图形外简单增加了一些文字就认为不近似。

组合商标之间的比较。两个组合商标的文字部分相同或近似,虽然其书写方法或者与之结合在一起的图形有较大差别,通常应视为近似商标。商标部分虽然不同,但作为主要部分的图形相同或者近似的,判为近似商标。商标整体或者主体近似的,自然应判为近似商标。

(七)异类商标

文字与图形的比较。既然商标可以识别为具体事物的名称,就会出现该图形是否与该名称近似的问题。原则上,如果两者表现的观念相同,还是应该判为近似。美国就有"飞马"文字与"飞马"图形判为近似的案例。

立体商标与平面商标的比较。立体与平面商标比较也有类似的问题,正如上面提到的普通形状的立体商标,其实大多是从平面图案转化而来的,两者应该判为互相近似。长沙市中级人民法院在【"绝对伏特加"案】中就认为立体瓶形与注册的平面图形近似从而判决侵权成立。

第六节　相同或类似的商品或服务

商标法中的混淆不是孤立的存在,它是基于使用在商品上的商标进而混淆商品的来源,因此,在比对了商标之后,我们接下来开始讨论判断混淆可能性的第二个因素:商品或服务的类似程度。

一、认定标准

商品相同的标准。完全相同自然是相同,侵权商品被权利人的注册范围所包含也应视为相同,如使用的是童装、注册的是服装。认定相同在侵权查处中的意义十分重大,因为按照《TRIPS 协定》的规定,商品相同,商标相同,就可以推定会发生混淆,从而认定侵权成立。

按照 2011 年最高人民法院、最高人民检察院、公安部《关于办理侵犯知识产权刑事案件适用法律若干问题的意见》,名称相同的商品以及名称不同但指同一事物的商品,可以认定为"同一种商品"。"名称"是指商标局在商标注册工作中对商品使用的名称,通常即《商标注册用商品和服务国际分类》中规定的商品名称。"名称不同但指同一事物的商品”是指在功能、用途、主要原料、消费对象、销售渠道等方面相同或者基本相同，相关公众一般认为是同一种事物的商品。

商品类似的标准。2020 年的《商标民事纠纷司法解释》规定，《商标法》第 57 条第 2 项规定的类似商品，是指在功能、用途、生产部门、销售渠道、消费对象等方面相同，或者相关公众一般认为其存在特定联系、容易造成混淆的商品。类似服务，是指在服务的目的、内容、方式、对象等方面相同，或者相关公众一般认为存在特定联系、容易造成混淆的服务。

此外，类似问题不仅发生在商品与商品之间以及服务与服务之间，商品与服务之间也可能类似，按照《商标民事纠纷司法解释》，商品与服务类似，是指商品和服务之间存在特定联系，容易使相关公众混淆。例如，汽车与汽车修理、食品与餐饮服务，其衡量的标准仍然是普通消费者是否可能认为生产商品的厂商同时也提供相应的服务。服务行为与提供该服务所使用的商品之间存在特定联系的，该服务与为提供该服务所使用的商品视为类似。

二、具体认定

美国的实践。美国商标法中没有提到类似商品或服务的概念，但法院通过判例发展了关联商品或服务的概念。关于在非竞争但是有关联的产品上使用他人商标的问题，美国的汉德（Hand J.）法官 1928 年在【Yale 案】[66]中曾有过十分精彩的论述。他说：“近年来厂商已有足够的经济利益，对在其经营领域以外使用其商标的行为获得法院的干预。他的商标就是他原版正宗的印记；他用它来标指商品；商品质量的好坏一律记在他的名下。其他任何人再使用这个商标，都只能是对他声誉的剽窃，而他却不能控制商品的质量。即使剽窃人没有玷污该商标，同时也没有抢走什么生意，这种使用本身就是一种损害；因为声誉如同人的脸面，是所有人和创造人的标志，其他人只能将它作为面具使用。因此必须承认，除非同所有人的使用差别非常之大，以致不会有任何混同之虞，否则借用人的一切使用都是非法的。”

商品或服务的接近程度或关联程度在美国也是一个相当主观的判断。商标越有名，商品或服务被认定为有关联的可能性就越大，如使用著名商标“MONOPOLY”的游戏棋和餐馆，使用“LLOYD's OF LONDON”的保险服务与香水以及使用“BEEFEATER”的金酒和餐馆都被认定为关联商品或服务。

欧洲的实践。欧洲认定商品或服务是否类似，之前一般的做法是采用客观判断标准，所谓客观标准，也就是说只进行商品与商品的比较，不考虑商标是否知名。该做法在 Canon 案中接受了欧盟法院的检验。

欧盟法院在【Canon 案】[67]中特别分析了商品或服务是否类似的认定标准。该案是由德国联邦法院提交欧盟法院进行初步裁定时提出的，案情的基本经过是，美国米高梅公司（后更名为帕特公司）在德国申请注册“CANNON”商标注册，指定的商品和服务为：录制在录像带上的电影，电影院及电视台用电影的制作、发行和放映，日本佳能公司以其注

---

〔66〕 See Yale Electric Corporation v. Robertson, 26 F. 2d 972（2d Cir. 1928）.

〔67〕 See C－39/17, Canon 案。

册的"CANON"商标对该申请提出异议,佳能指定的商品包括:静止及活动图像摄制及播放机;电视录制及拍摄设备;电视转播、接收及复制设备,包括电视录制及复制用磁盘机和光盘机。

德国专利局的一个审查员审理后认定两个商标指定的商品类似,第二个审查员则认为不类似;于是佳能公司上诉到德国专利法院,该法院亦认为商品不类似。德国专利法院认为不类似的理由是,依据当时有效的商标法及一贯的做法,只有根据经济含义及使用,商品或服务尤其是它们的产销地如此接近,以至于普通购买人会认为它们来自同一商业运作时才视为类似商品或服务。而专利法院在1989年的一个判例中即已发现,1988年的Seibt工业目录所列的录像带生产商中没有一个娱乐电器生产商,这一情况至今并未改变;在有关专业销售店的调查表明,在已录制录像带的栏目中没有一家电视机或录像机生产商。

因此不能断言普通购买人会认为已录制录像带与录制及复制设备来自同一商业运作。至于电影的制作、发行和放映与电视摄制设备之间,专利法院认为也不存在类似之处,因为电影的制作和放映中虽然要使用摄像机和放像机,但并不能说明其生产商同时也制作、发行和放映电影。对于佳能公司提出"CANON"商标广为人知的事实,专利法院认为与商品或服务是否类似的认定无关。

佳能公司向德国联邦法院继续上诉时指出,鉴于《一号指令》已写入德国《商标法》,德国过去有关商品或服务类似的做法已不再适合。其商标的知名度,以及录像电影带同录像复制设备在同一销售地出售的事实,非常容易使公众发生混淆。

由于德国《商标法》是根据《一号指令》制定的,立法者和学术界均认为应当按照《一号指令》的精神来理解类似的概念,以前形成的关于类似的客观性概念不能继续适用。为谨慎起见,德国联邦法院在对上诉案件进行审判前请求欧盟法院就如下问题作出初步裁定,即在判定商品或服务是否类似时可否考虑在先商标的显著性,尤其是该商标的声誉。换言之,是否允许就一个普通商标而言两种本不类似的商品或服务,在同一个特别显著的商标结合使用时被认定为类似的商品或服务?也就是说,是否允许双重标准?

欧盟法院为此征询了成员国及欧盟委员会的意见。法国、欧盟及佳能公司均认为,根据《一号指令》第10条立法理由,"必须结合混淆的可能来解释相似的概念;混淆的可能构成保护的特殊条件,其认定取决于多种因素,尤其取决于商标在市场上的认知程度,商标同使用或注册的标记可能产生的联想,商标与标记及商品或服务间相似的程度",因此,商品或服务是否类似不应是一个孤立和静止的问题,类似的认定必须同市场上消费者对该商标的主观认知程度结合起来考虑。

英国和帕特公司则竭力反对这种解释,尽管《一号指令》第10条立法理由意味着在认定商品或服务类似与否时,应当从消费者是否会对商品或服务的来源发生混淆出发,但在先商标的声誉不应用来认定商品或服务的类似问题。英国甚至认为既然要求将混淆与否作为商品或服务是否类似的标准,那还不如直接问是否存在混淆,认定商品或服务是否类似就没有意义了。

英国高等法院雅各布法官在【TREAT案】[68]中认为将混淆和类似分开考虑非常重

---

[68] See British Sugar PLC v. James Robertson & Sons Ltd. ,1996 R. P. C. 281(Chancery Division).

要,该案的核心问题是使用在“涂面包的甜酱”的“ROBERTSON TOFFEE TREAT”商标是否侵犯注册在“甜品沙司及糖浆”上的TREAT商标。他说:“第10条第2款不仅仅问‘是否有混淆’,还是问‘商品是否类似’,如果类似,接着再问‘是否有混淆的可能’,区分这一点十分重要,因为将两个问题合二为一的话,‘强商标’就会比‘弱商标’在更宽的商品上得到保护。例如,在袜子或自行车上使用Kodak商标完全可能造成混淆,但这并不妨碍这些商品同胶卷或照相机不类似。我认为商品类似与否,同注册商标或被告的标记毫不相干。”

有趣的是,雅各布法官和欧盟法院使用《一号指令》的同一条款,却得出了不同的结论。雅各布法官认为所谓“必须结合混淆的可能来解释相似的概念”,只不过是说,在认定商品是否类似时应是出于商标的目的,但绝不是说只要有混淆,就可以将本来根本不类似的商品认定为类似。欧盟法院则针锋相对地认为,既然“必须结合混淆的可能来解释相似的概念”,而混淆的可能又显然与商标在市场上或公众中的认知程度有关,因此商品或服务是否类似就不可能是一个孤立的问题,存在混淆的可能就必然意味着商品或服务相同或类似。

的确,正如英国指出的那样,如果必须结合商标的知名度来认定商品是否类似,则完全可能出现下列结果:同样的两个商品与一个普通商标联用时不类似,与一个著名商标联用时却可能被认为类似。这样,离开商标谈论商品“客观上”是否类似实际已失去意义,尽管欧盟法院仍坚持认为还要结合具体因素判断商品是否类似。

尽管如此,欧盟法院最后还是实际回避了德国的问题,而是根据《一号指令》第10条的立法理由,从更宏观的角度认为,判定混淆与否必须整体考虑案件的各项因素,而且这些因素尤其是商标间的近似与商品或服务间的类似之间是相互关联的。最终的结论变为商标的显著性在衡量商品类似是否会产生混淆性时应加以考虑。由于在先商标越显著,混淆的可能就越大,强显著性商标的保护范围自然应比弱显著性商标的宽。同样,欧盟法院也强调,即使在先商标非常显著,仍有必要分析商品或服务是否类似,并将需要考虑的因素归纳为商品或服务的性质、最终用户、使用方法以及相互间是否竞争或补充。欧盟法院还指出,仅仅因为生产地不同就认为不会混淆是对混淆概念的误解。

因此,严格来说,欧盟法院的这一解释并没有要求衡量商品是否类似时应该考虑商标的知名度,它实际是要求在衡量商品类似是否足以产生混淆时需要考虑商标的知名度,而这实际是在重复混淆必须综合判断的要求。

【Canon案】实际的后果是法院仍然会根据相对客观的标准判断商品是否类似。例如,英国高等法院雅各布法官在【TREAT案】的判词中提出的认定商品或服务类似与否的六项指标很有意义,这些指标虽然不是穷尽的,但有一个共同的特点,即只与商品或服务本身有关:(1)商品或服务各自的用途;(2)商品或服务各自的用户;(3)商品或服务行为的客观性质;(4)商品或服务到达市场的商业渠道;(5)就自选商品而言,在超市中摆放或可能摆放的位置,尤其是是否摆放在同一货架上;(6)商品或服务相互竞争的程度,即商业中是否处于同一类别,如市场研究公司是否将这些商品或服务置于同一领域。

法国在认定商品或服务是否类似时就持这种观点,即首先考虑商品或服务的性质、用途、用户、通常效用及一般销售渠道。同时,如果两个商品使用同一商标有可能被顾客认为来自同一个产源,即可认定类似。商品或服务的类似可能因为它们有同一性质(如船与帆船)、同一用途(如外衣与内衣、香水与化妆品和服装)、同一销售习惯(如干果与饼干、橘子汁与食品调料)、企业经营的多元化(如复印机与电脑、报刊与电视频道)。

就欧盟法院而言,我们在时隔近25年之后的一个案件中可以看出,商品类似的判断仍然是在一个相对客观的标准之下进行的。在华为【Honor案】[69]中,欧盟普通法院认定商品类似并会导致混淆,判决驳回上诉。法院指出,第9类中的"游戏软件"、"计算机程序"、"磁性、光学、数字和电子数据载体"等与"计算机"构成类似商品,因为它们受众相同,分销渠道会有共享,甚至可能由相同的企业出售。在此,法院特别强调"游戏软件"要有"计算机"才能实现,计算机对于使用此类软件是不可或缺,至关重要。对于商品和服务的比较,法院强调,商品从本身的属性看,一般会有别于服务,但有些情况下,商品和服务也会构成类似,本案中,"提供计算机和电信技术培训、在线计算机游戏和其他在线娱乐的信息"和"在线提供的游戏(在计算机网络上)"至少与"计算机"有较低程度的类似,因为这些服务的实现有赖于计算机的使用,两者有互补性。此外,这些服务与"计算机"潜在的消费者和经销途径也相同。再者,涉案标记本身在视觉、发音和含义上都高度近似,被异议标记的注册确实会引起混淆。因此,法院维持了上诉委员会的认定。

中国的实践。2001年的《商标法》中因为商标侵权标准中没有混淆可能性的要件,我国2002年的《商标民事纠纷司法解释》中的商品类似的概念实际内化了混淆可能性的概念,2013年我国《商标法》增加了混淆可能性的要求,2020年的《商标民事纠纷司法解释》实际却没有体现这一修改。但2016年《商标授权确权司法解释》第12条实际更倾向于先客观判断商品类似关系,再综合判断混淆与否。因此,它使用的是商品类似程度而不是简单的类似与否的措辞。

我国台湾地区的商标实践中也倾向于对商品或服务的类似问题做客观的认定。类似商品,应依一般社会通念、市场交易情形,并参酌该商品之制造、原料、用途、功能或销售场所地各种相关因素判断之。类似服务,应依一般社会通念、市场交易情形,并参酌该服务之性质、内容、对象或场所等各种相关因素判断之。具体来说,根据台湾地区"商标法施行细则"第15条,类似商品的认定应综合下列各项因素而非仅就单一因素判断:商品的用途、功能,商品的行销管道、贩卖场所,商品的原材料、成分,商品与零组件的关系,商品的买受人,商品的制造者,其他足以认定系类似商品之相关因素。类似服务的认定因素包括:服务的性质、内容、行销管道、场所、对象范围、提供者以及其他足以认定系类似服务的相关因素。而性质相关联商品或服务,以在工商业经营上有无申请注册防护商标或服务标章之必要关系判断之。

20世纪,在没有驰名商标的明确立法的情况下,我国在实际操作中对类似商品的认定其实也是区别对待的,如服装与纽扣、拉链等辅料通常属于非类似商品,商标局1993年在给浙江省工商局的批复中指出,"但是,如遇驰名商标冲突时,服装与纽扣、拉链等辅料属于相关商品,由工商行政管理机关按照个案处理的原则,根据使用效果、商标的知名度、造成的实际后果等因素依法处理"。商标局在另外一个案件中指出,鉴于英国尤尼利弗公司在香皂、肥皂商品上使用的LUX(力士)是驰名商标,上海百货公司日用批发部在与香皂、肥皂商品密切相关的皂盒上使用LUX、力士商标,易使消费者产生误认。但有了驰

---

[69] See T-171/21,Honor案。

名商标的跨类保护，就不必非要将不类似的商品划入类似的范围，应该基于两个商品在功能、用途、生产部门、销售渠道、消费对象等方面进行比对，对于有两三个以上共同因素的商品其实都可以纳入类似的范围，当然这和五个方面都相同的商品类似程度还是不同的。

对于类似标准的时代变迁问题，也要用历史的眼光来看待。事实上，商标局早在1988年《就商标扩大使用范围是否构成侵权问题的复函》中就意识到，死守一个标准显然是行不通的。例如，商标局在复函中指出，基于以前商品分类的标准，上海卷烟厂在卷烟上注册了凤凰商标，昆明雪茄烟厂在雪茄上亦注册了凤凰商标。现在卷烟、雪茄烟已属于类似商品。1993年《商标法》第37条规定："注册商标的专用权，以核准注册的商标和核定使用的商品为限。"因此，昆明雪茄厂只能在雪茄烟上享有凤凰商标专用权。该厂擅自将凤凰商标扩大到卷烟商品上，不仅超出了专用范围，并且侵犯了上海卷烟厂的注册商标专用权。也就是说，过去认为不类似且划在不同群组的卷烟和雪茄，随着时代的发展也会被认为构成类似商品，刻舟求剑显然不能解决现实提出的问题。

又如，商标局2010年在一个通知[70]中指出，"现行的第九版《类似商品和服务区分表》中没有'方便粉丝'商品名称，我局在受理商标申请时将'方便粉丝'商品划分在第30类第12商品群组。在实际商标审查及案件处理过程中，我局发现第30类第09商品群组的'方便面'与第30类第12商品群组的'方便粉丝'商品虽分属不同类似商品群组，但两者的食用方式、消费对象、销售渠道基本相同，根据类似商品的划分原则，'方便面'与'方便粉丝'商品应当确定为类似商品。经研究决定：此前已经注册和申请受理的商标，其包含核准使用或申请指定的方便粉丝商品由第30类第12商品群组统一调整到第30类第09商品群组，与第30类第09商品群组的商品判为类似商品，与第30类第12商品群组的商品因食用方式、消费对象、销售渠道不同，不判为类似商品。本通知发出之日前已经注册包含核准使用方便粉丝商品的商标在指定商品上继续有效"。

当然，即使类似关系会因为时代变化而演变，但在一个时期内类似关系仍应保持相对平稳但不能天天变化，也不能厚此薄彼。最好的办法，可能还是将商品的类似关系客观化，并适当放低门槛，至于最后是否容易导致混淆，则要根据其他因素，尤其是商标的显著性和知名度的强弱来综合判断。这样可能更有弹性，适用起来也更加合理。

三、分类表和区分表

国际分类表的法律效力。讨论商品或服务是否类似，不可避免地要研究类似与分类的关系问题。目前全世界大部分国家使用的是《尼斯协定》所确立的分类。该分类将商品分为34个类别，服务分为11个类别。

其分类的一般原则为：制成品原则上按其功能、用途进行分类；原材料、未加工品或半成品原则上按其组成的原料进行分类；商品构成其他商品某一部分，原则上与其他商品分在同一类；成品或半成品按其组成的原材料分类时，如果是由几种不同原材料制成，原则上按其主要原材料进行分类；用于盛放商品的盒、箱之类的容器，原则上与该商品放在一起。

但由于《尼斯协定》的主要目的是为商标的注册提供行政管理上的便利，所以尽管类

---

[70] 参见原国家工商行政管理总局商标局《关于调整〈类似商品和服务区分表〉第三十类"方便粉丝"商品类似群组的通知》。

似商品通常会位于同一类别中,但分类不能简单地代替类似商品的认定。该分类的法律效力在《尼斯协定》第2条第1款中已有明确规定,即"在对任何特定的商标提供保护的范围方面,本分类对各国不具有约束力"。

《商标法律条约》第9条第2款更进一步规定:商品或服务不一定因商标主管机关在其任何注册或公告中将它们列在《尼斯协定》的同一类别之下而被认为类似;商品或服务不一定因商标主管机关在其任何注册或公告中将它们列在《尼斯协定》的不同类别之下而被认为不类似。《比荷卢商标法》第13条也明确指出,商标注册的管理分类不得作为判断商品或服务是否类似的标准。

《类似商品和服务区分表》的效力。《类似商品和服务区分表》是商标局根据世界知识产权组织提供的《尼斯协定》以及中国自1988年11月1日起采用国际分类以来的使用实践,针对中国的国情实际对商品和服务的类似群组及商品和服务的名称进行了翻译、调整、增补和删减而制定的。《类似商品和服务区分表》亦随着国际分类表的修订而作相应的调整。

《类似商品和服务区分表》的前言中特别指出,其是商标审查人员、管理人员、商标代理人、商标申请人以及商标使用人判断商品和服务类似与否的主要依据和参考工具,但不是唯一性的法规性文件。对于某些商品和服务是否类似还要结合商品的功能、用途、交易方式和具体的服务行业、服务实施场所、服务的对象等实际情况进行判断。

原国家工商行政管理局1999年《关于商标行政执法中若干问题的意见》提出了判断商品或者服务类似的具体标准,即以普通消费者对商品或者服务的客观认识进行综合判断;《尼斯协定》《类似商品和服务区分表》可以作为认定类似商品或者服务的参考,但不是唯一的依据。

北京市高级人民法院在审理【"贵妃醋"案】[71]中认为,类似商品的判断是商标授权审批及审理商标侵权案件中的一个重要问题,为了保证法制的统一,宜由权威部门作出统一认定。而商标局在相关的批复中已认定"含醋饮料"应为一种添加了醋成分的不含酒精的饮料,属于国际分类第32类第2组"不含酒精饮料",与国际分类第30类第15组"醋"商品不类似。北京市高级人民法院于是认为,实践中,判断类似商品一般首先应当参考《类似商品和服务区分表》或者权威部门作出的规定或批复等,但有相反证据足以推翻上述结论的,可以不予参考。

这一理解后来被正式写入了2004年北京市高级人民法院《关于审理商标民事纠纷案件若干问题的解答》中。该院认为,《类似商品和服务区分表》可以作为判断商品或者服务是否类似的参考,但不是判断类似的唯一参考标准。如果当事人提出与《类似商品和服务区分表》的划分不一致的关于商品或者服务类似或者不类似的证据的,应当根据当事人提供的证据予以认定,否则应当参考《类似商品和服务区分表》认定商品或者服务是否类似。

虽然这样规定方便了类似商品的认定,但这实际是赋予了《类似商品和服务区分表》一种推定的法律效力,除非举出反证,才能跨越该区分表对类似与否的判断。而该院在判

---

〔71〕 参见北京市高级人民法院民事判决书,(2003)高民终字第1005号;北京市高级人民法院民事判决书,(2005)高民抗终字第562号。

断商品与服务是否类似时，并未简单参考《类似商品和服务区分表》就认为商品与服务在当然不类似，而是需要具体考虑下列标准：商品与服务在性质上的相关程度，在用途、用户、通常效用、销售渠道及销售习惯等方面的一致性，即在商品和服务中使用相同或类似商标，是否会导致相关公众误认为商品和服务来自同一市场主体或者有某种联系的市场主体。

在【"啄木鸟"案】[72]中，最高人民法院认为，避免来源混淆是商品类似关系判断时需坚持的基本原则，如果近似商标在具有一定关联性的商品上共存，容易使相关公众认为两商品是由同一主体提供或者其提供者之间存在特定联系，应认定两商品构成类似商品。而且，关于《类似商品和服务区分表》对认定类似商品或者服务的作用，最高人民法院认为，《类似商品和服务区分表》可以作为判断类似商品或者服务的参考，但不能机械、简单地以《类似商品和服务区分表》为依据或标准，而应当更多地考虑实际因素，结合个案的情况进行认定。

2020 年最高人民法院的《商标民事纠纷司法解释》也认为，人民法院依据《商标法》第 57 条第 2 项的规定，认定商品或者服务是否类似，应当以相关公众对商品或者服务的一般认识综合判断；《商标注册用商品和服务国际分类》《类似商品和服务区分表》可以作为判断类似商品或者服务的参考。2020 年《商标侵权判断标准》第 12 条也有类似规定。

零售服务的类似认定。商标局 2012 年发布了《关于申请注册新增零售或批发服务商标有关事项的通知》，并特别明确：新增服务与所销售商品原则上不类似；新增服务与"替他人推销"等其他第 35 类服务原则上不类似。就零售以及相关商品的关系而言，一般认为具有类似关系。例如，欧盟普通法院在【Afoi 案】[73]中就认为，第 35 类"与供应桌布相关的零售服务"与第 24 类"桌布"构成类似。

但在【"华佗"案】[74]中，最高人民法院认为，对于特殊的商品和服务而言，在认定商品或者服务是否类似时，需要结合国家为维持相关市场秩序对该类商品生产、销售及相关服务的管理规范进行认定，考虑此类规范对商品销售渠道、服务方式及消费群体产生的影响。对于因此类规范而形成的长期稳定的市场秩序之情形，人民法院应当将其作为重要的考量因素。本案中争议商标核定使用服务包括药品零售或批发服务，引证商标一核定使用商品为药品。长期以来，我国药品生产、经营方面的特殊规定，使得两者形成了相对稳定、清晰的市场格局，相关公众对商品生产者和零售、批发者能够形成较为清晰的认知，使得药品批发或零售、药用制剂批发或零售服务与药品商品在经营方式、提供者等方面存在较大差别，不属于类似的商品与服务，诉争商标与引证商标一未构成使用在类似商品和服务上的近似商标。

---

〔72〕 参见最高人民法院行政判决书，(2011)知行字第 37 号，载黄晖编著：《中国商标及不正当竞争案例精要》，知识产权出版社 2021 年版，第 138 页。

〔73〕 See T－549/10，Afoi 案。

〔74〕 参见最高人民法院行政判决书，(2021)最高法行再 76 号。

第七节 在先商标的显著性和知名度

我们接下来将讨论混淆可能性认定的第三个因素。如前所述,由于商标的显著性和知名度会随着商标使用的规模和强度变迁,因而也是商标保护中十分活跃且重要的因素,不仅在商标近似判断中扮演着十分重要的角色,而且在混淆可能性的综合判断中起着举足轻重的作用。我们先介绍欧洲的实践,再介绍我国的实践。

比例保护原则。AIPPI 也认为商标保护的范围取决于它的显著性和知名度,而显著性和知名度则取决于商标的独创性和任意性、商标使用及其广告促销的规模和长短、商标的声誉。

实际上,我们可以将商标的保护范围比作电筒的光照范围:电池的强度,如同商标的显著性,电筒的高度,如同商标的知名度;电池越强,电筒越高,光照范围也就越亮和越大,商标的保护范围也应该越强和越广(见图 7.19)。

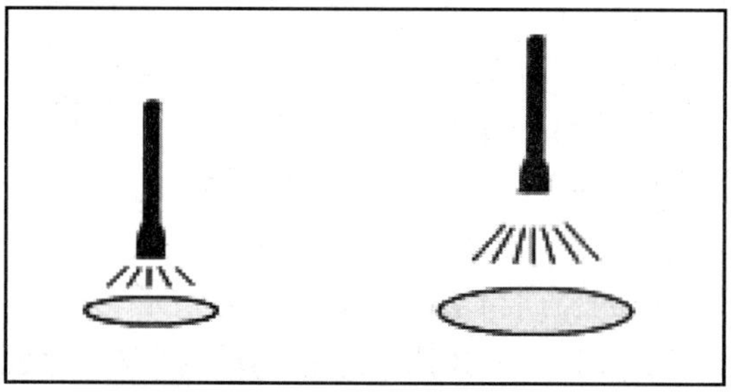

图 7.19 手电光照范围及照明亮度对照

同时,心理学上有一种说法叫“形不足而意有余”,说的是由于我们非常熟悉一个人或事物,那么即使我们只是看到了它的一个局部,我们的大脑也会自动地加以复原,最终呈现出完整的形象。商标也是一样,它的显著性和知名度越高,大脑的修复能力就越强,发生联系的可能也就越大。例如,图 7.20 这句话,对于熟悉中文的人来讲恢复全文并不难。当然,对于不认识中文的人来讲,即使全部都能看见,也很难进行比较。

图 7.20 一半遮蔽的汉字

同样地，对于熟悉英文的人来讲，在图7.21中，左图很容易认读为“THE CAT”（猫），但由于熟悉法文的人不多，就很少有人将右图认读为“LE CHAT”（猫）。这也说明，两个图中的左图第二个“字母”及第五个“字母”乃至右图第四、五个“字母”均为同一符号，但由于熟悉程度不同，在左图中即被分别认读为“H”和“A”，在右图却少有人作同样认读。

图7.21 同一符号的不同认读

雀巢公司甚至大胆借助这一原理，仅仅只刷一半，恰恰凸显了“Have a break，have a KitKat”广告语的巨大影响。可口可乐公司可能走得更远，在2015年的促销宣传中，干脆拿掉文字商标，只使用红底飘带（见图7.22）。

扫描看彩图

图7.22 雀巢奇巧牌巧克力广告以及可口可乐的新包装

一、欧洲的实践

欧盟法院在【Sabel案】[75]中认为，对一个在公众中并不特别知名，且只是由相对缺乏想象力的图案组成的商标，仅仅因为设计理念上的相似导致的联想本身，还不足以认定有混淆的可能。

但欧盟法院在该案中确立了一个重要的先例，即商标越显著，混淆的可能就越大。欧盟法院甚至承认，无论是本身具备显著特征的商标还是由于在公众中所享有的声誉而特别显著的商标，同时使用一个类似的意境所造成的观念上的近似，并不是毫无产生混淆的可能。

虽然商标的显著性基本上是一个静态的概念，商标主管部门的审查也主要围绕抽象的标记进行的比较，现实生活中的各种情况一般不在考虑之列，但随着实际使用的展开，商标的显著性在注册之后还可能增强，因此必须动态地进行考察。

欧盟法院在【Lloyd案】[76]中进一步明确了认定商标的显著性的标准，“在确定商标的显著性，以及在认定商标是否特别显著时，成员国法院必须就商标在注册指定的商品或服务上指示特定厂商的能力的强弱进行整体判断，也就是判断该商标将此商品或服务同其他厂商生产的商品或服务区别开来的能力”。这实际上已经说明商标的显著性不是一个整齐划一的概念，商标的显著性存在强弱之别，决定商标的保护范围时必须考虑这一因素。显著性强的商标，即使商标不太近似，或者商品或服务不太类似，仍然可能产生混淆。

---

〔75〕 See C－251/95，Sabel案。

〔76〕 See C－342/97，Lloyd案。

换言之,显著性强的商标的保护范围就应该广于显著性弱的商标。在进行这些判断时,具体应考虑如下因素:商标的内在特征,包括商标是否包含指定商品或服务的叙述成分;商标的市场份额;商标使用的强度、广度及长短;厂商宣传促销该商标的投入;公众通过该商标认知商品或服务产自特定厂商的比例;工商会及其他行业组织的声明。上面这些因素其实也是衡量商标是否具有第二含义时使用的标准。在这里,显著性已不仅仅是一个理论上具有区别潜力的概念,还是反映了商标所有人实际使用的成果。因此,欧盟法院认为不可能仅仅通过商标在部分公众中的认知比例来确定商标显著性的强弱。这实际上是为强商标给予强保护预留空间,与比荷卢根本不同的是,欧盟法院是在不突破混淆理论的前提下,允许对强商标和弱商标区别对待,但不允许像比荷卢那样用联想理论取代混淆理论。

在【Picasso 案】[77]中,毕加索家族以戴姆勒－克莱斯勒公司注册的用于汽车的“PICARO”与其早先在欧共体注册的“PICASSO”商标在视觉和读音上均属相似,并且两商标都使用在汽车上,违反了欧共体商标法的有关规定为由,诉至欧盟普通法院。2004 年 6 月,欧盟普通法院作出裁决,认定这两个词在概念上差别较大,而且消费者在购买汽车时,注意程度会相当高,不会将两商标混淆。毕加索家族不服,提起上诉,并且提出“PICASSO”较之于“PICARO”具有更大的知名度,应当受到更大程度的保护。对此,欧盟法院维持了欧盟普通法院的认定,认为知名度大的是作为西班牙画家名字的“PICASSO”,而不是作为汽车商标的“PICASSO”,消费者在购买汽车时,不会仅仅将“PICASSO”作为一个商标,而更多地会把其当作画家的名字予以对待。换句话说,画家的知名度还不能当然作为汽车品牌的知名度。

在【Levi’s 案】[78]中,Levi’s 公司于 1980 年在比荷卢注册了如图 7.23 左图的海鸥图形商标,用于第 25 类的商品。1998 年,因 Casucci 公司在比荷卢出售的牛仔裤上使用了类似的商标(见图 7.23 右图),Levi’s 公司在布鲁塞尔商事法院对 Casucci 公司提起诉讼。商事法院和上诉法院都对该案予以驳回,理由是原告的商标已经丧失了显著性。Levi’s 公司上诉到最高法院,认为判断其商标是否丧失显著性,应当依据侵权标志开始使用的时间而不是法院作出判决的时间。最高法院就有关问题请示了欧盟法院。欧盟法院判决指出,法院判断商标是否具有显著性,应当以侵权标志开始使用时相关公众的认识为准;如果国内法院认定某标志在开始使用时侵犯了商标权,则应当禁止此标志的使用;如果商标的确已经由于商标权人的作为或不作为丧失了显著性,从而符合了商标撤销的条件,法院则不必禁止有关标志的使用。

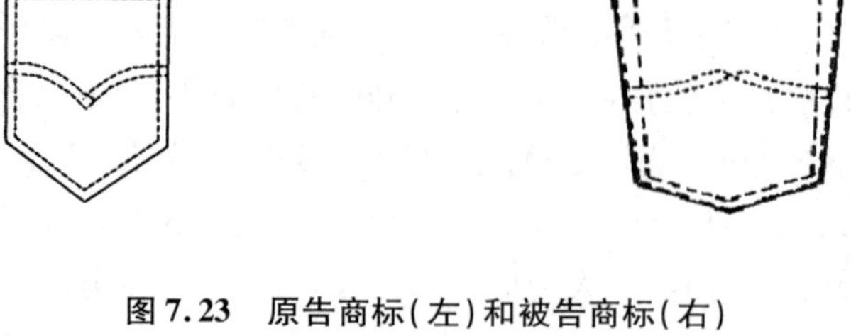

图 7.23　原告商标(左)和被告商标(右)

〔77〕 See C－361/04 P,Picasso 案判决书第 27 段。
〔78〕 See C－145/05,Levi’s 案判决书第 19、35～36 段。

二、中国的实践

最高人民法院《商标民事纠纷司法解释》还指出,判断商标是否近似,应当考虑请求保护注册商标的显著性和知名度。需要注意的是,这里强调的是原告商标而不是被告商标的显著性和知名度。另外,根据2016年的《商标授权确权司法解释》,实际上应该在判断是否容易导致混淆时,而不是判断商标是否近似时,需要考虑商标的显著性和知名度。

在2003年给江苏省高级人民法院的一份批复中,最高人民法院强调说,商标的显著性,即能够起到区别作用的特性的强弱,是商标侵权判断中确定商标专用权权利范围以及确认是否构成侵权的重要因素之一。知名度高显著性强的商标,被"混淆""借用"的可能性就大,而知名度低显著性弱的商标,被"混淆""借用"的可能性就小。

在【"嘉裕长城"案】[79]中,最高人民法院认为,本案讼争的"嘉裕长城及图"商标和第70855号"长城牌"注册商标均系由文字和图形要素构成的组合商标,其整体外观具有一定的区别。但是,第70855号"长城牌"注册商标因其注册时间长、市场信誉好等,而具有较高的市场知名度,被国家工商行政管理部门认定为驰名商标,中粮公司使用第70855号"长城牌"注册商标的葡萄酒产品亦驰名于国内葡萄酒市场,根据该注册商标的具体特征及其呼叫习惯,其组合要素中的"长城"或"长城牌"文字部分因有着较高的使用频率而具有较强的识别力,在葡萄酒市场上与中粮公司的葡萄酒产品形成了固定的联系,葡萄酒市场的相关公众只要看到"长城""长城牌"文字或者听到其读音,通常都会联系或联想到中粮公司的葡萄酒产品及其品牌,故"长城"或"长城牌"文字显然具有较强的识别中粮公司葡萄酒产品的显著性,构成其主要部分。

"嘉裕长城及图"虽由文字和图形组合而成,且其文字部分另有"嘉裕"二字,但因中粮公司的第70855号"长城牌"注册商标中的"长城"或"长城牌"文字部分具有的驰名度和显著性,足以使葡萄酒市场的相关公众将使用含有"长城"文字的"嘉裕长城及图"商标的葡萄酒产品与中粮公司的长城牌葡萄酒产品相混淆,至少容易认为两者在来源上具有特定的联系。因此,嘉裕公司的"嘉裕长城及图"商标使用了中粮公司第70855号"长城牌"注册商标最具显著性的文字构成要素,并易于使相关公众产生市场混淆。而且,对于在特定市场范围内具有驰名度的注册商标,给予与其驰名度相适应的强度较大的法律保护,有利于激励市场竞争的优胜者、鼓励正当竞争和净化市场秩序,防止他人不正当地攀附其商业声誉,从而可以有效地促进市场经济有序和健康地发展。

尽管在现代汉语中"长城"的原意是指我国伟大的古代军事工程万里长城,但中粮公司第70855号"长城牌"注册商标中的"长城"文字因其驰名度而取得较强的显著性,使其在葡萄酒相关市场中对于其他含有"长城"字样的商标具有较强的排斥力,应当给予强度较大的法律保护。据此,可以认定嘉裕公司使用的"嘉裕长城及图"商标与中粮公司第70855号"长城牌"注册商标构成近似(见图7.24)。

---

〔79〕 参见最高人民法院民事判决书,(2005)民三终字第5号,载黄晖编著:《中国商标及不正当竞争案例精要》,知识产权出版社2021年版,第350页。

图 7.24 原告商标(左)和被告商标(右)

第八节 产生混淆的主体

在评估是否会有混淆时,我们并不是抽象地进行,而必须结合具体的人群即相关公众。相关公众的概念在认定商标显著性的时候就已经出现过,这一概念在认定商标是否近似,以及进一步评判是否存在混淆的可能时,同样是一个重要的参照系。离开相关公众及其一般注意力谈近似与混淆,无疑会偏离正确的轨道。

一、相关公众

认定"混淆可能性",首先必须确定混淆可能发生的主体及表现形式。是否有混淆发生虽然是由审查员或法官来裁决,但他们不能根据自身的经验来决定,而必须从置身于市场的消费者的角度进行判断,尽管不可能去调查所有的消费者。

为了便于认定,一般是假设一个抽象人物,即具有合理信息及中等注意力的相关领域的现实或潜在的消费者,[80] 这个虚构的消费者具有最后的发言权。

AIPPI 认为混淆的可能应由相关公众中一个具有普通智力、注意力及接受力的人来判定。"相关公众"应当理解为商标使用中可能涉及的任何人,尤其是售前、售中及售后过程中的消费者、潜在消费者、使用者或操作者。相关公众中应该有相当一部分可能产生混淆或误认。对此进行的科学客观的调查,可以在认定中加以考虑,但不应强制要求调查。

按照我国的司法解释,商标法所称相关公众,是指与商标所标识的某类商品或者服务有关的消费者和与前述商品或者服务的营销有密切关系的其他经营者。需要注意的是,消费者和经营者并不是叠加的关系,而是选择的关系。例如,《关于驰名商标保护规定的联合建议》对相关公众的解释就更加详尽,即应当包括而不限于:(1)使用该商标的那类商品或服务的实际或潜在的消费者;(2)使用该商标的那类商品或服务的营销渠道所涉及的人员;(3)经营使用该商标的那类商品或服务的商业界人员。

因此,虽然商标法只在认定驰名商标所要考虑的因素中提到"相关观众"这一概念,但事实上,认定商标的显著性、知名度和近似性都需要相对于具体的消费者进行,而不能

---

〔80〕 See C-210/96 Gut Springenheide v. Tusky [1998] ECR I-4657,第 31 段。

以审理案件的执法人员的个人知识和经验为准,选择一个客观的参照系就显得非常必要。

二、一般注意力

造成混淆通常是以普通消费者的一般注意力作为评判的主观标准。注意力不同,出现混淆的概率也会不同。因此必须基于相关公众的一般注意力。所谓一般注意力,也可以叫平均注意力。

消费者购物时的行为模式对消费者是否会发生混淆也有影响。首先,消费者通常是基于对商标甚至商品的总体印象进行采购的,一般不会顾及商标的各个细微的组成部分,推着购物小车在超级市场选购大量商品时更是如此。

其次,消费者通常依赖于前次购物或他人介绍的不完全印象来决定商品的购买,由于没有样品对照,他们更多是对货架上摆放的商品与印象中商品的共同之处特别是突出显著部分感受更深,至于商标细微的不同或者添加的部分则往往被消费者所忽略。

考虑是否混淆,理论上虽然应以普通注意程度为准,但仍然应该结合实际的市场情况判断,因为实际注意力仍可能因人、因物、因时、因地、因事而有所不同:(1)购买主体,不同的购买人在购买不同的商品时,注意的程度会有所不同。(2)购买客体,即商品的价格、大小或特性等,如价格低注意程度低,价格高注意程度相对也高;但一些风险产品,如药品,认定时仍应适用通常的认定标准。(3)购买时间,时间紧迫容易混,否则不易混,时间不同,其注意力仍会不同,快餐食品的注意程度相对就会低一些。(4)购买地域,不同地域的人群由于风土人情不同也会不同。(5)使用情形,使用商标的方式、地域、时间商品品质、广告量、销售量、企业规模及企业形象,都可能影响混淆的认定。

第九节 混淆可能性的综合判断

在我们上面对混淆可能性的各要素作了逐一地分析后,我们接下来将转换到综合判断的角度来讨论混淆可能问题。

一、美国的实践

美国一直是主张运用多个要素判断混淆可能性的,早期有美国第二巡回上诉法院的Dupont多要素法,后来各个巡回上诉法院都发展出自己的判断方法。

下面我们可以通过【Sleekcraft案】[81]看看美国第九巡回上诉法院如何在具体情况下认定混淆的可能。在该案中,原告AMF的前身使用的商标是Slickcraft,该公司后来成为AMF的一个子公司,其主要产品是休闲艇,被告Nescher公司在不知晓原告商标的情

---

〔81〕 See AMF, Inc. v. Sleekcraft Boats, 599 F. 2d 341 (9th Cir. 1979).

况下采用了 Sleekcraft 商标生产赛艇,并且在原告通知它以后特意在商标中增添了一个区别图标,同时还特别标注了“Nescher 造船”(Boats by Nescher)的字样。他们通过各地的特约分销商销售,都参加船舶展,只是 Slickcraft 的广告主要针对一般读者,Sleekcraft 的广告则针对赛艇爱好者(见图 7.25)。

图 7.25　原告商标(左)和被告商标(右)

初审法院认为,虽然双方的产品有一定的重合,但严格来说,他们的细分市场是有区别的,休闲艇和赛艇之间并没有竞争关系,休闲艇强调豪华、舒适、家庭氛围,赛艇则是强调速度、操纵感,因此双方的商品彼此并不发生直接冲突。美国第九巡回上诉法院在审理时,同意初审法院对双方产品关系的认定,并强调应进一步考虑其他因素来衡量混淆的可能。下面我们尽量按照我国《商标授权确权司法解释》中的排列顺序依次来考察。

商品的类似度。上诉法院分析了商品的接近程度,尽管它承认双方商品没有竞争关系,但在功能和用途上仍然相当接近。例如,两者都是用于港湾湖泊的水上休闲,两者都是玻璃钢船体,都可以用来滑水等,因此两者应该属于十分接近的商品。

市场营销渠道。渠道接近无疑将增加混淆的可能。在本案中,双方的销售渠道比较类似,销售手法也接近,广告范围也没有太大出入,销售商都是通过参加小型船舶展及在当地报刊和电话簿做广告来促销产品,因此两者的市场营销渠道比较接近。

商品类型及顾客注意力程度。双方都生产高质高价的产品,消费者通常经过深思熟虑才会购买。初审法院尽管认为在这种情况下不太可能混淆,但上诉法院仍然认为赞助性混淆并非不可能。虽然可能双方质量差别不大,但如果确实有混淆,就不能将自己质量的控制权交给别人。而且,甚至可能出现本来试图购买家庭用艇的客户在同赛艇销售商接触后并不满意,从而在遇到真正的家庭用艇时无心再去深究。

扩张的可能。双方目前相安无事并不能保证今后互不竞争,尤其是已有证据表明双方都正在扩充生产型号。

商标的近似程度。上诉法院认为应该从音、形、义三个方面来比较商标的异同。除个别字母不同以外,音和形两个因素在本案中显然较为接近。尽管被告声称他的商标和图标一起使用时通常是不会和原告商标混淆的,尤其是原告经常是将公司的主商标 AMF 同 Slickcraft 一起使用,更容易避免彼此的混淆,但上诉法院认为,被告并不是在所有场合都同时使用其图标,尤其是在公司的文具、信笺及货运卡车和广告上还会单独使用 Sleekcraft 商标,而原告的 AMF 商标使用时一般并不突出,在广告宣传中也是突出宣传产品商标 Slickcraft。

尽管两个商标中的 craft 部分属于通用词汇不受保护,但 Slic 与 Sleek 两者之间的细微区别,并不足以改变两个商标总体上的近似性。而且,两者的含义也同样接近。上诉法院推翻了初审法院认定两者不近似的结论。

商标的强度。上诉法院认为 Slickcraft 商标属于暗示性商标,因此是一个显著性不够强的商标。

被告意图。被告在本案中显然是无意中发生了巧合,虽然这一因素在决定赔偿时可以作为一个从宽情节来考虑,但并不影响混淆的认定。

实际混淆。尽管初审法院认为与巨大的销售规模相比,个别消费者产生的实际混淆完全可以忽略不计,但由于很难收集到这方面的证据,因此不存在和较少存在实际混淆并不能否认混淆的可能。

最后,上诉法院推翻了初审法院的判决,认定侵权成立,但在给予实际救济时充分考虑了被告的具体情况,最后只是要求被告在所有场合下包括广告、销售时都必须联合使用其图标,但没有必要特意申明被告与原告没有任何关系,也不必禁止被告扩大生产规模。

二、欧盟的实践

如前所述,欧盟商标立法从一开始就强调综合判断混淆可能性,如《欧盟商标指令》和《欧盟商标条例》的立法理由中都规定,必须结合混淆的可能来解释相似的概念;混淆的可能构成保护的特殊条件,其认定取决于多种因素,尤其取决于商标在市场上的认知程度,商标同使用或注册的标记可能产生的联想,商标与标记及商品或服务间相似的程度。

正因为这样,欧盟法院也从早期的【Sabel 案】和【Canon 案】中就要求,在评估商标近似和商品类似之后,不仅要在两者之间进行平衡,因为近似程度低可能会被类似程度高所补偿,而且最终还要结合商标的显著性和知名度,对是否会产生混淆进行综合判断。另外,欧盟法院在前述【Levi's 案】强调,应该以侵权开始时间判断侵权是否成立,否则被告就有可能从他自己造成的原告商标知名度或显著性的减弱中获益。下面我们将结合两个案例全面介绍欧盟法院的综合判断标准:

在【Carbonell 案】[82]中,西班牙植物油生产商 Aceites del Sur 公司申请注册欧盟商标(见图7.26 左图),异议人 Koipe 公司以在先注册的商标(见图7.26 右图),提起异议。异议处和上诉委员会均认为异议商标和引证商标并不近似。Koipe 公司不服,诉至欧盟普通法院,获得欧盟普通法院支持。而后 Aceites del Sur 公司上诉到欧盟法院。欧盟法院作出判决,维持了欧盟普通法院的判决。

图 7.26　被异议人商标(左)和异议人商标(右)

〔82〕 See C-498/07 P,Carbonell 案。

商标的近似性。欧盟法院认为,图文组合商标中没有显著性的部分可以忽略不计,通过对有显著性的部分进行整体比对,两商标构成近似。

商标的知名度。至于申请人提出的,应当对商标知名度进行审查的问题,法院指出,此时需要审查的知名度应当是在先商标的知名度,也即引证商标的知名度,申请人商标的知名度对于近似判断没有影响。

共存问题。针对申请人的"共存"抗辩,特别指出"共存"在一定条件下确实可以削弱因近似而造成混淆的可能,但这里的"共存"应是一种不存在冲突的"共存",而本案中,双方当事人的商标纠纷已经持续了相当一段时间,在这种情况下,"共存"不能作为抗辩理由。

在中国建设银行的【CCB 案】[83]中,中国建设银行在欧盟申请注册图文商标(见图 7.27 左图),使用在第 36 类的银行服务、金融服务等多种服务上。2015 年,法国 CB 银行卡集团(CB 集团)引证多项权利提起异议,其中包括 1999 年注册,也使用在第 36 类保险和金融等服务上的商标(见图 7.27 右图)。

图 7.27　被异议人商标(左)和异议人商标(右)

该异议先后得到异议处和上诉委员会的支持。建设银行向欧盟普通法院上诉,被驳回,遂继续上诉到欧盟法院,理由主要是:(1)欧盟普通法院在审查标志近似和判断混淆可能两个阶段重复考虑了在先商标的知名度;(2)错误地扩大了在先商标有知名度的服务范围;(3)歪曲了证据和事实,没有考虑在先商标中的图形要素等。

欧盟法院认为,《欧盟商标条例》第 8(1)(b)条,要求全面审查混淆的可能性,包括标记近似度,商品类似度,以及在先商标知名度和显著性等。

商标的近似问题。在先商标知名度和显著性是对在先商标单方面的审查,和比较商标近似与否是两个不同的问题,知名度高不能必然得出近似的结论;判断标记近似时不应考虑知名度,而欧盟普通法院却考虑了,还错误地认为知名度会让消费者把在先商标的要部识别为文字"CB",并忽略图形因素,以此"CB"文字与申请商标比较,进而得出近似的结论,这失之偏颇。

在先商标的知名度。此外,建设银行虽然不反对在先商标在某些服务上的知名度和显著性,但认为这并不等于该商标在其注册的所有服务上都是如此,而欧盟普通法院则把在先商标在银行卡交易系统的知名度和显著性,不加审查分析地适用到了金融、货币和银行服务上,导致了知名度判断的错误。

[83]　See C－115/19 P,CCB 案。

三、中国的实践

前面已经提到,2020年《商标侵权判断标准》要求:"商标执法相关部门判断是否容易导致混淆,应当综合考量以下因素以及各因素之间的相互影响:(一)商标的近似情况;(二)商品或者服务的类似情况;(三)注册商标的显著性和知名度;(四)商品或者服务的特点及商标使用的方式;(五)相关公众的注意和认知程度;(六)其他相关因素。"《商标授权确权司法解释》第12条也列举了商标混淆可能性的判断标准的诸多因素:(1)商标标志的近似程度;(2)商品的类似程度;(3)请求保护商标的显著性和知名程度;(4)相关公众的注意程度;(5)其他相关因素。商标申请人的主观意图以及实际混淆的证据可以作为判断混淆可能性的参考因素。

在早期的【GAP案】[84]中,最高人民法院已经强调要综合考虑商标、商品、知名度及恶意因素。判决指出,被异议商标虽与引证商标指定使用的商品在区分表中划分为不同大类,但商品的功能用途、销售渠道、消费群体具有较大的关联性,考虑到引证商标的知名度和被异议商标申请人具有"搭车"的意图,被异议商标与引证商标基本相同,分别使用在眼镜和服装等商品上,客观上容易造成相关公众认为商品是同一主体提供的或者其提供者之间存在特定联系。因此被异议商标与引证商标已经构成类似商品上的近似商标。

在【"卡帝乐鳄鱼"案】[85]中,最高人民法院认为,判断本案被异议商标与引证商标是否构成近似商标,是否容易造成相关公众混淆误认,应当参照《商标授权确权司法解释》的相应规定,在考虑商标标志近似程度、商品类似程度的同时,也应当考虑引证商标的显著性和知名度,以及被异议商标申请人的主观意图等因素。这一案例虽然是一个商标授权确权的行政案件,但作为商标混淆可能性综合判断的典型判例,同样适用于民事案件的侵权分析,以下我们逐一引用判决的内容进行评述。

商标标志的近似程度。被异议商标由单条鳄鱼图形和"卡帝乐鳄鱼"文字组成,从图形和文字结合的考虑来看,被异议商标的显著识别部分为鳄鱼图形,在"卡帝乐"不具有具体含义的情况下,相关公众容易将被异议商标呼叫为鳄鱼。引证商标一至五由单条鳄鱼图形组成,相关公众将其呼叫为鳄鱼。被异议商标中的鳄鱼图形与引证商标中的鳄鱼图形均为嘴巴张开、尾巴上扬内弯,被异议商标虽然增加了"卡帝乐鳄鱼"文字,但并没有改变其显著识别部分。因此,被异议商标与引证商标的近似程度较高(见图7.28)。

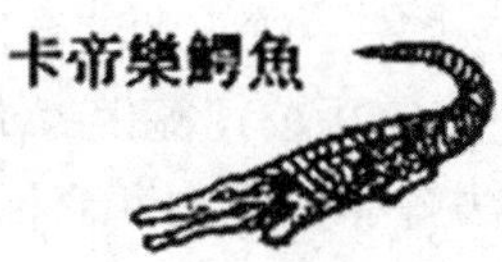

图7.28　被异议商标(左)和引证商标(右)

商品的类似程度和相关公众的注意程度。被异议商标指定使用的《类似商品和服务区分表》第25类服装、袜、皮带(装饰用)等商品与引证商标一至五核定使用的《类似商品

---

〔84〕　参见最高人民法院行政判决书,(2012)行提字第10号。

〔85〕　参见最高人民法院行政判决书,(2020)最高法行再174号。

和服务区分表》第25类衣服、袜、腰带等商品构成同一种或者类似商品。上述服装等商品属于大众消费品,而非价格高昂或者有特定使用资质要求的特殊商品,其相关公众在购买时所施加的一般注意力不高。

请求保护商标的显著性和知名程度。引证商标一至五作为请求保护的商标,是核定使用在服装等《类似商品和服务区分表》第25类商品上的商标,商标标志是单条鳄鱼图形。虽然鳄鱼是自然界中已经存在的动物,但鳄鱼图形使用在服装等商品上仍然具有很高的显著性。根据最高人民法院查明的事实,拉科斯特公司的鳄鱼图形商标在被异议商标申请日之前在中国已经具有一定的知名度。而且,拉科斯特公司在使用引证商标开展经营的同时,针对在服装等商品上使用单条鳄鱼图形商标的其他经营者不断提起维权诉讼,努力保持其鳄鱼图形注册商标的显著性和知名度。2016年,第141103号鳄鱼图形注册商标即引证商标二被商标局认定为驰名商标,表明拉科斯特公司鳄鱼图形商标的知名度的持续性。

卡帝乐公司主张,引证商标在被异议商标申请日之前并不具有较高知名度,最高人民法院(2009)民三终字第3号民事判决对此予以认定,申请被异议商标是保护自有品牌,没有“搭便车”的客观需要。对此,最高人民法院认为,在适用《商标法》第28条判断商标是否近似时,根据前述司法解释规定,应当考虑请求保护商标的知名度。但是,该规定旨在强调,请求保护商标具有知名度,是认定商标构成近似的积极因素;该规定并不表明,请求保护的商标没有知名度,其他商标与该商标就不构成近似。本案中,虽然最高人民法院(2009)民三终字第3号民事判决认定引证商标在1996年前不具有较高的知名度,但是,拉科斯特公司对引证商标的实际使用情况、商标局关于引证商标为驰名商标的认定等证据足以证明引证商标在被异议商标申请日之前已经具有一定的知名度;卡帝乐公司在实际经营中不规范使用其注册商标,反而突出使用单条鳄鱼图形商标,甚至存在使用与法国国旗颜色排列一致的蓝、白、红三色鳄鱼平面模型等行为其造成与引证商标即拉科斯特公司鳄鱼商标相混淆的主观意图非常明显,也从一个侧面表明引证商标具有一定的知名度。对卡帝乐公司的相应主张,最高人民法院不予支持。

延伸注册。卡帝乐公司主张,被异议商标是其在先注册商标的延续注册,并且经过长期使用具有极高的显著性和知名度。最高人民法院认为,卡帝乐公司在再审开庭时主张的四个在先注册商标中,注册在《类似商品和服务区分表》第25类商品上的有效注册商标只有第1331001号商标,该商标由“CARTELO”文字内嵌一较小的鳄鱼图形构成,与被异议商标显著不同,被异议商标与引证商标更为近似;卡帝乐公司提供的使用证据中也未显示被异议商标的使用;而且,根据《商标法》及其司法解释关于判断商标是否近似的规定,原则上并不需要考虑在后申请的被异议商标的知名度,特别是在被异议商标申请人明知或者至少应知在先引证商标而继续申请注册、使用近似商标的情形下,如果仍然承认在此种行为基础上产生的所谓市场秩序或知名度,无异于鼓励同业竞争者违背诚实信用原则,罔顾他人合法在先权利,强行将其恶意申请的商标做大、做强,既不利于有效区分市场,亦不利于净化商标注册、使用环境,并终将严重损害在先注册商标权利人的合法权益以及广大消费者的利益,违背诚实信用原则以及商标法“保护商标专用权”“维护商标信誉”“保障消费者和生产、经营者的利益”等立法宗旨。对卡帝乐公司的相应主张,最高人民法院不予支持。

被异议商标申请人的主观意图。在被异议商标申请日之前,卡帝乐公司的前身利生民公司与拉科斯特公司在日本已经因鳄鱼商标产生过争议,后来双方达成了不适用中国大陆(不含我国台湾地区)的1983年《和解协议》。1993年10月4日商标局作出(1993)标申驳字第3963号商标核驳通知书,鳄鱼国际公司在第25类鞋等商品上申请注册的"鳄鱼"商标因与拉科斯特公司在类似商品上已注册的第552436号"鳄鱼"商标文字相同,被通知驳回。1993年11月2日《新民晚报》关于开设在上海的第一家卡帝乐鳄鱼品牌专卖店的广告报道突出使用了"真正的'鳄鱼'来了"的字样。上述事实足以证明,鳄鱼国际公司在被异议商标申请日前明知或者至少应知拉科斯特公司在《类似商品和服务区分表》第25类商品上的鳄鱼图形商标的存在。在这种情况下,鳄鱼国际公司仍然申请注册被异议商标,难谓善意。根据最高人民法院查明的事实,卡帝乐公司在其阿里巴巴平台店铺和卡帝乐鳄鱼品牌专卖场使用头朝左鳄鱼图形商标以及使用与法国国旗颜色排列一致的蓝、白、红三色鳄鱼平面模型等行为,进一步表明卡帝乐公司主观上具有使其鳄鱼商标与拉科斯特公司的鳄鱼商标相混淆或者产生特定联系的意图。

共存协议。卡帝乐公司主张,1983年《和解协议》表明被异议商标与引证商标一至五不会产生混淆误认。最高人民法院认为,首先,被异议商标是否应予注册,应当按照中国《商标法》及其司法解释等规定进行判断,卡帝乐公司以其在其他国家和地区注册的鳄鱼图形商标、1983年《和解协议》等证据主张被异议商标不应予以注册,缺乏法律依据。其次,商标权具有地域性。1983年《和解协议》中约定双方在中国台湾、新加坡、印度尼西亚、马来西亚、文莱五个地区或者国家开展合作,拉科斯特公司向鳄鱼国际公司的前身利生民公司支付补偿金,系基于双方合意。拉科斯特公司于1979年领先卡帝乐公司14年之久在中国大陆申请注册了鳄鱼图形商标,这也是拉科斯特公司主张的1983年《和解协议》没有明确约定适用于中国大陆的原因。新加坡国际仲裁中心针对1983年《和解协议》作出的仲裁裁决也认为,1983年《和解协议》只适用于明确约定的5个地区或者国家。因此,1983年《和解协议》并不能成为判断本案被异议商标是否与引证商标相近似以及是否应当注册的事实和依据。最后,即便存在适用于中国大陆的商标共存协议,仍然应当依据《商标法》及其司法解释的相关规定判断被异议商标与引证商标是否构成同一种或者类似商品上的近似商标。对卡帝乐公司的相应主张,最高人民法院不予支持。

综上,被诉裁定和一、二审判决关于被异议商标与引证商标一至五不构成《商标法》第28条规定的同一种或者类似商品上的近似商标的认定存在错误,最高人民法院予以纠正。

第十节　特殊形式的商标侵权

如上所述,我国《商标法》第57条第1~2项实际是普通商标侵权的总体定义,其使用行为实际包括所有的使用形式,而接下来的第3~7项则分别涉及销售侵权商品、商标标识侵权、反向假冒、协助侵权以及其他商标侵权行为,下面我们将逐一介绍。

一、销售侵权商品

亲自贴附商标标识的行为是使用,销售带有侵权商标标识的行为同样是使用。销售作为一种使用行为,本身并不特殊,也不需要单独规定,但 1988 年《商标法实施细则》规定了经销侵权商品构成侵权,1993 年《商标法》则规定销售明知假冒商品构成侵权,反而带来了认识上的混乱,2001 年去掉了“明知”的要求,但仍将销售行为单独规定。

原国家工商行政管理局 1990 年就曾指出,根据《商标法实施细则》第 41 条第 1 项的规定,经销侵犯他人注册商标专用权商品属于侵犯注册商标专用权的行为。工商行政管理机关在查处销售侵权商品的商标侵权案件中,责令侵权人停止销售侵权商品,即执行《商标法实施细则》第 43 条“责令立即停止侵权行为”的规定。

同样地,原国家工商行政管理局 1997 年在解释擅自制造、销售知名商品特有包装、装潢的行为如何定性处罚问题时即认为,擅自制造、销售他人知名商品特有的包装、装潢的行为,其后果足以导致市场混淆的,属于 1993 年《反不正当竞争法》第 5 条第 2 项规定的擅自“使用”知名商品特有的包装、装潢的不正当竞争行为。

2022 年《反不正当竞争法司法解释》也指出,经营者销售带有违反《反不正当竞争法》第 6 条规定的标识的商品,引人误认为是他人商品或者与他人存在特定联系,当事人主张构成《反不正当竞争法》第 6 条规定的情形的,人民法院应予支持。销售不知道是前款规定的侵权商品,能证明该商品是自己合法取得并说明提供者,经营者主张不承担赔偿责任的,人民法院应予支持。

促销活动。对在产品促销活动中使用与他人注册商标相近的文字是否构成商标侵权的问题,最高人民法院 2003 年在给江苏省高级人民法院批复中认为,判断在产品促销活动中使用与他人注册商标相同或者相近似的文字是否侵犯商标专用权,应当以这种使用行为是否容易造成相关公众对商品和服务的来源产生混淆,是否借用他人注册商标的信誉为自己谋取不正当利益,或者是否对注册商标专用权造成其他损害为标准进行。

由于在产品促销活动中使用与他人注册商标相同或者相近似的文字,不同于在商品和服务中直接使用他人注册商标,因此,在认定是否造成“混淆”“借用”“损害”等事实时,应当特别注意以下两个因素:(1)要考虑注册商标的知名度与显著性。商标的显著性,即能够起到区别作用的特性的强弱,是商标侵权判断中确定商标专用权权利范围以及确认是否构成侵权的重要因素之一。知名度高显著性强的商标,被“混淆”“借用”的可能性就大,而知名度低显著性弱的商标,被“混淆”“借用”的可能性就小。(2)要对产品促销活动中使用他人商标的具体情形进行分析,如行为人是否将他人商标作为自己的商标或者自己的商品名称使用,是否在使用他人商标的方式、时间等方面容易使相关公众混淆商品或者服务的来源,或者误认商品、服务的提供者存在特殊的关系等。

加工承揽及赠品。销售是一种独立的侵权行为,但在销售商品时搭赠侵犯注册商标专用权的商品是否构成侵权呢?北京市高级人民法院认为,搭赠是销售的一种形式,因此搭赠侵犯他人注册商标专用权商品的行为是侵权行为,搭赠人应承担停止侵权的责任;明知或者应知所搭赠的商品是侵犯注册商标专用权的商品的,还应当承担损害赔偿责任。

2020 年《商标侵权判断标准》增列了两项侵权行为:一是在包工包料的加工承揽经营

活动中，承揽人使用侵犯注册商标专用权商品的，属于《商标法》第57条第3项规定的商标侵权行为；二是经营者在销售商品时，附赠侵犯注册商标专用权商品的，属于《商标法》第57条第3项规定的商标侵权行为。

善意经销商。2001年和2013年《商标法》在善意经销商的法律责任上进行了特别的规定，就行政责任而言，销售不知道是侵犯注册商标专用权的商品，能证明该商品是自己合法取得并说明提供者的，由工商行政管理部门责令停止销售，并将案件情况通报侵权商品提供者所在地工商行政管理部门。就民事责任而言，销售不知道是侵犯注册商标专用权的商品，能证明该商品是自己合法取得并说明提供者的，不承担赔偿责任。具体什么属于合法取得，我们将在第九章中讨论。

二、制售商标标识

伪造、擅自制造他人注册商标标识或者销售伪造、擅自制造的注册商标标识的行为在中国也被视为一种商标侵权。

1987年，商标局认为，商标标识一般是指带有商标的物质实体，如自行车的标牌、酒瓶上的贴纸、香烟的盒皮等。1988年，商标局进一步明确说，《商标法实施细则》中的商标标识一般是指独立于被标志商品的商标的物质表现形式，如酒商品上的瓶贴、自行车上的标牌、服装上的织带等。1987年，商标局认为，商标注册人享有商标专用权，对其注册商标标识真伪的鉴别，注册人最有发言权。1990年商标局将《商标法实施细则》第34条所述“非法印制”解释为“违反《商标法》和《商标法实施细则》有关规定的印制行为，如违反《商标法》第三十四条第(1)项的规定，印制冒充注册商标等。对非法印制商标侵犯他人注册商标专用权的行为，应依照《商标法实施细则》第四十三条的规定严肃处理”。

1996年原国家工商行政管理局在《关于收缴商标标识有关问题的答复》中称，根据《商标法实施细则》第34条、《商标印制管理办法》第16条的规定，工商行政管理机关对违反规定非法印制商标标识的当事人，应依法进行处罚，并收缴其商标标识。这里的商标标识指的是带有商标但独立于被标志商品的物品，如带有商标的标签、封签、包装物等。请示中所述商标的塑料编织袋属于商标标识，应依法予以收缴。

欧盟商标法2015年修订时，也将可能用于侵权的商标标识的生产纳入侵权的范围，以加大侵权打击的力度。

三、反向假冒

正向假冒是把自己的东西说成是别人的，反向假冒与正向假冒正好相反，即把别人生产的东西说成是自己的。

反向假冒最早是《兰哈姆法》第43条a款反不正当竞争条款所禁止的特殊的混淆行为。因为取下别人的商标换上自己的归根结底是在欺骗消费者。消费者以为是后来贴附商标的所有人在生产该产品或至少控制该产品的生产，但事实上却并非如此，因此仍然可能发生混淆和误认。反向假冒分两种：一种是显性的，另一种是隐性的。

(一)显性反向假冒

显性反向假冒，即除去对方的商标，换上自己的商标。这种情况在我国最初发生时商标法中还没有相关的明文规定。

在【“枫叶”案】[86]中,被告新加坡鳄鱼公司授权销售其产品的同益公司将北京服装一厂生产的“枫叶”西裤上的商标撕下来换上了“卡帝乐”商标高价出售,北京服装厂因此起诉了同益等公司。围绕该案的审理,出现了两种比较对立的意见:一种意见认为这是一种商标侵权行为,准确地说是一种反向假冒行为;另一种意见则认为这是一种不正当竞争行为,但与商标侵权无关。法院最后是根据原《民法通则》和《反不正当竞争法》作出了由被告道歉及赔偿的判决。该案的主审法官事后撰文明确了一点,即对同益公司的行为既可以适用《商标法》,又可以适用《反不正当竞争法》来调整,只是原告是以侵犯商业信誉和不正当竞争起诉的,故法庭依照《民事诉讼法》规定的当事人请求原则进行审理。

与“枫叶”案几乎相同的【“温蓝得”案】[87]也是一起典型的反向假冒案,这也是2001年《商标法》修改之前适用商标法判决构成反向假冒的案件。在该案中,原告温菲尔德公司在服装上注册使用了“温蓝得”和“WENLANDE”组合而成的商标以及由拼音字母变形而来的蝶状图案。被告北方华娜公司在北京数家商场的专卖柜出售相同款式的女短袖真丝机织上衣,经仔细辨认,被告销售的该款服装的领部虽然标的是自己的标牌,但衣服内的水洗标上清晰地印有原告的蝶状图案,原告此款服装标价160元,被告则标价238元,原告因此向北京市第二中级人民法院起诉。围绕此案也有不同观点,有人认为法律中没有明确规定,这一行为不构成违法;有人认为违反《反不正当竞争法》;也有人认为同时违反《商标法》和《反不正当竞争法》。

法院指出,商标的本质是区别不同生产者、经营者的商品或服务的标志。正是这个区别功能,为生产经营者带来经济利益。为了保护商标注册人和消费者的权益,法律赋予商标注册人享有排他性使用其注册商标的专用权利。当一个生产经营者未经商标注册人的许可,在自己的商品或服务上,使用他人注册商标,就构成对商标注册人的侵害,即侵害商标权。其根本原因就是这种行为使商标失去区别功能。因此法律保护注册商标的排他性专用权。过去,我们片面地理解商标的排他性专用权,仅考虑商标使用行为人的行为是否得到权利人的许可是否导致商标的混淆,而忽视了行为人的行为是否造成商标区别功能的丧失,即剥夺了商标注册人的专用权。商标权作为财产权,是商标注册人追求经济利益的权利,这个权利必须以商品为依托,其经济利益只能在商品流通的全过程中实现。一个生产经营者要在市场中与他人进行商业竞争,就要有自己的品牌,通过品牌在消费者中树立良好的信誉,从而使自己的商品或服务占有市场,并且长期得到消费者认可。这就决定了该生产经营者的商品或服务与其商标,在到达最终消费者手中之前的每一商品流通环节中,具有了不可分离的性质,以实现消费者对该商品生产者的认知和以该商标标示的优质商品和优质服务的全部价值。然而,商标的专用性中的这一点常常被忽略。在市场竞争中,树立自己的品牌,是不容任何人剥夺的权利,一个代表优良品质和声誉的品牌,是建立在消费者对其认知基础上的,对品牌的认知就是对生产者的认知,也是对其劳动的肯定。这是每一个生产经营者所希望拥有的资本,它能给生产经营者带来巨大的商业利益,保证其在竞争中占有优势。因此必须要避免因其商标权在商品流通过程中被侵害,包括

[86] 参见北京市第一中级人民法院民事判决书,(1994)中经知初字第566号,载黄晖编著:《中国商标及不正当竞争案例精要》,知识产权出版社2021年版,第362页。

[87] 参见北京市第二中级人民法院民事判决书,(1998)二中知初90号。

商品与附着的商标分离,而使商品的生产经营者追求的经济利益不能实现,或不能全部实现。这才是法律维护商标权的全部内容。

本案被告北方华娜公司将原告温菲尔德公司生产的服装上的“温蓝得”商标撕掉,缝上自己的标志出售,该行为剥夺了原告在自己生产的商品上附着自己注册商标的专用权利,亦妨碍了他人在市场竞争中树立自己良好的商业信誉和保持竞争优势。一个生产经营者的商品或服务,只能是通过消费者对商品或服务的消费才能得到认识和肯定。被告的行为既造成消费者无法辨别该商品是否来源于同一商品生产经营者,也使原告以期消费者在认识其商标的基础上辨别其商品,从而达到在消费者中建立商业信誉的目的无法实现。被告的行为破坏了商标与商品的不可分离性,侵害了原告的商标专用权。应指出,被告的行为不仅侵害了原告的商标权,也违反了诚实信用、公平竞争的最基本商业道德准则,扰乱了正常的市场竞争秩序,在其取得不正当的经济利益的同时,损害了竞争对手的利益和消费者的权益。这种行为也是民事法律和反不正当竞争法律的基本原则所禁止的。鉴于被告的侵害行为在主观上和客观上均指向原告的注册商标这一特定的客体,故适用注册商标保护的法律保护原告的权益为宜。法院最后以被告违反《商标法》为由判决被告道歉和赔偿10万元的损失。

相对于“枫叶”案,“温蓝得”案的价值在于它明确回答了被告的行为究竟属于什么性质的问题。事实上,这涉及如何全面理解商标专用权。商标的功能在于向公众传达产品的来源,进而在产品与公众之间架起一座沟通的桥梁,消费者通过商标识别辨认他熟悉的商品,生产者则通过商标建立信誉保证持续经营。这座桥梁的存在应该受到法律的保护,否则,商标一旦与它标指的商品相分离,就不能再起到区别出处的作用,更不用说表彰身份的作用。

“枫叶”案审理时,有学者从物权转让理论出发,认为北京服装一厂在卖出服装以后,就失去了对该服装的任何支配权,包括在服装上使用标记的权利,买方无论怎样处分服装,都不构成对卖方权利的侵犯。就商标的区别功能而言,如果商品已经到达最终消费者手中,商标的历史使命当然是完成了,这时对商标的任何处置都不会影响其区别的功能。但是,该论点忽略了一个重要的事实,即服装尚未到达最终消费者的手中,而仍然处于商业流通的过程之中。因此,商标的使命尚未完成,允许其他人随便拆除该商标,显然和拆除连接生产者和消费者的桥梁没有什么不同,最后结果必然是消费者无从知道真正的生产者。正因如此,法国、意大利等国都在商标法中明确禁止转销商去除贴附在商品上的商标标识。

的确,商标也在发挥保证的作用,尤其是商标的许可使用逐渐流行以后,消费者更加关心谁对产品的质量负责而不是谁在生产这些产品。但最初的生产厂商如果不能保证商标在到达最终消费者的时候还完好无损,它就会被剥夺以自有品牌进入市场的权利。许可乃至定牌生产虽然也是为他人作嫁衣,但毕竟是自觉自愿的;反向假冒则是强迫剥夺。而且,被告之所以选中原告的产品,恰恰说明原告产品的潜质是好的。

既然将自己的产品说成是别人的是一种假冒,那么被告未经许可就将别人的产品说成是自己的行为同样是假冒,只不过方向正好相反而已。因此,“温蓝得”案的主审法官认为,必须要避免因其商标权在商品流通过程中被侵害,包括商品与其附着的商标分离,而使商品的生产经营者追求的经济利益不能实现,或不能完全实现,这才是法律维护商标权的全部内容。

因此,2001 年修改的《商标法》明确要求,制止未经商标注册人同意,更换其注册商标并将该更换商标的商品又投入市场的“反向假冒”行为。

(二)隐性反向假冒

与显性反向假冒不同的是,隐性反向假冒不涉及贴附自己商标的问题。

美国的实践。美国第一个反向假冒的【Sterling 案】[88]是这样的,被告在该案中除去了原告贴附在齿轮上的商标,然后使用了带有“Sterling”字样的盒子装船发运。纽约南区法院不认为被告违反了《兰哈姆法》第 43 条的规定,因为该条只禁止贴附、适用、附加或使用虚假产源标记以及虚假描述或表示,而没有提到“除去”商标,但如果被告在齿轮上换上自己的商标,则将构成侵权。

又如,在【Hamilton 案】[89]中,美国第二巡回上诉法院认为,美国最高法院曾在【Champion 案】[90]中认为在翻新火花塞上保留 Champion 标志不会误导消费者,因为这些火花塞虽然最初属于 Champion,但上面印有“已修复”或“已使用”的字样,为消费者提供了充分的信息披露,因此不构成侵权。根据 Champion 案,翻新产品认定侵权有两个关键问题要考虑,一是重新出售者要对商标使用情况进行信息披露,二是重新出售的商品被翻新改造的程度不能太大,否则再使用原商标就有失妥当。

法院认为本案可适用 Champion 案确立的前述原则。虽然 Hamilton 公司提出,本案被告的修复改造行为相比 Champion 案要大。但法院认为,对原机芯的唯一修改是更换杠杆,消费者很清楚涉案的表是“改装成手表的古董怀表,而不是全新的产品”。被告的网站称手表取材并不表示自己与原告有隶属关系,只是说明手表使用了经修复的原告产品机芯或其他配件,翻新后出售。自己是使用贵金属外壳已经报废的古旧表机芯,精心修复内部结构,定制成手表出售。因此,被告的改造程度和信息披露程度均符合 Champion 案的标准。2014 年到 2018 年,被告出售了 58 块这种定制手表,价位较高,消费者也是比较有知识和经验的人。综合各种情况,法院认为被告不构成侵权。

欧盟的实践。在【Mitsubishi 案】[91]中,Duma 公司等从欧洲经济区外购买 Mitsubishi(三菱)牌叉车,在货物存放海关仓库期间,移除商标并进口到欧洲经济区。根据既有的判例法,商标所有人有权禁止他人未经其同意将商品平行进口到欧洲经济区,三菱公司等遂在布鲁塞尔商业法庭对 Duma 公司等提起诉讼,认为被告擅自移除商标标记的行为构成侵权,因为这种行为侵犯了商标所有人对使用该商标的商品的质量控制权,并有损该标志在其投资及广告方面的作用。原告主张未获支持,遂提起上诉。布鲁塞尔上诉法院在审理中,就有关问题提请欧盟法院初裁:“如果产品未在欧洲经济区投放,存放海关仓库期间,他人出于将产品进口到欧洲经济区的意图移除商标标记,是否适用《欧盟商标指令》(2008/95/EC)第 5 条以及《欧盟商标条例》(207/2009)第 9 条?在前述条件下,如果移除标记之后附加了自己的标记,抑或除标或贴附新标后相关公众仍基于产品外观识别

---

〔88〕 See PIC Design Corp. v. Sterling Precision Corp. ,231 F. Supp. 106,111(S. D. N. Y. 1964).

〔89〕 2021 年 9 月 14 日判决(No 20 - 3369)。

〔90〕 See Champion Spark Plug Co. v. Sanders,331 U. S. 125(1947).

〔91〕 See C - 129/17,三菱案。

到原商标所有人,前述条款是否依旧适用?"

欧盟法院作出初裁,给出了有利于原告的回复。法院认为,"根据前述欧盟法律规定,如果商品从未在欧洲经济区销售,商标所有人有权禁止他人未经其同意,以进口到欧洲经济区或在欧洲经济区销售为目的,在海关仓库移除所有与其商标相同的标记并且贴附其他标记"。与在先判例不同,本案被告的商品进入欧洲经济区时是没有标的状态,但法院认为,无论是除去原有的标记,还是贴附新标,都对原商标具有负面影响,都妨碍了商标基本功能的发挥。至于消费者在除标或被贴附新标后仍能识别原产品来源,是否能使除标或贴附新标合法化的问题,法院认为,关键还是要看除标或是贴附新标是否"有害于"商标基本功能的发挥。

中国的实践。《商标法》实施后,司法实践中还出现了特殊的反向假冒即隐形的反向假冒的案子。例如,在【"银雉"案】[92]中,南通市中级人民法院认为,铁德公司先购入他人使用过的"银雉"牌旧印刷机,去除该设备上印有"银雉"商标的铭牌、更换破损部件并重新喷漆后,再以自己的名义出售给用户。这种行为已不是单纯的修理行为,而是将修整后的"银雉"牌旧印刷机作为铁德公司的产品对外销售的货物交易行为。铁德公司不是印刷机械设备的合格生产厂家,其经核准的经营范围亦不包括收购和出售旧物资设备的内容,其将旧"银雉"牌印刷机修整后,在无合格证、无质量标准和不带任何标识的情况下投入市场,不仅违反产品质量法和工商行政管理法规,更侵犯了印刷机械厂对"银雉"商标的专有使用权,故应当承担停止侵权并赔偿相应损失的责任。

不过,1988年商标局就曾发文指出,在旧自行车翻新过程中,未经商标注册人许可,印制与其注册商标相同或近似商标的,属于《商标法》第38条(相当于2019年《商标法》第57条)所述的商标侵权行为,应当予以制止。也就是说,翻新车不能再使用原商标。那究竟允不允许翻新行为呢?如果允许,翻新以后到底能不能用之前的商标呢?总不能用也罚,不用也罚吧?因此,《循环经济促进法》可能仍然是一个可行的思路,该法规定,国家支持企业开展机动车零部件、工程机械、机床等产品的再制造和轮胎翻新。销售的再制造产品和翻新产品的质量必须符合国家规定的标准,并在显著位置标识为"再制造产品"或者"翻新产品"。

四、协助侵权

故意为侵犯他人注册商标专用权行为提供仓储、运输、邮寄、隐匿等便利条件的行为实际是一种协助侵权的行为,我国商标法从严要求,直接将其作为侵权行为对待。例如,明知他人生产的商品假冒别人的注册商标,仍主动为其提供存放地点、帮其运输,就会构成本项侵权行为。

(一)欧盟的协助侵权

作为关键词使用。在【Google案】[93]中,欧盟法院初裁指出,《一号指令》第5条(1)(a)规定,商标权所有人有权禁止任何第三人未经其同意,在商业中将与其商标相同的标

[92] 参见南通市中级人民法院民事判决书,(2003)通中民三初字第15号,载黄晖编著:《中国商标及不正当竞争案例精要》,知识产权出版社2021年版,第361页。

[93] See C-236/08至C-238/08,Google案。

记使用在与其注册的商品或服务相同的商品或服务上。“在商业中”使用,是判断侵权的一个标准。而关键词搜索的提供商并未在“商业中”使用与他人在先商标相同或近似的标识,它只是创造必要的技术条件,允许它的客户使用,而其行为本身不构成商标侵权。除非关键词搜索的提供商明知关键词非法,或广告发布者行为非法,而未能及时有效地移除关键词所指向的链接,其行为都不能被认定为侵权。广告的发布者使用关键词的行为,才是“在商业中”使用与他人在先商标相同或近似的标识的行为。设定一个能指向其销售网站的搜索关键词,是这些广告发布者商业行为的开始。他们是有目的地通过关键词搜索的方式来混淆自己的商品或服务与商标权利人的商品或服务,其行为构成商标侵权。

电商平台上的使用。在【eBay 案】〔94〕中,欧盟法院作出初裁,认为网上市场的运营商在某些情况下应承担侵权责任。欧盟法院指出,《欧盟商标条例》适用于位于第三国的产品的销售及广告,只要这种销售及广告被查实针对欧盟的消费者;如果互联网运营商在优化网上交易及促进销售的过程中扮演了“积极的角色”,则不能依据《欧盟电子商务指令》免责。而且,即使互联网运营商没有扮演前述的积极的角色,如果其作为一个尽职的运营商应当认识到其网上销售的非法性,而且在注意到后未能立即从网站删除相关数据或删掉链接,也不能免责;如果互联网运营商决定不主动阻止侵权行为并进一步防止这种侵权的发生,则应向网上市场运营商颁发禁令。这样,互联网运营商可能被要求采取措施以便于确认作为其客户的销售商的身份;欧盟法律要求成员国确保其国内有知识产权保护管辖权的法院能够要求互联网运营商采取措施,停止其用户的侵权行为,并防止这种侵权的进一步发生。禁令应当是有效的,带劝阻性的,并不会给合法的交易造成障碍。

仓储中的使用。在欧盟,提供仓储行为问题引发了不少纠纷。例如,在【Top Logistics 案】〔95〕中,欧盟法院认为,未经商标权利人同意进口到欧盟并适用缓征关税的规定,直至缴纳关税被放行的涉案货物,可以适用《一号指令》第 5 条中“在商业中使用”的规定,即使相应的商标标记不一定使用在终端消费者这个环节。本案中,Van Caem 公司的行为已经构成了《一号指令》第 5 条所述的情形,即使货物最终被转运到第三国,而没有在仓储国用于消费,也不能改变前述结论。虽然所有自由流通的货物都可能出口,但这种可能性不能排除侵权的认定。不过,TOP Logistics 公司在整个过程中,仅仅是在其客户 Van Caem 公司的同意下进行了仓储,仓储某商品的行为并不构成对商品用的商标的使用,对它的行为可以适用商标法之外的关于帮助侵权等规则。

又如,在【Amazon 案】〔96〕中,欧盟法院指出,《欧盟商标条例》第 9 条(1)禁止他人未经其同意“使用”与其商标相同或近似的标志行为;第 9 条(2)不穷尽地列举了若干侵权行为的方式,其中(b)是销售或是许诺销售,或是以此为目的仓储侵权商品的行为。很显然,亚马逊只有仓储行为,没有销售或许诺销售涉案商品,其仓储也不是以销售或许诺销售涉案商品为目的。法院引证既往判例指出第 9 条(1)的“使用”包括积极行为以及对该行为直接或间接的控制,只有能对该行为进行控制,才属于该条规制的范围。而且,这里的“使用”者应当是把标记用于自己的商业交流活动的主体。法院引用【eBay 案】指出,

---

〔94〕 See C – 324/09, eBay 案。

〔95〕 See C – 379/14, Top Logistics 案。

〔96〕 See C – 567/18, Amazon 案。

在电子商务情况下，有关商标的使用人并不是电商平台的经营者，而是其客户；同时，根据【Top Logistics案】，某经营活动主体以销售为目的把侵犯他人商标权货物进口到或是发送到仓储方，构成侵权的“使用”，不能说仓储方构成这种“使用”。具体到本案，法院认为，“使用”侵权标志的人并不是亚马逊，而是亚马逊的商户；亚马逊本身的行为不构成使用，不应认定为侵权。

（二）中国的协助侵权

2013年《商标法》将过去在实施条例规定的内容提升到法中，即故意为侵犯他人商标专用权行为提供便利条件，帮助他人实施侵犯商标专用权行为的行为属于商标侵权。《商标法实施条例》对此还进行了细化，即为侵犯他人商标专用权提供仓储、运输、邮寄、印制、隐匿、经营场所、网络商品交易平台等，属于《商标法》第57条第6项规定的提供便利条件。

这种提供便利条件的情况经常发生在市场管理者身上，如在拉科斯特诉上海龙华公司一案〔97〕中，上海市第一中级人民法院最后认定被告龙华公司主观上没有尽到善良管理人的合理注意义务，客观上为侵权人提供了便利条件，故应承担赔偿的连带责任。又如，在【“衣念”案】中，司法机关明确了电商平台的协助侵权问题。

对于网上交易平台的责任，在2014年《商标法实施条例》实行之前，上海市第二中级人民法院在【“衣念”案】〔98〕中重点指出，首先，在案证据证明被上诉人衣念公司从2006年起就淘宝网上的商标侵权向上诉人淘宝公司投诉，而且投诉量巨大，然而至2009年11月，淘宝网上仍然存在大量被投诉侵权的商品信息，况且在上诉人删除的被投诉商品信息中，遭到卖家反通知的比例很小，由此可见，上诉人对于在淘宝网上大量存在商标侵权商品之现象是知道的，而且也知道对于被上诉人这样长期大量的投诉所采取的仅作删除链接的处理方式见效并不明显。

其次，被上诉人的投诉函明确了其认为侵权的商品信息链接及相关的理由，虽然被上诉人没有就每一个投诉侵权的链接说明侵权的理由或提供判断侵权的证明，但是被上诉人已经向上诉人提供了相关的权利证明、投诉侵权的链接地址，并说明了侵权判断的诸多理由，而且被上诉人向上诉人持续投诉多年，其所投诉的理由亦不外乎被上诉人在投诉函中所列明的几种情况，因此上诉人实际也知晓一般情况下的被上诉人投诉的侵权理由类型。上诉人关于被上诉人未提供判断侵权成立的证明，其无法判断侵权成立的上诉理由不能成立；上诉人在处理被上诉人的投诉链接时，必然要查看相关链接的商品信息，从而对于相关商品信息是否侵权有初步了解和判断。因此，通过查看相关链接信息，作为经常处理商标侵权投诉的上诉人也应知道淘宝网上的卖家实施侵犯被上诉人商标权的行为。

再次，在案的公证书表明被上诉人购买被控侵权商品时原审被告杜某发在其网店内公告：“本店所出售的部分是专柜正品，部分是仿原单货，质量可以绝对放心……”从该公告内容即可明显看出杜某发销售侵权商品，上诉人在处理相关被投诉链接信息时对此当

---

〔97〕 参见上海市第一中级人民法院民事判决书，（2009）沪一中民五（知）初字第211号，载黄晖编著：《中国商标及不正当竞争案例精要》，知识产权出版社2021年版，第369页。

〔98〕 参见上海市第二中级人民法院民事判决书，（2010）沪二中民五（知）终字第40号，载黄晖编著：《中国商标及不正当竞争案例精要》，知识产权出版社2021年版，第367页。

然是知道的,由此亦能证明上诉人知道杜某发实施商标侵权行为。

最后,判断侵权不仅从投诉人提供的证据考查,还应结合卖家是否反通知来进行判断,通常情况下,经过合法授权的商品信息被删除,被投诉人不可能会漠然处之,其肯定会作出积极回应,及时提出反通知,除非确实是侵权商品信息。故本案上诉人在多次删除杜某发的商品信息并通知杜某发被删除原因后,杜某发并没有回应或提出申辩,据此完全知道杜某发实施了销售侵权商品行为。因此,淘宝公司应该承担相应法律责任。

2020 年的《商标侵权判断标准》也进一步指明,市场主办方、展会主办方、柜台出租人、电子商务平台等经营者怠于履行管理职责,明知或者应知市场内经营者、参展方、柜台承租人、平台内电子商务经营者实施商标侵权行为而不予制止的;或者虽然不知情,但经商标执法相关部门通知或者商标权利人持生效的行政、司法文书告知后,仍未采取必要措施制止商标侵权行为的,属于《商标法》第 57 条第 6 项规定的商标侵权行为。

五、其他侵权行为

《商标法》第 57 条第 7 项有一个其他商标侵权行为的兜底规定,《商标法实施条例》、《商标民事纠纷司法解释》和《商标侵权判断标准》以及国知局对此又陆续加以了明确和补充。

用作商品名称装潢。如前所述,在同一种商品或者类似商品上将与他人注册商标相同或者近似的标志作为商品名称或者商品装潢使用,误导公众的,2014 年之前的《商标法实施条例》将其归入“其他商标侵权行为”,2014 年则转至《商标法》第 57 条第 2 项规定的侵犯注册商标专用权的行为。

突出使用企业名称、结合商品使用域名及侵犯注册驰名商标。《商标民事纠纷司法解释》则列举了三种行为,即下列行为属于《商标法》第 57 条第 7 项规定的给他人注册商标专用权造成其他损害的行为:(1)将与他人注册商标相同或者相近似的文字作为企业的字号在相同或者类似商品上突出使用,容易使相关公众产生误认的;(2)复制、摹仿、翻译他人注册的驰名商标或其主要部分在不相同或者不相类似商品上作为商标使用,误导公众,致使该驰名商标注册人的利益可能受到损害的;(3)将与他人注册商标相同或者相近似的文字注册为域名,并且通过该域名进行相关商品交易的电子商务,容易使相关公众产生误认的。我们将在下一章第一节、第二节以及第十一章分别论述有关企业名称、域名以及驰名商标的商标侵权及抗辩问题。

酒瓶再利用。在【“青岛啤酒”案】中,国知局 2019 年在《关于利用回收的旧啤酒瓶灌装销售啤酒是否构成商标侵权的批复》〔99〕中指出,“青岛啤酒”“TSINGDAO”浮雕文字系回收酒瓶固有标识,且“青岛啤酒”商标于 1991 年即被行政认定为驰名商标,为相关公众熟知,他人在瓶贴上虽然使用了自身的商标标识,但是消费者也会留意到辨识度较高的“青岛啤酒”“TSINGDAO”浮雕标识,相关公众会误认为与注册人存在投资、许可或者合作等特定联系,但一般不会误认为涉案商品或服务系由注册商标权利人生产或提供,即与在同一种商品上使用相同商标导致的当然混淆情形相区别。故未经许可擅自在生产、销售的啤酒商品上使用青岛啤酒商标,宜认定属于《商标法》第 57 条第 7 项所规定的侵犯

---

〔99〕　国知发保函字〔2019〕231 号。

注册商标专用权行为。

商品再包装。在【“五芳斋”案】中，国知局办公室2021年在《关于擅自将他人商品再包装后继续标注他人注册商标并进行销售的行为是否构成侵权的批复》[100]中强调，商标不仅具有识别商品或服务来源的基本功能，也具有保证商品或服务质量、维护商标信誉等衍生功能。商标的功能是商标赖以存在的基础，对于侵害注册商标行为足以达到损害其功能的程度的，不论是否发生市场混淆的后果，均可以认定构成商标侵权行为。

因此，该批复指出，虽然涉案产品为五芳斋公司正品商品，使用的礼盒外包装也标注了与五芳斋公司商标相同的标识，不至于使消费者对该粽子商品来源发生混淆，但是涉嫌侵权人未经权利人许可，将分装后的礼盒产品进行销售，易使消费者将该产品误认为是权利人的特定礼盒产品，抢占了权利人礼盒产品的市场份额。同时，将权利人散装粽子商品进行分装还存在降低权利人商品品质的风险，损害了权利人注册商标的信誉承载功能。因此，涉嫌侵权人上海隽湖贸易有限公司擅自将其批量购入的五芳斋公司的散装粽子商品进行礼盒分装后继续标注五芳斋公司注册商标并进行销售的行为，属于《商标法》第57条第7项规定的“给他人的注册商标专用权造成其他损害的行为”。对于涉嫌侵权人购入的假冒礼盒外包装的供货商，也应依据相关法律法规规章进行查处。

思考题

1. 如何理解商标专用权与在先权利的关系？
2. 权利冲突的法律后果是什么？
3. 欧盟商标法的懈怠失权制度的适用条件？
4. 欧盟商标法的介入权制度运行机制？
5. 如何理解商标侵权认定中的商标使用？
6. 相关公众的范围有多大？
7. 判断商标近似比对的原则是什么？
8. 商品类似是否基于客观判断？
9. 混淆认定是否需要考虑商标的知名度和显著性？

---

〔100〕　国知办函保字〔2021〕850号。

第八章　商标专用权的限制

与版权和专利的绝对保护相比，商标保护只是与商品或服务联系在一起的相对保护，即弱保护，但鉴于商标权利可以无限期续展，因而又是一种长保护，过度保护仍然不利于公众利益。因此，商标权尽管是一种绝对权，但它的核心是保护消费者，他人在不会引起混淆和联想的条件下的正常使用，原则上不应该受到禁止。

因此，首先，他人将他人商标作为自身的企业名称、域名使用，以及叙述性使用词汇或功能性使用形状，由于本身不是作为商标来使用，原则上不会损害商标注册人的利益，通常也不会误导消费者（第一节、第二节、第三节）。

其次，对商标进行指示性、比较性或表达性使用，或者在他人商品上市后继续在流通中使用该商标，虽然使用的是商标注册人的商标，但因为有客观需求且不会产生混淆，因此原则上也是允许的（第四节、第五节）。之所以说“原则上”，是因为允许的行为仍然有边界，超过边界的行为仍可能受到规制。

最后，作为一个兜底的抗辩，违反诚实信用原则构成权利滥用以及垄断的行为也会受到限制（第六节）。

2023 年公布的商标法修改征求意见稿拟增改商标抗辩事由，即注册商标专用权人无权禁止他人实施下列符合商业惯例的行为：（1）善意使用自己的姓名、名称、地址的；（2）为描述商品的种类、性质、质量、功能、用途、重量、数量、价值、地理来源及其他特点，使用注册商标中含有的地名、本商品的通用名称、图形、型号、技术术语或者其他与该描述相关的标志的；（3）仅为指示商品的用途、适用对象或者应用场景，使用其注册商标的，但误导公众的除外。

关于被告以自身拥有商标注册或在先使用以及原告商标自身可能具有的瑕疵抗辩，我们已经在上一章第一节中加以讨论，本章不再涉及。

第一节　作为企业名称使用

企业名称是用来区别不同的企业的，与商标有着不同的功能，消费者一般并不会将二者混为一谈。但随着越来越多的公司有意识地使用统一的商标和企业名称，尤其是商标或企业名称的知名度如果也比较高，消费者就很容易产生混淆。《商标法》第58条也提出了处理方向，即将他人注册商标、未注册的驰名商标作为企业名称中的字号使用，误导公众，构成不正当竞争行为的，依照《反不正当竞争法》处理。

前面在讨论商标注册的在先权利时已涉及在先企业名称与在后商标的冲突，本节则主要探讨在后企业名称与在先商标的冲突：首先是行政救济，其次是司法救济。

一、行政救济

早期企业登记制度。1991年国务院批准的《企业名称登记管理规定》（已修改）是规范企业名称登记与使用的基本准则。按照该规定，企业名称应当规范使用，即企业的印章、银行账户、牌匾、信笺所使用的名称应当与登记注册的企业名称相同。从事商业、公共饮食、服务等行业的企业名称牌匾可适当简化，但应当报登记主管机关备案。而且企业名称不得含有可能对公众造成欺骗或者误解的内容和文字。[1]

在监管程序上，登记主管机关有权纠正已登记注册的不适宜的企业名称，上级登记主管机关有权纠正下级登记主管机关已登记注册的不适宜的企业名称。而且对已登记注册的不适宜的企业名称，任何单位和个人可以要求登记主管机关予以纠正。

为了解决商标与企业名称之间的冲突，原国家工商行政管理局1999年4月5日专门发布了《关于解决商标与企业名称中若干问题的意见》。该意见认为，商标专用权和企业名称权均是经法定程序确认的权利，分别受到商标法律、法规和企业名称登记管理法律、法规保护。商标中的文字和企业名称中的字号相同或者近似，使他人对市场主体及其商品或者服务的来源产生混淆或混淆的可能，从而构成不正当竞争的，应当依法予以制止。将与他人注册商标相同或者近似的文字登记为企业名称中的字号，引起相关公众对商标注册人与企业名称所有人的误认或者误解的行为即属于产生混淆的行为。处理商标与企业名称的混淆，应当适用维护公平竞争和保护在先合法权利人利益的原则。该意见还明确了查处的条件和程序。不过，清理整顿规范性文件时该文被废止了。

该意见颁发后，虽然有人反映规定过于抽象，操作起来不够方便，但在一些省市还是取得了一定的效果。例如，生产畜禽、水产系列饲料的江苏南通正大有限公司1991年就注册了“通大”商标，并于1998年被江苏省认定为著名商标。不料，1997年南通成立了另外一家使用“通大”作为字号的南通通大饲料有限公司，该公司的产品包装设计，特别是“南通通大”的字体与正大公司的“通大”完全一样，造成消费者误认误购。正大公司于是提请原江苏省工商局处理，原江苏省工商局依据《企业名称登记管理规定》第5条和原国家工商行政管理局的《关于解决商标与企业名称中若干问题的意见》的有关规定，责令南通通大饲料有限公司更改了企业名称。

1999年年末，广东省花都市（现广州市花都区）注册的一系列使用他人具有相当知名度的商标作为企业名称的情况被各大媒体曝光，“花都”现象再一次将企业名称与商标的冲突问题推到了台前。这些商标包括先科、万利达、金正、厦新、步步高、新科等，其中万利达和新科已被认定为驰名商标。注册的企业名称为“花都市万利达电子厂”“花都新科电子有限公司”等形式，不仅如此，这些企业还用大号字体将“万利达”“新科”等字号印得十

---

〔1〕 2020年修订时这部分内容未再保留。

分突出,消费者普遍误认误购,不少消费者还将出现故障的“花都机”搬到商标所有人的特约维修点要求免费维修,甚至出现了“擦边球也是得分球”的奇谈怪论。这都说明花都利用企业名称侵犯知名商标的行为已经到了十分猖獗的程度。后来虽然“花都现象”由于工商行政管理机关的干预已得到了一定程度的遏制,但彻底解决二者之间的冲突也的确不能靠突击办案。

后来,为了进一步规范企业名称的登记和管理行为,原国家工商行政管理总局在1999年12月8日公布了《企业名称登记管理实施办法》,该办法在2004年6月14日进行了修改。该办法第五章专门就监督管理与争议处理进行了规定。

首先,已经登记注册的企业名称,在使用中对公众造成欺骗或者误解的,或者损害他人合法权益的,应当认定为不适宜的企业名称予以纠正。其次,工商行政管理机关受理企业名称争议后,应当在6个月内依据保护工业产权的原则和企业名称登记管理的有关规定作出处理。再次,企业因名称与他人发生争议,可以向工商行政管理机关申请处理,也可以向人民法院起诉。最后,原国家工商行政管理总局其他文件中有关企业名称的规定,与《企业名称登记管理规定》和该办法抵触的,同时失效。

由于我国实行的是分级注册制度,各个行政区独立注册,并通过企业名称的行政区划名来识别,因此出现字号相同近似的情况也就在所难免。要想彻底改变这一情况,仅仅靠部门规章搭建的“简易桥”显然是不够的,必须从根本上修改立法,明确规定只要是可能造成混淆的企业名称和商标,都应当予以制止。

商事登记制度改革。随着商事登记制度改革,原国家工商行政管理总局也推出了一系列配套措施,其中尤其令人关注的是在2015年4月给深圳市场监管局的批复中,原国家工商行政管理总局提出强化纠正不适宜企业名称措施,即探索通过立法途径赋予登记机关事后强制纠正不适宜企业名称的特别措施。具体表现在,对于登记机关认定为不适宜的企业名称,或者根据名称争议裁决、判决结果应当予以纠正的企业名称,登记机关应当责令企业限期改正。对于拒不改正的,登记机关可以直接在企业名称数据库中删除该企业名称,暂以企业注册号代替,并将该企业以注册号纳入企业经营异常名录,通过企业信用信息公示系统予以公示。对上述特别纠正措施提起诉讼的,人民法院不予受理。当然,最后一点是否会与行政诉讼法抵触还需要时间验证。

2020年《企业名称登记管理规定》再次修改,禁止使用可能使公众受骗或者产生误解的企业名称。企业名称由申请人自主申报。申请人可以通过企业名称申报系统或者在企业登记机关服务窗口提交有关信息和材料,对拟定的企业名称进行查询、比对和筛选,选取符合本规定要求的企业名称。申请人提交的信息和材料应当真实、准确、完整,并承诺因其企业名称与他人企业名称近似侵犯他人合法权益的,依法承担法律责任。

企业登记机关在办理企业登记时,发现企业名称不符合该规定的,不予登记并书面说明理由。企业登记机关发现已经登记的企业名称不符合该规定的,应当及时纠正。其他单位或者个人认为已经登记的企业名称不符合该规定的,可以请求企业登记机关予以纠正。企业认为其他企业名称侵犯本企业名称合法权益的,可以向人民法院起诉或者请求为涉嫌侵权企业办理登记的企业登记机关处理。利用企业名称实施不正当竞争等行为的,依照有关法律、行政法规的规定处理。

使用企业名称应当遵守法律法规,诚实守信,不得损害他人合法权益。人民法院或者企业登记机关依法认定企业名称应当停止使用的,企业应当自收到人民法院生效的法律文书或者企业登记机关的处理决定之日起30日内办理企业名称变更登记。名称变更前,由企业登记机关以统一社会信用代码代替其名称。企业逾期未办理变更登记的,企业登记机关将其列入经营异常名录;完成变更登记后,企业登记机关将其移出经营异常名录。

二、司法救济

早期的实践。早期通过司法途径解决企业名称冲突没有一个明确的办法,一些法院将问题推给了行政部门。在【"蜜雪儿"案】中,原告蜜雪儿开发股份有限公司系我国台湾地区公司,1997年6月,其向北京市第二中级人民法院诉蜜雪儿服饰(北京)有限公司使用的"Misher"标记侵犯其注册商标"蜜雪儿"及"My－sheros"的专用权并构成不正当竞争,要求被告停止使用用"蜜雪儿"命名的企业名称。北京市第二中级人民法院在1998年8月20日的判决中禁止被告单独使用"Misher"标记,并赔偿原告20万元的经济损失。双方均向北京市高级人民法院提请上诉,该院在1999年3月15日的终审判决中认为,从音、形、义三方面"Misher"与"My－sheros"均不近似,不构成商标侵权;同时,双方各自拥有的商标权和企业名称权均应受到法律保护,当事人对这类权利冲突的异议应先到有关行政管理部门申请解决。因此,该院撤销了一审判决,驳回了蜜雪儿开发股份有限公司的诉讼请求。法院在该案中回避了一个根本的问题,即如果企业名称的确造成了与商标的混淆,法院是否应该坐视不理。

2001年《商标法》出台后,最高人民法院在《商标民事纠纷司法解释》中明确规定,将与他人注册商标相同或者相近似的文字作为企业的字号在相同或者类似商品上突出使用,容易使相关公众产生误认的行为属于商标侵权行为。

北京市高级人民法院2002年12月通过了《关于商标与使用企业名称冲突纠纷案件审理中若干问题的解答》。该解答认为,商标与使用企业名称冲突纠纷,从侵权人的行为性质上看,主要是借助于合法的形式侵害他人商誉,表现为使消费者对商品或者服务的来源以及不同经营者之间具有关联关系产生混淆误认,故一般属于不正当竞争纠纷,应当适用原《民法通则》、《反不正当竞争法》进行调整;将与他人注册商标相同或者近似的文字作为企业的字号在相同或者类似商品上单独或者突出使用,容易使相关公众产生误认的,属于侵犯他人注册商标专用权的行为,应当适用《商标法》进行调整。

对于商标与使用企业名称冲突纠纷案件的审理,该解答认为应当遵循诚实信用、保护在先合法权益的原则。侵权人的行为造成消费者对商品或者服务的来源产生误认和混淆,或者造成消费者误认为不同经营者之间具有关联关系,或者对驰名商标造成《商标法》第10条第8项所说的不良影响,构成不正当竞争的,人民法院可以判令停止使用企业名称或者对该企业名称的使用方式和范围作出限制。因主观上具有过错给权利人造成损害的,还应该判令赔偿损失。

在判断商标与企业名称中字号的使用冲突能否造成消费者误认混淆(包括产生混淆的可能性),即对不同经营者提供的商品或者服务的商业来源以及不同经营者之间具有关联关系的误认混淆,应该以侵权行为发生时的有关事实为依据,同时还应当考虑但不限于以下因素:销售商品或者提供服务的渠道与方式;双方所经营的商品或者服务的类似程度以及消费者购买时的注意程度;是否有证据证明已经造成了实际混淆;被告人是否具有利用或者损害他人商誉的故意等,综合作出判断。

判断商标与企业名称中的字号是否近似,应主要考虑公众的视觉效果,综合字形、读音、含义进行判断。只要字形、读音之一基本相同并足以使消费者对商品或服务的来源以及不同经营者之间具有关联关系造成误认混淆的,即应认定为近似,同时还应考虑请求保护的注册商标的显著性和知名程度。

最新的发展。在【“王将饺子”案】[2]中,最高人民法院认为,注册商标和企业名称均是依照相应的法律程序获得的标志权利,分属不同的标志序列,依照相应法律受到相应的保护。对于注册商标与企业名称之间的纠纷,人民法院应当区分不同的情形,按照诚实信用、维护公平竞争和保护在先权利等原则,依法处理。如果企业名称的注册使用并不违法,只是因突出使用其中的字号而侵犯注册商标专用权的,判决被告规范使用企业名称、停止突出使用行为即足以制止被告的侵权行为,因此这种情况下不宜判决停止使用或者变更企业名称。最高人民法院进一步指出,当然,如果注册使用企业名称本身具有不正当性,比如不正当地将他人具有较高知名度的在先注册商标作为字号注册登记为企业名称,即使规范使用仍足以产生市场混淆的,可以按照不正当竞争处理;也就是说,如果不正当地将他人具有较高知名度的在先注册商标作为字号注册登记为企业名称,注册使用企业名称本身即违法,不论是否突出使用均难以避免产生市场混淆的,可以根据当事人的请求判决停止使用或者变更该企业名称。

在最高人民法院指导性案例【“同德福”案】[3]中,重庆市高级人民法院分析了突出使用的构成,判决认为,从重庆同德福公司产品的外包装来看,重庆同德福公司使用的是企业全称,标注于外包装正面底部,“同德福”三字位于企业全称之中,与整体保持一致,没有以简称等形式单独突出使用,也没有为突出显示而采取任何变化,且整体文字大小、字形、颜色与其他部分相比不突出。因此,重庆同德福公司在产品外包装上标注企业名称的行为系规范使用,不构成突出使用字号,也不构成侵犯商标权。就重庆同德福公司标注“同德福颂”的行为而言,“同德福颂”四字相对于其具体内容(三十六字打油诗)字体略大,但视觉上形成一个整体。其具体内容系根据史料记载的同德福斋铺曾经在商品外包装上使用过的一段类似文字改编,意在表明“同德福”商号的历史和经营理念,并非为突出“同德福”三个字。且重庆同德福公司的产品外包装使用了多项商业标识,其中“合川桃片”集体商标特别突出,其自有商标也比较明显,并同时标注了“合川桃片”地理标志及重庆市非物质文化遗产,相对于这些标识来看,“同德福颂”及其具体内容仅属于普通描述性文字,明显不具有商业标识的形式,也不够突出醒目,客观上不容易使消费者对商品来源产生误认,亦不具备替代商标的功能。因此,重庆同德福公司标注“同德福颂”的行为不属于侵犯商标权意义上的“突出使用”,不构成侵犯商标权。

---

〔2〕 参见最高人民法院民事判决书,(2010)民提字第15号,载黄晖编著:《中国商标及不正当竞争案例精要》,知识产权出版社2021年版,第381、743页。

〔3〕 参见重庆市高级人民法院民事判决书,(2013)渝高法民终字00292号。

第二节　作为网络域名使用

所谓域名(domain name),是指与互联网协议(IP)地址相对应的一串容易记忆的字符,其由若干个从a到z的26个拉丁字母及1到0的10个阿拉伯数字及“-”“.”符号构成并按一定的层次和逻辑排列,它代表的是纯数字的地址。目前也有一些国家在开发其他语言的域名,如中文域名。域名不仅便于记忆,而且即使在IP地址发生变化的情况下,通过改变翻译对应关系,域名仍可保持不变。基于它在全世界的唯一性,一个公司只要在网络空间拥有一个域名就相当于拥有了一本全球通用护照,因此其必然是各商家争夺的对象。

域名可以进一步分为:(1)通用顶级域名(gTLD),也称国际顶级域名(iTLD),最初只有“.com”、“.org”、“.net”和“.edu”四个顶级域名,现在正在扩展开发更多的顶级域。(2)国家码顶级域名(ccTLD)以ISO3166国家代码为基础确定的顶级域名,如中国使用“.cn”的顶级域名,法国使用“.fr”的顶级域名,目前一共有二百多个国家码顶级域名,分别由各国政府指定的机构负责注册和管理。(3)二级域名(SLD)。由于通用顶级域名主要用来区别行业,真正具有显著特征的域名实际是指二级域名,如“yahoo.com”中的“yahoo”。在国家码顶级域名情况下,由于二级域名通常是由像通用顶级域名一样表示行业特点的词组成,实际最重要的域名则是三级域名,如“sohu.com.cn”中的“sohu”。真正与商标或商号发生冲突的其实是这些二级或三级域名。

商标与域名的冲突在于,虽然商标的地域性和专属性允许多个相同商标在不同的国家不同的商品或服务上和平共处,但在如“.com”这样的域下,全世界只能有一个域名并只能为一人所有,这是现代数字技术对传统商业识别标志保护模式提出的最大挑战。如果说前几年人们对“网上劫持”还不太熟悉的话,现在已经有不少企业尝到了被劫持的痛苦,有的已为此付出了高昂的代价或赎金。

接下来,我们将先介绍国际的域名争议及解决机制,然后讨论我国的实践。

一、国际的实践

域名注册20多年来从管理理念到机制都经历了巨大的变化,争议解决的途径也呈多元化发展的态势。

(一)从NSI到ICANN

美国是互联网的起源国,也是世界上互联网普及程度最高的国家,目前的管理体制始于美国国家科学基金会与Network Solutions Inc.(NSI)于1992年年底签署的一个协议,该协议规定由NSI自1993年1月1日至1998年9月30日的5年间负责四个通用顶级域(gTLD)下的二级域名管理。

随着协议期限的临近,美国政府分别于1998年年初和1998年6月发表了“绿皮书”

和“白皮书”。美国政府在白皮书中接受了国际社会的意见,认为顶级域名的注册不应由政府来直接管理,也不应由像世界知识产权组织这样的国际组织来管理,而应当由私营机构来接替政府的职能,并建议成立因特网名址分配公司(Internet Corporation for Assigned Names and Numbers,ICANN),该公司的董事会由全世界的商标、信息和因特网领域的代表性组织组成。并且决定引入竞争机制,改变过去 NSI 一统天下的局面,由 ICANN 在全世界指定一批有能力的公司担负域名注册任务。同时,考虑到世界知识产权组织在解决域名与商标纠纷方面的深入研究,美国邀请世界知识产权组织向 ICANN 提供建议。

根据白皮书中制定的原则,美国商务部 1998 年 10 月 6 日与 NSI 又续签了一份特别授权条件,同意 NSI 在 1998 年 10 月 7 日至 2000 年 9 月 30 日的过渡期内继续负责根服务器的支持工作,并在保留 NSI 的基础上,发展多个域名登记机构。同年 10 月,美国组建了 ICANN,11 月正式受理注册,按照美国白皮书的设计,它已取代 IANA,并逐步接管 NSI 的注册管理服务,代表私营机构,成为现行及今后互联网地址分配和域名管理的最高权威机构。

(二)世界知识产权组织的最终报告

世界知识产权组织于 1999 年 4 月 30 日应美国政府的要求,发表了《因特网域名和地址的管理:知识产权问题》(以下简称《最终报告》),作为推荐给 ICANN 的建议。

《最终报告》的目标比过去要现实许多。例如,报告并不急于增加新的顶级域名,因为事实上只要现有的域名注册模式不改变,增加的新域名只会成为抢注者的新乐土。又如,报告这次将主要精力集中在域名与商标的冲突,暂时放弃了对其他权利冲突的关注。即使是商标冲突,也主要针对那些毫无正当理由并会产生混淆的恶意抢注。因此,《最终报告》只能说是提供了一个非常初步的解决方案,但毕竟反映了世界知识产权组织对域名与商标冲突的基本认识,仍然值得重视。《最终报告》主要涉及三个程序,即域名注册程序,争议解决程序和驰名商标排他程序。

争议解决程序只针对域名与商标的冲突,而不包括域名同其他知识产权标的可能发生的冲突,只适用于域名持有人滥用域名注册程序的行为,但不包括善意的域名注册。所谓滥用域名注册程序,必须符合下列条件:(1)域名持有人的域名与请求人的商标相同或引人误解的近似;(2)域名持有人对于相关的域名没有正当的权利或合法的利益;(3)域名被恶意注册和使用。

以下几种情况均属于域名被恶意注册和使用:(1)以相当可观的对价,向商标所有人或他们的竞争对手发出出售、出租、转让域名的要约;(2)为了营利的目的,通过与请求人的商标发生混淆的方式,引诱互联网用户访问域名持有人的网址或其他在线地址;(3)为阻止商标所有人将其商标标志反映在域名中而抢先注册域名,如果域名持有人以前曾有过同一类型的行为;(4)为破坏竞争对手的经营活动而注册域名。《最终报告》认为通过这一限制,可以有效地防止商标所有人对域名的“反向劫持”(reverse domain name hijacking)。

域名争议行政解决程序的裁决作出后,一方当事人不服的,可以在 7 天内向有管辖权的法院起诉,否则裁决生效,域名登记机构必须执行。域名登记机构可以在受理域名注册申请时,要求申请人同意其执行行政解决程序所作的裁决,而不承担任何责任。

为了保障认定的公正性，认定机构将公布一份专家名单，专家的资历也将公布。驰名商标认定请求提出后，认定机构将从名单中挑选三位专家组成临时专家小组进行评估，然后裁定是否给予排他性保护及具体在哪些顶级域进行保护。该裁定对一国的主管行政机关及有管辖权的法院没有约束力。第三人认为认定不合适的可以提出异议。认定的费用由申请人负担，提出异议的费用由异议人负担。

（三）从 UDRP 到 ACPA

1999 年 8 月 26 日，ICANN 终于在世界知识产权组织最终报告的基础上通过了《统一域名争议解决政策》（UDRP），并在 10 月 24 日公布了该方案的实施细则，该方案于 2000 年 1 月 3 日对 AOL、NSI、NAME IT 三个注册机构生效，于 1999 年 12 月 1 日对其他注册机构生效。几乎与此同时，时任美国总统克林顿于 1999 年 11 月 29 日签署了与《统一域名争议解决政策》相配套的《制止网上占地消费者保护法》（ACPA），该法立即生效。

由于人们对域名争议目前还没有找到一个全面的解决办法，因此只能集中解决将他人商标恶意抢注为域名的情况。无论是 ICANN 制定的 UDRP，还是美国新制定的 ACPA，在所列举的取得争议成功的三个条件中，域名所有人的恶意是一个至关重要的因素，善意注册的域名目前还不在调整之列。

在对恶意的认定上，UDRP 列举了几种情况：（1）有迹象表明域名所有人取得域名注册的主要目的是将域名注册以明显高于其注册成本的价格，出售、出租或以其他方式转让给提起域名争议的商标所有人或商标所有人的竞争对手；（2）域名所有人注册域名的目的是妨碍商标所有人将自己的商标注册为域名，如果该域名所有人曾经有过类似前科；（3）域名所有人注册域名的主要目的是干扰竞争对手的经营；（4）域名所有人为了获取商业利益，故意就其网站或网站上的商品或服务的来源、赞助、附属及支持关系制造与争议人商标的混淆，以吸引因特网用户访问其网站。

同时，为了防止商标所有人利用其商标随意威胁域名所有人，反向劫持域名，UDRP 及 ACPA 也列举了善意的域名所有人对域名拥有正当权益的几种情况：（1）域名所有人在收到争议通知之前已经在商品或服务的善意提供中，使用或明显准备使用域名或与域名相应的名称；（2）即使域名所有人没有取得商标权，但他作为个人、营业或其他组织，已经以域名为人所熟知；（3）域名所有人正在非商业或合理地使用域名，并且没有从混淆性的消费者分流或玷污商标中获取商业利益的图谋。

因此，在对域名的性质进一步搞清楚之前，诚实信用的原则或者说“欺诈毁灭一切”的原则对于打击侵权者、保护善意使用人仍然有着巨大的现实意义。

与过去 NSI 的域名争端解决方案相比，UDRP 有四个方面的突破：一是在争议成立的情况下，UDRP 允许撤销或转让争议域名，而不仅仅是等待法院的裁决；二是在争议进行裁定期间，被争议域名不再被停用搁置，而可以继续使用；三是被争议域名只要与商标混淆性相似即可提起争议，而无须像以前那样只有针对完全相同的域名才能提起争议；四是作为提起域名争议的基础的商标可以是注册商标，也可以是受普通法保护的未注册商标。

UDRP 现在已作为域名注册协议的一个组成部分，一旦第三方能够证明域名与该人享有权利的商标相同或者混淆性近似，而域名所有人对域名又没有权利或正当利益并且域名是依恶意注册和使用的，则域名所有人必须服从强制性行政管理程序。

为了防止域名所有人规避争议或诉讼，UDRP 特别对域名的转让进行了限制：域名所有人不得在按 UDRP 审理争议期间或争议裁决之后 15 个工作日内向第三方转让其域名或向另一个域名注册机构转让其注册管理。如有诉讼或仲裁程序,UDRP 同样禁止域名转让。除非受让方书面承诺接受法院或仲裁机构的裁决,或者即使域名管理转让给另一个域名注册机构,该域名仍将受制于转让前开始的诉讼或仲裁程序。

当然,方案也好,法律也好,都不可能解决所有的域名争端,但在对付恶意域名抢注人上,商标所有人至少不再是赤手空拳、束手无策。同时,域名所有人的利益也得到了充分考虑,商标所有人对域名的反向劫持也受到控制。

二、中国的实践

(一)初期的立法

中国的互联网最初是由中国科学技术网(CSTNET)、中国公用计算机互联网(CHINANET)、中国教育和科研计算机网(CERNET)及中国金桥网(CHINAGBN)发展起来的。为了适应互联网在我国迅速发展的需要,中国科学院受国务院信息化工作领导小组办公室的委托,组建了中国互联网络信息中心(CNNIC),管理“.cn”域下的域名登记。国务院信息化工作领导小组办公室接着又颁布了《中国互联网络域名注册暂行管理办法》。

该办法作为第一个专门规范域名注册的规章,就商标或企业名称与域名发生冲突提出了一个原则性的解决思路,即当某个三级域名与我国境内注册的商标或者企业名称相同,并且注册域名不为注册商标或者企业名称持有方所拥有时,注册商标或者企业名称持有方若未提出异议,域名持有方可以继续使用其域名;若提出异议,在确认其拥有注册商标或者企业名称权之日起,各级域名管理机构为域名持有方保留 30 日域名服务,30 日后域名服务自动停止,该期间内一切法律责任和经济纠纷均与域名管理单位无关。

但这一规定其实没有抓住问题的要害,因为在出示商标注册证或企业法人营业执照的情况下,该商标或名称的归属显然无须再进行专门的确认,真正需要确认的是在这种情况下域名的归属。

(二)域名争议

为了进一步规范域名的注册和使用,原信息产业部 2004 年颁布了《中国互联网络域名管理办法》,该办法于工信部 2017 年公布《互联网域名管理办法》后失效。

根据 2017 年《互联网域名管理办法》第 42、43 条的规定,任何组织或者个人认为他人注册或者使用的域名侵害其合法权益的,可以向域名争议解决机构申请裁决或者依法向人民法院提起诉讼。

已注册的域名有下列情形之一的,域名注册服务机构应当予以注销,并通知域名持有者:(1)域名持有者申请注销域名的;(2)域名持有者提交虚假域名注册信息的;(3)依据人民法院的判决、域名争议解决机构的裁决,应当注销的;(4)法律、行政法规规定予以注销的其他情形。

具体到域名争议,2002 年我国制定了《中国互联网络信息中心域名争议解决办法》。该办法于 2012 年修订并于《中国互联网络信息中心国家顶级域名争议解决办法》2014 年施行后废止。2014 年的争议解决办法于《国家顶级域名争议解决办法》2019 年施行后废止。

根据《国际顶级域名争议解决办法》第8、9、10条的规定,符合下列条件的,投诉应当得到支持:(1)被投诉的域名与投诉人享有民事权益的名称或者标志相同,或者具有足以导致混淆的近似性;(2)被投诉的域名持有人对域名或者其主要部分不享有合法权益;(3)被投诉的域名持有人对域名的注册或者使用具有恶意。

被投诉的域名持有人具有下列情形之一的,其行为构成恶意注册或者使用域名:(1)注册或受让域名是为了向作为民事权益所有人的投诉人或其竞争对手出售、出租或者以其他方式转让该域名,以获取不正当利益;(2)将他人享有合法权益的名称或者标志注册为自己的域名,以阻止他人以域名的形式在互联网上使用其享有合法权益的名称或者标志;(3)注册或者受让域名是为了损害投诉人声誉,破坏投诉人正常的业务活动,或者混淆与投诉人之间的区别,误导公众;(4)其他恶意的情形。

同时,被投诉人在接到域名争议解决机构送达的投诉书之前具有下列情形之一的,表明其对该域名享有合法权益:(1)被投诉人在提供商品或服务的过程中已善意地使用该域名或与该域名相对应的名称;(2)被投诉人虽未获得商品商标或有关服务商标,但所持有的域名已经获得一定的知名度;(3)被投诉人合理使用或非商业性合法使用该域名,不存在为获取商业利益而误导消费者的意图。

(三)司法裁判

广东科龙(容声)集团有限公司诉广东新会永安制衣厂抢注"kelon. com. cn"域名案是发生在". cn"域下的国内域名纠纷第一案。在【"科龙"案】中,被告与Kelon没有任何关系,而且在将该词注册为域名后,被告曾给原告发过一份传真,索价8万元。原告不愿受此勒索,遂向北京市海淀区人民法院提起诉讼。1999年北京市海淀区人民法院开庭审理,但由于被告已在之前申请注销"kelon. com. cn"域名,故此案的主要争执已不存在。后来,原告以被告已停止侵权自己已实际取得了该域名的注册为由申请撤诉,法院认为,被告注册"kelon. com. cn"域名的行为系以恶意谋取不当利益,是以合法形式掩盖的无效民事行为,故应禁止,裁定准予撤诉。

2001年《商标法》出台后,最高人民法院在2002年10月的《商标民事纠纷司法解释》中指出,将与他人注册商标相同或者相近似的文字注册为域名,并且通过该域名进行相关商品交易的电子商务,容易使相关公众产生误认的属于商标侵权行为。

上海市第二中级人民法院审理的飞利浦公司诉蒋某新的【philipscis案】[4]是较为典型的域名纠纷案。该案的争议主要集中在:飞利浦公司请求保护的民事权益是否合法有效;争议域名与原告的商标是否近似,并足以造成相关公众的误认;蒋某新对该域名或其主要部分是否享有权益,或有注册使用该域名的正当理由;蒋某新注册使用该域名是否有恶意。

根据原被告的诉辩称及法院查明的事实,上海市第二中级人民法院作出如下认定:首先,飞利浦公司请求保护的PHILIPS商标权利合法有效。原被告对此点并无争议,且蒋某新自身亦认为飞利浦公司的PHILIPS系驰名商标。

其次,蒋某新注册的域名"philipscis. com"与飞利浦公司的商标近似,足以造成相关

---

〔4〕 参见上海市第二中级人民法院民事判决书,(2002)沪二中民五(知)初字第214号,载黄晖编著:《中国商标及不正当竞争案例精要》,知识产权出版社2021年版,第751页。

公众的误认。该域名的前7个字母与飞利浦公司的商标完全相同,后三个字母与飞利浦公司的CSI部门简称仅顺序不同,该域名足以造成公众对域名持有人发生误认。

再次,蒋某新对该域名并不享有权益,也没有注册使用该域名的正当理由。第一,蒋某新称“philip”是其英文名,“sc”是其居住地上海“Shanghai China”的缩写,“is”是“Internet System”或“Internet Server”的缩写,法院认为这种解释过于牵强,不具说服力。第二,蒋某新称其经合法授权从事飞利浦通信及视像保安系统的销售,网站也为此服务,因而注册使用该域名并无不妥。法院认为,商标和产品涉及不同的权利,被授权经销相关产品并不意味同时取得了在经营活动中使用他人商标等标识的权利,更何况注册争议域名的是原告蒋某新,而不是获得经销权的新屋公司。第三,蒋某新以其已在搜索引擎上进行搜索登记为由,称其已因该域名而广为人知。法院认为,搜索引擎的重要作用在于,当互联网用户输入关键字时,搜索引擎可以提供包含该关键字的网站或网页,因此,仅作搜索登记并不能说明该域名已广为人知;相反,这种搜索登记反而会使互联网用户认为网站与飞利浦公司有某种关系。

最后,蒋某新对该域名的注册与使用有恶意:飞利浦公司的PHILIPS商标于1980年在中国注册,经飞利浦公司的努力,该商标在国内具有相当的知名度,而蒋某新注册域名的前7个字母与PHILIPS商标完全相同,后三个字母与飞利浦公司的CSI部门简称仅顺序不同,且蒋某新网站主要指向飞利浦公司CSI部门产品;蒋某新网站首页页面上,不仅出现了飞利浦公司的宣传标语,而且多处出现CSI。结合蒋某新注册的域名及其对域名的使用,法院认为,蒋某新注册争议域名,意在造成与被告网站的混淆,误导并吸引互联网用户访问其网站。该院因此认为,原告蒋某新注册使用“philipscis. com”域名侵犯了被告飞利浦公司的商标权。

商标保护有“专属原则”,即以注册的商品类别为限,不同类商品可能用同一商标,但是域名不体现类别。如果要保护成为域名的商标,保护的标准应提高,域名应达到绝对显著性才可以保护。所谓绝对显著性,是指不需说明商品类别即知道是什么商品的商标。

的确,不能简单认为只要自己拥有一个商标注册就可以随时撤销与之相同的域名注册,因为两者的功能相差太远,除非网民真有可能将一个域名误以为出自另一个商标所有人。由于域名没有同商品连接的标志,域名很难与一个普通商标发生联系,因而只有无须借助商品即能识别的绝对显著性及高知名度的驰名商标,才可能在网民中产生混淆,仅在本行业出名的商标是很难在网上获得保护的。

因此,如果他人不但注册相同或近似的域名,而且还在相关商品上从事电子商务,则会构成商标侵权。相反,如果不具有这样的情节,则并不构成商标侵权。当然,如果在先商标具有较高的知名度,域名注册方没有正当理由恶意注册占有某一域名,则应该更多从不正当竞争的角度考虑。

第三节 叙述性、功能性使用

现代商标立法的一个趋势是,允许商标注册中包含非显著部分、允许取得显著性的叙述性乃至通用性词汇注册。允许这些商标注册之后又去禁止他人在原本的叙述含义上使用这些词汇,背离了立法的初衷,为此,《TRIPS 协定》第 17 条作了一个原则性规定,即成员可规定商标权的有限例外,诸如对叙述性词汇的正当使用之类,只要这种例外顾及了商标所有人及第三方的合法利益。

具体说来,正当使用主要包括叙述性词汇的正当使用和功能性形状的正当使用。

一、词汇的叙述性使用

对商标中叙述性词汇的使用的实质在于,构成该商标的词汇本来是一种叙述性词汇,如"美国标准",一般人并不会认为它是一个商标,只是经过长期使用,该商标取得一种事实上的区别作用,或者说取得一种不同于其本来含义的"第二含义",最终才能被允许注册。不过,由于他人仍可能在该词汇的本义上使用,如的确按照美国标准生产的产品,想要绝对禁止他人使用"美国标准"这四个字是不现实的,也是不公平的。

因为除了臆造词可以说是商标所有人独创的以外,普通的词汇尤其是叙述词汇是一种公有财产,既不能在这些词汇可以起到区别作用的时候拒绝给予保护,也不能因为保护就不准他人在商品上描述商品的功能、用途、质量、数量等特点。

下面我们通过三个例子来说明一个标志或符号的具体含义往往取决于它所在的上下文或观察角度:在图 8.1 里,中间的符号,从上到下来看,是 13,而从左到右来看,则是 B;图 8.2 中,动物头部,如果向右看,会被认为是兔子,但向左看,则会被认为是一只鸭子[5];图 8.3 中,这架飞机一会儿被看成是向你飞过来,一会儿又会被看成是离你而去。

因此,一个词语是否作为商标在使用并不能抽象地讨论,必须置于具体的使用环境中才能根据上下文来判断。

---

〔5〕 参见[英]路德维希·维特根斯坦:《哲学研究》,蔡远译,中国社会科学出版社 2009 年版,第 295 页。

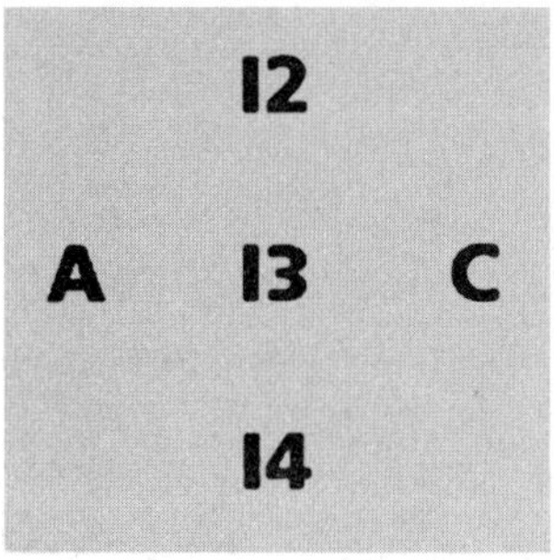

图 8.1 13 还是 B?

图 8.2 鸭子还是兔子?

图 8.3 飞来还是飞去?

(一)美国的实践

因此,美国《兰哈姆法》第 33 条明确将并非作为商标,而是对有关当事人在自己的商业上的个人名称的使用,或者对与该当事人有合法利益关系的任何人的个人名称的使用,或者对该当事人的商品或服务,或其地理产地有叙述性的名词或图形的使用,作为合理使用,当然这种使用必须是只用于叙述该当事人的商品或服务的正当、诚实使用。

在【KP 案】[6]中,美国最高法院 2004 年在该案中推翻了美国第九巡回上诉法院的判决,认为提出合理使用商标抗辩的被告不需要证明其使用的描述性术语与争议商标没有混淆性相似。

(二)欧洲的实践

《一号指令》也注意到了这方面的问题,特意在第 6 条规定了对商标效力的限制,即商标赋予其所有人的权利不得用来禁止第三人在商业中:使用其姓名和地址;使用有关商品或服务的种类、质量、数量、用途、价值、地理来源,或商品的生产年代或服务的提供年代,或商品或服务的其他特征的指示。

当然,为了避免某些人利用合理使用的名义,故意突出与他人商标相同或者近似的部分,上述使用应符合工商业的诚实惯例。欧盟法院在【Kerry 案】[7]中特别指出,即使可以使用,方式也必须正当,即是否遵循工商业的诚实惯例是最终的评判标准。

(三)中国的实践

修改前的《商标法》没有对商标专用权特别进行限制的条款,主要通过在执法实践中的摸索,进行总结归纳。原国家工商行政管理局在《关于商标行政执法中若干问题的意见》中特别明确,下列使用与注册商标相同或者近似的文字、图形的行为,不属于商标侵权行为:善意地使用自己的名称或者地址;善意地说明商品或者服务的特征或者属性,尤其是说明商品或者服务的质量、用途、地理来源、种类、价值及提供日期。

由于注意到新《商标法》允许叙述乃至通用词汇在取得显著性的情况下注册,中国 2002 年颁布实施的《商标法实施条例》第 49 条进行了特别规定,注册商标中含有的本商品的通用名称、图形、型号,或者直接表示商品的质量、主要原料、功能、用途、重量、数量及其他特点,或者含有地名,注册商标专用权人无权禁止他人正当使用。

---

〔6〕 See KP Permanent Make - up, Inc. vs. Lasting Impression, Inc. 543 U. S. 111(2004).

〔7〕 See C - 100/02, Kerry 案。

2013 年的《商标法》又将此规定纳入该法第 59 条中,唯一的区别是在地名之前增加了一个“的”字。这一修改进一步强化了正当使用的对象不是他人的商标,而是通用名称、地名本身。因此,如果修改时能够在“其他特点”之后也加上“的标志”,正当使用的整体逻辑会更加清晰。而且,和欧盟商标法一样,“正当”应该是一个独立的要求,即原则上可以使用,但方式必须符合诚实的工商业惯例,否则难谓“正当”。

早期的实践。商标局在 1988 年就指出,“唐山”是行政区划名称,不具有商标应有的显著性。由于历史原因,“唐山”二字已作为商标注册,在其有效期内应予保护。但这不应妨碍唐山所在地的企业将“唐山”二字作为产地名称使用。若将“唐山”二字作为产地名称使用,则不构成商标侵权行为。

例如,商标局 1989 年对连云港市工商行政管理局来函中所请示的“花果山”白玫瑰葡萄酒是否侵犯“白玫瑰”商标专用权的问题认为,“白玫瑰”与“白玫瑰葡萄”是不同的事物,前者是一种花,而后者是一种已被酿酒行业所公认的酒的原料名称。若连云港市葡萄酒厂所酿造的酒确实以白玫瑰葡萄为原料,则该厂未侵犯他人的“白玫瑰”酒注册商标专用权。

又如,原江苏省工商局在检查过程中发现江苏天宝药业有限公司在其“双歧天宝口服液”的产品包装上使用了“三株菌 + 中草药”等说明性文字,为此请示商标局是否构成对“三株”注册商标的侵权,商标局在批复中认为,根据来函及所附材料,江苏天宝药业有限公司在其“双歧天宝口服液”的产品包装上使用了“三株菌 + 中草药”等文字,既不是商标,又不是商品名称,而是对该商品成分进行说明的文字。因此,不构成侵犯“三株”及图形注册商标专用权的行为。

商标局 1995 年在《关于饲料使用数字商标问题的批复》中指出,已注册的数字商标,其专用权应依法予以保护,保护的范围应当以核准注册的商标图样为准。他人正当地使用产品代号(货号)且不足以造成误认的,不属于商标侵权行为。

在【“灯影”案】中,商标局 2003 年就“灯影”是否为牛肉商品土特产专用名称的问题批复四川省工商局时认为,使用在《尼斯协定》第 29 类牛肉罐头等商品上的“灯影牌”商标,是四川灯影牛肉食品有限责任公司的注册商标,其商标专用权受法律保护。达县灯影牛肉是四川省达县的著名特产,因成品片薄如纸,可透灯影而得名。商标局因此认为,四川灯影牛肉食品有限责任公司对“灯影牌”注册商标依法享有专用权,但无权禁止他人正当使用“灯影牛肉”文字(见图 8.4)。

扫描看彩图

图 8.4　“灯影”注册商标

后来的【“雪花”案】[8]也涉及如何认定产品的通用名称和正当使用的问题。北京市

〔8〕　参见北京市第一中级人民法院行政判决书,(2004)一中行初字第 246 号,载黄晖编著:《中国商标及不正当竞争案例精要》,知识产权出版社 2021 年版,第 469 页。

图 8.5 “雪花”注册商标

第一中级人民法院认为,“雪花粉”系面粉生产企业根据市场需求开发出的面粉,在经过十余年发展的情况下,众多企业均在生产、销售雪花粉并已得到广大消费者的认可。同时作为国家行政主管机关的国家粮食局(现国家粮食和物资储备局),以及作为全国性社会团体组织的中国粮食行业协会,均认为雪花粉系直接表示了面粉的质量,已经成为该商品的通用名称。因此可以确认雪花粉已经成为与特定品质相联系的面粉的通用名称(见图 8.5)。

被告在其产品上使用雪花粉字样的行为,系表明其产品的品质,这种使用方式并不会与原告的文字加图形的雪花牌组合商标产生混同,并导致消费者误认的后果,应认定为正当使用。原告的注册商标中虽然有雪花的文字,但根据 2002 年《商标法实施条例》第 49 条的规定,原告作为“雪花”商标的注册人,无权禁止他人正当使用。因此被告在其产品上使用雪花粉字样的行为不构成对原告商标专用权的侵犯,最后驳回了原告的诉讼请求。但是,如果他人不仅使用雪花粉,还使用了与原告商标完全一样的雪花图文组合商标,则会超过合理界限,不能视为正当。

近期的发展。北京市高级人民法院 2004 年在回答如何界定商标合理使用的构成要件及其行为表现时指出,商标合理使用应当具备以下构成要件:使用出于善意;不是作为商标使用;使用只是为了说明或者描述自己的商品或者服务;使用不会造成相关公众的混淆、误认。下列行为,可以认定为商标合理使用行为:使用注册商标中所含有的本商品的通用名称、图形、型号的;使用注册商标中直接表示商品或者服务的性质、用途、质量、主要原料、种类及其他特征的标志的;规范使用自己的企业名称及其字号的;使用自己所在地的地名的;其他可以认定为商标合理使用的行为。

在【“百家湖”案】〔9〕中,最高人民法院 2004 年在回答江苏省高级人民法院的请示时认为,根据《商标法》第 52 条第 1 项,《商标法实施条例》第 3 条、第 49 条的规定,以地名作为文字商标进行注册的,商标专用权人有权禁止他人将与该地名相同的文字作为商标或者商品名称等商业标识在相同或者类似商品上使用来表示商品的来源;但无权禁止他人在相同或者类似商品上正当使用该地名来表示商品与产地、地理位置等之间的联系(地理标志作为商标注册的另论)。能否准确把握上述界限,是正确认定涉及地名的文字商标专用权的权利范围,依法保护商标专用权并合理维护正当的公众利益的关键。具体审理中,最高人民法院认为应当注意以下问题:(1)使用人使用地名的目的和方式。使用地名的方式往往表现出使用目的。使用人使用地名的方式是公众惯常理解的表示商品产地、地理位置等方式的,应当认为属于正当使用地名。(2)商标和地名的知名度。所使用的文字,如果其作为商标知名度高,则一般情况下,相关公众混淆、误认的可能性较大;如果其作为地名知名度高,则相关公众对其出处的混淆、误认的可能性会较小。(3)相关商品或服务的分类情况。商品或服务的分类情况,往往决定了是否需要指示其地理位置。

〔9〕 参见最高人民法院民事判决书,(2003)民三他字第 10 号;江苏省高级人民法院民事判决书,(2004)苏民三再终字第 001 号,载黄晖编著:《中国商标及不正当竞争案例精要》,知识产权出版社 2021 年版,第 467 页。

房地产销售中指示房地产的地理位置，一般应当认为是基于说明该商品的自然属性的需要。(4)相关公众在选择此类商品或服务时的注意程度。根据相关公众选择此类商品或服务时的一般注意程度，审查确认是否会因这种使用而对该商品或服务的来源混淆、误认。(5)地名使用的具体环境、情形。在房地产广告上为突出地理位置的优越而突出使用地名与在一般商品上、一般商品的广告上为突出商品的产地而突出使用地名往往给予公众的注意程度不同，产生的效果也有所差别。根据这一批示精神，江苏省高级人民法院在再审判决中认定金兰湾公司在销售自己楼盘过程中使用“百家湖”文字，不会引起相关公众的混淆、误认，是正当、合理的使用。

在【“金州”案】〔10〕中，最高人民法院的批复认为，注册商标含有地名的，商标专用权人不得禁止地名所在区域的其他经营者为表明地理来源等正当用途而在商品名称中使用该地名。但是，除各自使用的地名文字相同外，如果商品名称与使用特殊的字体、形状等外观的注册商标构成相同或者近似，或者注册商标使用的地名除具有地域含义外，还具有使相关公众与注册商标的商品来源必然联系起来的其他含义（第二含义），则不在此限。辽宁省高级人民法院最后认定不构成侵权。

在【“金华火腿”案】〔11〕中，上海市第二中级人民法院，也是基于“金华火腿”是经原国家质检总局批准实施原产地域产品保护，被告获准使用，因此有正当理由，不构成侵权。北京市高级人民法院针对商标局的批复的行政诉讼中也认为，商标局认定“金华特产火腿”、“××（商标）金华火腿”和“金华××（商标）火腿”属于正当使用方式，并无违法之处。〔12〕

在【“挖坑”案】〔13〕中，最高人民法院 2008 年就使用“挖坑”这一游戏名称是否构成正当使用的批复中认为，对于在一定地域内的相关公众中约定俗成的扑克游戏名称，如果当事人不是将其作为区分商品或服务来源的商标使用，只是将其用作反映该游戏内容、特点的游戏名称，可以认定为正当使用。

在前面提到的【“鲁锦”案】〔14〕中，山东省高级人民法院也是认定构成正当使用，该案已作为最高人民法院指导案例发布。

在【“青花椒”案】〔15〕中，四川省高级人民法院指出，将特色菜品名称标注在店招上是餐饮行业的惯常做法，特别是在川渝地区以川菜为特色的众多中小微餐馆经营中，无论是在店招还是菜单上使用“青花椒”字样，相关公众都习惯将其含义理解为含有青花椒调味料的特色菜品。万翠堂公司作为餐饮行业经营者，注册和使用商标都应当遵循诚实信用

---

〔10〕 参见最高人民法院民事判决书，(2005)民三他字第 6 号；辽宁省高级人民法院民事判决书，(2004)辽民四知终字第 176 号，载黄晖编著：《中国商标及不正当竞争案例精要》，知识产权出版社 2021 年版，第 464 页。

〔11〕 参见上海市第二中级人民法院民事判决书，(2003)沪二中民五(知)初字第 239 号，载黄晖编著：《中国商标及不正当竞争案例精要》，知识产权出版社 2021 年版，第 466 页。

〔12〕 参见北京市高级人民法院行政判决书，(2005)高行终字第 162 号，载黄晖编著：《中国商标及不正当竞争案例精要》，知识产权出版社 2021 年版，第 466 页。

〔13〕 参见最高人民法院民事判决书，(2008)民三他字第 12 号，载黄晖编著：《中国商标及不正当竞争案例精要》，知识产权出版社 2021 年版，第 460 页。

〔14〕 参见山东省高级人民法院民事判决书，(2009)鲁民三终字第 34 号，载黄晖编著：《中国商标及不正当竞争案例精要》，知识产权出版社 2021 年版，第 459 页。

〔15〕 参见四川省高级人民法院民事判决书，(2021)川知民终第 2152 号。

原则，对五阿婆火锅店就“青花椒”字样的正当使用和诚实经营，无权干预和禁止，其诉讼请求不应得到支持。

在【“金银花”案】[16]中，广东省中山市中级人民法院认为，涉案的“金银花”商标，属于直接表示商品的主要原料等特点，商标权人不能独占商标标志原属于公共领域的那些初始含义。“金银花”通常是指植物名称，其具有清热解毒的功效，花露水则是通用商品名称，而被诉侵权花露水的主要成分就是金银花提取物。在此情形下，创美公司在被诉侵权产品上标示“金银花花露水”字样并不是作为自己商品的商标使用，该使用只是为了说明或描述自己商品的特点，故创美公司在其生产的花露水商品上使用“金银花花露水”字样是非商标意义上使用他人的具有描述性的商标标志描述自己的商品的使用，属于正当使用商标标识的行为。

二、形状的功能性使用

由于存在立体商标这样的非传统商标，如我国《商标法》第 59 条第 2 款就有一个对立体商标的重要限制，即三维标志注册商标中含有的商品自身的性质产生的形状、为获得技术效果而需有的商品形状或者使商品具有实质性价值的形状，注册商标专用权人无权禁止他人正当使用。

换言之，即使某人注册了含有功能性的形状，他也不能阻止他人仅仅使用没有或带有其他文字或图案的这一形状。之所以这样规定，则说明商标只要不是纯粹由功能性的标志组成，在整体允许注册的情况下，对这些功能性标志本身的使用则不会存在侵权的问题。不过，目前还没有见到实际的案例。

除此之外，随着非传统商标的进一步放开注册，功能性的问题将不限于立体商标，声音商标、气味商标乃至味觉商标、触觉商标都会有类似问题提出，因而也需要有相应的限制。

第四节　指示性、比较性及表达性使用

前三节提到的抗辩严格说来只是对名称或叙述性词汇、通用名称及地名的使用，而不是对在先商标的使用，本节我们将讨论确实是对原告商标的使用，但由于出于指示、比较乃至表达自由的需要而原则上被豁免的情形，当然，如果违反诚实信用的工商业惯例的，仍有可能构成侵权。

一、指示性使用

允许指示性使用，主要是从顾及一般公众了解与产品有关的真实信息的角度对商标

---

〔16〕 参见中山市中级人民法院民事判决书，(2022)粤 20 民终 2257 号。

权作出的限制。

（一）美国的实践

美国霍尔姆斯法官曾在【Coty 案】〔17〕中指出，“商标权只是在于阻止他人将他的商品当成权利人的商品出售，如果商标使用时只是为了告知真相而并不是要欺骗公众，我们看不出为何要加以禁止。商标不是禁忌”。

在美国，只要修理厂不会让人觉得它是原厂指定的修理厂就可以使用诸如“大众—保时捷独立维修服务”的字样，但不能使用“大众服务中心”，因为后者会让人以为它是大众汽车公司授权的特约维修点。

（二）欧洲的实践

因此《一号指令》规定，为标指商品或服务的用途，尤其是作为零配件所必需时，可以使用该商标。当然，指示性使用必须符合工商业诚实惯例，不得利用合理使用的名义，故意突出与他人商标相同或者近似的部分。

在【BMW 案】〔18〕中，对于何为“符合工商业诚实惯例”，欧盟法院进行了澄清。在该案中，原告 BMW 公司通过一个销售网络在荷兰经销其汽车，这些特约经销商必须具有一定的专业水平以提供高质量的售前促销及售后保修服务。被告 Deenik 先生有一个汽车修理厂，主要经营 BMW 的二手车，并从事 BMW 汽车的修理和维护，但他不属于 BMW 的特约经销商。围绕 Deenik 先生是否有权在经营中使用“BMW 修理维护”的广告，以及是否有权自称“BMW 专家”，该案一直上诉到荷兰最高法院，最高法院于是决定首先寻求欧盟法院的初裁意见。欧盟法院从以下两个方面进行了分析：第一，被告是否有权在经销二手车时使用原告的商标做广告。为此，法院引述了【Dior 案】中的意见，即根据商标权用尽的原则，转销商既然有权转销经商标所有人合法投放市场的商品，就应该有权使用该商标通过广告告诉公众该商品的继续流通，除非这一使用严重损害了商标的声誉。至于被告在诚实使用原告的商标过程中获得了利益和声誉这一事实本身，则并无不当之处。在二手车的经营过程中，如果不使用 BMW 的商标，被告实际就不可能将他特别从事该商标汽车的销售和维修的事实传达给公众。第二，被告是否有权使用原告的商标指示服务的用途。正如一些非原厂生产的零配件需要指出它们可以匹配的产品，在本案中使用 BMW 的商标也是为了指示究竟是在什么商品上提供修理和维护的服务。如果禁止使用原告的商标，被告将无法向公众传达他有能力维修这一车型的信息。但无论是在什么情况下，他不得使人认为他的经营与商标所有人有商业上的联系，尤其不得使人误以为他是商标所有人的特约经销商。这种错误的联系不仅与商品的自由流通无关，而且将使商标的价值下降。但是否可能造成这种错误的联系，将由各成员国法院根据事实判断。

在【Gillette 案】〔19〕中，欧盟法院判决认为，第三方在为了说明自己的商品或服务，特别是说明商品的附件或配件时，可以基于善意的目的使用商标权利人的商标。如果只有通过使用他人的商标才能说明自己的商品或服务，并给公众提供完整的信息，那就应该允

---

〔17〕“When the mark is used in a way that does not deceive the public we see no such sanctity in the word as to prevent its being used to tell the truth. It is not taboo.” Prestonettes, Inc. v. Coty, 264 U. S. 359, 368 (1924).

〔18〕See C－63/97, BMW 案。

〔19〕See C－228/03, Gillette 案判决书第 39 段、第 49 段。

许。所谓善意,是指第三方使用该商标不能误导他人认为他是商标权利人,或者有损商标的价值,影响商标权利人的信誉,或者模仿商标权利人的商品。

(三)中国的实践

中国也同样存在类似情况,虽然商标法里没有明确涉及这一问题,但为了解决一些地方的汽车零部件销售商店、汽车维修站点未经商标所有人许可,擅自在店铺的招牌上使用某些中外汽车企业的注册商标的问题,原国家工商行政管理总局曾于 1995 年指出,汽车零部件销售商店、汽车维修站点,为了说明本店经营汽车零部件品种及提供服务的范围,应直接使用叙述性文字,如"本店销售某某汽车零部件""本店维修某某汽车"等字样,其字体应一致,不得突出其中的文字商标部分,也不得使用他人的图形商标或者单独使用他人的文字商标。否则客观上会使消费者误认为该店铺的经营者与商标注册人存在某种联系。

1996 年原国家工商行政管理总局进一步明确指出,商品销售网点和服务站点,未经商标注册人允许,擅自使用"某某专卖""某某专营""某某专修"等字样,使消费者认为该店与商标注册人存在紧密关系,从而使消费者对商品或服务来源发生误认。同时,由于货源、专有技术、经营水平及店堂布局等方面的原因,其商品的真伪优劣及服务质量等也难以保证,势必给商标注册人的商标专用权造成一定的损害。因此重申,未经商标注册人允许,他人不得将其注册商标作为专卖店、专营店、专修店的企业名称或营业招牌使用。[20]

指示性使用不仅与汽车零部件有关,在其他领域尤其是一些消耗性产品上也会存在问题。因为像打印机、复印机、传真机等产品的本身价值越来越低,而它们使用的消耗材料如墨粉等的价格却相对较高,生产厂商因此可以维持较高的利润,但如果有人要与它们竞争,就需要将他们的产品有关机型匹配的信息传达给消费者,而这就需要指示性地使用机器制造人的商标。

当然,也有合作比较愉快的情况,尤其是一些在制成品上使用成分商标的厂商。例如,英特尔公司显然不反对电脑生产商在机身上标注"Intel Inside"(内含英特尔),杜邦公司也会鼓励服装厂商在成衣上注明该服装是用含有"莱卡"(Lycra)的面料制成的。商标的这种指示性使用实际给了竞争过程中的各方在市场上崭露头角的平等机会。

实际中已有诸如【For Volvo 案】[21]等指示性判例,上海市浦东新区人民法院认为:被告的行为不属于对注册商标的正当使用。由于被告未经原告许可,在其生产的滤清器上以较大的字体突出使用了"FOR VOLVO"文字,且其使用的"FOR VOLVO"文字含义不清,又未在滤清器上标识产品制造商的名称等能够识别商品来源的文字,客观上易使消费者联想到该商品的来源与"VOLVO"商标注册人存在某种联系,因此被告的行为不属于对注册商标的正当使用,已构成对原告注册商标专用权的侵犯。

---

[20] 这两个文件虽然已被废止,但是其提供的解决思路仍然具有参考价值:原国家工商行政管理总局《关于禁止汽车零部件销售商店、汽车维修站点擅自使用他人注册商标的通知》(已废止);原国家工商行政管理总局《关于禁止擅自将他人注册商标用作专卖店(专修店)企业名称及营业招牌的通知》(已废止)。

[21] 参见上海市浦东新区人民法院民事判决书,(2005)浦民三(知)初字第 40 号,载黄晖编著:《中国商标及不正当竞争案例精要》,知识产权出版社 2021 年版,第 433 页。

二、比较性使用

严格来说，商标的比较性使用或比较广告，也是一种对他人商标的指示性使用，但由于它比较特殊，故值得单独加以研究。

比较广告的价值在于，一些知名厂商利用品牌形成的优势攫取高额利润，尤其是在配件及耗材的价格上赚取超额利润，后来的竞争者虽然明明有能力生产价廉物美的替代品，但如果不依靠比较广告，就会被品牌的门槛挡在市场外，消费者就会继续支付额外的费用。

当然，比较广告也可能被滥用，它固然会提供一些信息，但比较的目的更多的是吸引消费者，这尤其会助长一些企业通过与名牌攀比来抬高自己，比较就会成为“搭便车”。

在美国，人们对比较广告已经习以为常；但在欧洲，比较广告还是一个刚刚取得进展的领域；而在中国，比较广告还基本是一片空白。

(一)美国的实践

美国最早的比较广告可以追溯到 1910 年的【Saxlehner 案】〔22〕，在该案中，美国最高法院允许被告销售矿泉水时使用原告的商标告诉消费者他的水与原告的水并无二致。在十多年后的另一个比较广告案【Coty 案】〔23〕中，最高法院再一次指出，使用他人的商标并不是一个绝对的禁忌，被告有权使用原告的商标“Coty”将它出品的粉盒中盛有原告化妆粉的真相告诉消费者。

第九巡回上诉法院 1968 年在【Chanel 案】〔24〕中继续指出，如果被告不能使用原告的商标，被告就无法有效地将它所生产的“Second Chance”和“Chanel No. 5”品质相当价格仅为 1/3 的事实告诉大家。但比较广告真正发展较快的阶段是在 20 世纪 70 年代，联邦贸易委员会当时的助理主任开始支持比较广告，并将其作为增加消费者信息的一个重要渠道，如当 Brioschi 指出 Alka - Seltzer 中含有阿司匹林时，联邦贸易委员会并没有表示反对。比较广告目前已占据了全部广告的半壁河山。

在美国，通行的观点是比较广告既然能帮助消费者选购商品或服务，本身并没有什么可指摘的，但如果实际操作不当，则可能侵犯商标所有人的权利。目前制约比较广告的主要法律是《兰哈姆法》第 43 条第 1 款，根据这一条款，美国第二巡回上诉法院在【Johnson & Johnson 案】〔25〕中，确立了以下五个因素作为衡量比较广告是否合法的依据：(1)被告对自己或他人的产品的陈述是否虚假或引人误解；(2)是否有意欺骗或至少可能欺骗大部分广告对象；(3)欺骗是否足以影响消费者的购物决定；(4)广告产品是否进行州际贸易；(5)原告是否可能受到营业下降、声誉受损的危害。

因此，只要没有混淆和不实之辞，无论商标所有人如何不愿意，都没有理由阻止比较广告。法院的基本逻辑是，既然不存在像专利所赋予的垄断权，任何人只要他有能力，他就可以生产同样的产品，并且可以声明他们销售的是同样的产品，只要他没有将其商品说成是原告的。典型的例子是【Regacilium 案】〔26〕，该案中，一家药品公司被法院允许使用

---

〔22〕 See Saxlehner v. Wagner, 216 U. S. 375(1910).

〔23〕 See Prestonettes, Inc. v. Coty, 264 U. S. 359, 368(1924).

〔24〕 See Smith v. Chanel, Inc., 402 F. 2d 562(9th Cir. 1968).

〔25〕 See American Home Products Corp. v. Johnson & Johnson, 654 F. Supp. 568(S. D. N. Y. 1987).

〔26〕 See G. D. Searle Co. v. Hudson Pharmaceutical, 715 F. 2d 837(3d Cir. 1983).

"Regacilium 相当于 Metamucil"的广告语,条件是"相当于"三字必须与商标同等大小,在 Metamucil 后面必须标注"R"标记,同时声明 Metamucil 是由 G. D. Searl & Co. 公司生产, G. D. Searl & Co. 公司没有生产或许可 Regacilium G. D. 。

一家百货公司甚至被允许在广告中指明其产品是在 DIOR 设计的基础上改制的,因为法院认为,注册商标只能赋予商标所有人有限的权利,以制止他人在公众心目中制造该人的产品是由其生产或赞助的印象。但《兰哈姆法》并不能阻止商业竞争对手真实地声明其使用了处于公有领域的服装款式,尽管被告使用了原告的名字。但确实没有其他办法可以指明这一事实。

虽然美国明确将比较广告中指示竞争对手的商品或服务的使用排除在淡化范围之外,但比较广告也需要有一个限度。在【Deere 案】[27]中。代表原告"John Deere"商标的小鹿在广告中看见被告的功能强大的拖拉机,吓得拼命逃跑,这显然属于传统的比较广告,从混淆的角度看,消费者无疑不会被误导,但原告的商业形象显然受到了损害,法院最后认为应当制止这种特殊的淡化形式——贬损。

(二)欧洲的实践

相对于美国,欧洲各国对比较广告的态度不尽一致,意大利、西班牙、葡萄牙及比荷卢不允许比较广告,挪威、瑞典、德国、英国则允许比较广告。为了协调各国的立场,避免同一广告在不同国家受到不同对待,从而影响商品或服务的自由流通或提供,在经过长达 7 年的讨论和反复之后,欧洲议会和委员会终于在 1997 年 10 月 6 日通过了放开比较广告的 97/55/EC 指令。

该指令是以修改和完善 1984 年有关误导性广告的 84/450/EEC 指令的形式出台的。该指令以最概括的语言对比较广告下了一个定义:凡是直接或间接提到竞争对手或竞争对手提供的商品或服务的广告都属于比较广告。

允许比较广告最有力的理由是消费者有知情权,尤其在各国产品实现自由流通之后,市场竞争全面升级,面对在型号、口味、成分等方面展开竞争的各种产品激增,由于缺少足够的信息,消费者无从比较取舍。为了使消费者最大限度地享受到统一大市场带来的好处,就应该给消费者提供尽可能多信息,包括竞争对手所作的客观比较。基于这个基本出发点,该指令从八个方面对比较广告进行了规范:

1. 必须确保比较广告不能是误导性广告。所谓误导性广告,是指以任何方式欺骗或可能欺骗消费者,并且由于其欺骗性可能损害竞争对手或影响消费者行为的广告。这实际是对任何广告的一个最基本的要求。

2. 为了避免漫无边际的比较,比较的商品或服务必须针对同样的需要或具有同样的用途,该指令不允许将不相干的商品或服务随便比来比去。例如,将电话资费与巧克力饼干进行比较就是不合适的。

3. 必须就商品或服务的主要的、有关的、可核实的及有代表性的特征包括价格进行比较。该指令如此不厌其烦地规定比较的内容,主要还是希望将比较广告纳入客观可靠的轨道中来。但该指令的用词仍然太过笼统,在实际操作中落实该指令提出的要求并非易事,试想由于各国的风俗习惯相去甚远,意大利人或希腊人心目中的"有关或有代表性"

---

[27] See Deere & Co. v. MTD Products, Inc. ,41 F. 3d 39(2d Cir. 1994).

的特点,对于德国人或北欧人完全可能毫不相关。

4. 比较广告不得在市场上产生广告主同竞争对手之间的混淆,也不得产生两个公司的商标、商号或其他区别性符号及商品或服务之间的混淆。比较广告中对竞争对手的标记的使用,只能限于指明竞争对手所必须的程度,而不能导致消费者的混淆和误认。

比较广告如果产生混淆,就与其存在的基本理由相矛盾,因为,比较广告不能一方面号称给消费者提供更多可供参考的信息,另一方面却让消费者将两者混为一谈。

5. 比较广告不得诋毁或贬低竞争对手的商标、商号或其他区别性符号及商品或服务,否则将被视为不正当竞争行为。

6. 比较广告如果涉及带有原产地名称的商品,两种商品必须带有同样的原产地名称,因为该指令认为原产地不同的商品之间不具有可比性。硬拉到一起比较只会在消费者中制造混淆。

7. 比较广告不得从竞争对手的商标、商号或其他区别性标志中谋取不正当的利益。这一规定主要是确保商标所有人不会遭到不正当竞争的侵袭。这种情况尤其可能发生在联想型的比较广告上。

8. 比较广告不得直接使用对应模仿的方式,即广告中不得使用诸如"香奈儿类香水"这样的语言,否则无异于允许公开的仿冒侵权。

为了避免竞争对手仅仅进行空头比较,对含有特别报价的比较广告,该指令要求必须注明特别报价开始或结束的时间,以供消费者实际掌握。

该指令要求各成员国最迟于2000年4月完成对各自法律的修改。法国过去坚决反对比较广告,但在欧共体征求意见的过程中却于1992年先行修改法律,放开了比较广告。英国1994年的新《商标法》根据《一号指令》第5条第5款规定,也允许了比较广告的存在,只要该比较广告对竞争对手商标的使用不违反工商业诚实惯例,也不存在无正当理由从竞争对手商标的显著性或声誉中获利或对它们造成损害的情况。英国认为只要不违反诚实信用的基本原则,比较广告就不用去寻找什么正当理由。

因此,强调商品或服务间的差别的区别型的比较广告,可能会比刻意攀附的联想型的比较广告更容易被法院接受。当然,联想型广告和区别型广告有时也不可能截然分开,一则广告完全可能在产品质量上使用联想型比较,但在价格上使用区别型比较。由于比较广告取得了法律的认可,预计商标所有人会将防线后撤,转而利用上面提到的第七、八方面的理由,阻止其竞争对手借助其商业信誉谋取不当利益。2006年欧盟又通过了新的指令——2006/114/EC,并进行了一定的调整。

在【Toshiba案】[28]中,欧盟法院认为,不能仅仅因为没有直接比较就否认比较广告的认定,在自己产品型号的旁边提及对方产品的型号可以使公众准确地识别竞争对手的产品,因此这种对比实际相当于是在说两者具有同等技术特征,即在进行主要、有关、可核实及有代表性的特征的比较。除非产生错误的联想,否则不能认定比较广告从商标声誉中获取了不当利益。

在【Simens案】[29]中,鉴于产品面对的公众的专业性、比较广告已经附加了各自的缩

---

〔28〕 See C－112/99,Toshiba案判决书第38、40、60段。

〔29〕 See C－59/05,Simens案判决书第19～27段。

写名称且代码可以同时作为使用密码从而方便用户使用,不能简单因为比较广告会带来好处,就认为是在获取不当利益。

在【L'Oréal】〔30〕中,被告销售商品时在商品对比表中使用原告文字商标,欧盟法院认为,被告在商品对比表中使用原告文字商标,并非仅仅为了客观描述他人商品或服务,而是为了宣传其自身商品。《比较广告指令》允许在比较广告中客观描述与竞争者同类可比产品之间的优劣对比,促进市场竞争,使消费者最终获益,但禁止可能破坏正常竞争秩序的广告形式,本案中被告的行为实际属于该指令禁止的"仿制他人商品"的情形。由于在比较广告中表明销售的是他人商品的仿制品,属于法律禁止行为,因此,行为人通过该广告获取的商业利益属于不正当竞争获利,即不当利用他人驰名商标声誉获取利益。

(三)中国的实践

中国目前尚未有专门规范比较广告的立法,直接点名的比较广告尚不多见,但围绕纯净水、复合木地板发生的争执也说明对此立法的迫切性。间接隐含式的比较广告则更不少见,在牙膏、化妆品、卫生用品领域中尤为突出。例如,使用了含氟的某某牌牙膏后,象征牙齿的贝壳则可以承受小锤的敲击,而没有使用该品牌的贝壳则不堪一击。再如,嘉士伯宣称自己"可能是世界上最好的啤酒",也可以视为一种隐含的比较广告。

《消费者权益保护法》规定消费者享有知情权,并赋予消费者协会向消费者提供信息和咨询服务的职能,当然,消费者协会在向社会推荐商品和服务时不得以牟利为目的。据此,一些消费者组织经常进行"比较测试",即通过设定一些指标,并委托专业单位对各个品牌的样本进行测试,然后将测试结果点名公之于众。目的是增加消费者比较鉴别的知识和能力。但严格来说,这不是真正意义上的比较广告。

因此,必须综合权衡比较广告的利弊,尤其不能因噎废食。欧盟也是基于同样的考虑,在经过7年的思考后终于在原则上肯定了比较广告的合理性,但同时也附加了一系列的限制。欧洲比较广告指令从制度设计上无疑是十分理想的,但实际操作起来显然不是一件容易的事,尤其是必须建立一套完善的监测机制,实现对广告的事后监督。

我国香港特区2004年的商标条例允许任何人为识别货品或服务属某注册商标的拥有人或特许持有人的货品或服务而使用该注册商标,即允许对商标的指示性使用,一般可以理解为同意比较广告。当然,这种使用必须按照在工业或商业事宜中的诚实做法而作出,否则视为侵犯该注册商标。

在考虑此类宣传的合法性时,有关宣传将会被整体地考虑。如注册商标拥有人可证明该使用对该商标构成不公平的利用;或该使用对该商标的显著性或声誉造成伤害,则该使用即构成侵权。再者,如果该使用将被合理的读者认为不符合诚实做法,该使用亦构成侵权。

在这方面,【"蓝月亮"案】〔31〕是一个较为典型的案例,广东省高级人民法院指出,根据《反不正当竞争法》和《广告法》的规定,我国现行法律对比较广告采取了原则允许、例外禁止的制度,即除药品、医疗器械广告不得与其他药品、医疗器械的功能和安全性进行比较外,法律并不禁止比较广告。比较广告可以使消费者对商品作出更好的选择和评价,

〔30〕 See C-487/07,L'Oréal 案。

〔31〕 参见广东省高级人民法院民事判决书,(2001)粤高法知终字第57号。

有利于提高竞争优势。真实的比较广告可以给消费者提供更明确的产品信息，符合消费者利益。同时，比较广告应当遵循法律规定的公平、诚实信用的原则和公认的商业道德。对比的内容要以客观存在的具体事实为依据，不得散布虚假信息；提供的信息必须全面，不得作片面的或引人误解的对比；内容的表述必须准确，不得让消费者产生歧义；应当尊重他人权益，不得诋毁他人商业信誉或商品声誉。与其他广告形式相比较，比较广告更容易引人误解或诋毁他人名誉，因此，做比较广告应当持非常审慎的态度，避免产生纷争。本案宝洁公司的广告有言过其实的成分，会令人产生误解，并对衣领净产品有贬低之意，违反了《反不正当竞争法》和《广告法》的规定。由于广告中用蓝月亮衣领净具有独特外观的包装瓶代表衣领净产品，相关消费者会将该广告直接与蓝月亮衣领净联系起来，应当认定该广告行为构成对蓝月亮公司的不正当竞争，损害了蓝月亮公司的产品声誉。

【“美克美家”案】[32]则是较新的一个比较广告的实例，法院在该案中指出，我国法律并不禁止对比广告宣传，但对比广告提供的商品信息应当是全面、客观、充分的。涉及与其他市场竞争者有关的对比时，应遵守经济伦理、慎言慎行原则，对于数据来源、比较方式、比较基准等信息应当进行注释注解，公开尽量多的相关信息和背景资料，指引受众正确理解。而不应对商品作片面的宣传或者比对，或者以其他引人误解的方式进行商品宣传。另外，法院还指出，我国《反不正当竞争法》中关于虚假宣传和商业诋毁的规定存在一定竞合关系。在对比性广告中，将同类产品进行直接、明显、肯定的优劣对比，必然影响其中被列为较劣一方的产品在公众中的评价，在构成虚假宣传的同时又可能构成商业诋毁。

三、表达性使用

表达性使用一般是在言论自由的语境下展开的，言论自由是现代社会十分重要的组成部分，甚至是社会正常运转的保障。商标的保护任何时候都不应该以牺牲言论自由为代价。以美国为例，最初的反淡化条款之所以在 1988 年修改时没有被采纳，一个十分重要的原因就在于对保障言论自由的《宪法第一修正案》考虑不够。1995 年在明确规定有关保障言论自由的条款后，《联邦反淡化法》才得以通过。

美国法官有一个不成文的传统，即认为幽默本身不能被禁止，不论商标所有人是否愿意。这主要是针对戏仿而言的。戏仿即使在版权法中也不会被认为侵权。因为公众完全有能力分辨哪些是原作，哪些是滑稽模仿的结果。

此外，在新闻报道中使用他人商标也不能视为一种侵权。尽管新闻会不可避免地出现对某个商标的批评或指摘，甚至非常负面的报道，商标的声誉也显然会因此受到损害。但只要是实事求是的新闻报道或评论，商标所有人就不能以声誉受损起诉新闻记者。尤其是大公司财大气粗，如果动不动就以反淡化相威胁，新闻自由就会受到极大的限制，而这是美国宪法所不能允许的。

美国第九巡回上诉法院 2020 年在【Jack Daniel 案】[33]中，撤销了区法院的侵权（淡化）判决，认为被告以幽默的形式使用原告威士忌酒瓶设计不违法，而是受到宪法保护的

---

〔32〕 参见北京市朝阳区人民法院民事裁定书，(2021)京 0105 民初 42457 号。

〔33〕 See VIP Products v. Jack Daniel's Properties(No 18 – 16012).

表达性作品。巡回法院认为 VIP 公司戏仿方式的使用属于受《宪法第一修正案》保护的表达性作品。法院认为,不能仅因它被商业化出售就认为它不是表达性作品。狗玩具上把 Jack Daniel 酒瓶上严肃的说辞进行了搞笑处理这也是一种表达。表达性的作品并不在《兰哈姆法》有关混淆可能性的规制范围,除非被告产品和涉案的作品并无艺术方面的关联,或明显会使消费者对商品来源产生误认。巡回上诉法院还推翻了有关丑化的认定,认为《宪法第一修正案》允许幽默形式的表达,且该表达本身不是为了商业交易,不是商业形式的商标使用。但该案 2023 年被最高法院改判,[34]最高法院明确即使标记部分地被当作商标使用,也不适用宪法第一修正案保护。

不过,合理与损害有时只有一步之遥,一些滑稽模仿,如果掌握不好火候,尤其是同黄色或毒品相联系时就非常容易演变为对著名商标的损害。例如,"Enjoy Cocaine!"(请用可卡因)虽然是对"Enjoy Coca Cola!"(请喝可口可乐)的滑稽模仿(见图 8.6),但可口可乐商标如果被人同毒品联系到一起,其声誉必然会受到损害。

扫描看彩图

图 8.6　请用可卡因(左)和请喝可口可乐(右)

《欧盟商标指令》中没有美国这么明确的规定,但它强调即使对驰名商标的声誉或显著性造成损害的行为,只有在缺乏正当理由时才可以追究,而戏仿和新闻报道显然可以被视为一种正当理由。

第五节　权利用尽与平行进口

平行进口问题是经济全球化发展不平衡的一个副产品,一方面资本试图最大限度地利用各国的特殊情况分割市场,另一方面市场又不可能静止不动,一旦有价格落差,马上就会有人从中发现商机。只要存在生产经营政策和环境之间的差别,灰色产品就会有市场,因此关键是如何在全球化的背景下平衡权利人和消费者的利益,解决商标的地域性与全球化的冲突问题。

平行进口与权利用尽中的国际用尽,实际是一个硬币的两面:商标权国际用尽一旦成立,商品平行进口自然也就合法。鉴于这一问题与国际贸易密切相关,我们也将从问题的由来以及美国、欧盟的实践讲起,最后归结到我国的立法和司法实践。

---

[34] See Supreme Court of the United States, No 22 – 148, Jack Daniel's Properties, Inc. v. VIP Products LLC.

一、概论

随着经济全球化的不断发展，越来越多的大型集团公司跨越国界在其他国家投资办厂，生产制造全球统一商标的产品，由于各国之间的价格并不一致，于是就会出现一些商人专门从事倒买倒卖的情形，使商品从低价位国家向高价位国家流动。这种进口商品与假冒商品最大的不同，就是它的商标是在产品出口国，由产品进口国的商标权人或其许可人合法贴附并投放市场的，因此是货真价实的"正品"，由于这种进口虽然不一定是权利人所同意的进口产品，但又毕竟不同于一般的仿冒产品或黑市产品，因此被称为"平行进口"或"灰色市场"商品。

平行进口与商标权利用尽的问题密切相关，也就是说需要首先回答，在商标所有人本人或经其同意将带有商标的商品首先投放市场后，商标权人的权利是否会因此用尽，换句话说，其他人是否有权在贸易活动中继续使用该商标分销或转销已经售出的产品。

应该说，就商标权利国内用尽而言，各国事实上都无一例外地加以接受。因为在商品首次出售后，如果还允许商标权利人在商品的进一步分销或转销中，干涉他人使用他的商标，无疑会严重限制商品的自由流通，造成人为的市场分割，而这是任何国家都不会答应的。

国际条约。就商标权利国际用尽而言，问题则有所不同，有人主张，根据《巴黎公约》第6条规定，商标权具有地域属性，即商标权依不同国家的法律产生并相互独立。在一国获得商标权并不能自动在他国获得商标权，同样地，商标权在一国用尽并不意味商标权在另一国也当然用尽。但由于《巴黎公约》毕竟既没有明确商标权利的范围，更没有权利用尽的内容，因此对该问题的解决最终不能提供太大的帮助。

《TRIPS 协定》较《巴黎公约》有所进步：首先，协定明确规定了商标所有人的权利，即注册商标所有人应享有独占权，以制止任何第三人在存在混淆可能的情况下，在贸易活动中未经其同意，使用与注册商标相同或近似的标记，以标指相同或类似的商品或服务。简言之，未经商标权人的同意，任何人均不得在贸易活动中使用其商标。其次，对这一权利可能施加的例外，该协定也提出了一些原则上的要求，即数量必须有限并考虑权利人和第三人的正当利益。

但在谈判《TRIPS 协定》的过程中，各方对权利是否用尽这一特定议题的意见分歧较大：赞成商标权利用尽的一方认为，保护商标的意义在于避免消费者对商品的来源发生混淆或误认，这一目的完全可以通过确保由商标权人首先使用其商标并将商品投放市场来达到。换句话说，确保商标权人对商标的首次使用就足以确保商品的唯一来源和商标权人的市场利益，任何允许商标权人干涉合法投放市场商品的继续流通包括平行进口的做法都是站不住脚的，更何况平行进口通常会有利于平行进口商与独占被许可人之间的价格竞争，使消费者得到实惠。

反对商标权利用尽尤其是国际用尽的一方则认为，商标权是一种指向任何第三人的绝对权，只要商品还处于流通领域尚未到达最终用户的手中，商标权人即拥有一种"追续权"(droit de suite)，因而可以干预或控制他人对其商标的使用。并且，即使商标权利国内用尽的理论说得通，但商标权是依各国的商标法相互独立产生的，商标权利在一国用尽也并不能导致在另一国的商标权利当然用尽，因此商标权利国际用尽的理论不能成立。

由于各国就此无法达成一致意见，《TRIPS 协定》不得不避开这一难题，最后只是简单地规定,在依照该协定进行的争端解决中,不得借该协定的任何条款去涉及知识产权用尽问题,从而将问题留给各国去自行解决。这一问题一直悬而未决,如最近生效的《区域全面经济合作伙伴协定》(RCEP)虽然提到"每一缔约方应当有权建立其各自的知识产权权利用尽制度",但也没有明确的立法方向,其更像是一个授权性条款,最终还是需要各国自行规定。目前,像新加坡、俄罗斯已经陆续承认商品平行进口。接下来,我们会重点考察美国、欧盟以及中国在此问题上的解决思路和立法实践。

二、美国的实践

美国早期最著名的平行进口案是【Bourjois 案】〔35〕,在该案中原告从法国一家化妆品公司那里购买了它在美国的商标,但法国公司在法国仍然继续生产这一品牌的化妆品,被告由于受益于较好的汇率比价,从法国公司那里进口了一批"正宗"的化妆品到美国出售。美国最高法院认为被告侵犯了原告受让的美国商标权,因为既然法国公司自己不能在美国出售带有该品牌的商品,它也不能授权别人这样做。被告辩解说他出售的的确是正宗的商品。

美国最高法院指出,在美国以原告受让的商标出售的商品在法律上和事实上均被认为是来自原告,而如果事实上是法国公司生产的产品,就会误导美国公众。

(一)权利用尽及平行进口的原则

尽管【Bourjois 案】看起来像反对平行进口,但事实上该案中的原告与法国转让人之间并不存在商业上的隶属关系,因此美国最高法院很快在【Coty 案】〔36〕中调整了立场。一审被告 Prestonettes 公司购买了真正的"Coty"化妆粉,并进行了重新包装,包装上注明了 Coty 是该化妆粉的生产商。霍尔姆斯法官认为,商标所有人的权利仅限于阻止其他人使用其商标,而不是他生产的产品说成是他生产的,而在本案中,被告只是在行使其对商品的所有权并使用被告的商标说明了一个事实,并且不这样使用他就没有办法将这一事实告诉公众。

因此,在《兰哈姆法》通过之前,美国判例法对平行进口的态度基本上是允许的,只要平行进口商使用商标是在指示商品来源的意义,而不是试图使美国公众认为是美国的商标所有人自己在出售这些平行进口的商品。美国《兰哈姆法》对商标的保护是基于制止混淆的发生,如果没有混淆,也就不存在商标权,当然也不存在商标权是否用尽的问题。

美国第九巡回上诉法院在【NEC 案】〔37〕中对完全一样的平行进口商品的合理性予以了肯定。在该案中,NEC 日本公司将其在美国的商标权转让给他在美国的子公司 NEC 美国公司,后者负责在美国出售由日本本部生产的芯片。被告 Abco 进口了一模一样的芯片,但被原告指控侵权。

第九巡回上诉法院首先分析了此案与【Bourjois 案】的不同之处。Bourjois 案中的原告并不能对法国公司的生产施加任何影响,法国公司可以使用同一商标生产低质产品甚至完全不同的产品,允许其进口无疑会损害美国消费者的利益。而本案中原告是芯片生

---

〔35〕 See A. Bourjois & Co. ,Inc. v. Katzel,260 U. S. 689(1923).

〔36〕 See Prestonettes,Inc. v. Coty,264 U. S. 359,368(1924).

〔37〕 See NEC Electronics v. CAL Circuit Abco,810 F. 2d 1506(9th Cir. 1987).

产厂家 NEC 日本公司的子公司,芯片的生产不会出现失控的情况,法院因此认为,"如果 NEC 日本公司选择在美国以外以低价出售芯片,那是它自己的事。但既然这样作出这一选择,它就不能指望用美国商标法来隔离美国市场或损害国际贸易。美国商标法不能仅仅因为它在美国成立了一个子公司作为它在美国商标名义上的所有人,就为 NEC 日本公司提供一个全世界差别定价的工具"。

因此,按照《关税法》第 526 条的规定,只有在进口商品构成侵权假冒的时候才可以对其进行扣押及没收,以及处以禁令和损害赔偿,但海关认为如果外国商标和美国商标都由同一人或商业单位所拥有,或者海外商标所有人与国内商标所有人之间存在父子关系,或者受共同所有或控制时,第 526 条则不适用。也就是说,海关只在进口商品与美国商品没有瓜葛时才会进行扣押没收等处罚。海关的这一观点在【K－MART 案】[38]中得到最高法院的赞同,而且美国巡回上诉法院还认为海关对第 526 条的理解并不违反《巴黎公约》的国民待遇原则。

(二)权利用尽及平行进口的例外

但商标所有人至少在以下两种情况下没有输掉同平行进口商的战争:第一是美国的公司作为商标的独占被许可人建立了独立的商誉。在【Mamiya 案】[39]中,纽约南区法院认为该案的原告不仅仅出售"Mamiya"牌的照相机,还提供一系列服务以及质量控制措施,同时投放了大量的广告,最后还给顾客提供了保修服务。因此,原告需要付出比被告大得多的花销来建立起独立的商业信誉,被告不得利用这一商誉进行销售,虽然被告声称正是由于日本公司的价格歧视导致了平行进口的商业机会。第二是美国巡回上诉法院在【Lever 案】[40]中,在国外商品与美国的产品之间存在"实质性"差别时,对平行进口商进行了规范,禁止海关以企业存在隶属关系为由对平行进口商品放行。因为在本案中,被告从英国进口的利华香皂由于主要是供英国市场使用的商品,即适合在水的硬度比较高的情况下使用且出沫较少,这同美国市场上同样品牌的商品存在实质性差别,事实上,确实有不少消费者已向利华公司投诉产品质量达不到他们通常的期望值。

法院之所以这样做,是因为它认为《兰哈姆法》第 42 条要想达到制止混淆的目的,就应该禁止存在"实质性"差别的商品进口,尽管它们的商标也是在美国商标所有人的同意下在国外合法贴附上去的。否则,商标所有人的声誉就可能受到平行进口商品的影响。

实际上,美国第一巡回上诉法院在【Perugina 案】[41]中也持类似观点,在该案中,雀巢公司在委内瑞拉生产的"Perugina"牌巧克力被进口到美国的波多黎各,而在波多黎各正式授权出售的"Perugina"牌巧克力是从意大利进口的,两者在质量控制程序、商品组成、商品外观、包装等因素上均存在实质性差别,上诉法院对"实质性差别"作了很宽松的解释,甚至认为只要消费者在购买时会在意两个商品之间的差别,即可认为有混淆的可能。

时隔 6 年之后,美国海关终于修改了《海关条例》,商标所有人可以在详细描述平行

---

〔38〕 See K Mart Corp. v. Cartier, Inc., 486 U. S. 281(1988).

〔39〕 See Osawa Co. v. B H Photo, 589 F. Supp. 1163(S. D. N. Y. 1984).

〔40〕 See Lever Brother Co. v. United States, 981 F. 2d 1330(D. C. Cir. 1993).

〔41〕 See Societe Des Produits Nestle v. Casa Helvetia, Inc., 777 F. Supp. 161(D. P. R. 1991).

进口商品与正常进口商品之间存在的"实质性"差别的情况下,向海关提交申请要求按"利华"判例所确定的原则,禁止该商品的进口。平行进口商的商品将会被扣押,除非他愿意在商品上贴上一个内容如下的标签:"本商品非美国商标所有人许可进口的商品,且与其存在实质性差别。"

相对而言,美国的做法比较简明,平行进口既然不会造成混淆,因此从原则上应该被允许,但在存在实质性差别时,商标所有人可以通过强迫平行进口商注明差别的办法适当地限制平行进口,以避免平行进口商品对许可进口商品形成太大冲击。

在【Cool Water 案】[42]中,原告 COOL WATER 香水的商品代码被被告去除,虽然货物本身还是真货,但法院认为应当认定为商标侵权,不管最初是否被授权,被告销售的货物已经干扰了原告对于产品的质量控制,并且它们与真货确有差别。被告不服,提起上诉,美国第二巡回上诉法院认为,《兰哈姆法》给予商标权利人最重要和最有价值的保护,就是保证其对使用其商标的生产和销售的商品进行质量控制。本案中被告去除代码的行为,侵害了原告的权利,应该认定为商标侵权。

三、欧洲的实践

自欧共体成立之初,其就确立了确保商品和服务自由流通和自由提供的原则。为了平衡保护知识产权和确保商品自由流通之间的矛盾,《罗马条约》第 30 条和第 36 条明确规定,各成员国间对进口的数量限制和具有同等影响的一切措施应予禁止,但该规定不应妨碍由于保护工业和商业产权的理由对进口所作的禁止或限制,不过此项禁止或限制不应构成任意歧视的手段,也不应成为对各成员国间贸易的变相限制。

为了落实这一系列的原则性规定,具体平衡商标权利与商品自由流通之间的矛盾,欧盟法院在司法实践中发展了一整套的判例法,1988 年这些判例法被汇编到了《一号指令》中,后来又平移到 2015 年《欧盟商标指令》。

《一号指令》第 7 条因此成为全面规范商标权利用尽的问题的最新依据,其具体内容如下:(1)商标所有人本人或经其同意,将带有商标的商品在共同体内投放市场后,商标赋予其所有人的权利不得用来禁止在该商品上使用该商标;(2)商标所有人有正当理由对抗商品的进一步商业流通,尤其是商品状况在投放市场后遭到改变或损坏时,不适用第 1 款的规定。

(一)权利用尽及平行进口的原则

早期案例。《一号指令》第 7 条第 1 款实际上确认了欧盟法院 1974 年在【Centrafarm 案】[43]中所提出的解决商标权利用尽和商品平行进口问题的原则。此案的案情主要是 Winthrop 集团的英国子公司和荷兰子公司都在一种药品上使用"Negram"商标,Centrafarm 公司在英国公司那里低价购得"Negram"药品,并进口到荷兰出售,Winthrop 荷兰公司诉其商标侵权。欧盟法院在审理该案时,提出了商标权的"特别客体"的概念,所谓商标权特别客体是指"尤其要确保商标权利人能够独占使用商标,首次将商品投放市场,以保护权利人,使其竞争对手不能依靠出售非法贴附其商标的商品,谋取商标的地位和

---

〔42〕 See Zino Davidoff SA v. CVS Corporation, 571 F. 3d 238(2009).

〔43〕 See C-16/74, Centrafarm 案。

声誉”。

根据这一概念，商标所有人行使一成员国赋予他的权利，去制止他或经他同意在另一个成员国将标有相同商标的商品首次投放市场后的进一步流通，就会违反《罗马条约》中有关商品在共同市场内部自由流通的规定。也就是说，《罗马条约》并不是要牺牲知识产权来建立共同市场，但通过确保商标所有人具有将商品首次投放市场的权利，商标权的特别客体已得到了足够的保护，也就是说，在建设欧洲共同市场的大背景下，各成员国的商标权也可以只能用一次，不得以各成员国间的商标权相互独立为由要求分别行使。这实际上是在共同体范围内承认了商标权利用尽的理论，为商品在欧共体成员间的平行进口开了绿灯。

显然，《一号指令》第7条第1款已经明确回答了首次在共同体内投放市场的商品的商标权利用尽问题，但对于首先在共同体外投放市场的商品的命运如何，《一号指令》却未置一词，《一号指令》是否排斥商标权利国际用尽原则也因此成为一桩公案。《一号指令》颁布前欧盟法院对于这一问题的经典判例是1975年发生的【EMI诉CBS案】〔44〕，判决认定行使商标权阻止从第三国进口带有相同商标的商品，不影响成员国间商品的自由流通，并因此不违背《罗马条约》第30条的规定。欧共体于1994年1月1日与欧洲自由贸易联盟（成员国为挪威、冰岛和列支敦士登）组成欧洲经济空间后，《一号指令》第7条第1款中所指的“共同体”范围相应扩大到了整个欧洲经济空间。

新近发展。在【Silhouette案】〔45〕中，《一号指令》颁布以后，欧盟法院一直没有机会对此正式表态，但1996年告到欧盟法院的Silhouette诉Hartlauer案终于使欧盟法院有了回答这一问题的机会。案件的经过是，原告Silhouette公司在奥地利生产“Silhouette”高档眼镜框，经营低档镜框的被告Hartlauer公司，从一未知渠道获得了原告处理给保加利亚及苏联国家的一批过季镜框，并重新进口到奥地利出售，原告因此诉被告商标侵权。

围绕此案和对《一号指令》第7条第1款的解释，出现了两种截然对立的意见：支持国际用尽及平行进口的意见认为，《一号指令》并不排斥国际用尽，因为平行进口非但不会造成消费者误认，恰恰相反，消费者会因买到廉价的平行进口商品而高兴；并且，商标不应被商标所有人用来瓜分各国市场，维持在个别市场上的高价；退一步说，《一号指令》至少并未明确规定商标权利国际用尽的原则不能适用，因为同样适用《一号指令》的欧洲自由贸易联盟成员国，在案情基本相同的【Mag Instrument案】〔46〕中，已被欧洲自由贸易联盟法院于1997年裁定可以自由决定是否接受商标权利国际用尽理论。

反对国际用尽及平行进口的意见则认为：首先，《一号指令》最初的草案确实规定了商标权利的国际用尽理论，但因为立法者担心得不到其他贸易伙伴的相应回报，《一号指令》最后只规定了共同体内用尽，这种写法的潜台词只能解释为立法者最后放弃了草案中的提法，否则就应该直接在条文中体现出来，而绝不会像现在这样点到为止，让人拐弯抹角地去猜测。其次，所谓《一号指令》，至少是将该问题搁置起来留待各成员国自行抉择的说法，也同样不能成立，因为这一说法虽然表面上允许个别成员国选择同意或反对商

---

〔44〕 See C－51/75，CBS案。

〔45〕 See C－355/96，Silhouette案。

〔46〕 See E－2/97，Mag Instrument案。

标权利国际用尽,但实际上一旦有成员国作出同意平行进口的选择,其他成员国在共同市场的大前提下则必须接受这些平行进口商品的自由流通,从而被迫事实上接受商标权利的国际用尽原则,而如上所述,这种后果显然是违背《一号指令》的立法初衷的。再次,欧洲自由贸易联盟法院之所以敢于裁定《一号指令》对商标权利国际用尽问题未作要求,则主要是因为它认为欧洲自由贸易联盟不像欧洲经济共同体那样是一个关税同盟,而只是一个自由贸易区,所谓自由贸易区,只是要求成员国所产商品能够自由流通,但不包括从区外进口的商品,因此各国在决定国际用尽的问题上自行其是不至于连带其他成员国,对全局也不构成损害。最后,放弃国际用尽可能给消费者带来的损失,则只能通过统一大市场的建立来弥补。一些成员国如法国、意大利,包括曾经承认国际用尽的德国、比荷卢均已在实践中否定了商标权利国际用尽的理论。

欧盟法院最后采纳了反对商标权利国际用尽的观点,其判决理由为,相对于规定商标权利范围的《一号指令》第5条而言,第7条只是一种例外规定,而第5条第3款尤其赋予了商标所有人制止任何第三人未经同意使用其商标进口商品的权利,第7条只就首先投放共同体市场的产品进一步流通问题,排除了第5条的适用;因此,根据“明示其一即是排斥其他”的原则,首先投放共同体市场之外的产品进口问题必须仍然受第5条的制约。而且只有这种解释才能确保欧共体内部市场的正常运行。

有趣的是,因为需要给内部市场中商品的自由流通让路,商标所有人被迫接受商标权利用尽的安排,而在商标权利是否国际用尽的问题上,又恰恰是确保内部市场统一运行的需要帮了商标所有人的忙。

国际品牌。随着国际经贸形式的不断演变,对于什么是同一经营主体的问题或者说所谓的“国际品牌”问题也越来越有挑战性,欧盟法院在【Schweppes案】[47]中就正面回答了这一问题。在【Schweppes案】中,Schweppes牌汤力汽水在世界范围内具有知名度。“Schweppes”不仅是欧盟商标,其图文形式在每个欧盟成员国都有注册。最早,所有的Schweppes商标都归Cadbury Schweppes公司所有。经过各种商业重组,Schweppes国际有限公司取而代之成为“Schweppes”商标的所有人。1999年,Schweppes国际有限公司将部分Schweppes商标转让给包括Coca-Cola公司在内的多家公司。转让后,在英国享有Schweppes商标权的是Coca-Cola公司。Schweppes国际有限公司和Coca-Cola公司虽在不同国家分别享有权利,但在某种程度上,他们都把该商标作为一个“国际品牌”进行推广。

Schweppes公司是Schweppes国际有限公司在西班牙的排他被许可人。因为Red Paralela公司从欧洲经济区的其他国家(主要是英国)进口SCHWEPPES饮料到西班牙出售。Schweppes公司将Red Paralela公司诉至巴塞罗那第八商业法庭。商业法庭就本案涉及的平行进口问题请示欧盟法院。其中的核心问题是:商标权利人在一个或多个欧盟成员国(但不是全部成员国)享有商标权利,但打出“国际品牌”的旗号,如果要制止他人平行进口或推广来自其不享有商标权利的成员国的,归第三方所有的相同商标的商品,是否适用《欧盟运行条约》第36条,以及《欧盟商标指令》(2008/95/EC)第7.1条[修改后(EU)2015/2436第15.1条]有关权利用尽的规定?

---

〔47〕 See C 291/16,Schweppes案。

2017年9月12日，先是欧盟法院总法务官给出回复意见。巴塞罗那第八商业法庭的问题的核心就是平行进口情况下商标权利用尽的问题。对此，总法务官引用在先判例指出，平行进口情况下商标权利用尽的适用，要求进口国的商标权利人与出口国的商标权利人是同一个主体，或者是存在经济联系。所谓的经济联系是指两者是生产和销售的关系，或是许可与被许可的关系，或是两者都属于同一集团的关系。这种关系的判断是结果取向的判断，换言之，就是要看相应的商标是不是有统一的控制。即使两个完全独立的主体，如果联合控制一个商标，并为了共同的利益进行开发，也属于有经济联系。如果平行进口涉及的商标是从一个商标分化而来，并且两者合作，联合掌控商标的使用，这种情况下，进口国其实对该商标也有直接或间接的控制，也应属于有经济联系的情形。

2017年12月20日，欧盟法院也作出初步裁定认为，结合《欧盟运行条约》第36条，《欧盟商标指令》第7条(1)应当解读为：如果某国内商标的权利人将与该国内商标相同的商标转让给第三人，第三人将在其他成员国行使商标权利；如果转让后，商标权利人通过自己或通过与受让的第三方保持协调的商标战略，已经积极且有意地推进统一的国际品牌形象，因此产生并强化了部分相关公众对于使用该标志的商品的混淆；或者，商标权利人和第三人之间整合了他们的商业策略，或达成统一控制商标使用的协议，因而存在经济联系，并由此使其有可能直接或间接地对使用商标的产品作出决策，并控制这些产品的质量；在这些情况下，成员国国内商标权利人就无权禁止他人从其他欧盟成员国进口使用第三方所有的相同商标的相同商品。也就是说，欧盟内的“国际品牌”之间不能阻止平行进口，即使主体从法律上讲并不具有从属关系。

旧包装再利用。欧盟法院2011年7月14日针对【BP案】[48]作出初裁认为，高山燃气公司对该液化气罐的商标专用权，在消费者购买液化气罐后即权利用尽。而维京燃气公司的重新灌装不会导致消费者误认为两个公司有所联系，因而不会造成对高山燃气公司名誉的损害。而且如果支持高山燃气公司的诉求，会影响市场公平竞争。因此，虽然高山燃气公司拥有这种可重复利用的复合液化气罐外观立体商标的专用许可，但不能阻止他人在液化气罐已经出售给消费者之后对该液化气罐进行重新灌装并销售。

(二)权利用尽及平行进口的例外

当然，根据《一号指令》第7条第2款的规定，如果商标拥有人有正当原因反对平行进口货品的进一步交易，上述条文便不适用。也就是说，有关货品的状态在推出市场后有所改变或受损，或平行进口货品的使用对该注册商标的显著性或声誉造成损害。

由于在新的时代背景下，商标的功能已开始出现从单纯标指产品来源向展现用户身份价值的转变，对商标的保护也要相应地在防止产源混淆的基础上提高到避免声誉淡化的新水平上。欧盟法院也因此特别提到商标的声誉不得因为重新包装、重新贴附和广告方式受到损害。

例如，在【Ballentine案】中[49]，对于重贴标识问题，原告Ballentine & others公司指控被告Loendersloot取下他们出产的威士忌酒上印有其商标的酒贴，再去除酒贴上的识别码及酒贴中的英文字“Pure”及Ballentine & others特许经销商的名称，换上原标贴或复制

〔48〕 See C－46/10，BP案。

〔49〕 See C－349/95，Ballentine案判决书第50段。

件出口到美、法、日等国,但被告认为标注识别码的唯一目的就是发现平行进口的参与人,以阻止平行进口,因而是违反共同体法律的,而去除酒贴中的英文字“Pure”及 Ballentine & others 特许经销商的名称则是一些进口国的要求,他完全是不得已而为之。在分析了原告在酒贴上标注识别码及 Pure 等内容的合理性后,欧盟法院裁定认为,原告标注这些内容,也许客观上会产生人为分割市场的效果,但除非证明商标权被实际用来掩盖商标权人人为分割市场的企图或后果,或者重贴标识并未损害商品的原始状况,或者通知商标权人,或者重贴标识并未损害商标或其所有人的声誉,否则商标权人就仍然可以依靠商标权阻止平行进口商重贴标识。

又如,在【Dior 案】[50]中,欧盟法院讨论了转售商品的广告宣传问题。原告 Dior 公司是法国的一家生产香水和化妆品的公司,它采用的是“选择分销”的方式(selective distribution system),即所有销售商必须经过它的挑选才能加入分销网络,且入网销售商只能向最终用户出售产品。被告 Evora 公司不在 Dior 的分销网络之中,但在 1993 年圣诞节为促销平行进口的 Dior 香水,其进行广告宣传中使用了 Dior 的商标,但其广告方式达不到 Dior 的要求。Dior 认为这与其一贯的豪华、高贵的形象不相吻合,损害了它的声誉,或者说,商品的状况尤其是精神状况受到了损害,它认为这一“正当理由”已可以阻止 Evora 公司在销售时使用它的商标做广告。被告则申辩说原告的商标权利已经用尽,自己有权以当地通行的方式进行广告宣传。

欧盟法院最后认为,保护原告的声誉原则上构成《一号指令》第 7 条第 2 款中所指的正当理由,但平行进口商依照当地行业惯例进行广告宣传的权益也不能不考虑,因此除非在个别特殊情况下,这种使用严重损害了商标的声誉和形象,商标所有人不得阻止平行进口商在广告中使用其商标。

四、中国的实践

(一)商标平行进口问题的提出

我国过去基本上不存在平行进口问题,因为平行进口一般都是从低价国流向高价国,但亚洲金融危机带来的东南亚货币贬值,使中国也不得不开始正视这一问题。一些东南亚国家在发生金融危机以后,为提高出口竞争力,被迫实行货币贬值,从而使一些跨国公司在当地的合资企业生产的产品的零售价,加上运费和关税进口到我国的批发价,仍然低于该跨国公司在我国的合资企业生产的同一商标商品的价格,因此,作为独占被许可人的这些中外合资企业的生产和销售受到很大的冲击。

事实上,虽然一些跨国公司在全球使用统一的商标,但由于各国的发展水平、管理水平及消费水平都有所不同,产品的质量显然参差不齐,以“可口可乐”为例,虽然它在全世界使用统一的品牌,但实际的配方及口味还是会随着国家不同而不同,就在亚特兰大可口可乐总部的博物馆中,参观者便可以现场品尝世界各地不同口味的可口可乐。但一般来讲,只要同一商品在各国的质量相对稳定,质量不一这种情况也不会损害相关公众的利益。可一旦承认商标权利国际用尽,各国的国门大开,质次价廉的商品会天然流向质优价贵的国家,虽然这些国家的消费者不会对产品来源发生混淆,并仍然可以期望同一商标应

---

〔50〕 See C－337/95,Dior 案判决书第 46、48 段。

该同一质量,但事实上全球还远不是一个统一的市场,商品的质量并不能保证质量规格恒定,因此不可避免地会给消费者造成质量上的混淆。

不唯如此,现代营销方式的发展还产生了一个新的问题,即尽管同一商标的商品在各国的品质差别不大,但商标所有人或其独占被许可人在各国的营销方式及广告投入却可能出入很大,同一商标在各国的声誉也因此会有很大差别。如果同意平行进口,无疑是允许平行进口商在不用花广告费,无偿利用商标所有人或其独占被许可人在该国的推广努力和由此创造的特殊声誉。

(二)商标权利用尽及平行进口的立法

对于现实提出的问题,我国《商标法》第57条对商标侵权有原则性规定,即未经商标注册人的许可,在同一种商品上使用与其注册商标相同的商标;或未经许可在同一种商品上使用与其注册商标近似的商标,或者在类似商品上使用与其注册商标相同或近似的商标,容易导致混淆的,即构成商标侵权。有人主张,既然商标法中对商标侵权未作任何限制性规定,那么在平行进口商品上的使用理论上自然也不能例外。

在回答上面这一理解是否正确之前,我们先来看看其他知识产权立法中是如何处理这一问题的。例如,与我国的商标法不同,我国1985年、1992年《专利法》,一开始就规定了国内权利用尽,即"专利权人制造或者经专利权人许可制造的专利产品售出后,使用或者销售该产品的",不视为侵犯专利权。2000年有所微调,但亦只规定了国内权利用尽,即"专利权人制造、进口或者经专利权人许可而制造、进口的专利产品或者依照专利方法直接获得的产品售出后,使用、许诺销售或者销售该产品的"不视为侵犯专利权。直到2008年,《专利法》才终于明确规定了国际权利用尽,即"专利产品或者依照专利方法直接获得的产品,由专利权人或者经其许可的单位、个人售出后,使用、许诺销售、销售、进口该产品的",不视为侵犯专利权。

又如,就植物新品种而言,最高人民法院《关于审理侵害植物新品种权纠纷案件具体应用法律问题的若干规定(二)》第10条也对权利用尽有特别规定,授权品种的繁殖材料经品种权人或者经其许可的单位、个人售出后,权利人主张他人生产、繁殖、销售该繁殖材料构成侵权的,人民法院一般不予支持。

再如,就音像制品进口管理而言,原文化部2004年发文称,禁止版权贸易之间、版权贸易与制成品之间平行进口;为避免同一音像制品经不同单位多次进口后,在市场上同时销售,形成平行进口,音像出版单位在申报非原进口单位引进已在国内出版发行的音像制品时,需要提交该音像制品原进口单位与授权单位之间的合同,明确载明清理授权过期音像制品的办法。

对于上述立法、司法解释及行政规章的演变,有三种理解思路:第一,权利用尽是题中应有之义,只不过通过历次立法、修法或解释使之明晰化;第二,专利法相对商标法先是专门规定国内权利用尽,后来又延伸规定国际用尽,植物新品种也是在第二次解释时特意规定权利用尽,做反对解释的话,没有规定就意味着权利并不当然用尽;第三,音像制品既然可以发文反对平行进口,说明著作权法不可能允许平行进口,否则下位法不能违反上位法。

就我国而言,有五个正式文件明确提到允许商标平行进口的问题:一个是2016年北京市高级人民法院在《当前知识产权审判中需要注意的若干法律问题》中关于平行进口是否构成侵害商标权的问题的解答。北京市高级人民法院在总结之前本院辖区的司法实践后指出,商标法虽未将"指示性使用"明确列为不侵权的抗辩事由,但是考虑到商标法所保护的是标志与商品来源的对应性,而商标禁用权也是为此而设置的,绝非为商标权人垄断商品的流通环节所创设,即商标权利用尽规则应当是市场自由竞争所必须存在的基本规则之一。在此基础上,若被控侵权商品确实来源于商标权人或其授权主体,此时商标权人已经从"第一次"销售中实现了商标的商业价值,而不能再阻止他人进行"二次"销售或合理的商业营销,否则将阻碍市场的正常自由竞争秩序建立的进程,因此"平行进口"应被司法所接受,不认定构成侵害商标权。

另外四个都与自由贸易的基本政策有关。它们分别是:2004 年,《香港商标条例》允许平行进口货物,即俗称的"水货"。该条例第 20 条涉及用尽注册商标所赋予的权利,该条有两款,第一款涉及权利用尽的原则,具体是,如果就某些已在世界上任何地方推出市场的货品而使用某注册商标,而该等货品是由拥有人或经其同意,无论是明示或隐含的同意,还是附有条件或不附条件的同意,而在该商标下推出市场的,则该项使用并不侵犯该注册商标。

2016 年,商务部等八部门发布《关于促进汽车平行进口试点的若干意见》,提出在自由贸易试验区开展汽车平行进口试点,重点做到简化汽车自动进口许可证申领管理制度,深化平行进口汽车强制性产品认证改革。进一步提高汽车平行进口贸易便利化水平,积极推动平行进口汽车环保和维修信息公开,加强平行进口汽车注册登记管理服务,重点加强质量追溯和售后服务体系建设,切实加强监管的意见。

2019 年,商务部等七部门又发布《关于进一步促进汽车平行进口发展的意见》,在汽车平行进口试点工作取得了重要进展,但又存在平行进口汽车整改场所设立程序不明确、贸易便利化水平有待提升、政府监管需要强化等问题的背景下,提出允许探索设立平行进口汽车标准符合性整改场所,进一步提高汽车平行进口贸易便利化水平,加强平行进口汽车产品质量把控,规范平行进口汽车登记管理,推进汽车平行进口工作常态化制度化,强化试点企业监督管理,切实加强组织实施的意见。因此,可以说在允许乃至鼓励汽车平行进口方面,我国已经迈出了实质性的步伐。

最新的则是 2021 年《海南自由贸易港知识产权保护条例》,其第 30 条规定,使用注册商标的商品,经商标注册人或者其许可使用注册商标的单位、个人售出后,除该商品使用有关注册商标会对该注册商标的显著特征或者声誉造成损害的以外,任何单位或者个人可以在海南自由贸易港内进口、销售、使用该商品。

(三)商标平行进口的司法实践

如前所述,亚洲金融危机之后,我国已经遇到过平行进口的问题,在【LUX 案】〔51〕中,佛山市海关依法扣留了广州经济技术开发区商业进出口贸易公司从泰国进口的"LUX 力士"牌香皂。此案中的原告——上海利华有限公司,是荷兰联合利华有限公司的商标"LUX"、"LUX 力士"(已在中国注册)在中国的独占被许可人。该公司以被告未经其许可而进口和销售泰国产"LUX",从而侵犯其商标权为由,请求法院禁止被告进口和销售侵权产品,并要求损害赔偿。被告辩护它进口的"LUX"不是侵权商品,而是泰国的

〔51〕 参见广州市中级人民法院民事判决书,(1999)穗中法知初字第 82 号。

合法权利人生产和销售的产品,因此这是平行进口的货物。但在被告并未充分举证已经过上述商标权利人许可的情况下,广州市中级人民法院认定被告进口的商品属商标侵权行为。表面上看,法院在这个案例中是反对平行进口的,但由于被告并未举证产品系正品,所以还不能说这是一个真正的平行进口的案子。

真正形成对抗的平行进口案例应该是【AN'GE 案】[52]。北京市第二中级人民法院在这个案中认为,世纪恒远公司通过正当的交易行为从香港瑞金公司委托进口"AN'GE"牌服装,该批进口"AN'GE"牌服装确系(法国)AN'GE 股份有限公司生产销售的正宗产品,且该批"AN'GE"牌服装履行了正当的进口关税手续。在此基础上,世纪恒远公司销售"AN'GE"牌服装,未使消费者对"AN'GE"品牌的来源及"AN'GE"牌服装的具体销售者产生误解和混淆,因此,不能就此认定世纪恒远公司的上述行为违反了我国反不正当竞争法的相关规定。该案对上述北京市高级人民法院的解答意见的形成应该也发挥了影响。

比较新的允许平行进口的案子有【OBO 案】[53],在这个案件中,广州市南沙区人民法院认定进口产品和国内产品从标识附着情况、产品性状、质量等级等均没有证据证实存在差异,故二者属于"具有同样质量的商品",商标权人已经从"第一次"销售中实现了商标的商业价值,则不应再赋予其阻止他人进行"二次"销售的权利,商标权人德国 OBO 公司将涉案商标首先使用在产品之上并投放市场,其在商品首次投放市场的过程中已经获得与其商标权相对应的回报,无权阻止他人进行合法的二次销售。

但如果平行进口商品不具备或违反我国的强制性质量标准,也会不适用权利用尽,而会构成商标侵权。例如,在【"米其林"案】[54]中,长沙市中级人民法院认为涉案轮胎由于没有经过 3C 强制认证,如果放任其流通到未经原告许可的中国市场,不仅违背商标权利人的意志,而且也给消费者的安全造成潜在风险,因此判令构成商标侵权。

又如,在涉及食品的【"吉力贝"案】[55]中,北京市东城区人民法院认为,判断本案中被控侵权商品的进口、销售行为是否侵害涉案权利商标注册商标专用权,关键在于是否损害了权利商标保证商品质量和表明商品提供者信誉的功能,是否会给权利商标及商标权利人的声誉带来不良的影响。被控侵权商品不符合我国食品安全标准规定,可能存在食品安全隐患,在我国境内进口、销售该等商品,违反我国的强制性规定,属于违法行为,依法应予制止。

(四)权利用尽及平行进口的例外情形

上面提到的《香港商标条例》还有一个第 2 款,讲的是权利用尽的例外情形,即"如货品在推出市场后其状况已有所改变或已受损,且就该等货品而使用有关注册商标会对该注册商标的显著特性或声誉造成损害,则第(1)款不适用"。这一规定实际也来自上文提

[52] 参见北京市第二中级人民法院民事判决书,(2002)二中民终字第 2487 号。

[53] 参见广州市南沙区人民法院民事判决书,(2018)粤 0115 民初 2364 号,载黄晖编著:《中国商标及不正当竞争案例精要》,知识产权出版社 2021 年版,第 407 页。

[54] 参见长沙市中级人民法院民事判决书,(2009)长中民三初字第 73 号,载黄晖编著:《中国商标及不正当竞争案例精要》,知识产权出版社 2021 年版,第 432 页。

[55] 参见北京市东城区人民法院民事判决书,(2018)京 0101 民初 13472 号,载黄晖编著:《中国商标及不正当竞争案例精要》,知识产权出版社 2021 年版,第 406 页。

到的《一号指令》。一般我们将这一要求称为“权利用尽的例外”。上面提到的《海南自由贸易港知识产权保护条例》在允许平行进口的同时,也特别强调了该商品使用有关注册商标,不得对该注册商标的显著特征或者声誉造成损害。

另外,深圳市检察机关2022年率先对电子产品的翻新刑事合规作出指引,即《深圳市检察机关电子产品翻新产业知识产权刑事合规指引(试行)》中指出:商标权利用尽是产业从业者主张“合法”翻新的主要依据,但商标权有别于专利权与著作权,其权利核心在于识别商品来源。因此,该指引要求:电子产品翻新产业从业者应当以不影响商标识别功能的发挥为标准,充分尊重商标权人的商标权益,重视合规经营,在从事翻新和相关销售行为时需要采取有效措施,在遵循一定方式要求的前提下,确保购买翻新电子产品的消费者不会对翻新电子产品的来源产生误认,避免对商标识别来源功能的损害。

因此,我国商标法中虽然没有相关的规定,但在司法实践中基本也是秉承类似的理念。例如,在【“惠普”案】[56]中,广州市天河区人民法院认为,油墨经过改造,灌装后被稀释,降低了不挥发性固体的比例和墨水的重量,同时改变了原有的阀门等的设计,与原产品在产品质量、安全性能等方面存在较大差异,故上述行为已经构成实质性改变。从商标权人利益而言,天恒公司拼装、改装或灌装的二手印刷机、油墨未经商标权人许可进入市场销售,但若由此引发安全事故或其他民事纠纷,其法律后果及对产品的否定性评价均会通过标注在产品的“HP及图”商标而指向商标权人,造成对涉案商标所承载的商誉的损害;从消费者权益而言,同一商标指示下的拼装、改装后的二手印刷机、改装、灌装后的惠普油墨和直接在市场上正常流通的产品质量有很大的差异,拼装、改装或灌装后的商品实质上已不属于原商标权人所制造的商品,容易使消费者对商品的真实来源产生混淆,损害了消费者的利益。对于被告提出的权利用尽抗辩,法院指出,权利用尽的本质在于其他经营者在产品流通的过程中尊重商标权人的商标权,仅对附有商标的商品进行运输、储藏、再销售,并未造成消费者混淆或者误认,故可以作为商标侵权抗辩的正当理由。但若销售者改变了商品的核心部分即进行了实质性的改变,该商品并非原来真正的商品,则此时商品上的商标标示商品来源、表征商品质量的功能已受到影响,如仍使用原来的商标进行销售,将因商品的质量不一对涉案商标造成消极影响,消费者亦分不清商品的真正来源,损害了消费者的利益。故没有支持被告的这一抗辩理由。

又如,在【“多米诺”案】[57]中,广东省高级人民法院结合商品是否经过实质性变化进行了区别处理,法院认为,一方面在商标未改变的情况下,如果未经商标权人同意对商品进行了实质替换,商品品质发生了实质变化,则人为地将商品和商标进行了分离,阻碍了商标功能的发挥。另一方面,在不直接发生混淆和损害商标功能发挥的情况下,应当合理地给予回收利用行为一定的自由空间,商标权人基于商标权对商品及其零部件的控制相应地受到一定限制,在此情形下宜认定商标权利用尽。

---

〔56〕 参见广州市天河区人民法院民事判决书,(2016)粤0106民初20467号,载黄晖编著:《中国商标及不正当竞争案例精要》,知识产权出版社2021年版,第409页。

〔57〕 参见广东省高级人民法院民事判决书,(2017)粤民终2659号,载黄晖编著:《中国商标及不正当竞争案例精要》,知识产权出版社2021年版,第411页。

在另一起【“米其林”案】[58]中，商品和商标本身虽然没有发生任何变化，但轮胎的速度等级被擅自更改，长沙市中级人民法院对此认为，商标注册人将标有该商标的商品投放市场后，注册商标、凝聚在该商标中的商标权人的商誉与具体商品及其各种特性形成唯一对应关系，改变该商标或该商品中的任一要素，都有可能构成对注册商标的识别、指引功能的损害。本案所涉及的这种改变速度级别的轮胎产品，由于产品上标注了米其林商标，而使相关公众将该轮胎误认为原告生产的 Y 级轮胎，使消费者对于产品的来源产生混淆，同时也危及了商标注册人对于产品质量保证产生的信誉，构成商标侵权。

在【zippo 案】[59]中，广州市中级人民法院认为，被告李某某对底部带有“zippo”标识的打火机进行了激光镭射加工，加工后的打火机附着了原正品打火机不具有的图案、装饰，对原机的外观做了较大的改变，已经构成实质性改变，即经过加工后的打火机已经不是之宝公司投入市场时的打火机，两者属于不同的产品。被告李某某在未经之宝公司许可的情况下，对原商品进行加工后依然使用“zippo”商标，且没有附加改变的信息或者明确作出不同的标识，在之宝公司也同时销售雕刻图案打火机且两者在包装装潢与防伪标识等方面相近似的情况下，势必会使消费者误认为加工后的打火机依然是之宝公司产品，被告的行为构成商标侵权。

在【“不二家”案】[60]中，杭州市余杭区人民法院也提到了保护商标识别基本功能以外的信誉承载的衍生功能，法院指出，商品的外包装除了发挥保护与盛载商品的基本功能外，还发挥着美化商品、宣传商品、提升商品价值等重要功能，而钱某良未经不二家公司许可擅自将不二家公司的商品分装到不同包装盒，且这些包装盒与不二家公司对包装盒的要求有明显差异，因此，钱某良的分装行为不仅不能达到美化商品、提升商品价值的作用，反而会降低相关公众对涉案商标所指向的商品信誉，从而损害涉案商标的信誉承载功能。

在【“科罗娜”案】[61]中，浙江省高级人民法院认为，古龙公司在标有英文“CoronitaExtra 及图形”标识的涉案啤酒上使用了“卡罗娜”标识，破坏了“科罗娜”商标与英文“CoronitaExtra 及图形”商标之间的对应性，割裂了涉案“科罗娜”商标与商品之间的对应关系，削弱了涉案“科罗娜”商标的来源识别作用，亦使得百威公司为提高涉案“科罗娜”商标知名度，开拓国内市场所作出的努力受到损害，属于《商标法》第 57 条第 7 项规定的给他人的注册商标专用权造成其他损害的情形，侵害了涉案商标专用权。

刮除产品识别码。在【“绝对伏特加”案】[62]中，苏州市中级人民法院也特别强调，被告所销售的被控侵权商品上擅自随意加贴了不透明的白色中文标签，其文字、颜色均与瓶体商标、装潢不相陪衬，破坏了原商品的完整性和美观感受，上述差异已足以导致消费者对商品的生产、销售来源产生合理怀疑，从而对商标权利人的认可度和信赖度降低，致使

---

[58] 参见长沙市中级人民法院民事判决书，(2009)长中民三初字第 72 号，载黄晖编著：《中国商标及不正当竞争案例精要》，知识产权出版社 2021 年版，第 431 页。

[59] 参见广州市中级人民法院民事判决书，(2012)穗中法知民初字第 54 号，载黄晖编著：《中国商标及不正当竞争案例精要》，知识产权出版社 2021 年版，第 425 页。

[60] 参见杭州市余杭区人民法院民事判决书，(2015)杭余知初字第 416 号，载黄晖编著：《中国商标及不正当竞争案例精要》，知识产权出版社 2021 年版，第 417 页。

[61] 参见浙江省高级人民法院民事判决书，(2020)浙民终 326 号。

[62] 参见苏州市中级人民法院民事判决书，(2013)苏中知民初字第 175 号，载黄晖编著：《中国商标及不正当竞争案例精要》，知识产权出版社 2021 年版，第 426 页。

商标权人的利益遭受损害。此外,擅自改变商标或商品中的任一要素,都有可能构成对注册商标的识别、指引功能的损害。而涉案绝对伏特加原产品识别码是表示该商品特定信息的标识,包括了生产日期、生产批次、产品生产地与销售地等信息,其作为商品的另一标识已与该商品融为一体,构成了这种商品的完整性。在此情况下,经营者磨去产品识别码,其主观上有隐匿商品来源的恶意,客观上不仅破坏了商品的整体性导致商品关键信息丢失,而且实质上给消费者和商标权利人造成了双重损害:一是影响了商标的识别功能,侵害了消费者对商品来源及产品信息的知情权,导致消费者对真实商品来源及销售渠道产生疑惑、误认或混淆;二是妨碍了商标权利人对产品质量的追踪管理,干扰了商标权利人控制产品质量的权利,致使商标权人商标权益受损。

不过,在【"玫琳凯"案】〔63〕中,浙江省高级人民法院则认为,在被诉侵权产品为正品的情况下,虽然二维码及生产批号部分信息被刮除,但该商品源于玫琳凯公司属于客观事实,涉案商标区分商品来源的功能并未受影响,不会导致相关公众对商品的来源产生混淆误认。至于商标的品质保障功能,在玫琳凯公司确认被诉侵权产品系其生产的情形下,该商品的质量始终处于玫琳凯公司的管控条件下,涉案商标的品质保障功能并不因二维码、生产批号等信息的缺失而受到影响。消费者对从马某仙网店购买的产品的质量、包装有一定预期,也知晓其难以享受玫琳凯公司"直销 + 产品 + 售后服务"商业模式下的全部服务,故马某仙的被诉侵权行为并不会导致玫琳凯的品牌价值在消费者心目中产生贬损或其他负面影响。马某仙的被诉侵权行为既没有导致涉案商标的识别来源功能受损,不会造成相关公众的混淆误认,也未影响消费者对于商品本身的品质和商标权人信誉的评价,更不会影响消费者对商品本身的使用。马某仙的被诉侵权行为可以适用商标权权利用尽原则,不构成对涉案商标权的侵害。

之后,也有法院从不正当竞争的角度论述了刮码行为的问题。例如,在【"完美"案】〔64〕中,深圳市中级人民法院认为,上诉人的刮码销售行为既侵害了消费者的知情权,同时也构成了对被上诉人的不正当竞争。正如本案当中,上诉人对于刮码销售未作任何事先说明,且客服事后不恰当的回复已经实际导致购买者对被刮码芦荟胶商品的真伪、是否原装正品产生怀疑,一方面损害了消费者的知情权,另一方面该种行为在破坏了被上诉人利用二维码实现产品溯源及营销管控的同时也导致消费者对生产、销售芦荟胶商品的被上诉人的产品质量及信誉产生怀疑、贬损。上诉人的该种行为明显违反诚实信用原则,难言正当。

回收旧瓶循环使用的问题。甚至还有一种特殊形式的使用,原国家工商行政管理局1995年在给原广西工商局的批复中特别进行了解释,《商标法》第38条第1项(现为第57条第1~2项)所述侵犯注册商标专用权的行为,包括三种情况:一是使用与商标注册人注册商标相同的商标;二是使用与商标注册人注册商标近似的商标;三是使用商标注册人的商标标识。第三种情况近年来发案率增加,情况也比较复杂,如偷盗商标注册人的商标,利用回收旧包装制售假冒产品等。假冒他人注册商标和商标侵权行为的本质特征是,利用他人注册商标声誉,以自己生产的商品冒充商标注册人的商品,使一般消费者对商品来源产生误认,具有不同程度的欺骗性。

---

〔63〕 参见浙江省高级人民法院民事判决书,(2020)浙民终479号。

〔64〕 参见深圳市中级人民法院民事判决书,(2021)粤03民终13900号。

因此,擅自利用他人带有注册商标标识的空瓶,装入其他酒的行为,应属于侵犯注册商标专用权的行为。可依据其具体情节和后果,对达到假冒商标犯罪立案标准的,依法移交司法机关追究直接责任人员的刑事责任;对未达到犯罪立案标准的,依据《商标法》第57条、第60条的规定予以处理。

商标局1995年就曾指出,对尚有利用价值而又缀附无法消除的商标图样的各类玻璃制饮料容器,他人将其收购后灌装自己生产的饮料出售,应当将该商标图样全部覆盖。没有覆盖他人注册商标的,或者覆盖后商标图样主体部分仍然显露的,属于《商标法》第57条第7项所述的商标侵权行为,应予以制止。

在涉及回收酒瓶的【"百威"案】[65]中,上海市高级人民法院认为,即使涉案啤酒瓶系上诉人从市场上回收所得,该事实也不能成为上诉人不构成商标侵权的抗辩理由。虽然回收利用啤酒瓶符合环保的政策导向,但是这并不意味着法律允许啤酒生产企业在利用回收啤酒瓶的过程中可以侵害他人依法享有的注册商标专用权。回收使用啤酒瓶与尊重他人的注册商标专用权并不产生冲突,啤酒瓶的回收使用应当是在不侵害他人商标权的前提下合理利用。即使以浮雕形式显示在啤酒瓶上的"百威英博""百威英博专用瓶"字样无法轻易去除,但是上诉人仍然可以通过粘贴标贴遮盖上述文字等适当措施来避免造成相关公众的混淆和误认。该案中,被上诉人所购整箱被控侵权啤酒的酒瓶下部均有"百威英博"或"百威英博专用瓶"浮雕文字。

同时,上诉人喜盈门公司还在其被控侵权产品上使用了与百威英博哈尔滨啤酒有限公司知名商品哈尔滨啤酒(冰纯系列)相近似的包装装潢。而哈尔滨啤酒正是"百威英博"旗下的品牌,因此上诉人将刻有"百威英博""百威英博专用瓶"浮雕文字的啤酒瓶和与哈尔滨啤酒近似的包装装潢一并使用,其目的就是要误导消费者,以增加混淆和误认的可能性。综合上诉人喜盈门公司实施的上述一系列行为来看,其傍名牌、"搭便车"的主观故意明显。因此,无论涉案啤酒瓶系上诉人自行生产还是系其从市场上回收所得,上诉人在被控侵权产品的啤酒瓶上使用"百威英博""百威英博专用瓶"文字的行为均已构成对"百威英博"注册商标专用权的侵害。该案申诉到最高人民法院也被驳回。

不过,最高人民法院在驳回再审的【"喜盈门"案】[66]中指出,一般情况下,如果仅仅是将回收的其他企业的专用酒瓶作为自己的啤酒容器使用,且在啤酒瓶的瓶身粘贴自己的商标和企业名称的瓶贴(包括包装装潢),与其他企业的瓶贴存在明显区别,使消费者通过不同的瓶贴即可区分啤酒的商标和生产商,不会产生混淆误认,那么,该使用方式应属于以区分商品来源为目的的正当使用,不构成侵权。

从以上的判例来看,对于商品投放市场以后,商标权人可以或应当在多大程度上容忍他人对商品的原始状态进行改动,什么是实质性变动,这种改动是否只限于商品本身,还是也包括商品的包装、装潢、标签乃至标注,似乎还没有取得一致意见。因此,我国商标法迫切需要就权利用尽的一般条件以及平行进口的合法性要件进行立法,以更好地保护商标的识别功能及信誉承载功能。

---

〔65〕 参见上海市高级人民法院民事判决书,(2013)沪高民三终字第1111号。

〔66〕 参见最高人民法院民事裁定书,(2014)民申字第1182号,载黄晖编著:《中国商标及不正当竞争案例精要》,知识产权出版社2021年版,第421页。

第六节　权利滥用及反垄断

商标权虽然是一种绝对权,未经许可的任何使用都会成为制止的对象。但如果不存在混淆的可能或联想的可能,商标所有人却将商标专用权用作制止商标侵权以外的目的,如妨碍竞争对手的正常经营,借助扣押程序窃取对方的商业秘密,无依据的侵权威胁等,则将构成权利滥用,而与商标保护的宗旨背道而驰,不仅不能给予这些行为以保护,而且还要对其加以处罚。这里,我们先介绍权利滥用的情况,然后介绍垄断行为。

一、权利滥用

《TRIPS 协定》为了平衡控辩双方的利益,特别在第 48 条规定,如果一方当事人所要求的措施已经采取,但该方滥用了知识产权的执法程序,司法当局应有权责令该当事人向误受禁止或限制的另一方当事人对因滥用而造成的损害提供适当赔偿。司法当局还应有权责令原告为被告支付开支,其中可包括适当的律师费。另外,《TRIPS 协定》第 50 条第 3 款、第 7 款规定,如果采取临时措施不当,原告同样要承担赔偿责任。这一精神还体现在商标所有人在申请海关保护时误扣他人货物按《TRIPS 协定》第 53 条、第 56 条应负的赔偿责任中,包括对于误扣商品造成的损失或按照该协定第 55 条规定已放行的商品因扣留而造成的损害,有关当局应有权责令申请人向商品的进口人、收货人及商品的所有人支付适当的赔偿。

中国的实践。2019 年《商标法》修改的一个主要目的就是制止不以使用为目的的恶意注册,因为这种注册已经偏离了商标注册制度的立法宗旨,浪费了宝贵的审查和司法资源,给同行业生产经营者造成极大的困扰,实际是一种权利滥用行为。最高人民法院在【"歌力思"案】[67]中,就明确表示即使商标尚未被无效,也不能给予保护。"歌力思"本身为无固有含义的臆造词,具有较强的固有显著性,依常理判断,在完全没有接触或知悉的情况下,因巧合而出现雷同注册的可能性较低。作为地域接近、经营范围关联程度较高的商品经营者,王某永对"歌力思"字号及商标完全不了解的可能性较低。在上述情形之下,王某永仍在手提包、钱包等商品上申请注册"歌力思"商标,其行为难谓正当。王某永以非善意取得的商标权对歌力思公司的正当使用行为提起的侵权之诉,构成权利滥用。

当然,被判决构成权利滥用的"歌力思"商标后来也被宣告无效了,所以严格说来,法院如果能直接处理商标的效力问题的话,完全可以直接宣布其无效,而不必通过权利滥用来解决问题。不过,在现有体制不变的情况下,更需要着眼于加大对权利滥用的打击力度。例如,2021 年最高人民法院《关于知识产权侵权诉讼中被告以原告滥用权利为由请

---

〔67〕 参见最高人民法院民事判决书,(2014)民提字第 24 号,载黄晖编著:《中国商标及不正当竞争案例精要》,知识产权出版社 2021 年版,第 22 页。

求赔偿合理开支问题的批复》规定,在知识产权侵权诉讼中,被告提交证据证明原告的起诉构成法律规定的滥用权利损害其合法权益,依法请求原告赔偿其因该诉讼所支付的合理的律师费、交通费、食宿费等开支的,人民法院依法予以支持。被告也可以另行起诉请求原告赔偿上述合理开支。

另外,最高人民法院在《关于适用〈中华人民共和国民法典〉总则编若干问题的解释》中指出,对于《民法典》第132条所称的滥用民事权利,人民法院可以根据权利行使的对象、目的、时间、方式、造成当事人之间利益失衡的程度等因素作出认定。行为人以损害国家利益、社会公共利益、他人合法权益为主要目的行使民事权利的,人民法院应当认定构成滥用民事权利。构成滥用民事权利的,人民法院应当认定该滥用行为不发生相应的法律效力。滥用民事权利造成损害的,依照《民法典》第七编等有关规定处理。

对于在后注册起诉在先使用并有一定影响商标的情况,在【"碧欧"案】[68]中,二审法院特别指出,若在后注册商标申请人主观上明显存有恶意,应考虑对其抢注商标行为给予否定性评价,而非适用商标在先使用抗辩对在先使用人施以"原使用范围""附加适当区别标识"等限制后对先后二者的行为均予以肯定。也就是说,民事法院通过引入商标授权确权案件的审理标准,直接认定构成权利滥用,实际否定了原告的商标专用权。

目前,在商标的无效宣告必须通过行政程序且《权利冲突司法解释》仍然有效的情况下,即使是在注册商标起诉抢注的注册商标的另一个【"歌力思"案】[69]中,最高人民法院也没有直接判决其构成商标侵权。为此,受害方也开始从商标法以外的途径寻求救济,如通过反不正当竞争法的一般性条款直接判处相关恶意注册行为人构成不正当竞争行为并下发禁令、判决赔偿。例如,在【"爱适易"案】[70]中,厦门市中级人民法院一审认为,和美泉公司、海纳百川公司恶意抢注商标的行为构成不正当竞争。王某某与和美泉公司、海纳百川公司构成共同侵权,应承担连带责任。兴浚公司在明知委托人所委托注册商标违反商标法规定,系不以使用为目的的恶意申请商标注册的情况下仍接受其委托,其行为构成帮助侵权。故判决各被告停止侵权、赔偿损失并在全国公开发行的媒体上刊登声明,消除影响。各被告不服一审判决提起上诉。福建省高级人民法院二审判决驳回上诉、维持原判。而目前,2023年商标法修改征求意见稿已经将恶意商标诉讼的赔偿责任明确予以规定。

域外的实践。在欧盟,一般不使用权利滥用的概念来解决恶意注册、恶意诉讼的问题,更多是从程序上确保"先解决权利是否有效,再解决侵权是否成立",以达到使权利难以滥用的目的。例如,在涉及在先商标可能自身存在问题的情况下,欧盟法院在【Raimund案】[71]中就如何确定审理次序指出:一方面,向欧盟商标法院提起的侵权诉讼,如果被告在诉讼中提起宣告原告商标无效的反诉,在法院没有判决支持无效反诉的情况下,法院不能基于条例中关于恶意注册无效的规定,直接适用与反诉相同的无效绝对理由驳回原告的侵权诉讼;另一方面,一旦有法院的无效判决,即使判决没有最终生效,欧盟商标法院也可以基于关于恶意注册的无效绝对理由驳回原告提起的侵权诉讼。换句话

---

〔68〕 参见广州知识产权法院民事判决书,(2020)粤73民终5237号。

〔69〕 参见最高人民法院民事裁定书,(2016)最高法民申1617号,载黄晖编著:《中国商标及不正当竞争案例精要》,知识产权出版社2021年版,第19页。

〔70〕 参见福建省高级人民法院民事判决书,(2021)闽民终1129号。

〔71〕 See C-425/16,Raimund案。

说,即使法院有权审理确权即侵权的双重权利,也必须先判决原告商标无效,再驳回其诉讼请求,而不是直接驳回起诉。

另外,为了鼓励通过欧盟知识产权解决无效和撤销问题,《欧盟商标条例》还规定,如果有人已经在欧盟知识产权局提起商标无效或撤销程序,则其他受理与该商标有关的侵权程序应当中止审理;如果在法院提起无效或撤销反诉,法院仍然可以在商标注册人的请求之下,要求被告向欧盟知识产权局提出相关的无效或撤销程序,否则视为撤回反诉。但如果被告仅仅提出原告商标没有使用的抗辩而不是反诉撤销,法院可以直接审理。

总的来说,由于行政机关经常处理无效及撤销的案件,程序相对快捷,费用也会节省不少,《欧盟商标指令》2015 年这次修改,就特别要求各成员国都建立行政异议及无效程序,《欧盟商标条例》也鼓励当事人通过行政程序解决原告商标效力问题。至于被告商标的注册,如前所述,只要原告本身没有懈怠或不存在使用不足的问题,侵权法院并不将其视为程序的障碍。

二、反垄断

商标权是一种独占权,如同其他有形或无形财产一样,其他人必须经过商标所有人的许可才能使用该商标,否则就无所谓商标保护。这种权利本身的合理性已经从消费者依靠商标区别和表彰商品的功用中得到了体现,并且其他人完全可以使用其他商标来达到同样的目的。但如果使用不当,尤其是在许可使用中,商标也可能成为商标所有人用来限制竞争的手段。

《TRIPS 协定》原则上是同意商标许可使用的,但由于知识产权自身固有的垄断属性,很容易被滥用为限制竞争的工具,《TRIPS 协定》对此特别警惕,其在总则中规定,知识产权的保护与权利行使,目的应在于促进技术的革新、技术的转让与技术的传播,以有利于社会和经济福利的方式去促进生产者与技术知识使用者互利,并促进权利与义务的平衡。成员国可采取适当措施防止权利持有人滥用知识产权,防止借助国际技术转让中的不合理限制贸易行为或反影响行为,该措施应与该协定的规定一致。

对此,该协定第八节进行了规定,作为全体成员的共识,该协定认为与知识产权有关的某些妨碍竞争的许可证贸易活动或条件,可能对贸易具有消极影响,并可能阻碍技术的转让和传播。这类活动包括诸如独占性返授条件,禁止对有关知识产权的有效性提出异议的条件,或强迫性的"一揽子"许可证。

与专利主要的利用方式不同,过去,囿于商标区别出处的功能,商标是不允许许可使用的。但其实商标所有人只要能够保留对商标被许可人生产质量的控制力,消费者的利益就不会因为许可受到损害。因此,《TRIPS 协定》和《欧盟商标指令》原则上都允许商标许可使用。

欧盟的实践。《欧盟商标指令》第 25 条规定:商标可以就其注册的全部或部分商品或服务,并将成员国全部或部分的领土作为许可的标的。许可可以是独占的或非独占的。而且,为了保证商标所有人的控制权,《欧盟商标指令》同时还规定,被许可人就许可合同的期限、商标按注册可以被使用的形式、许可涉及的商品或服务的性质、可以贴附商标的区域或被许可人生产的商品或提供的服务的质量违反许可合同的条款的,商标所有人可以援引该商标赋予的权利对抗被许可人。

进行商标许可目前已成为商标所有人实现商标最大价值的一个重要手段,但限制竞争的问题更突出地表现在特许经营合同之中,单纯的商标许可中存在的限制竞争问题在特许专营合同中一般都有体现,因而我们将集中探讨特许专营合同中的限制竞争问题。

所谓特许专营,根据国际特许专营联合会的定义,是指特许权人与被特许人之间达成的一种合同关系。在这个关系中,特许权人提供或有义务在诸如技术秘密和训练雇员方面维持其对专营权业务活动的利益;而被特许人获准使用由特许权人所有的或者控制的共同的商号、企业形象、工作程序等,但由被特许人自己拥有或自行投资相当一部分的企业。

根据欧盟委员会1989年2月1日生效的4087/88号条例,特许权是指为了向最终用户转售产品或者提供服务,而许可他人使用的包括商标权、店徽权、实用新型权、设计权、著作权、技术秘密权或专利权在内的一整套工业或知识产权。

欧盟法院在审理【Pronuptia案】[72]中,确立了特许专营协议合法性的两个基本原则,在该案中它指出,"特许专营制度,允许特许权人从其成功中盈利,本身并没有干扰竞争。为了使这一制度运转,必须具备两个条件:首先,特许权人必须能够向被特许人传达其技术秘密,并为被特许人提供必要的帮助以使他们能运用这种技术秘密,同时应排除技术秘密和帮助可能使竞争者受益,哪怕是间接受益;其次,特许权人必须采取必要措施,以维护以其企业名称和商标所象征的销售网络的同一性和声誉"。

根据这两个原则,可以约定一系列的限制性条件:首先,为保护特许权人的技术秘密,被特许人负有对技术秘密保密的义务;在协议存续期间不得另行开设与特许权人竞争的相同或类似的商店;未经特许权人同意,不得将专营店转让给第三方;未经特许权人同意,不得向第三方转让全部或部分特许权。其次,为了维护专营销售网络的同一性和声誉,特许权人有权自由选择被特许人;被特许人只能在指定的场所内使用特许权,不得改换场所使用特许权;专营店的内外装修应该按照特许权人的统一要求实施;被特许人应该配合、协助特许权人进行广告宣传;被特许人应当接受特许权人对其库存、账目和资金平衡等情况的检查;被特许人应当向特许权人提交经营状况报告和财务报表等。

中国的实践。我国在商标行政执法中原则上是保护商标使用许可合同的,但不负责审查合同中是否存在限制竞争的条款。具体做法是,商标被许可人违反许可合同约定,超出被许可使用的商品或者服务的范围、使用期限或者商品数量的行为且构成商标侵权的,工商行政管理机关可以应许可人的请求依法查处。许可人和被许可人对商标使用许可合同内容有争议且可能影响案件处理的,工商行政管理机关可以中止案件处理,待合同争议解决后再行处理。

为了扩大对外经济技术合作,提高我国科学技术水平,促进国民经济发展,国务院1985年颁布了《技术引进合同管理条例》,该条例调整的是涉外合同关系,主要是针对专利、专有技术的引进和转让(包括同时带有商标转让或许可的合同,但不包括仅涉及商标转让或许可的合同)。该条例第9条规定供方不得强使受方接受九种不合理的限制性要求。该条例后来被2002年1月1日起施行的《技术进出口管理条例》所取代。

《技术进出口管理条例》虽然主要涉及专利权转让、专利申请权转让、专利实施许可、

---

〔72〕 See Case 161/84 Pronuptia de Paris Gmbh v. Pronuptia de Paris Irmgard Schillgalis [1986] ECR 353.

技术秘密转让、技术服务和其他方式的技术转移,而不再像1985年的《技术引进合同管理条例》明确涉及商标,但该条例第29条对技术进口合同中不得含有的下列限制性条款对商标许可合同原则上应该是适用的。这些条款包括:(1)要求受让人接受并非技术进口必不可少的附带条件,包括购买非必需的技术、原材料、产品、设备或者服务;(2)要求受让人为专利权有效期限届满或者专利权被宣布无效的技术支付使用费或者承担相关义务;(3)限制受让人改进让与人提供的技术或者限制受让人使用所改进的技术;(4)限制受让人从其他来源获得与让与人提供的技术类似的技术或者与其竞争的技术;(5)不合理地限制受让人购买原材料、零部件、产品或者设备的渠道或者来源;(6)不合理地限制受让人产品的生产数量、品种或者销售价格;(7)不合理地限制受让人利用进口的技术生产产品的出口渠道。

但此条例的内容毕竟有限,只涉及以中方为受让方的涉外技术贸易,而且调整公权与私权的利益冲突的重任也应由专门立法来承担。因此,急需加强对类似问题的研究和立法。该条例在2020年又有修订。

2004年修订的《对外贸易法》第30条也强调,知识产权权利人有阻止被许可人对许可合同中的知识产权的有效性质疑、进行强制性"一揽子"许可、在许可合同中规定排他性返授条件等行为之一,并危害对外贸易公平竞争秩序的,国务院对外贸易主管部门可以采取必要的措施消除危害。

市监总局2023年公布了《禁止滥用知识产权排除、限制竞争行为规定》(2023年8月1日起施行),其中特别提到,具有市场支配地位的经营者没有正当理由,不得在行使知识产权的过程中,拒绝许可其他经营者以合理条件使用该知识产权,排除、限制竞争。认定这样的行为需要同时考虑下列因素:(1)该项知识产权在相关市场上不能被合理替代,为其他经营者参与相关市场的竞争所必需;(2)拒绝许可该知识产权将会导致相关市场上的竞争或者创新受到不利影响,损害消费者利益或者公共利益;(3)许可该知识产权对该经营者不会造成不合理的损害。

思考题

1. 是否作为商标使用与是否构成正当使用有何关系?
2. 任何使用地名的行为都是正当使用行为吗?
3. 比较广告有何限制?
4. 平行进口与权利用尽的关系如何?
5. 商标许可使用合同中哪些条款可能会限制竞争?

第九章　商标专用权的保护

法治建设十六字方针中的"有法可依"以及新法治十六字方针中的"科学立法"其实都只是第一步,"有法必依、违法必究、执法必严"以及"严格执法、公正司法、全民守法"才能真正保证法律的尊严。尽管《商标法》赋予了商标注册人阻止任何人在未经其许可的情况下使用其商标的商标专用权,但有人仍然会置若罔闻,正如古人所言,"徒法不足以自行",因此必须施以强力,从执法程序上保证对受到侵犯的权利人提供民事、行政及刑事救济。

需要指出的是,商标侵权与商标假冒是不同的两个概念,两者主要差别在于:侵权是在相同和类似商品上使用与注册商标相同或近似商标;假冒则是在同一种商品上使用与注册商标相同的商标且达到严重程度的行为。因此,所有的假冒都属于侵权,但不是所有的侵权都属于假冒;假冒属于侵权中社会危害性最大的一类,情节严重的需要承担刑事责任,假冒以外的侵权数额再大也只需承担民事和行政责任。

对商标侵权及假冒的救济分为行政救济、民事救济以及刑事救济:行政救济的效率比较高,但国家的执法成本也高(第一节);因此,鉴于商标权的私权性质,其中最常见的是民事救济(第二节);刑事救济对侵权人无疑具有较大的威慑力,但由于商标所有人在刑事诉讼除非附带民事诉讼,则最多处以罚金但不涉及赔偿,一般更愿意选择民事程序解决纠纷,除非权利人更想通过公诉或自诉判决的刑事制裁震慑造假者(第三节)。

第一节　行 政 救 济

一般来说,商标作为一种"私权",其主要的保护形式主要是"民不举,官不究"的民事救济,只有在特殊情况下才会需要行政救济,尤其是海关采取的边境措施。对此,《TRIPS 协定》使用了 10 条的篇幅专门对海关保护进行了规定,其核心目的就是使侵犯注册商标专用权的商品由海关采取措施中止放行,但并不强制要求采取其他行政执法措施。

不过,如果相关成员规定了行政执法措施,《TRIPS 协定》则对行政措施制止侵权在程序上确立了两项原则要求,即在以行政程序确认案件的是非曲直并责令进行任何民事救济时,该行政程序应符合基本与民事程序规定相同的原则。[1] 如果行政程序的结果可以责令采取任何临时措施,则该程序亦应符合基本与本节规定相同的原则。

一、市场监管

(一)执法优势

商标关系到产品的质量管理以及消费者的切身利益,对商标保护实行司法与行政并重的具有中国特色的"双轨制"。商标注册人或者利害关系人既可以向县级以上工商行政管理部门投诉,也可以直接向人民法院起诉,工商行政管理管理部门也可以依职权主动查处,此外还可以应当事人的请求就商标侵权的民事赔偿问题进行调解。因此,大量的商标侵权案件的查处主要是依靠工商行政管理部门进行的。机构改革后,现在主要由地方市场监管部门承担实际的商标执法。

多年的行政执法实践证明,在我国特定的经济和社会环境下,行政机关开展保护注册商标专用权的行政执法工作,有着许多优势。主要体现在:(1)行政机关可以依照法律的授权,主动查处商标侵权行为,这在商标注册人自我保护意识较弱的情况下,使消费者的权益得到了很好的保护;(2)行政机关可以快速有效地制止商标侵权行为,使权利人所受到的损害减少到最低限度;(3)行政机关在处罚程序上较为简便,有利于案件尽快处理结束;(4)工商行政管理机关在处理商标侵权案件过程中,只要求权利人提供基本的证据,减轻了权利人的举证责任;(5)行政机关查处商标侵权案件基本不需要权利人承担费用,减轻了权利人的负担。

(二)查处程序

地域管辖。在地域管辖方面,行政执法机关一般在其管辖的行政区域范围内进行商标行政执法。商标注册人或其他人发现商标侵权假冒等商标违法行为,可以按照法定程序到侵权人所在地或者侵权行为发生地的县级以上市场监管部门投诉或检举。

涉外案件。查处涉外商标违法行为时,有一些特殊要求:(1)外国企业或外国人提出保护其商标专用权请求的,必须通过国家指定的涉外商标代理组织代理;(2)外国企业或外国人提出商标被侵权控告,要求查封侵权商标并自愿承担担保责任的,必须有其或者与其相关的具有一定社会信誉的中国法人或公民出具的书面保证;(3)外国企业或外国人向工商行政管理机关提交的法律文书或其他材料必须使用中文,是外文的应附中文译本;(4)外国的商标注册人委托他人认定有关商品及商标标识真伪的,应当出具明确的委托文书。

权利冲突。在执行《商标法》,查处商标侵权行为过程中,个别被查处对象以被查处的侵权商品外包装(内含与他人公告在先的注册商标相近似的文字、图形)已获得外观设计专利为由,对抗他人商标专用权,致使此类商标案件难以得到及时处理,使商标注册人的权益受到了不应有的损害。

2009 年原国家工商行政管理总局《关于如何处理商标专用权与外观设计专利权冲突问题的批复》规定:(1)商标专用权和外观设计专利权是重要的知识产权,分别受《商标法》和《专利法》的保护。这些权利的取得与行使,应当遵循诚实信用原则,不得以不正当

[1] 《TRIPS 协定》第 49 条。

手段侵害他人的在先权利；(2)外观设计专利对他人在先商标专用权构成侵害的，工商行政管理机关可以依照《商标法》及其实施条例的有关规定，及时作出处理。

2020年《商标侵权判断标准》对此进一步规定，在查处商标侵权案件时，应当保护合法在先权利。以外观设计专利权、作品著作权抗辩他人注册商标专用权的，若注册商标的申请日先于外观设计专利申请日或者有证据证明的该著作权作品创作完成日，商标执法相关部门可以对商标侵权案件进行查处。

程序衔接。随着社会主义市场经济的发展和全社会商标意识的增强，商标侵权纠纷也日趋复杂，在商标案件查处过程中，涉及异议、争议等程序的情况时有发生，一些地方工商行政管理机关也曾就此类案件的处理问题向商标局请示。

为有效制止商标侵权，切实保护商标注册人的合法权益，及时处理和解决商标纠纷，商标局1996年就此类案件的处理提出三点意见：(1)被投诉人使用的商标已经向商标局提出注册申请但尚未获准注册(包括处于异议期)的，工商行政管理机关如认为该商标与投诉人注册商标近似，构成侵权的，有权立案查处；(2)被投诉人在被查处过程中以注册不当为由向商标评审委员会请求裁定撤销投诉人注册商标的，工商行政管理机关可以中止处理，但被投诉人应当提供相应的经济担保；(3)投诉人对被投诉人的注册商标提出争议同时又请求工商行政管理机关查处商标侵权行为的，工商行政管理机关不予立案。

2005年商标局在《关于查处商标侵权行为中涉及被异议商标有关问题的批复》中规定，当事人实际使用的商标由商标局初步审定予以公告后被他人提出异议的，县级以上工商行政管理部门在商标局异议裁定期间如果认为该商标涉嫌侵犯他人的注册商标专用权，有权依法查处。另查，该案中被投诉商标与投诉人的注册商标基本相同，所使用的服务项目也相同或类似，但被投诉人申请注册的日期早于投诉人申请注册的日期。因此，处理机关可以考虑中止处理程序。

事实上，2013年《商标法》也规定了中止程序，即在查处商标侵权案件过程中，对商标权属存在争议或者权利人同时向人民法院提起商标侵权诉讼的，工商行政管理部门可以中止案件的查处。中止原因消除后，应当恢复或者终结案件查处程序。为此，2020年《商标侵权判断标准》规定，正在国知局审理或者人民法院诉讼中的下列案件，可以适用《商标法》第62条第3款关于“中止”的规定：(1)注册商标处于无效宣告中的；(2)注册商标处于续展宽展期的；(3)注册商标权属存在其他争议情形的。

2021年国知局在《关于涉嫌侵权商标已获初步审定公告或被异议等程序问题的批复》中[2]进一步明确，对于涉嫌侵权商标已获初步审定公告或处于异议程序的情形，因其尚未获得注册商标专用权，一般不中止案件的审理。但考虑到涉嫌侵权商标的权利状态可能对案件定性产生影响，执法部门可以结合涉嫌侵权商标的实际使用情况、被异议的情况等具体案情决定是否中止案件的查处。

查处手段。县级以上工商行政管理部门根据已经取得的违法嫌疑证据或者举报，对涉嫌侵犯他人注册商标专用权的行为进行查处时，可以询问有关当事人，调查与侵犯他人注册商标专用权有关的情况；查阅、复制当事人与侵权活动有关的合同、发票、账簿以及其他有关资料；对当事人涨嫌从事侵犯他人注册商标专用权活动的场所实施现场检查；检查

---

〔2〕 国知发保函字〔2021〕191号。

与侵权活动有关的物品;对有证据证明是侵犯他人注册商标专用权的物品,可以查封或者扣押。

侵权辨认。2005 年商标局在给原浙江省工商局的批复中指出,在查处商标违法行为过程中,工商行政管理机关可以委托商标注册人对涉嫌假冒注册商标商品及商标标识进行鉴定,出具书面鉴定意见,并承担相应的法律责任。被鉴定者无相反证据推翻该鉴定结论的,工商行政管理机关将该鉴定结论作为证据予以采纳。

2008 年商标局在给原天津市工商局的批复中继续指出,商标注册人依法委托他人向工商行政管理部门投诉商标侵权案件,并且明确授权被授权人可对注册商标的商品真伪进行鉴定的,商标注册人和被授权人须对被授权人的书面鉴定意见承担相应的法律责任,被鉴定者对该鉴定意见没有异议或虽有异议但无正当理由不提供其商品系真品的证据或者取得该证据的线索的,工商行政管理部门可将该鉴定结论作为证据予以采信。

2020 年《商标侵权判断标准》进一步明确,在查处商标侵权案件过程中,商标执法相关部门可以要求权利人对涉案商品是否为权利人生产或者其许可生产的商品出具书面辨认意见。权利人应当对其辨认意见承担相应法律责任。商标执法相关部门应当审查辨认人出具辨认意见的主体资格及辨认意见的真实性。涉嫌侵权人无相反证据推翻该辨认意见的,商标执法相关部门将该辨认意见作为证据予以采纳。

(三)处罚措施

处罚形式。根据《商标法》第 60 条的规定,工商行政管理部门处理时,认定侵权行为成立的,责令立即停止侵权行为,没收、销毁侵权商品和主要用于制造侵权商品、伪造注册商标标识的工具,违法经营额 5 万元以上的,可以处违法经营额 5 倍以下的罚款,没有违法经营额或者违法经营额不足 5 万元的,可以处 25 万元以下的罚款。对 5 年内实施两次以上商标侵权行为或者有其他严重情节的,应当从重处罚。销售不知道是侵犯注册商标专用权的商品,能证明该商品是自己合法取得并说明提供者的,由工商行政管理部门责令停止销售。

根据《商标法实施条例》,计算《商标法》第 60 条规定的违法经营额,可以考虑下列因素:(1)侵权商品的销售价格;(2)未销售侵权商品的标价;(3)已查清侵权商品实际销售的平均价格;(4)被侵权商品的市场中间价格;(5)侵权人因侵权所产生的营业收入;(6)其他能够合理计算侵权商品价值的因素。

2021 年国知局在《关于商标侵权案件中违法所得法律适用问题的批复》[3]中指出,对于商标侵权案件,商标法除了规定"没收、销毁侵权商品和主要用于制造商品、伪造注册商标标识的工具"外,同时规定了"罚款"的行政处罚,负责商标执法的部门应当遵循过罚相当原则,综合考虑具体案情,实施没收违法所得、罚款的处罚。现行有效的《工商行政管理机关行政处罚案件违法所得认定办法》第 2 条规定:"工商行政管理机关认定违法所得的基本原则是:以当事人违法生产、销售商品或者提供服务所获得的全部收入扣除当事人直接用于经营活动的适当的合理的支出,为违法所得",该规定可以理解为对《行政处罚法》第 28 条关于计算方式的细化,适用于负责商标执法的部门在查处商标侵权案件中确定违法所得。

---

〔3〕 国知发保函字〔2021〕206 号。

另外，2019年《商标法》规定，对恶意申请商标注册的，根据情节给予警告、罚款等行政处罚。

善意销售。至于合法取得，《商标法实施条例》列明下列情形属于《商标法》第60条规定的能证明该商品是自己合法取得的情形：(1)有供货单位合法签章的供货清单和货款收据且经查证属实或者供货单位认可的；(2)有供销双方签订的进货合同且经查证已真实履行的；(3)有合法进货发票且发票记载事项与涉案商品对应的；(4)其他能够证明合法取得涉案商品的情形。

至于销售不知道是侵犯注册商标专用权的商品，能证明该商品是自己合法取得并说明提供者的，由工商行政管理部门责令停止销售，并将案件情况通报侵权商品提供者所在地工商行政管理部门。

侵权销毁。按照原国家工商行政管理总局2002年《关于如何理解〈中华人民共和国商标法〉第五十三条有关规定问题的答复》，《商标法》第53条(2019年《商标法》第60条)中的"销毁"应理解为处理被没收的商标侵权商品的一种方式，但并非唯一方式。对依法予以没收的商标侵权商品，如具有使用价值且侵权商标与商品可以分离的，可以采取"销毁"以外的其他处理方式加以处置。

2019年《商标法》规定，人民法院审理商标纠纷案件，应权利人请求，对属于假冒注册商标的商品，除特殊情况外，责令销毁；对主要用于制造假冒注册商标的商品的材料、工具，责令销毁，且不予补偿；或者在特殊情况下，责令禁止前述材料、工具进入商业渠道，且不予补偿。假冒注册商标的商品不得在仅去除假冒注册商标后进入商业渠道。虽然这一规定字面上是针对民事诉讼程序，但对于行政处罚中适用销毁实际也有一定的参考作用。

二、海关保护

(一)《TRIPS协定》的海关保护

海关是侵权假冒商品进出口的主要渠道，这是乌拉圭回合谈判引入知识产权议题的一个重要理由，由此将知识产权的保护与贸易问题挂钩，所以《TRIPS协定》草案最初有一个副标题，即"包括关于假冒商品贸易在内"，并且使用了整整一节10个条款的篇幅规定有关边境措施的专门要求。这些条款尤其规定了权利持有人如果有理由怀疑假冒商标的商品有可能进口时，能够向主管的司法或行政当局提交书面申请，要求海关中止放行该商品进入自由流通。

海关中止放行程序主要由权利持有人启动，因此权利持有人自始至终应保持高度主动的参与，并应承担因错误申请中止放行给进口人造成的损失。这主要表现在以下几个方面：(1)权利持有人应当主动提出申请，并提供足够的证据表明因进口将会发生知识产权侵权，同时还需提供可以及时识别该侵权商品的详细说明；(2)权利持有人可以被要求提供保证金或相应的担保；(3)权利持有人应在接到中止放行通知书之日起10个工作日的期限内就该案提起诉讼，否则海关当局有权决定放行；(4)对于误扣造成的损失，申请中止放行的权利持有人应向进口人、收货人或商品所有人支付适当补偿。当然，《TRIPS协定》也为权利持有人的申请提供了取证上的方便，即可以请人检查海关查扣的任何产品以便证实其权利主张，在案件的侵权性质已有定论的情况下，权利持有人还可以从海关那里获得侵权货物的发货人、进口人及收货人的姓名、地址及商品数量等信息。

在已获得初步证据表明有关商品侵犯知识产权时,海关也可以主动采取中止放行的措施,但应及时通知进口人及权利持有人,如果进口人提出异议,则应视权利持有人是否起诉采取相应措施。海关的行为必须基于善意,否则也应承担误扣的责任。

(二)欧美的海关保护

欧洲商标海关保护的立法始于1986年的关于制定禁止假冒产品的自由流通放行措施的3842/86号条例。为了落实《TRIPS协定》的要求,该条例后来被1994年关于制定禁止假冒及盗版产品的自由流通放行、出口、再出口及进入中止程序措施的3295/94号条例所取代。1994年的条例先是被1999年1月25日的241/1999号条例所修改,随后又被2003年7月22日的1383/2003号条例取代,新条例已于2004年7月1日起生效。

根据新的《知识产权海关保护条例》,共同体商标所有人可以通过一次海关备案申请,实现在欧盟各指定成员国的边境保护,保护期为1年并可续展1年。条例取消了申请费和担保金,但权利人须提供赔偿;各国的申请书样式已经统一,鼓励电子申请,申请有效期延长到1年;假冒商品的销毁程序得到加快,尤其在对公众健康和安全有害时;海关依职权行动的范围得以扩大。这将极大地便利欧共体商标所有人申请商标海关保护,鼓励更多的企业申请共同体商标注册。

为打击假冒商品,欧洲议会和欧盟理事会2013年颁布了第608/2013(EU)号打击假冒商品条例,该条例自2014年1月1日起正式生效。与先前法律相比,现有条例简化了海关对收缴的假冒商品实施销毁的程序,不再需要法院事先认定该商品确属违法。

法国为执行欧共体的统一要求,在海关扣押方面制定了详细的立法,具体体现在《知识产权法典》第L.716-8条,海关管理部门可依注册商标所有人或独占被许可人书面请求,在其检查范围内扣留申请人指控带有假冒其注册商标或享有专用权商标的货物。

海关管理部门立即将扣留情况通报法国检察官、申请人及货物申请人或占有人。申请人自货物扣留通知之日起10个工作日内,必须向海关管理部门提供大审法院决定的保全措施或者已提起民事或刑事诉讼并提供担保的证据,否则扣留决定自动失效。为提起诉讼之需,申请人可从海关管理部门获知货物的发运人、进口人及收货人或货物占有人的名称和地址以及货物数量,而不必遵照《海关法典》第59条之二有关海关管理人员必须保守职业秘密的规定。

在美国,除特殊规定外,进口货物中的任何物品,凡属抄袭或仿冒国内生产商、制造商或销售商的名称,或者按照条约、公约或依法给予美国公民同样特权待遇的国家的生产商、制造商或销售商的名称,或属抄袭或仿冒依法注册的商标或带有的名称或商标被认为属诱导公众相信该物品系美国制造,或被认为属诱导公众相信该物品系任何非该物品实际产地的国家或地方制造的,不得准予从任何美国海关入境。

(三)中国的海关保护

中国政府与美国政府1992年签订《关于保护知识产权的谅解备忘录》,首次提出两国政府将在各自境内及边境采取有效的办法和救济,以避免或制止对知识产权的侵犯,并遏制进一步的侵犯。在采取这些办法和救济时,两国政府应提供禁止滥用的保障,并应避免为合法贸易制造障碍。

国务院1994年在《关于进一步加强知识产权保护工作的决定》中进一步指出,为了履行我国参加的《巴黎公约》和《伯尔尼公约》的有关规定,加强对外经济技术贸易中的知识产权保护，要强化海关在保护知识产权、制止侵权产品进出境方面的职能，采取必要的边境措施，有效地制止侵权产品的进出口。海关要加强与有关部门的联系和配合，依法严格实施知识产权的边境保护措施。

在中国禁止侵犯知识产权，包括著作权盗版、专利侵权、假冒商标及不正当竞争。有鉴于此，国务院知识产权办公会议1995年特制定《有效保护及实施知识产权的行动计划》，以有效打击知识产权侵权活动。该计划的第七部分规定了海关执法的主要框架。

中国1995年通过了《知识产权海关保护条例》，2000年7月8日修改的《海关法》第44条正式建立了包括商标在内的海关保护制度。2003年，国务院制定新的《知识产权海关保护条例》，并于2010年、2018年作出两次修改。中国现行的知识产权海关保护制度有以下特点：

1. 按照1995年《知识产权海关保护条例》，知识产权权利人为了获得知识产权海关保护，必须向海关总署进行海关备案，所谓备案，即由知识产权权利人将其所有的知识产权权利证明和有关货物的情况和资料报送海关总署。备案的目的在于海关可以将精力集中到对备案货物的查验上，并可确认权利的有效性，了解侵权商品与合法商品的区别。没有备案，海关就无法准确无误地实施扣押。备案可以预先进行，也可以在申请保护时同时进行。2003年《知识产权海关保护条例》取消了强制备案的要求、延长了备案的有效期。知识产权权利人请求海关扣留侵权嫌疑货物的，只需要向侵权嫌疑货物的进出境地海关提出申请，可以不再必须事先向海关总署办理知识产权海关保护备案。同时还规定，知识产权海关保护备案的有效期从7年延长到10年。2010年修改的《知识产权海关保护条例》特意明确了备案情况发生变化的责任，即如果知识产权权利人未依照规定及时办理变更或者注销手续，给他人合法进出口或者海关依法履行监管职责造成严重影响的，海关总署可以根据有关利害关系人的申请撤销有关备案，也可以主动撤销有关备案。2018年修订该条例时，取消了备案收费。

2. 权利持有人在发现侵权货物可能进出口的具体线索时，还应向进出口地海关提出采取知识产权保护措施的申请。知识产权作为一项民事权利，其保护应主要由权利人自己来要求，备案只是保护的基础，权利人不能以为备案之后就万事大吉，剩下的一切都由海关来负责。因此，权利人需要及时将掌握的案情向海关提出，并正式提出查扣申请。需要指出的是，中国的查扣申请不仅针对进口货物，也可以针对出口货物。

3. 申请人请求海关扣留侵权嫌疑货物的，应当向海关提交与进口货物到岸价格或出口货物的离岸价格等值的担保金。这一规定主要是为了使权利持有人的权利与义务相适应，如果只需提出查扣申请而无须承担误扣的责任，则可能会造成权利人滥用扣押程序，妨碍商品的正常进出口。2003年《知识产权海关保护条例》第14条放宽了对知识产权提供担保的要求。一是海关今后可以根据货物的侵权状况决定向知识产权权利人收取担保的金额。2003年《知识产权海关保护条例》只是规定知识产权权利人应当提供不超过货物等值的担保，但不再要求担保一律与货物等值。二是不再规定知识产权权利人提供担保必须采取担保金一种方式，而允许扩大到银行保函等其他担保方式。

4. 海关虽然可以采取主动扣留措施，但海关保护的主要形式仍然是有权利人主导的，在海关主动扣留以后，海关将立即通知权利持有人，除非权利人在3日内提出保护申请，海关有权放行。因为没有权利人的协助，保护可能很难实施，而且可能损害进出口人的合法利益。根据修订前《知识产权海关保护条例》的规定,侵权嫌疑货物的收发货人向海关提出异议后,海关不再对货物是否构成侵权进行调查。这对海关打击进出口环节的假冒和盗版案件十分不利。2003 年修改后的《知识产权海关保护条例》则规定,无论收发货人是否向海关提出异议,海关都可以对货物的侵权状况进行调查处理。

5. 海关具有较强的保护措施,如根据 2010 年修订的《知识产权海关保护条例》对于被没收的侵犯知识产权货物,如果可以用于社会公益事业,海关应当转交给有关公益机构用于社会公益事业;知识产权权利人有收购意愿的,海关可以有偿转让给知识产权权利人。被没收的侵犯知识产权货物无法用于社会公益事业且知识产权权利人无收购意愿的,海关可以在消除侵权特征后依法拍卖,但对进口假冒商标货物,除特殊情况外,不能仅清除货物上的商标标识即允许其进入商业渠道;侵权特征无法消除的,海关应当予以销毁。

6. 根据《TRIPS 协定》第 57 条的规定,海关应当允许进口人和权利人查看海关扣留的货物,并且在货物被确定为侵权后应当将货物的有关情况通知权利人。2010 年《知识产权海关保护条例》第 17 条规定知识产权权利人经海关同意可以查看有关货物;第 27 条规定海关没收侵犯知识产权货物后,应当将侵犯知识产权货物的有关情况书面通知知识产权权利人。从法律上对知识产权权利人应当享有的权益予以保障。2010 年条例规定,对于个人携带或者邮寄进出境的物品,超出自用、合理数量,并侵犯《知识产权海关保护条例》第 2 条规定的知识产权的,按照侵权货物处理。这一规定可以堵住"蚂蚁搬家式"的侵权漏洞。

三、程序关联

(一)行政复议与行政诉讼

2002 年,原国家工商行政管理总局在复函原辽宁省工商局时明确指出,工商行政管理机关依照《商标法》及其实施条例的有关规定对违法行为人作出行政处罚后,当事人对此不服的,既可以依照《商标法》的有关规定向人民法院提起诉讼,也可以依照《行政复议法》的有关规定申请行政复议。行政复议是一个可选而不是一个必选程序。

《商标法》所指的当事人,根据 1994 年原国家工商行政管理局的解释,应该既包括商标侵权人,也包括被侵权人。因此,商标注册人作为一方当事人,对工商行政管理机关依其投诉对侵权人作出的行政处理决定有异议的,同样既可以在法定的 15 日内,向上一级工商行政管理机关申请复议,也可以直接向人民法院起诉。

2015 年《行政诉讼法》放宽了起诉的条件:一方面,人民法院受理公民、法人或者其他组织提起的对行政拘留、暂扣或者吊销许可证和执照、责令停产停业、没收违法所得、没收非法财物、罚款、警告等行政处罚不服的诉讼,以及对限制人身自由或者对财产的查封、扣押、冻结等行政强制措施和行政强制执行不服的诉讼,还有认为行政机关侵犯其他人身权、财产权等合法权益的诉讼,或者说错误行政的诉讼。另一方面,也受理公民、法人或者其他组织提起的申请行政机关履行保护人身权、财产权等合法权益的法定职责,行政机关拒绝履行或者不予答复的诉讼,或者说不作为的行政诉讼。

(二)行政救济与民事救济

自由选择。当事人就商标侵权纠纷,可以自愿选择向人民法院起诉,或向工商行政管理机关投诉。如果当事人先向人民法院起诉,工商行政管理机关不再就同一当事人提出的同一商标纠纷控告立案受理。但如果工商行政管理机关先于人民法院立案,或者行为人对社会经济秩序造成损害而没有受到任何相应处罚,或人民法院仅就侵权人和被侵权人双方损害赔偿纠纷进行审理,仍然可以受理。

反过来,根据2020年最高人民法院《关于审理商标案件有关管辖和法律适用范围问题的解释》,商标注册人或者利害关系人向工商行政管理部门就侵犯商标专用权行为请求处理,又向人民法院提起侵犯商标专用权诉讼请求损害赔偿的,人民法院应当受理。人民法院受理的侵犯商标专用权纠纷案件,已经过工商行政管理部门处理的,人民法院仍应当就当事人民事争议的事实进行审查。

2020年最高人民法院又在《关于商标法修改决定施行后商标案件管辖和法律适用问题的解释》中进一步规定,在行政管理部门查处侵害商标权行为过程中,当事人就相关商标提起商标权权属或者侵害商标专用权民事诉讼的,人民法院应当受理。

在处理司法解释与行政执法的关系问题上,原国家工商行政管理总局2004年在《关于行政机关可否直接适用司法解释问题的批复》中指出,司法解释是指由国家最高司法机关在适用法律过程中对具体应用法律问题所作的解释,主要对各级司法机关如何适用法律具有约束力。行政机关在办案时可以参考有关司法解释,但不宜直接适用司法解释。

协商调解。对于民事调解书认定事实所具有的法律效力,最高人民法院2003年在复函海关总署时认为,民事案件中当事人在不违反法律、行政法规的强制性规定的前提下,可以自由处置自己的实体权利和程序权利,包括对他人侵权行为的追究。在实践中,当事人也可能会基于诉讼成本的考虑或者其他原因放弃侵权抗辩或者侵权认定。

民事诉讼法"在事实清楚的基础上,分清是非,进行调解"的规定与当事人自主处分其民事权利并不矛盾。在当事人已达成协议的情况下,人民法院可以在民事调解书中不对有关行为的侵权性质作出明确认定。

涉案民事调解书所确认的协议,系双方当事人自愿并在对有关事实无争议的基础上达成的对有关行为的责任和当事人之间权利和义务的协议,符合民事诉讼法的有关规定。该民事调解书应属合法有效,当事人和有关行政执法部门应当执行该生效司法文书。

根据《商标法》和《行政处罚法》的有关规定,对工商行政管理机关已经立案但尚未作出行政处理决定的商标侵权案件,当事人协商解决后商标注册人或者利害关系人申请撤诉的,工商行政管理机关可以根据侵权行为是否侵害社会公众利益和消费者权益以及情节轻重等具体情况依法追究侵权人的行政法律责任。侵权人主动减轻或者消除违法行为危害后果的,应当从轻处罚或者不予行政处罚。

过去,《商标法》规定工商行政管理部门可以就侵权行为责令赔偿损失,2001年修改时改变了这一传统做法,2013年进一步明确说,对侵犯商标专用权的赔偿数额的争议,当事人可以请求进行处理的工商行政管理部门调解,也可以依照《民事诉讼法》向人民法院起诉。经工商行政管理部门调解,当事人未达成协议或者调解书生效后不履行的,当事人可以依照《民事诉讼法》向人民法院起诉。

行政附带民事诉讼。另外,《行政诉讼法》规定,公民、法人或者其他组织同被诉行政行为有利害关系但没有提起诉讼,或者同案件处理结果有利害关系的,可以作为第三人申请参加诉讼,或者由人民法院通知参加诉讼。这在商标授权确权程序中实际可以发挥更大的作用,尤其是可以通过让败诉方承担诉讼费用及合理开支,便利当事人、避免程序延宕,发挥知产法院三审合一的优势,同时增加商标申请人乃至程序参与人的责任感和谨慎度。

(三)行政救济与刑事救济

为了加大知识产权的刑事保护力度,分清行政执法与刑事执法的界限,避免以罚代刑,国务院2001年发布了《行政执法机关移送涉嫌犯罪案件的规定》。根据该规定,行政执法机关在依法查处违法行为过程中,发现违法事实涉及的金额、违法事实的情节、违法事实造成的后果等,根据刑法关于破坏社会主义市场经济秩序罪的规定和最高人民检察院、公安部关于经济犯罪案件的追诉标准等规定,涉嫌构成犯罪,依法需要追究刑事责任的,必须依照该规定向公安机关移送。

行政执法机关违反该规定,对应当向公安机关移送的案件不移送,或者以行政处罚代替移送的,由本级或者上级人民政府,或者实行垂直管理的上级行政执法机关,责令改正,给予通报;拒不改正的,对其正职负责人或者主持工作的负责人给予记过以上的行政处分;构成犯罪的,依法追究刑事责任。

2020年,该规定进行了修订,修改的主要内容包括:为了加强知识产权保护,在第3条增加一款作为第2款,具体为"知识产权领域的违法案件,行政执法机关根据调查收集的证据和查明的案件事实,认为存在犯罪的合理嫌疑,需要公安机关采取措施进一步获取证据以判断是否达到刑事案件立案追诉标准的,应当向公安机关移送"。换句话说,之前的移送标准是构成犯罪的才移送,修改后则是涉嫌犯罪的就应该移送。

第二节 民 事 救 济

在不提供行政救济的国家,或者即使有行政救济的国家,为了获得完整且充分的私权救济,民事诉讼无疑是一个基本的保障,从获得赔偿的角度讲,甚至是唯一的途径。

一、民事诉权

商标专用权的民事保护基于当事人的起诉,实行"民不举、官不究"的原则,根据《商标法》第60条的规定,商标注册人或者利害关系人可以到人民法院起诉,追究侵权人的停止侵权和赔偿损失的民事责任。

所谓利害关系人,包括注册商标使用许可合同的被许可人、注册商标财产权利的合法继承人等。在发生注册商标专用权被侵害时,独占使用许可合同的被许可人可以向人民法院提起诉讼;排他使用许可合同的被许可人可以和商标注册人共同起诉,也可以在商标注册人不起诉的情况下,自行提起诉讼;普通使用许可合同的被许可人经商标注册人明确授权,可以提起诉讼。

二、时效懈怠

本书第六章在讨论因相对理由提出商标无效时，以及第七章在讨论在后商标与在先权利的关系时，都已提到懈怠失权的问题。欧盟商标法这一制度的核心在于在先权利人的容忍和懈怠使其不能无效在后商标，进而不能禁止在后商标的使用。

适用默许制度需要注意两点：一是默许必须是明知他人侵权，但怠于行使权利，不明知或一直反对在后商标使用的除外；二是默许同时效产生的效力不同，默许期限一到，在后注册商标虽然可以放心使用，但永远不能对抗在先商标或权利，因此它不是在后商标的取得时效。它也不是消灭时效，追究商标侵权的时效通常是2～3年，它直接针对的是特定的单次的商标侵权行为，默许针对的则是某一在后注册商标从此以后的使用权利。美国不要求在后商标必须是注册商标，而只要求构成懈怠、禁反言。

中国目前没有类似欧盟的默许制度，但如前所述，对于5年内没有提起无效之诉的权利人而言，其对在后注册商标的使用提起诉讼，则会遇到很大困难，某些情况下甚至存在不可逾越的障碍。

按照《商标民事纠纷司法解释》，侵犯注册商标专用权的诉讼时效为3年，自商标注册人或者利害权利人知道或者应当知道侵权行为之日起计算。商标注册人或者利害关系人超过3年起诉的，如果侵权行为在起诉时仍在持续，在该注册商标专用权有效期限内，人民法院应当判决被告停止侵权行为，但侵权损害赔偿数额应当自权利人向人民法院起诉之日起向前推算3年计算。

为了平衡当事人的权益，最高人民法院在《服务大局意见》第15条中要求，权利人长期放任侵权、怠于维权，在其请求停止侵害时，倘若责令停止有关行为会在当事人之间造成较大的利益不平衡，可以审慎地考虑不再责令停止行为，但不影响依法给予合理的赔偿。

三、案件管辖

商标案件管辖主要涉及地域管辖和级别管辖，其中电商平台的管辖是一个热点，而级别管辖也几经调整。

（一）地域管辖

因侵犯注册商标专用权行为提起的民事诉讼，由《商标法》第13条、第57条所规定侵权行为的实施地、侵权商品的储藏地或者查封扣押地、被告住所地人民法院管辖。侵权商品的储藏地，是指大量或者经常性储存、隐匿侵权商品所在地；查封扣押地，是指海关、工商等行政机关依法查封、扣押侵权商品所在地。

对涉及不同侵权行为实施地的多个被告提起的共同诉讼，原告可以选择其中一个被告的侵权行为实施地人民法院管辖；仅对其中某一被告提起的诉讼，该被告侵权行为实施地的人民法院有管辖权。这里的共同诉讼既包括同一产品从生产到批发到零售的若干参与者，也包括一个生产者和数个平行的销售者。

电商平台管辖。欧盟法院在【AMS案】[4]中认为，《欧盟商标条例》第97(5)条应解释为：欧盟商标的所有人认为第三方未经其同意，以电子的方式，在广告和许诺销售中将

---

〔4〕 See C－172/18，AMS案。

与其商标相同的标志使用在与其商标核定使用的商品相同或类似的商品,侵犯其商标权利的,即使该第三方作出决定和采取措施以电子方式发布广告或许诺销售的行为发生在另一成员国,也可以在前述广告或许诺销售所针对的消费者或商家所在的欧盟成员国法院提起诉讼。这也意味着,该案中,虽然被告决定将发布广告和许诺销售的国家是西班牙,但如果其针对的消费者或商家在英国,英国法院也有管辖权。

但最高人民法院在一个管辖案件的裁定书[5]中认为,由于商标权等知识产权案件涉及无形财产的保护,商品商标或者其他权利附着于商品上,具有在全国范围的可流通性,故此类案件侵权行为地的确定具有不同于一般民事纠纷案件的特殊性。在侵犯商标权案件中,除了大量侵权商品的储藏地以及海关、工商等行政机关依法查封、扣押侵权商品的所在地外,仅侵权行为实施地或者被告住所地可以作为确定管辖的依据,而不再依据侵权结果发生地作为确定案件管辖的依据。

(二)级别管辖

最高人民法院2022年《关于第一审知识产权民事、行政案件管辖的若干规定》指出,涉驰名商标认定第一审民事、行政案件由知识产权法院和中级人民法院管辖;经最高人民法院批准,也可以由基层人民法院管辖。第一审知识产权案件诉讼标的额在最高人民法院确定的数额以上的,以及涉及国务院部门、县级以上地方人民政府或者海关行政行为的,由中级人民法院管辖。同时,法律对知识产权法院的管辖有规定的,依照其规定。普通第一审知识产权民事、行政案件,由最高人民法院确定的基层人民法院管辖。

四、保全措施

(一)财产保全

商标注册人或者利害关系人有证据证明他人正在实施或者即将实施侵犯其注册商标专用权的行为,如不及时制止,将会使其合法权益受到难以弥补的损害的,可以依法在起诉前向人民法院申请采取财产保全的措施。

《民事诉讼法》在第103条中规定了诉中保全,即人民法院对于可能因当事人一方的行为或者其他原因,使判决难以执行或者造成当事人其他损害的案件,根据对方当事人的申请,可以裁定对其财产进行保全。

此外,《民事诉讼法》在第101条中还借鉴知识产权法特别法的经验规定了诉前保全,即利害关系人因情况紧急,不立即申请保全将会使其合法权益受到难以弥补的损害的,可以在提起诉讼或者申请仲裁前申请采取保全措施。

保全财产的目的主要还是防止侵权嫌疑人转移财产,导致判决难以执行。财产的范围以足以补偿侵权损失为度。

(二)证据保全

2001年《商标法》规定,为制止侵权行为,在证据可能灭失或者以后难以取得的情况下,商标注册人或者利害关系人可以向侵权行为地或者被申请人住所地对商标案件有管辖权的人民法院提出诉前保全证据的申请。2013年的《商标法》对此简化了规定,即为制

---

[5] 参见最高人民法院民事裁定书,(2017)最高法民辖29号。

止侵权行为,在证据可能灭失或者以后难以取得的情况下,商标注册人或者利害关系人可以依法在起诉前向人民法院申请保全证据。

新的《民事诉讼法》也有类似规定,在证据可能灭失或者以后难以取得的情况下,当事人可以在诉讼过程中向人民法院申请保全证据,人民法院也可以主动采取保全措施。因情况紧急,在证据可能灭失或者以后难以取得的情况下,利害关系人可以在提起诉讼或者申请仲裁前向证据所在地、被申请人住所地或者对案件有管辖权的人民法院申请保全证据。

为此,最高人民法院 2020 年制定了《知识产权民事证据规定》。其规定人民法院对于当事人或者利害关系人的证据保全申请,应当结合下列因素进行审查:(1)申请人是否已就其主张提供初步证据;(2)证据是否可以由申请人自行收集;(3)证据灭失或者以后难以取得的可能性及其对证明待证事实的影响;(4)可能采取的保全措施对证据持有人的影响。

人民法院进行证据保全,应当以有效固定证据为限,尽量减少对保全标的物价值的损害和对证据持有人正常生产经营的影响。证据保全涉及技术方案的,可以采取制作现场勘验笔录、绘图、拍照、录音、录像、复制设计和生产图纸等保全措施。人民法院进行证据保全,可以要求当事人或者诉讼代理人到场,必要时可以根据当事人的申请通知有专门知识的人到场,也可以指派技术调查官参与证据保全。证据为案外人持有的,人民法院可以对其持有的证据采取保全措施。

提出申请的利害关系人,包括商标使用许可合同的被许可人、注册商标财产权利的合法继承人。注册商标使用许可合同被许可人中,独占使用许可合同的被许可人可以单独向人民法院提出申请;排他使用许可合同的被许可人在商标注册人不申请的情况下,可以提出申请。

商标注册人或者利害关系人向人民法院提出诉前保全证据的申请,应当递交书面申请状。申请状应当载明:(1)当事人及其基本情况;(2)申请保全证据的具体内容、范围、所在地点;(3)请求保全的证据能够证明的对象;(4)申请的理由,包括证据可能灭失或者以后难以取得,且当事人及其诉讼代理人因客观原因不能自行收集的具体说明。

申请人申请诉前保全证据可能涉及被申请人财产损失的,人民法院可以责令申请人提供相应的担保。申请人提供保证、抵押等形式的担保合理、有效的,人民法院应当准许。申请人不提供担保的,驳回申请。

人民法院接受申请后,必须在 48 小时内作出裁定;裁定采取保全措施的,应当立即开始执行。商标注册人或者利害关系人在人民法院采取保全证据的措施后 15 日内不起诉的,人民法院应当解除裁定采取的措施。申请人不起诉或者申请错误造成被申请人损失的,被申请人可以向有管辖权的人民法院起诉请求申请人赔偿,也可以在商标注册人或者利害关系人提起的侵犯注册商标专用权的诉讼中提出损害赔偿请求,人民法院可以一并处理。

被申请人违反人民法院保全证据裁定的,依照《民事诉讼法》第 111 条规定处理。

诉前保全证据的案件,申请人应当按照《人民法院诉讼收费办法》及其补充规定缴纳费用。

(三)举证妨碍

为了解决赔偿额长期偏低的问题,2013 年《商标法》修改时给法院更大的裁量空间,即人民法院为确定赔偿数额,在权利人已经尽力举证,而与侵权行为相关的账簿、资料主要由侵权人掌握的情况下,可以责令侵权人提供与侵权行为相关的账簿、资料;侵权人不提供或者提供虚假的账簿、资料的,人民法院可以参考权利人的主张和提供的证据判定赔偿数额。

五、禁令救济

禁令又称禁止令(injunction),广义包括禁止命令(prohibitory injunction or restraining order)和执行命令(affirmative or mandatory injunction)。禁令在传统救济中只具有附属性质,主要的救济是损害赔偿,但却是对侵犯知识产权行为最重要和最有效的救济措施,历来为各国法律所重视。

从颁发时间的先后来看,禁令可分为在诉讼前颁发的临时禁令(temporary restraining order)、在诉讼后和判决前颁发的中间或初步或暂时禁令(interlocutory or preliminary or temporary injunction)以及判决时颁发的最终或永久禁令(final or permanent injunction)。从被告在颁发前是否知晓,又可分为单方禁令(*ex parte* injunction)和双方禁令(*inter partes* injunction)。

(一)获得禁令的条件

围绕责令停止商标侵权行为是否要求行为人的主观过错问题,长期以来,一直有不同的看法。尤其在涉及销售商善意销售侵权商品的行为是否可以认定为侵权的问题上,意见分歧更是非常明显。

物权之诉的条件。传统的侵权理论认为,行为人的主观过错是侵权认定的必要条件之一,“不知者不为过”,销售商既然没有主观上的故意或过错,就不能认定为侵权,相应地,也不应承担停止侵权的责任。

这一理论的主要依据是我国原《民法通则》第 106 条的规定,即公民、法人由于过错侵害国家的、集体的财产,侵害他人的财产、人身的,应当承担民事责任。没有过错,但法律规定应当承担民事责任的,应当承担民事责任。《民法典》第 1165 ~ 1166 条也有类似规定,行为人因过错侵害他人民事权益造成损害的,应当承担侵权责任。根据法律规定推定行为人有过错,行为人不能证明自己没有过错的,应当承担侵权责任。行为人损害他人民事权益,不论行为人有无过错,法律规定应当承担侵权责任的,依照其规定。

但也有一些学者认为,上述理论并不能解决现实生活提出的问题,因为一个迷路闯进他人庭院的人,虽然可能确实没有过错,但在被告知道实情后,至少应当自觉离开他人的领地,因为这种侵入行为虽然没有主观过错,但事实上妨碍了权利人对其所有物的自由使用;不仅如此,即使损害尚未发生,只要损害在即,也需要依法予以制止。因为要求邻居维修摇摇欲坠的烟囱的权利,显然不能以烟囱实际倒下来伤了人为条件。

解决以上问题的办法,实际体现在很多国家民法中规定的物上请求权。相对而言,物上请求权对不动产保护的价值,超过对动产保护的价值。尤其是排除妨碍请求权和防止侵害请求权,如果是动产,因为可以通过占有和转移位置避免妨碍继续或发生,而不动产则无法通过自力救助避免侵害的发生和继续,因此必须求助于法律的明确规定。

就知识产权而言，由于其无形的客体可以同时被相互独立的不同主体所利用，而只能以一种抽象的方式存在于大脑之中，尤其不能像有形物那样通过“占有”来防范侵权的发生，而应通过诸如物上请求权的方式来达到保护的目的。这样才能在诸如商标侵权发生后，立即制止侵权的继续，或者在侵权即将发生时可以有效地防止，而无论侵权人是否有过错。

一定要坚持过错原则，就无法理解《TRIPS 协定》中制止即发侵权的条款。因为对一般侵权（tort）而言，只能是在侵权已经发生之后才谈得上进行救济的问题，而由于知识产权包括商标权无形的特点，必须及时制止甚至预先防范，如果必须等到侵权（infringement）成为现实才能采取措施，则可能会造成不可挽回和不可弥补的损失。

从词源学的意义上分析，商标侵权与一般侵权其实是貌同心异，在中文中乍一看都是“侵权”，在英文中则一个是 infringement，另一个是 tort。fringe 有边缘、界限的意思，in 强调在里面，因此只要客观上进入商标保护的范围，侵权就成立，这与是否构成 tort 本无关系，tort 则是指侵害，如果严格来说，infringement 只能说与 tort of trespass 比较接近。

因此，原《民法通则》以及《侵权责任法》的问题在于将本应作为确定侵权赔偿责任的过错原则，扩大到整个侵权责任的归责原则。过错原则在处理损害赔偿的责任分担上，本来是十分理性的选择，但扩大到整个侵权尤其是知识产权侵权认定及责任承担上，则暴露出不能自圆其说的地方，并且造成极大的混乱。《民法典》的侵权责任编也没有改变这一局面。

物权之诉与债权之诉。事实上，知识产权侵权之诉常常是物权之诉和债权之诉合二为一。物权之诉，包括确认之诉，物上请求权之诉。债权之诉是指赔偿之诉。正如日本学者所言，侵害知识产权的物权之诉只以客观为据，而其债权之诉才应辅以主观要件。

这一区分在许多国家和地区的知识产权立法中都有体现，以法国《知识产权法典》为例，该法典第 L. 716　1 条在定义假冒侵权行为时，丝毫不提侵权人的主观状况，只要未经许可使用商标均构成侵犯商标权的行为，就需承担民事责任。

德国《商标法》明确区分两种责任，该法第 14 条第 5 款规定侵权人应停止侵权，第 6 款规定侵权人如果有主观故意或疏忽过失，则应负赔偿责任。可见侵权人主观因素可能影响赔偿与否，但不影响侵权的认定和禁止令的颁发。其《民法典》第 823 条第 2 款也有类似规定，如依法律的内容，虽无过失亦可能违反此种法律者，仅在有过失时，始负赔偿的义务。

美国商标法将印刷商、出版商称作“无辜侵权人”（innocent infringer），表面上似乎有些自相矛盾，事实上，这正说明了这类侵权人的性质和应承担的责任。只有索赔时才会提出是否明知的问题。

我国台湾地区的“商标法”基本上也是使用民法里关于物上请求权的语言来规定商标侵权责任，其第 61 条规定：“商标专用权人对于侵害其商标专用权者，得请求损害赔偿，并得请求排除其侵害，有侵害之虞者，得请求防止之。”排除侵害乃至预防损害明显不可能以行为人主观是否存在故意或过失为条件。当然，商标所有人必须有足够的证据证明商标侵权的性质已基本确定无疑，并应承担败诉及滥用临时禁令的责任。

我国 1983 年《商标法》在规定侵权责任时，对侵权人的主观要件并没有任何要求，只要未经注册商标所有人的许可，在同一种或者类似的商品上使用与其注册商标相同或近似的商标的行为,即可认定侵犯注册商标专用权。这一点直到今天仍然没有变化。1988年的《商标法实施细则》开始单独将销售行为与使用分列,看似加强了对销售行为的管理,但将子概念与属概念并列的结果无疑模糊了使用的内涵。1993年修改后的《商标法》不仅按照《商标法实施细则》的体例单独将销售行为列出,而且附加了“明知或应知”的额外条件,进一步混淆了商标侵权的构成要件。

当初的考虑是,如果将不知情的销售行为也认定为侵权,由于商家缺乏识别真伪的手段,可能会给整个流通领域增加太重的负担。但这一考虑实际是以牺牲商标所有人的利益为代价的,而且一些不法之徒正好有了一个保护伞,即使主观上有过错也会百般抵赖,而证明行为人的主观过错的难度显然超过了对客观损害的举证。要求有过错才认定侵权还带来另外一个后果,就是商家实际被免除了适当注意的义务,本来应该审查的进货渠道也不再把关,客观上便利了假冒侵权商品的自由流通。

因此,从商标权的对世性出发,2001年修改的《商标法》终于规定,认定销售商的侵权责任不以明知、应知为条件,只要是销售甚至许诺销售侵权商品,都将被认定为侵权,并且只有在证明商品系自己是合法取得的并说明提供者的情况下,善意侵权人才可以不承担赔偿责任;另外,对即将发生的侵权行为,如果不及时制止,将会使权利人的合法权益受到难以弥补的损害,《商标法》允许权利人申请诉前禁令,以期防患于未然。

实际上,实行注册制度的价值,就是给他人了解权利状况提供可信的依据。2014年《商标法实施条例》明确规定,除送达公告外,公告内容自发布之日起视为社会公众已经知道或者应当知道。换句话说,商标经过注册和公告,完全可以推定他人知道商标的合法所有人,或者说商标的法律归属至少可得而知,因此侵权人尤其是专业人员就没有理由辩称“不知者不为过”,其主观上至少存在疏忽大意的过失。

(二)获得禁令的程序

《TRIPS协定》第44条规定的禁止措施主要指最终禁令,最终禁令在侵权认定成立的情况下一般都能获得。《TRIPS协定》第50条规定的则是为防止事态扩大而采取的临时禁令。事实上,《TRIPS协定》的重点也正是在初步禁令而不是在最终禁令,尤其是诉前的临时禁令或者叫单方禁令,因为这是打击侵权假冒尤其是即发侵权的一把“撒手锏”。因为与其等到“木已成舟”再去解决,还不如防患于未然。当然,为了避免法官只听一面之词就下达单方禁令可能带来的风险,《TRIPS协定》也制定了一系列防范原告滥用诉前单方禁令的措施。

临时禁令,主要是指法院在判决前乃至诉讼前为了制止事态的扩大或发生不可挽回的损失而临时采取的行动,包括扣押、封存、冻结等措施,主要目的是保证在最终判决之前维持现状,防止被告逃避法律责任。相对最终禁令而言,临时禁令特别是诉前禁令对于查处制止商标侵权有特别重要的意义。

由于民事诉讼常常要花费很长的时间,能够将侵权事态及时制止的临时禁令就显得尤为重要,否则,即使诉讼成功,侵权人很可能已经造成不可挽回的损害。中国2001年《商标法》也建立了诉前禁令的制度,该法第57条(2019年《商标法》第65条)规定,商标注册人或者利害关系人有证据证明他人正在实施或者即将实施侵犯其注册商标专用权的行为,如不及时制止,将会使其合法权益受到难以弥补的损害的,可以在起诉前向人民法院申请采取责令停止有关行为的措施。

所谓即将实施侵犯注册商标专用权的行为，也就是即发侵权行为，按照北京市高级人民法院的意见，可以包括以下几种：其一，以销售为目的持有侵权商品；其二，以销售为目的发布侵权商品或者服务宣传广告；其三，以制造或者销售侵权商品为目的，持有侵权标识或者带有侵权标识的包装物；其四，其他可以认定为即将实施的侵权行为。

《民事诉讼法》在修改时，吸收了知识产权的相关规定，丰富了诉前措施的内容，即利害关系人因情况紧急，不立即申请保全将会使其合法权益受到难以弥补的损害的，可以在提起诉讼或者申请仲裁前向被保全财产所在地、被申请人住所地或者对案件有管辖权的人民法院申请采取保全措施。申请人应当提供担保，不提供担保的，裁定驳回申请。人民法院接受申请后，必须在48小时内作出裁定；裁定采取保全措施的，应当立即开始执行。申请人在人民法院采取保全措施后30日内不依法提起诉讼或者申请仲裁的，人民法院应当解除保全。其中，保全措施就包括禁令以及强制令。

2018年最高人民法院发布的《知识产权行为保全规定》共21条，主要包括四个方面内容：一是程序性规则，包括申请主体、管辖法院、申请书及载明事项、审查程序、复议等；二是实体性规则，包括行为保全必要性的考量因素、行为保全措施的效力期限等；三是行为保全申请有错误的认定及因申请有错误引发的赔偿诉讼的管辖、行为保全措施的解除等；四是同时申请不同类型保全的处理、申请费等其他问题。

诉中禁令。商标注册人或者利害关系人向人民法院提起商标侵权诉讼时或者诉讼中，也可以提出先行停止侵犯注册商标专用权的请求，人民法院对此可以先行作出裁定。诉中禁令的申请、证据提交、担保的确定、裁定的执行和复议等事项，可以参照司法解释有关诉前禁令的规定办理。

《民事诉讼法》修改时对诉中的保全措施作了明确规定，即人民法院对于可能因当事人一方的行为或者其他原因，使判决难以执行或者造成当事人其他损害的案件，根据对方当事人的申请，可以裁定责令其作出一定行为或者禁止其作出一定行为；当事人没有提出申请的，人民法院在必要时也可以裁定采取保全措施。人民法院采取保全措施，可以责令申请人提供担保，申请人不提供担保的，裁定驳回申请。人民法院接受申请后，对情况紧急的，必须在48小时内作出裁定；裁定采取保全措施的，应当立即开始执行。

永久禁令。商标法提到的停止侵权行为，主要是指永久禁令，包括责令立即停止侵权行为，没收、销毁侵权商品和主要用于制造侵权商品、伪造注册商标标识的工具。

最高人民法院在《服务大局意见》中特别强调了禁令的适用条件，即要充分发挥停止侵害的救济作用，妥善适用停止侵害责任，有效遏制侵权行为。根据当事人的诉讼请求、案件的具体情况和停止侵害的实际需要，可以明确责令当事人销毁制造侵权产品的专用材料、工具等，但采取销毁措施应当以确有必要为前提，与侵权行为的严重程度相当，且不能造成不必要的损失。如果停止有关行为会造成当事人之间的重大利益失衡，或者有悖社会公共利益，或者实际上无法执行，可以根据案件具体情况进行利益衡量，不判决停止行为，而采取更充分的赔偿或者经济补偿等替代性措施了断纠纷。权利人长期放任侵权、怠于维权，在其请求停止侵害时，倘若责令停止有关行为会在当事人之间造成较大的利益不平衡，可以审慎地考虑不再责令停止行为，但不影响依法给予合理的赔偿。

六、赔偿救济

(一)赔偿概论

《TRIPS 协定》对损害赔偿的规定主要体现"填平原则",即对于故意或过失侵权人,司法机关应有权责令其向权利人支付足以弥补因侵犯知识产权而给权利持有人造成的损失的损害赔偿。既没有提到被告所获的利润,也没有提到惩罚性赔偿。与为制止尚未发生的侵权行为而颁发的禁令相比,赔偿主要是事后为了弥补已经发生的侵权行为所造成的损害,《TRIPS 协定》对赔偿的规定也主要是着眼于"填平"原告的损失。因此,赔偿主要是计算原告所受的实际损失。需要指出的是,颁发禁令并不要求实际损失,甚至不要求侵权实际发生。颁发侵权赔偿则必须实事求是,以实际损失和直接损失为基准。当然,《TRIPS 协定》第 45 条也规定,在适当场合下,即使侵权人"不知"或"无理由应知"自己从事的活动侵权,成员仍可以授权司法当局责令其返还所得利润或令其支付法定赔偿额,或二者并处,但不是强制性要求。

美国的实践。美国《商标法》第 35 条规定了民事赔偿的基本原则,一般情况下,法院可判原告获得被告的收益、原告自身的损害赔偿及诉讼费用,法院可以根据案情,作出不超过实际损失三倍赔偿的判决。基于收益的赔偿如果过高或过低,法院可以调整。以上两种方法确定的总额都属于赔偿,而不是罚金。特殊情况下,也可判付合理的律师费给胜诉方。但如果是故意假冒,就必须赔偿被告收益或原告损失的三倍及合理的律师费。

正如以上所言,美国《商标法》第 32 条按照侵权的不同形式规定了相应的救济措施:一是直接将假冒或仿冒商标同商品的销售一起使用并可能产生混淆的,应当停止侵权并赔偿损失;二是生产标识并将标识缀附于商品销售时所要使用的包装上并可能产生混淆的,应当停止侵权,如系有意为之,还可以要求赔偿损失;三是印刷但不知情的侵权人,救济只限于今后停止印刷;四是侵权如果发生在报刊上,对无辜侵权人只限禁止在下一期继续刊登;五是如果限制侵权内容的出现会延误正常发行,则不得颁发禁止令。

在【Romag 案】[6]中,美国最高法院就赔偿的主观要件发表意见。Romag 公司注册有"ROMAG"商标,使用于手包、钱包等商品上的搭扣,其搭扣也申请了专利。2002 年,Fossil 公司与 Romag 公司签约,购买 ROMAG 搭扣用于其钱包等产品。后 Romag 公司发现市场上销售的 Fossil 产品使用假 ROMAG 搭扣,遂以商标侵权等为由在康涅狄格州联邦地区法院起诉 Fossil 公司及多家销售方。一审陪审团认定被告构成商标侵权及专利侵权,但也指出本案被告行为并非"故意"(willful),而是"漠视"(callous disregard)。法官认为依侵权获利主张赔偿,必须是"故意"侵权,因此没有支持与获利相关的赔偿。Romag 公司上诉,上诉法院维持原判,并再次明确"故意"是依侵权获利主张商标侵权赔偿的前提。Romag 公司向联邦最高法院提出上诉申请,2019 年 6 月 28 日,美国最高法院签发调卷令审理本案。就被告是否侵权,以及要求按照侵权获利求偿是否需要证明侵权是"故意"实施的问题,最高法院判决明确商标侵权诉讼的原告如果依据被告销售相关产品的获利要求赔偿,并不需要证明被告是故意侵权,并由此撤销一、二审判决,全案发回重审。

欧盟的实践。法国 2014 年按照《欧盟知识产权执法指令》的要求全面修订了《知识产权法典》,第 L. 716 - 4 - 10 条规定,为了确定赔偿金,法院分别考虑:(1)商标侵权的负

---

〔6〕 See Romag v. Fossil,590 U. S. (2020).

面经济后果，包括受害方失去可预见的利润和所受的损失；(2)给受害方造成的精神损失；(3)侵权方所获得的利益，包括从侵权行为中获得的精神、物质和促销中节约的投资。但是，作为替代方案，法院也可以应受害方要求裁定概括性赔偿，该赔偿将高于侵权人如果请求授权使用其所侵害的权利所应支付的特许使用费用，且不排除给受害方精神损失的赔偿。

中国的实践。按照最高人民法院《关于审理侵害知识产权民事案件适用惩罚性赔偿的解释》，对于下列情形，人民法院可以初步认定被告具有侵害知识产权的故意：(1)被告经原告或者利害关系人通知、警告后，仍继续实施侵权行为的；(2)被告或其法定代表人、管理人是原告或者利害关系人的法定代表人、管理人、实际控制人的；(3)被告与原告或者利害关系人之间存在劳动、劳务、合作、许可、经销、代理、代表等关系，且接触过被侵害的知识产权的；(4)被告与原告或者利害关系人之间有业务往来或者为达成合同等进行过磋商，且接触过被侵害的知识产权的；(5)被告实施盗版、假冒注册商标行为的；(6)其他可以认定为故意的情形。对于侵害知识产权的故意的认定，人民法院应当综合考虑被侵害知识产权客体类型、权利状态和相关产品知名度、被告与原告或者利害关系人之间的关系等因素。

从《民法典》及《商标法》的规定来看，我国在确定商标侵权赔偿责任时，即使被告的商标在无效宣告前曾经是注册商标，也不存在将上述所列情形所指的恶意或故意作为承担赔偿的先决条件，具体理由如下：

第一，根据《民法典》，行为人因过错侵害他人民事权益造成损害的，应当承担侵权责任。也就是说并不需要恶意才能定赔。而依据《商标法实施条例》，已经明确公告的效力，即视为公告内容自发布之日起视为社会公众已经知道或者应当知道。行为人很难主张自己没有过错或过失。

第二，《商标法》规定，销售不知道是侵犯注册商标专用权的商品，且能证明该商品是自己合法取得的并说明提供者的无辜侵权人，不承担赔偿责任。由此反推，生产者则不存在类似的不知情免赔抗辩。

第三，《商标民事纠纷司法解释》要求人民法院在确定法定赔偿数额时，应当考虑侵权行为的性质、期间、后果，侵权人的主观过错程度，商标的声誉，以及制止侵权行为的合理开支等因素综合确定。由此反推，侵权性质只是确定法定赔偿的一个考量因素，而不是先决条件。

第四，对于经过异议程序注册的商标，《商标法》规定，自该商标公告期满之日起至准予注册决定做出前，对他人在同一种或者类似商品上使用与该商标相同或者近似的标志的行为不具有追溯力；但是，因该使用人的恶意给商标注册人造成的损失，应当给予赔偿。由此反推，实际注册之后的使用无须恶意才能定赔。

第五，根据《民法典》，故意侵害他人知识产权，情节严重的，被侵权人有权请求相应的惩罚性赔偿。类似地，《商标法》规定，对恶意侵犯商标专用权，情节严重的，可以在按照损失、获利或许可费方法确定数额的1倍以上5倍以下确定赔偿数额。由此反推，恶意或故意在认定侵权惩罚性赔偿责任的时候是作为一个要件来考虑的，普通的侵权赔偿责任并不要求证明故意或恶意，只需过失即可。

因此，结合我们在第六章第三节和第七章第一节中所述，关于无效商标的赔偿责任应该回到普通商标侵权的赔偿承担标准,并不存在恶意才能定赔的问题。实际上,《商标法》第47条第1款宣布的总原则是,宣告无效的注册商标的专用权视为自始即不存在,在先注册商标有权得到迟来的赔偿救济;第2款仅对于已经发生且执行或履行商标侵权赔偿金、商标转让费或使用费的回转规定了恶意的要件,但并不涉及将要发生的赔偿责任;按照第3款的公平原则返还已经履行的转让或许可费,正可以用来补偿受让人或被许可人将要承担的非故意侵权的赔偿责任。

不使用免赔。《商标法》原则上禁止对没有使用的商标支付赔偿,也就是说,注册商标专用权人请求赔偿,被控侵权人以注册商标专用权人未使用注册商标提出抗辩的,人民法院可以要求注册商标专用权人提供此前三年内实际使用该注册商标的证据。注册商标专用权人不能证明此前3年内实际使用过该注册商标,也不能证明因侵权行为受到其他损失的,被控侵权人不承担赔偿责任。

欧盟法院对这个问题采用了出发点不同但实质近似的表述:在【Saint Germain案】[7]中,欧盟法院认为,有关成员国根据2008年《欧盟商标指令》授予其的立法自由,规定商标5年不用期满之日才失效,在失效前遭遇侵权的,仍然可以追究责任要求赔偿,当然还要证明存在实际损失。

(二)赔偿计算

我国商标法规定了四种计算赔偿的方法:一是被侵权人在被侵权期间因被侵权所受到的损失;二是侵权人在侵权期间所获的利润;三是基于许可使用费的合理倍数;四是侵权具有恶意且情节严重的,附加惩罚性赔偿。在前三种均不能计算时,则适用法定赔偿,特殊情况下还可以酌定赔偿金额。最后,制止侵权的合理开支也在赔偿的考量范围之内。

基于权利人损失计算赔偿。在中国,侵犯商标专用权的赔偿数额,为被侵权人在被侵权期间因被侵权所受到的损失,该损失可以根据权利人因侵权所造成商品销售减少量或者侵权商品销售量与该注册商标商品的单位利润乘积计算。

在美国,基于原告损失所作的赔偿一般应当是实际损失,原告需要首先向法院证明自己遭受了侵权的损害。例如,可通过民意测验来验证实际混淆的存在,然后就其所知提供损害的确切数目。法院的判例认为,在被告是故意侵权时,甚至可以推断存在实际混淆,或者通过专家证言,建立起一个反映原告在没有侵权的情况下的销售数学模型,被告可以对这一模型提出反证。原告也可以基于许可使用费计算损失。此外,为了消除被告侵权造成的影响,原告的广告支出正越来越被认可为损失的一部分,有的法院允许以被告为促销侵权物品的广告支出的25%为基础,再结合原告的销售地域进行适当的调整计算原告的损失。

在计算原告的实际损失时,需要注意的是要区别原告是否许可他人使用其商标,原告如果只是自己生产、销售,损害赔偿额可以因被侵权减少的产品销售额乘以单件产品的利润额;如果原告自己只许可,不生产,也可以许可使用费的计算方法来计算损失,或者按被许可人因被侵权减少的产品销售额乘以单件产品的利润额计算;如果原告既生产又许可,被侵权人可以选择利润减少额或者商标许可使用费数额作为对自己的损害赔偿额。

运用这一方法时,需要注意的是,原告的销售额下降不一定都是被告侵权造成的,原

---

〔7〕 See C-622/18,Saint Germain案。

告自己的产品本身也有一个销售周期,即使没有被告侵权,销售量也会下降,利润率也不总能维持在最初的高位上,至于原告自身管理不善造成的销售下降就更不能计算在损害赔偿额之内。

基于侵权人获利计算赔偿。侵犯商标专用权的赔偿数额,为侵权人在侵权期间因侵权所获得的利益。该利益可以根据侵权商品销售量与该商品单位利润乘积计算;该商品单位利润无法查明的,按照注册商标商品的单位利润计算。换句话说,侵权商品有标价的,依标价计算获利,无标价的,则可以正品的价格计算获利。

在美国,基于被告收益计算赔偿基本是一种衡平法意义上的赔偿,它主要有三方面的考虑:一是对计算实际损失有一定的困难的商标所有人提供全面的赔偿;二是防止被告因侵权获得不当利益;三是防止其再度侵权,后两个理由尤其在侵权人具有恶意的情况下往往会被法院考虑,原告甚至无须证明存在实际混淆。被告因此通常可以通过证明自己申请时已经过专业查询来分辨自己的无辜和善意,以免除基于收益计算赔偿。原告只负责对被告的销售总额举证,然后责任就发生转移,即由被告来证明全部的成本要素或扣除额。当然,原告应当证明被告的销售与其损失之间有因果联系。

计算被告获益实际是一种推定损失,将被告因侵权所获利润视为原告利润额的减少,即一种预期损失,这一方法能弥补计算原告损失的不足,因为在市场容量比较大的时候,被告获利的同时并不一定体现为原告利润的减少,如果选择计算原告损失,可能就会造成没有损失可赔的情况。因此,计算被告获益则可以使被告的侵权行为无利可图,从客观上也能起到加大侵权成本、遏制侵权的目的。

基于许可费计算赔偿。借鉴《专利法》的规定,2013 年《商标法》引入了基于许可费的计算方法,权利人的损失或者侵权人获得的利益难以确定的,参照该商标许可使用费的倍数合理确定。

需要注意的是,与 2008 年《专利法》一样,2013 年《商标法》设定了三种计算方式的适用顺序:一是侵犯商标专用权的赔偿数额,按照权利人因被侵权所受到的实际损失确定;二是实际损失难以确定的,可以按照侵权人因侵权所获得的利益确定;三是权利人的损失或者侵权人获得的利益难以确定的,参照该商标许可使用费的倍数合理确定。因此不能任意选择赔偿计算方式。

根据《知识产权证据规定》,当事人主张参照知识产权许可使用费的合理倍数确定赔偿数额的,人民法院可以考量下列因素对许可使用费证据进行审核认定:(1)许可使用费是否实际支付及支付方式,许可使用合同是否实际履行或者备案;(2)许可使用的权利内容、方式、范围、期限;(3)被许可人与许可人是否存在利害关系;(4)行业许可的通常标准。

惩罚性赔偿。2013 年《商标法》修改还考虑到恶意侵权的问题,对恶意侵犯商标专用权,情节严重的,可以在按照损失、获利或许可费三种方法确定数额的 1 倍以上 3 倍以下确定赔偿数额。2019 年《商标法》将赔偿数额修改为 1 倍以上 5 倍以下。后来《民法典》第 1185 条也规定,故意侵害他人知识产权,情节严重的,被侵权人有权请求相应的惩罚性赔偿。

最高人民法院 2021 年在《关于审理侵害知识产权民事案件适用惩罚性赔偿的解释》中特别规定,原告主张被告故意侵害其依法享有的知识产权且情节严重,请求判令被告承担惩罚性赔偿责任的,人民法院应当依法审查处理。同时还规定,该解释所称故意,包括《商标法》第63条第1款的恶意,较好地解决了商标法与民法典以及其他知识产权法的“恶意”与“故意”的不同用语问题。

例如,【“惠氏”案】[8]是浙江高院适用《关于审理侵害知识产权民事案件适用惩罚性赔偿的解释》的第一案,浙江高院最终全额支持了商标权人3055万元的赔偿请求,彰显了浙江高院加强知识产权司法保护、平等保护中外当事人的决心和能力。本案判决进一步明确了适用惩罚性赔偿中故意和情节严重要件的认定标准,以及惩罚性赔偿基数和倍数的含义,为推动惩罚性赔偿制度的完善,有效惩戒严重知识产权侵权行为贡献了司法智慧。

法定赔偿。计算被告收益的方法一般都要依赖比较完善的原始会计资料,被告如果是故意侵权,一般都会隐匿记账凭据或干脆不记账,这样就很难查证计算,另外准确计算侵权行为与原、被告产销量的直接关系也不是一件容易的事情。因此,为了体现“足以弥补损失的赔偿”精神,一些国家在立法规定了最低赔偿额,这与《TRIPS协定》的规定也是吻合的。

根据《商标民事纠纷司法解释》,《商标法》第63条第1款规定的因被侵权所受到的损失,侵权人因侵权所获得的利益或者被侵权人因被侵权所受到的损失均难以确定的,人民法院可以根据当事人的请求或者依职权适用《商标法》第63条第3款的规定确定赔偿数额。

人民法院在确定赔偿数额时,应当考虑侵权行为的性质、期间、后果,侵权人的主观过错程度,商标的声誉,以及制止侵权行为的合理开支等因素综合确定。当事人就赔偿数额达成协议的,应当准许。

2013年《商标法》提高了法定赔偿的限额,权利人因被侵权所受到的实际损失、侵权人因侵权所获得的利益、注册商标许可使用费难以确定的,由人民法院根据侵权行为的情节判决给予300万元以下的赔偿。2019年修改时又提升为500万元。

美国1996年7月2日通过的《反假冒保护消费者法》在《兰哈姆法》中增加了第35条c款,以规定法定赔偿,即商标所有人在假冒案件的索赔过程中,可以在终审判决下达之前,放弃按第35条a款计算出来的实际损害赔偿,而要求法定赔偿。计算方法为:在法院认为合适时,对每种假冒商品的每一假冒商标的赔偿不少于500美元不超过10万美元;如果假冒人系故意假冒,对每种假冒商品的每一假冒商标,法院可以判付不超过100万美元的赔偿。

1999年11月29日,美国通过的《制止网上占地消费者保护法》也允许原告在初审法院作出最后判决之前的任何时间,选择获取数额为每个域名不少于1000美元且不多于10万美元,由法院认为公允而确定的法定赔偿金,而取代获取实际损失和利润的赔偿。

我国台湾地区“商标法”第68条也提供了另一种计算赔偿的方法,即以查获侵权商标专用权商品零售单价500倍至1500倍的金额作为赔偿金额,在所查获商品超过1500件时,以其总价值定赔偿金额。

酌定赔偿。最高人民法院2009年在《服务大局意见》中提出,对于难以证明侵权受损或侵权获利的具体数额,但有证据证明前述数额明显超过法定赔偿最高限额的,应当综

---

[8] 参见浙江省高级人民法院民事判决书,(2021)浙民终294号。

合全案的证据情况，在法定最高限额以上合理确定赔偿额。

约定赔偿。最高人民法院 2020 在《商标民事纠纷司法解释》中规定，当事人就赔偿数额达成协议的，应当准许。北京市高级人民法院《关于侵害知识产权及不正当竞争案件确定损害赔偿的指导意见及法定赔偿的裁判标准》也指出，当事人依法约定赔偿数额或者赔偿计算方法，并在诉讼中主张依据该约定确定赔偿数额的，应当予以支持。

合理开支。法院可以调整根据原告损失或被告获益计算出的赔偿额，调整的理由主要是侵权人存在故意情节或恶意。至于律师费，法院通常也是在恶意侵权的情况下判付，所以加重赔偿一般都伴随律师费的判付。

律师费是否应当包含在原告的损失中各国的做法不太一致，因此《TRIPS 协定》也只是规定司法应有权责令侵权人向权利持有人支付其他开支，其中可包括适当的律师费。《法国民事诉讼法典》第 700 条赋予法官以自由裁量权，即可以判处败诉的当事人向另一方当事人支付法官确定数额的款项，作为未包括在诉讼费用之内的已支付的其他费用；但法官应当考虑到衡平原则及被判处支付款项的人的经济情况。但在实际判决中，法官适用该项规定一般都比较谨慎。

在中国，赔偿可以包括被侵权人为制止侵权行为所支付的合理开支，如权利人或者委托代理人对侵权行为进行调查、取证的合理费用。人民法院根据当事人的诉讼请求和案件具体情况，可以将符合国家有关部门规定的律师费用计算在赔偿范围内。按照《知识产权海关保护条例》，侵权嫌疑货物被认定为侵犯知识产权的，知识产权权利人可以将其支付的有关仓储、保管和处置等费用计入其为制止侵权行为所支付的合理开支。

另外，如前所述，2021 年最高人民法院《关于知识产权侵权诉讼中被告以原告滥用权利为由请求赔偿合理开支问题的批复》规定，在知识产权侵权诉讼中，被告提交证据证明原告的起诉构成法律规定的滥用权利损害其合法权益，依法请求原告赔偿其因该诉讼所支付的合理的律师费、交通费、食宿费等开支的，人民法院依法予以支持。被告也可以另行起诉请求原告赔偿上述合理开支。

七、其他救济

按照《商标民事纠纷司法解释》，人民法院在审理侵犯注册商标专用权纠纷案件中，可以判决侵权人承担停止侵害、排除妨碍、消除危险、赔偿损失、消除影响等商标民事责任，还可以作出罚款，收缴侵权商品、伪造的商标标识和专门用于生产侵权商品的材料、工具、设备等财物的商标民事制裁决定。罚款数额可以参照《商标法》第 60 条第 2 款的有关规定确定。行政管理部门对同一侵犯注册商标专用权行为已经给予行政处罚的，人民法院不再给予以上述民事制裁。

尽管《民法典》中不再规定民事制裁，但正如前面所述，2019 年《商标法》规定，人民法院审理商标纠纷案件，应权利人请求，对属于假冒注册商标的商品，除特殊情况外，责令销毁；对主要用于制造假冒注册商标的商品的材料、工具，责令销毁，且不予补偿；或者在特殊情况下，责令禁止前述材料、工具进入商业渠道，且不予补偿。假冒注册商标的商品不得在仅去除假冒注册商标后进入商业渠道。此外，2019 年《商标法》规定，对恶意提起商标诉讼的，由人民法院依法给予处罚。

另外，北京市高级人民法院认为注册商标专用权是一种财产权，因此在商标侵权案件中,不应判令侵权人承担赔礼道歉的民事责任。但从消除影响的角度看,至少可以包含将侵权事实公之于众的意思。当然,目前正在推行判决书网上公开,因此也不一定要在判决中叙明。

第三节 刑事救济

商标侵权的最高形式是假冒,即在同一种商品上故意使用相同商标。〔9〕假冒商标已不仅仅是剽窃注册人商品信誉、危及商标所有人的私权的问题,它同时还构成对公众利益和社会经济秩序的严重危害,因此各国都将假冒注册商标列入犯罪行为,对犯罪人予以刑事制裁。

一、刑事责任

(一)国际实践

假冒是20世纪的“世纪病”,假冒的行业由一般的日用品已经发展到工业用品,甚至药品、民用航空器等与消费者生命安全密切相关的领域,规模也从手工作坊发展到工厂的机械化加工,如不能有效遏制这一势头,正常的生产秩序将会受到极大影响。正因为假冒商品贸易带来的不同一般贸易的特点,促使关贸总协定的各成员坐下来商议应对这一严峻形势的办法,并最终形成了《TRIPS协定》。

该协定第61条特别规定了侵权假冒行为的刑事责任,即至少对故意以商业规模假冒商标的行为应规定刑事责任。可以采取的救济应包括足以起威慑作用的监禁或处以罚金,或二者并处,以符合适用于相应严重罪行的惩罚标准为限。在适当场合,可采用的救济还应包括扣留、没收或销毁侵权商品以及任何主要用于从事上述犯罪活动的原料和工具。

(二)域外实践

事实上,世界上最早的商标立法——法国1803年《商标法》就是以刑事手段打击假冒行为。现行的法国《知识产权法典》在1994年修订时大大加强了对商标侵权假冒的打击力度,具有很强的代表性,后来又历经修改,力度进一步加强。

例如,《知识产权法典》第L.716-9条规定,以销售、供应、许诺销售或租赁侵犯商标权的商品为目的,有下列情事者,处4年监禁及40万欧元罚金:(1)进口、出口、再出口或转口侵犯商标权的商品;(2)工业化生产侵犯商标权的商品;(3)指示或命令实施(1)和(2)所述行为的。涉及团伙犯罪或网络犯罪,或涉及危及人体和动物的健康和安全的商品的,处5年监禁及50万欧元的罚金。

---

〔9〕 在不少国家,假冒并不限于相同商品相同商标,金额上也没有最低要求,但实际发生的刑事责任追诉的案件却不多,更多的还是通过民事救济获得赔偿。

又如,《知识产权法典》第 L. 716 - 10 条规定,犯有下列行为者,处 3 年监禁及 30 万欧元罚金:(1)无正当理由持有、进口或出口侵犯商标权的商品。(2)许诺销售或销售侵犯商标权的商品。(3)侵犯商标注册赋予的权利及由此派生的禁令,复制、仿制、使用、贴附、消除或变动商标、集体商标或集体证明商标。如果处方开具人决定,且处方辅助软件允许根据《社会保障法典》第 L. 161 - 38 条规定的规则以国际通用名称开具处方的,本条(3)中所述条件下的罪行不成立。(4)故意供应或提供与指定注册商标不符的商品或服务。药剂师根据《公共健康法典》第 L. 5125 - 23 条行使置换权利的,(4)中所述条件下的罪行不成立。(1)~(2)中所述罪行涉及团伙犯罪或网络犯罪的,处 5 年监禁及 50 万欧元的罚金。当然,50 万欧元的罚金只是一个上限,目的是提高侵权假冒者的犯罪预期成本,但并不是说一律按此金额处罚。

美国的商标假冒的刑事责任是由 1984 年《反假冒法》规范的,根据该法,任何个人假冒联邦注册商标的,可处以 25 万美元的罚金或 5 年的监禁,或者并处,如果不是个人则可处 100 万美元的罚金,累犯加重处罚。虽然联邦检察官通常都把精力放到打击毒品贸易和其他重大犯罪上,真正起诉商标犯罪的情况并不多见,但该法毕竟确立了假冒在美国属于一种犯罪。

(三)中国实践

《商标法》第 67 条也规定商标假冒的刑事责任,未经商标注册人许可,在同一种商品上使用与其注册商标相同的商标,销售明知是假冒注册商标的商品,或者伪造、擅自制造他人注册商标标识或者销售伪造、擅自制造的注册商标标识,构成犯罪的,除赔偿被侵权人的损失外,依法追究刑事责任。

中国对假冒商标的刑事责任的追究实际始于 1979 年的《刑法》,比 1982 年的《商标法》还要早 3 年,当时的处罚幅度是 3 年以下有期徒刑或罚金。1993 年修改《商标法》的同时通过了一个《关于惩治假冒注册商标犯罪的补充规定》(已失效)。1997 年修改《刑法》时又将补充规定的条款写入了《刑法》的第 213 ~215 条,共涉及三种商标犯罪的违法行为。

这三种商标犯罪违法行为的罪名分别为:假冒注册商标罪,即《刑法》第 213 条所规定的,未经注册商标所有人许可,在同一种商品、服务上使用与其注册商标相同的商标,情节严重的,处 3 年以下有期徒刑,并处或者单处罚金;情节特别严重的,处 3 年以上 10 年以下有期徒刑,并处罚金。销售假冒注册商标的商品罪,即《刑法》第 214 条所规定的,销售明知是假冒注册商标的商品,违法所得数额较大或者有其他严重情节的,处 3 年以下有期徒刑,并处或者单处罚金;违法所得数额巨大或者有其他特别严重情节的,处 3 年以上 10 年以下有期徒刑,并处罚金。非法制造、销售非法制造的注册商标标识罪,即《刑法》第 215 条所规定的,伪造、擅自制造他人注册商标标识或者销售伪造、擅自制造的注册商标标识,情节严重的,处 3 年以下有期徒刑,并处或者单处罚金;情节特别严重的,处 3 年以上 10 年以下有期徒刑,并处罚金。同时明确了单位犯罪,除对单位可以处以罚金外,直接负责该单位的主管人员和其他直接责任人员也需承担刑事责任。

相对于法国商标法的规定来看,中国刑法对商标假冒的定义要窄一些,即只处罚“在同一种商品、服务上使用与注册商标相同的行为”,与《TRIPS 协定》的定义基本吻合。在《TRIPS 协定》中,假冒商标的商品,是指任何下列商品,包括包装:未经授权使用了与在该商品上有效注册商标相同的商标,或者使用了实质部分与有效注册商标不可分的商标,因而依照进口国法律侵犯了商标所有人的权利。

2004 年最高人民法院、最高人民检察院《关于办理侵犯知识产权刑事案件具体应用法律若干问题的解释》规定,《刑法》第 213 条规定的“相同的商标”,是指与被假冒的注册商标完全相同,或者与被假冒的注册商标在视觉上基本无差别、足以对公众产生误导的商标。2011 年最高人民法院、最高人民检察院、公安部《关于办理侵犯知识产权刑事案件适用法律若干问题的意见》规定,具有下列情形之一,可以认定为“与其注册商标相同的商标”:(1)改变注册商标的字体、字母大小写或者文字横竖排列,与注册商标之间仅有细微差别的;(2)改变注册商标的文字、字母、数字等之间的间距,不影响体现注册商标显著特征的;(3)改变注册商标颜色的;(4)其他与注册商标在视觉上基本无差别、足以对公众产生误导的商标。2020 年最高人民法院、最高人民检察院通过的《关于办理侵犯知识产权刑事案件具体应用法律若干问题的解释(三)》对此又作了细微调整,如“仅有细微差别”改为“基本无差别”,又如增加了立体商标的对比等。

《关于办理侵犯知识产权刑事案件适用法律若干问题的意见》进一步规定,名称相同的商品以及名称不同但指同一事物的商品,可以认定为“同一种商品”。“名称”是指商标局在商标注册工作中对商品使用的名称,通常即《尼斯协定》中规定的商品名称。“名称不同但指同一事物的商品”是指在功能、用途、主要原料、消费对象、销售渠道等方面相同或者基本相同,相关公众一般认为是同一种事物的商品。认定“同一种商品”,应当在权利人注册商标核定使用的商品和行为人实际生产销售的商品之间进行比较。

2004 年《关于办理侵犯知识产权刑事案件具体应用法律若干问题的解释》称“非法经营数额”,是指行为人在实施侵犯知识产权行为过程中,制造、储存、运输、销售侵权产品的价值。已销售的侵权产品的价值,按照实际销售的价格计算。制造、储存、运输和未销售的侵权产品的价值,按照标价或者已经查清的侵权产品的实际销售平均价格计算。侵权产品没有标价或者无法查清其实际销售价格的,按照被侵权产品的市场中间价格计算。多次实施侵犯知识产权行为,未经行政处理或者刑事处罚的,非法经营数额、违法所得数额或者销售金额累计计算。2011 年《关于办理侵犯知识产权刑事案件适用法律若干问题的意见》规定,两年内多次实施侵犯知识产权违法行为,未经行政处理,累计数额构成犯罪的,应当依法定罪处罚。实施侵犯知识产权犯罪行为的追诉期限,适用《刑法》的有关规定,不受前述两年的限制。

对于尚未附着或者尚未全部附着假冒注册商标标识的侵权产品价值是否计入非法经营数额的问题,《关于办理侵犯知识产权刑事案件适用法律若干问题的意见》认为,在计算制造、储存、运输和未销售的假冒注册商标侵权产品价值时,对于已经制作完成但尚未附着(含加贴)或者尚未全部附着(含加贴)假冒注册商标标识的产品,如果有确实、充分证据证明该产品将假冒他人注册商标,其价值计入非法经营数额。

2004 年《关于办理侵犯知识产权刑事案件具体应用法律若干问题的解释》规定,明知他人实施侵犯知识产权犯罪,而为其提供贷款、资金、账号、发票、证明、许可证件,或者提供生产、经营场所或者运输、储存、代理进出口等便利条件、帮助的,以侵犯知识产权犯罪的共犯论处。2011 年《关于办理侵犯知识产权刑事案件适用法律若干问题的意见》规定,明知他人实施侵犯知识产权犯罪,而为其提供生产、制造侵权产品的主要原材料、辅助材料、半成品、包装材料、机械设备、标签标识、生产技术、配方等帮助，或者提供互联网接入、服务器托管、网络存储空间、通讯传输通道、代收费、费用结算等服务的，以侵犯知识产权犯罪的共犯论处。

2019年《商标法》又特别规定，人民法院审理商标纠纷案件，应权利人请求，对属于假冒注册商标的商品，除特殊情况外，责令销毁；对主要用于制造假冒注册商标的商品的材料、工具，责令销毁，且不予补偿；或者在特殊情况下，责令禁止前述材料、工具进入商业渠道，且不予补偿。假冒注册商标的商品不得在仅去除假冒注册商标后进入商业渠道。

二、刑事程序

（一）公诉

为了加强对包括侵犯知识产权犯罪在内的经济犯罪的打击力度，最高人民检察院和公安部于2001年4月18日共同发布了《关于经济犯罪案件追诉标准的规定》（已失效）。2010年，这两个部门制定了《关于公安机关管辖的刑事案件立案追诉标准的规定（二）》（已修订）确立了新的立案追诉标准：对于《刑法》第213条的假冒注册商标案，未经注册商标所有人许可，在同一种商品上使用与其注册商标相同的商标，涉嫌下列情形之一的，应予立案追诉：（1）非法经营数额在5万元以上或者违法所得数额在3万元以上的；（2）假冒两种以上注册商标，非法经营数额在3万元以上或者违法所得数额在2万元以上的；（3）其他情节严重的情形。对于《刑法》第214条销售假冒注册商标的商品案，销售明知是假冒注册商标的商品，涉嫌下列情形之一的，应予立案追诉：（1）销售金额在5万元以上的；（2）尚未销售，货值金额在15万元以上的；（3）销售金额不满5万元，但已销售金额与尚未销售的货值金额合计在15万元以上的。对于《刑法》第215条非法制造、销售非法制造的注册商标标识案，伪造、擅自制造他人注册商标标识或者销售伪造、擅自制造的注册商标标识，涉嫌下列情形之一的，应予立案追诉：（1）伪造、擅自制造或者销售伪造、擅自制造的注册商标标识数量在2万件以上，或者非法经营数额在5万元以上，或者违法所得数额在3万元以上的；（2）伪造、擅自制造或者销售伪造、擅自制造两种以上注册商标标识数量在1万件以上，或者非法经营数额在3万元以上，或者违法所得数额在2万元以上的；（3）其他情节严重的情形。需要注意的是，该追诉标准中关于知识产权的上述内容未再出现在2022年新颁布的追诉标准中，但按照《知识产权强国建设纲要和“十四五”规划实施年度推进计划》第29点，制定关于办理侵犯知识产权刑事案件的司法解释和立案追诉标准已列入该计划。

关于“明知”的定义，2004年《关于办理侵犯知识产权刑事案件具体应用法律若干问题的解释》规定，具有下列情形之一的，应当认定为属于《刑法》第214条规定的“明知”：（1）知道自己销售的商品上的注册商标被涂改、调换或者覆盖的；（2）因销售假冒注册商标的商品受到过行政处罚或者承担过民事责任、又销售同一种假冒注册商标的商品的；（3）伪造、涂改商标注册人授权文件或者知道该文件被伪造、涂改的；（4）其他知道或者应当知道是假冒注册商标的商品的情形。

（二）其他救济

自诉。对侵犯知识产权追究刑事责任，除由检察机关提起公诉外，最高人民法院《关于执行〈中华人民共和国刑事诉讼法〉若干问题的解释》（已失效）第1条第2项还规定侵犯知识产权案件属于人民法院受理的自诉案件。这一规定保证了知识产权所有人在其知识产权遭受侵犯时,可以多途径地得到刑事司法救济。2007 年最高人民法院、最高人民检察院《关于办理侵犯知识产权刑事案件具体应用法律若干问题的解释(二)》重申,被害人有证据证明的侵犯知识产权刑事案件,直接向人民法院起诉的,人民法院应当依法受理;严重危害社会秩序和国家利益的侵犯知识产权刑事案件,由人民检察院依法提起公诉。2021 年最高人民法院《关于适用〈中华人民共和国刑事诉讼法〉的解释》重申了上述精神。

在【ABB 案】〔10〕中,安徽省高级人民法院指出,该案系安徽省首例知识产权权利人提起刑事自诉,后成功由法院定罪量刑的知识产权刑事自诉案件。本案在被告人无罪辩解,其辩护人亦提出无罪辩护,且缺乏相关证人证言等直接证据的情况下,运用形成锁链的间接证据,借助逻辑推理,整合、构建出案件主要事实,利用被告人实施的客观行为推定其主观故意,被告人与被告单位最终受到法律的严惩。

刑事附带民事诉讼。值得指出的是,为了保护注册人的利益,《商标法》第 67 条规定,构成假冒注册商标罪的,不仅要依法追究刑事责任,还可以要求其赔偿被侵权人的损失。而且,最高人民法院《关于适用〈中华人民共和国刑事诉讼法〉的解释》第 194 条还规定,审理刑事附带民事诉讼案件,人民法院应当结合被告人赔偿被害人物质损失的情况认定其悔罪表现,并在量刑时予以考虑。

在【"斯蒂尔"案】〔11〕中,余姚市人民检察院、余姚市人民法院在同一案中既追究了鲁某君等人的刑事责任,又让鲁某君控制的宁波某某锯链科技有限公司对权利人斯蒂尔公司的损失承担了民事赔偿责任。

思考题

1. 如何确定商标侵权诉讼的地域管辖?
2. 商标即发侵权有何表现形式?
3. 禁令的种类以及获得条件是什么?
4. 赔偿计算方法的适用有何条件?
5. 认定侵权的判决生效后在多大范围内生效?
6. 商标刑事保护与民事保护有何联系?

---

〔10〕 参见安徽省芜湖经济技术开发区人民法院刑事判决书,(2019)皖 0291 刑初 97 号。

〔11〕 参见浙江省余姚市人民法院刑事判决书,(2021)浙 0281 刑初 352 号。

第十章　商标管理

商标管理的内涵和外延都比较大,主要包括商标行政管理(第一节),除此之外,一些特殊行业的商标管理(第二节)以及企业自身的商标合规管理和品牌战略建设(第三节)也越来越受到重视。

第一节　行政管理

我国商标行政管理中,管理商标使用和查处商标侵权两个最重要的职能,在第六章和第九章中已有专门介绍,国知局2021年颁布的《商标一般违法判断标准》对其他商标违法行为进行了专门规范。该标准主要涵盖了以下内容:必须使用注册商标而未使用,将未注册商标冒充注册商标使用,使用不得作为商标使用的标志,自行改变注册商标、注册人名义、地址或者其他注册事项,在商业活动中使用"驰名商标"字样,商标被许可人未依法标明其名称和商品产地,未履行商标印制管理义务,恶意申请商标注册,未履行集体商标、证明商标管理义务9类违反商标管理秩序的违法行为。在此,我们增补了"商标代理的管理",关于集体证明商标的最后一项我们将在第十二章中介绍。

一、商标强制注册

中国原则上实行商标自愿注册原则,因而是否使用商标、使用什么样的商标都是个人或企业自己的事情,但在某些法律特别规定的情况下,使用未注册商标仍然可能导致使用者的法律责任发生。

《商标法》第6条规定:法律、行政法规规定必须使用注册商标的商品,必须申请商标注册,未经核准注册的,不得在市场销售。

之所以规定这一条,主要是因为1963年的《商标管理条例》(已失效)实行全面注册或强制注册的原则,1982年《商标法》制定时,立法者考虑到随着社会主义商品经济的发展,经济体制的改革,企业自主权的扩大,日益明显地表明这种用行政手段强制所有商标都要注册的"一刀切"的做法不利于调动企业内在的积极性、提高经济效益、发展商品生产。

因此,《商标法(草案)》改变了全面注册的办法。立法者希望1982年的《商标法》生效后,主要通过宣传教育,促使商标使用人根据专用的需要,自动提出申请注册,以取得商标专用权。同时,对于与国计民生关系密切的少数商品(如药品等),仍然规定了必须使用注册商标并申请注册。2001年的《商标法》将“国家规定”明确为“法律、行政法规”规定。刚开始的时候,药品也必须使用注册商标,而目前唯一要求强制注册的商品是烟草制品。

具体来说,根据《商标一般违法判断标准》第4条的规定,卷烟、雪茄烟、有包装的烟丝以及电子烟等新型烟草制品必须使用注册商标,未在中国核准注册的,不得在中国生产、销售。在中国销售的进口卷烟、雪茄烟、有包装的烟丝以及电子烟等新型烟草制品,必须使用在中国核准注册的商标。需要注意的是,这一要求不单涉及国内生产的烟草制品,也包括进口的烟草制品,烟草制品仅仅在国外注册是不够的,还必须在国内注册;不仅是传统烟草制品需要使用注册商标,电子烟也要纳入管理。

根据《烟草专卖法》第33条的规定,生产、销售没有注册商标的卷烟、雪茄烟、有包装的烟丝的,由工商行政管理部门责令停止生产、销售,并处罚款。具体根据《商标法》第51条的规定,如果使用未注册商标生产、销售烟草制品,由地方工商行政管理部门责令限期申请注册,违法经营额5万元以上的,可以处违法经营额20%以下的罚款,没有违法经营额或者违法经营额不足5万元的,可以处1万元以下的罚款。

需要注意的是,虽然《商标法》及相关法律法规并未提到药品商标的强制注册,但根据《药品说明书和标签管理规定》第27条的规定,药品说明书和标签中禁止使用未经注册的商标以及其他未经国家食品药品监督管理部门批准的药品名称。

二、冒充注册商标

《商标法》第52条规定,将未注册商标冒充注册商标使用的,由地方工商行政管理部门予以制止,限期改正,并可以予以通报,违法经营额5万元以上的,可以处违法经营额20%以下的罚款,没有违法经营额或者违法经营额不足5万元的,可以处1万元以下的罚款。

冒充注册商标是一种欺骗行为,主要表现为某一商标未经注册,使用人却称其商标已经注册,如在未注册商标标识上加注“注册商标”字样或加注“㊟”或“®”注册标记,或者在产品的广告、说明书等宣传品上冒称注册商标等。对商标注册人将自己的注册商标使用在未核定使用的商品上,并同时标有“注册商标”字样或使用注册标记“㊟”或“®”的,视为冒充注册商标。冒充注册商标的行为还包括注册商标的有效期届满后未续展,继续使用注册标记的;注册商标被注销或撤销后,继续使用注册标记的。

商标局于1997年还就一个特别的冒充注册商标问题作出批复,认为在未注册商标图样周围使用K符号,与“®”注册标记近似,易使人误认为该商标是注册商标,属于冒充注册商标行为。此外,商标局认为在未注册商标周围加印Z、C、S、B四个字母,易使人认为是“注册商标”的拼音缩写,也应当制止使用并限期改正。

正如前面所提到的,冒充注册商标既可能是一个从来没有注册的商标擅自标注注册标记,还可能是一个已经注册的商标擅自改变商标图样,以至于几乎成为一个新商标。

根据《商标法》第49条第1款的规定,商标注册人自行改变其注册商标的,属于擅自改变注册商标的行为。结合《商标法》第52条的规定，在未经核准注册的商标上加注注册标记，包括在注册商标核准使用的商品范围之外的其他商品上使用该商标并加注注册标记，属于冒充注册商标的行为。

掌握和区分"自行改变注册商标"和"冒充注册商标"两种行为之间的关系和界限，需针对具体商标案件个案进行认定。其基本原则是：对注册商标作局部或较轻微的改动，如改变商标文字部分的字体，或在不改变图形主体的前提下对图形部分作某些变动或增减等，则属于《商标法》第49条第1款所述的行为；如果对注册商标的主体部分（包括文字和图形）进行大的或根本性的改变，则该商标应被视为一个新的商标，在此商标未经注册前就在使用中加注注册标记，则属于冒充注册商标的行为。

三、违反禁用条款

违反《商标法》第10条的规定是指违反了禁用条款，即使用了不能作为商标使用的标记，按照上面提到的《商标法》第52条的规定，行为人也将承担冒充注册商标一样的法律责任。当然，经过该条中所指的有权机关的同意或授权的除外。

国知局认定商标注册申请违反《商标法》第10条规定且相关决定、裁定生效后，商标申请人或者他人继续使用该商标的，负责商标执法的部门依法查处。

四、注册商标使用管理

根据2021年《商标一般违法判断标准》的规定，《商标法》第49条第1款所称自行改变注册商标，是指商标注册人擅自对注册商标的文字、图形、字母、数字、三维标志、颜色组合、声音等构成要素作局部改动或者变换相对位置，影响对该注册商标的认知或者识别，仍标明"注册商标"或者注册标记的。正如我们在第六章第二节所述，自行改变的行为如不及时整改，可能会承担商标被撤销的法律责任。

有下列情形之一的，均属《商标法》第49条第1款规定的自行改变商标注册事项：(1)商标注册人名义（姓名或者名称）发生变化后，未依法向国知局提出变更申请的；(2)商标注册人地址发生变化后，未依法向国知局提出变更申请，或者商标注册人实际地址与商标注册簿上记载的地址不一致的；(3)除商标注册人名义、地址之外的其他注册事项发生变化后，商标注册人未依法向国知局提出变更申请的。但将卷烟整体包装作为商标注册的，其按照国家有关规定加注警语、修改警语内容和警语区面积造成卷烟商标改变并使用的行为，不视为违反《商标法》第49条第1款的规定。

同时，商标注册人应当监督被许可人合法使用其注册商标。商标注册人明知或者应知被许可人存在自行改变注册商标、注册人名义、地址或者其他注册事项的行为而不及时制止的，商标注册人承担自行改变注册商标的法律责任。

五、驰名商标标注管理

2013年《商标法》的规定，生产、经营者不得将"驰名商标"字样用于商品、商品包装或者容器上，或者用于广告宣传、展览以及其他商业活动中，违者由地方工商行政管理部门责令改正，处10万元罚款。

商标局在2016年的《关于企业在自建网站上使用驰名商标字样等有关问题的批复》

中指出,驰名商标认定与保护是我国履行相关国际公约义务,加强对相关公众熟知商标保护的一项重要法律制度。企业的商标获得驰名商标认定与扩大保护,是企业全面加强商标创造、运用、管理、保护工作的成果。该认定保护记录是一种客观事实,企业在网站上或其他经营活动中对自己商标获得驰名商标扩大保护的记录做事实性陈述,没有突出使用"驰名商标"字样行为的,不属于《商标法》第 14 条第 5 款所述的违法行为。

六、商品质量及商标许可管理

在《产品质量法》出台前,《商标法》实际承担了很大一部分质量监督管理的职能,人们经常将假冒伪劣混为一谈也情有可原。尽管质量问题常常与商标侵权假冒相伴而生,但质量问题实际是一个独立的问题:质量不合格的产品没有商标或使用自己的商标均不能上市;相反,即使产品质量合格甚至优良,也不能不经商标专用权人的同意,擅自在相同或类似的产品上使用相同或近似商标。

在中国,对商品的质量管理应当按照《产品质量法》进行,《商标法》原则上只涉及商标的管理。但在《产品质量法》出台前,1982 年的《商标法》实际承担了相当一部分质量法的功能,2001 年《商标法》修改后,质量管理的色彩才稍微减轻了一些,但其仍然规定使用注册商标,商品粗制滥造,以次充好,欺骗消费者的,由各级工商行政管理部门分别不同情况,责令限期改正,并可以予以通报或者处以罚款,或者由商标局撤销其注册商标。2013 年《商标法》修改时不再要求商标主管部门以此方式管理商品质量,并删除了这一条的规定。

不过,《商标法》第 7 条还是保留了有关质量管理的要求,即商标使用人应当对其使用商标的商品质量负责。各级工商行政管理部门应当通过商标管理,制止欺骗消费者的行为。而且,商标转让和使用许可过程中仍保留质量管理的个别规定。例如,受让人应当保证使用该注册商标的商品质量。许可人应当监督被许可人使用其注册商标的商品质量。被许可人应当保证使用该注册商标的商品质量。

另外,《商标法》第 43 条第 2 款规定,经许可使用他人注册商标的,必须在使用该注册商标的商品上标明被许可人的名称和商品产地。

七、商标印制管理

原国家工商行政管理局于 1985 年发布《商标印制管理暂行办法》,采用给印制企业开具商标标识印制许可证明的方式进行管理。1990 年,为进一步明确商标印制企业的法律责任和工商行政管理机关的行政监管责任,各依职权,各负其责,原国家工商行政管理局颁布实施《商标印制管理办法》,采取指定商标印制单位管理制度对商标印制行为进行行政管理。1996 年,原国家工商行政管理局对《商标印制管理办法》进行了修订,规定烟草制品和人用药品这两种商品商标标识印制资格的审核权由省级工商行政管理机关掌握,并规定证书每两年验证一次。

2001 年,国务院颁布实施《印刷业管理条例》,开始对出版物、包装装潢印刷品和其他印刷品的印刷经营活动实行印刷经营许可制度。该条例规定,包装装潢印刷品,包括商标标识;国务院出版行政部门和县级以上地方各级人民政府负责出版管理的行政部门,主管全国和本区域内的印刷业监督管理工作,即中央及地方政府出版行政管理部门负责审核发放印刷经营许可证；县级以上人民政府公安部门、工商行政管理部门以及其他有关部门在各自的职责范围内负责有关的印制业监督管理工作。

2020年修订的《印刷业管理条例》和《商标印制管理办法》规定，商标印制单位应当对商标印制委托人提供的证明文件和商标图样进行核查。商标印制委托人未提供相关的证明文件，或者其要求印制的商标标识不符合规定的，商标印制单位不得承接印制。商标印制单位承印符合规定的商标印制业务的，商标印制业务管理人员应当按照要求填写商标印制业务登记表，载明商标印制委托人所提供的证明文件的主要内容，商标印制业务登记表中的图样应当由商标印制单位业务主管人员加盖骑缝章。

商标标识印制完毕，商标印制单位应当在15天内提取标识样品，连同商标印制业务登记表、商标注册证复印件、商标使用许可合同复印件、商标印制授权书复印件等一并造册存档。商标印制单位应当建立商标标识出入库制度，商标标识出入库应当登记台账。废次标识应当集中进行销毁，不得流入社会。商标印制档案及商标标识出入库台账应当存档备查，存查期为两年。

八、恶意申请商标管理

2019年，《商标法》的修改，大大增强了恶意注册商标的打击力度，尤其我国后续制定了《规范商标申请注册行为若干规定》，该规定第3条对恶意申请商标注册的行为进行了列举。而且，对恶意申请商标注册的，根据情节给予警告、罚款等行政处罚；对恶意提起商标诉讼的，由人民法院依法给予处罚。

九、商标代理管理

商标代理是一门伴随商标注册制度诞生的职业，由于商标注册固有的专业性，申请人直接办理虽然可以节省费用，但如果出现商品范围选择不当、商标近似判断失误或者错过答辩期限等问题，就会造成难以挽回的损失，远远大于从一开始求助专业人员的开支。

正因为商标代理的合理性和必要性，各国在代理方面均有严格的立法，没有获得资质的人不得对外宣称自己是商标代理人。《巴黎公约》和商标法律条约都允许在国民待遇方面就涉外商标代理问题作出例外要求，即必须通过本地商标代理才能申请商标注册。这样要求可以保证商标申请人得到可靠的专业服务，也便利商标主管部门及时送达法律文书。

（一）商标代理制度的建立

中华人民共和国成立以后，由于长期实行计划经济体制，商标被作为各级政府监控产品质量和管理经济运行秩序的手段。1991年以前，国内商标的申请注册必须经各级工商行政管理机关的核转，这种方式被称为“商标注册核转制”，一直沿用了近40年。

在核转制下，申请人申请注册商标都必须经过其所在地区、县工商行政管理机关，转市、地工商行政管理机关，再转省、自治区、直辖市工商行政管理机关，最后报呈商标局。从本质上说，核转制实际上也是一种代理制，是一种非民事委托的、由各级政府工商行政管理机关进行的强制代理行为。

但核转制不符合原《民法通则》的规定，而且政府行政管理机关既是管理者又从事代理行为，其双重角色不符合行政机构改革的要求，此外，核转制也违背国际惯例，不利于日益频繁的商标领域国际合作的需要。为了适应形势的发展,1988 年修改的《商标法实施细则》对商标代理作出了明确的规定。国家工商行政管理机关于 1990 年在沿海经济发达地区,如上海、江苏等地试点建立了商标事务所。

1994 年,原国家工商行政管理局发布了《商标代理组织管理暂行办法》(已失效),该办法就商标代理人资格的取得、职业道德及商标代理组织的设立条件、业务范围、审批程序及代理人和代理组织的违规行为的处罚等方面作了比较全面的规范。该办法的颁布,标志着中国商标代理制的正式确立。

1999 年,原国家工商行政管理局制定并颁布了《商标代理管理办法》(已失效)。该办法的颁布实施,为 21 世纪中国商标代理行业的发展指明了方向,提供了法律保障。与《商标代理组织管理暂行办法》相比,《商标代理管理办法》有两个突出的特点:一是全面开放,二是严格管理。

(二)商标代理制度的调整

2003 年 2 月 27 日,国务院下发《关于取消第二批行政审批项目和改变一批行政审批项目管理方式的决定》,取消了商标代理机构审批和商标代理人资格核准行政审批。商标代理制度因此发生了巨大变化,其影响不亚于 20 世纪 90 年代初商标核转制度向商标代理制度转变的影响。

为了与之衔接,原国家工商行政管理总局于 2003 年 4 月 30 日下发文件指出,除原经国家工商行政管理总局批准的商标代理机构继续在原登记机关注册外,之后新设立的商标代理机构均在所在省、自治区、直辖市工商行政管理机关注册;自 2003 年 5 月 20 日起,新设立的商标代理机构持其营业执照副本到商标局备案,开设账户并交纳规费预付款,商标局自其备案手续齐备之日起受理商标代理业务。

文件下发后,有的省级工商行政管理机关结合本省企业登记及监管的实际情况和本省商标代理机构发展状况,提出了进一步贯彻落实的意见,也有的省级工商行政管理机关在谨慎开展代理机构企业登记前的清理工作,并期待原国家工商行政管理总局就有些问题再进行进一步明确。

2004 年,原国家工商行政管理总局为了方便商标代理机构开展商标代理业务,对代理工作提出了进一步的要求,即自 2004 年 3 月 1 日起,新登记注册的商标代理机构,由各省、自治区、直辖市工商行政管理机关每月一次将名单抄送商标局备案。

尽管开展商标代理不再需要专业资质,但代理行业的监管任务不仅没有减轻,实际还有所加重。一些代理组织在经营一段时间后,发现利润不高,便将代理业务束之高阁,贻误当事人利益;也有一些代理组织,为了争夺业务,不惜以低价或其他不正当手段竞争。凡此种种,如果得不到有效遏制,不仅会严重损害正常的商标管理秩序,当事人的利益也得不到保证。如何在新形势下加强监管,建立起码的执业门槛,已成为当务之急。

为此,2013 年修改《商标法》时特意增加了对商标代理的管理规范。具体体现为:(1)商标代理机构应当遵循诚实信用原则,遵守法律、行政法规,按照被代理人的委托办理商标注册申请或者其他商标事宜,对在代理过程中知悉的被代理人的商业秘密负有保密义务;(2)委托人申请注册的商标可能存在法律规定的不得注册情形的,商标代理机构应当明确告知委托人;(3)商标代理机构知道或者应当知道委托人申请注册的商标属于《商标法》第 15 条和第 32 条规定的商标抢注或侵犯在先权利情形的,不得接受其委托;

(4)商标代理机构除对其代理服务申请商标注册外,不得申请注册其他商标;(5)商标代理行业组织应当按照章程规定,严格执行吸纳会员的条件,对违反行业自律规范的会员实行惩戒。商标代理行业组织对其吸纳的会员和对会员的惩戒情况应当及时向社会公布。

此外,《商标法》第 68 条规定,商标代理机构有下列行为之一的,由工商行政管理部门责令限期改正,给予警告,处 1 万元以上 10 万元以下的罚款;对直接负责的主管人员和其他直接责任人员给予警告,处 5000 元以上 5 万元以下的罚款;构成犯罪的,依法追究刑事责任:(1)办理商标事宜过程中,伪造、变造或者使用伪造、变造的法律文件、印章、签名的;(2)以诋毁其他商标代理机构等手段招徕商标代理业务或者以其他不正当手段扰乱商标代理市场秩序的;(3)违反《商标法》第 4 条,第 19 条第 3 款、第 4 款规定的。

商标代理机构有上述行为的,由工商行政管理部门记入信用档案;情节严重的,商标局、商标评审委员会并可以决定停止受理其办理商标代理业务,予以公告。商标代理机构违反诚实信用原则,侵害委托人合法利益的,应当依法承担民事责任,并由商标代理行业组织按照章程规定予以惩戒。

《商标法实施条例》第 83 条又进一步细化了相关规定:《商标法》所称商标代理,是指接受委托人的委托,以委托人的名义办理商标注册申请、商标评审或者其他商标事宜。商标代理机构包括经工商行政管理部门登记从事商标代理业务的服务机构和从事商标代理业务的律师事务所。商标代理从业人员是指在商标代理机构中从事商标代理业务的工作人员。

《商标法》中以其他不正当手段扰乱商标代理市场秩序的行为包括:(1)以欺诈、虚假宣传、引人误解或者商业贿赂等方式招徕业务的;(2)隐瞒事实,提供虚假证据,或者威胁、诱导他人隐瞒事实,提供虚假证据的;(3)在同一商标案件中接受有利益冲突的双方当事人委托的。

工商行政管理部门应当建立商标代理机构信用档案。商标代理机构违反《商标法》或者《商标法实施条例》规定的,由商标局或者商标评审委员会予以公开通报,并记入其信用档案。

目前,中华商标协会商标代理分会履行商标代理行业组织的职能,并注册了商标代理的集体商标。另外,律师事务所经过备案的也可以从事商标代理工作。

2022 年 10 月 27 日,国家市场监督管理总局发布《商标代理监督管理规定》,该规定所称的商标代理机构包括经市场主体登记机关依法登记从事商标代理业务的服务机构和从事商标代理业务的律师事务所;商标代理从业人员包括商标代理机构的负责人,以及受商标代理机构指派承办商标代理业务的本机构工作人员。商标代理机构和商标代理从业人员应当遵守法律法规和国家有关规定,遵循诚实信用原则,恪守职业道德,规范从业行为,提升商标代理服务质量,维护委托人的合法权益和商标代理市场正常秩序。商标代理从业人员应当遵纪守法,有良好的信用状况,品行良好,熟悉商标法律法规,具备依法从事商标代理业务的能力。

该规定明确了商标代理行为规范:(1)明确从事商标代理业务的基本原则。商标代理机构从事商标代理业务不得采取欺诈、诱骗等不正当手段,不得损害国家利益、社会公共利益和他人合法权益;商标代理机构不得以其法定代表人、股东、合伙人、实际控制人、高级管理人员的名义申请注册或者受让其代理服务以外的其他商标,也不得通过另行设立市场主体或者与其存在关联关系的市场主体等其他方式变相从事上述行为。(2)要求商标代理机构建立健全质量管理、利益冲突审查、恶意申请筛查、档案管理等业务管理制度和运营制度。(3)重申了商标代理机构及其从业人员应履行的义务,包括告知、保密、签字负责等,明确商标代理机构应当及时向委托人送交相关材料,规定商标代理从业人员不得同时在两个以上商标代理机构兼职等。(4)针对商标代理行业中存在的低价恶意竞争、虚假宣传等乱象,要求商标代理机构加强职业道德和职业纪律教育,组织业务学习,遵循自愿、公平和诚实信用原则收取费用。(5)对商标代理机构基本事项公示和业务档案进行了规定。

同时,该规定还丰富了商标代理监管手段,完善了对商标代理违法行为的处理措施。

2023 年公布的商标法修改征求意见稿修改强调要加强商标代理行业监督管理,明确商标代理机构准入要求,提高商标代理服务质量;强化商标代理机构及从业人员的责任义务,规范商标代理行为;健全商标代理行业组织职责义务,更好发挥行业自律作用;进一步明确商标代理违法行为,增加对违法商标代理机构的负责人、直接责任人以及负有管理责任的股东新任职务的限制性要求。

第二节 行业管理

一、外贸商标管理

外贸商标是一个特殊的领域,由于涉及进出口业务,其早在改革开放之初就引起了商标局和外贸主管部门的重视。随着我国加入世界贸易组织,商务部又相继出台了一些专门的规定。

(一)对外贸易商标管理

我国企业到国外注册商标一直存在一些问题,其中有三种情况亟待解决:一是有的企业忽视到国外注册商标的工作,他们只满足于接受国外的定牌生产或被许可使用外国商标,不注意创设自己的商标;二是有的企业把到国外注册商标看得很神秘,或者搞不清楚到国外注册商标的程序,而不寻求到国外注册商标的途径;三是一些企业把他人已在国内注册的商标拿到国外注册,造成同一个商标国内外商标专用权由不同的企业所有的问题,常常引起"纠纷",自相摩擦,造成损失。

为了维护外贸经营秩序,保障商标注册人的合法权益,鼓励企业运用商标战略开拓国际市场,促进我国对外贸易的发展,根据《对外贸易法》和《商标法》的规定,1995 年 7 月 13 日,原对外贸易经济合作部、原国家工商行政管理局发布了《关于对外贸易中商标管理的规定》。

根据该规定,原对外贸易经济合作部和原国家工商行政管理局负责对全国对外贸易商标工作的管理、监督、指导。各地方外经贸主管部门、各地方工商行政管理部门负责对本行政区域内的对外贸易商标工作进行管理、监督、指导。进出口商会根据其章程和有关法律、法规的规定，对会员企业的商标使用进行监督、协调并提供咨询服务。

对外贸易经营者拥有下列权利和承担下列义务：

1. 对外贸易经营者依法享有使用和自主处置其注册商标的权利，其他任何单位和个人不得干预。

2. 对外贸易经营者的商标管理和使用，应当遵守《商标法》及有关法规、规章，并接受有关部门的指导、监督和检查。

3. 对外贸易经营者应当根据本单位的实际情况，建立商标管理机构，健全商标管理制度，及时办理国内外商标注册，制定商标战略，创名牌商标。

4. 对外贸易经营者只有征得注册商标所有人同意并依法签订商标许可使用合同，方可使用他人注册商标。注册商标所有人必须严格监督商标使用许可合同的执行，保证商品质量，维护商标信誉。被许可人在销售市场、客户、价格、质量及广告宣传等方面，应当严格遵守商标使用许可合同，服从许可人的意志的规定。被许可人不得将被许可使用的注册商标再许可他人使用。

5. 对外贸易经营者在从事进出口活动中，对他人指定或者提供使用的商标，应当要求对方出具真实有效的商标专用权证明文件或者被许可使用该商标且未超出许可范围的证明文件，并予以核查。该商标不得与已在我国相同或者类似的商品上注册的商标相同或者近似，其商品的包装、装潢也不得与他人已在我国使用的包装、装潢相同或者近似。

6. 合资、合作企业使用其中任何一方的注册商标时，均应当在合资、合作协议中予以明确；合资、合作企业以本企业名义申请注册的商标，应当由合资、合作各方在提出申请前，签订经过公证的关于合资、合作关系结束后该商标归属的协议。

7. 对外贸易经营者收购、代理销售，或者进行广告、宣传和展览等其他营销活动时，应当确保其商品使用的商标不得违反《商标法》及其他有关规定；商品所用商标非供货方所有的，对外贸易经营者应当严格核查供货方持有的商标使用许可合同，供货方无权使用该商标对外供货或者委托他人代理出口的，不得订购。

该规定禁止对外贸易经营者在对外贸易活动中进行下列行为：(1)《商标法》《商标法实施细则》所列禁止行为；(2)持他人已在我国注册的商标以本单位或者其他名义在外国申请注册和使用；(3)在同种商品上使用与他人商品相同或者近似的包装、装潢，或者具有欺骗、失实的能够引起误导的文字说明；(4)经营的进口商品使用的商标违反我国《商标法》及其他有关法规、规章、政策和有关国际公约、协定；(5)给他人注册商标专用权造成损害，扰乱外贸经营秩序的其他行为。

为加快外贸经营体制改革，促进和规范各类企业从事进出口业务，原对外贸易经济合作部于2001年又专门制定了《关于进出口经营资格管理的有关规定》。该规定要求进一步加强和完善监管体系，严格依法对违法违规企业实施行政处罚，建立有准入有退出的进出口经营资格管理体制。

对于有商标侵权行为的企业，给予以下行政处罚：因商标侵权行为被海关或工商行政管理等部门处罚，但尚未构成犯罪的，给予暂停一年对外贸易经营许可的处罚；对发生严重侵权行为、给商标所有人造成重大经济损失并经司法部门认定或经仲裁机构裁定的，给予撤销对外贸易经营许可的行政处罚。

(二)外贸投资商业领域的商标管理

为进一步扩大对外开放,完善市场流通体系的建设,根据《中外合资经营企业法》(已失效)、《中外合作经营企业法》(已失效)、《外资企业法》(已失效)及《公司法》等法律、行政法规,商务部于2004年4月颁布了《外商投资商业领域管理办法》(已失效)。根据该办法,国家商务主管部门依法对外商投资商业领域及外商投资商业企业的经营活动进行监督和管理。

该办法对特许经营进行了特别规定。特许经营是指为获取报酬或特许经营费,通过签订合同授予他人使用其商标、商号、经营模式等。外商投资商业企业授予他人以特许经营方式开设店铺的,除应遵守该办法规定外,国家对特许经营活动另有规定的,还应遵守其规定。

此外,中外合资、合作商业企业的商标、商号所有者为内资企业、中国自然人,且中国投资者在外商投资商业企业中控股、该外商投资商业企业的经营范围不涉及特殊行业商品的,其设立及开店申请由企业所在地省级商务主管部门在其审批权限内审批。若跨省开设店铺,还应征求拟开设店铺所在地省级商务主管部门的意见。

外商投资商业企业签订的商标、商号使用许可合同、技术转让合同、管理合同、服务合同等法律文件,应作为合同附件或外资商业企业的章程附件一并报送。

(三)外贸知识产权保护

2004年《对外贸易法》的修订针对对外贸易中的知识产权问题进行了认真研究,主要汲取了发达国家的立法经验,同时充分利用国际公约赋予的权利,以解决我国现实存在的问题。该法于2016年与2022年又进行了修订。

《对外贸易法》第五章题为"与对外贸易有关的知识产权保护",分别对进口产品侵犯知识产权、知识产权滥用和我国企业在国外受到知识产权保护的状况的监控进行了规定。具体规定有:国家依照有关知识产权的法律、行政法规,保护与对外贸易有关的知识产权。进口货物侵犯知识产权,并危害对外贸易秩序的,国务院对外贸易主管部门可以采取在一定期限内禁止侵权人生产、销售的有关货物进口等措施。

另外,知识产权权利人有阻止被许可人对许可合同中的知识产权的有效性质疑、进行强制性"一揽子"许可、在许可合同中规定排他性返授条件等行为之一,并危害对外贸易公平竞争秩序的,国务院对外贸易主管部门可以采取必要的措施消除危害。

该法第30条还确立了通过贸易措施保证其他国家或地区对我国法人、其他组织和个人以及我国的货物、技术和服务提供充分有效的知识产权保护的制度。该规定实际确立了"交叉报复"的关联性和合法性,具体的内容有:其他国家或者地区在知识产权保护方面未给予中华人民共和国的法人、其他组织或者个人国民待遇,或者不能对来源于中华人民共和国的货物、技术或者服务提供充分有效的知识产权保护的,国务院对外贸易主管部门可以依照本法和其他有关法律、行政法规的规定,并根据中华人民共和国缔结或者参加的国际条约、协定,对与该国家或者该地区的贸易采取必要的措施。进口货物侵犯知识产权,并危害对外贸易秩序的,国务院对外贸易主管部门可以采取在一定期限内禁止侵权人生产、销售的有关货物进口等措施。

二、烟草商标管理

为增强烟草行业内企业的商标意识和守法意识，更好地维护企业的合法权益，国家烟草专卖局于 2003 年特别发出《关于加强卷烟商标管理的通知》。

该通知指出，虽然《烟草专卖法》规定了烟草商标的强制注册制度，但由于部分卷烟生产企业商标意识淡薄，不注重对商标的合法使用和保护，或者在其试销卷烟产品上使用了自行改变的注册商标，或者未经依法核准注册，就利用未注册的商标生产、销售卷烟等。这些行为既违反国家有关法律的规定，也损害卷烟生产企业的商标信誉及其他合法权益，给烟草行业的形象造成了负面影响。

该通知要求烟草行业内企业的生产和经营管理人员重视对商标法律知识的学习，努力提高商标意识，依法加强对商标的保护，真正做到依法经营。并特别强调卷烟生产企业在生产过程中不得自行改变卷烟注册商标；凡有自行改变注册商标行为的，应当立即停止，限期整改；卷烟、雪茄烟和有包装的烟丝必须申请商标注册。未经核准注册，不得生产、销售。

2015 年修改《广告法》时，增加了限制烟草广告的特别规定，即禁止利用其他商品或者服务的广告、公益广告，宣传烟草制品名称、商标、包装、装潢以及类似内容。烟草制品生产者或者销售者发布的迁址、更名、招聘等启事中，不得含有烟草制品名称、商标、包装、装潢以及类似内容。

事实上，对香烟行业挑战更大的是一些西方发达国家如澳大利亚兴起的“平装香烟运动”(plain packaging)，即限制使用特殊字体的商标，商标的位置和大小也受到极大的限制，目前大的烟草公司正在通过一些小国以损害商标的识别作用为由在 WTO 提起诉讼，试图扳回局面。

根据 2015 年修正的《烟草专卖法》、2021 年修订的《烟草专卖法实施条例》、2022 年制定的《电子烟管理办法》以及 2021 年的《商标一般违法判断标准》，包括烟弹、烟具以及烟弹与烟具结合销售的产品在内的电子烟也被纳入烟草专卖管理，商标的强制注册也扩展到对电子烟的管理。

三、药品商标管理

虽然对于药品已不再要求强制注册，但原国家食品药品监督管理局于 2006 年在《药品说明书和标签管理规定》中对药品商标的使用仍然有一些特别要求。例如，药品说明书和标签中禁止使用未经注册的商标以及其他未经原国家食品药品监督管理局批准的药品名称。具体使用时，药品标签使用注册商标的，应当印刷在药品标签的边角，含文字的，其字体以单字面积计不得大于通用名称所用字体的 1/4。

由于药品商品名称往往就是该商品的产品商标，具体使用时也有一系列的要求，例如，药品说明书和标签中标注的药品名称必须符合原国家食品药品监督管理局公布的药品通用名称和商品名称的命名原则，并与药品批准证明文件的相应内容一致。

又如，药品通用名称应当显著、突出，其字体、字号和颜色必须一致，并符合以下要求：(1)对于横版标签，必须在上 1/3 范围内显著位置标出；对于竖版标签，必须在右 1/3 范围内显著位置标出。(2)不得选用草书、篆书等不易识别的字体，不得使用斜体、中空、阴影等形式对字体进行修饰。(3)字体颜色应当使用黑色或者白色，与相应的浅色或者深色背景形成强烈反差。(4)除因包装尺寸的限制而无法同行书写的,不得分行书写。

再如,药品商品名称不得与通用名称同行书写,其字体和颜色不得比通用名称更突出和显著,其字体以单字面积计不得大于通用名称所用字体的1/2。

这些也是为了尽可能避免各个药厂将一些实际并无实质差别的药品通过商标或商品名称改头换面的方式实现涨价出售。此外,根据广告法的规定,药品广告也有诸多限制性规定,尤其禁止药品比较广告。

四、乳粉商标管理

为了规范婴幼儿配方乳粉生产经营活动,加强婴幼儿配方乳粉质量安全监管,原国家食品药品监督管理总局于2013年发布了《关于禁止以委托、贴牌、分装等方式生产婴幼儿配方乳粉的公告》。

公告的主要内容有:(1)婴幼儿配方乳粉生产企业不得接受其他单位和个人委托,为其生产婴幼儿配方乳粉。任何单位和个人不得通过合同或者约定,委托婴幼儿配方乳粉生产企业为其加工、制作婴幼儿配方乳粉。(2)婴幼儿配方乳粉生产企业不得为其他品牌持有人或代理人生产婴幼儿配方乳粉,不得冒用他人品牌和包装生产婴幼儿配方乳粉。(3)婴幼儿配方乳粉生产企业不得在国内生产其仅在境外注册商标和企业名称、地址的婴幼儿配方乳粉,不得在国内生产标注为境外企业名称、地址的婴幼儿配方乳粉。(4)任何单位和个人不得采购或进口婴幼儿配方乳粉直接进行装罐、装袋、装盒,或者改变包装、标签生产婴幼儿配方乳粉。(5)婴幼儿配方乳粉生产企业不得使用相同的原料、辅料构成的同一种配方,生产不同产品名称的婴幼儿配方乳粉。(6)婴幼儿配方乳粉生产企业不得使用除牛、羊乳及其乳粉、乳成分制品(包括乳蛋白、乳糖等)以外的其他动物乳和乳制品生产婴幼儿配方乳粉。

五、汽车商标管理

经国务院批准,国家发展和改革委员会于2004年5月21日正式颁布实施《汽车产业发展政策》,其中一个重要的政策目标就是,激励汽车生产企业提高研发能力和技术创新能力,积极开发具有自主知识产权的产品,实施品牌经营战略;2010年,汽车生产企业要形成若干驰名的汽车、摩托车和零部件产品品牌。

按照《汽车产业发展政策》的规定,汽车、摩托车、发动机和零部件生产企业均要增强企业和产品品牌意识,积极开发具有自主知识产权的产品,重视知识产权保护,在生产经营活动中努力提高企业品牌知名度,维护企业品牌形象。

汽车、摩托车、发动机和零部件生产企业均应依据《商标法》注册本企业自有的商品商标和服务商标。国家鼓励企业制定品牌发展和保护规划,努力实施品牌经营战略。

2005年起,所有国产汽车和总成部件要标示生产企业的注册商品商标,在国内市场销售的整车产品要在车身外部显著位置标明生产企业商品商标和本企业名称或商品产地,商品商标中已含有生产企业地理标志的,可不再标明商品产地。所有品牌经销商要在其销售服务场所醒目位置标示生产企业服务商标。

为保护汽车消费者的合法权益,使其在汽车购买和使用过程中得到良好的服务,国内外汽车生产企业凡在境内市场销售自产汽车产品的,必须尽快建立起自产汽车品牌销售和服务体系。该体系可由国内外汽车生产企业以自行投资或授权汽车经销商投资的方式建立。境内外投资者在得到汽车生产企业授权并按照有关规定办理必要的手续后，均可在境内从事国产汽车或进口汽车的品牌销售和售后服务活动。

自2005年起，汽车生产企业自产乘用车均要实现品牌销售和服务；2006年起，所有自产汽车产品均要实现品牌销售和服务。

取消当时有关小轿车销售权核准管理办法，由商务部会同原国家工商行政管理总局、原国家发展和改革委员会等有关部门制定汽车品牌销售管理实施办法。汽车销售商应在工商行政管理部门核准的经营范围内开展汽车经营活动。其中不超过9座的乘用车（含二手车）品牌经销商的经营范围，经国家工商行政管理部门依照有关规定核准、公布。品牌经销商营业执照统一核准为品牌汽车销售。

汽车、摩托车生产企业要加强营销网络的销售管理，规范维修服务；有责任向社会公告停产车型，并采取积极措施保证在合理期限内提供可靠的配件供应用于售后服务和维修；要定期向社会公布其授权和取消授权的品牌销售或维修企业名单；对未经品牌授权和不具备经营条件的经销商，不得提供产品。

汽车、摩托车和零部件销售商在经营活动中应遵守国家有关法律法规。对销售国家禁止或公告停止销售的车辆的，伪造或冒用他人厂名、厂址、合格证销售车辆的，未经汽车生产企业授权或已取消授权仍使用原品牌进行汽车、配件销售和维修服务的，以及经销假冒伪劣汽车配件并为客户提供修理服务的，有关部门要依法予以处罚。

不过，目前汽车品牌管理方式也正在调整，上述严格管理的思路也在改变。另外，我们在本书第八章第五节中也特别提到了汽车产品的平行进口管理问题。

第三节　合规管理和品牌建设

一、合规管理

企业商标工作。尽管商标是一种私权，但我国商标主管机关对企业的商标管理和建设一直非常重视，1990年，原国家工商行政管理局就发出了《关于大力加强企业商标工作的通知》（已失效）。

该通知中说，改革开放以来，随着商品生产的迅速发展，我国企业的商标法制观念和商标意识有了明显增强。但是，由于我国历史上商品经济不够发达，在较长的一段时期又实行产品经济模式，所以整个社会的商标意识还很淡薄，我国企业的商标观念和商标工作仍处于薄弱和较低层次。大多数企业对商标缺乏足够认识，不能制订正确的商标策略，不能运用商标发展生产，开拓市场。因此我国同发达国家相比，不仅商标数量少，而且竞争力差，在国内外市场上享有盛誉的驰名商标也不多。这种情况与改革开放，发展社会主义商品经济，发展外向型经济，参与国际市场竞争的需要很不适应。

该通知特别强调，商标是工业产权。商标制度的建立和有效实施的目的是保护人类智能劳动的成果。《商标法》把保护注册商标作为中心环节,实质上是通过保护企业的商标权益,促使企业维护商标信誉,促进生产的发展。企业是商标的使用者和所有人,只有搞好企业的商标工作,我国商标制度的实施和发展才有坚实的基础,商标促进社会主义商品经济发展的作用才能得到充分的发挥。

该通知要求各级工商行政管理机关把加强企业的商标工作作为一项重要任务。商标管理包括保护注册商标专用权和指导企业的商标工作两个重要方面。各级工商行政管理机关应当在保护注册商标专用权,查处商标侵权、假冒商标案件的同时,下大力气指导和帮助企业搞好商标工作,做到严肃执法和热情指导企业两手抓。

企业需要从以下几个方面入手,逐步建立和完善商标机制:企业的领导和有关人员要提高商标意识,充分认识商标的性质和作用;能够恰当地运用商标的策略,发展生产,开拓市场;懂得并严格遵守商标法律、法规,积极地维护自己的商标权益;建立和完善企业的商标工作制度,拥有训练有素的商标工作人员。

企业商标管理。为加强对企业商标的管理,促使企业正确行使商标权,维护企业合法权益,出于对国有资产负责的态度,1995 年,原国家工商行政管理局还公布了《企业商标管理若干规定》(已失效),该规定仅适用于企业经核准注册的公众熟知商标。

该规定指出,企业行使商标权,应当遵循自愿、平等、等价有偿的原则,遵守国家法律、法规和政策;任何组织、个人不得非法干预。各级工商行政管理机关应当加强对企业商标的管理,维护企业合法权益。企业同时应当增强商标意识,健全商标管理制度,维护自身合法权益。

按照该规定,企业转让商标、以商标权投资及其他依法需要进行商标评估的,除法律、法规另有规定外,应当委托商标评估机构进行商标评估;企业许可他人使用其商标的,应当签订商标使用许可合同,并在合同中明确使用该商标的义务和不使用该商标的责任;企业转让其商标,应当符合有关商标管理法律、法规及政策的规定,并提交商标转让协议和商标评估报告,报商标局核准;企业以商标权投资的,必须在有关投资文件中明确商标投资方式,商标作价数额,使用商标的商品品种、数量、时限及区域,商标收益分配,企业终止后商标的归属等内容。

该规定后来虽然被废止,但企业从自身利益出发,加强商标管理,尤其是在商标转让、许可使用或作价投资中,重视商标价值评估,及时办理转让、许可备案手续,仍然具有十分重要的意义。

企业知识产权管理规范。由国知局起草制定的《企业知识产权管理规范(试行)》于 2012 年发布,其中也包含了商标的内容,企业商标管理也因此进入新的阶段。该规范强调,企业知识产权管理体系是企业管理体系的重要组成部分,该体系作为一个整体过程,包括知识产权管理的策划、实施、检查和改进四个环节。企业知识产权管理体系的输入是企业经营发展对知识产权管理的需求,一般包括:(1)开发新产品,研发新技术;(2)提高产品附加值,扩大市场份额;(3)防范知识产权风险,保障投资安全;(4)提高生产效率,增加经济效益。

通过持续实施并改进知识产权管理体系,输出一般包括:(1)激励创造知识产权,促进技术创新;(2)灵活运用知识产权,改善市场竞争地位;(3)全面保护知识产权,支撑企业持续发展;(4)系统管理知识产权,提升企业核心竞争力。

标准采用过程方法:(1)策划:理解企业知识产权管理需求,制定知识产权方针和目标;(2)实施:在企业的业务环节(产品的立项、研究开发、采购、生产、销售和售后)中获取、维护、运用和保护知识产权;(3)检查:监控和评审知识产权管理效果;(4)改进:根据检查结果持续改进知识产权管理体系。

企业商标合规管理。《孙子兵法》有云:“昔之善战者,先为不可胜,以待敌之可胜,不可胜在己,可胜在敌。”近年来,企业合规作为营造“不可胜在己”的有力手段,在中国得到越来越多的关注。企业不再只是被动地接受法律的规制,而是自觉地将有关规范融入自身的建设和经营,这也是现代企业管理的一个必然趋势。最高人民检察院、司法部、财政部等九部委于2021年发布《关于建立涉案企业合规第三方监督评估机制的指导意见(试行)》,使企业合规工作有了更加现实的意义。

知识产权作为企业运营的重要组成部分,关乎企业品牌形象的树立和核心技术的打造,并最终影响企业的短期盈亏和长期发展,在企业合规中扮演着十分关键的角色。知识产权合规涉及商标、版权、专利、反法、商业秘密,以及反垄断等诸多立法和实操规范。知识产权权利从获取到实现的每一个环节,企业需要谨慎为之。相关部门出台的若干企业知识产权合规指引,对企业的知识产权合规工作起到了很好的推动作用。企业需要立足知识产权方面的规范及实践,梳理出常见的雷区或风险点,履行自身义务,及时发现并准确识别潜在的侵权或被侵权风险。

在商标领域,企业需要从商标的注册、维持和保护各个阶段分别梳理合规要点,除及时获取商标注册外,还应当充分关注获取商标注册之后的商标使用情况,避免使用不合规导致不必要的风险。企业需要提别关注有效的注册从实体上应当符合什么条件,有哪些需要特别注意的问题,从流程上,企业又可以采取哪些措施去跟踪注册的状况和风险;要维持有效的注册,企业需要怎样使用商标,如果使用不合规定,对自己的注册有什么负面影响,是否影响针对他人的维权,甚至是否自己还面临行政、民事或刑事法律责任。

二、品牌建设

为高质量推进品牌建设工作,全面提升我国品牌发展总体水平,国家发展和改革委员会等六部门于2022年发布《关于新时代推进品牌建设的指导意见》。其中,在支持企业实施品牌战略或扩大品牌影响力方面,特别提出以下意见:

1. 提升技术和质量水平。支持企业深入开展质量提升行动,实施全产业链质量提升,加强企业技术创新和产业链协同联动,促进技术迭代和质量升级。支持企业推进生产自动化、智能化、绿色化,构建规范化、标准化、精细化的运营体系。鼓励企业推广先进质量管理模式,开展质量管理数字化升级,建立全周期全流程质量安全追溯体系。鼓励企业完善测量管理体系,夯实高质量发展的计量能力和水平。开展对标达标提升行动,鼓励企业制定高于国际标准、国家标准水平的企业标准,推动形成一批具有引领带动作用的企业标准“领跑者”和一批具有市场竞争力的“领跑者”标准。

2. 塑造提升品牌形象。鼓励企业推进产品设计、文化创意、技术创新与品牌建设融合发展,建设品牌专业化服务平台,提升品牌营销服务、广告服务等策划设计水平。实施商标品牌战略,加强商标品牌指导站建设,培育知名商标品牌。引导企业诚实经营,信守承诺,积极履行社会责任,塑造良好品牌形象。支持企业强化商标品牌资产管理,提升品牌核心价值和品牌竞争力。

3. 丰富品牌文化内涵。积极推动中华文化元素融入中国品牌,深度挖掘中华老字号文化、非物质文化遗产、节庆文化精髓,彰显中国品牌文化特色。推进地域文化融入品牌建设,弘扬地域生态、自然地理、民族文化等特质。培育兼容产业特性、现代潮流和乡土特色、民族风情的优质品牌。

4. 发挥大型骨干企业示范引领作用。推动大型骨干企业特别是中央企业进一步发挥示范引领作用,深入实施中央企业品牌提升专项行动,加大品牌建设投入,积极推进全面品牌管理,促进品牌建设与企业经营良性互动,形成一批具有中国特色的品牌建设实践经验。支持大型骨干企业融入国家形象塑造,参与国际重大交流活动,传递中国品牌理念,不断增强全球消费者对中国制造、中国建造、中国服务的品牌认同。

5. 引导品牌国际化。鼓励企业实施品牌国际化战略,拓展国际市场。引导企业构建研发、采购、生产、品牌建设推广、售后服务一体化体系,开展商标海外布局。鼓励品牌企业与国际品牌企业合作,提高品牌国际化运营能力。引导行业龙头企业带动中小企业联合开展海外品牌建设推广,合作共建展销中心、营销渠道、服务网络、研发体系和公共海外仓。支持企业参加海外品牌展示和推广活动。

思考题

1. 使用未注册商标有何限制?
2. 恶意申请商标注册需要承担什么责任?
3. 烟草商标管理有何要求?
4. 商标代理是否有资质要求?
5. 商标合规管理的主要内容是什么?
6. 企业品牌建设的主要内容有哪些?

第十一章　驰 名 商 标

驰名商标是为相关公众所熟知的商标,由于其知名度遍及全国,一般来说使用时间都比较长,使用规模也比较大,即使没有注册也会受到特别保护。至于在非类似商品上使用,也可能因为联想而出现对驰名商标的弱化、丑化或搭车的情况,甚至在类似商品上虽然没有混淆,但仍然可以依据驰名商标获得扩大的保护或强化的保护。

本章我们将依次介绍驰名商标的保护背景(第一节)、驰名商标的认定过程(第二节)和驰名商标的保护范围(第三节)。

第一节　保 护 背 景

驰名商标不是从天上掉下来的概念,而是经过漫长的历史演变并逐渐为世界各国所接纳,我国对驰名商标的保护也经历了逐步完善的过程。

一、国际背景

(一)《巴黎公约》

商标之所以应该被予以保护,是因为基本的出发点是防止消费者误认误购,因此必须确保确定的商标由唯一确定的人所有或控制。最初的确权依据是谁先使用就归谁。这一原则的好处显而易见,因为公众正是通过厂商在商品上的实际使用来认识和记忆商标的,以此确定商标的归属最为客观公正,如果把商标授予在后使用人,势必人为地在消费者的心目中制造混乱,从而妨碍经济的发展和社会的进步。

随着商品经济的发展,尤其是商品销售范围逐渐扩大,消费者和生产厂家的距离越来越远,先使用原则也带来一个新的问题,即新的生产厂商在选择自己希望使用的商标时,不能或者至少很难知道,到底都有谁在之前已经使用了相同或者近似的商标。不能有效地解决这一问题,势必影响新的企业进入市场,从而降低市场竞争的效率,最终同样不符合消费者享受多样化服务的利益。

因此,一些国家率先开始以一种新的办法来确定商标的归属,这一办法就是,建立全国统一的商标注册簿。所有实际或意图使用的商标都必须经过注册才能获得商标专用权,同时向所有人公开这一注册簿,从而最大限度地降低查询检索的成本,使商标的归属变得一目了然。

当然,无论是采取使用在先还是注册在先的原则来确定商标的归属,商标的保护都受制于一个更大的原则,即地域性原则:在各个国家取得的保护相互之间是独立的,要想在一个国家取得保护就必须到这个国家去使用或注册。贸易范围局限在一省一国的时候,这一要求还不是一个受到普遍关注的问题。

《巴黎公约》早期立法对驰名商标的保护。随着国际交往的日益频繁,如何安全快捷地在国外取得商标保护越来越成为一个紧迫的问题,正是在这种背景下,《巴黎公约》于1883年应运而生。《巴黎公约》最初主要是规定,在原属国注册的商标,再到巴黎联盟其他成员国注册时,应当受到"原样保护",即只有在该公约允许的范围内,其他国家才能驳回注册申请。这虽然在一定程度上保障了在原属国已经取得注册的商标可以比较容易地取得在其他成员国的注册,但对于可能出现的驰名商标抢注问题,1883年的《巴黎公约》并没有任何规定。

驰名商标的抢注问题主要是指驰名商标的所有人由于种种原因,没有来得及在有关国家注册,但事实上该国的相关公众已普遍认为驰名商标的所有人是该商标的真正拥有者,如果绝对坚持"不注册则不保护"的原则,那么对驰名商标的所有人就可能出现不公平的结果,还可能误导消费者。因此,在1911年修改《巴黎公约》的华盛顿外交大会上,法国率先提出了对驰名商标进行特殊保护的问题。法国当时的建议是,在原属国已经注册的商标只要在其他成员国首先使用,即使后来有人注册了这一商标,也有权继续使用。这一建议由于两个只保护注册商标国家的反对,最后未获通过。

在1925年的海牙外交大会上,荷兰和保护工业产权联合国际局再次提出保护驰名商标的建议,经过激烈讨论,终于在该公约中增补了专门保护驰名商标的第6条之二:"缔约国承诺,如本国法律允许,应在行政中,或依有关当事人的请求,对商标注册国主管机关认为在该国以已经属于有权享受本公约利益的人所有,并且使用在相同或者类似商品而驰名的商标,构成复制、仿制并可能产生混淆的商标,拒绝或撤销注册。在至少3年的期间内,应允许提出撤销这种商标的请求。期间自该商标注册之日起计算。对于依恶意取得注册的商标提出撤销注册请求,不应规定时间限制。"[1]

该条款的基本思路是,尽管有些商标没有在要求保护的国家注册,但如果事实上已经广为人知,经过该国主管机关的认定,该驰名商标的所有人对在该驰名商标之前申请或注册的其他相同或近似的商标,就可以要求拒绝或撤销。这一文本只涉及拒绝注册或宣布注册无效,没有禁止使用的规定,对于善意发生的冲突,驰名商标所有人至少有3年的时间提起诉讼。

《巴黎公约》现行文本对驰名商标的保护。1934年的伦敦外交大会对该条进行了一些技术性的调整,1958年的里斯本外交大会对第6条之二又作了进一步修改,由于1967年的斯德哥尔摩外交大会在驰名商标方面未作任何调整,现行有效的文本即1958年里斯本外交大会形成的文本:"(1)本联盟各国承诺,如本国法律允许,应依职权,或依有关当事人的请求,对商标注册国或使用国主管机关认为在该国已经属于有权享受本公约利益

---

〔1〕 https://www.wipo.int/treaties/en/ip/paris/.(1924年)

的人所有而驰名、并且用于相同或类似商品的商标构成复制、仿制或翻译,易于产生混淆的商标,拒绝或取消注册,并禁止使用。这些规定,在商标的主要部分构成对上述驰名商标的复制或仿制,易于产生混淆时,也应适用。(2)自注册之日起至少5年的期间内,应允许提出取消这种商标的请求。本联盟各国可以规定一个期间,在这期间内必须提出禁止使用的请求。(3)对于依恶意取得注册或使用的商标提出取消注册或禁止使用的请求,不应规定时间限制。"[2]

该文本增加了驰名商标所有人的禁止使用权,并将最低诉讼时效由3年改为5年,从而使驰名商标所有人的地位得到全面加强:一是未注册可以对抗抢注商标;二是已申请但未注册时,可直接援引驰名商标禁止他人使用;三是注册后未使用的仍可依靠驰名商标进行保护。

当然,尽管《巴黎公约》在驰名商标的保护上走出了决定性的一步,但仍然遗留了众多的问题,例如,服务商标是否同样享受同样的保护,驰名的范围到底以多大为宜,是否只有实际使用才可以产生知名度,保护是否只能限于相同类似的商品,没有混淆是否就不能制止他人对其商标的使用。

(二)AIPPI决议

AIPPI对《巴黎公约》第6条之二意义上的驰名商标及高信誉商标的保护一直很关注,继1963年的柏林大会之后,1990年的巴塞罗那大会再一次进行了深入的讨论,并形成了第100号决议。[3]

该决议首先对驰名商标进行了定义,驰名商标是指被有关商品的生产者、销售者或使用者的相当部分所知晓的商标,且该商标明显被认为指示该商品的特定来源。其次,该决议指出,某些商标由于其声誉已取得一种超出区别商品或服务传统功能的价值,因此有权享受更宽的保护,即这些商标的所有人应有权禁止第三人从该商标的显著性或声誉中获取不当利益或给他们造成损害。最后,该决议进一步提出了高信誉商标的概念,高信誉商标是指为一般公众所知,其知名度如此之高,以至于任何第三人都没有理由使用和注册的商标,高信誉商标由于自身特有的自动吸引力,对它的保护应及于任何商品或服务。驰名商标不一定是高信誉商标,反过来则必然成立。

该决议的最大价值是将《巴黎公约》意义的驰名商标与高信誉商标进行了区别,并且认为高信誉商标已不仅仅具有一般商标包括驰名商标都具有的区别力,其更重要的是具有一般商标包括驰名商标所不具有的吸引力。对驰名商标的保护还需遵循商标法的专属原则,只有对信誉或高信誉商标的保护才可以超出专属原则,而通过民法的一般侵权责任予以保护,这一思路与法国的完全吻合。

但该决议没有指出两者的本质区别在于,前者尽管已有较高的知名度,但仍然必须同具体的商品结合起来才能起到区别作用,也就是说只具备相对显著性;而后者由于具有绝对显著性,可以独立存在。

(三)欧盟商标指令及条例

《一号指令》首先规定《巴黎公约》第6条之二意义上的驰名商标可以构成阻止在后

---

〔2〕 https://www.wipo.int/treaties/en/ip/paris/.(1935年)

〔3〕 https://aippi.soutron.net/Portal/Default/en-GB/DownloadImageFile.ashx?objectId=9055&ownerType=0&ownerId=4695.

商标注册和使用的在先权利。

欧共体显然也意识到了在非类似商品或服务上保护驰名商标的意义。《一号指令》因此在第4条第3款规定，一个商标如果与该指令第2款意义上的在先共同体商标相同或相似，并在同在先共同体商标注册的商品或服务不相似的商品或服务上将要或已经注册，如果该共同体商标在共同体享有声誉，且在后商标的使用无正当理由从在先共同体商标的显著性或声誉中获利或对它们造成损害，其注册同样应被驳回，已经注册的应宣布其无效。

该指令第4条第4款则允许一个成员国可以在下列情形和限度内，规定驳回一个商标的注册或已经注册的宣布其无效：该商标如果与《一号指令》第2款意义上的在先国家商标相同或相似，并在同在先商标注册的商品或服务不相似的商品或服务上将要或已经注册，如果该在先商标在该成员国享有声誉，且在后商标的使用无正当理由从在先商标的显著性或声誉中获利或对它们造成损害。

该指令第5条第2款在规范商标保护范围时，也允许任一成员国规定，商标所有人有权禁止任何第三人未经其同意，在商业中在与其商标注册的商品或服务不相似的商品或服务上使用某标记，如果该标记与其商标相同或相似，且其商标在该成员国享有声誉，而该标记的使用无正当理由从其商标的显著性或声誉中获利或对它们造成损害。

总之，从《一号指令》规定“保护注册商标的目的，尤其在于保障商标区别产源的功能”可以看出，几经反复之后，《一号指令》最后还是间接承认了商标功能的这种变化，并且允许各成员国对具有声誉的商标给予更宽的保护。《欧共同体商标条例》中也有几乎相同的规定。

正如后文我们将看到的那样，2015年新的欧盟商标指令和条例不再区分相同、类似或非类似商品上的使用，只要符合淡化、丑化及搭车的条件即可予以保护。

(四)《TRIPS协定》

为了弥补《巴黎公约》的不足，《TRIPS协定》又迈出了新的一步：首先，随着服务商标重要性日益上升，它明确地将驰名商标的保护延伸到服务商标上。在此之前，商标法律条约已经明确要求在驰名商标保护上平等对待商品商标和服务商标。

其次，驰名的范围应当以相关公众为准，没有必要也不可能要求全国所有的消费者都知道该商标，事实上，只要保证相关公众不发生混淆，保护驰名商标的目的也就达到了。

再次，由于交通及通信技术的飞速发展，在大量广告的投入下，商标从默默无闻到闻名遐迩，完全可能不经实际使用而在极短的时间内通过促销完成。

最后，考虑到驰名商标在现代生活中已不仅是用来区别商品的出处，还能表彰用户的身份和地位，对商标本身的保护也日益提到议事日程上来，也就是说，他人即使在非类似商品上使用该商标，消费者也不会误认误购，但只要这种使用可能表明某种联系，则商标所有人的利益仍然可能会受到损害。《TRIPS协定》没有明确这是一种什么样的联系，但既然是在非类似商品或服务上适用，则至少不应指混淆。因此，就驰名商标而言，可以实现更大范围的保护。

(五)《驰名商标联合建议》

随着经济全球化进程的加快，进一步加强对驰名商标的保护已成为当务之急。在世界知识产权组织的主持下，各国专家先后6次专门讨论驰名商标的保护问题。WIPO商标、外观设计及地理名称常务委员会(SCT)于1999年6月7日至11日在瑞士日内瓦举行的第二次会议第二部分讨论时,形成了一个关于驰名商标保护建议的最终文本,当年9月,保护工业产权巴黎联盟及世界知识产权组织大会通过《驰名商标联合建议》。[4]

《驰名商标联合建议》以最概括的方式给出了认定驰名商标的基本原则,即主管机关在认定一个商标是否驰名时应考虑可能推导出商标驰名的一切情况。《驰名商标联合建议》除了重申驰名商标的保护不要求在有关国家实际使用,而只需驰名即可,包括促销产生的知名度,以及《巴黎公约》关于驰名商标的保护同样适用于服务商标以外,还在以下三个方面明确或突破了《巴黎公约》第6条之二的规定:

1. 明确将要求保护国作为驰名发生地。过去商标应在哪个成员国驰名一直是一个争论不休的问题,瑞士早在海牙外交大会上就曾提出过这一问题,但没有回答。美国在伦敦外交大会上再次希望明确驰名的地域是要求保护国,但仍然没有得到其他成员国的响应。这个问题终于在《驰名商标联合建议》的第2条第3款第2目以否定的方式得以解决,即不得要求该商标在除该成员国以外的任何管辖范围驰名。

2. 将驰名的范围明确限定在公众的有关领域内。相关公众的范围无疑是决定驰名商标保护程度高低的一个重要因素。法国过去一直要求在一般公众的相当部分中驰名才能适用《巴黎公约》第6条之二。《TRIPS协定》第一次明确将范围限定在相关公众中,而相关公众是否一定就是最终用户或实际消费者是一个更深层次的问题。

3.《驰名商标联合建议》第一次明确提出,在认定商标是否驰名时可以考虑"与商标有关的价值"。如果商标的价值可以得到准确的评估和量化,则可以从两个方面加强对驰名商标的保护:一是价值高可以作为商标驰名的一个重要的佐证,或者说价值与知名度是成正比的;二是商标受到损害也会导致商标价值的降低。1997年修改前的巴西《工业产权法典实施细则》第3节在认定驰名商标时,也曾要求提供"作为资产记录在公司财务报表上的商标价值"。

国际品牌咨询机构Interbrand公布了2021年全球最佳品牌排名中表现最好的100个品牌,苹果以品牌价值4082.51亿美元再次占据榜首,亚马逊以品牌价值2492.49亿美元排名第二。微软以品牌价值2101.91亿美元排名第三。前三大品牌价值占总榜价值的1/3。其余排名进入前十的公司有:谷歌、三星、可口可乐、丰田、梅赛德斯-奔驰、麦当劳和迪士尼。显然,这些商标也无可置疑的是世界驰名商标。当然,在使用这一指标时,要特别注意避免简单地把公司的广告开支计算为商标的价值,因为广告并不总是有效。

二、国内背景

(一)1982年《商标法》及1985年加入《巴黎公约》

1982年的《商标法》并未提及驰名商标的保护问题,但当中国于1985年正式加入《巴黎公约》以后,驰名商标的保护就成为一个不可回避的问题。事实上,早在加入《巴黎公约》之前,我国商标局在答复专利局关于迪士尼公司卡通形象的保护时就已经认定米老鼠为驰名商标。

1987年8月,商标局在商标异议案件中认定美国必胜客国际有限公司的"PIZZA

---

〔4〕 https://www.wipo.int/edocs/pubdocs/en/marks/833/pub833.pdf.

HUT”商标及屋顶图形的商标为驰名商标,对澳大利亚鸿图公司在相同商品上抢注的相同的商标不予注册,这是中国加入《巴黎公约》后认定的第一件驰名商标。1988 年 8 月,商标局在处理商标纠纷案件中认定英国尤尼利弗公司的“LUX 及力士”商标为驰名商标,禁止上海百货公司日用品批发部在皂盒上使用该商标。1989 年 3 月,商标局在另外一起商标纠纷案中认定美国菲力普莫斯公司的“Marlboro 及万宝路”商标为驰名商标,禁止杭州葡萄酒二厂将该商标作为葡萄酒包装盒使用。1989 年 11 月,商标局还认定中国“同仁堂”商标为驰名商标,以帮助当时的北京药材公司解决该商标在日本被抢注的问题。1990 年 3 月,商标评审委员会认定原美国“Sher Wood”商标属驰名商标,撤销了广州东升电子厂已经注册的“Sherwood”商标。

原国家工商行政管理局于 1990 年在《关于大力加强企业商标工作的通知》(已失效)中指出,驰名商标是有相当规模的销售量、很广泛的销售范围、较持久的使用时间、很高的知名度和信誉的商标。驰名商标要公认,而不是由哪个机关给予认可。在一定时期,可以采取民间投票、社会调查和消费者评议等办法来认定驰名商标。

(二)1993 年《商标法》第一次修改

1993 年修改后的《商标法》第 27 条第 1 款增加了可以撤销以欺骗手段或者其他不正当手段取得注册的行为。1993 年修订后的《商标法实施细则》第 25 条在细化过程中,将违反诚实信用原则,以复制、模仿、翻译等方式注册他人“已为公众熟知的商标”的行为列为《商标法》所指的以欺骗手段或者其他不正当手段取得注册的行为。这是我国商标立法中第一次正式涉及对具有一定知名度商标特殊保护的规定。

同样在 1993 年的《商标法实施细则》中,还有一个地方提到了“公众熟知的商标”,该细则第 48 条一方面规定连续使用至 1993 年 7 月 1 日的服务商标,与他人在相同或者类似的服务上已注册的服务商标相同或者近似的,可以依照原国家工商行政管理局有关规定继续使用,另一方面又强调公众熟知的服务商标除外。

(三)《1995 年中美知识产权换函及附件》

1995 年 3 月,中美两国政府代表根据 1992 年两国政府间关于保护知识产权谅解备忘录的精神进行了磋商,签署了《1995 年中美知识产权换函及附件》。两国政府承诺提供充分有效的知识产权保护措施,并同意将此提供给双方各自国家的国民。该换函及附件规定:“国家工商行政管理局商标局主管全国商标注册和管理工作……国家工商行政管理局商标局处罚商标侵权和假冒行为,并处理商标侵权案件的申诉以及识别和认定驰名商标。”

(四)1996 年《驰名商标认定和管理暂行规定》

为了切实保护驰名商标注册人的合法权益,维护社会经济秩序,促进经济发展,根据商标法及其实施细则,原国家工商行政管理局于 1996 年制定了《驰名商标认定和管理暂行规定》(已失效)。

在这个规定中,驰名商标被定义为在市场上享有较高声誉并为相关公众所熟知的注册商标。并且规定只能由商标局负责驰名商标的认定与管理工作,任何组织和个人不得认定或者采取其他变相方式认定驰名商标。

该规定对驰名商标的特殊保护主要体现在两个方面:一方面是将与他人驰名商标相同或者近似的商标在非类似商品上申请注册,且可能损害驰名商标注册人的权益,从而构成 1993 年《商标法》第 8 条第 1 款第 9 项所述不良影响的,由商标局驳回其注册申请;已经注册的,自注册之日起5年内,驰名商标注册人可以请求商标评审委员会予以撤销,但恶意注册的不受时间限制。使用中出现类似情况的,驰名商标注册人可以自知道或者应当知道之日起两年内,请求工商行政管理机关予以制止。

另一方面是自驰名商标认定之日起,他人将与该驰名商标相同或者近似的文字作为企业名称一部分使用,且可能引起公众误认的,工商行政管理机关不予核准登记;已经登记的,驰名商标注册人可以自知道或者应当知道之日起两年内,请求工商行政管理机关予以撤销。

为了避免过度保护,该规定还特别指出,在判定相关行为是否可能对驰名商标注册人权益构成损害时,应当考虑该商标的独创性以及驰名程度。

(五)2001年《商标法》第二次修改及入世

中国2001年修改《商标法》时,明确规定了驰名商标的两种保护形式:一是就相同或者类似商品申请注册的商标是复制、摹仿或者翻译他人未在中国注册的驰名商标,容易导致混淆的,不予注册并禁止使用;二是就不相同或者不相类似商品申请注册的商标是复制、摹仿或者翻译他人已经在中国注册的驰名商标,误导公众,致使该驰名商标注册人的利益可能受到损害的,不予注册并禁止使用。

《商标法》于2001年被修改后一个多月,中国正式加入世界贸易组织,《TRIPS协定》包括其有关驰名商标保护的条款也对中国生效。2003年4月17日,原国家工商行政管理总局废除了1996年的《驰名商标认定和管理暂行规定》,重新颁布了《驰名商标认定和保护规定》(已失效)。

2009年4月23日,最高人民法院公布了《驰名商标司法解释》,明确了驰名商标保护的一系列问题,例如,该解释所称驰名商标,是指在中国境内被相关公众广为知晓的商标。

(六)2013年《商标法》第三次修改

2013年《商标法》首先增加了驰名商标的定义,为相关公众所熟知的商标,持有人认为其权利受到侵害时,可以依照本法规定请求驰名商标保护。同时强调按需认定,驰名商标应当根据当事人的请求,作为处理涉及商标案件需要认定的事实进行认定。

同时,为了防止有人利用驰名商标进行炒作,2013年《商标法》特意规定,生产、经营者不得将"驰名商标"字样用于商品、商品包装或者容器上,或者用于广告宣传、展览以及其他商业活动中,违者处10万元罚款。

2014年,原国家工商行政管理总局公布了修订后的《驰名商标认定和保护规定》,明确驰名商标是在中国为相关公众所熟知的商标。

(七)2023年商标法修改征求意见稿

2023年公布的商标法修改征求意见稿拟加强驰名商标保护,打击"傍名牌""搭便车"等妨碍公平竞争的行为,将"驰名商标认定"改为"确认商标驰名情况",进一步淡化行政认定色彩,给予驰名商标与其显著性和知名度相适应的保护范围和强度;加强对未注册驰名商标的保护,对为广大公众所熟知的驰名商标给予反淡化保护。

第二节 认 定 过 程

一、驰名商标的认定标准

(一)相关公众熟知

1996 年《驰名商标认定和管理暂行规定》中的驰名商标是指在市场上享有较高声誉并为相关公众所熟知的注册商标。由于保护驰名商标的初衷正是解决商标未注册而被抢注所带来的问题,2003 年发布的《驰名商标认定和保护规定》对此进行了修改,驰名商标是指在中国被相关公众广为知晓并享有较高声誉的商标。2009 年《驰名商标司法解释》规定,驰名商标是指在中国境内被相关公众广为知晓的商标。2014 年《驰名商标认定和保护规定》规定,驰名商标是在中国为相关公众所熟知的商标。

前面已经讲过,相关公众在商标显著性和近似性的认定过程中扮演极为重要的角色,在认定商标知名度的过程中,仍然需要一开始就确定相关公众的正确范围。

按照《驰名商标联合建议》的规定,相关公众应包括但不必局限于:(1)使用该商标的那些商品或服务的实际和/或潜在的顾客;(2)使用该商标的那些商品或服务的销售渠道中所涉及的人员;(3)经营使用该商标的那些商品或服务的商业界。

正确确定相关公众的范围对驰名商标的保护至关重要。例如,“Purdey”商标对手枪收藏家而言无疑是一个非常驰名的品牌。同样地,“Spkplex”在卫星零件领域也是一个声誉卓著的商标,但这些商标的知晓范围显然比不上麦当劳、奔驰,在一般公众中知名显然要比在相关公众中知名要困难很多。只有少数商标才可能做到众所周知、家喻户晓。

因此,《北美自由贸易协定》第 1708 条第 6 款特别规定:任何成员均不得要求商标在通常同有关商品或服务接触的公众范围之外具有声誉。

对于《TRIPS 协定》将驰名的行业范围缩小到相关公众,南非最高法院在【“麦当劳”案】[5] 中有十分合乎情理的解释:“如果只能保护那些在全国人口的各个层次(甚至最主要的层次)都知名的商标,恐怕只有极少数的商标能够达标……而且没有任何理由设定如此严格的标准……因此我认为只要在与商标使用商品有关的人中驰名即可认定该商标在我国驰名。”

事实上,“TIREC”作为医疗器械的配件商标,甚至连医生也不一定知道,但在销售这种配件的经销商之间,该商标是人所共知的。因此,在有些情况下,进出口商、批发商、零售商、特许经营人、许可使用人也可被视为相关公众。当然,只需在相关公众驰名的规定也有例外,例如,比荷卢商标法就要求在一般公众中知名,法国在过去的司法实践中也持这一看法。在涉及非类似商品保护的问题上,《驰名商标联合建议》也允许对不得要求在相关公众之外驰名的规定破例,即成员国可要求该驰名商标必须为全体公众所熟知。

---

[5] See McDonald's Corpn v. Joburgers Drive Inn Restaurant(Pty)Ltd. and Another [1996]4 Au SA 1(A).

中国也强调商标必须在中国驰名,或者更确切地说,在中国的相关公众中驰名。相关公众则包括与使用商标所标示的某类商品或者服务有关的消费者,生产前述商品或者提供服务的其他经营者以及经销渠道中所涉及的销售者和相关人员等。在中国最高人民法院所作的司法解释中,相关公众是指与商标所标识的某类商品或者服务有关的消费者和与前述商品或者服务的营销有密切关系的其他经营者。

(二)驰名考量因素

在相关公众中驰名固然是直接认定驰名商标的理想标准,但在现实操作中实际是有一定难度的,因此法律允许从一些客观因素中推导出商标的知名度。

国际上驰名商标认定的考量因素。虽然《巴黎公约》从 1921 年开始就要求保护驰名商标,但驰名商标一直都没有一个明确的定义或标准。南美洲 1993 年 10 月 21 日通过的《卡塔赫那协定》是世界上第一个明文规定驰名商标认定标准的协定。

该协定的第 344 号决定第 84 条规定,认定一个商标是否驰名,应当特别考虑以下标准:(1)该商标作为使用商品或服务在消费者中的知名度;(2)该商标的销售及广告或促销的程度和范围;(3)商标悠久和持续的使用;(4)对商标所区别商品的产销分析。[6]

《驰名商标联合建议》的通过使驰名商标的认定大大地向前迈进了一步。首先,《驰名商标联合建议》认为在确定某商标是否为驰名商标时,主管机关应对能据以就该商标驰名作出推理的任何情况予以考虑。

其次,主管机关应对向其提交的有关能据以就该商标驰名或不驰名作出推理的因素的信息加以考虑,包括但不限于涉及以下内容的信息:第一,相关公众对该商标的了解或认识程度;第二,该商标的任何使用的持续时间、程度和地理范围;第三,该商标的任何宣传工作的持续时间、程度和地理范围,包括在交易会或展览会上对使用该商标的商品和/或服务所作的广告或公告及介绍;第四,该商标的任何注册和/或任何注册申请的期限和地理范围,以反映使用或认识该商标的程度;第五,成功实施该商标权的记录,尤其是该商标由主管机关认定为驰名商标的范围;第六,与该商标相关的价值。

为了避免认定机关执着于其中某一因素,《驰名商标联合建议》还特别强调,以上因素是用来帮助主管机关确定商标是否为驰名商标的指导方针,而非作出这一确定的前提条件。更确切地说,在每一个案例中,驰名商标的确定将取决于该案例的特殊情况。在某些案例中,可能全部因素都相关;在另一些案例中,可能部分因素相关;还在一些案例中,可能这些因素一个也不相关。而据以作出决定的可能是未在上文列举的另外的因素,此种另外的因素可能单独地,也可能与上文列举的一个或多个因素一起,具有相关性。

中国驰名商标认定的考量因素。2001 年《商标法》列举了认定驰名商标应当考虑各个因素:(1)相关公众对该商标的知晓程度;(2)该商标使用的持续时间;(3)该商标的任何宣传工作的持续时间、程度和地理范围;(4)该商标作为驰名商标受保护的记录;(5)该商标驰名的其他因素。

最高人民法院于 2009 年在《驰名商标司法解释》中强调,当事人主张商标驰名的,应当根据案件具体情况,提供下列证据,证明被诉侵犯商标权或者不正当竞争行为发生时,其商标已属驰名:(1)使用该商标的商品的市场份额、销售区域、利税等;(2)该商标的持

---

[6] http://www.sice.oas.org/trade/junac/decisiones/Dec344e.asp.

续使用时间;(3)该商标的宣传或者促销活动的方式、持续时间、程度、资金投入和地域范围;(4)该商标曾被作为驰名商标受保护的记录;(5)该商标享有的市场声誉;(6)证明该商标已属驰名的其他事实。上述规定所涉及的商标使用的时间、范围、方式等,包括其核准注册前持续使用的情形。

对于商标使用时间长短、行业排名、市场调查报告、市场价值评估报告、是否曾被认定为著名商标等证据,人民法院应当结合认定商标驰名的其他证据,客观、全面地进行审查。

2014 年《驰名商标认定和保护规定》列举以下材料可以作为证明符合 2013 年《商标法》第 14 条第 1 款规定的证据材料:(1)证明相关公众对该商标知晓程度的材料。(2)证明该商标使用持续时间的材料,如该商标使用、注册的历史和范围的材料。该商标为未注册商标的,应当提供证明其使用持续时间不少于 5 年的材料。该商标为注册商标的,应当提供证明其注册时间不少于 3 年或者持续使用时间不少于 5 年的材料。(3)证明该商标的任何宣传工作的持续时间、程度和地理范围的材料,如近 3 年广告宣传和促销活动的方式、地域范围、宣传媒体的种类以及广告投放量等材料。(4)证明该商标曾在中国或者其他国家和地区作为驰名商标受保护的材料。(5)证明该商标驰名的其他证据材料,如使用该商标的主要商品在近 3 年的销售收入、市场占有率、净利润、纳税额、销售区域等材料。前款所称"3 年""5 年",是指被提出异议的商标注册申请日期、被提出无效宣告请求的商标注册申请日期之前的 3 年、5 年,以及在查处商标违法案件中提出驰名商标保护请求日期之前的 3 年、5 年。

需要注意的是,《驰名商标司法解释》不要求符合全部因素,即人民法院认定商标是否驰名,应当以证明其驰名的事实为依据,综合考虑《商标法》第 14 条规定的各项因素,但是根据案件具体情况无须考虑该条规定的全部因素即足以认定商标驰名的情形除外。《驰名商标认定和保护规定》也特别指明,商标局、商标评审委员会在认定驰名商标时,应当综合考虑《商标法》第 14 条第 1 款和该规定第 9 条所列各项因素,但不以满足全部因素为前提。

而且,最高人民法院规定,对于在中国境内被社会公众广为知晓的商标,原告已提供其商标驰名的基本证据,或者被告不持异议的,人民法院对该商标驰名的事实予以认定。

但在【"伟哥"案】[7]中,最高人民法院认为,在原告明确认可其从未在中国境内使用某一标识的情况下,他人对该标识所做的相关宣传等行为,由于未反映原告将该标识作为商标的真实意思,不能认定该标识构成其未注册商标,更不能认定构成其未注册驰名商标。

二、驰名商标的认定程序

(一)行政认定

在商标注册审查、工商行政管理部门查处商标违法案件的过程中,当事人依照《商标法》第 13 条规定主张权利的,商标局根据审查、处理案件的需要,可以对商标驰名情况作出认定。

在商标争议处理过程中,当事人依照《商标法》第 13 条规定主张权利的,商标评审委

〔7〕 参见最高人民法院民事裁定书,(2009)民申字第 313 号。

员会根据处理案件的需要,可以对商标驰名情况作出认定。

根据商标是否注册以及申请、注册或实际使用的状况,以上规定具体可以分为以下两大类:(1)当该驰名商标并没有在中国获得注册时,他人就相同或类似商品申请、注册或使用的商标是复制、摹仿或者翻译该驰名商标,容易导致混淆的;(2)当驰名商标已经在中国获准注册时,他人就不相同或者不类似商品申请、注册或使用的商标是复制、摹仿或者翻译该驰名商标,容易误导公众,致使驰名商标注册人的利益可能受到损害的。

在出现上述情况时,有关当事人将视情况或者在商标异议和撤销程序中向商标局或商标评审委员会提出认定驰名商标申请,或者在向地方工商执法机关提出行政查处请求时提出认定申请。同时,应当提交其商标构成驰名商标的证据材料。

如果当事人在向地方工商机关提出行政查处请求时提出认定驰名商标的申请,地方工商机关在受理后的15个工作日内应将其转给省级工商行政管理机关;省级工商行政管理机关在收到该申请的15个工作日内,应将其申请材料报送商标局;商标局在收到案件材料的6个月内应作出认定。

商标局、商标评审委员会将根据当事人的请求,在查明事实的基础上,依照《商标法》第14条的规定,认定其商标是否构成驰名商标。

在商标异议程序中,商标异议的裁定一般需要两年结案,如果对方当事人提起复审要求,复审裁定又需要两年的时间。当事人如果对复审决定不服,可向人民法院提起行政诉讼。如果当事人在申请撤销不当注册商标的同时申请认定驰名商标,不当注册的评审同样需要两年左右的时间,对方当事人对该评审决定可以提出行政诉讼。因此,驰名商标的最终认定有可能花上若干年的时间。当然,2013年简化以后的异议程序一般不会耗时这么长,尤其是异议不成立的话,但一个异议最终要成功,所需时长也不会短。

(二)司法认定

人民法院在审理商标纠纷案件中,根据当事人的请求和案件的具体情况,可以对涉及的注册商标是否驰名依法作出认定。认定驰名商标,应当依照《商标法》第14条的规定进行。

《商标法》明确规定,在商标民事、行政案件审理过程中,当事人依照该法第13条规定主张权利的,最高人民法院指定的人民法院根据审理案件的需要,可以对商标驰名情况作出认定。

自2001年7月《域名司法解释》以及2002年10月《商标民事纠纷司法解释》颁布以来,全国法院早期认定的驰名商标有:北京市高级人民法院认定的"Dupont"化工、电子等,上海市高级人民法院认定的"舒肤佳"香皂,浙江省高级人民法院认定的"红蜻蜓"皮鞋,福建省高级人民法院认定的"拼pin"休闲服装,山东省潍坊市中级人民法院认定的"仙霞"服装,山东省青岛市中级人民法院认定的"白雪"文具,湖北省高级人民法院认定的"立邦"涂料、"国美"电器及"劲牌"白酒,海南省高级人民法院认定的"再林"药品,河北省高级人民法院认定的"撒可富"化肥等。后来也因为出现过认定过多的"异化"问题,最高人民法院曾将认定管辖集中到直辖市、省会城市以及计划单列市中级人民法院。2022年,最高人民法院对驰名商标认定与保护的管辖问题进行了进一步细化,总体还是保持收紧的态势。

三、驰名商标的认定效力

商标注册审查、商标争议处理和工商行政管理部门查处商标违法案件的过程中,当事人依照《商标法》第 13 条规定请求驰名商标保护时,可以提供该商标曾在我国作为驰名商标受保护的记录。

当事人请求驰名商标保护的范围与已被作为驰名商标予以保护的范围基本相同,且对方当事人对该商标驰名无异议,或者虽有异议,但异议理由和提供的证据明显不足以支持该异议的,商标局、商标评审委员会、商标违法案件立案部门可以根据该保护记录,结合相关证据,给予该商标驰名商标保护。

被诉侵犯商标权或者不正当竞争行为发生前,曾被人民法院或者国务院工商行政管理部门认定驰名的商标,被告对该商标驰名的事实不持异议的,人民法院应当予以认定。被告提出异议的,原告仍应当对该商标驰名的事实负举证责任。

涉及驰名商标重新认定的典型案例是【"中化"案】[8]。中国中化集团公司于 2000 年 8 月向商标局提出认定"中化""Sinochem"商标为驰名商标的申请,商标局于 2002 年 2 月作出商标监〔2002〕9 号《关于认定"中化"等商标为驰名商标的通知》,认定使用在进出口代理服务的"中化"商标为驰名商标。

2003 年 9 月,因浙江中化网络股份有限公司(以下简称浙江中化)在其网站页面上屡次并多处使用了"中化"二字作为缩略语,中国中化集团公司以侵犯商标权和不正当竞争为由将浙江中化及其控股子公司——上海中化网络有限公司(以下简称上海中化)诉至北京市第一中级人民法院。2003 年 12 月,北京市第一中级人民法院经审理,认为浙江中化、上海中化所从事的经营活动均与化工领域有关,使用"中化"作为企业名称会误导消费者。判令浙江中化、上海中化立即停止在其企业名称、网站、商品及所有相关服务上使用"中化"二字;赔偿原告中国中化集团公司经济损失 50 万元;在"中国化工网"显著位置上登载致歉声明,公开向原告中国中化集团公司赔礼道歉。宣判后,二被告不服一审判决提出上诉。2004 年 5 月,北京市高级人民法院经审理认为,二被告的行为显然已构成对中国中化集团公司商标权的侵犯和不正当竞争,故驳回上诉、维持原判,确认"中化"组合商标为驰名商标。

2004 年 3 月,浙江中化不服商标局的认定,又将商标局诉至北京市第一中级人民法院。原告浙江中化诉称,被告商标局将没有注册的"中化"文字商标认定为驰名商标没有事实和法律依据,请求法院依法判决撤销《关于认定"中化"等商标为驰名商标的通知》对"中化"驰名商标的认定。被告商标局辩称,认定"中化"商标为驰名商标,符合 2001 年《商标法》第 14 条的规定,请求法院依法驳回原告的诉讼请求。北京市第一中级人民法院经审理认为,商标局主管全国商标注册的管理工作,具有认定驰名商标的职权,且中国中化集团公司已在 11 个类别上注册了"中化 + SINOCHEM + 图形"组合商标,该商标已经持续宣传并使用了十余年,在国际、国内化工行业被普遍知晓并有良好的声誉,基于商标使用的相关地域、相关公众对商标的关注和认知程度,以及对商标的呼叫方式,该组合商标中"中化"两字具有突出的视觉效果。根据我国商标法的规定,保护的驰名商标可以

---

〔8〕 北京市第一中级人民法院民事判决书,(2003)一中民初字第 9923 号;北京市高级人民法院民事判决书,(2004)高民终字第 214 号。

是未注册商标。据此,北京市第一中级人民法院作出一审判决:维持商标局认定“中化”(进出口代理服务)为驰名商标的具体行政行为。

【“中化”案】的典型意义在于,它既涉及商标局的认定,又在民事诉讼的程序中得到一、二审法院的再认定,最后在对商标局的行政诉讼中又一次得到确认。

驰名商标信息共享及援引保护。2017 年 7 月,原国家工商行政管理总局制定《企业名称禁限用规则》《企业名称相同相近比对规则》,对驰名商标的跨类保护范围进行合理界定,明确“企业不得使用工商总局曾经给予驰名商标保护的规范汉字作同行业企业名称的字号”,并将驰名商标等商业标识纳入全国名称规范管理系统。机构改革后,国知局与市监总局建立了驰名商标信息定期更新、快速共享机制,加大企业名称登记管理环节对驰名商标的保护力度。

2019 年 11 月,国知局印发《关于加强查处商标违法案件中驰名商标保护相关工作的通知》,要求各地对查处商标违法案件中批复认定的驰名商标及时保护,有行政认定记录的驰名商标援引保护,查处商标侵权假冒案件时对有行政认定记录的商标重点保护。截至 2021 年 6 月底,累计收到 354 件驰名商标认定请示,批复认定 79 件,强调“立案部门可以依据本保护记录,结合相关证据,在其他商标违法案件中给予上述商标驰名商标保护”。批复除主送案发地省级知识产权管理部门外,同时抄送全国其他省级知识产权管理部门,各地依据批复及时对驰名商标扩大保护。例如,2020 年 5 月认定“荷花香烟及图”商标为驰名商标,广州市市场监督管理局依据该认定禁止涉案公司在白酒上使用“荷花”商标,全国其他立案机关也援引该记录查处了他人未经许可生产销售“荷花”白酒的违法行为。

第三节　保护范围

一、对未注册驰名商标的保护

商标注册国或使用国主管机关认为一项商标在该国已成为驰名商标,已经成为有权享有《巴黎公约》利益的人所有,而另一商标构成对此驰名商标的复制、仿造或翻译,用于相同或类似商品上,易于造成混乱时,《巴黎公约》同盟各国应依职权(如本国法律允许)或应有关当事人的请求,拒绝或取消该另一商标的注册,并禁止使用。商标的主要部分抄袭驰名商标或是导致混乱的仿造者,也应适用该条规定。

《巴黎公约》上述规定的立法本意是保护未注册的驰名商标。驰名商标所有人可以在异议或撤销程序中对抗他人的商标申请或注册,并可直接禁止他人使用。这是基于制止可能混淆所采取的变通做法,是对注册原则的突破。否则,如果商标已经注册,依注册取得的商标专用权对于制止混淆已绰绰有余,显然不需要重复规定。

在【Fincas 案】[9]中,欧盟法院认为,《巴黎公约》所指的驰名商标应当是在“成员国”范围内驰名。但是,这个范围一般不可能是指某个成员国的全部疆域,只要在一成员国的主要地区达到驰名即可。当然,如果仅仅在一个城市,或其周边有限的地区有知名度,还是不能构成驰名商标。

上述权利的行使不仅不需要商标注册,甚至不需要证明在先驰名商标曾经实际使用。尽管这一标准在 1958 年里斯本外交大会上没有得到正式认可,但一些国家已开始执行这一标准,例如,美国最常引用的有关“驰名但未使用”的经典案例是 1959 年的【Maxim's 案】[10],纽约区法院禁止被告在餐馆上使用“Maxim's”商标,尽管商标尚未在美国使用,但商标已在美国驰名,在该案中,被告甚至还抄袭了原告在巴黎的餐馆的店堂布置以及独特字体。

最早在中国作为驰名商标得到保护的“PIZZA HUT”商标也是一个未注册商标。此外,在上文提到的在 2004 年发生的首例诉商标局认定驰名商标的【“中化”案】中,面对原告对商标局不该认定未注册驰名商标的指责,商标局也明确辩称,商标法允许保护未注册的驰名商标。法院的一审判决则支持了商标局的这一意见。

经商标局依照《商标法》第 14 条规定认定为驰名商标的,由工商行政管理部门责令停止违反《商标法》第 13 条规定使用商标的行为,收缴、销毁违法使用的商标标识;商标标识与商品难以分离的,一并收缴、销毁。

《商标民事纠纷司法解释》第 2 条依据《商标法》第 13 条第 2 款的规定,要求复制、摹仿、翻译他人未在中国注册的驰名商标或其主要部分,在相同或者类似商品上作为商标使用,容易导致混淆的,应当承担停止侵害的民事法律责任。但该司法解释没有规定赔偿责任。

最高人民法院在《驰名商标司法解释》中进一步明确,足以使相关公众对使用驰名商标和被诉商标的商品来源产生误认,或者足以使相关公众认为使用驰名商标和被诉商标的经营者之间具有许可使用、关联企业关系等特定联系的,属于《商标法》第 13 条第 2 款规定的“容易导致混淆”。

在司法实践中,“酸酸乳”和“小肥羊”均被认定为未注册驰名商标并最终获得注册(见图 11.1)。

扫描看彩图

图 11.1　未注册驰名商标举例:酸酸乳(左)和小肥羊(右)

在【“新华字典”案】[11]中,商务印书馆有限公司(以下简称商务印书馆)于 1957 年

---

〔9〕 参见 C－328/06 Fincas 案判决书第 17、18 段。

〔10〕 See Vaudable v. Montmartre Inc. 20 Misc 2d 757,193 NYS 2d 332,123 USPQ 357(1959).

〔11〕 北京知识产权法院民事判决书,(2016)京 73 民初 277 号。

出版了第1版《新华字典》,于1957～2016年连续出版《新华字典》通行版本至第11版。2010～2015年,商务印书馆出版的《新华字典》在字典类图书市场的平均占有率超过50%。截至2016年,《新华字典》全球发行量超过5.67亿册,获得“最受欢迎的字典”及“最畅销的书(定期修订)”吉尼斯世界纪录等多项荣誉。商务印书馆发现华语教学出版社有限责任公司(以下简称华语出版社)出版发行“新华字典”辞书,主张华语出版社侵犯其“新华字典”未注册驰名商标,请求判令华语出版社立即停止侵权,并赔偿经济损失300万元等。一审法院认为,“新华字典”具有指示商品来源的意义和作用,具备商标的显著特征。《新华字典》已经在全国范围内销售数亿册,且销售范围非常广泛,已被相关公众广为知晓,构成未注册驰名商标。华语出版社复制、摹仿“新华字典”的行为容易导致混淆,构成侵权,故判决华语出版社立即停止侵权,并适用惩罚性赔偿计算赔偿数额,对原告请求予以全额支持。

二、对注册驰名商标在非类似商品上的保护

(一)《巴黎公约》

《巴黎公约》1967年文本原则上适用于与注册商标所标示的商品或服务不类似的商品或服务,只要在不类似的商品或服务上使用该商标,即会暗示该商品或服务与注册商标所有人存在某种联系,从而注册商标所有人的利益可能因此受损。

在一个类别注册的驰名商标,可以在一定条件下,对抗他人在不相同及不类似的商品上注册和使用其商标,甚至要求损害赔偿。

(二)《驰名商标联合建议》

《TRIPS协定》第16条第3款规定,根据《驰名商标联合建议》的规定,无论商标所使用、提出注册申请或注册的商品和/或服务如何,只要该商标或该商标的主要部分构成对驰名商标的复制、模仿、翻译或音译,且至少符合下列条件之一的,即应认为该商标与该驰名商标发生冲突:(1)该商标的使用会暗示该商标所使用、提出注册申请或注册的商品和/或服务与驰名商标注册人之间存在某种联系,并且可能会使驰名商标注册人的利益受到损害;(2)该商标的使用可能会以不正当的方式削弱或淡化驰名商标的区别性特征;(3)该商标的使用会不正当地对驰名商标的区别性特征加以利用。

第一种情况是指驰名商标与第三人的商品或者服务的联系可能是暗示的。例如,产生此种印象,即驰名商标所有人参与了商品的生产或者服务的提供,或者生产或提供得到驰名商标所有人的许可或资助。如果具有此种联系的商品或者服务造成了市场声望的下降,并因此反映出驰名商标信誉的降低,则驰名商标所有人的利益受到损害。

第二种情况是指冲突商标的使用可能会以不正当的方式削弱或淡化驰名商标在市场上的独一无二的地位。淡化的极端事例是在劣质或者具有不道德或污秽性质的产品或者服务上使用冲突商标。“不正当的方式”隐含的意思为,如果第三人使用驰名商标没有违反商业实践的诚实信用(如为了评论或者滑稽模仿提及驰名商标),则此类使用就不构成淡化。

第三种情况在以下方面不同于前两种情况的规定,即不存在关于商品或者服务真正来源错误联系的暗示、依公众的眼光驰名商标的价值并未降低,第三种情况的使用,是指如使用达到了令冲突商标使用人凭借驰名商标的良好信誉“搭便车”的程度。第三种情

况的“不正当利益”旨在赋予《驰名商标联合建议》成员国适用该规定的自由裁量权。例如,因正当的商业理由提及驰名商标(如销售零部件)并非不正当,因而应当允许。

(三)美国的保护

美国在长期的商标保护实践中发展了商标淡化的理论,用以保护著名商标识别商品或服务能力的减少,而不论是否存在混淆的可能或竞争关系。

淡化概念在学理上最早起源于美国法学家斯科特于1927年撰写的《商标保护的理论基础》[12]一文,尽管在该文中并没有明确使用“淡化”一词,但斯科特指出:“在所有这些案件中,必须结合商标的功能,才能测算真正的损害。这种损害表现在,由于被使用在非竞争的商品上,商标或名称在公众心目中的形象和影响逐渐削弱或降低。商标越是显著或独特,给公众的印象就越深,防止该商标与其特定商品之间的联系被削弱或消失的需要就越强烈。”

马萨诸塞州于1947年首先通过了第一个州反淡化法,而后相继有二十多个州也通过了自己的反淡化法,基本的模式都是参照美国商标协会的《州商标示范法》第12条制定的。《州商标示范法》第12条规定:“对可能造成的商业损害或者对于一个注册商标,或依照普通法而有效的标记、商号的显著性造成的淡化行为,无论当事人之间是否存在竞争关系,商品来源是否存在混淆的可能,均有权提出禁令救济。”

1995年,为了防止淡化降低“公众心目中代表唯一、独特的商标形象”,以保护“商标的广告价值”,美国通过《联邦商标反淡化法》。立法的缘由正如立法报告人所言,淡化是一种同传统侵权完全不同的侵害,即使没有混淆,商标的活力仍可能因他人的使用而受损,这才是淡化的本质所在。混淆导致直接的损害,淡化则是一种感染,如果任其发展,最后必然会破坏商标的广告价值。

但美国反淡化法出台后实际走过一段弯路,即在是否需要证明实际的淡化上,巡回上诉法院发生了分歧,案件最后诉至美国最高法院。在【Victoria案】[13]中,美国最高法院2003年就适用《联邦商标淡化法》的条件作出判决。美国最高法院指出,原告必须提供其商标被实际淡化的证据,而不能只提供可能淡化的证据。仅仅具有联想并不一定会降低在先商标的识别能力。但美国最高法院同时认为,证明淡化实际发生并不需要首先证明对著名商标价值造成了实质损害,例如营业额或利润额下降。在两个商标相同的情况下,可以使用环境证据,而不必使用民意调查之类的直接证据(见图11.2)。

扫描看彩图

图11.2 被告商标(左)和原告商标(右)

美国最高法院在该案中如此严守《联邦商标反淡化法》的措辞,拒绝对可能淡化的情况下给予保护,这引起企业界的不满。为了弥补立法漏洞,美国于2006年通过《商标淡化

---

〔12〕 See F. I. Schechter, *The Rational Basis of Trademark Protection*, Harvard Law Review, 1927, p. 813.

〔13〕 See Mosely v. V Secret Catalogue, Inc., 537 U. S. 418(2003).

修正案》。该修正案首先明确淡化的条件是可能淡化而不是实际淡化，具有固有显著性和获得显著性的商标都可以获得商标反淡化保护，而且弱化和丑化都可能导致驰名商标淡化；其次，淡化也成为对抗他人商标注册的理由；最后，在不构成侵权行为的免责事由里增加了滑稽模仿以及反讽，并确定了指示性和描述性合理使用的范围。

淡化具体有三种表现形式：弱化、丑化、退化，其实质是，表面上无关的使用，实际上会破坏商标同初始商品或服务的自动联系，以及同广告创造的有利形象的联系，并最终损害商标的销售力。

商标弱化（blurring）。弱化被定义为“由于一个商标或商号与驰名商标类似而产生的联系，这种联系将损害驰名商标的显著性”，这主要指本来只与特定的商品或服务联系的商标由于被使用在其他商品或服务上。例如，“Kodak”被用在自行车上，从而降低了该商标的绝对显著性，模糊了该商标与商品或服务间唯一特定的联系。弱化是一个逐渐稀释和冲淡的过程，最初存在的商品与商标之间的唯一联系，由于其他人在其他商品上对该商标的使用，会变得越来越模糊，正如蜜蜂蜇人，一次虽不会致人丧命，但长此以往，最后就会危及人的生存。

企业自己的品牌延伸失败同样可能干扰一贯的品牌定位，导致品牌受损，产生商标弱化。只是企业自己进行的品牌延伸在效果不理想时可以立即调整，不至于像其他人随意使用那样发展到不可收拾的地步。

商标丑化（tarnishement）。丑化被定义为“由于一个商标或商号与驰名商标类似而产生的联系，这种联系将损害驰名商标的声誉”。例如，将一个著名商标使用在不洁或有伤风化的背景下，将商标与色情、毒品相联系，或将高档商品的商标使用在低档或大众商品上，将高档钢琴的商标用于开启啤酒的把手，从而对原商标造成负面影响。商标丑化一般与过度的滑稽模仿有关。

商标退化（genericide 或 degenerency）。退化是指由于商标使用不当，商标演变为商品的通用名称而失去识别功能，这一项虽然不是美国反淡化法规定的淡化形式，但为了使商标所有人更好地避免退化，不少国家的商标法都规定商标所有人享有字典订正权，即如果某一商标被作为商品或服务的通用名称收入字典、百科全书或参考读物甚至电子数据库，即使是一种非商业性使用，商标所有人也有权要求出版人立即或至少再版时注明该标记为注册商标。对于商标所有人虽然采取措施但仍不能阻止的商标退化是否会导致商标权利的丧失的问题，美国的规定较为严厉，即只要商标成为商品的通用名称，不管是谁造成的，一律可撤销该商标。

美国商标法规定，具体在判断是否产生退化时，不能仅仅因为该商标也被用作某种独特商品或服务的名称，或用来识别该商品或服务，即被视为该商品或服务的通用名称。在确定注册商标是否已成为商品或服务的通用名称时，应首先考虑注册商标对有关公众所具有的主要含义，而不是购买人的动机。

（四）欧盟的保护

在欧盟发生的【Chevy 案】[14]中，通用汽车公司起诉依普隆公司在洗涤用品上使用“Chevy”（Chevolet，“雪弗莱”的简称）商标，希望法院认定“Chevy”为声誉商标并制止被

---

〔14〕 参见 C－375/97，Chevy 案。

告使用。欧盟法院因此第一次有机会直接讨论“声誉商标”的定义。总检察官雅各布在【Chevy 案】中也意识到声誉商标与驰名商标是有所区别的两个概念,并认为声誉商标无须像驰名商标那么知名。欧盟法院首先分析了《一号指令》的各个语言文本的措辞,它将声誉商标归结为达到一定知名度的商标,即只要在与该商标有关的公众的相当一部分中知名,就可以视为达到法定的知名度,但没有提到该商标至少应在被告所在领域知名的要求。欧盟法院反对以确定百分比的方法来认定著名商标,因为无论从《一号指令》第 5 条第 2 项的字面还是宗旨都看不出商标必须在一定比例的公众中知晓才算著名。

后来,欧盟法院在【Intel 案】[15]中又进一步明确了声誉商标的保护条件。原告 INTEL 公司在英国享有“Intel”文字商标的专用权,此外,原告还在英国及其他国家和欧盟注册了含有“Intel”的若干关联商标,使用于《尼斯协定》第 9、16、38、42 类的计算机以及与计算机有关的商品和服务。有关材料证明,“Intel”商标在微处理产品、多媒体以及商务软件上在英国享有相当的知名度。被告 CPM 公司在英国注册了“Intelmark”文字商标,使用于第 35 类的“营销及电话营销”服务。2003 年 10 月 31 日,INTEL 公司根据英国《商标法》第 47 条第 2 项的规定,申请英国商标局宣告被告的“Intelmark”商标无效,理由是“Intelmark”商标不正当地利用了其在先注册的“Intel”商标的知名度,这有损在先注册商标的显著性,依法应当宣告无效。该申请于 2006 年被英国商标局驳回,INTEL 公司不服,先后上诉到英格兰及威尔士高等法院与英格兰及威尔士上诉法院,案件争议主要集中在如何理解和适用《一号指令》中对有一定知名度的商标进行保护的反淡化条款,即第 4 条第 4 项(a)和第 5 条第 2 项。在审理中,上诉法院就有关的法律适用问题向欧盟法院请求初裁。

欧盟法院最后指出,对《一号指令》的第 4 条第 4 项(a)和第 5 条第 2 项应当作如下理解:要判断是否构成商标淡化,必须要结合实际的情况,综合各种因素全面考量,在后商标与有一定知名度的在先商标之间是否具有一定的关联,在后商标是否已经或可能不当地利用在先商标的知名度,是否已经或者可能给在先商标带来损害。即使在先商标并不独特,即使在后商标只是首次使用,也有可能对在先商标的显著性造成损害,从而构成商标淡化。但是,在先商标权利人必须证明在后商标的使用有损其商标的显著性,需要举证说明在先商标所使用的商品或服务的一般消费者因为在后商标的使用而在消费行为上已经发生了改变,或可能发生某种重大的改变。在关于驰名的相关公众范围问题上,欧盟法院指出,就弱化或丑化类损害,可以只考虑驰名商标即原告所在领域公众的知晓程度,就搭车类损害则应考虑被告所在领域公众的知晓程度。

(五)中国的保护

1. 驰名商标保护的发端。中国于 1985 年成为《巴黎公约》成员国后,即开始履行保护驰名商标的义务。法国(编辑)出版公司(以下简称法国公司)诉中国纺织品进出口公司湖南省分公司(以下简称湖南公司)的【ELLE 案】属于中国较早对驰名商标保护的案例。在该案中,被申请人在中国加入《巴黎公约》后的 1985 年 4 月 30 日在服装上取得“ELLE”商标专用权,申请人的理由是,ELLE 杂志创刊于 1945 年,一直领导时装和生活杂志的潮流,“ELLE”商标的服装于 1949 年就已投放市场,并在多国注册成功,在国际市场取得显著声誉,为公认的驰名商标,应当受到保护。被申请人则认为法国公司的商标使

---

[15] 参见 C-252/07,Intel 案判决书第 62~64、79~81 段。

用范围不同,不适用《巴黎公约》的规定。商标评审委员会最后认为,杂志与服装虽然不是类似商品,但湖南公司将世界驰名商标"ELLE"用于服装上,这易使消费者造成产源误认,以为上述服装产于法国公司或与法国公司有某种关系。因此,湖南公司注册的"ELLE"商标应予撤销。

商标局于1988年在《关于保护LUX、力士注册商标的函》中认为:鉴于英国尤尼利弗公司在香皂、肥皂商品上使用的"LUX""力士"商标是驰名商标。上海百货公司日用品批发部在与香皂、肥皂商品密切相关的皂盒上使用"LUX""力士"商标,易使消费者产生误认。从保护驰名商标的原因出发,对上海百货公司日用品批发部使用"LUX""力士"商标的行为应予制止。

1989年,商标局曾就保护"万宝路"驰名商标问题作出批复,在该批复中称:"万宝路、MARLBORO商标是美国菲利普莫里斯产品有限公司使用在卷烟上的驰名商标,已在我国注册。依据《巴黎公约》的有关规定,对驰名商标应给予充分保护。杭州葡萄酒二厂将与万宝路、MARLBORO商标相同、近似的文字、图形作为葡萄酒包装盒的装潢使用,已构成《商标法》第38条(现《商标法》第57条)所述的给他人的注册商标造成其他损害的侵权行为。"

商标局于1993年在《关于服装与纽扣等商品使用商标方式问题的答复》中认为,服装与纽扣、拉链等服装辅料既不属同类商品,也不属类似商品,且二类商品使用商标的方式不同。因此,服装生产者在服装的纽扣、拉链等部位以正常的方式使用自己的服装商标,或将他人生产的带有合法商标的纽扣、拉链等辅料以正常的方式使用在自己生产的服装上以成品形式出售,均属正常使用,不构成商标侵权行为。但是,如遇驰名商标冲突,服装与纽扣、拉链等辅料属于相关商品,由工商行政管理机关按照个案处理的原则,根据使用效果、商标的知名度、造成的实际后果等因素依法处理。

如前所述,由于在《驰名商标认定和管理暂行规定》颁布的1996年,当时的商标法还没有对驰名商标进行保护的明文规定,《驰名商标认定和管理暂行规定》只好迂回地规定,将与他人驰名商标相同或者近似的商标在非类似商品上申请注册,且可能损害驰名商标注册人的权益,可以构成1993年《商标法》第8条第9项所述不良影响的商标。

跨类保护的一个极端的例子发生在反不正当竞争法对知名商品的特有装潢的保护的【"大湖"案】中。具体的案情是,天津的"大湖"果汁饮料十分畅销,这引来天津市丽雅日用化工厂模仿"大湖"果汁饮料的包装、装潢销售所谓的水果精华果王洗发露,由于洗发露和橘子汁都是一样的颜色,甚至导致了误购误饮的情况。在该案中,商标不同,商品也不同,但并不妨碍消费者由于包装、装潢太过接近而发生严重的混淆。原国家工商行政管理局于1998年11月20日就此案在给原天津市工商行政管理局的批复中说,仿冒知名商品特有的名称、包装、装潢的不正当竞争行为一般发生在相同或类似商品上,但经营者在非相同、非类似商品上,擅自将他人知名商品特有的名称、包装、装潢作相同或近似的使用,造成或足以造成混淆或者误认的,可认定为不正当竞争行为。该案的特别之处在于,虽然商品不同,但消费者显然没有意识到所买的商品实际不是意图购买的商品,因为确实有消费者将洗发露当成橘子汁买回家喝。所以在有混淆的情况下,对消费者而言实际不存在商品是否类似的问题(见图11.3)。

扫描看彩图

图 11.3 大湖饮料(左)和果王洗发露(右)

上海市第二中级人民法院在【LV 案】[16]中指出,原告路易威登公司投入巨额资金,通过长期经营才获得如今的声誉,原告的商标和商品也因此才成为时尚、高档的象征。两被告为了销售楼盘,未付出正当努力而借用原告的手包作为广告的元素,故意直接利用原告的经营成果,获取有利的市场竞争地位,这损害了原告的合法权利(见图 11.4)。两被告通过搭便车的形式抬高其楼盘形象,获得了其本不应有的比其他竞争者更有利的优势地位,打破了诚实信用、平等公平的竞争秩序。但该案最后是依据《反不正当竞争法》而不是《商标法》给予的保护。

扫描看彩图

图 11.4 售楼广告

2. 驰名商标保护的成熟。2002 年《商标民事纠纷司法解释》的做法略有不同,它规定复制、摹仿、翻译他人注册的驰名商标或其主要部分在不相同或者不相类似商品上作为商标使用,误导公众,致使该驰名商标注册人的利益可能受到损害的行为,属于 2001 年《商标法》第 52 条第 5 项规定的给他人的注册商标专用权造成其他损害的行为。也就是说,所有保护注册商标的手段都可以用来在非类似商品上保护驰名商标,其保护范围和力度显然要比《商标法实施条例》大。

最高人民法院于 2009 年在《驰名商标司法解释》中进一步明确,足以使相关公众认为被诉商标与驰名商标具有相当程度的联系,而减弱驰名商标的显著性、贬损驰名商标的市场声誉,或者不正当利用驰名商标的市场声誉的,属于 2001 年《商标法》第 13 条第 2 款

---

〔16〕 参见上海市第二中级人民法院民事判决书,(2004)沪二中民五(知)初字第 242 号,载黄晖编著:《中国商标及不正当竞争案例精要》,知识产权出版社 2021 年版,第 637 页。

规定的“误导公众,致使该驰名商标注册人的利益可能受到损害”。这实际确立了三种损害驰名商标的主要形式,即弱化、丑化和攀附搭车。

相当程度的联系或联想。按照2001年《商标法》第13条第2款规定,对于驰名的注册商标可给予在不相同或者不相类似商品上的跨类保护。其中规定的“误导公众,致使该驰名商标注册人的利益可能受到损害”,不应简单地从一般商标侵权的市场混淆意义上进行理解,通常都涉及因误导相关公众而减弱驰名商标的显著性或者贬损其声誉,因而《驰名商标司法解释》第9条第2款对此进行了界定。这种界定更符合此类驰名商标的司法保护实际,更利于加强对驰名商标的保护。当然,这种界定直接涉及跨类保护的范围,故《驰名商标司法解释》第9条第2款要求使相关公众对商品或者其经营者产生相当程度的联系,而不能是程度不高的“联想”。[17]

为了更好地指导驰名商标的认定和保护,2016年,最高人民法院在《商标授权确权司法解释》第13条中采取了与混淆可能性综合判断类似的多要素认定方法,确定了注册驰名商标的扩大保护以及强化保护的五点考量因素,即当事人依据2013年《商标法》第13条第3款主张诉争商标构成对其已注册的驰名商标的复制、摹仿或者翻译而不应予以注册或者应予无效的,人民法院应当综合考虑如下因素,以认定诉争商标的使用是否足以使相关公众认为其与驰名商标具有相当程度的联系,从而误导公众,致使驰名商标注册人的利益可能受到损害:(1)引证商标的显著性和知名程度;(2)商标标志是否足够近似;(3)指定使用的商品情况;(4)相关公众的重合程度及注意程度;(5)与引证商标近似的标志被其他市场主体合法使用的情况或者其他相关因素。下面逐项展开论述:

引证商标的显著性和知名度。与混淆判断中第三因素不同,显著性和知名度是判断驰名商标保护的第一因素。而且,引证商标的显著性和知名度随着保护范围的扩大,以及对抗类型的不同,弱化及丑化类的损害一般还是关注原告引证商标原告所在的领域,但对于攀附搭车类的损害,需要关注该商标在被告所在领域的知名度。商标的显著性越是超越本身的类别,具有绝对的显著性,保护范围也就越宽。

例如,图11.5中这一款酒,由于使用了带缺口的苹果商标这一标志性特征,非常容易使人联想到苹果图形商标以及iPhone手机包装。

图11.5　爱奋酒酒瓶及包装

〔17〕 参见最高人民法院原副院长曹建明在全国知识产权审判工作会议上的讲话。

在【“怡寳及图”案】[18]中,上诉人主张“怡寳及图”商标(图 11.6 左图)属于图文商标,其中繁体字“寳”无法被消费者识别,不具有文字功能;“C’estbon 及图”商标(图 11.6 右图)中的“C’estbon”属于法语日常用语,不能起到标识商品来源的作用。法院对此认为,在判断商标显著性时,不应将商标拆分成若干个构成要素,而应将商标作为一个整体进行识别和判断。本案中,“怡寳及图”商标经过被上诉人长期使用,已与被上诉人建立稳定联系,具有较强的显著性,相关公众可以认知“怡寳及图”商标与被上诉人饮用水产品之间的对应关系。“C’estbon 及图”商标中的文字“C’estbon”虽在法语中有特定含义,但被上诉人系将其作为图文商标的一部分用于标识商品来源,而非描述性使用该法语词汇,且经过被上诉人长期同时使用两涉案商标,两涉案商标之间也已产生对应关系,具有较强的标识商品来源功能。关于上诉人主张的两涉案商标仅用于饮用水商品且被上诉人企业名称中“华润”字样更为知名,法院认为,被上诉人仅在饮用水商品上使用涉案商标不影响商标驰名的认定,被上诉人的企业名称是否知名也与商标驰名的判断无涉。综上所述,法院对上诉人关于两涉案商标不构成驰名的上诉理由不予支持。

图 11.6 被告商标(左)和原告商标(右)

商标标志是否足够近似。关于近似的表述与混淆可能性判断中也略有不同,但商标近似的判断应该与混淆判断中近似判断并无大的不同。二者主要的区别在于,混淆中的近似程度不高的情况下,可能就不容易导致混淆,但仍有可能导致联系,因此尤其不能因为混淆不成立就得出近似不成立的结论。

例如,图 11.7 中两个商标即使不一定混淆,但由于同样使用独特的字体,产生联系的可能性还是相当大的。

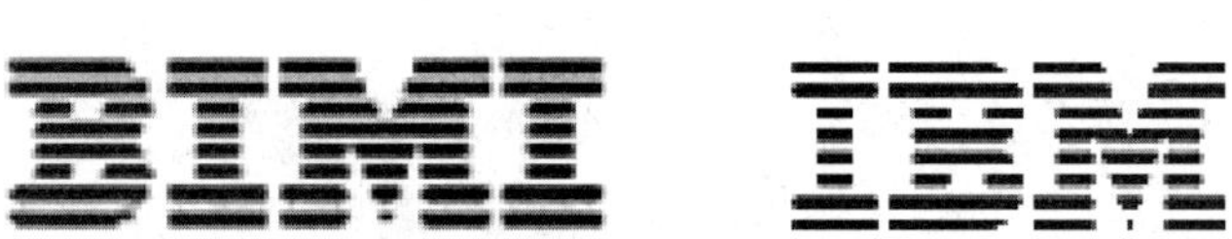

图 11.7 使用同一风格和字体的商标

指定使用的商品情况。一方面,由于驰名商标可以对抗非类似商品,同时可以在相同类似商品上得到保护,商品的距离不是驰名商标保护的绝对障碍。另一方面,毕竟随着商品距离的加大,相关公众发生联系的可能性也会减弱,除非有在先商标显著性和知名度的加持,否则就不太会产生误导及损害的后果。除此之外,这一相对模糊的措辞也为驰名商标在本类的保护预留了空间。

---

[18] 参见上海市高级人民法院民事判决书,(2022)沪民终 73 号。

相关公众的重合程度及注意程度。虽然《驰名商标联合建议》针对弱化、丑化及搭车类的保护，特别允许成员国可以要求驰名商标必须在全体公众中驰名，但相关公众与混淆判断的最大不同在于驰名商标保护着眼于对驰名商标本身声誉的保护，就弱化和丑化而言，更看重原告驰名商标所在的领域的相关公众是否会因为被告的使用而不再对在先商标保持深刻印象（弱化）或良好印象受到损害（丑化），因此被告所在领域的相关公众并不是主要的关注对象。但对于攀附类的损害（搭车）而言，如果被告所在领域的相关公众并不知晓原告的商标，大概率是不会产生联系进而发生攀附问题。

其他主体合法使用的情况。由于商标注册时首先关注的是本类商品所在领域的注册，但如果商标固有显著性不强，尤其是在不具有绝对显著性的情况下，他人完全可以在其他类别早已注册，即使商标后来非常驰名，也不能阻止他人的正当使用，例如"苹果"商标他人在牛仔裤上的使用就不应该受到影响。同样，在【"杏花村"案】中，"杏花村"与酒的联系并非始自山西杏花村公司对引证商标的使用、宣传。杜牧的著名诗句早已使人们将"杏花村"与酒商品联系在一起，山西杏花村公司利用这种早已存在的联系建立引证商标在酒类商品尤其是汾酒商品上的知名度并使之成为驰名商标（见图 11.8），但由此对引证商标的保护也不应不适当地扩大，尤其是不应当禁止他人同样地从杜牧诗句这一公众资源中获取、选择并建立自己的品牌，只要不会对引证商标以及山西杏花村公司的利益造成损害即可。

扫描看彩图

图 11.8　杏花村商标

弱化、丑化或攀附搭车的后果。驰名商标保护最后必须落到可能产生的后果上，需要注意的是，并不需要证明三种后果一起发生，虽然也不排除存在同时发生的可能性。在【Kodak 电梯案】[19]中，苏州市中级人民法院认为，科达电梯公司使用"Kodak"标识，显然是模仿及标榜于伊士曼公司"Kodak"驰名商标的良好声誉形象，以取得不正当商业利益。从保护驰名商标专有性角度出发，科达电梯公司使用"Kodak"标识必然会降低伊士曼公司"Kodak"驰名商标显著性及或然性损害其商誉价值，对伊士曼公司"Kodak"驰名商标专有性及长期商业标识形象利益造成实质性损害。因此，科达电梯公司未经"Kodak"驰名商标权利人同意而使用"Kodak"商业标识的行为应被判定为侵权。

三、对注册驰名商标在相同或类似商品上的保护

虽然驰名商标的扩大保护是在商品不类似的情况下诞生的，但在类似乃至相同的商

〔19〕 参见苏州市中级人民法院民事判决书，(2005)苏中民三初字第 213 号，载黄晖编著：《中国商标及不正当竞争案例精要》，知识产权出版社 2021 年版，第 406 页。

品上也有保护驰名商标的需要,尤其是在商标近似不足以产生混淆却可能产生联想的情况下。

在商品价格明显低于正常价格时,甚至如图 11.9 所示,上面标示出“FAKE”(假货)的情况下,消费者其实是不可能信以为真的,但仍然有不少消费者知假买假,关键的原因就在于消费者追求的已经不是使用价值,而是商标表彰身份的符号价值。因此,制止行为的基础也自然需要从制止混淆转移到制止联想搭车上。

扫描看彩图

图 11.9　FAKE LV 包

(一)欧盟的保护实践

欧盟在类似商品是否需要保护声誉商标的问题上先后通过【Davidoff 案】和【Adidas 案】两个案例予以了澄清。

欧盟法院于 2003 年 1 月 9 日在【Davidoff 案】[20]中认为,虽然《一号指令》第 5 条第 2 款所规定的对声誉商标的保护是授权性而不是强制性的规定,但实际适用这一规定立法的国家在执法过程中,不能导致著名商标在相同或类似商品上所获得的保护反而少于在非相同或类似商品上所获得的保护的结果。法院认为,在解释法律时,既要考虑其字面含义,也要考虑总体的立法意图和目标(见图 11.10)。因此,当《一号指令》第 5 条第 2 款所规定的对声誉商标的保护条件出现时,即在后商标的使用无正当理由从在先声誉商标的显著性或声誉中获利或对它们造成损害,即使商品相同或类似,也可适用该款所规定的保护。

图 11.10　被告商标(左)和原告商标(右)

欧盟法院于 2003 年审结【Adidas 案】[21]。该案事关原告阿迪达斯萨洛蒙(ADIDAS SOLOMAN AG)一个特殊商标的保护,该商标由衣服或裤子外侧“三条平行的道”构成。

[20] 参见 C-292/00,Davidoff 案。
[21] 参见 C-408/01,Adidas 案。

被告健美贸易公司(FITNESS TRADING LTD)在同样的位置使用了“两条平行的道”(见图 11.11)。

图 11.11　原告商标(左)和被告商标(右)

在该案中,欧盟法院在【Davidoff 案】的基础上又向前迈进了一大步,也就是说,各成员国不仅“可以”就相同或类似的商品对声誉商标提供特殊保护,而且就非类似的商品对声誉商标提供特殊保护的成员国“必须”就相同或类似的商品也给予这样的保护。而事实上 15 个成员国已立法,同意就非类似的商品给予这种特别保护。

在对声誉商标进行保护时,要想证明近似,无须证明可能混淆,而只需证明可能联想,当然,还需证明在后商标对在先商标的显著性或知名度造成了损害或从中获取了不当利益。欧盟法院在此案中还认为,除非被告使用的标志被相关公众认为是纯粹属于美观装饰的作用,否则仍会构成侵权。

欧盟法院在之后的【L’Oréal 案】〔22〕中进一步明确了攀附搭车类的声誉商标保护条件。该案中,L’Oréal 公司等三原告均为 L’Oréal 集团名下的公司,他们在英国享有 Trésor、Miracle 等几个文字和图形商标的专用权,这些商标使用在香水和其他芳香类产品上,在英国均具有相当的知名度。被告 Malaika 公司和 Starion 公司销售由另一被告生产的“Creation Lamis”“Dorall”等几个系列的芳香产品。这些产品有的与原告上述几个知名品牌的香水在包装上存在不同程度的相似,有的并不相似。即使相似,也不足以在专业人士和公众中造成混淆。但被告销售时宣称其香水是对原告知名品牌香水的模仿,于是,原告以商标侵权为由将三被告诉至英格兰威尔士高等法院。一审判决后,双方均不服,上诉至英格兰威尔士上诉法院,英格兰威尔士上诉法院就案件中涉及的某些法律问题提请欧盟法院作出解释,其中包括“如果使用与商标权利人商标近似的标志,但不会造成混淆,是否构成《一号指令》第 5 条第 2 项规定的情形”。对此,欧盟法院指出,《一号指令》第 5 条第 2 项所指的第三人“不当利用他人商标声誉”并不要求一定要产生混淆,或一定要对他人的商标构成损害,只要第三人可以从这种“搭便车”行为中获取利益,且并未因此给予商标权利人任何经济补偿即可。

在【彪马诉贵妇犬案】〔23〕中,德国最高法院审理后认为,虽然两商标之间存在差别,但仍构成近似商标(见图 11.12)。被告的这种做法虽然不会让消费者产生混淆,却使他的商标得到了消费者不应有的关注,即不正当地利用了原告商标的知名度。被告在本案

〔22〕 参见 C－487/07,L’Oréal 案判决书第 42～50 段。
〔23〕 参见 I ZR 59/13。

中还把德国宪法规定的基本人权中的艺术创作以及表达自由作为抗辩理由之一。德国最高法院认为,虽然创作及表达的自由受德国宪法保护,但原告在先的商标权利同样应该得到德国宪法的保护。被告享有的自由并不包括将与他人商标相同或近似的标志注册为商标,如果自由与他人的在先权利相冲突,其正当性就不能得到支持。

图 11.12 被告商标(左)和原告商标(右)

2015 年,《欧盟商标指令》和《欧盟商标条例》整合欧盟法院在这个问题上的上述判例,明确规定无论商品是否相同、类似或不类似,只要符合弱化、丑化或搭车的条件,即可适用对声誉商标的特别保护,而不要求证明混淆的可能。

(二)我国的保护实践

我国商标局、商标评审委员会以及地方工商行政管理部门在保护驰名商标时,也要考虑该商标的显著性和驰名程度。

例如,在【“万德福”案】中,在先商标注册人声称在后申请商标构成对它的侵犯,两个商标一个是 W,一个是 M(见图 11.13),该案与前面提到的 M & M's 诉 W & W's 案不同之处在于,M & M's 诉 W&W's 的产品是小袋装的巧克力,实际使用时往往不易区分,但快餐店除了餐巾纸、快餐盒外,一般还是容易区分。问题的关键在于两个商标的字母之间是否会产生联系,如何考虑麦当劳的显著性和知名度将会决定该案的胜负。

图 11.13 被异议人商标(左)和异议人商标(右)

在【“爱乐”案】[24]中,北京市高级人民法院指出,“第 1489454 号注册商标的图形,属于独创性标识,作为商标使用有较高的显著性。该图形在被核准注册后,在国内、国际体育赛事和宣传中广泛使用,已经具有了相当的知名度。将图形与被控侵权标识相比较可以看出,两图形从整体上看均包括三条依次延长的倾斜线段,其倾斜角度、各线段长度和线段间距均极其近似,虽然被控侵权标识在第三条倾斜线段后还有一勾,但仅此并不足以改变两图形在整体上的近似性,相关公众对相同商品上的上述两标识施以普通注意的情况下容易误认为使用图形的商品与使用图形注册商标的商品之间存在特定联系,因此两图形构成在相同商品上使用的近似商标”。在笔者看来,被告商标更像是组合原告与案

〔24〕 参见北京市高级人民法院民事判决书,(2006)高民终字第 781 号,载曹中强主编:《中国商标报告》(第 7 卷),中信出版社 2008 年版,第 275 页。

外人耐克公司的商标而成，严格讲是一种联想而不是混淆，适用驰名商标在本类商品上的强化保护实际更为贴切（见图 11.14）。

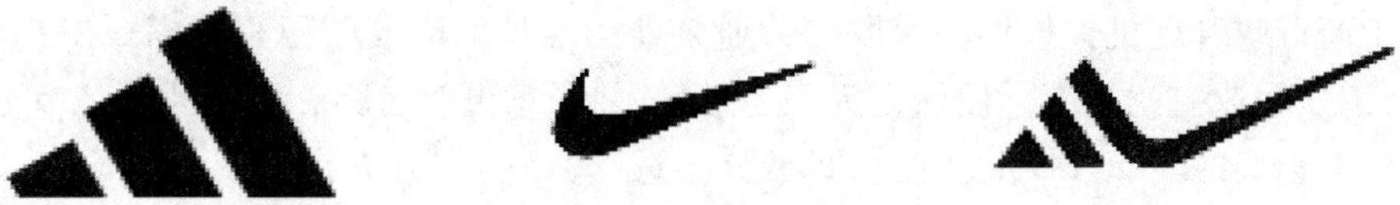

图 11.14　原告商标（左）、案外人商标（中）和被告商标（右）

最高人民法院在【“德士活”案】[25]中虽然没有直接涉及本类商品的强化保护，但他类商标的知名度是可以和本类商品商标结合起来考虑的。最高人民法院认为，德士活公司首先将苹果、苹果图形作为服装及钟表等商品上的商标予以注册和使用，并不存在显著性上的局限；尼斯分类第 25 类服装与第 14 类钟、表、手表带、表盒，在销售渠道和消费群体等方面存在一定的关联性，不属于没有联系或联系很弱的非类似商品。在德士活公司同时拥有非类似商品上已注册的驰名商标和类似商品上的在先注册商标的情况下，不仅应该将争议商标与权利人在类似商品上在先注册的商标进行比对，还应该考虑驰名商标跨类保护的因素，而不应该出现在权利人除了拥有驰名商标之外，还拥有在相同或类似商品上在先注册商标的情况下，所得到的保护反而弱于仅有在非类似商品上的驰名商标而没有在类似商品上在先注册商标的情况。

这其实符合自古以来的裁判规则，以《唐律·名例》为例，其中就有明确的指示：“诸断罪而无正条，其应出罪者，则举重以明轻，其应入罪者，则举轻以明重。”[26]相对而言，非类似属于较轻的情况，既然已经给予保护，类似商品上实属较重的情况，更应该“举轻以明重”，给予同样的保护。

最高人民法院在《商标授权确权司法解释》中也指出，当事人主张诉争商标构成对其已注册的驰名商标的复制、摹仿或者翻译而不应予以注册或者应予无效，国知局依据《商标法》第 30 条规定裁决支持其主张的，如果诉争商标注册未满 5 年，人民法院在当事人陈述意见之后，可以按照《商标法》第 30 条规定进行审理；如果诉争商标注册已满 5 年，应当适用《商标法》第 13 条第 3 款进行审理。

四、驰名商标对抗企业名称

（一）早期的保护

即使是驰名商标，实际的保护也并非一帆风顺，以【“张小泉”案】为例，该商标在 1997 年 4 月被认定为驰名商标后，分别于 1997 年 9 月和 1998 年 10 月向南京市和上海市的工商行政管理机关请求撤销南京张小泉剪刀厂和上海张小泉剪刀总店的企业名称，南京市的工商行政管理机关在一个月内即作出决定，责令改为南京金泉剪刀厂，但上海的情况却并不顺利，上海市的工商行政管理机关不仅以情况特殊为由暂不处理，反而在 1998 年 5

〔25〕　参见最高人民法院行政判决书，（2009）行提字第 3 号，载黄晖编著：《中国商标及不正当竞争案例精要》，知识产权出版社 2021 年版，第 93 页。

〔26〕　《唐律·名例》。

月21日又登记注册了一家"上海张小泉剪刀制造有限公司",这与原国家工商行政管理局第56号局令的规定不符。

1999年年末,英国劳斯莱斯公司委托涉外商标事务所向云南省工商行政管理机关和昆明市工商行政管理机关投诉一家取名劳斯莱斯的卡拉OK歌厅侵犯其商标专用权,经过查处,该歌厅业主就其商标侵权行为表示道歉,并同意更改名称。该案同青岛市工商行政管理机关查处的VOLVO歌厅侵权案十分接近,青岛的四方大富华夜总会原名大富豪夜总会,在1996年清理不良文化时更名为大富华夜总会,但在其霓虹灯、大堂招牌及公文纸、点歌本上仍然使用"VOLVO CLUB"字样,而"VOLVO"是瑞典一家著名汽车生产企业的商标,该企业在我国不仅在汽车上注册了该商标,在"娱乐"等服务上也进行了注册。对于这类行为如果严格适用混淆的标准,要想证明出入歌厅的消费者确实认为歌厅是英国劳斯莱斯公司或"VOLVO"自己或授权开设是很困难甚至不可能的事,但这些消费者对劳斯莱斯和"VOLVO"应该不会陌生,至少是有所耳闻。歌厅业主如此使用虽然不见得是指望消费者发生混淆,但显然是在借助著名商标的声誉招徕顾客,以达到"搭便车"的目的。

实际上,我们在前面讨论赞助混淆的时候曾提到过日本处理的【香奈儿(Chanel)酒吧案】。虽说我们不能想当然地排除普通消费者将该酒吧同法国香奈儿集团产生混淆或联系的可能,但严格来说,稍具常识的人一般是不会相信香奈儿集团会在东京的郊区开一个只有两个人经营的小酒吧。只有从保护驰名商标制止联想的角度出发,才能更加令人信服地解释被告行为的寄生性。

(二)"入世"以后的保护

我国2001年《商标法》实施后,法院也加强了对驰名商标的司法保护力度,在解决企业名称与驰名商标冲突的问题上,2002年9月,武汉市中级人民法院就香港立时集团国际有限公司(以下简称立时集团)诉武汉立邦涂料有限公司(以下简称武汉立邦)不正当竞争、商标侵权案作出的判决较有典型意义。

在【"立邦"案】[27]中,原告是立邦漆"N"字商标和"立邦漆"文字及图形商标和"立邦"及"立邦"文字及图形商标的注册商标专用权人。上述商标核定使用商品分别为22个类别和21个类别,其中都包括了油漆、漆、底漆等。被告公司成立于2002年2月1日,其业务范围包括建筑涂料(内外墙乳胶漆)、钢结构防水涂料、饰面防水涂料的生产、销售,与原告商标被许可人属于同一行业,生产销售同类产品,同时在包装、宣传资料中使用了"立邦"字样。

原告认为,其拥有商标专用权的"立邦漆"系列商标已在中国较广范围内享有较高知名度,被告理应知道"立邦漆"系列商标,却仍将"立邦"登记为企业名称中的字号部分,具有较明显的"搭便车"的故意,足以引起消费者对市场主体和商品来源的混淆,导致消费者产生原被告系关联企业、产品同出一家的误认。被告的这一行为,损害了原告对"立邦漆"系列商标享有的注册商标专用权,实质上非法侵占了原告关联企业、商标授权使用单位的产品市场。

---

〔27〕 参见武汉市中级人民法院民事判决书,(2002)武知初字第55号,载曹中强主编:《中国商标报告》(第1卷),中信出版社2003年版,第255页。

法院经审理认为,立时集团对立邦漆"N"字商标、"立邦漆"文字及图形商标、"立邦"及"立邦"文字及图形商标在核定的商品范围内依法享有商标专用权。该商标虽然未被国家工商行政管理部门认定为驰名商标,但立时集团在注册了上述商标后即进行了大量的广告宣传,该商标从1993年注册起至2002年已持续使用近10年,立时集团的广告宣传持续时间长,投入的广告费用达数亿元,其广告范围涵盖全国大部分地区,且其品牌销售量呈逐年上升态势,立邦漆在普通消费者心中已享有较高声誉。依据2001年《商标法》第14条的规定,应认定立邦漆系列商标为驰名商标,原告立时集团诉武汉立邦侵犯商标权的诉讼请求成立。鉴于武汉立邦在申请企业字号时,备用的企业名称为汉高、海尔、宣威等知名品牌,故其侵权的主观故意较明显,应给予被侵权人相应的经济补偿,包括权利人为实现权利所支出的合理费用,法院最终认定,被告武汉立邦登记的企业字号与原告的注册商标相同,侵犯了原告的注册商标专用权,判决被告武汉立邦于判决生效后10日内变更其企业字号,新企业字号中不得含有"立邦"字样;销毁被告带有"立邦"字样的产品宣传资料和产品外包装;被告武汉立邦赔偿原告立时集团经济损失8万元。被告不服判决提起上诉,但湖北省高级人民法院基本维持了一审判决。

2002年《商标法实施条例》第53条规定,商标所有人认为他人将其驰名商标作为企业名称登记,可能欺骗公众或者对公众造成误解的,可以向企业名称登记主管机关申请撤销该企业名称登记。企业名称登记主管机关应当依照《企业名称登记管理规定》处理。2013年《商标法》第58条认可了通过反不正当竞争法解决企业名称和商标冲突的思路:将他人注册商标、未注册的驰名商标作为企业名称中的字号使用,误导公众,构成不正当竞争行为的,依照《反不正当竞争法》处理。另外,最高人民法院在《驰名商标司法解释》中允许驰名商标跨类对抗企业名称:原告请求禁止被告在不相类似商品上使用与原告驰名的注册商标相同或者近似的商标或者企业名称的,人民法院应当根据案件具体情况,综合考虑各种因素后作出裁判。

2017年修订的《反不正当竞争法》还特别规定,经营者登记的企业名称违反该法第6条规定的,应当及时办理名称变更登记;名称变更前,由原企业登记机关以统一社会信用代码代替其名称。

五、驰名商标对抗域名

如果一个商标已经具有一定知名度,他人将其注册为域名,而公众在看到这一域名时会认为使用该域名的网站与商标权人存在某种联系而访问该网站,则说明域名注册人客观上利用了在先商标的声誉,在网络领域无偿享用或占有在先商标所有人为自己的商标的市场知名度和影响力所付出的努力。这种行为就是一种违反诚实信用的行为,必然会给公平有序的竞争秩序造成损害。

(一)美国的实践

美国《联邦商标反淡化法》(FTDA)的通过为商标所有人在网上反击域名抢注提供了有力的武器,尤其是结合1999年颁布实施的《制止网上占地消费者保护法》(ACPA),只要域名抢注者具有恶意并且淡化了原告的商标,即可判令被告将域名转让给原告,而无须考虑被告是否同时在出售商品或提供服务。即使不是抢注者,只要构成淡化(主要包括弱化和丑化),商标所有人仍然可以对抗域名注册人。事实上,在商标具有绝对显著性的时候,即使域名不与具体商品或服务联系,也有可能发生联想和淡化。

网上弱化。域名的首要功能无疑是指示网页的地址,但域名的功能不仅于此,它还可以向网民传达有关网站内容的一些信息,尤其是在驰名商标的情况下,域名甚至能提供标指网站内容出处的信息。意图访问某公司的网民在不知道网址的情况下,通常会通过该公司的商标或字号猜测域名的构成,例如,准备查看"施乐"公司的人,通常会输入 xerox. com 的域名进行访问。域名的这种双重功能就决定了它与一般商标的重大区别,因此美国《联邦商标反淡化法》在解决域名争端方面应该具有特殊的价值。

美国《联邦商标反淡化法》实施的当年,伊利诺伊北区法院和加利福尼亚中区法院在两个案件中分别裁定注册了 240 多个域名(包括 inter matic. com 和 panavision. com)的 Dennis Toeppen 淡化了原告的商标(【Intermatic 案】[28]及【Panavision 案】[29])。原告的商标虽然未达到美国《联邦商标反淡化法》中所列的著名标准,但法院无疑是认为被告大量的恶意注册本身已构成法律需要制止的行为,因为这一行为妨碍了原告在网络上识别其商品或服务的能力。在该案中,一审法院还驳回了被告认为其域名注册不构成商业性使用的答辩,法院认为,由于被告向原告索取 13,000 美元以交换其抢注的商标,该行为本身已构成了商标法意义上"商业性使用"的要求。在上诉判决中,美国第九巡回上诉法院特别明确了一点,即注册域名本身虽然不能构成商业性使用,但由于一审被告试图以此谋利,例如,对他注册的"intermatic. com"开价 10,000 美元,对"americanstandard. com"开价 15,000 美元,其行为完全可以认定为商业性使用。并且,虽然一审被告在网页中只是显示了伊利诺伊州 PANA 的一幅鸟瞰图,但被告将原告著名的 PANAVISION 注册为域名的行为实际剥夺了原告自己以此域名上网的最简捷的途径;因为网民在网上浏览时一般会直接以公司的商标或商号猜测域名,如果得到的不是网民想要浏览的网页,无疑会使他失望而去,而不会求助搜索引擎去产生成百上千的检索结果,最后必然会影响原告商标的识别性。而且,原告的商标被被告用作域名也就意味着原告失去了对这一标记的控制权,因此,法院最终认定被告的行为已构成淡化。

但网上淡化的问题并未最后解决,在【AVERRY DENNISON 案】[30]中,原告 AVERRY DENNISON 是一家办公家具的供应商,历史十分悠久。被告是一家加拿大的因特网服务商,他将 12,000 个姓氏全部注册为电子邮件的地址,号称愿意使用个性化地址的网民可以到他那里租用与其姓氏相应的地址,其中包括"averry. net"和"dennison. net"。但原告就办公室产品在美国拥有"Avery"和"Dennison"两个联邦注册商标,并且已经注册了"averry. com"和"averrydennison. com"域名,于是原告以侵权、淡化为由诉至加利福尼亚中区法院。法院认为被告的行为已经构成网上劫持,尽管他自己不用,但他将域名出租已构成商业性使用;而且,允许被告将他人的商标注册为域名无疑会减弱该商标的识别性,如果不能将这种情况认定为淡化,就意味着被告同时注册了的诸如"Ford""Edison""Wrigley"这样的姓氏将失去作为域名使用的最佳选择;并且,尽管被告声称他只是将这些域名作为非商业性电子邮件地址来使用,但经济规律最后会促使被告将这些域名转让

---

〔28〕 See Intermatic Inc. v. Toeppen,947 F. Supp. 1227,(N. D. Ill. 1996).

〔29〕 See Panavision International L. P. v. Toeppen,141 F. 3d 1316(9th Cir. 1998).

〔30〕 See Avery Dennison Corp. v. Sumpton,999 F. Supp. 1337,C. D. Cal. 1998,rev'd,189 F. 3d 868(9th Cir. 1999).

或出租给出价最高的任何人,而不论该人会如何使用这些域名;法院因此认定被告的行为已构成对原告商标的淡化,判令被告以每个域名 300 美元的价格将这两个域名转让给原告。

不过,美国第九巡回上诉法院在审理该案后推翻了一审法院的判决。上诉法院首先将该案与它审理的【Panavison 案】进行了比较,得出了三点不同之处:一是本案上诉人对一审原告商标是否著名提出了异议;二是【Panavision 案】中的被告对他向原告索取钱财的事实未加否定;三是该案涉及的是在“. net”域下的注册,而不是像【Panavison 案】涉及的是“. com”域下的注册。

因此,一方面,上诉法院认为一审原告虽然在办公家具领域拥有较高的知名度,但由于在一般公众中,或者至少在被告的因特网用户中(在“. net”中)并无特别的知名度,而被告并未在原告的客户中从事商务活动,并且调查显示有 800 多个厂商使用“Averry”,200 多个厂商使用“Dennison”,因此上诉法院不认为原告的商标是一个可以享受反淡化保护的著名商标。另一方面,上诉法院认为被告仍然是在姓氏的意义上使用“Avery”和“Dennison”两个词,而不是像一审法院所说的那样试图以此谋取该姓氏作为商标的利益;而且,在“. net”上注册与在“. com”上注册存在很大的不同,上诉法院认为裁定网上占地的案例都是针对“. com”而言的,因此不能认定淡化成立。

上诉法院的判决无疑提高了著名商标的门槛,在很大程度上改变了淡化保护一边倒的局面,这尤其可以给域名注册人抵御“反向劫持”提供武器。

网上丑化。与证明弱化相比,在防止商标被丑化方面,由于不用证明混淆,甚至无须和具体的商品或服务联系使用,只要他人的使用方式使人产生了一种不洁的联想,淡化诉讼就可以认定成立,反淡化法因此可以起到十分有效的作用。

华盛顿西区法院根据《美国联邦商标反淡化法》制止了一家公司使用著名的儿童游戏商标“CANDYLAND”作为色情网站的域名。同样,加利福尼亚北区法院也毫不费力地裁定了一家分别使用“adultsrus. com”和“Adults R Us”作为域名和招徕用语的色情网站丑化了原告在儿童玩具及服装上享有盛誉的 TOYS“R” US 和 KIDS“R” US 商标。纽约南区法院也毫不犹豫地禁止了被告使用“芭比”(Barbie)商标作为成人网站的站名(Barbie’s playhouse)和域名路径(jcomlive /barbie. htm)的行为。

尽管商标所有人在域名可能丑化著名商标时有较大的胜算,但由于网上丑化愈演愈烈,一些公司甚至不惜在注册好名的同时防御性地自注恶名,例如,由 GTE 和 BellAtlantic 合并而成的 VERIZON 公司就自己为自己注册了几十个诸如“verizonsucks. com”(VERIZON 吸血鬼)一类的域名,但仍然无法阻止其他黑客注册“verizonreallysucks. com”(VERIZON 真的吸血鬼),或“verizonmonopolisticbastards. com”(VERIZON 垄断恶棍)甚至“Verizon Should Spend More Time Fixing Its Network And Less Money On Lawyers. com”(VERIZON 应该多花一些时间把自己的网络修好,少花一些金钱打官司)等域名,可谓防不胜防。

(二)中国的实践

我国域名争议第一起一审认定原告商标为驰名商标的案件是英特艾基公司诉国网公

司在“.cn”域下注册“ikea.com.cn”域名的【IKEA案】〔31〕。在该案中,原告认为被告自1997年11月19日注册“ikea.com.cn”以来长期空置该域名,违反了《巴黎公约》、《民法通则》及《反不正当竞争法》中规定的诚信原则,向北京市第二中级人民法院起诉。而被告辩称其注册“ikea”时根本不知有“IKEA”商标,他的注册原意是分别以代表电子和因特网的“e”和“i”开头注册一批域名以供公司的长期开发,就“ikea”而言,“kea”是新西兰的一种鹦鹉,鹦鹉以能说会道著称,公司注册“ikea”是准备用来开发一个声像网站,专门介绍最新视听节目,因此根本与从事家具经营的瑞典公司毫不相干。2000年6月,北京市第二中级人民法院判决原告商标为驰名商标,被告将其注册为域名的行为构成不正当竞争行为。

二审法院认为,在涉及计算机网络域名的民事纠纷案件的审理中,对驰名商标的认定实质上是对客观事实的确认,中国法院可以根据当事人的请求及案件的具体情况,对涉及的注册商标是否为驰名商标作出认定。国网公司所提一审法院违反法定程序认定英特艾基公司的注册商标“IKEA”为驰名商标的上诉理由不能成立。但法院认为,英特艾基公司提交的证据不足以证明“IKEA”注册商标在国网公司注册“ikea.com.cn”域名之时已成为驰名商标。根据中国商标法的规定,国网公司注册“ikea.com.cn”域名的行为未构成对英特艾基公司“IKEA”注册商标专用权的侵犯。国网公司所提英特艾基公司的“IKEA”注册商标不是驰名商标,国网公司未侵犯英特艾基公司注册商标专用权的上诉理由成立。

在此之后,最高人民法院在2001年专门制定了《域名司法解释》。针对人民法院是否可以认定驰名商标的争论,最高人民法院首先在该司法解释中明确,人民法院审理域名纠纷案件,根据当事人的请求以及案件的具体情况,可以对涉及的注册商标是否驰名依法作出认定。

人民法院审理域名纠纷案件,对符合以下各项条件的,应当认定被告注册、使用域名等行为构成侵权或者不正当竞争:(1)原告请求保护的民事权益合法有效;(2)被告域名或其主要部分构成对原告驰名商标的复制、模仿、翻译或音译,或者与原告的注册商标、域名等相同或近似,足以造成相关公众的误认;(3)被告对该域名或其主要部分不享有权益,也无注册、使用该域名的正当理由;(4)被告对该域名的注册、使用具有恶意。

被告的行为被证明具有下列情形之一的,人民法院应当认定其具有恶意:(1)为商业目的将他人驰名商标注册为域名的;(2)为商业目的注册、使用与原告的注册商标、域名等相同或近似的域名,故意造成与原告提供的产品、服务或者原告网站的混淆,误导网络用户访问其网站或其他在线站点的;(3)曾要约高价出售、出租或者以其他方式转让该域名获取不正当利益的;(4)注册域名后自己并不使用也未准备使用,而有意阻止权利人注册该域名的;(5)具有其他恶意情形的。

被告举证证明在纠纷发生前其所持有的域名已经获得一定的知名度,且能与原告的注册商标、域名等相区别,或者具有其他情形足以证明其不具有恶意的,人民法院可以不认定被告具有恶意。

人民法院认定域名注册、使用等行为构成侵权或者不正当竞争的,可以判令被告停止

〔31〕 参见北京市高级人民法院民事判决书,(2000)高知终字第76号,载黄晖编著:《中国商标及不正当竞争案例精要》,知识产权出版社2021年版,第754页。

侵权、注销域名,或者依原告的请求判令由原告注册使用该域名;给权利人造成实际损害的,可以判令被告赔偿损失。

2001 年《域名司法解释》出台后,我国法院系统终审认定的第一个驰名商标案是北京市高级人民法院审结的【Dupont 案】[32]。二审法院认为,“DU PONT”注册商标作为驰名商标,杜邦公司享有该驰名商标能够给其带来的全部商业利益,对“DU PONT”这一驰名商标的保护范围应延伸到计算机网络上。而国网公司在中国互联网络信息中心注册的“dupont. com. cn”域名中未经杜邦公司同意,将“dupont”一词在自己注册的域名中作为具有识别性的三级域名,构成了对杜邦公司该驰名商标的复制。国网公司的复制行为必将在计算机网络中造成相关公众对国网公司与杜邦公司的混淆。国网公司在诉讼中没有证据证明其注册“dupont. com. cn”有何正当理由。国网公司作为经营计算机网络信息咨询服务和在线服务的经营者,应当知道在计算机网络中域名的作用和价值,却将杜邦公司所有的“DU PONT”驰名商标注册为自己的域名,其商业目的十分明显。况且,国网公司将杜邦公司所有的驰名商标“DU PONT”注册为自己的域名后并未实际使用,应认定其行为为有意阻止杜邦公司注册该域名。国网公司在收到杜邦公司在中国的子公司发出的要求其停止使用并撤销“dupont. com. cn”域名的函件后,仍未停止使用,其行为明显具有恶意。国网公司的行为侵犯了杜邦公司的“DU PONT”注册商标专用权。同时,国网公司没有合法依据无偿占有杜邦公司所有的驰名商标所能够带来的,本应属于杜邦公司的商业利益,其行为违背了中国《民法通则》、《反不正当竞争法》和《巴黎公约》中所规定的从事民事活动应当遵守的诚实信用原则,构成了对杜邦公司的不正当竞争,应承担相应的民事责任。

后来,鉴于域名注册成本低廉,借此认定驰名商标的案件一度比较泛滥,最高人民法院总体对涉及域名的驰名商标认定持比较谨慎的态度,在《驰名商标司法解释》中,最高人民法院就要求,在下列民事纠纷案件中,人民法院对于所涉商标是否驰名不予审查:(1)被诉侵犯商标权或者不正当竞争行为的成立不以商标驰名为事实根据的;(2)被诉侵犯商标权或者不正当竞争行为因不具备法律规定的其他要件而不成立的。原告以被告注册、使用的域名与其注册商标相同或者近似,并通过该域名进行相关商品交易的电子商务,足以造成相关公众误认为由,提起的侵权诉讼,按照《驰名商标司法解释》第 3 条第 1 款第 1 项的规定处理。

■ 思考题

1. 驰名商标是否注册对保护范围和救济有何影响?
2. 驰名商标在本类商品上的强化保护有何特点?
3. 试论驰名商标认定的时间和空间效力。

---

〔32〕 参见北京市高级人民法院民事判决书,(2001)高知终字第 47 号,载黄晖编著:《中国商标及不正当竞争案例精要》,知识产权出版社 2021 年版,第 753 页。

第十二章　集证商标及地理标志

在介绍商标的集体主体时，我们已经接触到集证商标即集体商标、证明商标的概念，本章将要就此作更加详细和深入的讨论。由于我国《商标法实施条例》允许选择集证商标的形式保护地理标志，本章我们将先介绍集体商标、证明商标（第一节），然后介绍地理标志（第二节）。

第一节　集体商标、证明商标

集体商标是一种特殊形式的商标，最早在《巴黎公约》中出现，后来又出现了证明商标的概念。根据2001年《商标法》第3条的规定，原国家工商行政管理总局制定了《集体商标、证明商标注册和管理办法》。该办法自2003年6月1日起施行，原国家工商行政管理局于1994年12月30日发布的《集体商标、证明商标注册和管理办法》同时废止。

2022年，国知局就该办法征求意见。集体商标、证明商标的注册和管理，依照《商标法》及其实施条例和该办法的有关规定进行，该办法有关商品的规定，适用于服务。集体商标和证明商标既有关联又有区别，以下分别介绍。

一、集体商标

申请集体商标注册的，应当附送主体资格证明文件并应当详细说明该集体组织成员的名称和地址；集体商标的使用管理规则应当包括：（1）使用集体商标的宗旨；（2）使用该集体商标的商品的品质；（3）使用该集体商标的手续；（4）使用该集体商标的权利、义务；（5）成员违反其使用管理规则应当承担的责任；（6）注册人对使用该集体商标商品的检验监督制度。

集体商标的初步审定公告的内容，应当包括该商标的使用管理规则的全文或者摘要。集体商标注册人对使用管理规则的任何修改，应报经商标局审查核准，并自公告之日起生效。集体商标注册人的成员发生变化的，注册人应当向商标局申请变更注册事项，由商标局公告。申请转让集体商标的，受让人应当具备相应的主体资格；集体商标发生移转的，权利继受人应当具备相应的主体资格。

集体商标注册人的集体成员，在履行集体商标使用管理规则规定的手续后，可以使用该集体商标。集体商标不得许可非集体成员使用。使用集体商标的，注册人应发给使用人集体商标使用证。集体商标注册人没有对该商标的使用进行有效管理或者控制，致使该商标使用的商品达不到其使用管理规则的要求，对消费者造成损害的，由工商行政管理部门责令限期改正；拒不改正的，处以违法所得 3 倍以下的罚款，但最高不超过 3 万元；没有违法所得的，处以 1 万元以下的罚款。

二、证明商标

申请证明商标注册的，应当附送主体资格证明文件并应当详细说明其所具有的或者其委托的机构具有的专业技术人员、专业检测设备等情况，以表明其具有监督该证明商标所证明的特定商品品质的能力。（证明商标示例，如图 12.1 所示）

扫描看彩图

图 12.1　证明商标举例

证明商标的使用管理规则应当包括：(1)使用证明商标的宗旨；(2)该证明商标证明的商品的特定品质；(3)使用该证明商标的条件；(4)使用该证明商标的手续；(5)使用该证明商标的权利、义务；(6)使用人违反该使用管理规则应当承担的责任；(7)注册人对使用该证明商标商品的检验监督制度。

证明商标的初步审定公告的内容，应当包括该商标的使用管理规则的全文或者摘要。同集体商标一样，证明商标注册人对使用管理规则的任何修改，应报经商标局审查核准，并自公告之日起生效。申请转让证明商标的，同集体商标一样，受让人应当具备相应的主体资格，并符合《商标法》、《商标法实施条例》和《集体商标、证明商标注册和管理办法》的规定。证明商标发生移转的，权利继受人应当具备相应的主体资格，并符合《商标法》、《商标法实施条例》和《集体商标、证明商标注册和管理办法》的规定。

证明商标注册人准许他人使用其商标的，注册人应当在 1 年内报商标局备案，由商标局公告。使用证明商标的，注册人应发给使用人证明商标使用证。但证明商标的注册人不得在自己提供的商品上使用该证明商标。与集体商标一样，如果证明商标注册人没有对该商标的使用进行有效管理或者控制，致使该商标使用的商品达不到其使用管理规则的要求，对消费者造成损害的，需要承担与集体商标一样的行政责任。

根据 2021 年发布的《商标一般违法判断标准》，违反《商标法实施条例》第 4 条第 2 款和《集体商标、证明商标注册和管理办法》第 14 条、第 15 条、第 17 条、第 18 条、第 20 条、第 21 条规定，未履行集体商标、证明商标管理义务的，需要承担责任。

第二节 地 理 标 志

一、地理标志的国际保护

地名保护问题实际也是一个由来已久的世界性问题,早在19世纪下半叶,人们就意识到保护地名的重要性。最初在此方面作出规定的就是《巴黎公约》,该公约第1条第2项在列举保护对象时,特别提到了货源标记(indications of source)和原产地名称(appellations of origin)。《巴黎公约》第10条主要禁止直接或者间接地使用一个涉及商品来源或厂商身份的虚假标志,主要规范虚假货源标记的使用,但没有专门对原产地名称的保护作出规定。

值得注意的是,由于地名保护既可以依职权进行,也可以依利害关系人的请求进行,《巴黎公约》特地明确了地名保护时利害关系人的范围:任何该商品的生产商、制造商或销售商,不论是自然人还是法人,只要其营业地位于被虚假标为货源的地方或者该地方所在的地区或者被虚假表示的国家或者虚假货源被使用的国家之中,则在任何情况下均应被认定为利害关系人。《巴黎公约》对利害关系人给予如此之宽的定义,目的还是最大限度地保护地名。

鉴于《巴黎公约》对地名的保护缺乏详细的规定,欧洲一些国家为了提高对地名的保护水平,于1891年签订了《马德里协定(产地)》。但美国目前还不是《马德里协定》的成员国,其中一个重要的原因在于,《马德里协定》规定各成员国可自由决定某地理名称是否成为通用名称,但不包括葡萄产品,而许多外国的原产地在美国已经成为通用或半通用名称,如Chablis(夏布利酒)、Burgundy(波艮第酒)、Champagne(香槟酒)等,这成为美国加入该协定的一个重大障碍。

1958年,在修改《巴黎公约》的同时,经过法国等一些在原产地方面有重大利益的欧洲国家的推动,又签订了一个《里斯本协定》。《里斯本协定》尽管保护水平较高,但参加面同样相对较窄。为了提高保护水平,扩大保护范围,2015年,《里斯本协定》又在日内瓦进行了修改,在欧盟加入之后,也已正式生效。

(一)《TRIPS协定》对地理标志保护的原则

地理标志的保护一直是《TRIPS协定》谈判中的一个重点,该协定的签订将地名保护推向了一个新的水平。首先,该协定第22条为地理标志(geographical indications)下了一个全面的定义,即地理标志是指区别商品来源于某一特定成员的地域或者该地域中的地区或地点的标志,而该商品的特定质量、声誉或其他特征主要产生于该地理来源。其次,它对于地理标志的使用从两个方面进行了规范:一是允许利害关系人禁止第三人以任何方式,在产品的标志或说明中,明示或暗示该产品来源于非其真实产地的地理区域,而在产品的地理来源上误导公众;二是允许利害关系人禁止第三人构成《巴黎公约》第10条之二意义上的不正当竞争行为。再次,如果一商标中含有商品的地理标志,而该商标的使用会使公众对商品的真实来源发生混淆,各成员应在其立法允许的情况下依职权,或者依利害关系人的请求,拒绝商标注册或宣告其无效。最后,即使文字真实,但如果仍可能误导公众的地名,同样适合前述救济手段。例如,美国得克萨斯州也有一个巴黎,那里生产的香水如果标上巴黎,虽然本身并无虚假之处,但仍可能误导公众,因此同样不能使用。

值得注意的是,在一般性地对地理标志的保护提出要求之后,《TRIPS 协定》第 23 条还单独就葡萄酒和烈性酒作出更高标准的规定。这样做的主要的原因在于,葡萄酒和烈性酒的出口额巨大,地位特殊,对于欧洲一些主要的出产国而言,对地理标志的一般性保护还不够充分,必须追加更高水准的保护。

《TRIPS 协定》第 22 条所赋予的保护要求证明误导公众或发生不正当竞争的事实,要想达到该项要求既费时又费力,而且很容易被侵权人规避。《TRIPS 协定》第 23 条所提供的保护则采取了更为严格的保护标准,主要体现在,无论是否存在混淆的可能,只要是非葡萄酒和烈性酒地理标志产区出产的酒类制品,即使标示了真实产地,即使使用了翻译文字,即使使用了"某某型""某某类""某某式"等字眼,也不得使用该地理标志,不得用作商标。若遇到同形异音或同音异形的情况,则应在平等及避免误导的原则下进行区分使用。

(二)《TRIPS 协定》对地理标志保护的例外

地理标志的使用不像商标那样,一般只涉及个别人或企业,地理标志往往涉及众多的企业乃至一个行业,《TRIPS 协定》一下子将保护标准提到前所未有的高度,必然会造成很多的不适应,一些历史形成的既得权利也因此面临巨大的挑战。为了避免不必要的混乱,《TRIPS 协定》第 24 条就一些特殊情况作出了六项例外规定。这实际上是欧美两大利益集团在地理标志保护上作出的重大妥协。

1. 要解决在先使用的地理标志问题。具体的时间分界线确定为 1994 年 4 月 15 日,即《TRIPS 协定》签订之日。在这一天之前已经善意使用了的,或者在这之前无论是否善意但已实际使用了 10 年以上的葡萄酒或烈性酒地理标志,可以以类似的方式继续使用该地理标记。但本项例外仅涉及酒类产品,而不包括其他种类的产品。

2. 要解决商标与地理标志的冲突问题。在《TRIPS 协定》就某成员生效之日前或者地理标志的原属国保护该地理标志前,如果某商标已善意地提出了申请或者取得了注册,或者已善意地依使用取得了权利,即使该商标与该地理标志相同或者类似,商标的受理和注册以及使用都不得受到影响。但恶意注册或使用的商标不得因此受到豁免。

3. 要解决通用名称的问题。一国的某个地理标志,如果在另一国的通常语言中被认为是相关产品的通用名称(common name),或者一国的某个葡萄产品的地理标志,在《TRIPS 协定》生效的 1995 年 1 月 1 日,如果在另一国的通常语言中被认为是某一葡萄品种的常用名称(customary name),则该国没有义务保护这些地理标志。

4. 要明确地理标志对抗商标注册或使用的时限。本项规定需要同上面第 2 项结合起来理解:如果商标的使用或注册是善意的,那么自该使用在该国广为人知之日起 5 年内,或者在该商标此前已经注册和公告的情况下,自注册之日起 5 年内,必须及时提出撤销申请;当然,禁止恶意的使用或者撤销恶意的注册并不受 5 年时间的限制。

5. 要明确个人姓名或企业名称的使用问题。只要不至于误导公众,任何人在商业活动中均可使用其本人名称或者其接手前商业机构的名称。需要注意的是,如果先有地理标志再去改名,通常不会被认为是一种善意的使用。

6. 要明确地理标志保护与原属国的关系。如果原属国自己不保护或者不再保护该地理标志，或者该地理标志在该国被废弃不用，其他成员则无保护的义务。例如，“列宁格勒”已改名为“圣彼得堡”，其他国家自然不必再对“列宁格勒”进行保护。因此，要想在世界贸易组织别的成员那里获得地理标志的保护，前提条件就是首先在本国进行有效的保护。相反，如果原属国的保护在继续，该地理标志就应该继续在其他成员那里得到保护。

(三) 世界贸易组织地理标志谈判的焦点

目前围绕地理标志，世界贸易组织谈判的焦点主要有两个：一是建立地理标志多边注册簿；二是将对葡萄酒和烈性酒的特殊保护扩大到其他产品。2003 年 9 月，第五届 WTO 部长级会议《加勒比宣言》指出，关于地理标志多边注册的建立，只有参与该体系的成员才有义务保护注册的地理标志，且参与应是自愿的。[1] 目前暂时没有取得实质性进展。

(四) 近期地区性及双边国际公约

进入 21 世纪以来，地理标志一直都是国际知识产权谈判的焦点问题之一，不仅原有体系例如《里斯本协定》签订了日内瓦议定书(见本书第十四章第九节)，而且新的《区域全面经济伙伴关系协定》、《全面与进步跨太平洋伙伴关系协定》以及《中美第一阶段经贸协议》和《中欧地理标志协定》都有专门保护地理标志的条款。

二、地标的国内保护

(一) 立法背景

中国各地均有自己的土产或特产，“土产”是指主要由某一地方的自然因素决定的产品，“特产”是指主要与某一地方的传统人文因素有关的产品，所谓“一方水土养一方人”。人们探亲访友时往往将土特产作为礼品赠送，这时的地名就不仅是在指示产品的地理来源，也在表明特定的质量，并成为一条联系产品的生产者和使用者的纽带。如何防止他人不当使用这类地名也因此成为双方都十分关注的问题。地理标志保护的目的在于使消费者对产品的真实来源不发生误解，使该地域特殊的水土气候条件和生产者长期的贡献得到社会的承认，因此，为地理标志提供快捷简便可靠的保护，将使生产者和消费者两方面的利益都得到保障。

我国早期保护地名的典型案例有两个：第一个是北京京港食品有限公司在其生产的一种食品上使用“丹麦牛油曲奇”名称一事，商标局在 1987 年发文指出，我国是《巴黎公约》的成员国，有义务遵守该公约的规定。若外国委托人反映的情况属实，应责令北京京港食品有限公司立即停止使用“丹麦牛油曲奇”这一名称，以保护《巴黎公约》缔约国的原产地名称在我国的合法权益。

第二个是涉及对香槟或“Champagne”字样的保护。原国家工商行政管理局于 1989 年专门发文认为，香槟是法文“Champagne”的译音，指产于法国 Champagne 省的一种起泡白葡萄酒。它不是酒的通用名称，而是原产地名称。我国一些企业将“香槟”或“Champagne”作为酒名使用，这不仅是误用，而且侵犯了他人的原产地名称权。发文要求我国企业、事业单位和个体工商户以及在中国的外国(法国除外)企业不得在酒类商品上使用

[1] https://docs.wto.org/dol2fe/Pages/SS/directdoc.aspx? filename = Q:/TN/IP/W7R1.pdf & Open = True.

“Champagne”或“香槟”（包括大香槟、小香槟、女士香槟）字样。对已有商品上使用上述字样的，要限期使用，逾期不得再用。商标局于1996年又重申，香槟是法文“Champagne”的译音，是产于法国Champagne省的一种起泡白葡萄酒，即属于原产地名称，又属于公众知晓的外国地名。1989年，原国家工商行政管理局曾发文要求停止在酒类商品上非法使用“Champagne”或“香槟”字样，以履行《巴黎公约》所规定的义务，保护原产地名称。对一些企业违反上述规定，继续在酒类商品上使用“香槟”或“Champagne”字样的行为，商标局认为，已构成违反1993年《商标法》第8条第2款的规定，应当依照1993年《商标法》第34条第2项以及《商标法实施细则》第32条的有关规定予以查处。

为了符合《TRIPS协定》的要求，2001年《商标法》第16条建立了地理标志的保护制度，该条首先规定了地理标志的保护范围，即商标中有商品的地理标志，而该商品并非来源于该标志所标示的地区，误导公众的，不予注册并禁止使用；但是，已经善意取得注册的继续有效。其次对地理标志进行了定义，即标示某商品来源于某地区，该商品的特定质量、信誉或者其他特征，主要由该地区的自然因素或者人文因素所决定的标志。

如前所述，北京市第一中级人民法院在【“香槟”I案】[2]中，也是通过司法认定直接给予了地理标志的保护。法院指出，尽管“香槟（Champagne）”尚未在我国取得商标注册，但我国相关行政机关历史上曾多次明确指出“香槟（Champagne）”并非酒类商品上的通用名称，并将其作为原产地名称给予保护。同时，原告证据亦可证明，经过法国香槟地区汽酒生产商在我国的大量宣传和使用，并经国内多方媒体和期刊的广泛介绍、报道，再辅以多种权威工具书的详细释义，“香槟（Champagne）”作为汽酒商品上的地理标志已经在我国具有较高知名度，我国相关公众已能够将其作为标示来源于法国香槟地区的汽酒商品的地理标志加以识别。加入《TRIPS协定》后，对合法有效的地理标志提供法律保护，亦是我国作为《TRIPS协定》成员国的义务之一。综合考虑上述因素，地理标志已作为集体商标或证明商标在我国取得商标注册，不应成为其在我国受到法律保护的必要条件。在“香槟（Champagne）”已能在我国实际起到标示商品特定产区来源作用的情况下，其作为汽酒商品上的地理标志，理应在我国受到法律保护。

作为集体证明商标的保护。1994年12月30日，原国家工商行政管理局根据《商标法》及其实施细则，制定了《集体商标、证明商标注册和管理办法》。该办法特别提到，证明商标是指由对某种商品或者服务具有检测和监督能力的组织所控制，而由其以外的人使用在商品或服务上，用以证明该商品或服务的原产地等特定品质的商品商标或服务商标。虽然对原产地没有进行任何规定，但这毕竟是我国对于地理标志保护正式立法的开始。

2001年修改后的《商标法》第10条第2款对地名用作商标作了一般禁止性的规定，即县级以上行政区划的地名或者公众知晓的外国地名，不得作为商标。但是，地名具有其他含义或者作为集体商标、证明商标组成部分的除外；已经注册的使用地名的商标继续有效。这条规定虽然限制了大部分地名作为商标注册，但没有涉及和解决大量县级以下的地名被用作商标据为己有的问题。

---

〔2〕 参见北京第一中级人民法院民事判决书，(2012)一中民初字第1855号，载黄晖编著：《中国商标及不正当竞争案例精要》，知识产权出版社2021年版，第109页。

在中国,按照《商标法实施条例》的规定,地理标志可以作为证明商标或者集体商标申请注册。为进一步完善地理标志的保护,原国家工商行政管理总局于 2003 年 4 月 17 日又颁布了《集体商标、证明商标注册和管理办法》,其中有大量针对地理标志作为证明商标或者集体商标申请注册的条款。

例如,“香槟”后来也作为集体商标获得了注册,甚至获得了驰名商标的保护。在【“香槟”Ⅱ案】[3]中,北京知识产权法院指出,本案中,两注册商标在核准注册之前作为地理标志进行使用和保护,核准注册后的商标类型为集体商标。因此,在认定两注册商标是否构成驰名商标时,需要考虑其作为地理标志、集体商标的特殊属性。一方面,从作为集体商标的特性来看,不同于商品商标或服务商标用以区分商品或服务来源的性质和功能,集体商标是用于表明使用者成员资格的标志,故香槟酒委员会的各成员对于两注册商标的使用所积累的商誉可以用于证明两注册商标的知名度。另一方面,从作为地理标志的特性来看,两注册商标在获准注册之前长期作为地理标志使用,以在葡萄酒商品上标注“Champagne”体现其原产地为法国香槟地区,故两注册商标作为地理标志受保护的情况及所获荣誉,可以延续到两注册商标的知名度上。本案中,香槟酒委员会的两注册商标在葡萄酒商品上构成驰名商标,而被诉侵权标识使用在香水商品上,二者不属于相同或类似商品;被诉侵权标识“Champagne Life”“香槟人生”完整包含两注册商标标志“Champagne”“香槟”,属于对驰名商标的摹仿。考虑到两注册商标在葡萄酒商品上的知名度,葡萄酒商品与香水商品类别跨度不是特别大,被诉侵权商品在两注册驰名商标跨类保护范围内,且被诉侵权标识与两注册商标标志高度近似,在此情况下,当相关公众看到香水商品上突出使用的被诉侵权标识时,足以认为被诉侵权标识与两驰名注册商标具有相当程度的联系,从而减弱两驰名注册商标的显著性。因此,广州雪蕾公司在被诉侵权商品上使用被诉侵权标识的行为已经属于误导公众,致使香槟酒委员会的利益可能受到损害的情形,构成商标侵权。

另外,在最高人民法院刑事审判第二庭于 2009 年给公安部经济犯罪侦查局《关于集体商标是否属于我国刑法的保护范围问题的复函》[4]中,最高人民法院刑事审判第二庭认为,2009 年《刑法》第 213 ~ 215 条所规定的“注册商标”应当涵盖“集体商标”。商标标识中注明了自己的注册商标的同时,又使用了他人注册为集体商标的地理名称,可以认定为刑法规定的“相同的商标”。根据公安部经济犯罪侦查局提供的材料,山西省清徐县溢美源醋业有限公司在其生产的食用醋的商标上用大号字体在显著位置上清晰地标明“镇江香(陈)醋”,说明其已经使用了与江苏省镇江市醋业协会所注册的“镇江香(陈)醋”集体商标相同的商标。而且,山西省清徐县溢美源醋业有限公司还在其商标标识上注明了江苏省镇江市丹阳市某香醋厂的厂名厂址和 QS 标志,也说明其实施了假冒注册“镇江香(陈)醋”集体商标的行为。综上所述,山西省清徐县溢美源醋业有限公司的行为涉嫌触犯 2009 年《刑法》第 213 ~ 215 条的规定。

在【“波尔多”案】[5]中,上海市浦东新区人民法院不但在该案的判决中落实了最高

---

〔3〕 参见北京知识产权法院民事判决书,(2020)京 73 民初 371 号。

〔4〕 参见[2009]刑二函字第 28 号。

〔5〕 参见上海浦东新区人民法院刑事裁定书,(2020)沪 0115 刑初 985 号。

人民法院给予地理标志集体商标的刑事保护精神，还在判决书中肯定了“BORDEAUX”（波尔多）的地理标志集体商标的性质，确认了该类型商标依法受我国法律保护的状态，并对于被告单位上海菲桐贸易有限公司未经注册商标所有人许可在同一种商品上使用与其注册商标相同的商标的行为，认定构成假冒注册商标罪。此外，本案也是国内对地理标志集体注册商标所做出的刑事保护第一案。

司法部门在地理标志商标和普通商标的冲突问题的认识也有一个发展的过程：2014年1月，北京市高级人民法院发布了《北京市高级人民法院关于商标授权确权行政案件的审理指南》（已失效），该指南认为，当事人依据其在先注册的普通商标主张他人申请注册的地理标志证明商标或者集体商标违反2013年《商标法》第13条第3款或者第30条的规定不应予以核准注册或者宣告无效的，不予支持。当事人依据其在先注册的地理标志证明商标或者集体商标主张他人申请注册的普通商标违反2013年《商标法》第13条第3款或者第30条的规定不应予以核准注册或者宣告无效的，不予支持。但2016年8月，在【“纳帕河谷（Napa Valley）”案】[6]中，北京市高级人民法院认为，由于“纳帕河谷（Napa Valley）”在相关公众中具有一定的知名度，已在中国作为葡萄酒商品上的地理标志予以保护，相关公众容易将使用被异议商标的葡萄酒商品误认为来源于“纳帕河谷（Napa Valley）”，进而认为已经构成使用在同一种或类似商品上的近似商标，不符合商标注册的要求，最后援引2013年《商标法》第16条驳回了“螺旋卡帕SCREWKAPPANA-PA”商标的注册。2019年，《北京市高级人民法院商标授权确权行政案件审理指南》指出，若地理标志集体商标或者证明商标申请注册在后，普通商标申请在前，应当结合地理标志客观存在情况及其知名度、显著性、相关公众的认知等因素，判断是否容易造成相关公众对商品或者服务来源产生混淆；若地理标志集体商标或者证明商标申请在前，普通商标申请在后，可以从不当攀附地理标志知名度的角度，判断是否容易造成相关公众对商品或者服务来源产生混淆。

2022年，国知局发布《集体商标、证明商标管理和保护办法（征求意见稿）》，主要从规范集体商标/证明商标的注册和使用、维护公平竞争市场秩序的角度出发，引导集体商标/证明商标注册人注册有德、行权有度、维权有效；明晰权利边界，兼顾商标依法使用与他人正当使用；推动行政机关管促结合，综合施策，助力地方产业发展。在修订思路上，主要着眼于以下三点：一是以问题为导向，完善含地名商标的注册和使用要求；二是结合集体商标、证明商标特点，细化管理规则，明确注册人管理义务，规范使用人使用行为；三是采取有力措施，强化保护和运用，便利当事人，体现对集体商标、证明商标的注册、管理、运用、保护的全链条规范。

作为地理标志产品的保护。目前，我国地理标志制度采取商标保护和专门保护并行的保护模式：作为集体商标、证明商标保护侧重于从防止权利冲突和地理标志滥用导致商品来源误认的角度，建立地理标志商标专用权并进行保护，而地理标志产品专门保护侧重于从加强产品质量监管和真实标注产地来源的角度，对地理标志所标示的产品质量进行监管。

另外，原农业部根据农产品质量安全法对农产品的地理标志也进行专门的保护，并在2007年颁布了《农产品地理标志管理办法》，该办法在2019年又进行了修订。

---

〔6〕 参见北京市高级人民法院行政判决书，（2016）京行终2295号。

(二)保护程序

作为集体商标、证明商标保护。具体来说,在商标注册方面,主要依据《商标法》、《商标法实施条例》和《集体商标、证明商标注册和管理办法》,由管辖该地理标志所示地区的人民政府或行业主管部门批准的具体资格的团体、协会或其他组织提出,经国知局审查核准予以注册集体商标或证明商标。此外,多个葡萄酒地理标志构成同音字或者同形字的,在这些地理标志能够彼此区分且不误导公众的情况下,每个地理标志都可以作为集体商标或者证明商标申请注册。

申请注册的地理标志,可以是该地理标志标示地区的名称,也可以是能够标示某商品来源于该地区的其他可视性标志。同时,地区无须与该地区的现行行政区划名称、范围完全一致。

申请以地理标志作为集体商标注册的团体、协会或者其他组织,应当由来自该地理标志标示的地区范围内的成员组成。与申请普通证明商标注册一样,以地理标志为证明商标申请注册的,应当附送主体资格证明文件并应当详细说明其所具有的或者其委托的机构具有的专业技术人员、专业检测设备等情况,以表明其具有监督该证明商标所证明的特定商品品质的能力。以地理标志为集体商标申请注册的,应当附送主体资格证明文件并应当详细说明其所具有的或者其委托的机构具有的专业技术人员、专业检测设备等情况,以表明其具有监督使用该地理标志商品的特定品质的能力。

以地理标志为集体商标、证明商标注册的,应当在申请书件中说明下列内容:(1)该地理标志所标示的商品的特定质量、信誉或者其他特征;(2)该商品的特定质量、信誉或者其他特征与该地理标志所标示的地区的自然因素和人文因素的关系;(3)该地理标志所标示的地区的范围。

因此,申请以地理标志为集体商标、证明商标注册的,还应当附送管辖该地理标志所标示地区的人民政府或者行业主管部门的批准文件。例如,在【"祁门红茶"案】[7]中,最高人民法院指出,安徽省行业主管部门安徽省农业委员会针对祁门红茶的生产地域范围所引起的相关主体的争议多次主持协调处理,最后对地域范围明确以"大产区"范围为准,祁门红茶协会和国润公司在商标注册争议期间均参加了由安徽省工商行政管理机关主持的协调会,会后形成的会议纪要亦载明诉争商标应以"大产区"范围进行标示。据此足以认定祁门红茶协会对诉争商标标示的地区范围和行业主管部门的意见有了明确的知悉,在此情况下,祁门红茶协会既未撤回先前提交的失效的安徽省农业委员会《关于诉争商标产区范围的说明》,亦未主动向商标注册机关如实披露上述争议协调处理的情况和安徽省农业委员会作为主管部门关于证明商标标示"大产区"的最终说明,违反了地理标志商标申请人应负有的义务,被诉裁定和二审判决认定其构成 2001 年《商标法》第 41 条第 1 款中规定的"不正当手段"行为,诉争商标应予无效,是正确的。

同样地,外国人或者外国企业申请以地理标志为集体商标、证明商标注册的,申请人应当提供该地理标志以其名义在其原属国受法律保护的证明。通过国际注册来华保护的,按照要求,指定中国的领土延伸申请人,要求保护集体商标、证明商标的,自该商标在

---

〔7〕 参见最高人民法院行政裁定书,(2018)最高法行申 4767 号,载黄晖编著:《中国商标及不正当竞争案例精要》,知识产权出版社 2021 年版,第 198 页。

世界知识产权组织国际局国际注册簿登记之日起 3 个月内，应当通过依法设立的商标代理机构，向商标局提交规定的相关材料。未在上述期限内提交相关材料的，商标局驳回该领土延伸申请。

为了进一步体现《TRIPS 协定》对葡萄酒、烈性酒地理标志的扩大保护的要求，《集体商标、证明商标注册和管理办法》还特别规定，使用他人作为集体商标、证明商标注册的葡萄酒、烈性酒地理标志标示并非来源于该地理标志所标示地区的葡萄酒、烈性酒，即使同时标出了商品的真正来源地，或者使用的是翻译文字，或者伴有诸如某某“种”、某某“型”、某某“式”、某某“类”等表述的，适用 2001 年《商标法》第 16 条的规定。

普通商标的合理使用制度在第八章已有讲述，其中也提到注册商标中含有的地名，注册商标专用权人无权禁止他人正当使用。相比之下，地理标志的保护也存在类似乃至更特殊的问题。为了防止地理标志被注册为证明商标或集体商标后不合理地妨碍其他人的使用，2014 年《商标法实施条例》第 4 条特意加以了限制。

首先，以地理标志为证明商标注册的，其商品符合使用该地理标志条件的自然人、法人或者其他组织可以要求使用该证明商标，控制该证明商标的组织应当允许。需要注意的是，根据《集体商标、证明商标注册和管理办法》，凡符合证明商标使用管理规则规定条件的，在履行该证明商标使用管理规则规定的手续后，可以使用该证明商标，注册人不得拒绝办理手续。因此，即使符合条件，也必须要求使用或履行手续后方可使用该证明商标，而不能自行使用。

其次，以地理标志为集体商标注册的，其商品符合使用该地理标志条件的自然人、法人或者其他组织，可以要求参加以该地理标志作为集体商标注册的团体、协会或者其他组织，该团体、协会或者其他组织应当依据其章程接纳为会员；不要求参加以该地理标志为集体商标注册的团体、协会或者其他组织的，也可以正当使用该地理标志，该团体、协会或者其他组织无权禁止。由于作为集体商标、证明商标申请注册的地理标志既可以是该地理标志标示地区的名称，也可以是能够标示某商品来源于该地区的其他可视性标志，《集体商标、证明商标注册和管理办法》特别指出，“正当使用该地理标志，只是指正当使用该地理标志中的地名”，地理标记中特有的图案则不在正当使用之列。

从注册第一例地理标志证明商标“库尔勒香梨”以来（见图 12.2），商标局不断加强地理标志保护的宣传工作，鼓励更多符合条件的地理标志申请注册证明商标，同时将采取有力措施，加快地理标志注册申请的审查，加大对地理标志的保护力度，切实维护地理标志注册人和使用人的合法权益。其中还包括极少数已经作为普通商标注册后又有地理标志证明商标注册的情形，例如，“金华火腿”目前就有两个商标注册（见图 12.3）。

图 12.2　库尔勒香梨证明商标注册

图 12.3 金华火腿普通商标注册(左)和证明商标注册(右)

地理标志产品保护。在产品保护方面,主要依据国务院机构改革决定和《地理标志产品保护规定》,由产品所在地县级以上人民政府指定的申请机构或认定的协会和企业提出,经省级知识产权管理部门初审和国知局审查批准予以保护。

总的说来,截至 2021 年 4 月底,已累计批准地理标志保护产品 2475 个,地理标志作为集体商标、证明商标注册 6295 件,核准专用标志使用市场主体 11,497 家,建设国家地理标志产品保护示范区 24 个。2020 年新增地理标志专用标志使用市场主体直接产值 870.37 亿元,地理标志专用标志使用市场主体直接产值总计 6398.06 亿元。

国知局、市监总局联合印发了《关于进一步加强地理标志保护的指导意见》[8],强调在加强地理标志保护工作推进和实践探索中要把握好三个原则:第一,坚持高水平保护。完善地理标志法律制度体系,提高地理标志保护法治化水平,严格地理标志审查认定,严厉打击地理标志侵权假冒行为,统筹推进地理标志保护国际合作,提升地理标志保护水平。第二,坚持高标准管理。加强地理标志保护顶层设计,强化规划引领,深化管理体制机制改革,建立健全特色质量保证体系、技术标准体系与检验检测体系。第三,坚持高质量发展。坚守中国特色,突出“原汁原味”,扩大地理标志专用标志使用覆盖面,提升地理标志产品市场竞争力,更好地满足人民日益增长的美好生活需要。

思考题

1. 集体商标、证明商标与地理标志是何关系?
2. 如何解决商标注册与地理标志保护的冲突?
3. 如何理解对地理标志中的地名的正当使用?

---

〔8〕 国知发保字〔2021〕11 号。

第十三章　商标国际注册

商标国际注册是一个特定法律概念，即按照《马德里协定》和/或《马德里议定书》及实施细则进行的商标注册。我们接下来会介绍国际注册的一般程序（第一节）以及国际注册在中国的适用（第二节）。

第一节　国际注册的一般程序

一、国际注册的条约适用

按照各国加入《马德里协定》和《马德里议定书》的不同状态，可以分为三种不同的情况：第一种是只加入《马德里协定》，第二种是只加入《马德里议定书》，第三种是同时加入《马德里协定》和《马德里议定书》。根据1989年签订的《马德里议定书》的规定，当某项国际申请或某项国际注册的原属局属于既参加该议定书，又参加《马德里协定》的国家局时，《马德里议定书》的各项规定在另一个同属《马德里议定书》和《马德里协定》的国家领土内不具有效力。

简言之，应当优先适用《马德里协定》，即两个《马德里协定》成员国之间，不论他们是否同时是《马德里议定书》成员国，均只适用《马德里协定》；只有两个纯《马德里议定书》国家之间，或纯《马德里议定书》国家与既是《马德里议定书》又是《马德里协定》的国家之间，才适用《马德里议定书》。这一规定在运行了10年之后，按照预先的约定，马德里联盟进行了调查并应各成员国的要求启动了修订程序，最终代之以新的规则，即由优先适用《马德里协定》改为优先适用《马德里议定书》，但在单独规费和驳回时限上还保留《马德里协定》的规定，也就是说不适用单独规费，也不适用18个月的驳回时限。因此，在某种意义上，也可以说创造了第三个糅合了《马德里协定》和《马德里议定书》的新的国际条约。目前施行的是2023年版《马德里议定书实施细则》。

二、国际注册的申请

要进行国际注册，首先必须选定原属国，按照《马德里协定》的规定，原属国是指申请人设有真实有效的工商营业所的特别联盟国家，在特别联盟国家中没有此类营业所的，系指其仿制所在的特别联盟国家;在特别联盟境内没有住所,但为特别联盟国家国民的,则指其国籍所在的国家。按照《马德里议定书》的规定,原属国可以是符合以上任一条件的国家。

《马德里协定》要求必须拥有在原属国的注册才能申请国际注册,《马德里议定书》则放宽到只要有申请即可。具体来说,《马德里协定》缔约国的国民可通过其原属国主管机关,向世界知识产权组织国际局申请商标注册,以在该协定所有其他成员国取得其已在原属国注册用于商品或服务的商标的保护。

就《马德里议定书》而言,当一项商标注册申请已提交某缔约方局,或一个商标已在某缔约方局注册簿注册时,该项申请的申请人或该项注册的注册人可依照该议定书的规定,通过在世界知识产权组织国际局的注册簿获准注册该商标,以取得其商标在缔约方领土内的保护。

申请时应以马德里议定书实施细则规定的格式提交。《马德里协定》申请必须使用法语,《马德里议定书》则可以选用法语、英语或西班牙语。目前正在讨论是否增加汉语、俄语及阿拉伯语为工作语言的事宜。

申请人如果想将通过国际注册取得的保护延伸至除原属国外的任一缔约方,应当在国际申请中特别说明或者在国际注册之后提出。申请人同时应指明要求保护商标的商品和服务,申请人请求将颜色作为其商标的显著成分予以保护的,还应当声明该请求并在其国际注册申请中注明要求予以保护的颜色或颜色的组合。

原属局应证明国际申请中的内容于证明之时分别与基础申请或基础注册中的内容相符合,并指明基础申请的日期和号码,或基础注册的日期和号码以及相应的申请日期和号码,此外,还应指出国际申请的日期。

三、国际注册的程序

世界知识产权组织国际局应立即注册依照《马德里议定书》第 2 条申请的商标。国际注册的日期应为原属国收到国际申请的日期,条件是世界知识产权组织国际局在该日起两个月内收到国际申请。否则,国际注册的日期应为世界知识产权组织国际局收到所述国际申请的日期。世界知识产权组织国际局应随即将国际注册通告指定局,同时在一份世界知识产权组织国际局出版的定期公告上公告国际注册商标在申请中所包含的内容。

被世界知识产权组织国际局通知的指定局,在《马德里协定》规定的 1 年或《马德里议定书》规定的 18 个月或更长的驳回期内,有权在一份驳回通知中声明,不能给予该延伸商标在所述缔约方以保护。

原属局有权自行向申请人或国际注册的注册人收取自己的规费。世界知识产权组织国际局预收国际规费,包括基本费;商标适用的商品或服务所属的类别超过国际分类三类的,所超每一类的附加费;用于每项延伸保护申请的补充费。但《马德里议定书》的缔约方也可以放弃参加附加费和补充费的分红,而选择单独规费的收取。

按照《马德里协定》的规定,注册的商标的有效期为 20 年,按照《马德里议定书》的规定,注册的商标的有效期为 10 年,但实际操作中均是按照马德里议定书实施细则的规定,10 年一次进行续展。续展时只需缴纳基本费和规定的附加费和补充费,但不得对国际注册的最后状况进行任何更改。自国际注册或领土延伸登记之日起,商标在各有关缔约方的保护与在该缔约方直接提交此商标申请所取得的保护应是相同的。如果没有驳回或驳回被撤回,自驳回期满之日起,商标在有关缔约方的保护与该商标为该缔约国所注册的保护应是相同的。

四、国际注册的效力

当一个在某缔约方局进行了国家或地区注册的商标也进行了国际注册并且两项注册均以同一人的名义登记时,国际注册则视为代替国家或地区注册,并且不影响国家或地区注册的既得权利。

自国际注册之日起5年期满后,国际注册即分别与基础申请或由之产生的注册,或者基础注册相独立。在注册之日起5年期满前,如果基础申请或由之产生的注册或者基础注册分别就全部或部分国际注册中所列的商品和服务被撤回、过期、被放弃、最终驳回、注销或被宣布无效,无论其是否已被转让,都不得再要求国际注册给予保护。

但当一项国际注册就其中所列的全部或部分商品和服务因上述"中心打击"被撤销时,按照《马德里议定书》的规定,曾为国际注册的注册人的人,如果向其国际注册曾有效的领土所属的某缔约方局提交同一商标的注册申请,则该申请应保留原国际注册之日或领土伸延日作为申请日,并且如果该项国际注册曾享有优先权,此申请亦应享有同样的优先权。这也是《马德里议定书》提供的一种类似"安全网"的救济。

五、国际注册的后续程序

依据《马德里协定》的规定,变更影响国际注册的,商标所有人本国主管机关亦应将在本国注册簿中所作的关于各种商标注销、撤销、放弃、转让和其他变更事项通知世界知识产权组织国际局。世界知识产权组织国际局应将这些变更在国际注册簿中登记,通知各缔约国主管机关,并在其刊物上公告。

国际注册所有人申请删减该项注册适用的商品或服务,应采用同样的程序。注册后增加商品或服务的,应重新申请。以一项商品或服务替换另一项的,视同增加一项。

国际注册簿上登记的商标转让给国际注册所有人本国以外的缔约国国民的,转让国家主管机关应将该转让通知世界知识产权组织国际局。世界知识产权组织国际局应将该转让登记,通知其他主管机关,并在刊物上公告。将国际注册簿上登记的商标转让给无权申请国际商标的人的,不予登记。

《马德里议定书》的规定要宽松一些,经国际注册人的申请或有关局自行或应当事人的请求提出的申请,世界知识产权组织国际局应就在其领土内有效的全部或部分缔约方,并就该项注册中所列的全部或部分商品和服务,在国际注册簿登记该注册人的任何变更。

对于按《马德里议定书》的规定注册的商标,世界知识产权组织国际局在国际注册簿中还应登记以下内容:(1)有关国际注册人姓名或地址的任何变更;(2)国际注册人的代理人以及与该代理人直接有关的其他情况;(3)就全部或部分缔约方对国际注册中所列商品和服务的任何删减;(4)就全部或部分缔约方对国际注册的任何放弃、撤销或宣布无效;(5)实施细则规定的与国际注册商标权直接有关的任何其他内容。

第二节　国际注册在中国的适用

中国于1989年10月4日加入《马德里协定》,加入时根据国务院的决定同时作出两点声明:一是通知国际注册取得的保护,只有经商标所有人专门申请时,才能扩大到中国;二是《马德里协定》仅适用于中国加入生效之后注册的商标,除非以前在中国已经取得与前述商标相同且仍有效的国内注册,并经有关当事人请求可以承认为国际商标。第二点声明已于2003年撤回,也就是说,任何在册的国际注册,无论其何时登记在国际注册簿上,现在都可以通过后期指定要求中国保护。中国于1995年9月1日作为第4个国家加入了《马德里议定书》,该议定书于1995年12月1日起正式生效。[1]

1996年5月24日,原国家工商行政管理局发布了《马德里商标国际注册实施办法》(已失效)。该办法实施7年后,原国家工商行政管理总局于2003年4月17日又发布了新的《马德里商标国际注册实施办法》(已失效),新办法自2003年6月1日起施行,旧办法同时废止。2013年《商标法》第21条明确,商标国际注册遵循中华人民共和国缔结或者参加的有关国际条约确立的制度,具体办法由国务院规定。

2014年的《商标法实施条例》专门增加了商标国际注册一章,并明确规定,2013年《商标法》第21条规定的商标国际注册,是指根据《马德里协定》、《马德里议定书》及《商标国际注册〈马德里协定〉及该协定有关议定书的共同实施细则》的规定办理的马德里商标国际注册。马德里商标国际注册申请包括以中国为原属国的商标国际注册申请、指定中国的领土延伸申请及其他有关的申请。自2020年2月1日起,共同实施细则被《马德里议定书实施细则》取代。

一、以中国为原属国的国际注册

中国参加马德里国际注册体系的首要目的就是方便中国的个人或企业到国外去注册商标,即以中国为原属国进行国际注册。《马德里协定》和《马德里议定书》在申请国际注册的条件、程序上存在诸多不同,因此在申请国际注册之前,首先要确定的一个问题是,就一个特定的国家,与中国到底是适用《马德里协定》还是《马德里议定书》。

如前所述,2009年之后,对于既是《马德里协定》的成员国,又是《马德里议定书》的成员国的中国而言:如果需要指定其他单一的《马德里协定》成员国(目前只有阿尔及利亚),则必须适用《马德里协定》;只有指定纯《马德里议定书》的成员国,才能适用《马德里议定书》;而对于《马德里协定》和《马德里议定书》的双重成员国则原则上适用《马德里议定书》,收费及驳回时限适用《马德里协定》。

以中国为原属国申请商标国际注册的,应当在中国设有真实有效的营业所,或者在中

---

〔1〕 https://docs. wto. org/dol2fe/Pages/SS/directdoc. aspx? filename = Q:/TN/IP/W7R1. pdf & Open = True.

国有住所，或者拥有中国国籍。

符合上述规定的申请人，其商标已在商标局获得注册的，可以根据《马德里协定》的规定申请办理该商标的国际注册。符合上述规定的申请人，其商标已在商标局获得注册，或者已向商标局提出商标注册申请并被受理的，可以根据《马德里议定书》的规定申请办理该商标的国际注册。

以中国为原属国申请商标国际注册的，应当通过商标局向世界知识产权组织国际局申请办理。

以中国为原属国的，与《马德里协定》有关的商标国际注册的后期指定、放弃、注销，应当通过商标局向世界知识产权组织国际局申请办理；与《马德里协定》有关的商标国际注册的转让、删减、变更、续展，可以通过商标局向世界知识产权组织国际局申请办理，也可以直接向世界知识产权组织国际局申请办理。以中国为原属国的，与《马德里议定书》有关的商标国际注册的后期指定、转让、删减、放弃、注销、变更、续展，可以通过商标局向世界知识产权组织国际局申请办理，也可以直接向世界知识产权组织国际局申请办理。

通过商标局申请商标国际注册及办理其他有关事宜的，可以使用世界知识产权组织国际局提供的英文或者法文书式填写，也可以使用商标局制定的中文书式填写，但需向商标局缴纳翻译费。

商标国际注册申请人是自然人的，应当写明其中文姓名。申请人是法人或者其他组织的，应当写明其中文全称。自然人、法人或者其他组织有对应的外文译名的，可以注明该外文译名。没有外文译名的，应当注明对应的汉语拼音。

一件商标国际注册申请可以指定一个类别的商品或服务，也可以指定两个以上类别的商品或服务。

通过商标局向世界知识产权组织国际局申请商标国际注册及办理其他有关申请的，应当提交符合世界知识产权组织国际局和商标局要求的申请书和相关材料。商标国际注册申请指定的商品或者服务不得超出国内基础申请或者基础注册的商品或者服务的范围。

商标国际注册申请手续不齐备或者未按照规定填写申请书的，商标局不予受理，申请日不予保留。申请手续基本齐备或者申请书基本符合规定，但需要补正的，申请人应当自收到补正通知书之日起30日内予以补正，逾期未补正的，商标局不予受理，书面通知申请人。通过商标局向世界知识产权组织国际局申请商标国际注册及办理其他有关申请的，应当按照规定缴纳费用。申请人应当自收到商标局缴费通知单之日起15日内，向商标局缴纳费用。期满未缴纳的，商标局不受理其申请，书面通知申请人。

二、以中国为指定国的国际注册

商标在世界知识产权组织国际局注册后将按申请中的指定通知各指定国的主管局，并且这种指定可以在国际注册的有效期内的任何时间作出。指定中国的国际注册将转到商标局进行审查。

商标局在《马德里协定》或者《马德里议定书》规定的驳回期限内，依照《商标法》和《商标法实施条例》的有关规定对指定中国的领土延伸申请进行审查，作出决定，并通知世界知识产权组织国际局。商标局在驳回期限内未发出驳回或者部分驳回通知的，该领土延伸申请视为核准。但《商标法实施条例》没有对审查意见书是否适用国际注册作出规定。

世界知识产权组织对商标国际注册有关事项进行公告,商标局不再另行公告。对指定中国的领土延伸申请,自世界知识产权组织《国际商标公告》出版的次月 1 日起 3 个月内,符合 2013 年《商标法》第 33 条规定条件的异议人可以向商标局提出异议申请。商标局在驳回期限内将异议申请的有关情况以驳回决定的形式通知世界知识产权组织国际局。被异议人可以自收到世界知识产权组织国际局转发的驳回通知书之日起 30 日内进行答辩,答辩书及相关证据材料应当通过依法设立的商标代理机构向商标局提交。

指定中国的领土延伸申请人,要求将三维标志、颜色组合、声音标志作为商标保护或者要求保护集体商标、证明商标的,自该商标在世界知识产权组织国际局国际注册簿登记之日起 3 个月内,应当通过依法设立的商标代理机构,向商标局提交《商标法实施条例》第 13 条规定的相关材料。未在上述期限内提交相关材料的,商标局驳回该领土延伸申请。

在中国获得保护的国际注册商标,有效期自国际注册日或者后期指定日起算。在有效期届满前,注册人可以向世界知识产权组织国际局申请续展,在有效期内未申请续展的,可以给予 6 个月的宽展期。商标局收到世界知识产权组织国际局的续展通知后,依法进行审查。世界知识产权组织国际局通知未续展的,注销该国际注册商标。

指定中国的领土延伸申请办理转让的,受让人应当在缔约方境内有真实有效的营业所,或者在缔约方境内有住所,或者是缔约方国民。转让人未将其在相同或者类似商品或者服务上的相同或者近似商标一并转让的,商标局通知注册人自发出通知之日起 3 个月内改正;期满未改正或者转让容易引起混淆或者有其他不良影响的,商标局作出该转让在中国无效的决定,并向世界知识产权组织国际局作出声明。

指定中国的领土延伸申请办理删减,删减后的商品或者服务不符合中国有关商品或者服务分类要求或者超出原指定商品或者服务范围的,商标局作出该删减在中国无效的决定,并向世界知识产权组织国际局作出声明。

依照《商标法》第 49 条第 2 款的规定申请撤销国际注册商标,应当自该商标国际注册申请的驳回期限届满之日起满 3 年后向商标局提出申请;驳回期限届满时仍处在驳回复审或者异议相关程序的,应当自商标局或者商标评审委员会作出的准予注册决定生效之日起满 3 年后向商标局提出申请。

依照《商标法》第 44 条第 1 款的规定申请宣告国际注册商标无效的,应当自该商标国际注册申请的驳回期限届满后向商标评审委员会提出申请;驳回期限届满时仍处在驳回复审或者异议相关程序的,应当自商标局或者商标评审委员会作出的准予注册决定生效后向商标评审委员会提出申请。

依照《商标法》第 45 条第 1 款的规定申请宣告国际注册商标无效的,应当自该商标国际注册申请的驳回期限届满之日起 5 年内向商标评审委员会提出申请;驳回期限届满时仍处在驳回复审或者异议相关程序的,应当自商标局或者商标评审委员会作出的准予注册决定生效之日起 5 年内向商标评审委员会提出申请。对恶意注册的,驰名商标所有人不受 5 年的时间限制。指定中国保护国际注册商标的,自其商标的驳回期限届满之日起,可以委托商标代理组织向商标局申请出具其商标在中国得到保护的证明。

另外,《商标法》和《商标法实施条例》下列条款的规定不适用于办理商标国际注册相关事宜:(1)《商标法》第28条、第35条第1款关于审查和审理期限的规定,也就是说,不存在9个月的审查时限和12个月的异议时限,因为国际注册的驳回时限是12个月或18个月,而商标局将异议通知国际注册人后,不受12个月必须作出异议裁定的限制;(2)《商标法实施条例》第22条、第30条第2款,也就是说不能分割,但也不要求一并变更;(3)《商标法》第42条及《商标法实施条例》第31条关于商标转让由转让人和受让人共同申请并办理手续的规定。

思考题

1. 国际注册与逐一国家注册的差别何在?
2. 如何计算国际注册的异议期?
3. 如何计算国际注册的评审期限?
4. 如何证明国际注册在中国的法律状态?

第十四章　商标国际条约

商标是最早开始国际立法协调的领域之一，从19世纪的《巴黎公约》、《马德里协定（产地）》和《马德里协定》开始，到20世纪中叶的《里斯本协定》、《尼斯协定》、《维也纳协定》、《内罗毕条约》和《建立世界知识产权组织公约》，再到90年代的《马德里议定书》、《商标法律条约》和《TRIPS协定》，以及近年来又签订了地区性和双边的知识产权条约，陆续形成和签订了15个与商标有关的较为主要的国际条约。

以下将逐一予以介绍这些条约，前五节的条约是我国已经参加的，之后五节则是我国尚未参加的条约。最后两节是我国已经参加或将要参加的地区及双边条约。

第一节　《建立世界知识产权组织公约》

世界知识产权组织是联合国下设的保护知识产权的专门机构。它的宗旨是通过国家之间的合作，促进在世界范围内的知识产权的保护，保证和促进各联盟之间的行政合作。

世界知识产权组织是根据1967年7月14日在斯德哥尔摩签署的《建立世界知识产权组织公约》于1970年4月26日正式成立的，世界知识产权日也就选择的这一天。这个组织是政府间国际组织，1974年12月17日成为联合国组织系统下的15个专门机构中的第14个组织，总部设在日内瓦。我国于1980年3月3日向世界知识产权组织总干事递交加入书，同年6月3日成为该组织的第90个成员国。

1967年制定的《建立世界知识产权组织公约》对知识产权进行了全面的定义，该定义几乎囊括了所有智力成果的保护，具体包括同文学、艺术及科学作品有关的权利；同表演艺术家的表演活动、录音制品及广播有关的权利；同科学发现有关的权利；同工业品外观设计有关的权利；同商标、服务商标、商号及企业名称有关的权利；同制止不正当竞争保护有关的权利；以及其他一切同工业、科学、文学及艺术领域的智力活动有关的权利。

本章所介绍的商标国际公约，除了《TRIPS协定》以及地区性条约和双边条约外，均由WIPO管理。就《TRIPS协定》而言，1996年1月1日，《世界知识产权组织与世界贸易组织之间的协定》生效。该协定对有关《TRIPS协定》实施方面的合作作出了规定，诸如法律和条例通知、有利于发展中国家的法律技术援助和技术合作。

世界知识产权组织国际局的首脑是总干事，现任总干事为邓鸿森。世界知识产权组织国际局常任职员的地位和联合国其他专门机构职员的身份相同。世界知识产权组织国际局是世界知识产权组织的常设办事机构，是世界知识产权组织的秘书处。世界知识产权组织国际局又是世界知识产权组织各联盟和各种机构的秘书处，其主要任务有：提供报告和工作文件，为各联盟、机构的会议做好准备工作；组织自己的有关会议，并将会议的有关决定传达到各有关方面；拟订计划草案和预决算草案；处理本组织的内外事务工作；搜集关于保护知识产权的情报并发给各成员国；出版有关刊物；办理国际注册。

第二节　《巴黎公约》

一、《巴黎公约》概况

商标属于工业产权的一种，最早对工业产权进行规范的国际公约是1883年3月20日签订的《巴黎公约》。按照该公约，工业产权又可细分为发明专利、实用新型、工业品外观设计、商标、服务商标、商号、货源标记、原产地名称及制止不正当竞争9个种类。

《巴黎公约》签订后基本上每10年会修订一次，历次修订包括1900年在布鲁塞尔的修订；1911年在华盛顿的修订；1925年在海牙的修订；1934年在伦敦的修订；1958年在里斯本的修订；1967年在斯德哥尔摩的修订；1979年修正。另外，由于《TRIPS协定》要求所有WTO成员均有适用《巴黎公约》第1~21条的义务，因此，除了《巴黎公约》的成员之外，实际上所有的世界贸易组织成员都在适用该公约的实质性条款。

中国于1984年12月19日加入该公约的1967年斯德哥尔摩文本，该公约于1985年3月19日在我国内地生效。香港、澳门回归以后，《巴黎公约》也适用于香港、澳门两个特别行政区。并且，从世界贸易组织的角度讲，我国的香港、澳门、台湾地区作为单独关税区，也适用该公约的实质性条款。

二、商标方面的共同规则

除了前面已经提到的国民待遇原则和优先权原则，《巴黎公约》就商标保护还有一些专门的规定，具体条款如下。

各国保护的独立性。申请和注册商标的条件，在本联盟各国应根据其本国法律来决定。但是，对于本联盟国家的国民在本联盟任一国家提出的注册申请，不得以未在原属国提出申请、注册或续展为理由而予以拒绝或使注册无效。在本联盟一个国家正式注册的商标，与在本联盟其他国家注册的商标，包括在原属国注册的商标，应认为是相互独立的。

驰名商标的保护。1925年11月6日，海牙外交大会在修改《巴黎公约》时增补了第6条之二，开始对驰名商标进行特别保护。商标注册国或使用国主管机关认为一项商标在该国已成为驰名商标，已经成为有权享有该公约利益的人所有，而另一商标构成对此驰名商标的复制、仿造或翻译，用于相同或类似商品上，易于造成混乱时，本同盟各国应依职权

(如本国法律允许)或应有关当事人的请求,拒绝或取消该另一商标的注册,并禁止使用。商标的主要部分抄袭驰名商标或是导致混乱的仿造者,也应适用本条规定。

国徽、官方检验印章和政府间组织徽记的禁用。本联盟各国承诺,对于未经其主管机关许可而将本联盟国家的纹章、国旗和其他的国家徽记、用以表明管制和保证的官方标志和检验印章,以及从纹章学的观点来看的任何仿制品用作商标或商标的组成部分,应拒绝其注册或使注册无效,并采取适当措施禁止其使用。上述规定应同样适用于本联盟一个或多个国家参加的政府间国际组织的徽章、旗帜、其他徽记、缩写和名称,但已受国际协定保护的徽章、旗帜、其他徽记、缩写和名称除外。

商标的转让。根据本联盟某个国家的法律,商标的转让只有在与其所属的商行或商誉同时转让方为有效时,如该商行或商誉坐落在该国的部分,连同在该国制造或销售标有转让商标的商品的专有权一同转让受让人,即足以承认其转让为有效。

原样保护的原则。在原属国正式注册的每一商标,在本联盟其他国家也应照样接受其申请并给予保护,但本条指明保留条件者除外。各该国家在最终予以注册前,可以要求提供原属国主管机关颁发的注册证书,该证书无须认证。

对该公约第 6 条之五适用的商标既不得拒绝注册,也不得宣布注册无效,但下列情况除外:(1)商标具有侵犯第三人在请求予以保护的国家既得权利的性质;(2)商标缺乏显著性,或者全是由在商业中表示商品种类、质量、数量、用途、价值、原产地或生产时间的符号或标记所组成,或者在请求予以保护的国家的现代语言中或在善意和公认的商务实践中已成为惯例;(3)商标违反道德或公共秩序,特别是具有欺骗公众的性质,但不得理解为仅仅因为商标不符合商标立法的一项规定即认为违反公共秩序,除非该规定本身系与公共秩序有关。但上述规定应以适用《巴黎公约》第 10 条之二为条件。同时,在决定一个商标是否符合保护条件时,必须考虑所有实际情况,特别是商标已使用时间的长短。

如果商标的组成部分与在原属国保护的商标有所不同,但未改变其显著特征,也不影响其与原属国注册的商标在形式上的一致性,本联盟国家不得仅以此为理由拒绝商标注册。

服务商标的保护。本联盟各国承诺保护服务商标,但不要求对服务商标的注册作出规定。

禁止未经所有人授权以代理人或代表人名义的注册。如果本联盟一个国家的商标所有人的代理人或代表人未经所有人授权而以其自己的名义向本联盟一个或多个国家申请该商标注册,该所有人有权反对该项申请的注册或要求予以撤销,或者,如该国法律许可,还可以要求将该项注册转让给自己,但代理人或代表人能证明其行为是正当情况的除外。商标所有人如果未授权代理人或代表人使用,还应有权反对其使用其商标。

使用商标的商品的性质。使用商标的商品的性质绝不应成为该商标注册的障碍。

集体商标。《巴黎公约》指出,社团的存在如果不违反原属国的法律,即使该社团未设有工商营业所,本联盟各国也承诺受理其集体商标的申请,并予以保护。

厂商名称的保护。按照《巴黎公约》的要求,厂商名称应在本联盟所有国家受到保护,而无申请或注册的义务,也不论其是否为商标的一部分。

对非法标有商标或厂商名称的商品在输入时予以扣押。非法标有商标或厂商名称的商品,在输入该商标或厂商名称有权受到法律保护的本联盟国家,在出现非法粘贴上述标记的国家,或在该商品已输入的国家,《巴黎公约》要求予以扣押。

不正当竞争。《巴黎公约》要求成员国有义务向各该国国民保证,予以制止不正当竞争的有效保护。在将在工商业事务中任何违反惯例的竞争行为定义为不正当竞争行为后,该公约特别列举了下列不正当竞争行为:(1)使用任何手段具有对竞争者的营业所、商品或工商业活动造成混淆性质的一切行为;(2)在经营商业中,对竞争者的营业所、商品或工商业活动具有损害商誉性质的虚伪说词;(3)在经营商业中,对商品的性质、制造方法、特点、用途或数量使用易使公众产生误解的标记或说词。

商标、厂商名称、虚假标记、不正当竞争的救济手段。《巴黎公约》要求成员承诺,保证本联盟其他国家的国民获得有效地制止该公约第 9 条、第 10 条和第 10 条之二所指一切行为的适当法律补救手段。

在某些国际展览会中的临时保护。《巴黎公约》要求成员国按照本国法律,对在本联盟任一国家领土内举办的官方或经官方认可的国际展览会展出的商品中的商标予以临时保护。

另外,《巴黎公约》还包括一系列的行政条款。

第三节　《TRIPS 协定》

1994 年 4 月 15 日,《TRIPS 协定》签署并于次年 1 月 1 日生效,我国已于 2001 年 12 月加入世界贸易组织并受此协定的约束。

一、与其他公约的关系

《TRIPS 协定》并不是凭空制订出来的,在它之前业已存在众多的知识产权保护公约和组织,《TRIPS 协定》的出现不是为了全盘否定以往的成就,它只是希望能够借助并超越已有的成就。因此,能否解决好同已有知识产权保护的关系,将成为衡量《TRIPS 协定》是否成功的一个重要指标。

对于已经存在的其他知识产权国际公约,《TRIPS 协定》直接提到的有 4 个,它们分别是:《巴黎公约》(1967 年)、《伯尔尼公约》(1971 年)、《保护表演者、录音制品制作者和广播组织的国际公约》(以下简称《罗马公约》)、《关于集成电路的知识产权条约》(以下简称《华盛顿条约》)。《TRIPS 协定》明确规定,该协定的第一至第四部分的任何规定,都不应背离各成员之间现有的根据《巴黎公约》、《伯尔尼公约》、《罗马公约》和《华盛顿条约》所相互承担的义务。我们可以说,《TRIPS 协定》最大的特点在于,它是一部“站在巨人的肩膀上”的“超级公约”。

就与商标保护有直接关系的《巴黎公约》而言,《TRIPS 协定》第 2 条要求各成员就该协定的第二、三、四部分应当遵守《巴黎公约》(1967 年)第 1 ~ 12 条和第 19 条。需要注意的是,《巴黎公约》(1967 年)第 19 条涉及的各成员国在不与《巴黎公约》的规定相抵触的范围内保留相互间签订关于保护工业产权的专门协定的权利。这些协定包括《马德里协定》及其有关议定书、《专利合作条约》等。也就是说,《TRIPS 协定》虽然没有直接提到这些专门协定,但原则上是赞同这些专门协定的效力的。

二、基本原则

国民待遇原则。国民待遇原则的基本出发点在于塑造一个平等对待本国人和外国人的法律环境。《TRIPS 协定》将此原则规定为:确保各成员在知识产权保护上对其他成员之国民提供的待遇不得低于其本国国民。“国民”在《巴黎公约》中是指某一成员国的自然人或法人,也包括非成员国的国民,但该人必须在某一成员国内有住所或从事工商业活动的营业所。由于世界贸易组织的成员可能是单独关税区,故国民也指在该区域内有居所或在该区域内有实际有效的工商营业所的自然人或法人。例如中国的香港、澳门、台湾地区即可适用这一规定。

最惠国待遇原则。该原则的目的在于平等对待所有的外国人,这一原则尤其可用于某些外国人在一国享有不同于或超出当地人的特殊待遇时,其他外国人也想获得同样的待遇。这一原则在《关贸总协定》下是一条基本原则,知识产权的国际保护中首次引入这一原则,应该说具有非常重要的意义。

透明度原则。该原则实际是所有原则的基础,只有相关的法律和司法或行政裁决可以被获得和知悉,其他国家的国民或企业才可能享受相应的优惠,才有可能规避不必要的风险,才有可能发现不合理的要求,才有可能防止和解决争端。

三、范围及私权属性

《TRIPS 协定》第 1 条规定,对于本协定,“知识产权”一词是指第二部分第一节至第七节中所包括的所有类别的知识产权,即版权及有关权、商标、地理标志、工业品外观设计、专利、集成电路布图设计、未披露信息。

《TRIPS 协定》的序言首先将知识产权定位在一种私权上。所谓私权,主要有两层意思:第一,权利的产生并不依赖行政机关的授权,行政机关只能依照法律的规定,要求申请人履行一定的程序和手续,行政机关的任何决定都应受到司法的监督和审查;第二,权利的保护以民事救济为主,除了海关负有边境保护的义务外,行政救济并不是必不可少的救济措施,换句话说,各成员可以实行“不告不理”的执法原则。

就第一层意思而言,在很多国家,虽然版权一般是自动产生的,但专利、商标等工业产权通常还是需要去工业产权局、商标局或专利局这类的行政机关履行登记或注册程序,但有的国家比较宽松,基本不审查,国家甚至允许设立经主管机关同意的私人注册簿。例如,法国《知识产权法典》第 L. 511 -7 条就认可了一种叫作“索洛”封袋的法律效力,以确定一个在先申请时间,在授予的专利上则注明意为“政府不予担保”的 SGDG;也有一些国家为了确保注册质量,行政机关会进行程度不一的审查,这种审查就可能会导致对申请的驳回。对此,《TRIPS 协定》要求,驳回不仅必须公平、合理,而且最好采取书面形式,并说明理由,只有双方都能看到的证据才能采信。对行政决定必须提供司法或准司法复审的机会,行政机关不得享有终局评判权。

就第二层意思而言,《TRIPS 协定》并不要求建立专门的执法体系,在实施知识产权与实施一般法律之间的资源分配上,该协定也没有任何强制性要求。但如果行政机关愿意主动执法,用公共资源去保护权利人的私权,《TRIPS 协定》自然也不会反对,只是行政执法必须符合该协定中对民事执法所作的各项要求,这些要求主要是为了确保双方当事人在一个平等、透明的条件下进行诉讼。在证据保全、临时禁令等措施上,《TRIPS 协定》对行政执法也有一条原则性规定。该协定之所以限制行政机关,主要是担心具有强大执法手段的行政机关的主动介入可能会打破原被告间的力量平衡,甚至出现恶意执法的严重后果。

对于上述 7 种类型的知识产权,《TRIPS 协定》只允许对商标、地理标志、工业品外观设计、专利、集成电路布图设计五种类型的知识产权要求合理的程序和手续,以作为权利获得或维持的条件。换句话说,对于另外两种类型的知识产权,即版权及有关权、未披露信息的保护,应适用自动产生的原则,不得要求预先履行一定的程序或手续才给予保护。

四、执行保障

与业已存在的知识产权国际公约如《巴黎公约》相比,《TRIPS 协定》最大的不同在于,它不仅大大提高了知识产权保护的实体标准,而且特别规定了强有力的执法程序。该协定一共 73 个条款,其中第三部分的 21 个条款都直接与执法有关。之所以这么重视执法,主要是因为人们普遍意识到"徒法不足以自行",没有救济的权利只能是一纸空文。

为了保证授权过程的客观公正,该协定还特别将有关知识产权执法方面的原则适用于授权程序(包括知识产权获得或维持程序、某些成员规定的行政撤销程序以及诸如异议、撤销及宣告无效等双方程序)。这些原则主要包括以下六个方面:(1)授权程序必须公平合理;(2)程序不得过于复杂或昂贵;(3)程序中不得含有不合理的期限,也不得过于拖延;(4)实质性判处最好采用书面形式并阐明理由;(5)判决应及时送交程序各方;(6)实质性判决只能依据各方都有机会接触到的证据作出。

上述第 3、5 项与时间有关。这一规定对于涉外申请而言尤为重要,以中国目前有关商标的复审程序的时限为例,对于外国申请人来说,要想在这 15 天之内完成代理人的选择、代理委托书的公证、认证、复审申请的撰写几乎是不可能的,除非允许延长一定的期限。上述第 6 项涉及审理中非常重要的对审原则,也就是说,不能依据单方当事人提供的证据作出实质性判决,因为兼听则明,偏听则暗;但程序性的裁定,包括临时措施,可以不受对审原则的约束。根据上述原则在授权方面作出行政性终局决定,必须接受司法或准司法复审。但对于还有机会宣布无效的情况,异议不成立或行政撤销决定可以不受复审的制约。

五、争端解决程序

为了改变过去国际公约在执法方面软弱无力的状况,《TRIPS 协定》不仅规定了执法程序,而且同世界贸易组织的争端解决机制相联系。《争端解决规则及程序的谅解》共有 27 条及 4 个附件,是整个世界贸易组织的核心文件,正如该谅解第 3 条所说的那样:世界贸易组织争端解决机制是为这个多边贸易体制提供保障和可预见性的中心环节。所有围绕世界贸易组织协定的争端,都必须按照该谅解规定的规则和程序进行。

该谅解采取了外交与司法双管齐下的办法,来解决各成员之间所产生的争端。外交渠道主要表现在协商、斡旋、调解及调停,司法渠道表现为设立专家组、向常设上诉机关上诉、由争端解决机构通过决议或者双方提交仲裁。这两条渠道中,协商、斡旋、调解及调停、仲裁都属于自愿程序,设立专家组及随后的程序则带有司法强制的意味。

这种强制性来自该谅解中关于"自动管辖"的规定:该谅解第 6 条规定,除非各方均同意不设立专家组,否则必须设立;第 16 条规定,除非各方均同意不通过专家组的报告,否则必须通过;第 17 条规定,除非各方均同意不通过上诉机关的报告,否则必须通过。由于总有一方会觉得设立专家组或通过报告对自身有利,故专家组总是能够设立,报告也总是能够通过,这样就可以有效地避免过去关贸总协定时期"败诉方拥有否决权"的反常情况。

中国已经遇到知识产权国际争端的案件,进一步熟悉解决争端的机制,预防争端的发生仍然具有很大的现实意义。

六、商标保护条款

《TRIPS 协定》有关商标和地理标志的专门规定共有两节 10 条,分别涉及可保护客体(第 15 条),授予的权利(第 16 条),例外(第 17 条),保护期限(第 18 条),关于使用的要求(第 19 条),其他要求(第 20 条),许可和转让(第 21 条),地理标记的保护(第 22 条),对葡萄酒和烈酒地理标记的额外保护(第 23 条),国际谈判:例外(第 24 条)。由于在此前各章已有详细介绍,本章就不再赘述。

第四节 《马德里协定》及《马德里议定书》

《马德里协定》和《马德里议定书》的相关情况在第十三章已经做过介绍,本节主要就该协定和该议定书本身的情况再做一个补充。

一、商标国际注册概况

商标权具有地域性,在一国使用或注册的商标只能在该国具有法律效力,要想在另一个国家受到保护,就必须去这个国家使用或注册。通常情况下,这种逐一国家注册需要指定当地的代理人,使用当地的表格和语言,使用当地的货币付费,审查的程序和时间也存在巨大的差别。

为了克服这种逐一国家注册所带来的不便,早在《巴黎公约》签订后不久,有关国家就着手进行起草商标国际注册的协定,并于 1891 年 4 月 14 日签订《马德里协定》,建立商标国际保护制度。该协定曾经 6 次修订,最近一次修订是 1979 年 10 月 2 日在瑞典斯德哥尔摩的修订。这个协定是一个多边的国际条约,其宗旨是在协定成员之间建立商标国际注册的体系,简称马德里国际注册体系。中国于 1989 年 10 月 4 日正式加入《马德里协定》。

长期以来,《马德里协定》存在一些固有的缺憾,致使包括美国、英国、日本、澳大利亚等一些国家都未能参加。世界知识产权组织曾尝试制订《商标注册条约》,最终没有成功。

为了打破僵局,在世界知识产权组织的积极推动下,1989 年 6 月 27 日,多国终于签订了《马德里议定书》,该议定书在中国作为第 4 个国家加入后,于 1995 年 12 月 1 日生效。

对于《马德里协定》和《马德里议定书》的双重成员国,按照 2007 年修订的《马德里议定书》,相互之间优先适用《马德里议定书》,但继续沿用《马德里协定》一年的审查时限和收费方式。

二、《马德里协定》和《马德里议定书》的区别

与《马德里协定》相比,《马德里议定书》有诸多不同。

申请主体不同。如果申请人指定保护的国家为《马德里协定》成员国,原属国应该选择申请人设有真实有效的工商营业所的特别联盟国家,在特别联盟国家中没有此类营业所的,系指其住所所在的特别联盟国家;在特别联盟境内没有住所,但为特别联盟国家国民的,则指其国籍所在的国家。

如果申请人指定保护的国家为《马德里议定书》成员国,申请人可以因为他是某一缔约国的国民,或者在该缔约国内居住或设有真实有效的工业或商业营业所而选择该国作为其原属国。

申请基础不同。《马德里协定》的国际注册必须基于申请人的本国注册,而《马德里议定书》的国际注册既可以基于申请人的本国注册,也可以基于其本国申请。这样就使国内注册程序较长的国家如美国不会感到受歧视。

收取费用不同。如果申请国际注册的商标所指定保护的国家是《马德里协定》成员国,该申请只要按照《马德里协定》所规定的统一规费交费即可。如果该商标指定保护的国家是纯《马德里议定书》成员国,该申请除需缴纳《马德里协定》规定的统一规费外,还需依照各国规定缴纳单独规费。

驳回期限不同。《马德里协定》规定,领土延伸至各成员国的注册申请,其商标主管当局必须在 12 个月作出是否给予保护的决定,并在该期限内通知世界知识产权组织国际局,《马德里议定书》则将 12 个月的期限改为 18 个月。

注册效力不同。根据《马德里协定》,各缔约国可随时书面通知世界知识产权组织总干事,通过国际注册取得保护,只有在商标所有人专门申请时,才能扩大到该成员。

《马德里议定书》则直接规定所有将通过国际注册取得的保护延伸至某一缔约方的请求,应当在国际申请中特别说明。

有效期限不同。按照《马德里协定》,注册的商标 20 年有效,按照《马德里议定书》则是 10 年,当然,按照《马德里议定书实施细则》,现在实际已改为 10 年一续展,两者不存在本质区别。

工作语言不同。《马德里协定》规定的工作语言仅仅是法语,《马德里议定书》则同时允许将法语、英语以及西班牙语作为工作语言。

基础注册与国际注册关系不同。在《马德里协定》成员国指定保护的国际注册商标,自国际注册之日起 5 年内,如果该商标在原属国国内注册已全部或部分被撤销、注销,那么,无论国际注册是否已经转让,该国际注册同时被撤销,这种情况被称作“中心打击”。

在纯《马德里议定书》成员指定保护的国际注册商标,自国际注册之日起5年内,如果该商标在原属国国内的注册已全部或部分被撤销或注销,商标所有人虽然不能避免同样的中心打击,但可以自该商标被撤销之日起3个月内,向所指定的《马德里议定书》成员国商标主管机关提交一份申请,并按照各成员的规定缴纳一定的费用,即可将该商标的国际注册转换为在该国家的国家注册。

加入资格不同。《马德里协定》只允许国家加入,《马德里议定书》则允许地区组织加入。2004年6月,欧盟已经向总部在日内瓦的世界知识产权组织提交了加入书,将正式加入该组织的《马德里议定书》,这是欧盟首次加入世界知识产权组织的有关条约。欧盟的加入书已于2004年10月1日正式生效。为了解决欧盟单独投票权的问题,欧盟承诺,在需要表决时,欧盟及其成员国的总票数不会超过25票,从而为美国等国家的加入铺平了道路。2015年,非洲知识产权组织也以同样的方式加入《马德里议定书》。

三、国际注册体系的运转

《马德里议定书》生效后,为了两套体系的协调运转,在世界知识产权组织的组织下,马德里联盟于1996年1月讨论通过了《商标国际注册马德里协定和商标国际注册马德里协定有关议定书共同实施细则》。

根据这一共同实施细则,新的马德里商标国际注册体系于1996年4月1日正式运行。发展到今天,美国、欧盟也都加入了《马德里议定书》,商标国际注册完全有希望吸引更多的国家和地区加入,成为像《专利合作条约》那样真正国际化的协定。如前所述,自2020年2月1日起,共同实施细则已被《马德里议定书实施细则》取代。

有关商标国际注册《马德里协定》及《马德里议定书》涉及的一般注册程序和有关在中国具体适用的情况,已经在第十三章中有详细的介绍,本节就不再赘述。

第五节 《尼斯协定》

《尼斯协定》是《巴黎公约》第19条意义上的专门协定,于1957年6月15日在法国南部城市尼斯签订,1961年4月生效。《尼斯协定》签订后修改过三次:第一次是1967年在斯德哥尔摩的修订;第二次是1977年在日内瓦的修订;第三次是1979年的修改和补充。中国于1988年正式使用尼斯国际商品分类,于1994年5月5日加入该协定并于同年8月9日生效。

一、尼斯分类的构成和使用

《尼斯协定》的宗旨是建立一个共同的商标注册用商品和服务国际分类体系,并保证其实施。分类由下列两表组成:一是分类表,视需要附加注释;二是按字母顺序排列的商品和服务表,并标明每个商品和服务项目所属类别。目前,第10版国际分类共包括45

类,其中商品 34 类,服务 11 类,共包含 10,000 多个商品和服务项目。申请人所需填报的商品及服务一般来说都包含在其中。

不仅所有尼斯联盟成员都使用此分类表,非尼斯联盟成员也可以使用该分类表。马德里商标国际注册也采用国际分类。不同的是,尼斯联盟成员可以参与分类表的修订,而非尼斯联盟成员无权参与。目前世界上已有 130 多个国家和地区采用此分类表。

采用国际分类有利于统一各国在办理商标注册时的商品和服务的分类口径,有利于国际商标合作和相互受理商标注册,对于发展商标国际注册是必要的。对于国家商标主管机关来说,在审查注册申请时,免除了转换分类的烦琐事务,可以节省时间减少工作量,易于建立科学的商标档案制度。对于商标注册申请人来说,可以简化申请前的准备工作,减轻在申请书件中填写分类的困难。

关于该协定的法律效力,《尼斯协定》第 2 条第 1 款有特别规定,即本分类的效力取决于特别联盟的每个国家。特别是在对任何特定的商标提供保护的范围或对服务商标的认可方面,对特别联盟国家不具有约束力。

二、尼斯分类的原则

商品及服务的国际分类一般采取如下原则,对商品而言:(1)制成品原则上按其功能、主要用途分类,如果分类表没有规定分类的标准,该制成品即按字母排列的分类表同类似的其他制成品分在一类,也可以根据辅助的分类标准,即根据这些制成品的材料或其操作方式进行分类;(2)多功能的组合制成品(如钟和无线电收音机的组合产品)可以根据产品中各组成部分的功能或用途,把该产品分在与这些功能或用途相应的不同类别里,若类别表中没有规定这些标准,则可以采用(1)中所示的标准;(3)原料、未加工品或半成品原则上按其组成的原料进行分类;(4)构成其他商品某一部分的商品,原则上与其他商品归为一类,但这种同类商品在正常情况下不能用于其他用途,其他所有情况均按上述标准(1)进行分类;(5)成品或半成品按其组成的原材料分类时,如果由几种不同的原材料制成,原则上按其主要原材料划分类别;(6)用于盛放商品的盒、箱等容器,原则上与该商品归为同一类。

就服务而言:(1)服务原则上按照服务分类类名及其注释所划分的行业进行分类,也可以按字母排列分类表中类似的服务进行划分;(2)出租业的服务,原则上与通过出租物所实现的服务分在一类别(如出租电话机分在 38 类)。

三、《尼斯协定》的组织形式

《尼斯协定》成员组成尼斯联盟,该联盟每两年召开一次例会,只有该联盟成员才能参加。例会的主要内容是处理有关发展实施《尼斯协定》事宜,审定计划以及通过尼斯联盟的财务预算。

该协定成员可以派正式代表参加《尼斯协定》设置的专家委员会或者由专家委员会设立的工作小组委员会会议。应世界知识产权组织的邀请,有些非《尼斯协定》成员也可以派观察员列席上述会议。正式代表有表决权,观察员无表决权。专家委员会和工作小组委员会提出修改建议,由专家委员会讨论通过,然后纳入国际分类。工作小组委员会每年召开一次会议,专家委员会每 5 年召开一次会议。

专家委员会决定的变动和专家委员会的建议,应由世界知识产权组织国际局通知特别联盟各成员的主管机关。修改决定应在发出通知后6个月生效,其他变动应在专家委员会通过时指定的日期生效。世界知识产权组织国际局应将已经生效的变动编入分类,变动的通告应在大会指定的期刊上公布。

第六节 《维也纳协定》

相对来说,借助电子计算机检索文字商标已不是太大的问题,但检索图形商标就困难得多。要使基本的检索成为可能,有必要建立一个国际通过的商标图形要素的国际分类,为了促进国际商标合作,以便于对商标进行检索和管理,1973年6月12日终于签订了《维也纳协定》。参加《维也纳协定》的资格之一是必须具备《巴黎公约》成员国资格,我国目前没有加入该协定,但在实际使用该图形要素分类体系。

一、维也纳分类的构成和使用

《维也纳协定》成员国组成特别联盟即维也纳联盟,各联盟国家均采用共同的商标图形要素国际分类。该协定将商标图形要素划分为29个大类,约111个小类和1569个细目。按照所列大类、小类和细目,将商标图形要素划分为各数码代号,以利于检索和查询。

商标图形要素国际分类是经过专家充分论证、修改、补充的比较系统的、完整的、科学的分类,是进行商标检索、审查和建立科学档案管理的有力工具。没有图形要素的分类,不但检索困难,而且对图形商标是否相同近似的审查也难以进行。由于商标图形要素国际分类的优越性比较显著,目前除了《维也纳协定》成员国使用这一分类,许多非《维也纳协定》成员的国家也采用这一分类。我国目前还未加入该协定,但在1988年采用《尼斯协定》商品和服务国际分类时,已同时建立了商标图形要素的国际分类的检索系统。马德里商标国际注册采用的也是这一分类。

《维也纳协定》虽然规定了成员国商标主管机关应当在官方文件和出版物中按照商标图形要素国际分类标明注册商标的图形的大类、小类、细目的编号,但是该协定特别规定图形要素分类的效力取决于特别联盟的每个国家,在对任何特定的商标提供保护的范围方面,对特别联盟国家不具有约束力。成员国既可以将商标图形要素国际分类作为本国商标图形分类的主体,也可以将它作为本国商标图形分类的辅助或者补充。

二、《维也纳协定》的组织形式

《维也纳协定》特别联盟组成成员国大会,通过例会,处理发展和实施《维也纳协定》有关事宜,批准联盟计划以及财务事宜。

大会设置专家委员会和工作小组,负责商标图形要素的修订工作。

专家委员会不定期召开会议,专家委员会由联盟国家派出代表组成。专家委员会的任务是:对图形要素分类进行修改与增补;向特别联盟国家提出建议,以方便图形要素分类的使用并促进其统一应用;在不动用特别联盟或世界知识产权组织财政预算的前提下,采取一切措施促进发展中国家应用图形要素分类;有权设立小组委员会和工作组。应世界知识产权组织的邀请,非《维也纳协定》成员国和国际组织也可派员列席会议。正式代表有表决权,观察员则没有表决权。

专家委员会通过的修改和增补图形要素分类的每个决定以及专家委员会的建议,由世界知识产权组织国际局通知特别联盟成员国主管机关。修改和增补在通知发出之日起6个月后生效。已经生效的修改和增补,由世界知识产权组织国际局列入图形要素分类之中。修改和增补的通知在该协定第7条所指的大会指定的定期刊物上公布。

第七节　《新加坡条约》

世界知识产权组织从20世纪80年代开始就致力于缔结一项专门规范商标注册的国际公约,随着谈判的深入,最后决定先就注册程序方面的问题达成一个国际条约,即《商标法律条约》。该条约于1994年10月27日签署并于1996年8月1日生效。2006年,该条约进行了修改,通过了《新加坡条约》。中国目前尚未加入该条约。

《新加坡条约》对《商标法律条约》的修订主要涉及四个方面:一是扩展了《商标法律条约》的适用范围,《新加坡条约》不仅适用于含视觉标志的商标,还可适用于由嗅觉及听觉标志构成的商标;二是进一步规范了通过电子方式向商标管理机关提交或传递文件的规则;三是增加了商标申请人、注册持有人或其他利害关系人未遵守期限时的救济措施;四是增加了商标使用许可的备案规则。此外,《新加坡条约》还确定建立"缔约方大会"机制,邀请缔约国及政府间组织参加会议,并根据实际情况及时、合理地修改条约内容。

一、条约范围

《新加坡条约》的目的是统一和协调各国家或地区主管局在国家或地区商标申请的提交、变更的登记,商标注册的续展方面所规定的形式要求。该条约适用于由视觉标志构成的商标,但唯有接受立体商标注册的缔约方才有义务将该条约也适用于立体商标。但该条约不适用于全息商标和不含视觉标志的商标,尤其是音响商标和嗅觉商标。

该条约应适用于与商品或服务有关的标志(商品商标或服务商标)或与商品和服务两者有关的标志,但该条约不适用于集体商标、证明商标和保证商标。

二、注册程序规定

《新加坡条约》对商标注册程序进行了原则规定。主要包括主管机关不得要求申请人提供商业注册证明,申请人可以在一份申请书上申请多个类别的注册以及变更、转让,注册及续展注册的有效期统一为10年,不必就每一份申请提交一份代理人委托书,不得对签字要求进行公证、认证、证明、确认。这一系列的规定极大地简化了商标申请人在各成员国之间进行申请注册和保护。

尤其不得在申请待批的过程中要求申请人:提供任何商业登记簿的证明或摘录;示明申请人正在进行工商业活动并提交相应证据;示明申请人正在进行与申请中列出的商品和/或服务相应的一项活动并提供相应证据;提交商标已在另一缔约方商标注册簿中注册或已在某一不属《新加坡条约》缔约方的《巴黎公约》缔约国商标注册簿中注册的证据,但申请人要求《巴黎公约》第6条之五所指的申请的除外。

《新加坡条约》允许一表多类申请,即为多个类别的商品和/或服务提出的单项注册属《尼斯协定》中多个类别的商品和/或服务载于同一份申请的,这种申请应按同一项注册办理。

商标主管机关准予的每项注册和涉及商品和/或服务的任何一项申请或注册的公告,应注明商品和/或服务的名称,按《尼斯协定》的类别分组并按该分类的类别顺序排列,每组商品或服务之前应标明该组所属的《尼斯协定》的类别编号。

但商品或服务不一定因商标主管机关在其任何注册或公告中将它们列在《尼斯协定》的同一类别之下而被视为类似,并且商品或服务不一定因商标主管机关在任何注册或公告中将它们列在《尼斯协定》的不同类别之下而被视为不类似。

三、注册后程序规定

变更时尤其不得要求提交有关变更的任何证明。

转让时尤其不得提出以下要求:(1)提供任何商业登记簿的证明或摘录;(2)示明新所有人正在进行的工商业活动并提供相应证据;(3)示明新所有人正在进行与所有权变更所影响的商品和/或服务相应的一项活动并提供相应证据;(4)示明注册持有人已将其企业或与企业有关的信誉全部或部分地转让给新所有人并提供相应证据。

任何缔约方在续展时尤其不得提出以下要求:提供任何商标图样或其他相当于商标的物品;提供证据,证明在另一缔约方商标注册簿中该商标已注册或其注册已续展;提供关于商标使用的声明和/或证据。而且任何缔约方不得为实施续展而就注册进行实质审查。首次注册有效期和每期续展的有效期均为10年。

商标主管机关如未给予申请人或请求方在合理时限内就其拟议驳回发表意见的机会,一律不得完全或部分地驳回《新加坡条约》第11~13条之下的申请或请求。

遵守《巴黎公约》的义务,任何缔约方均应遵守《巴黎公约》中有关商标的条款。各缔约方应对服务商标进行注册并适用《巴黎公约》中有关商标的各款。

第八节 《马德里协定(产地)》

产地虚假是一种国际通病,早在19世纪末,人们就意识到制止虚假产地的必要性,正是在这种背景下,《马德里协定(产地)》于1891年4月14日在西班牙马德里应运而生。该协定属于《巴黎公约》第19条意义下的专门协定。中国目前还未加入该协定。

《马德里协定(产地)》的成员国,承担制止虚假和欺骗性产地标记产品销售和出口义务。凡带有虚假或欺骗性标志的商品,其标志系将该协定所适用的国家之一或其中一国的某地直接或间接地标作原产国或原产地的,上述各国应在进口时予以扣押。

上述规定不应妨碍销售商在来自销售国之外的国家的商品上标明其名称或地址。在此种情况下,地址或名称应附有字体清晰的制造或生产国家或者地区的确切标志,或附有可以避免误认商品真实产地的其他标志。

适用该协定的国家也承诺,在销售、陈列和推销商品时,禁止在招牌、广告、发票、葡萄酒单、商业信函或票据以及其他任何商业信息传递中使用具有广告性质并且可能使公众误认商品来源的任何标志。

各国法院应确定由于其通用性质而不适用该协定条款的名称,但葡萄产品的地区性产地名称不在该条款特别保留之限。

第九节　《里斯本协定》

《里斯本协定》是《巴黎公约》第19条意义上的专门协定,因为最早在里斯本签署而得名。该协定在2015年进行了较大的修改,形成了日内瓦议定书,但尚未生效,以下介绍以现行版本内容为准。中国目前尚未加入该协定。

一、原产地名称的定义及注册

《里斯本协定》中的原产地名称指一个国家、地区或地方的地理名称,用于指示一项产品来源于该地,其质量或特征完全或主要取决于地理环境,包括自然和人为因素,旨在防止任何假冒和仿冒,即使标明的系产品真实来源或者使用翻译形式或附加"类""式""样""仿"字样或类似的名称。

原产地名称的国际注册应经特别联盟国家主管机关请求,以按照所在国法律已取得此种名称使用权的自然人或法人的名义,在世界知识产权组织国际局办理注册。

世界知识产权组织国际局应立即将该项注册通知特别联盟其他国家的主管机关并在期刊上公告。各国主管机关可以声明对通知注册的某个原产地名称不予保护。但是,该声明应说明理由,在收到注册通知之日起1年之内作出,并不得影响该名称所有人在有关国家依据《里斯本协定》第4条要求对原产地名称的其他形式的保护。在第4条第3款规定的1年期限期满后,本联盟成员国的主管机关不得提出此种声明。

世界知识产权组织国际局应及时将另一国家主管机关根据第4条第3款提出的任何声明通知原属国。有关当事人本国主管机关将其他国家的声明通知当事人后,他可以在其他国家采取其国民享有的任何法律或行政补救手段。

根据国际注册通知,一个原产地名称已在一国家取得保护,如果该名称在通知前已为第三方当事人在该国使用,这个国家的主管部门有权给予该当事人不超过两年的期限,结束其使用,条件是须在上述第4条第3款规定的1年期限届满后3个月内通知世界知识产权组织国际局。

根据《里斯本协定》第5条规定的程序,一个在特别联盟国家受到保护的原产地名称,只要在原属国作为原产地名称受到保护,就不能在该国视为已成为普通名称。

根据《里斯本协定》第5条在世界知识产权组织国际局办理的注册,不经续展,在第4条所指的整个期间受到保护。每个原产地名称注册应交纳统一的费用。

为保护原产地名称的必要诉讼可以在特别联盟各国根据国家法律进行:应主管机关的请求或应检察院的公诉;由任何有关方面,自然人或法人,国有企业或私人企业提出。

原产地名称可以由有关缔约国国家主管当局向日内瓦世界知识产权组织国际局申请注册。与此同时,通知缔约国。缔约国在一年内提不出不予保护的理由时,只要这种经国际注册的原产地名称在原属国继续受到保护,所有缔约国就都必须加以保护。

二、日内瓦议定书

以保护"原产地名称"(appellations of origin, AOs)为宗旨的《里斯本协定》的协议国们已经同意扩大该协定的范围,将草签时原本狭隘定义的原产地名称类别扩大到涵盖地理标志(Geographical Indications, GIs)。

上述决定是在2015年5月11日~5月21日世界知识产权组织日内瓦总部举行的外交大会上作出的。世界知识产权组织是联合国机构中负责管理该协定的组织,尽管只有部分世界知识产权组织成员是《里斯本协定》的协议国。

地理标志用于标示产品的特定地理产区,它包括质量、口碑或者其他与该产地密切相关的特性。虽然地理标志与原产地名称相似,但是后者在使用时标准更加严格。比如,根据世界知识产权组织的信息,目前,属于《里斯本协定》所规定范围的产品包括苏格兰威士忌、大吉岭茶。

第十节 《内罗毕条约》

《内罗毕条约》是1981年9月26日在肯尼亚首都内罗毕签订的。中国目前尚未加入该条约,但已经以行政法规的形式制定了《奥林匹克标志保护条例》(详见第三章第四节)。

奥林匹克会徽由五连环组成:蓝、黄、黑、绿、红,依此顺序自左而右,它仅由奥林匹克五环组成,不问是由单一颜色或多种颜色绘成。

参加该条约的所有国家均有义务保护奥林匹克徽记5个交错的圆环。制止未经国际奥林匹克委员会(奥林匹克徽记所有者)的许可而用之于商业目的(如用于广告和商品上、作为商标等)。

该条约成员国非经国际奥林匹克委员会许可,有义务拒绝以国际奥林匹克委员会宪章规定的奥林匹克会徽组成的或含有该会徽的标志作为商标注册,或使其注册无效;并应采取适当措施禁止出于商业目的以此种标志作为商标或其他标记使用。

义务的例外:在该条约对某国生效前,或者根据该条约第 3 条,在该条约第 1 条规定的义务已视为在该国中止的期间,以奥林匹克会徽组成或含有该会徽的任何商标已经在该国注册者;任何人或企业出于商业目的在该国继续使用以奥林匹克会徽组成或含有该会徽的任何商标或其他标记,系在该条约对该国生效前,或者根据该条约第 3 条,在该条约第 1 条规定的义务已视为在该国中止期间,已经合法地开始此种使用者,不受该条约第 1 条规定义务的约束。

该条约第 1 条第 1 项规定也适用于根据该国所参加的条约进行注册而在该国有效的商标。使用系经该条约第 2 条第 1 款第 2 项所指的个人或企业许可者,依该款意图,应认为是该个人或企业的使用。

为了宣传奥林匹克运动或其活动而在宣传工具中使用奥林匹克会徽者,该条约成员国无义务禁止会徽的此种使用。

《内罗毕条约》规定,为了商业目的使用奥林匹克徽记并为取得国际奥林匹克委员会的许可而向其缴纳许可使用费时,部分收入分给有关国家奥林匹克委员会。

第十一节　地 区 条 约

本节主要介绍与我国有关的商标地区条约,主要包括《区域全面经济伙伴关系协定》(RCEP)以及《全面与进步跨太平洋伙伴关系协定》(CPTPP)。

一、《区域全面经济伙伴关系协定》

2020 年 11 月 15 日签署的《区域全面经济伙伴关系协定》指出,各缔约方的目标是"共同建立一个现代、全面、高质量以及互惠共赢的经济伙伴关系合作框架,以促进区域贸易和投资增长,并为全球经济发展作出贡献"。我国已加入该协定。

该协定为区域内各缔约方提供了保护和促进方案,其内容包涵著作权、商标、地理标志、专利、外观设计、遗产资源、传统知识和民间文艺、反不正当竞争、知识产权执法、合作、透明度、技术援助等领域,整体相较《TRIPS 协定》有所加强。

就知识产权尤其是商标而言,《区域全面经济伙伴关系协定》要求,每一缔约方应当确保能够将一个企业的货物和服务与其他企业的货物和服务区分开来的任何标记或任何标记的组合都应当能够构成商标。此类标记,特别是包括人名、字母、数字、图形元素、立体形状、颜色组合在内的标记以及此类标记的任何组合,应当有资格注册为商标。若标记本身不能区分有关货物或服务,缔约方可以将通过使用获得的显著性作为注册条件。缔约方不得将标记可被视觉感知作为一项注册条件,也不得仅因该标记由声音组成而拒绝商标注册。

关于证明商标和集体商标的保护。每一缔约方应当规定商标包括集体商标和证明商标。只要证明商标受到保护,缔约方并无义务在其法律法规中将证明商标作为一个单独的类别对待。每一缔约方也应当规定,可作为地理标志的标记能够依照其法律法规在商标制度下得到保护。

关于恶意商标。每一缔约方应当规定其主管机关有权驳回申请或注销注册根据其法律法规属于恶意的商标申请或商标注册。

关于地理标志的保护。每一缔约方应当确保在其法律法规中有充分和有效的保护地理标志的方式。每一缔约方认识到地理标志可以通过商标制度或专门制度或其他法律途径得到保护,只要其符合《TRIPS 协定》中的所有要求。

此外,《区域全面经济伙伴关系协定》还规定了商标及地理标志的注册申请程序。

二、《全面与进步跨太平洋伙伴关系协定》

《全面与进步跨太平洋伙伴关系协定》的前身是《跨太平洋伙伴关系协定》,随着美国退出谈判,2017 年改组为现在的名称。《全面与进步跨太平洋伙伴关系协定》是一个综合性自由贸易协定,包括一个典型的自由贸易协定的主要内容:货物贸易、原产地规则、贸易救济措施、卫生和植物卫生措施、技术性贸易壁垒、服务贸易、知识产权、政府采购和竞争政策等,但之前《跨太平洋伙伴关系协定》的某些知识产权条款被冻结。2021 年,我国提交了正式申请加入《全面与进步跨太平洋伙伴关系协定》的书面信函。

就知识产权尤其是商标而言,《全面与进步跨太平洋伙伴关系协定》有一些新的要求。例如,在关于可注册为商标的标记类型方面,任何缔约方不得作为注册的条件而要求标记可被视觉感知,也不得仅以该标记由声音组成为由拒绝注册一商标。此外,每一缔约方应尽最大努力注册气味商标。缔约方可要求对商标进行简要和精确的描述或图片表示。

在关于驰名商标保护方面,《全面与进步跨太平洋伙伴关系协定》要求《巴黎公约》第 6 条之二在细节上作必要修改后应适用于与一驰名商标标识的货物或服务不相同或不相似的货物或服务,无论是否注册,只要对这些货物或服务使用该商标会表明这些货物或服务与商标所有权人之间存在联系,且该商标所有权人的利益有可能因此种使用而受到损害。另外,每一缔约方应规定适当措施,驳回商标注册申请或注销商标注册并禁止对相同或相似货物或服务使用与一驰名商标相同或相似的商标,如该商标的使用有可能造成与在先驰名商标的混淆。缔约方也可在对后商标有欺诈可能的情况下规定此类措施。

在关于许可备案方面,《全面与进步跨太平洋伙伴关系协定》要求任何缔约方均不得出于下列目的而要求对商标许可进行备案:(1)以确定许可的有效性;(2)作为在与商标的获得、维持或执行相关的程序中将被许可人使用商标视为持有人使用的条件。

除此之外,对于注册程序和地理标志,《全面与进步跨太平洋伙伴关系协定》也有十分详细的要求。

第十二节　双边条约

一、《中美经济贸易协议》

2020年,中美签订经济贸易协议(第一阶段),里面有诸多涉及商标保护的内容。

关于恶意商标。该协议规定,为加强商标保护,双方应确保商标权充分和有效的保护和执法,特别是打击恶意商标注册行为。

关于电子商务平台上的盗版与假冒。该协议强调,为促进电子商务的发展,中国与美国应加强合作,共同并各自打击电子商务市场的侵权假冒行为。双方应减少可能存在的壁垒,使消费者及时获取合法内容,并使合法内容得到著作权保护。同时,对电商平台提供有效执法,从而减少盗版和假冒。

关于地理标志。双方应确保地理标志的保护实现完全透明和程序公平,包括保护通用名称(常用名称)、尊重在先的商标权、明确的允许提出异议和撤销的程序,以及为依赖商标或使用通用名称的对方的出口产品提供公平的市场准入。中国应确保针对其他贸易伙伴依据一项国际协定已提出或将要提出的关于承认或保护地理标志的请求所采取的任何措施,不会减损使用商标和通用名称出口至中国的美国货物和服务的市场准入。中国应给予包括美国在内的贸易伙伴必要机会,以对中国与其他贸易伙伴协议的清单、附录、附件或附函中所列举的地理标志提出异议。美国确认,美国现行措施给予与上述规定内容同等的待遇。

另外,中国应确保:(1)主管部门在确定某一名称在中国是否为通用名称时,考虑中国消费者如何理解这一名称,包括以下因素:①字典、报纸和相关网站等可信来源;②该名称所指的货物在中国营销和在贸易中如何使用;③该名称是否在合适的情况下,在相关标准中被使用以对应中国的一种类型或类别的货物,例如根据食品法典委员会颁布的标准;④有关货物是否从申请书或请求书中所表明地域之外的地方大量进口至中国,且不会以在货物原产地方面误导公众的方式进行,以及这些进口货物是否以该名称命名。(2)任何地理标志,无论是否根据国际协议或其他方式被授予或承认,都可能随时间推移而变成通用名称,并可能因此被撤销。美国确认,美国现行措施给予与上述规定内容同等的待遇。

关于销毁假冒商品。在民事司法程序上,双方应规定:(1)根据权利人的请求,除特殊情况外,应销毁认定为假冒或盗版的商品。(2)根据权利人的请求,司法部门应责令立即销毁主要用于生产或制造假冒或盗版商品的材料和工具,且不予任何补偿;或在特殊情况下,将这些商品在商业渠道之外进行处置,且不予任何补偿,以最小化进一步侵权的风险。(3)仅去除非法附着的假冒商标不足以允许该商品进入商业渠道。(4)司法部门应根据权利人的请求,责令假冒者向权利人支付因侵权获得的利益,或支付足以弥补侵权损失的赔偿金。

该协议还规定了有关海关保护、刑事保护、实际市场保护的相关内容。

二、《中欧地理标志协定》

中欧2020年签署地理标志保护与合作协定。该协定规定,鉴于双方同意就《TRIPS协定》第22条第1款定义的地理标志促进双方之间的协调合作和发展,同意促进原产自双方领土并带有此类地理标志的产品的贸易,特缔结该协定。该协定适用于原产自双方领土范围内的地理标志产品相关合作,以及对此种地理标志的保护事宜。双方同意在考虑双方立法发展的情况下,在该协定生效后,考虑将该协定覆盖的地理标志范围延伸至该协定第2条所列各项法律规定的范围并未覆盖的地理标志类别,特别是手工艺品。

为该协定第1条第2款第1项所指之目的,双方在该协定附录7中确认的原产自其领土范围内并受到保护的产品,在该协定保护范围扩大后,应根据该协定第3条所列程序给予优先保护。双方应在该协定生效后两年内审查扩大该协定保护范围的进展,并于此后每两年审查一次。

思考题

1.《巴黎公约》与《TRIPS协定》是何关系?
2.《马德里协定》与《马德里议定书》是何关系?有何异同?
3. 尼斯分类和维也纳分类对认定商品及商标是否类似或近似有何法律意义?
4. RCEP和CPTPP分别有什么超出《TRIPS协定》的要求?

第十五章　域外商标法

在第一章,我们已经从宏观上介绍了世界商标立法的历史,本章我们将选择四个占我国外贸主要份额的国家和地区,即美国(第一节)、欧盟(第二节)、日本(第三节)及韩国(第四节)的商标法作进一步的对比和研究。

第一节　美　　国

一、概要

美国非常重视商标的使用,不仅采用先使用原则确定商标的归属,而且依据使用来维持商标的权利。可以说,在美国,没有使用就没有商标。美国在商标权利的确立和维持上之所以坚持使用原则,除了是因为它对于商标使用的上述认识外,还有一个很重要的原因是,美国国会制定商标法的立法依据是美国宪法中的贸易条款,即国会有权"规定合众国与外国之间、各州之间以及印第安部落之间的贸易"。不在贸易中实际使用的商标则不在国会的立法范围之内。

事实上,美国1870年制定的第一部商标法正是因为没有以使用为基础而被最高法院裁定违宪。后来制定的商标法,包括现行有效的1946年《兰哈姆商标法》,无一例外都特别强调使用是取得和维持保护的先决条件。1988年修改后的商标法放宽了申请商标注册的条件,即允许意图使用商标先提交申请,待实际使用后再注册。

美国商标注册分为联邦注册和州注册。联邦注册分为主注册簿和辅注册簿,两者的差别主要在于显著性的强弱,在辅注册簿注册的商标只具有潜在的识别能力,而主注册簿的商标必须具有实际的识别能力。辅注册簿注册的商标得到的保护要远远少于主注册簿上注册的商标。

按照美国商标法,"商标"分为商标、服务商标、集体商标或证明商标,"商标"包括由一个人使用的,或一个人有真诚的意图在商业中使用的,并申请在商标法建立的主注册簿上注册的,用以对其商品,包括独特的产品,与他人生产的或销售的商品予以识别和区别的,和用以表明商品来源(即使该来源未指出)的任何文字、名称、符号或图形,或其组合。按照这一定义,几乎所有的标志,包括颜色、气味以及商业外观,在美国都可以受到保护。

“服务商标”是指由一个人使用的,或一个人有真诚的意图在商业中使用的,并申请在商标法建立的主注册簿上注册的,用以将该人的服务,包括独特的服务,与他人的服务予以识别和区别的,和用以表明服务来源(即使该来源未指出)的任何文字、名称、符号或图形,或其任何组合。无线电广播或电视节目的标题、人物名和其他显著特征,可作为服务商标进行注册,尽管它们或节目可能宣传赞助人的商品。

“证明商标”是指任何文字、名称、符号或图形或其任何组合,是由除其所有人外的他人使用的,或其所有人有真诚的意图允许除该所有人外的他人在商业中使用的,并申请在商标法建立的主注册簿上注册的,用以证明该人的商品或服务的地区或其他来源、材料、生产方式、质量、精度或其他特征,或证明该项商品或服务工作或劳动是由一个联合会或其他组织的会员进行的。

“集体商标”是指一个由一个合作社、协会或其他集体或组织的成员使用的,或该合作社、协会或其他集体或组织有真诚的意图在商业中使用的,并申请在商标法建立的主注册簿上注册的商标或服务商标,并且包括表明在一个联合会、协会或其他组织中的会员资格的标记。

美国目前是世界贸易组织、世界知识产权组织、《巴黎公约》、《新加坡条约》、《尼斯协定》、《马德里议定书》的成员国。美国采用尼斯分类。

二、注册的条件

合法性。在美国,以下商标不得注册:包含不道德、欺骗或诽谤性的内容;含有对生者或死者、机构、信仰或国家象征有贬抑或引起错误的联想,或使之蒙受鄙视或有损名誉的内容,或由上述内容组成;包含地理标记;包含美国或州、市、或外国的旗帜、纹章或其他勋章,或其模仿图样;包含与个别世人相同的姓名、肖像或签字(经其本人书面同意的除外),或者,在已故美国总统的遗孀尚健在时,包含已故美国总统的姓名、签字或肖像(经其遗孀书面同意的除外);在用于申请人的商品上或与之有关方面时,该商标主要是对该商品的地理上的欺骗性的错误描述。

非功能性。《兰哈姆商标法》也禁止将整体上具有功能性的标志注册为商标,这种标志不能享受反淡化保护,他人使用也不构成侵权。

显著性。在用于申请人的商品或与之有关方面时,该商标若仅是对该商品的描述或欺骗性的错误描述或主要是对该商品的地理上的描述或主要仅是一个姓氏称号,则只能在辅注册簿而不能在主注册簿注册,除非这些标记已由申请人使用,并在商业上成为区别申请人的商品的商标。

在先性。包含与已在专利商标局注册的商标,或与在先由他人在美国使用并且尚未放弃的商标或商号名称极为相似的商标,以致其使用在申请人指定的有关商品上时易于造成混淆或误认或欺骗,则不得注册为商标。

三、注册的程序

申请。已经在商业上使用的商标的所有人,或有真诚的意图在商业上使用一商标的人,在表明其诚意的情况下,可以向专利商标局提交一份申请书,在主注册簿上注册其商标。

在原属国正式提交了同一商标的注册申请,在美国应按其第一次在该外国的申请日给予同一申请日,倘若该商标的美国申请是在其第一次在该外国申请日起6个月内提交的。

已在外国申请人的原籍国正式注册的商标,可在主注册簿上注册。在申请人原属国的注册证明书应随同注册申请书一起提交。申请书必须阐明申请人拟在商业中使用该商标的真诚意向,但在注册之前不要求在商业中使用。

审查。在一份注册申请提交并按规定缴费后,专利商标局局长即将该申请交给主管商标注册的审查员进行审查,并且,如果经审查认为该申请人有权注册,或者在受理使用声明书后可能有权注册,局长应将该商标在专利商标局的官方公报中予以公告,如果发现该申请人无权注册,审查员应通知申请人并说明原因。

异议。任何人确信一个商标在主注册簿上的注册会使其受到损害的,可于该申请注册商标公告后30天内向专利商标局提交异议书,说明理由。

注册。除非对注册异议成立,否则应予以一个提出申请的有权在主注册簿上注册的商标在专利商标局注册,发予注册证,并在专利商标局的官方公报中发布注册公告;或者对意图使用商标申请注册的申请人发出准许通知书。

续展。一个商标在商标法规定的主注册簿上的注册,应为注册人的所有权要求的推定通知。每一注册证的有效期为10年,每个注册可自期限届满时予以为期10年的续展注册。

撤销。任何人确信一个商标在主注册簿上的注册对其造成或将造成损害,且若发现该注册商标是其指定商品或服务,或其中一部分的属名或该注册商标已被放弃或其注册是以欺骗手段获得,或违反商标法有关合法性的规定,或违反在先的法规的同类禁止性规定,或者若由注册人,或经注册人允许,将该注册商标用于误述其指定商品或服务的来源,则可提出撤销该商标注册的请求。

另外,根据2021年生效的《商标现代化法》,对于提交使用证据获得注册的商标,任何人可以自注册5年内要求对注册人的使用证据进行复核;对于无须提交使用证据获得注册的商标,任何人可以自注册3年至10年内要求注册人提交使用证据,如果前者的使用证据不属实或后者提交不出任何实际使用的证据,则商标将被撤销。

不可争议。除可随时提出申请撤销的理由外,和除在一定程度上一个在主注册簿上注册商标的使用侵犯了另一商标或企业名称在该依商标法注册的商标注册日之前依任何州或地区的法律获得的并仍然继续有效的权利的情况外,若注册人对该注册商标在商业中在指定商品或服务项目上或与之有关方面的使用权自该商标注册之日起已连续使用5年,并且仍在商业中继续使用,则该注册人对该注册商标的使用权应是不可争议的。

放弃。在发生下列任一情况时,应视为商标已被"放弃":商标已停止使用,且有意不再重新使用;有意不再重新使用可从当时情况推定出来;连续3年无使用应为放弃的表面上真实的证据。一个商标的"使用"是指在日常的生意中真诚地使用一个商标,而不是仅仅为保留对一个商标的权利而使用;或者商标所有人的任何行为过程,包括不作为和作为,致使商标成为使用该商标的商品或服务或有关使用方面的属名或者失去其作为商标的意义。

在商业中使用。"在商业中使用"一词是指在日常生意中对一个商标的真诚使用,而不是仅仅为了保留对一个商标的权利。依商标法的目的,一个商标在下列情况被用于商品或服务上时应视为在商业中使用:以任何方式将商标标在商品上或其容器上或与之有关的展示上,或粘贴在商品的标牌或标签上,或者,如果由于商品的性质不能这样放置,则或标在与该商品或销售有关的资料上;标在商业中销售和运输的商品上,以及用于服务上,在服务的推销或广告宣传中使用或展示商标,而且服务是在商业中提供的,或者服务是在一个以上的州或在美国和外国提供的,并且提供服务的人是从事与该项服务有关的商业的。

上诉及司法管辖。对主管商标注册的审查员作出的任何最后决定都可向商标审理和上诉委员会提出上诉,并按规定交费。若对专利商标局局长或商标审理和上诉委员会的裁定不服,可以按照民事诉讼法向联邦区法院起诉或向巡回上诉法院起诉,也可以按商标法实施条例向专利商标局的商标审定及申诉委员会申诉,而后向联邦巡回上诉法院上诉。在权利冲突诉讼中,如果当事人的任何一方选择了按民事诉讼法起诉的程序,另一方就不得再按商标法实施条例的程序起诉或应诉,也就是说,民事诉讼法的程序是优先的。

在涉及注册商标的诉讼中,法院可以确定注册的权利,命令撤销整个或部分商标的注册,恢复已撤销的注册,以及改正注册簿有关诉讼任何一方当事人的注册。给专利商标局局长的法院判决或命令应经法院证明;专利商标局局长应在专利商标局的档案上作相应的记录,并受其管辖。

对一切依商标法提起的诉讼,无论争议的数额或各方当事人的公民身份有无差异,美国地区和地方法院都有初审管辖权,联邦巡回上诉法院以外的美国联邦上诉法院和美国哥伦比亚特区上诉法院有上诉管辖权。

四、转让和许可使用

已注册的商标或申请注册中的商标可以转让,但应与使用该商标的商誉,或与该商标有关且由使用该商标所表征的那部分商誉,一并转让。前述商标之转让,不必将营业人使用之其他商标所表彰之商誉或其营业名称或使用的样式一并移转。商标转让应采用书面形式。

另外,可以许可他人使用商标,但必须对其使用施加质量管控,否则可能丧失商标专用权。

五、侵权救济及抗辩

救济。经授权管辖依商标法引起的民事诉讼案的法院应有权按照衡平法原则和法院认为合理的条件授予禁令以防止商标侵权行为。若侵权诉讼成立,原告有权取得被告的收益、原告蒙受的损害赔偿和诉讼费。此外,法院可以责令被告将持有的带有该注册商标的一切标签、标牌、印刷品、包装、包纸、容器和广告,作为该违法的主体的文字、名词、名称、符号、图形或其组合、标记、说明书或标识,或者任何复制品、伪造品、抄袭品或其逼真的仿制品,以及一切印刷版、铸模、字模和其他制造工具都交出并销毁。

无辜侵权。任何人未经注册人同意,在商业中将一注册商标的复制、伪造、仿冒或逼真的仿制品用于与任何商品或服务的销售、推销、经销或广告宣传有关方面,这种使用可能引起混淆,或引起误认,或可能是欺骗的;或复制、伪造、抄袭或逼真地仿制一注册商标,并将这种复制、伪造、抄袭或逼真仿制的商标应用于企图在商业中与商品或服务的销售、推销、经销或广告有关方面使用的标签、招牌、印刷品、包装、包纸、容器或广告上,这种使用可能引起混淆,或引起误认,或者可能是欺骗的;应负责补偿。但注册人无权追索收益或损害赔偿,除非这种行为属于明知这种仿制品是企图用来引起混淆或引起误认,或欺骗而故犯的。

抗辩。对于上述指控,被告可以下列理由为抗辩:(1)该商标的注册或不容置疑的使用权是以欺骗取得的;(2)该商标已被注册人放弃;(3)该注册商标正由注册人或经注册人同意使用,或由与注册人有合法利益关系的人使用,以致错误表示使用该商标的商品或服务的来源;(4)被指控为侵权的名称、名词或图形的使用并非作为商标,而是对有关当事人在自己的商业上的个人名称的使用,或者对与该当事人有合法利益关系的任何人的个人名称的使用,或者对该当事人的商品或服务,或其地理原产地有描述性的名词或图形的使用,而这种名词或图形只有用于描述该当事人的商品或服务才属正当的、诚实的使用;(5)由一方当事人使用的被指控为侵权的商标是在不知道注册人在先使用的情况下采用的,并且在规定的日期之前,一直由该当事人或与其有合法利益关系的人连续使用,但条件是这种辩护或缺点应仅适用于所述连续在先使用能得到证实的地区;(6)被指控为侵权的商标是在注册人的注册商标公告之前注册和使用的,而且并未放弃;(7)商标已被或正在被用于违反美国的反托拉斯法;(8)可适用衡平法的原则,包括对行使权利的疏忽、禁止翻供和默认。

六、其他

美国商标法还规定了对制止不正当竞争的条款和对著名商标反淡化的保护。

制止不正当竞争。任何人在商业中,在任何商品或服务上或与之有关的方面,或在商品的容器上,使用任何文字、名词、名称、符号或图形或其组合,或任何虚假的产地标记,对事实的虚假的或误导性描述,或对事实的虚假的或误导性表示,可能引起混淆,或导致误认或欺骗,使人误以为其与他人有附属、联系或联合关系,或者误以为其商品或服务或商业活动来源于他人、由他人赞助或同意,或者在商业广告或推广中,错误表示其本人的或他人的商品或服务或商业活动的性质、特征、质量或原产地,该人在任何人认为这种行为已经或可能使其蒙受损害而提起的民事诉讼中应负有责任。

对著名商标反淡化的保护。著名商标所有人有权依照衡平原则并按法院认为合理的条件,请求对他人在商业中商业性使用该商标或企业名称的行为发出禁止令,并得到规定的其他补救,只要这种使用是在该商标驰名之后开始的,而且导致该驰名商标的显著质量被淡化。"淡化"是指著名商标识别商品或服务方面能力的降低,而无论是否存在该驰名商标所有人和他人之间的竞争,或者混淆、误认或欺骗的可能性。

著名商标的所有人应仅有权请求禁令补救,除非其请求禁令所针对的人故意企图利用该商标所有人的名誉或导致该驰名商标被淡化。如果这种故意企图得到证实,则该著名商标所有人还可依照法院的裁定和衡平原则享有赔偿救济。

但为识别一个著名商标所有人的竞争商品或服务,由他人在比较商业广告或促销中对该著名商标正当合理的使用,或对商标非商业性的使用,或各种形式的新闻报道的新闻评论不在被诉之列。

第二节 欧 盟

一、欧盟商标法概论

正如我们在第一章所介绍的那样,欧洲是近代工业革命的发源地,英国、法国也是最早的商标法发源地。“二战”以后,随着欧洲经济共同体的建立,商标法一体化的趋势越来越明显。比利时、荷兰和卢森堡于 1971 年建立统一的商标局,更是现代商标法史上的一个里程碑。

为实现各成员国之间商品、服务、资本及人员的自由流通,欧洲共同体自 20 世纪 60 年代初就致力于建立统一的欧洲共同体商标体系,并最终于 1984 年 8 月 31 日拟定了《欧洲共同体商标条例草案》。但由于各成员国在共同体商标局地址、工作语言等技术问题上争执不下,该条例迟迟未能通过。

为了给欧洲一体化建设注入新的活力,欧洲共同体于 1986 年签订《单一欧洲条约》,确定了“将各成员国之间的关系整体推进到欧洲联盟”的宗旨,为实现这一宗旨,该条约为彻底消除仍存在于各成员国之间的贸易障碍设置了 1992 年 12 月 31 日作为最后期限。而当时各成员国所实施的商标法存在诸多差异,这种可能阻碍商品自由流通和服务自由提供、扭曲共同市场的竞争条件的局面显然必须改变。为了内部市场的建立和运转,协调成员国商标立法已刻不容缓。

欧洲共同体深知继续等待欧洲共同体商标条例的通过是远水不解近渴,何况该条例通过后既不能立即取代各成员国商标法,也不能解决各成员国商标立法上的巨大差异,因此必须找到一个折中的方法,于是在总结和提炼《欧洲共同体商标条例草案》的基础上于 1988 年诞生了《一号指令》(全称《协调成员国商标立法一号指令》)。5 年之后,即 1993 年 12 月 20 日,《欧洲共同体商标条例》也得以通过,并于 1995 年 3 月 15 日生效,于 1996 年 4 月 1 日正式运行。欧盟于 2005 年和 2007 年分别修订了商标指令和欧洲共同体商标条例,但只是技术性修改,进一步的全面修改已于 2015 年完成。

“指令”(directive)和“条例”(regulation)都是欧盟的二级立法形式,都具有法律约束力,不同的是:条例具有普遍适用性,其整体规范均具有约束力并直接适用于所有成员国,而指令所规定的应达到的何种结果的要求对于任何接受指令的成员国均具有约束力,但采取何种形式和方法则留待该成员国当局决定。因此,就商标而言,《欧盟商标指令》主要是通过设立政策目标协调成员国的商标法,间接地统一和改善成员国对商标的保护,而《欧盟商标条例》是通过欧盟商标注册制度的创立直接加强商标保护的力度和范围。

英国是最早进行商标保护和建立商标注册制度的国家之一,其早期的商标立法以《1938 年商标法》为代表,后来加入欧洲经济共同体以及后来的欧盟后,为了落实《一号指令》,制定了《1994 年商标法》,并且在 2015 年《欧盟商标指令》的指引下,又对商标法进行了大规模的改造,故虽然英国现在已经脱离欧盟,但其商标法的基本原则和程序与《欧盟商标指令》及《欧盟商标条例》并无大的不同。而且,其他一些欧洲国家虽然不是欧盟成员,但它们的商标法也深受欧盟商标立法的影响,因此本节我们将重点介绍《欧盟商标指令》和《欧盟商标条例》构建的欧盟商标保护体系。

二、欧盟商标指令

《一号指令》共有12条立法动机和17条正文。作为欧洲共同体商标立法研究20多年的产物,《一号指令》无疑是欧共体商标立法发展史上的一个里程碑,也可以说代表了现代商标立法的最新成就。《一号指令》的问世加快了各成员国商标法修改的进程,尽管一些成员国未能按时于1992年年底完成修改任务,但最终都相继按《一号指令》的要求对自己的商标法进行了大刀阔斧的修改,如英国就基本放弃了《1938年商标法》的体例,另起炉灶。后来入盟的10个国家也要按照《一号指令》修改商标法。连瑞士、南非等与欧盟关系密切的国家甚至我国的香港、澳门特别行政区的商标法修改也深受《一号指令》的影响。

《一号指令》会得到如此大范围的接受,除了因为欧洲一体化的现实需要外,还应当得力于该指令重点突出,思路清晰,疏而不漏,新说频见,以下略举数例加以说明:

首先,协调的目的一开始就不是要完全统一成员国的商标法,例如,该指令并不剥夺成员国继续保护使用产生的商标的权利,而只将注意力集中到它们与注册产生的商标的关系;该指令保留成员国制定与注册产生的商标的注册、失效或无效有关的程序;同时该指令不排除成员国商标法以外的法律规定,如与不正当竞争、民事责任或保护消费者有关的规定,适用于商标。

通过类似的限制和明确,该指令就能够集中规范最直接影响内部市场运转的部分规定,例如,可构成商标的标记、驳回或无效的理由,商标赋予的权利及其限制和用尽、许可,因容忍导致商标权的丧失,商标使用的义务及处罚及部分驳回、失效和无效等内容。

其次,该指令的立法思路很清晰,正文的第2~4条规定商标保护取得的条件,第5~7条规定商标保护的范围和限度,第8~12条则规定商标权利确立后在行使中可能遇到的问题。该指令的这一编排体例几乎涵盖了商标保护中最重要的问题,而且逻辑十分严明,层次非常清楚。

再次,该指令的主要任务是从宏观上协调统一商标立法,风格也基本上是粗线条的,但在必要时也能做到不厌其烦、疏而不漏:例如,该指令第6~7条所规范的权利限制和用尽问题本来就是商标权利的例外性规定,但为了平衡商标所有人与第三人的利益,该指令紧接着又规定了限制和用尽的例外;关于失效理由的第12条第1款更说明问题,该款先是规定不使用可能导致商标权利的丧失,接着规定已开始或恢复使用的可以免除失效处罚,最后规定这种使用若在失效申请前3个月发生则又不得予以考虑。

最后,该指令最大限度地保护了立体商标、纯字母和纯数字商标,承认了商标显著性通过使用取得及因不当使用而退化的可能,解释了"混淆的可能"、"联想的可能"和"相似"的概念,扩大了对享有声誉商标的保护,对恶意注册特别加以防范和制止,规定了商标所有人容忍善意第三人使用并怠于行使权利的后果,从而解决了商标理论上这些令人长期困惑不清的问题。

某个特定国家的立法一般容易受到其法律传统、习惯乃至司法实践的影响,很多特殊规定因此很难移植,而《一号指令》直接面向广大成员国,目的主要是协调和统一商标立法的政策取向,规定的都是一些规律性和普遍性的问题,没有在细枝末节上纠缠不休,重点十分突出,借鉴起来也较为容易。

2008年10月22日,欧盟议会和理事会颁布第2008/95/EC号指令,第2008/95/EC号指令在欧盟官方刊物上公布后20日起生效,并取代了《一号指令》。相对于《一号指令》,第2008/95/EC号指令没有任何实质的变化,只是在形式上进行了重新的编辑。

2015年,欧盟通过了《欧盟商标指令》(全称《协调成员国商标法指令》)(第2015/2436号)。该指令公布20天以后基本都生效了,除了在实体规则方面革新外,最大的一个创新在于要求各成员国就建立一个商标行政争议解决的程序的问题在3年内转换为国内法,并在7年内将这样的行政程序建立起来。目前,大部分成员国,乃至已经脱欧的英国都已按照该指令要求完成了修订。

2015年《欧盟商标指令》的主要修改体现在如下几个方面:(1)调整了商标定义以及申请形式,不再要求书面表示,尤其是对于视觉可见以外的其他商标形式可以更加灵活的方式提交;(2)功能性限制上不限于立体商标,而可能涵盖颜色、声音、气味其他非传统商标;(3)明确在先商标对抗在后商标注册的条件,即必须于在后商标申请时符合商标显著性、知名度及使用等条件,否则不得异议、提出无效等请求或起诉他人;(4)转口贸易也可能侵权,但明确证明最终目的地合法的除外;(5)可能用于侵权的商标标识、包装等也可以查处;(6)企业名称用于商品的可以作为商标侵权查处;(7)已注册商标可能侵犯在先商标的权利,而不能作为抗辩理由,除非原告懈怠并容忍其使用超过5年以上;(8)使用个人姓名在符合善意的情况下可以成为商标侵权抗辩理由,使用企业名称则不再是抗辩理由;(9)声誉商标保护不再限于非类似商品,也将包括相同或类似商品等。

三、欧盟商标条例

1993年12月,欧洲议会通过《共同体商标条例》(第40/94号),为建立统一的共同体商标奠定了法律基础。《共同体商标条例》并不取代各成员国的商标法律,因为不能要求所有企业都来申请共同体商标注册。为保证共同体商标的正常运转,设立了内部市场(商标和外观设计)协调局,该局具有法人资格并能行使《共同体商标条例》赋予它的权力,设在西班牙的阿利坎特。

共同体商标是指据《共同体商标条例》所规定的条件和方式注册的商品或服务商标。共同体商标具有单一特性,在整个共同体内应有同等效力;只有就整个共同体对商标予以注册、转让、放弃或者作为撤销所有人权利或宣布无效及禁止使用。

共同体商标可以由能用书写表示的任何标志,特别是文字,其中包括人名、图案、字母、数字、商标形状或其包装组成,只要这些标志能够将一个企业的商品或服务同其他企业的商品或服务区别开来。共同体商标权利只能依注册获得,特别是如果商标缺乏显著性、不符合法律或者与在先权利相冲突将会被驳回注册或宣布无效。

根据2004年修改的《共同体商标条例》,申请资格大大放宽,即任何人均可以成为共同体商标所有人。2009年2月26日,欧盟委员会发布第207/2009号条例,该条例汇总了条例的历次修改,形式上废除了第40/94号条例,但没有实质内容的修改,只是重新编排了条款顺序。2015年,欧盟颁布第2015/2424号条例,对《共同体商标条例》作出较大修改,“共同体商标”也改称“欧盟商标”。2017 年,欧盟又对 2015 年的该条例进行了条目上的整合,正式改称《欧盟商标条例》(第 2017/1001 号),篇章结构也都有较大调整。

欧盟商标注册有利有弊,好处是申请注册程序较为简单,且费用比逐一国家注册的费用便宜得多,续展的费用也低得多。此外,如果注册了欧盟商标,那么在欧盟的一个成员国的商标使用便可以视为在所有成员国的使用,这样可以避免由于在其他欧盟国家的不使用而被撤销。

不利之处在于欧盟商标注册对商标的显著性要求很高,欧盟的成员国中只要一个成员国有人提出异议,且异议成立,将导致整个欧盟商标注册被驳回。尽管该驳回商标可以转换为国家申请,且保留原欧盟商标申请日,但申请人须支付向每个国家的转换费用。因此,若选用商标的显著性不是很强,则不适合申请欧盟商标注册。

此外,在欧洲知识产权局申请欧盟商标注册的时间较难确定,如果一切顺利,商标可能在一年内获得注册。然而,只要有一个国家提出异议,该商标就不能及时得到注册,解决异议需要很长的时间,通常需要 2 年左右。在所有成员国中均无异议的情况很少见,因此,欧盟商标申请往往在很长时间内不能获准注册。

(一)注册的条件

合法性。以下申请注册的商标不得予以注册:(1)违反公共秩序和善良风俗的商标;(2)带有欺骗性质的,例如,有关商品或服务的性质、质量或地理来源的商标;(3)未经主管机关认可应按照《巴黎公约》第 6 条之三被拒绝注册的商标;(4)虽非《巴黎公约》第 6 条之三所指的,但具有特殊公众利益的徽章、徽记或者纹章图案的商标,但有关当局同意其注册的除外;(5)葡萄酒和烈性酒商标中含有用以识别葡萄酒和烈性酒的地理名称,而葡萄酒和烈性酒又不是出产于该地的。

非功能性。仅由以下形状或其他特征组成的标志:由商品本身的特性决定的形状或其他特征,或获得一定技术效果所必需的商品形状或其他特征,或给商品带来实体价值的商品形状或其他特征不得注册商标。

显著性。缺乏显著性的商标,或仅由有商业活动中可用于标明商品的种类、质量、数量、用途、价值、原产地商品的生产日期的符号或标志组成的商标,或标明商品或服务的其他特征的符号标志组成的商标,或仅由在习惯用语或善意和公认的商务实践中成为惯例的符号或标志组成的商标不得注册。但如果要求注册的商标通过使用,在有关商品或服务上已具有显著性,前述规定不适用。

在先性。以下申请注册的商标,因在先商标所有人的异议,不得予以注册:

第一,申请注册的商标与在先的商标相同的以及申请注册的商标使用的商品或服务与在先的商标所保护的商品或服务相同的;由于申请注册的商标与在先的商标相同或近似以及申请注册的商标所使用的商品和提供的服务与在先的商标所保护的商品或服务相同或相似而容易在在先商标受到保护的共同体区域内的公众中引起混淆的;这种容易引起混淆包括容易与在先商标相联系。“在先商标”是指在先注册或申请的欧盟商标、在成员国注册的商标,或者比荷卢商标局注册的商标、在成员国有效的国际注册的商标;《巴黎公约》第 6 条之二意义上的驰名的商标。

第二,商标所有人的代理人或代表人,未经该所有人的同意而以自己的名义申请商标注册的,在商标所有人的异议下,该商标不应予以注册,除非该代理人或代表人证明其行为是正当的。

第三,如果一标志的权利在申请注册欧盟商标前或在提出申请欧盟商标优先权之日前取得,且该标志赋予其所有人禁止在后商标使用的权利,那么申请注册的商标,经非注册商标所有人的异议,根据成员国有关该标志的法律规定,不应予以注册。

此外,申请注册的商标如果与在先商标相同或近似,无论其注册的商品或服务与在先商标保护的商品或服务是否具有类似关系,只要该在先欧盟商标在共同体享有声誉或在先国家商标在有关成员国享有声誉,无正当理由使用申请注册的商标会使在先商标处于不利地位或会给在先商标的显著特征或声誉造成损害的;上述申请注册的商标,经在先商标所有人的异议,不得予以注册。

需要注意的是,如果在后面的欧盟商标申请日已注册满 2 年,在先注册的欧盟商标则需提交使用证明或不使用的正当理由,否则基于该商标提出的异议或无效申请将不被支持。

(二)注册的获得和无效

欧盟商标的申请应由申请人向欧洲联盟知识产权局或某一成员国的中央工业产权局或者比荷卢商标局提交。协调局应予审查。欧盟商标申请必须满足的条件业已具备,商标申请未予驳回的,则应予以公告。商标申请公告之后需要驳回的,驳回注册的终局决定应予以公告。

在欧盟商标公告之后,任何自然人或法人以及代表制造商、生产商、服务的提供者、贸易商或消费者的团体或组织,可以向协调局提出书面意见,特别是根据驳回的绝对理由说明该标志依职权不得予以注册。

欧盟商标申请公告后 3 个月期限内,在先商标权利人可以提出异议。

申请人可随时撤回其欧盟商标申请或限制申请书所包括的商品或服务清单。在其他方面,经申请人的要求,欧盟商标申请可以予以修正。

申请符合《欧盟商标条例》要求且无人提出异议或异议经最后驳回的,商标应予核准注册为欧盟商标。欧盟商标注册的有效期为 10 年,自申请提交之日起开始计算。根据该条例第 52 条规定,商标可以续展,时间每次为 10 年。经欧盟商标所有人或者其明确授权的任何人的请求,应予以续展。

欧盟商标可以就商标注册的全部或部分商品或服务放弃注册。欧盟商标可以因下列原因被撤销:(1)商标连续 5 年未在共同体内在注册的商品或服务上真正使用,又无不使用的正当理由;(2)由于商标所有人的作为或不作为,商标已成为其注册的商品或服务行业中的通用名称;(3)由于商标所有人或在他的同意下,在注册的商品或服务上使用商标,可能使公众对于商品或服务的性质、质量或产地产生误导。需要注意的是,虽然与注册时形式不同但未改变显著特征的使用以及仅为了出口将欧盟商标贴附在商品或其包装上的行为,均视为商标的使用;经欧盟商标所有人同意的使用,也视为所有人的使用。

欧盟商标注册违反《欧盟商标条例》第 7 条或第 8 条规定的,或申请人在提交商标申请时有欺骗行为的,或者在先商标人或名称权、肖像权、版权、工业产权等在先权利人提出无效请求的,欧盟商标可以被宣布无效。但如果欧盟商标所有人在明明知道的情况下,已默许在后的欧盟商标在共同体内连续使用 5 年,那么他不再有权以在先商标为由申请对在后的商标宣布无效,或者反对在后的商标在已使用的商品或服务上继续使用,除非在后商标是以欺骗行为申请注册的。

对欧盟知识产权局审查员、异议处、注册处、无效处以及执行局长指定的单位或个人的决定可提起上诉。受到决定不利影响的任何当事人都可以提起上诉。诉讼程序的其他各方当事人当然是上诉程序的当事人。对决定不服请求上诉的,必须在决定通知之日起2个月内向协调局提交书面上诉书。上诉可以接受的,上诉委员会应审理上诉是否成立。上诉委员会对上诉进行实质审理后,对上诉作出裁定。

对上诉委员会作出的上诉裁决不服的,可以向法院提起上诉。法院有权宣布有争议的决定无效或改变该决定。受上诉委员会裁决不利影响的任何当事人均可提起诉讼。当事人应在上诉委员会裁决通知之日起2个月内向法院提起诉讼。欧洲联盟知识产权局经要求应采取必要措施执行法院的判决。

(三)转让、许可使用和质押

欧盟商标是与该商品或服务企业相独立的财产。因此,欧盟商标可以独立于企业的任何转让,也可以就其注册保护的部分或全部商品或服务进行转让,只要公众不会因为转让而被误导。

欧盟商标可以独立于企业进行质押或作为其他物权的客体,也可以强制执行。欧盟商标可以就其注册的部分或全部商品或服务许可他人在共同体整个区域或部分区域使用。许可使用可以是独占或非独占的。

(四)注册所赋予的权利

欧盟商标应赋予商标所有人对该商标的专用权。商标所有人有权阻止所有第三方未经其同意在贸易过程中使用下列标志:与欧盟商标相同,使用在与欧盟商标所注册的相同商品或服务上的任何标志;与欧盟商标相同或近似,同时与欧盟商标注册的商品或服务相同或类似的任何标志,其使用可能会在公众中引起混淆的,这种可能的混淆包括该标志和该商标之间可能引起的联系;与欧盟商标相同或近似,使用的商品或服务无论是否类似的任何标志;欧盟商标在欧盟内享有声誉,无正当理由使用该标志会给商标显著特征或声誉造成不当利用或损害的。

下列行为特别予以制止:在商品或商品包装上缀附上述标志;提供带有上述标志的商品,将其投入市场或以此为目的持有或用上述标志提供服务;进口或出口带有上述标志的商品;在商业文书或广告上使用上述标志;在商品上使用企业名称。

如果欧盟商标被编入词典、百科全书或类似参考书,那么给人的印象好像该商标成为注册使用的商品或服务的通用名称,出版社应根据欧盟商标所有人的要求,保证至少最近再版时,注册该词为注册商标。

如果欧盟商标所有人的代理人或代表人未经所有人的同意,以自己的名义注册了该商标,欧盟商标所有人有权反对其代理人或代表人使用其商标,除非该代理人或代表人证明其行为是正当的。

欧盟商标所有人无权制止第三方在贸易过程中使用其自己的名称或地址,或有关品质、质量、数量、用途、价值、产地名称、生产商品或提供服务的时间的标志,或有关商品服务的其他特点的标志,或需要用来表明商品或服务用途的标志,特别是用来表明商品零部件用途的商标。但上述使用必须符合工商业务中的诚实惯例。

欧盟商标所有人无权禁止由其或经其同意的已投放欧盟市场的标有该商标的商品使

用欧盟商标。但如果欧盟商标所有人有合法理由反对商品继续销售,尤其是商品在投放市场后,商品质量发生变化或损坏,该规定不适用。

(五)商标侵权管辖

成员国应在其他地域内尽可能少指定几个国家第一审、第二审法院作为欧盟商标法院。欧盟商标法院应履行欧盟商标条例赋予的职能。

欧盟商标法院对下列诉讼应有专属管辖权:所有侵权诉讼和(如果根据国内法这些诉讼是允许的)对欧盟商标有侵权威胁的诉讼;对宣布未侵权的诉讼(如果根据国内法这些诉讼是允许的);由于《欧盟商标条例》第 11 条第 2 款所指的行为而提起所有诉讼;对撤销欧盟商标或宣布其无效而提起的反诉。

第三节 日　　本

一、概要

日本现行商标法是1959 年4 月13 日制定的,后来经过若干次修改,包括2005 年增加区域集体商标制度,以及最近一次 2018 年的修改。[1] 日本是 WIPO、WTO、《巴黎公约》、《新加坡条约》、《马德里议定书》、《尼斯协定》、《马德里协定(产地)》的成员国。

根据日本商标法,商标系由文字、图形、符号或立体图形,或它们的组合,或它们与色彩的组合,包括:(1)以生产、证明或转让商品为业者在其商品上所使用的标志;(2)以提供服务或证明为业者在其服务上所使用的标志。

二、注册的条件

合法性。下列商标不能取得商标注册:(1)与国旗、菊花徽章、勋章、奖章或外国的国旗相同或近似的商标;(2)与通商产业大臣指定的《巴黎公约》成员国的国徽和其他徽章相同或近似的商标;(3)与通商产业大臣指定的表示联合国和其他国际组织的标志相同或近似的商标;(4)与白底红十字标志、红十字、日内瓦十字的名称相同或近似的商标;(5)与通商产业大臣指定的日本国、《巴黎公约》成员国、世界贸易组织的成员国,或《新加坡条约》的缔约国的政府或地方公共团体监督或证明用的图章或符号相同或近似的标志,并用于与使用这些图章或符号的商品或服务相同或类似的商品或服务上的商标;(6)与表示国家、地方公共团体及其机关,或表示不以营利为目的的公益团体的,或表示不以营利为目的的公益事业的著名标志相同或近似的商标;(7)可能损害公共秩序或善良风俗的商标;(8)含有与由政府、地方公共团体(以下简称政府等)开设的或由政府等以外的人开设的而经特许厅长官指定的展览会,以及在外国为其政府或受政府的许可而开设的国际展览会上所发的奖章的标志相同或近似的商标,奖章获得者使用其标志作为商

---

[1] https://topic.tipo.gov.tw/trademarks-tw/dl-263362-78d4e7d92c3749eb8f26faa4269cc349.html.

标的一部分的除外；(9)可能导致对商品品质或服务质量产生误认的商标。

非功能性。商品或商品包装的形状是为了确保本商品或商品包装的功能而不可缺少的立体形状，以其构成的商标不得注册。

显著性。以下标志不可以取得商标注册：(1)仅由以普通方式表示其商品或服务通用名称的标志组成的商标；(2)其商品或服务上所惯用的商标；(3)仅由以普通方式表示其商品的产地、销售地、品质、原材料、效能、用途、数量、形状(包括包装的形状)、价格，或生产、使用的方法，或时期的标志，或提供其服务的场所、质量，提供服务用的物品、效能、用途数量、形状、价格，或提供服务的方法，或时期的标志组成的商标；(4)仅由以普通方式表示常见的姓氏或名称的标志组成的商标；(5)仅由极简单且常见的标志组成的商标；(6)除上述所列者外，消费者不能分辨出是否与某人业务有关的商品或服务的商标；(7)虽属上述第(3)~(5)项的商标，但使用的结果能够使消费者分辨出是与某人业务有关的商品或服务的商标，此类商标不受限制，可取得商标注册。

在先性。以下各项标志也不能注册：(1)含有他人肖像或姓氏、名称或著名的雅号、艺名、笔名及其著名的简称的商标，得到他人许可的除外；(2)与表示他人业务相关的商品或服务，且被消费者广泛熟知的商标或与之近似的商标，并用于这些商品或服务或与其类似的商品或服务上的商标；(3)与该商标注册申请日前他人已注册的商标相同或近似的，并用于该商标注册所指定的商品或指定的服务或与其类似的商品或服务上的商标；(4)与他人已注册的防护商标相同的商标，并用于该防护商标注册所指定的商品或服务上的；(5)商标权失效日起未满一年的他人商标或与其近似的商标，并用于该商标权所指定的商品或服务或与其类似的商品或服务上的，他人的商标在商标权失效日前已有一年以上的时间未曾使用的除外；(6)与已注册的品种的名称相同或近似的商标，并用于该品种的种苗或与其类似的商品或服务上的；(7)可能与他人业务有关的商品或服务发生混淆的商标；(8)日本国葡萄酒或蒸馏酒的产地中，被特许厅长官指定为表示产地的标志，或世界贸易组织的成员国葡萄酒或蒸馏酒表示产地的标志中，被禁止在该成员国该产地以外的地区或产地的葡萄酒或蒸馏酒上使用带有该产地标志的商标，使用于该产地以外的地区或产地的葡萄酒或蒸馏酒上的；(9)与表示他人业务有关的商品或服务且在日本国内或外国消费者间已广为知晓的商标相同或近似的商标，以获取不正当的利益并给他人增加损害为目的而持有并使用的。

三、注册的获得和无效

在日本欲取得商标注册者，必须向特许厅长官提交记载以下事项内容的申请书，并附上必要的图样。除非商标注册申请不清楚，否则特许厅长官必须认定有关商标注册申请的申请书提出之日为商标注册申请日。

在不同日期内，当有两个以上用于相同或类似的商品或服务上的相同或近似商标的注册申请时，只有最先提出商标注册的申请人才能够取得该商标的注册。

在同日内，当有两个以上用于相同或类似的商品或服务上的相同或近似商标注册申请时，只有商标申请人之间相互协商决定的那个商标注册申请人才能够取得该商标的注册。如果协议未能达成，或未能如期呈报协商结果的报告，特许厅长官将根据公正的方法进行抽签，只有一个抽中的商标注册申请人才能够取得该商标的注册。

特许厅长官应命审查官对商标注册申请进行审查。审查官对不符合条件的商标注册申请应作出驳回该商标注册申请的审定,相反,如果审查官对商标注册申请未发现驳回的理由,必须作出应予以商标注册的审定。

商标权经设定注册后生效。注册商标的范围应基于申请书上所记载的商标来确定;指定商品或指定服务的范围应基于申请书上所记载的来确定。

商标权的有效期限是自设定注册之日起10年止。商标权有效期限可以根据商标权者的续展注册申请进行续展。未在规定期间提出续展申请的,该商标权视为在有效期限届满时即消灭。

商标刊载公报发行日起两个月内,任何人都可以向特许厅长官提出注册异议。对提出的注册异议的审理及决定,由3人或5人审判官组成的合议庭进行。当审判官认为被提出注册异议的注册商标不应注册时,应作出取消该商标注册的决定。当取消决定确定时,该商标权视为自始不存在。当审判官不认为被提出注册异议的注册商标存在不应注册的理由时,应作出维持该商标注册的决定。对于该决定不能提出异议。

商标注册违反有关商标注册的规定时,可以对该商标注册提出无效审判请求。除特殊情况外,当商标注册无效的审决确定时,商标权视为自始不存在。但是,基于在先权利的无效请求在商标权设定注册之日起已经过5年的,不能再提出请求。

商标权者故意在指定商品或指定服务上使用与注册商标相近似的商标,或在与指定商品或指定服务相类似的商品或服务上使用注册商标或与其近似商标,而造成对商品的品质或服务的质量的误认,或与他人业务相关的商品或服务发生混淆时,任何人均可以提出撤销该商标注册审判的请求。

除有正当理由的情况外,商标权者、专用使用权者或通常使用权者连续3年以上均未在日本国内在指定商品或指定服务上使用注册商标时,可以提出撤销该指定商品或指定服务上的商标注册审判的请求。实际使用的商标可以是含变更字体的同一文字的商标,平假名、片假名及罗马字的文字表示相互变更的同一称呼及含义的商标以及在外观上被视为图形商标之外的与该注册商标在社会通常观念上认为是同一的商标。

对商标的使用包括以下行为:(1)在商品或商品的包装上附以标志;(2)在商品或商品的包装上附以标志而进行转让、交付,或为了转让、交付而展出或进口;(3)提供服务时,在供给被服务者利用的物品上(包括转让或租借的物品)附以标志;(4)提供服务时,用带有标志的、供被服务者利用的物品提供服务;(5)以提供服务为目的,将带有标志的、供提供服务中利用的物品(包括在提供服务时供被服务者利用的物品)进行展示;(6)提供服务时,在被服务者的与该服务相关的物品上附以标志;(7)展示或散发带有标志的、与商品或服务有关的广告、价目表或贸易文件;在商品其他的物品上附以标志的,包括将商品或商品的包装、提供服务用的物品或与商品或服务相关的广告作为标志的形状的行为。

四、转让、许可使用及质押

商标权者可以对其商标权设定专用使用权和通常使用权。当以商标权、专用使用权或通常使用权为标的设立质权时,除在契约上另有规定的外,质权者不得在该指定商品或指定服务上使用该注册商标。

五、注册所赋予的权利

商标权者拥有在指定商品或指定服务上使用注册商标的专有权。但当对其商标权已设定专用使用权时，在专用使用权者拥有的该注册商标的专有使用权范围内，不在此限。

如果商标权者、专用使用权者或通常使用权者，在指定商品或指定服务上使用注册商标的形态与该商标注册申请日前他人的专利权、实用新型权或外观设计权，或与该商标注册申请日前他人已产生的著作权相抵触，则不得在指定商品或指定服务中相抵触的部分上以其形态作为注册商标使用。

当商标注册申请日前或同日的专利申请的专利权在与其商标注册申请的商标权冲突的场合，在其专利权有效期限届满时，其原专利权者在原专利权的范围内，有权利在该商标注册申请的指定商品或指定服务上，或在相类似商品或服务上，使用该注册商标或其近似商标。但是，其使用限于非不正当目的的使用。该规定对实用新型权或外观设计权同样适用。

如果在他人商标注册申请前，在日本国内不是出于不正当竞争的目的，而在该商标注册申请的指定商品或指定服务或者与其类似商品或类似服务上使用该商标或与其近似的商标，在该商标申请注册之际，已使消费者广为知晓该商标表示与其业务相关的商品或服务时，其使用者在继续于其商品或服务上使用该商标的场合，则拥有在其商品或服务上使用该商标的权利，该业务的承继者也同样如此。

不过，该商标权者或专用使用权者，可以要求依上述规定拥有商标使用权者附加适当的表示以防后者业务的商品或服务与自己业务的商品或服务产生混淆。

同时，商标权的效力不及于下列商标（含构成其他商标的一部分者）：(1)以普通方式用自己的肖像或自己的姓名、名称，或著名的雅号、艺名、笔名及其上述著名的略称表示的商标；(2)以普通方式用该指定商品或其类似商品的通用名称、产地、销售地、品质、原材料、功能、用途、数量、形态（含包装的形状）、价格，或生产、使用的方法、时期，以及与该指定商品相类似的服务的通用名称、提供的场所、质量、提供服务用的物品、功能、用途、数量、形态、价格，或提供的方法或时期所表示的商标；(3)以普通方式用该指定服务或类似服务的通用名称、提供的场所、质量、提供服务用的物品、功能、用途、数量、形态、价格，或提供的方法、时期，或与该指定服务相类似的商品的通用名称、产地、销售地、品质、原材料、功能、用途、数量、形态、价格，或生产、使用的方法或时期所表示的商标；(4)在该指定商品或指定服务上，或与其相类似的商品或服务上所惯用的商标；(5)商品或商品包装的形状系为了确保商品或商品包装的功能而必不可少的立体形状构成的商标。

但上述限制不适用于在设立商标权的注册后，出于不正当竞争的目的用自己的肖像、姓名、名称、著名的雅号、艺名或笔名及其上述的著名略称使用的场合。

六、司法救济

商标权者或专用使用权者对侵害或有可能侵害自己的商标权或专用使用权者，可以请求其停止或预防这种侵害。同时，可以请求废弃构成侵害行为的物品、撤销供侵害行为所用的设备或其他为预防侵害的必要行为。

在日本，下列行为视为侵害商标权或专用使用权：(1)在指定商品或指定服务上使用与注册商标相近似的商标，或在与指定商品或指定服务相类似的商品或服务上使用注册商标或与其相近似的商标;(2)为了转让或交付而持有在指定商品或与指定商品或指定服务相类似的商品或其商品包装上附以注册商标或与其相近似的商标;(3)为了提供服务用的物品,而持有或进口在指定服务或与指定服务或指定商品相类似的服务中供被服务者利用的物品上附以注册商标或与其相近似的商标;(4)为了提供服务用的物品而转让、交付或为了转让、交付而持有或进口、使用在指定服务或与指定服务,或与指定商品相类似的服务中供被服务者利用的物品上附以注册商标或与其相近似的商标;(5)为了在指定商品或指定服务上或在与其相类似的商品或服务上使用注册商标或与其相近似的商标,而持有表示注册商标或与其相近似商标的物品;(6)为了使他人在指定商品或指定服务上或在与其相类似的商品或服务上使用注册商标或与其相近似商标,而进行转让、交付或为了转让、交付而持有表示注册商标或与其相近似商标的物品;(7)为了自己或使他人在指定商品或指定服务上或在与其相类似的商品或服务上使用注册商标或与其相近似的商标,而制造或进口表示注册商标或与其相近似商标的物品;(8)只是为了制造表示注册商标或与其相近似商标的物品,而以制造、转让、交付或进口所需物品为业。

赔偿依下列原则计算:(1)商标权者或专用使用权者,对于因故意或过失而侵害自己的商标权或专用使用权者请求赔偿自己因其侵害所受的损害时,当侵害者因侵害行为而获得利益时,推定其利益额为商标权者或专用使用权者所受损害额。(2)商标权者或专用使用权者,对于因故意或过失侵害自己的商标权或专用使用权者,可以请求相当于使用该商标时一般获得的金额的金钱作为自己所受损害的赔偿。(3)前述规定不妨碍请求超过同项规定金额的损害赔偿。在这种场合,当侵害商标权或专用使用权者非属故意或重大过失时,法院在确定损害赔偿额时,可以酌情考虑。

第四节 韩 国

一、概论

韩国于1949年制定商标法,2016年进行较大幅度的修改,2020年又进行了一次修改。[2] 韩国1979年加入世界知识产权组织,2002年加入《新加坡条约》,2003年加入《马德里议定书》。

商标权应当通过取得商标注册、确立商标权而产生。“商标”一词指用于识别商品来源的一切标识,不论其构成或表现方法如何,包括任何标志、文字、图形、声音、气味、三维形状、全息图、运动、颜色等。

二、商标注册条件

合法性。禁止注册以下商标:(1)与大韩民国国旗、国徽、颜色、奖章、装饰或徽章相

〔2〕 https://elaw.klri.re.kr/kor_service/lawView.do?hseq=42777&lang=ENG.

同或相似的任何商标，或大韩民国或公共机构用于监督或认证的印章或标志；与《巴黎公约》联盟国家、世界贸易组织成员或《新加坡条约》缔约方的任何国旗相同或近似的任何商标；与红十字会、国际奥林匹克委员会或知名国际组织的名称、缩写名称或标志相同或近似的任何商标；与世界知识产权组织根据《巴黎公约》发出通知后由韩国特许厅局长指定的本联盟国家的国徽、旗帜、奖章、勋章或徽章等相同或近似的任何商标，或标题、缩写标题、徽章、旗帜、本联盟各国等加入的政府间国际组织的奖章、勋章或徽章；与韩国特许厅署长在世界知识产权组织根据《巴黎公约》或其公共组织发出通知后指定的用于监督或认证的印章或标志等相同或类似的印章或标志，用于与使用这种印章或标志的商品相同或相似的任何商标。(2)虚假表明与国家、种族、民族、公共组织、宗教、已故知名人士有关系，或者诽谤、侮辱或者可能诽谤其中任何一方的商标。(3)向消费者传达的含义、内容等可能损害公共秩序的商标，如违反道德规范、普通人普遍的道德感等，使用商标本身或将商标用于商品。(4)任何商标，其商标与大韩民国政府举办或经大韩民国政府批准或外国政府举办或经外国政府批准的展览会上颁发的奖章、功绩证书或勋章相同或相似的商标。(5)任何可能误导消费者商品质量或欺骗消费者的商标。(6)拟用于葡萄酒或蒸馏饮料的任何商标，包括葡萄酒或蒸馏饮料生产地的地理标志，或在世界贸易组织成员中含有此种地理标志。(7)与根据《植物新品种保护法》第 109 条注册的品种名称相同或者近似的商标，用于与该品种名称相同或者近似的商品的。(8)与根据《农业和渔业产品质量控制法》注册的其他人的地理标志相同或相似的商标，用在与使用该地理标志的商品相同的商品上。

非功能性。不得注册任何仅由三维形状、颜色、声音或气味的组合组成的商标，如果这些商标对于确保旨在获得商标注册的商品或此类商品包装的功能至关重要(在服务的情况下，是指对其使用和目的至关重要的情况)。

显著性。下列商标缺乏显著性不得注册：(1)仅由以共同方式表明商品通用名称的商标组成的商标；(2)习惯上与商品相关的商标；(3)仅由商标组成的商标，以通常的方式表明商品的生产地点、质量、原材料、效果、用途、数量、形状、价格、生产方法、加工方法、使用方法或时间；(4)仅由显著的地名、其缩写或地图组成的商标；(5)仅由商标组成的商标，根据常用方法表示共同的姓氏或名称；(6)仅由简单易得的商标组成的商标；(7)其他消费者无法识别的商标，以识别与其业务相关的商品。但是，即使商标属于上述第(3)项至第(6)项的任何一项，如果该商标在提交商标注册申请之前被消费者识别为表明特定人商品来源的商标，则商标注册可以仅限于使用该商标的商品。

在先性。不得注册以下商标：(1)与著名商标相同或近似的商标，该商标是国家、公共组织或其任何机构以及非营利公司的非营利性业务或公共服务的商标，前提是如果该国家等已申请其商标的商标注册，则可以获得商标注册；(2)含有知名人士的姓名、称谓、商号、肖像、签名、印章、文学名称、艺名、笔名或者其缩写名称的商标，但在征得本人同意的情况下，可以进行商标注册；(3)用于与指定商品相同或近似的商品，与他人注册商标相同或近似的商标(不包括任何带有地理标志的注册集体商标)，基于先备案；(4)在被认定为与指定商品相同的商品上使用的任何商标，该商标与基于首先申请的具有他人地理标志的注册集体商标相同或相似；(5)与消费者广泛认为表示他人商品的商标(地理标志除外)相同或近似的商标，用于与他人商品相同或相似的商品上的商标；(6)与消费者广泛认可的指明特定地区的商品的他人地理标志相同或者近似的商标,该商标用于被认定为与使用该地理标志的商品相同的商品上;(7)任何可能与消费者认可的他人的商品或业务混淆或淡化其独特性或声誉的商标;(8)与韩国或海外消费者认定为特定人的商品的商标(地理标志除外)相同或近似的商标,用于非法目的,例如不当得利或给特定人员造成损失;(9)与韩国或海外客户认定为特定地区商品的地理标志相同或近似的任何商标,用于非法目的,例如不当得利或给该地理标志的任何合法使用者造成损失;(10)任何商标,如与根据大韩民国与外国或外国缔结的已生效的双边或多边自由贸易协定受保护的另一人的地理标志相同或相似,或由该地理标志组成或包含该地理标志,用于被认为与使用该地理标志的商品相同的商品上;(11)申请人在商品上申请注册的任何商标,如果他或她知道他人通过合伙或雇佣,或商业交易关系或任何其他关系使用或打算使用该商标;(12)任何具有或曾经有过合同关系的人,例如合伙或雇佣关系、商业合同关系,或与持有注册商标权的人的任何其他关系,与在条约缔约国注册的商标相同或相似的任何其他关系,用于注册的任何商标,适用于商品,未经商标权持有人同意,将与商标被指定为指定商品的商品相同或近似的商品。

三、注册的获得和无效

注册申请。在韩国,同一近似商标在不同日期对相同或者近似商品上使用的商标注册提出至少两件的,只有第一人提出申请的,可以取得该商标的注册。任何有意获得商标注册的人应向韩国特许厅厅长提交商标注册申请,说明以下内容:商标注册申请人的名称和地址,商标;指定货物和贸易,任何人申请商标注册的,应当按照商品分类指定至少一类商品,对每一商标提出申请。商标注册申请提交韩国特许厅厅长的日期应视为商标注册申请的提交之日。

驳回理由。商标注册申请属于下列情形之一的,审查员应当决定驳回商标注册:(1)商标不符合商标法第2条第1款规定的商标、集体商标、地理标志、带地理标志的集体商标、证明商标、地理标志证明商标、商业徽记的定义;(2)商标违反大韩民国所加入条约的;(3)商标不能根据商标法第3条、第27条、第33~35条、第38条第1款第1项、第48条第2款或者第48条第4项或第6~8项的规定注册的。

异议程序。通过审查的,予以公布,任何人可以在两个月的异议期内根据驳回理由以及额外理由提出异议。审查员未发现驳回商标注册申请的理由的,应当决定准予商标注册。商标权的确立和注册,韩国特许厅公署长应向商标权持有人颁发商标注册证书。

商标权的期限为10年。商标权的期限可以通过申请注册续展期限再延长10年。

商标权消灭,继承人在商标权人死亡后3年内未取得商标权转让登记的,商标权应当在商标权人死亡3年后的次日消灭。

商标权利人可以放弃每一件指定商品的商标权。放弃的限制未经排他性被许可人、非排他性被许可人或者质权人同意,商标权人不得放弃商标权。任何排他性被许可人未经质权人的同意,不得放弃排他性许可。非排他性被许可人不得根据商标法第97条第4款的规定,未经质权人同意,放弃非排他性许可。

利害关系人或者审查员可以请求审判宣告商标注册无效。

四、转让、许可使用和质押

转让。商标权可以通过对每个指定商品进行分割来转让。在这种情况下,类似的指定货物应整体转让。共同拥有商标权的,未经其他共同所有人同意,共同所有人不得转让其股权或建立质押。商标权共同拥有的,未经其他共同所有人同意,共同所有人不得对该商标权设立排他性许可或者非排他性许可。

许可使用。排他许可商标权人可以对其商标权向他人确立排他性许可。取得排他性许可设立的排他性被许可人,应当在排他性许可设立所确定的范围内独家拥有指定商品的注册商标许可。非排他性许可商标权人可以对其商标权向他人确立非排他性许可。

质押。以取得商标权为目的的质押、排他性许可或者非排他性许可,质权人不得使用相关商标权。

未经注册不产生效力。下列事项未经注册,不具有效力:(1)转让(不包括继承或其他一般继承转让)、变更或者因放弃商标权、期限续展、商品分类转换、增加指定商品或限制商标权处分而消灭的;(2)以取得商标权为目的的质押的设立、转让(不包括继承转让或其他一般继承转让)、修改、消灭(不包括因商标权混淆而产生的案件)或限制处置。

五、注册所赋予的权利

注册效力。注册商标的保护范围,由商标申请中提及的商标和项目确定。指定商品的保护范围,应当以商标注册申请或者商品分类转换登记申请中提及的商品确定。商标权效力商标权利人应当对指定商品持有注册商标专用权:在商标专用权的基础上,根据其商标法第 95 条第 3 款规定,如果注册商标专用权已经确立,则上述规定不适用。在先权利商标权人、排他性被许可人或者非排他性被许可人使用其注册商标,其使用注册商标与他人在商标注册申请日或者他人著作权申请日前申请的专利权、实用新型权或者外观设计权发生冲突的。

权利限制。属于下列情形之一的,商标权不具有相同效力:(1)按照普遍接受的商业惯例,使用本人姓名、称号、商号、肖像、签名、印章或者知名笔名、艺名、笔名及其著名缩写名称的商标;(2)按照通用方法,标明与注册商标指定商品相同或者近似的商品的通用名称、生产地、质量、原料、功效、用途、数量、形状、价格或者生产方法、加工方法、使用方法和时间的商标;(3)在由三维形状组成的商标的情况下,如果无法识别该三维形状表示与其业务相关的商品,则任何由与注册商标的指定商品相同或相似的商品上使用的注册商标的三维形状相同或相似的商标;(4)商品上常用的与注册商标的指定商品相同或近似的商标,以及由显著区分的地名及其缩写名称或地图组成的商标;(5)任何由形状、颜色、颜色组合、声音或气味组成的商标,这些形状、颜色、声音或气味对于确保注册商标或其包装的指定商品的功能至关重要。

先使用商标的持续使用权。(1)在与指定商品相同或者近似的商品上使用与他人注册商标相同或者近似的商标,符合下列条件的(包括继承职务的人),有权在使用相关商标的商品上继续使用该商标:①在他人提出商标注册申请之前,他或她应在大韩民国连续使用该商标,而没有不正当竞争的意图;②根据①使用商标时,该商标应在大韩民国的消费者中得到认可,以表明特定人在提交商标注册申请时的商品。(2)任何人按照公认的商业惯例,使用姓名、商号等表明其人格身份的手段作为其商标,有权在其使用相关商标的商品上继续使用该商标。(3)商标权利人或者被许可人可以要求有权使用该商标的人作出必要的说明,以防止该人的商品与其商品之间的来源产生误解或混淆。

六、司法救济

侵权定义。下列行为视为侵犯商标权或专有许可:(1)在与指定商品相似的商品上使用与他人注册商标相同的商标,或者在与指定商品相同或者近似的商品上使用与他人注册商标近似的商标;(2)交付、销售、伪造、模仿或者持有与他人注册商标相同或者近似的商标,用于或者促使第三人在与指定商品相同或者近似的商品上使用该商标的;(3)制造、交付、销售、拥有以伪造、模仿他人注册商标为目的的设备,或者导致第三人伪造、模仿该注册商标的;(4)为转让、交付而持有与指定商品相同或者近似的带有他人注册商标或者其他类似商标的。

禁令救济。商标权人或排他性被许可人可以寻求禁令,要求禁止或防止对侵犯或可能侵犯其权利的人的侵权行为。

赔偿责任。商标权人或者排他性被许可人可以对故意或者过失侵犯其商标权或者排他性许可的人主张损害赔偿。确定损害赔偿金可考虑:(1)因侵权而淡化相关商标的显著性或声誉的程度;(2)侵权行为是否故意或对造成损害风险的意识水平;(3)侵权行为对商标权人或者被许可人造成的损害的严重程度;(4)侵权人通过侵权取得的经济利益;(5)侵权的期限、数量等;(6)对侵权行为处以的罚款;(7)侵权人的财务状况;(8)侵权人为赔偿损害所作努力的相对程度。

商标权利人或者被许可人可以要求赔偿不超过1亿韩元(故意侵权的不超过3亿韩元)的合理数额作为法定赔偿。侵犯商标权或者他人专用许可的人,如根据其商标法第222条的规定表明该商标是注册商标,应当推定其知道该商标已经注册,与其侵权行为有关。

其他救济。应商标权人或者排他性被许可人的请求,法院可以命令因故意或者过失侵犯商标权或者排他性许可而损害商标权人或者排他性被许可人商业信誉的人支付损害赔偿金,或者责令该人采取必要措施,恢复商标权人或者排他性被许可人的商业信誉,并给予损害赔偿。

思考题

1. 美国商标法中"使用"的意义何在?
2.《欧盟商标指令》与《欧盟商标条例》有何关系?
3. 欧盟商标有什么特点?
4. 欧盟如何保护声誉商标?
5. 日本对驰名商标的保护有何特色?

参考文献

一、中文书目

1. [奥地利]博登浩森:《保护工业产权巴黎公约指南》,汤宗舜、段瑞林译,中国人民大学出版社 2003 年版。
2. [荷]查尔斯·吉伦等编:《简明欧洲商标与外观设计法》,李琛、赵湘乐、汪泽译,商务印书馆 2017 年版。
3. 陈锦川主编、北京市高级人民法院知识产权审判庭编著:《商标授权确权的司法审查》,中国法制出版社 2014 年版。
4. 曹中强主编、黄晖执行主编:《中国商标报告》(第 1 ~ 9 卷),中信出版社 2003 ~ 2009 年版。
5. 曹中强主编、黄晖执行主编:《中国商标报告》(第 10 ~ 12 卷),法律出版社 2010 ~ 2012 年版。
6. 曹中强、黄晖主编:《中国商标四十年:1978—2018》,中国工商出版社 2020 年版。
7. 邓宏光:《商标法的理论基础:以商标显著性为中心》,法律出版社 2008 年版。
8. 董葆霖:《商标法律详解》,中国工商出版社 2004 年版。
9. 杜颖:《商标法》(第 3 版),北京大学出版社 2016 年版。
10. 《法国知识产权法典:法律部分》(第 2 版),黄晖、朱志刚译,商务印书馆 2017 年版。
11. 国家工商行政管理总局编著:《商标注册与管理》,中国工商出版社 2012 年版。
12. 国家工商行政管理总局商标局、国家工商行政管理总局商标评审委员会编著:《商标法理解与适用》,中国工商出版社 2015 年版。
13. 何怀文:《商标法注释书》,中国民主法制出版社 2021 年版。
14. 黄晖:《驰名商标和著名商标的法律保护:从识别到表彰》,法律出版社 2001 年版。
15. 黄晖:《中国商标及不正当竞争案例精要》,知识产权出版社 2021 年版。
16. 孔祥俊:《商标法:原理与判例》,法律出版社 2021 年版。
17. 李继忠、董葆霖主编:《外国专家商标法律讲座》,中国工商出版社 1991 年版。
18. 李明德、闫文军、黄晖:《欧盟知识产权法》(第 2 版),法律出版社 2023 年版。
19. 李明德:《美国知识产权法》(第 2 版),法律出版社 2019 年版。
20. 李明德、闫文军:《日本知识产权法》,法律出版社 2020 年版。
21. 李小武:《商标反淡化研究》,浙江大学出版社 2011 年版。
22. [美]罗伯特·P. 墨杰斯等:《新技术时代的知识产权法》,齐筠等译,中国政法大学出版社 2003 年版。
23. 《美国商标审查指南》,美国专利商标局译,商务印书馆 2008 年版。
24. 欧洲内部市场协调局编:《怎样在欧盟注册商标和保护商标(共同体商标):欧盟商标注册与保护指南》,商标局译,中国工商出版社 2003 年版。
25. 彭学龙:《商标法的符号学分析》,法律出版社 2007 年版。

26. 商标局编著:《〈中华人民共和国商标法〉释义》,中国工商出版社 2003 年版。
27.《十二国商标法》,中国人民大学知识产权教学与研究中心、中国人民大学知识产权学院《十二国商标法》翻译组译,清华大学出版社 2013 年版。
28. 汪泽主编:《中国商标案例精读》,商务印书馆 2015 年版。
29. 汪泽:《民法思维与商标权救济》,商务印书馆 2020 年版。
30. 汪泽:《中国商标法律现代化:理论、制度与实践》,中国工商出版社 2017 年版。
31. 王莲峰:《商标法学》(第 3 版),北京大学出版社 2019 年版。
32. 王迁:《知识产权法教程》(第 7 版),中国人民大学出版社 2021 年版。
33. 王太平、姚鹤徽:《商标法》,中国人民大学出版社 2020 年版。
34. 王太平:《商标法:原理与案例》,北京大学出版社 2015 年版。
35. 王笑冰:《经济发展方式转变视角下的地理标志保护》,中国社会科学出版社 2019 年版。
36. 魏森:《商标侵权认定标准研究》,中国社会科学出版社 2008 年版。
37. 薛虹:《知识产权与电子商务》,法律出版社 2003 年版。
38. 曾陈明汝:《商标法原理》,中国人民大学出版社 2003 年版。
39. 张广良主编:《国际知识产权发展报告:2019》,中国人民大学出版社 2020 年版。
40. 张广良:《知识产权侵权民事救济》,法律出版社 2003 年版。
41. 郑成思:《WTO 知识产权协议逐条讲解》,中国方正出版社 2001 年版。
42. 郑成思:《知识产权论》(第 3 版),法律出版社 2003 年版。
43.《郑成思知识产权文集编委会》编:《郑成思知识产权文集》,知识产权出版社 2017 年版。
44. 钟鸣编著:《商标与不正当竞争裁判规则》,法律出版社 2020 年版。
45. 周云川:《商标授权确权诉讼:规则与判例》,法律出版社 2014 年版。

二、外文书目

1. A. Chavanne et J – J. Burst, *Droit de la Propriété Industrielle*, 5e edition, Dolloz.
2. A. Kur M. Senftleben, *European Trade Mark Law A Commentary*, Oxford, 2017.
3. A. Muhlendahl & others, *Trade Mark Law in Europe*, 3rd Ed, Oxford, 2016.
4. A. R. Miller & M. H. Davis, *Intellectual Property: Patents, Trademarks and Copyrights*, 3rd Ed, West Group, 2000.
5. D. S. Welkowitz, *Trademark Dilution*, 2nd Ed, Bloomberg BNA, 2012.
6. F. Pollaud – Dullian, *La Propriété Industrielle*, Economica, 2011.
7. F. W. Mostert, *Famous and Well – Known Marks*, INTA, 2004.
8. G. Dinwoodie & M. Janis, *Trademarks and Unfair Competition Law and Policy*, Wolters Kluwer, 2018.
9. G. Hasselbaltt, *European Union Trade Mark Regulation*, 2nd Ed, Beck Hart Nomos, 2018.
10. Huang Hui, *L' Impact de l' Usage sur l' Étendue de la Protection des Marques* : *Étude de Droit comparé Chine – Union Européenne*, LexisNexis, 2020.
11. I. Calboli & M. Senfleben, *The Protection of Non – traditional Trademarks*, Oxford, 2018.
12. I. Fhima & D. Gaugjee, *The Confusion Test in European Trade Mark Law*, Oxford, 2019.
13. I. Fhima, *Trade Mark Dilution in Europe and the United States*, Oxford, 2011.
14. J. Passa, *Droit de la Propriété Industrielle*, 2nd Ed, L. G. D. J. , 2009.
15. P. Mathely, *Le Droit Français des Signes Distinctifs* , Librairie du Journal des Notaires, 1984.
16. P. Mathely, *Le Nouveau Droit Français des Marques*, Editions J. N. A. , 1994.
17. R. L. Kirkpatrick, *Likelihood of Confusion in Trademark Law*, Practicing Law Institute, 1995.

18. Roubier, *le Droit de la Propriété Industrielle*, 2 Vol. Sirey, 1952 – 1954.

19. T. Hart & L. Fazzani, *Intellectual Property Law*, Palgrave Publishers Ltd. ,2000.

20. T. McCarthy, *McCarthy on Trademark and Unfair Competition*, 3rd Ed, Clark Boardman Callaghan 1996.

21. W. R. Cornish, *Intellectual Property*: *Patents*, *Copyright and Trade Marks and Allied Rights*, 2003, Sweet & Maxwell.

案例索引

（以案例名称拼音为序，案例后的数字依次指所在的章、节、小节）

中国

美　国

欧　盟

法 国

德 国

英 国

日 本

南 非

关键词索引

（关键词后的数字依次指所在的章、节、小节）